NOMOSLEHRBUCH

Professor Dr. Florian Faust, LL.M.
Bucerius Law School, Hamburg

Bürgerliches Gesetzbuch
Allgemeiner Teil

9. Auflage

 Nomos

Die Deutsche Nationalbibliothek verzeichnet diese Publikation in
der Deutschen Nationalbibliografie; detaillierte bibliografische
Daten sind im Internet über http://dnb.d-nb.de abrufbar.

ISBN 978-3-7560-1275-6 (Print)
ISBN 978-3-7489-4026-5 (ePDF)

9. Auflage 2025
© Nomos Verlagsgesellschaft, Baden-Baden 2025. Gesamtverantwortung für Druck
und Herstellung bei der Nomos Verlagsgesellschaft mbH & Co. KG. Alle Rechte, auch die
des Nachdrucks von Auszügen, der fotomechanischen Wiedergabe und der Übersetzung,
vorbehalten.

Vorwort

Dies ist nun schon die neunte Auflage meines Lehrbuchs zum Allgemeinen Teil des BGB, in der ich wieder zahlreiche kleinere Änderungen und Ergänzungen vorgenommen habe.

Das Grundkonzept der Vorauflagen habe ich beibehalten: Das Buch wurde vorrangig unter didaktischen Gesichtspunkten geschrieben, die ich im Abschnitt „Über den Umgang mit diesem Buch" kurz erläutern möchte. Ich bitte, diesen Abschnitt unbedingt zu lesen. Diese Orientierung an didaktischen Aspekten bedeutet freilich nicht, dass ich mich nicht bemüht habe, auch dem wissenschaftlich interessierten Leser etwas zu bieten. So stelle ich Meinungsstreitigkeiten ausführlich dar, beziehe dabei pointiert Stellung und spreche einige Fragen an, zu denen sich in der Literatur sonst wenig findet. Ich bin nämlich fest davon überzeugt, dass man Spaß an Jura nur gewinnen kann, wenn man es nicht als vorgegebene und mehr oder minder auswendig zu lernende Materie kennenlernt, sondern als Geflecht widerstreitender Interessen und Prinzipien, die häufig auf mehr als eine Weise zum Ausgleich gebracht werden können.

Der Hochschulalltag lehrt, dass es oft die kleinen Dinge sind, die die größten Probleme bereiten, und dass sich daran mit wachsender Semesterzahl nicht viel ändert: die exakte Auslegung von Willenserklärungen, der Unterschied zwischen Vertretungs- und Verfügungsmacht, Formulierungen, die gegen das Abstraktionsprinzip verstoßen, oder die genaue Prüfung des Vertragsschlusses eines beschränkt Geschäftsfähigen. Ich habe mich bemüht, diese Probleme anzusprechen und Tipps für ihre Bewältigung zu geben.

Die Zwänge, die der notwendig beschränkte Umfang eines Kurzlehrbuchs mit sich bringt, habe ich dadurch zu meistern versucht, dass ich den behandelten Stoff nach seiner Klausurrelevanz ausgewählt und gewichtet habe. So bleibt etwa das Vereinsrecht völlig ausgeklammert, weil es üblicher- und sinnvollerweise als Teil des Gesellschaftsrechts unterrichtet wird, das Verjährungsrecht ist knappgehalten. Nur einen kurzen Überblick gebe ich über das Verbraucherschutzrecht (§ 28) und das Recht der Allgemeinen Geschäftsbedingungen (§ 29), da diese Materien zwar systematisch durchaus zum Allgemeinen Teil des BGB gezählt werden können, der Gesetzgeber sie aber im Schuldrecht geregelt hat. Der gewonnene Platz wird für die vertiefte Behandlung typischer Klausurprobleme genutzt. Der Platzbeschränkung zum Opfer fiel auch ein Kapitel über die Stellung des Bürgerlichen Rechts im Rahmen der Gesamtrechtsordnung, die Entstehung des BGB und seine rechtspolitischen Grundlagen; kurze Hinweise zu letzteren habe ich an geeigneten Stellen eingestreut. Als Rechtfertigung mag die Hoffnung dienen, dass die Leser dadurch, dass sie sofort mit Sachproblemen konfrontiert werden, Interesse am Bürgerlichen Recht gewinnen und sich deshalb diese Grundlagen andernorts aneignen, wo sie fundierter vermittelt werden, als ein Einführungskapitel in einem Kurzlehrbuch es könnte.

Mein Dank gilt meinen Mitarbeitern *Claudia Adelmann, Amelie Hoffmann, Richard Martin, Jonathan Platzbecker, Janne Roehsler, Simon Rösler* und *Leonie Schwannecke* für vielfältige Hinweise und Kritik, Aufmunterung und praktische Unterstützung. Über Anregungen aus dem Leserkreis würde ich mich freuen (florian.faust@law-school.de).

Hamburg, am 16.7.2024   Florian Faust

Inhaltsübersicht

Vorwort	5
Über den Umgang mit diesem Buch	21
Abkürzungsverzeichnis	25
Literaturverzeichnis (Auswahl)	29

A. Willenserklärungen und Vertragsschluss

§ 1	Grundlagen: Erfüllungsanspruch und Konsensprinzip	31
§ 2	Die Willenserklärung	33
§ 3	Der Vertragsschluss	59

B. Trennungs- und Abstraktionsprinzip

§ 4	Sachenrechtliche Grundlagen	82
§ 5	Verpflichtungsgeschäfte und Verfügungsgeschäfte	85
§ 6	Die Rückabwicklung bei Unwirksamkeit von Verpflichtungs- und/oder Verfügungsgeschäft	88
§ 7	Der Sinn von Trennungs- und Abstraktionsprinzip	93

C. Formale und inhaltliche Wirksamkeitsvoraussetzungen von Rechtsgeschäften

§ 8	Formbedürftige Rechtsgeschäfte	95
§ 9	Gesetzwidrige Rechtsgeschäfte (§ 134 BGB)	106
§ 10	Sittenwidrige Rechtsgeschäfte (§ 138 BGB)	109
§ 11	Veräußerungsverbote (§§ 135–137 BGB)	115

D. Die Folgen der Unwirksamkeit von Rechtsgeschäften

§ 12	Teilnichtigkeit (§ 139 BGB)	117
§ 13	Umdeutung (§ 140 BGB)	122
§ 14	Bestätigung eines nichtigen Rechtsgeschäfts (§ 141 BGB)	124

E. Rechts- und Geschäftsfähigkeit

§ 15	Rechtsfähigkeit	126
§ 16	Geschäftsfähigkeit	129

F. Willensmängel

§ 17	Der Konflikt zwischen dem Schutz der Privatautonomie und dem Verkehrsschutz	159
§ 18	Bewusstes Auseinanderfallen von Wille und Erklärung	164
§ 19	Unbewusstes Auseinanderfallen von Wille und Erklärung	171
§ 20	Arglistige Täuschung und widerrechtliche Drohung	192
§ 21	Ausübung des Anfechtungsrechts und Rechtsfolgen	202

G. Stellvertretung und Botenschaft

§ 22	Einführung	213
§ 23	Der Offenheitsgrundsatz	218
§ 24	Die Vertretungsmacht	227
§ 25	Vertretung ohne Vertretungsmacht	258
§ 26	Einzelne Probleme des Stellvertretungsrechts	266
§ 27	Boten	291

H. Verbraucherschutzrecht und Allgemeine Geschäftsbedingungen

§ 28	Verbraucherschutzvorschriften	303
§ 29	Allgemeine Geschäftsbedingungen	322

I. Gegenrechte

§ 30	Einreden und Einwendungen	343
§ 31	Grundzüge des Verjährungsrechts	345

Definitionen	349
Stichwortverzeichnis	361

Inhalt

Vorwort ... 5

Über den Umgang mit diesem Buch ... 21

Abkürzungsverzeichnis ... 25

Literaturverzeichnis (Auswahl) ... 29

A. Willenserklärungen und Vertragsschluss

§ 1 Grundlagen: Erfüllungsanspruch und Konsensprinzip ... 31
    Wiederholungs- und Vertiefungsfragen ... 32

§ 2 Die Willenserklärung ... 33
    I. Begriff ... 33
    II. Arten von Willenserklärungen ... 33
    III. Der Tatbestand einer Willenserklärung ... 34
        1. Subjektiver Tatbestand der Willenserklärung ... 34
        2. Objektiver Tatbestand der Willenserklärung ... 35
    IV. Die Auslegung von Willenserklärungen ... 37
        1. Empfangsbedürftige Willenserklärungen ... 37
            a) Problem ... 37
            b) Normative Auslegung nach dem objektiven Empfängerhorizont ... 38
            c) Natürliche Auslegung nach dem übereinstimmenden Verständnis der Parteien ... 40
        2. Nicht empfangsbedürftige Willenserklärungen ... 41
    V. Abgrenzungen ... 42
        1. Gefälligkeitsverhältnisse ... 42
        2. Geschäftsähnliche Handlungen ... 44
        3. Realakte ... 45
    VI. Das Wirksamwerden von Willenserklärungen ... 45
        1. Abgabe ... 45
            a) Bedeutung der Abgabe ... 45
            b) Zeitpunkt der Abgabe ... 46
        2. Zugang ... 47
            a) Problem ... 47
            b) Die grundlegende Definition ... 47
            c) Die Mindermeinungen ... 49
            d) Einzelheiten ... 50
                aa) Abgabe der Willenserklärung gegenüber dem Empfänger ... 50
                bb) Der Anwendungsbereich von § 130 Abs. 1 S. 1 BGB ... 51
                cc) Der Machtbereich des Empfängers ... 51
                dd) Die Erwartbarkeit der Kenntnisnahme ... 53
        3. Zugangsvereitelung ... 55
        4. Der Widerruf einer Willenserklärung (§ 130 Abs. 1 S. 2 BGB) ... 57
    Wiederholungs- und Vertiefungsfragen ... 57

§ 3	**Der Vertragsschluss**	59
	I. Grundsatz	59
	II. Der Antrag	60
	1. Inhaltliche Anforderungen	60
	a) Bestimmtheit	60
	b) Rechtsbindungswille	61
	2. Die Bindung an den Antrag	62
	a) Die Dauer der Bindung	62
	b) Der Ausschluss der Bindung	64
	c) Der Einfluss von Tod oder Verlust der Geschäftsfähigkeit	65
	III. Die Annahme	67
	1. Inhaltliche Anforderungen	67
	2. Rechtzeitigkeit	69
	a) Verzögerung des Zugangs der Annahme	69
	b) Verspätete Annahme	69
	3. Annahme durch nicht empfangsbedürftige Willenserklärung gemäß § 151 BGB	71
	IV. Einigungsmangel/Dissens	74
	1. Fälle des Einigungsmangels	74
	2. Rechtsfolgen	76
	V. Vertragsschluss bei Versteigerung	78
	Wiederholungs- und Vertiefungsfragen	80

B. Trennungs- und Abstraktionsprinzip

§ 4	**Sachenrechtliche Grundlagen**	82
	I. Besitz und Eigentum	82
	II. Die Übertragung des Eigentums an beweglichen Sachen	82
	Wiederholungs- und Vertiefungsfragen	84
§ 5	**Verpflichtungsgeschäfte und Verfügungsgeschäfte**	85
	I. Begriffe	85
	II. Die rechtliche Unabhängigkeit von Verpflichtungsgeschäft und Verfügungsgeschäft	85
	Wiederholungs- und Vertiefungsfragen	87
§ 6	**Die Rückabwicklung bei Unwirksamkeit von Verpflichtungs- und/oder Verfügungsgeschäft**	88
	I. Kausale und abstrakte Geschäfte	88
	II. Die einzelnen Ansprüche	89
	1. Eigentumsherausgabeanspruch bei Unwirksamkeit der Übereignung	89
	2. Bereicherungsanspruch bei Unwirksamkeit des Verpflichtungsgeschäfts	90
	III. Zusammenfassung der einzelnen Fallkonstellationen	91
	Wiederholungs- und Vertiefungsfragen	92

Inhalt

§ 7	Der Sinn von Trennungs- und Abstraktionsprinzip	93
	Wiederholungs- und Vertiefungsfragen	94

C. Formale und inhaltliche Wirksamkeitsvoraussetzungen von Rechtsgeschäften

§ 8	**Formbedürftige Rechtsgeschäfte**	95
I.	Formfreiheit und Formzwecke	95
II.	Arten der Form	96
	1. Textform (§ 126b BGB)	96
	2. Elektronische Form (§ 126a BGB)	97
	3. Schriftform (§ 126 BGB)	97
	4. Öffentliche Beglaubigung (§ 129 BGB)	99
	5. Notarielle Beurkundung (§ 128 BGB)	99
III.	Auslegung und Form	100
IV.	Folgen von Formverstößen	102
	1. Verstoß gegen gesetzliche Formvorschriften	102
	2. Verstoß gegen vereinbarte Formerfordernisse	104
	Wiederholungs- und Vertiefungsfragen	105
§ 9	**Gesetzwidrige Rechtsgeschäfte (§ 134 BGB)**	106
I.	Regelungsgehalt von § 134 BGB	106
II.	Verbotsgesetze	106
III.	Umgehungsgeschäfte	108
	Wiederholungs- und Vertiefungsfragen	108
§ 10	**Sittenwidrige Rechtsgeschäfte (§ 138 BGB)**	109
I.	Grundlagen	109
II.	Sittenwidriges Verhalten gegenüber dem Geschäftspartner	110
III.	Sittenwidriges Verhalten gegenüber Dritten und der Allgemeinheit	113
	Wiederholungs- und Vertiefungsfragen	114
§ 11	**Veräußerungsverbote (§§ 135–137 BGB)**	115
I.	Absolute Verfügungsverbote	115
II.	Relative Verfügungsverbote	115
III.	Rechtsgeschäftliche Verfügungsverbote	116
	Wiederholungs- und Vertiefungsfragen	116

D. Die Folgen der Unwirksamkeit von Rechtsgeschäften

§ 12	**Teilnichtigkeit (§ 139 BGB)**	117
I.	Grundsätze	117
II.	Einheitlichkeit und Teilbarkeit des Rechtsgeschäfts	118
	1. Einheitlichkeit des Rechtsgeschäfts	118
	2. Teilbarkeit des Rechtsgeschäfts	119
	a) Grundsatz	119
	b) Quantitative Teilbarkeit und geltungserhaltende Reduktion	119

III.	Der Parteiwille	120
	Wiederholungs- und Vertiefungsfragen	121

§ 13 **Umdeutung (§ 140 BGB)** 122
    I. Allgemeines 122
    II. Das Ersatzgeschäft 123
    III. Der Parteiwille 123
    Wiederholungs- und Vertiefungsfragen 123

§ 14 **Bestätigung eines nichtigen Rechtsgeschäfts (§ 141 BGB)** 124
    Wiederholungs- und Vertiefungsfragen 125

E. Rechts- und Geschäftsfähigkeit

§ 15 **Rechtsfähigkeit** 126
    I. Überblick 126
    II. Beginn der Rechtsfähigkeit natürlicher Personen 127
    III. Ende der Rechtsfähigkeit natürlicher Personen 127
    Wiederholungs- und Vertiefungsfragen 128

§ 16 **Geschäftsfähigkeit** 129
    I. Grundlagen 129
        1. Begriff der Geschäftsfähigkeit 129
        2. Stufen der Geschäftsfähigkeit 129
        3. Der Konflikt zwischen dem Schutz nicht voll Geschäftsfähiger und der Verkehrssicherheit 130
        4. Die gesetzliche Vertretung nicht voll Geschäftsfähiger 131
            a) Der gesetzliche Vertreter 131
            b) Handeln des gesetzlichen Vertreters und Handeln des nicht voll Geschäftsfähigen 132
        5. Sonderfälle der Geschäftsfähigkeit 133
    II. Die beschränkte Geschäftsfähigkeit 133
        1. Überblick 133
        2. Partielle unbeschränkte Geschäftsfähigkeit des beschränkt Geschäftsfähigen 134
        3. Abgabe von Willenserklärungen durch beschränkt Geschäftsfähige 135
            a) Rechtlich lediglich vorteilhafte Geschäfte 135
                aa) Grundsatz 135
                bb) Einzelfälle 135
                cc) Rechtlich neutrale Geschäfte 139
            b) Einwilligung des gesetzlichen Vertreters 140
                aa) Allgemeines zur Einwilligung 140
                bb) Die Einwilligung nach § 107 BGB 142
                cc) Die Einwilligung durch Überlassung von Mitteln nach § 110 BGB 142
        4. Wirksamwerden von Willenserklärungen gegenüber beschränkt Geschäftsfähigen 146

Inhalt

	5. Verträge ohne die erforderliche Einwilligung des gesetzlichen Vertreters	148
	a) Regelungstechnik	148
	b) Genehmigung	151
	c) Der Schutz des Vertragspartners	152
	6. Einseitige Rechtsgeschäfte	153
III.	Die Geschäftsunfähigkeit	154
IV.	Bewusstlosigkeit und vorübergehende Störung der Geistestätigkeit	156
V.	Zusammenfassung	157
	Wiederholungs- und Vertiefungsfragen	157

F. Willensmängel

§ 17 Der Konflikt zwischen dem Schutz der Privatautonomie und dem Verkehrsschutz 159

    Wiederholungs- und Vertiefungsfragen 163

§ 18 Bewusstes Auseinanderfallen von Wille und Erklärung 164
- I. Geheimer Vorbehalt (§ 116 BGB) 164
- II. Scheinerklärung und Scheingeschäft (§ 117 BGB) 164
- III. Scherzerklärung (§ 118 BGB) 168
- IV. Zusammenfassung 170

    Wiederholungs- und Vertiefungsfragen 170

§ 19 Unbewusstes Auseinanderfallen von Wille und Erklärung 171
- I. Mängel des Geschäftswillens 171
  - 1. Fehler bei der Äußerung des Willens 171
    - a) Erklärungsirrtum (§ 119 Abs. 1 Alt. 2 BGB) 171
    - b) Inhaltsirrtum (§ 119 Abs. 1 Alt. 1 BGB) 171
    - c) Unrichtige Übermittlung (§ 120 BGB) 172
    - d) Gemeinsame Voraussetzungen 172
    - e) Die Anfechtbarkeit des Verfügungsgeschäfts 173
  - 2. Fehler bei der Willensbildung 174
    - a) Grundsatz 174
    - b) Eigenschaftsirrtum (§ 119 Abs. 2 BGB) 174
      - aa) Rechtsnatur 175
      - bb) Person oder Sache 176
      - cc) Eigenschaft 176
      - dd) Verkehrswesentlichkeit 177
      - ee) Irrtum 177
      - ff) Subjektive und objektive Erheblichkeit 177
      - gg) Die Anfechtbarkeit des Verfügungsgeschäfts 179
  - 3. Problemfälle 180
    - a) Rechtsfolgenirrtum 180
    - b) Kalkulationsirrtum 181
    - c) Automatisch generierte Erklärungen 184
- II. Mängel des Erklärungsbewusstseins 187
- III. Mängel des Handlungswillens 188

IV.	Zusammenfassung: Feststellung des Inhalts einer Erklärung und Folgen von Willensmängeln	189
	Wiederholungs- und Vertiefungsfragen	190

§ 20 Arglistige Täuschung und widerrechtliche Drohung — 192
- I. Vorbemerkung — 192
- II. Arglistige Täuschung (§ 123 Abs. 1 Alt. 1 BGB) — 192
  - 1. Täuschung — 192
    - a) Erregung eines Irrtums — 192
    - b) Täuschung durch Tun oder Unterlassen — 192
    - c) Person des Täuschenden — 193
  - 2. Widerrechtlichkeit der Täuschung — 195
  - 3. Ursächlichkeit — 196
  - 4. Arglist — 196
  - 5. Die Anfechtbarkeit des Verfügungsgeschäfts — 197
- III. Widerrechtliche Drohung (§ 123 Abs. 1 Alt. 2 BGB) — 198
  - 1. Drohung — 198
  - 2. Widerrechtlichkeit — 198
    - a) Widerrechtlichkeit des angestrebten Zwecks — 199
    - b) Widerrechtlichkeit des eingesetzten Mittels — 199
    - c) Widerrechtlichkeit der Mittel-Zweck-Relation — 199
  - 3. Ursächlichkeit — 200
  - 4. Subjektive Voraussetzungen — 200
  - 5. Die Anfechtbarkeit des Verfügungsgeschäfts — 200
- Wiederholungs- und Vertiefungsfragen — 201

§ 21 Ausübung des Anfechtungsrechts und Rechtsfolgen — 202
- I. Die Erklärung der Anfechtung — 202
- II. Die Anfechtungsfrist — 203
  - 1. Anfechtung nach §§ 119, 120 BGB — 203
  - 2. Anfechtung nach § 123 BGB — 204
- III. Der Ausschluss der Anfechtung bei Bestätigung des anfechtbaren Rechtsgeschäfts (§ 144 BGB) — 204
- IV. Die Folgen der Anfechtung — 205
  - 1. Nichtigkeit des angefochtenen Rechtsgeschäfts (§ 142 Abs. 1 BGB) — 205
  - 2. Einschränkung der Anfechtungsfolgen nach Treu und Glauben (§ 242 BGB) — 207
  - 3. Die Schadensersatzpflicht des Anfechtenden nach § 122 BGB — 208
- V. Die Anfechtbarkeit nichtiger Rechtsgeschäfte — 211
- Wiederholungs- und Vertiefungsfragen — 212

G. Stellvertretung und Botenschaft

§ 22 Einführung — 213
- I. Die praktische Bedeutung der Stellvertretung — 213
- II. Das Wesen der unmittelbaren Stellvertretung — 213
- III. Die Voraussetzungen der unmittelbaren Stellvertretung — 214
  - 1. Aktive Stellvertretung — 214

Inhalt

	2. Passive Stellvertretung	215
	3. Zusammenfassung	216
IV.	Die Unterscheidung von unmittelbarer und mittelbarer Stellvertretung	216
V.	Die Zulässigkeit der Stellvertretung	217
	Wiederholungs- und Vertiefungsfragen	217

§ 23 Der Offenheitsgrundsatz — 218
- I. Grundprinzip — 218
- II. Das Handeln in fremdem Namen — 218
- III. Das Handeln unter fremdem Namen — 219
- IV. Das Geschäft für den, den es angeht — 222
- V. Die subjektiven Voraussetzungen — 223
- VI. Passive Stellvertretung — 224

  Wiederholungs- und Vertiefungsfragen — 225

§ 24 Die Vertretungsmacht — 227
- I. Grundlagen — 227
- II. Maßgeblicher Zeitpunkt — 228
- III. Gesetzliche Vertretungsmacht — 229
- IV. Rechtsgeschäftliche Vertretungsmacht — 230
  1. Allgemeines — 230
  2. Die Erteilung einer Vollmacht — 230
     - a) Allgemeines — 230
     - b) Form — 231
  3. Vollmacht und Grundgeschäft — 232
  4. Das Erlöschen der Vollmacht — 233
     - a) Grundsatz — 233
     - b) Erlöschen nach Maßgabe des Grundverhältnisses — 233
     - c) Widerruf — 234
  5. Einseitige Rechtsgeschäfte — 236
- V. Vertretungsmacht kraft Rechtsscheins — 237
  1. Grundlagen — 237
  2. Überblick — 239
  3. Vertretungsmacht kraft Rechtsscheins bei Erlöschen einer Außenvollmacht (§ 170 BGB) — 240
     - a) Erteilung einer Außenvollmacht — 241
     - b) Zurechenbarkeit — 241
     - c) Kausalität — 242
     - d) Gutgläubigkeit des Dritten — 243
  4. Vertretungsmacht kraft Rechtsscheins bei Kundgebung einer Vollmacht (§ 171 BGB) — 244
     - a) Kundgebung einer Vollmacht — 244
     - b) Zurechenbarkeit — 246
     - c) Kausalität — 246
     - d) Gutgläubigkeit des Dritten — 246
  5. Vertretungsmacht kraft Rechtsscheins bei Vorlage einer Vollmachtsurkunde (§ 172 BGB) — 246
     - a) Vorlage einer Vollmachtsurkunde — 246

		b) Aushändigung der Vollmachtsurkunde an den Vertreter	248
		c) Kausalität	249
		d) Gutgläubigkeit des Dritten	249
	6.	Die Anscheinsvollmacht	249
		a) Begriff	249
		b) Der Streit um die Anscheinsvollmacht	250
		c) Voraussetzungen	250
		aa) Rechtsschein	250
		bb) Zurechenbarkeit	251
		cc) Kausalität	251
		dd) Gutgläubigkeit des Dritten	252
	7.	Die Anfechtbarkeit einer Vertretungsmacht kraft Rechtsscheins	252
	8.	Rechtsfolgen einer Vertretungsmacht kraft Rechtsscheins	253
VI.	Die Duldungsvollmacht		253
VII.	Überblick: Vertretungsmacht		255
VIII.	Rechtsscheinhaftung bei Handeln unter fremdem Namen		255

Wiederholungs- und Vertiefungsfragen   257

§ 25 Vertretung ohne Vertretungsmacht   258

I.	Grundsätze		258
II.	Vertragsschluss ohne Vertretungsmacht		258
III.	Einseitige Rechtsgeschäfte		259
	1. Aktive Stellvertretung		259
	2. Passive Stellvertretung		260
IV.	Die Haftung des falsus procurator nach § 179 BGB		260
	1. Abschluss eines Vertrags ohne Vertretungsmacht		260
	2. Verweigerung der Genehmigung		261
	3. Kein Ausschluss der Haftung nach § 179 Abs. 3 BGB		261
	4. Haftungsinhalt		262
		a) Kenntnis vom Mangel der Vertretungsmacht (§ 179 Abs. 1 BGB)	262
		b) Keine Kenntnis vom Mangel der Vertretungsmacht (§ 179 Abs. 2 BGB)	263

Wiederholungs- und Vertiefungsfragen   265

§ 26 Einzelne Probleme des Stellvertretungsrechts   266

I.	Untervertretung		266
II.	Gesamtvertretung		268
III.	Die Anfechtung der Vollmacht		269
IV.	Willensmängel und Wissenszurechnung (§ 166 BGB)		274
	1. Prinzipielle Maßgeblichkeit der Person des Vertreters (§ 166 Abs. 1 BGB)		274
		a) Willensmängel	274
		b) Kennen und Kennenmüssen	275
	2. Ausnahmsweise Beachtlichkeit der Person des Vertretenen (§ 166 Abs. 2 BGB)		275
		a) Kennen und Kennenmüssen	275
		b) Willensmängel	276

	V.	Der Missbrauch der Vertretungsmacht	278
		1. Problem	278
		2. Kollusion	279
		3. Nicht-kollusiver Missbrauch	280
	VI.	Insichgeschäfte (§ 181 BGB)	282
		1. Problem	282
		2. Rechtsfolge	283
		3. Anwendungsbereich	284
		a) Selbstkontrahieren und Mehrvertretung	284
		b) Verträge und einseitige Rechtsgeschäfte	284
		c) Einschränkung und Ausweitung des Anwendungsbereichs	284
		aa) Problem	284
		bb) Einschränkung des Anwendungsbereichs	285
		cc) Ausweitung des Anwendungsbereichs	285
		4. Zulässige Insichgeschäfte	286
		a) Gestattung	286
		b) Erfüllung einer Verbindlichkeit	287
		5. Das Problem der Erkennbarkeit von Insichgeschäften	289
		Wiederholungs- und Vertiefungsfragen	290
§ 27	Boten		291
	I.	Boten und Stellvertreter	291
		1. Der Begriff des Boten	291
		2. Die Abgrenzung von Boten und Stellvertretern	291
		a) Aktive Stellvertreter	291
		b) Passive Stellvertreter	293
	II.	Erklärungs- und Empfangsboten	295
	III.	Fehler bei der Übermittlung von Willenserklärungen	299
		1. Fehler von Erklärungsboten	299
		2. Fehler von Empfangsboten	301
		Wiederholungs- und Vertiefungsfragen	302

H. Verbraucherschutzrecht und Allgemeine Geschäftsbedingungen

§ 28	Verbraucherschutzvorschriften		303
	I.	Hintergrund	303
	II.	Einfluss des Europarechts	303
	III.	Verbraucher und Unternehmer	305
		1. Situationsbezogene Definition	305
		2. Persönliche Voraussetzungen	306
		3. Gewerbliche oder selbständige berufliche Tätigkeit	306
		4. Bestimmung der Zwecksetzung	307
		5. Gemischte Zwecksetzung	308
		6. Stellvertreter	309
		7. Abschluss eines Rechtsgeschäfts	309
	IV.	Überblick	310
	V.	Anwendungsbereich des allgemeinen Verbraucherschutzrechts	312

VI.	Besondere Anforderungen an den Vertragsschluss	313
	1. Vertragsschluss im elektronischen Geschäftsverkehr	313
	2. Extrazahlungen	314
VII.	Informationspflichten	315
VIII.	Widerrufsrechte	317
	1. Grundlagen	317
	2. Erklärung des Widerrufs	318
	3. Widerrufsfrist	319
	4. Folgen des Widerrufs	320
	Wiederholungs- und Vertiefungsfragen	321

§ 29 Allgemeine Geschäftsbedingungen 322

I.	Der Anwendungsbereich der §§ 305 ff. BGB	322
II.	Der Begriff der Allgemeinen Geschäftsbedingungen	323
III.	Der Grund der Kontrolle von Allgemeinen Geschäftsbedingungen	325
IV.	Möglichkeiten der Kontrolle Allgemeiner Geschäftsbedingungen	327
V.	Die Einbeziehung von Allgemeinen Geschäftsbedingungen in den Vertrag	327
	1. Nach § 305 Abs. 2 BGB	327
	2. Nach den allgemeinen Regeln	329
	3. Überraschende Klauseln (§ 305c Abs. 1 BGB)	330
	4. Kollision von Allgemeinen Geschäftsbedingungen	331
VI.	Die Auslegung von Allgemeinen Geschäftsbedingungen	331
VII.	Die Inhaltskontrolle von Allgemeinen Geschäftsbedingungen	332
	1. Überblick	332
	2. Voraussetzung der Inhaltskontrolle	333
	3. Die Generalklausel des § 307 Abs. 1 und 2 BGB	334
	a) Der Grundsatz des § 307 Abs. 1 S. 1 BGB	334
	b) Die Regelbeispiele des § 307 Abs. 2 BGB	335
	c) Das Transparenzgebot des § 307 Abs. 1 S. 2 BGB	336
VIII.	Rechtsfolgen bei Nichteinbeziehung oder Unwirksamkeit einer Klausel	336
	1. Keine Nichtigkeit des Vertrags	336
	2. Schließung der Vertragslücke	337
	3. Unzulässigkeit einer geltungserhaltenden Reduktion	339
	4. Salvatorische Klauseln	340
	5. Bindung des Verwenders	341
	Wiederholungs- und Vertiefungsfragen	341

I. Gegenrechte

§ 30 Einreden und Einwendungen 343

Wiederholungs- und Vertiefungsfragen	344

§ 31 Grundzüge des Verjährungsrechts 345

I.	Begriff und Zweck der Verjährung	345
II.	Gegenstand der Verjährung	345
III.	Die Verjährungsfristen	345
	1. Regelmäßige Verjährungsfrist	345

Inhalt

	2.	Sonderverjährungsfristen	346
	3.	Berechnung der Verjährungsfrist	346
	4.	Verjährung bei Rechtsnachfolge	347
IV.	Hemmung, Ablaufhemmung und Neubeginn der Verjährung		348
	Wiederholungs- und Vertiefungsfragen		348

Definitionen 349

Stichwortverzeichnis 361

Über den Umgang mit diesem Buch

Kurze Bücher haben den scheinbaren Vorzug, dass man schnell mit ihnen „durch" ist. War das vielleicht einer der Gründe dafür, warum Sie gerade zu diesem Lehrbuch gegriffen haben? Allein – der Umfang und Schwierigkeitsgrad des Allgemeinen Teils werden nicht geringer, nur weil das Lehrbuch dazu kürzer als andere ist. Ich habe mich bemüht, die Kürze nicht auf Kosten der Substanz zu erreichen, sondern einerseits dadurch, dass ich – wie schon im Vorwort gesagt – einiges weggelassen habe, was weniger klausurrelevant ist, und andererseits dadurch, dass ich „Plauderpassagen" vermieden habe. Das bedeutet für Sie, dass der Text sehr verdichtet ist und beim Lesen nur wenig „Erholphasen" bietet. Das Buch soll nicht durch*gelesen*, sondern durch*gearbeitet* werden. Sie sollten deshalb Ihren Lernfortschritt nicht danach bemessen, wie viele Seiten Sie pro Tag „geschafft" haben. Das Einzige, was zählt, ist, wie viel Sie wirklich gelernt haben. Lernen werden Sie aber nicht durch Lesen, sondern durch das **Nachdenken über das Gelesene**. Bitte machen Sie deshalb nicht den Fehler, dieses Buch als Ausfluss höherer Weisheit zu betrachten. Natürlich ist es das bis zu einem gewissen Grad, hoffe ich zumindest. Gewinn werden Sie aus diesem Buch – und aus jedem juristischen Text! – aber nur ziehen, wenn Sie sich daran „reiben". Überlegen Sie sich bei jedem Abschnitt, ob er *Sie* überzeugt, ob man das Ganze vielleicht auch anders sehen oder besser ausdrücken könnte. Wenn der Text Ihnen zu knapp oder nicht überzeugend scheint, dann nehmen Sie sich ein anderes Lehrbuch und lesen dort die betreffende Passage oder schlagen Sie das Problem in einem Kommentar nach. Ein guter Jurist oder eine gute Juristin können Sie nicht werden, indem Sie zu einem bestimmten Gebiet ausschließlich *ein* Buch lesen. Natürlich werden Sie ein Buch zur Grundlage Ihres Lernens machen, aber punktuell – zu Themen, die Sie besonders interessieren oder Ihnen besonders schwierig scheinen – müssen Sie parallel dazu anderes lesen: einen Abschnitt in einem anderen Lehrbuch, einige Randnummern in einem Kommentar, ein Gerichtsurteil oder einen Aufsatz in einer Fachzeitschrift. Auf diese Weise lernen Sie verschiedene Standpunkte und Möglichkeiten kennen, an ein Problem heranzugehen, verschiedene Arten zu formulieren und zu argumentieren. Vergleichen Sie die einzelnen Texte und überlegen Sie sich, was *Ihnen* besser scheint. Auf diese Weise lernen Sie, Ihren eigenen Weg zu gehen, rechtliche Probleme selbst zu erkennen und zu lösen, auch wenn Sie nicht wissen, wie „der BGH" oder „die herrschende Meinung" in dem betreffenden Fall entscheiden. Genau diese Fähigkeit wird auch für Ihre Noten ausschlaggebend sein. Gute Klausuren schreibt nicht, wer weiß, was der BGH und was Professor XY zu einem bestimmten Detailproblem sagt. Gute Klausuren schreibt vielmehr, wer dieses Detailproblem erkennt und dann mit selbst entwickelter Argumentation zu lösen vermag. Wenn Sie das lernen, fällt Ihnen im Übrigen das Studium auch viel leichter: Zum einen fühlen Sie sich sicherer, weil Sie unbekannte Probleme als etwas Normales, den Alltag eines Juristen Prägendes akzeptieren und nicht als etwas nicht zu Bewältigendes fürchten. Und zum anderen macht es einfach mehr Spaß, selber nachzudenken und mit Kommilitonen zu diskutieren als zu versuchen, sich den Inhalt des 146. Bandes der Sammlung von Entscheidungen des Bundesgerichtshofs in Zivilsachen zu merken.

Anregungen zur Lektüre neben diesem Buch sollen Ihnen die **Fußnoten** geben. Natürlich sollen Sie nicht alle nachlesen. Aber ich hoffe doch, dass Sie sich einige der angegebenen Nachweise aus Rechtsprechung und Literatur ansehen werden. Für die Auswahl der Fußnoten waren drei Gesichtspunkte maßgeblich: Erstens habe ich Fußnoten gesetzt, wenn eine Rechtsfrage ernsthaft umstritten ist. Sie können sich dann anhand der Fußnoten einen Überblick über den Meinungsstand verschaffen und wissen, wo Sie nachlesen müssen, falls Sie mehr zu diesem Meinungsstreit wissen wollen. Zweitens habe ich eine Fundstelle angegeben, wenn das betreffende Problem zwar nicht umstritten ist, es aber nicht leicht ist, in der Literatur etwas dazu zu finden. Und drittens habe ich auf „klassische" Entscheidungen und solche Aufsätze hingewiesen, die ich für besonders geeignet zur vertiefenden Lektüre halte. Wenn Sie weitere Belege, vor allem aus der Rechtsprechung erhalten wollen, nehmen Sie sich einen x-beliebigen Kommentar zum BGB und schlagen Sie unter dem betreffenden Paragrafen nach.

Relativ häufig werden Sie den Ausdruck **„meines Erachtens"** (m.E.) oder „meiner Ansicht nach" lesen. In Klausuren oder Hausarbeiten dürfen Sie nicht so formulieren; alle Wörter, die auf die Person des Verfassers hinweisen, sind verpönt. Von Ihnen werden scheinbar „objektive" Formulierungen verlangt wie „Vorzugswürdig ist…". Wenn ich trotzdem von „mir" schreibe, so will ich Sie darauf hinweisen, dass ich an dieser Stelle den Bereich gesicherter juristischer Erkenntnis verlasse und meine eigene Auffassung darstelle. Sie sollen dann besonders kritisch sein und wirklich darüber nachdenken, ob Sie das Geschriebene überzeugt. Falls es so ist, würde mich das natürlich freuen. Falls nicht, haben Sie durch die Auseinandersetzung damit auf jeden Fall mehr gelernt, als wenn Sie es ohne Nachdenken akzeptiert hätten.

Im Hinblick auf den **Aufbau dieses Buchs** habe ich mich bemüht, eine Reihenfolge zu finden, bei der sich die Probleme möglichst natürlich auseinanderentwickeln; es ist deshalb nicht die Reihenfolge des Gesetzes. Soweit möglich habe ich Einzelfragen in demjenigen Kontext erörtert, in dem sie sich auch bei der Fallbearbeitung stellen. So werden Sie etwa keinen eigenständigen Abschnitt über „Fristen und Termine" (§§ 186–193 BGB) finden. Was Sie dazu wissen müssen, wird vielmehr im Rahmen zweier Fristberechnungen behandelt, und zwar in Bezug auf die Berechnung der Frist zur Annahme eines Antrags (§ 3 Rn. 6) und auf die Berechnung des Lebensalters (§ 16 Rn. 3). Ebenso werden Einwilligung und Genehmigung (§§ 182–184 BGB) im Kontext der Einwilligung eines gesetzlichen Vertreters in die Rechtsgeschäfte eines Minderjährigen behandelt (§ 16 Rn. 23 ff.).

Viele Fragen aus dem Allgemeinen Teil des BGB stellen sich nur im Zusammenspiel mit Regelungen aus dem Schuldrecht, Sachenrecht oder anderen Rechtsgebieten. Den Autor eines Lehrbuchs zum Allgemeinen Teil stellt das vor ein erhebliches Problem. Stellt er diese Probleme dar, überfordert und frustriert er die Studienanfänger. Stellt er sie nicht dar, wird er den Bedürfnissen derjenigen nicht gerecht, die das Buch zur Wiederholung nutzen. Ich habe mich bemüht, einen Kompromiss zu finden: Die betreffenden Ausführungen sind sehr kurzgehalten, grafisch abgesetzt und als **„weiterführender Hinweis"** gekennzeichnet. Wenn Sie Studienanfänger sind, müssen Sie sie nicht verstehen und die behandelten Rechtsfragen nicht kennen. Sind Sie Fortgeschrittener oder gar Examenskandidat, werden Sie an die Problematik erinnert und können in Lehrbüchern zum Schuldrecht, Sachenrecht etc. nachlesen. Falls es sich nicht um Standardprobleme handelt, habe ich Literatur angegeben.

Am Ende jedes Paragrafen finden Sie **Wiederholungs- und Vertiefungsfragen**. „Musterlösungen" dazu gibt es nicht. Ich weiß aus meiner Studienzeit, wie groß die Versuchung ist, die Antwort zwar nicht gleich zu lesen, aber nur kurz über die Frage nachzudenken, dann die Antwort anzuschauen und sich zu sagen, „so ungefähr" habe es schon gestimmt. Diesen Weg will ich Ihnen verbauen. Die Antworten zu allen Fragen finden sich im Buch, wenn auch nicht immer expressis verbis. Auch die relevanten Stellen gebe ich Ihnen absichtlich nicht an. Denn wenn Sie sich nicht sicher sind, worum es eigentlich geht, und deshalb die Antwort nicht schnell finden können, ist es besser, Sie lesen den ganzen Paragrafen noch einmal.

Das Weglassen der Antworten soll noch einen anderen Effekt haben: Sie zum juristischen Gespräch mit Kommilitonen und Kommilitoninnen anzuregen. Diskutieren Sie über die richtigen Lösungen! Eine **private Lerngruppe** von drei bis vier Leuten ist eine der effektivsten Arten zu lernen, die es gibt. Erstens macht es in der Gruppe einfach mehr Spaß. Und zweitens überzeugt man sich selbst meistens recht schnell von der Richtigkeit dessen, was man glaubt. Die anderen Mitglieder Ihrer Lerngruppe zu überzeugen ist dagegen erheblich schwieriger. Und in der Prüfung müssen Sie auch nicht sich selbst, sondern den Korrektor oder mündlichen Prüfer überzeugen. Sehr sinnvoll wäre es, in einer solchen Lerngruppe gemeinsam Fälle aus Ausbildungszeitschriften zu lösen. Auch insofern gilt, was ich oben zum Umgang mit diesem Buch geschrieben habe: Nehmen Sie die Lösung in der Ausbildungszeitschrift nicht einfach als die Ideallösung hin. Denken Sie darüber nach, ob Sie wirklich davon überzeugt sind, ob man auch zum gegenteiligen Ergebnis kommen könnte, ob es bessere Argumente gibt oder ob man es eleganter formulieren könnte. Denken Sie daran: In Jura gibt es oft nicht „richtig" und „falsch", sondern nur „besser" und „schlechter". Wenn Sie nicht mehr weiterkommen, ziehen Sie andere Literatur zu Rate, schauen Sie in die Großkommentare zum BGB. Und wenn Ihnen auch das nicht hilft (aber erst dann!): Fragen Sie Ihre Dozenten.

Zum Schluss: Wenn Sie nicht sofort alles verstehen oder anwenden können – geben Sie nicht gleich auf. Jura ist schwierig! Aber: Jura kann auch Spaß machen!

Abkürzungsverzeichnis

a.A.	anderer Ansicht
a.a.O.	am angegebenen Ort
a.F.	alte Fassung
ABl.	Amtsblatt der Europäischen Gemeinschaften/Europäischen Union
Abs.	Absatz
AcP	Archiv für die civilistische Praxis
AEUV	Vertrag über die Arbeitsweise der Europäischen Union
AG	Amtsgericht
AGB	Allgemeine Geschäftsbedingungen
AktG	Aktiengesetz
Alt.	Alternative
AP	Hueck/Nipperdey/Dietz: Nachschlagewerk des Bundesarbeitsgerichts. Arbeitsrechtliche Praxis
Art.	Artikel
Aufl.	Auflage
BAG	Bundesarbeitsgericht
BauR	baurecht. Zeitschrift für das gesamte öffentliche und zivile Baurecht
BayObLG	Bayerisches Oberstes Landesgericht
BB	Betriebs-Berater
Bearb.	Bearbeitung
BeckOGK-BGB	beck-online.Großkommentar zum BGB
BeckOK-BGB	Beck'scher Online-Kommentar zum BGB
BeckRS	Beck'sche Rechtsprechungssammlung
BeurkG	Beurkundungsgesetz
BGB	Bürgerliches Gesetzbuch
BGH	Bundesgerichtshof
BGHZ	Entscheidungen des Bundesgerichtshofes in Zivilsachen
BT-Drucks.	Bundestagsdrucksache
Buchst.	Buchstabe
BVerfG	Bundesverfassungsgericht
BVerfGE	Entscheidungen des Bundesverfassungsgerichts
bzw.	beziehungsweise
d.h.	das heißt
DNotZ	Deutsche Notar-Zeitschrift. Verkündungsblatt der Bundesnotarkammer
EG	Europäische Gemeinschaft
EGBGB	Einführungsgesetz zum Bürgerlichen Gesetzbuche
EU	Europäische Union
EuGH	Gerichtshof der Europäischen Union – Gerichtshof
EuZW	Europäische Zeitschrift für Wirtschaftsrecht

f., ff.	folgender, folgende
FamRZ	Zeitschrift für das gesamte Familienrecht. Mit Betreuungsrecht, Erbrecht, Verfahrensrecht, Öffentlichem Recht
FernUSG	Gesetz zum Schutz der Teilnehmer am Fernunterricht (Fernunterrichtsschutzgesetz)
FGPrax	Praxis der Freiwilligen Gerichtsbarkeit
Fn.	Fußnote
GbR	Gesellschaft bürgerlichen Rechts
GmbHG	Gesetz betreffend die Gesellschaften mit beschränkter Haftung
GG	Grundgesetz für die Bundesrepublik Deutschland
GRUR	Gewerblicher Rechtsschutz und Urheberrecht
h.M.	herrschende Meinung
HGB	Handelsgesetzbuch
Hs.	Halbsatz
i.S.	im Sinne
i.S.v.	im Sinne von
i.V.m.	in Verbindung mit
InsO	Insolvenzordnung
JA	Juristische Arbeitsblätter. Zeitschrift für Studenten und Referendare
JR	Juristische Rundschau
Jura	JURA. Juristische Ausbildung
JuS	Juristische Schulung. Zeitschrift für Studium und Referendariat
JZ	Juristenzeitung
KG	Kammergericht (Oberlandesgericht des Landes Berlin)
LAG	Landesarbeitsgericht
LG	Landgericht
LM	*Lindenmaier/Möhring*: Nachschlagewerk des Bundesgerichtshofs
LMK	Kommentierte BGH-Rechtsprechung Lindenmaier-Möhring
m.E.	meines Erachtens
MDR	Monatsschrift für deutsches Recht. Zeitschrift für die Zivilrechts-Praxis
MMR	MultiMedia und Recht
Motive	Motive zu dem Entwurfe eines Bürgerlichen Gesetzbuches für das Deutsche Reich – Amtliche Ausgabe, Berlin/Leipzig; Bd. I, 1888
MüKoBGB	Münchener Kommentar zum Bürgerlichen Gesetzbuch
Neubearb.	Neubearbeitung
NJW	Neue Juristische Wochenschrift
NJW-RR	NJW-Rechtsprechungs-Report Zivilrecht
NK-BGB	NomosKommentar BGB
Nr.	Nummer
NZA	Neue Zeitschrift für Arbeitsrecht. Zweiwochenschrift für die betriebliche Praxis

Abkürzungsverzeichnis

NZM	Neue Zeitschrift für Miet- und Wohnungsrecht
o.Ä.	oder Ähnliches
OLG	Oberlandesgericht
ProdHaftG	Produkthaftungsgesetz
Protokolle	Protokolle der Kommission für die zweite Lesung des Entwurfs des Bürgerlichen Gesetzbuchs, Berlin; Bd. I, 1897; Bd. VI, 1899
RDi	Recht Digital
RG	Reichsgericht
RGZ	Entscheidungen des Reichsgerichts in Zivilsachen
RL	Richtlinie
Rn.	Randnummer(n)
S.	Seite(n); Satz, Sätze
sog.	sogenannte(n, r, s)
StPO	Strafprozessordnung
str.	strittig
StVO	Straßenverkehrsordnung
u.a.	unter anderem
u.Ä.	und Ähnliches
u.U.	unter Umständen
UKlaG	Gesetz über Unterlassungsklagen bei Verbraucherrechts- und anderen Verstößen (Unterlassungsklagengesetz)
UWG	Gesetz gegen den unlauteren Wettbewerb
VerschG	Verschollenheitsgesetz
VersR	Versicherungsrecht. Zeitschrift für Versicherungsrecht, Haftungs- und Schadensrecht
vgl.	vergleiche
VuR	Verbraucher und Recht
VwVfG	Verwaltungsverfahrensgesetz
WEG	Gesetz über das Wohnungseigentum und das Dauerwohnrecht (Wohnungseigentumsgesetz)
WM	Wertpapier-Mitteilungen – Zeitschrift für Wirtschafts- und Bankrecht
z.B.	zum Beispiel
ZfPW	Zeitschrift für die gesamte Privatrechtswissenschaft
ZIP	Zeitschrift für Wirtschaftsrecht
ZPO	Zivilprozessordnung
ZVG	Gesetz über die Zwangsversteigerung und die Zwangsverwaltung

Literaturverzeichnis (Auswahl)

I. Lehrbücher

Boecken, Winfried: BGB – Allgemeiner Teil, 3. Aufl. Stuttgart 2019.
Boemke, Burkhard/Ulrici, Bernhard: BGB Allgemeiner Teil, 2. Aufl. Berlin 2014.
Bönninghaus, Achim: BGB Allgemeiner Teil I: Willenserklärung, Vertragsschluss, Geschäftsfähigkeit und Grundlagen der Fallbearbeitung, 4. Aufl. Heidelberg 2018.
Bönninghaus, Achim: BGB Allgemeiner Teil II: Stellvertretung, Nichtigkeitsgründe für Rechtsgeschäfte, 4. Aufl. Heidelberg 2019.
Bork, Reinhard: Allgemeiner Teil des Bürgerlichen Gesetzbuchs, 4. Aufl. Tübingen 2016.
Brox, Hans/Walker, Wolf-Dietrich: Allgemeiner Teil des BGB, 48. Aufl. München 2024.
Flume, Werner: Allgemeiner Teil des Bürgerlichen Rechts: 2. Band – Das Rechtsgeschäft, 4. Aufl. Berlin 1992 (identisch mit 3. Aufl.).
Gröschler, Peter: BGB Allgemeiner Teil, 2. Aufl. Stuttgart 2023.
Hirsch, Christoph: BGB Allgemeiner Teil, 10. Aufl. Baden-Baden 2020.
Köhler, Helmut: BGB Allgemeiner Teil: Ein Studienbuch, 48. Aufl. München 2024.
Köhler, Helmut: BGB AT kompakt, 7. Aufl. München 2021.
Kötz, Hein: Vertragsrecht, 2. Aufl. Tübingen 2012.
Leenen, Detlef/Häublein, Martin: BGB Allgemeiner Teil, 3. Aufl. Berlin 2021.
Leipold, Dieter: BGB I: Einführung und Allgemeiner Teil, 11. Aufl. Tübingen 2022.
Löhnig, Martin/Fischinger, Philipp S.: Einführung in das Zivilrecht mit BGB Allgemeiner Teil, Schuldrecht Allgemeiner Teil und Deliktsrecht, 21. Aufl. Heidelberg 2023.
Medicus, Dieter/Petersen, Jens: Allgemeiner Teil des BGB, 12. Aufl. Heidelberg 2024.
Neuner, Jörg: Allgemeiner Teil des Bürgerlichen Rechts, 13. Aufl. München 2023.
Schack, Haimo: BGB-Allgemeiner Teil, 17. Aufl. Heidelberg 2023.
Stadler, Astrid: Allgemeiner Teil des BGB, 21. Aufl. München 2022.
Teichmann, Artur: BGB Allgemeiner Teil, 1. Aufl. Baden-Baden 2021.
Wertenbruch, Johannes: BGB Allgemeiner Teil, 6. Aufl. München 2024.
Wörlen, Rainer/Metzler-Müller, Karin/Balleis, Kristina: BGB AT mit Einführung in das Recht, 16. Aufl. München 2023.

II. Kommentare

beck-online.Großkommentar zum BGB, unvollständig, München 2024 (unterschiedlicher Bearbeitungsstand).
Beck'scher Online-Kommentar zum BGB – *Hau, Wolfgang/Poseck, Roman*: BeckOK BGB, 70. Edition München 2024 (unterschiedlicher Bearbeitungsstand).
Bürgerliches Gesetzbuch: Handkommentar, 12. Aufl. Baden-Baden 2024.
Erman, Walter: Handkommentar zum BGB, Bd. 1 (§§ 1–597 BGB), 17. Aufl. Köln 2023.
Grüneberg, Christian: Bürgerliches Gesetzbuch, 83. Aufl. München 2024.
Historisch-kritischer Kommentar zum BGB, Bd. 1 (§§ 1–240), Tübingen 2003.
Jacoby, Florian/von Hinden, Michael: Studienkommentar BGB, 18. Aufl. München 2022.
Jauernig, Othmar: Bürgerliches Gesetzbuch, 19. Aufl. München 2023.
juris Praxiskommentar BGB, Bd. 1: Allgemeiner Teil, 10. Aufl. Saarbrücken 2023.
Münchener Kommentar zum Bürgerlichen Gesetzbuch, Bd. 1 (§§ 1–240, AllgPersönlR, ProstG, AGG), 9. Aufl. München 2021.
NomosKommentar BGB, Bd. 1 (§§ 1–240, EGBGB), 4. Aufl. Baden-Baden 2021.
Prütting, Hanns/Wegen, Gerhard/Weinreich, Gerd: BGB – Kommentar, 19. Aufl. Hürth 2024.
Reichsgerichtsrätekommentar zum Bürgerlichen Gesetzbuch, herausgegeben von Mitgliedern des Bundesgerichtshofes, Bd. 1 (§§ 1–240), 12. Aufl. Berlin 1982.

Literaturverzeichnis (Auswahl)

Soergel, Hans Theodor: Bürgerliches Gesetzbuch, Stuttgart; Bd. 1 (§§ 1–103), 13. Aufl. 2000; Bd. 2a (§§ 13, 14, 126a–127, 194–218), 13. Aufl. 2002; Bd. 2/1 (§§ 104–157), 14. Aufl. 2023; Bd. 2/2 (§§ 158–240), 14. Aufl. 2023.

Staudinger, Julius von: Kommentar zum Bürgerlichen Gesetzbuch, Berlin; §§ 1–14, VerschG, Neubearb. 2024; §§ 21–79a, Neubearb. 2023; §§ 80–89, Neubearb. 2017; §§ 90–124, 130–133, Neubearb. 2021; §§ 125–129, BeurkG, Neubearb. 2023; §§ 134–138, ProstG, Neubearb. 2021; §§ 139–163, Neubearb. 2020; §§ 164–240, Neubearb. 2019.

III. Repetitorien u.Ä.

Armbrüster, Christian: Examinatorium BGB AT, 4. Aufl. Berlin 2022.

Bitter, Georg/Röder, Sebastian: BGB Allgemeiner Teil: Lern- und Fallbuch, 6. Aufl. München 2024.

de la Durantaye, Katharina/Stieper, Malte: Casebook BGB Allgemeiner Teil, 2. Aufl. Baden-Baden 2023.

Fezer, Karl-Heinz/Obergfell, Eva Inés: Klausurenkurs zum BGB Allgemeiner Teil, 11. Aufl. München 2022.

Fritzsche, Jörg: Fälle zum BGB Allgemeiner Teil, 9. Aufl. München 2024.

Grigoleit, Hans Christoph/Herresthal, Carsten: BGB Allgemeiner Teil, 4. Aufl. München 2021.

Klocke, Daniel M./Dürkop, Max: Klausurenkurs BGB – Allgemeiner Teil, 1. Aufl. Heidelberg 2023.

Köhler, Helmut: Prüfe dein Wissen: BGB Allgemeiner Teil, 30. Aufl. München 2024.

Lindacher, Walter F./Hau, Wolfgang: Fälle zum Allgemeinen Teil des BGB, 7. Aufl. München 2021.

Riehm, Thomas: Examinatorium BGB Allgemeiner Teil, 1. Aufl. München 2015.

Säcker, Franz Jürgen/Mohr, Jochen: Fallsammlung zum BGB Allgemeiner Teil, Berlin 2010.

Würdinger, Markus: Examens-Repetitorium BGB – Allgemeiner Teil, 6. Aufl. Heidelberg 2024.

A. Willenserklärungen und Vertragsschluss

§ 1 Grundlagen: Erfüllungsanspruch und Konsensprinzip

Zwei der wichtigsten Grundsätze des Vertragsrechts stehen nirgends ausdrücklich im BGB, sondern werden von ihm vorausgesetzt: Erstens, dass Verträge zu erfüllen sind („**pacta sunt servanda**"). Und zweitens, dass ein Vertrag durch **zwei übereinstimmende Willenserklärungen** zustande kommt. Der zweite Grundsatz wird in § 3 näher behandelt, deshalb hier nur einige Worte zum ersten.

Er ist keineswegs so selbstverständlich, wie er scheint. Im englischen und amerikanischen Recht etwa ist ein Anspruch auf Erfüllung eines Vertrags („specific performance") nicht generell gegeben, sondern nur unter ganz bestimmten, relativ engen Voraussetzungen. Liegen diese nicht vor, kann der Gläubiger vom Schuldner nicht Erfüllung des Vertrags in Natur (z.B. Übergabe und Übereignung der Kaufsache) verlangen, sondern nur Schadensersatz.

▶ **Begriffe:** „Gläubiger" nennt man diejenige Person, die von einer anderen, dem „**Schuldner**", etwas verlangen kann. Das Recht, von einem anderen etwas zu verlangen, wird als „**Anspruch**" bezeichnet; eine Norm, die einer Person einen Anspruch gewährt, heißt „**Anspruchsgrundlage**". Der Begriff „Anspruch" wird in § 194 Abs. 1 BGB definiert: „Das Recht, von einem anderen ein Tun oder Unterlassen zu verlangen (Anspruch) …" Da das Gesetz selbst die Definition enthält, spricht man von einer „Legaldefinition". Legaldefinitionen finden Sie im Gesetz häufig an Stellen, an denen Sie sie nicht unbedingt suchen würden. Deshalb sollten Sie sich nach Möglichkeit die entsprechenden Paragrafen merken.

Sehr häufig haben beide Parteien Ansprüche gegeneinander, z.B. der Käufer gegen den Verkäufer auf Übergabe und auf Übereignung der Kaufsache (§ 433 Abs. 1 S. 1 BGB), der Verkäufer gegen den Käufer auf Zahlung des Kaufpreises und auf Abnahme der Kaufsache (§ 433 Abs. 2 BGB). Es sind dann beide Parteien sowohl Gläubiger als auch Schuldner. Um Missverständnisse zu vermeiden, bezeichnet man in einem solchen Fall die Parteien besser mit ihren Namen oder mit „Käufer" und „Verkäufer". ◀

Der **Anspruch auf Vertragserfüllung** entspringt aus dem Vertrag selbst. Bei Verträgen, die in der Praxis oft vorkommen, gibt das Gesetz häufig den typischen Vertragsinhalt wieder, zu dem auch die Erfüllungsansprüche gehören, z.B. in § 433 BGB für den Kaufvertrag, in § 488 Abs. 1 BGB für den Darlehensvertrag und in § 535 BGB für den Mietvertrag. Diese Normen kann man als Anspruchsgrundlage für die vertraglichen Erfüllungsansprüche zitieren (z.B. „Anspruch des Verkäufers gegen den Käufer auf Zahlung des Kaufpreises aus § 433 Abs. 2 BGB"). Da Erfüllungsansprüche aber nicht gesetzlich vorgegeben sind, sondern auf der Vereinbarung der Parteien beruhen, können die Parteien sie in aller Regel vertraglich ändern oder ausschließen, und sie können auch einen Vertrag schließen, der keinem der gesetzlichen Typen entspricht.

▶ **Hintergrund:** Dass die Menschen frei darüber entscheiden können, ob, mit wem und mit welchem Inhalt sie Verträge schließen, ist Ausfluss der durch Art. 2 Abs. 1 Grundgesetz (GG) grundrechtlich geschützten **Vertragsfreiheit**. Man unterscheidet zwischen der Abschlussfreiheit, die sich auf das Ob des Vertragsschlusses bezieht, und der Inhaltsfreiheit, die die inhaltliche Ausgestaltung des Vertrags zum Gegenstand hat. Beide Freiheiten gelten allerdings nicht schrankenlos. So können etwa Unternehmen kraft ihrer überlegenen Marktstellung einem Kontrahierungszwang unterliegen, also zum Vertragsschluss verpflichtet sein (Einschränkung der Abschlussfreiheit).[1] Das gilt insbesondere für öffentliche Versorgungsunternehmen (z.B. § 18 Abs. 1 Energiewirtschaftsgesetz, § 3 Postdienstleistungsverordnung, § 22 Personenbeförderungsgesetz). Das Allgemeine Gleichbehandlungsgesetz (AGG) verbietet bei bestimmten Geschäften eine Benachteiligung aus Gründen der Rasse oder wegen der ethnischen Herkunft, des Geschlechts, der Religion oder Weltanschauung, einer Behinderung, des Alters oder der sexuellen Identität. Die Inhaltsfreiheit ist beispielsweise beschränkt, wenn der Vertrag gegen ein Gesetz (§ 134 BGB) oder die guten Sitten (§ 138 BGB) verstößt (siehe dazu §§ 9, 10). Zum Teil ist der Inhalt eines Vertrags auch gesetzlich vorgegeben, ohne dass die Parteien etwas anderes vereinbaren können. Man spricht dann von **zwingendem Recht**. **Dispositivem Recht** dagegen kommt nur eine „Lückenfüller-Funktion" zu – es gilt nur, soweit die Parteien nichts anderes vereinbart haben, und ermöglicht somit, einen Vertrag zu schließen, ohne alle Eventualitäten (z.B. die Rechte einer Partei, falls die andere nicht, nicht rechtzeitig oder nicht ordnungsgemäß erfüllt) vertraglich zu regeln. Vertragsrecht ist in der Regel dispositives Recht. Zwingendes Recht setzt das Gesetz nur ein, wenn eine Vertragspartei, die typischerweise der anderen unterlegen ist, geschützt werden soll, z.B. der Mieter (§§ 547 Abs. 2, 551 Abs. 4, 552 Abs. 2, 553 Abs. 3, 555 BGB) oder der Verbraucher (§§ 312m Abs. 1, 361 Abs. 2, 476 Abs. 1 S. 1 und Abs. 2 S. 1 BGB).

Die Vertragsfreiheit ist Ausfluss des Grundsatzes der **Privatautonomie**, nach dem der Einzelne seine Lebensverhältnisse im Rahmen der Rechtsordnung eigenverantwortlich gestalten kann. Weitere Erscheinungsformen der Privatautonomie sind die Vereinigungsfreiheit (Art. 9 GG), die Testierfreiheit (Art. 14 Abs. 1 GG) und die Freiheit des Eigentums (Art. 14 Abs. 1 GG, § 903 S. 1 BGB). ◄

Wiederholungs- und Vertiefungsfragen

1. Was ist ein Anspruch, wo ist dieser Begriff definiert und wie nennt man eine solche Definition?
2. Was sind die Komponenten der Vertragsfreiheit?
3. Nennen Sie Beispiele für die Einschränkung der Vertragsfreiheit!

---

1 Einschlägig sind insofern §§ 19, 20 des Gesetzes gegen Wettbewerbsbeschränkungen (GWB). Siehe z.B. OLG Frankfurt NJW-RR 1988, 229 f.: Ein Kioskbetreiber hat Anspruch auf Belieferung durch einen Zeitungs- und Zeitschriftengroßhändler mit Gebietsschutz (zu § 26 Abs. 2 GWB a.F.).

§ 2 Die Willenserklärung

I. Begriff

Der Einzelne kann die Privatautonomie (siehe § 1 Rn. 5) vor allem durch die Vornahme von **Rechtsgeschäften** wahrnehmen. Als Rechtsgeschäft bezeichnet man einen Tatbestand, an den die Rechtsordnung deshalb und nur deshalb eine Rechtsfolge knüpft, weil diese gewollt ist.

▶ **Beispiel:** Wer einen anderen schlägt, löst dadurch zwar möglicherweise Rechtsfolgen aus: Er kann sich schadensersatzpflichtig und/oder strafbar machen. Das Schlagen ist aber kein Rechtsgeschäft, weil diese Rechtsfolgen unabhängig davon eintreten, ob der Schläger sie gewollt hat oder nicht. ◀

Rechtstechnisches Mittel für die Vornahme von Rechtsgeschäften ist die **Willenserklärung**.[1] Dabei gibt es Rechtsgeschäfte, die nur einer Willenserklärung bedürfen (einseitige Rechtsgeschäfte, z.B. die Kündigung eines Mietvertrags), und Rechtsgeschäfte, für die zwei oder mehr Willenserklärungen erforderlich sind (zwei- oder mehrseitige Rechtsgeschäfte), insbesondere Verträge (siehe näher § 16 Rn. 27). Eine Willenserklärung ist also eine private Willensäußerung, die auf die Vornahme eines Rechtsgeschäfts gerichtet ist.

Durch das Erfordernis, dass es sich um eine *private* Willensäußerung handeln muss, werden Willensäußerungen auf dem Gebiet des öffentlichen Rechts ausgenommen.

▶ **Beispiele:** Wenn eine Behörde eine Baugenehmigung erlässt oder verweigert, handelt es sich dabei nicht um eine private Willensäußerung und damit nicht um eine Willenserklärung, sondern um einen Verwaltungsakt (§ 35 VwVfG). Ebensowenig liegt eine Willenserklärung vor, wenn jemand bei einer Wahl seine Stimme abgibt. ◀

Eine Erklärung, mit der der Erklärende kein Rechtsgeschäft vornehmen will, sondern nur einen wirtschaftlichen oder sozialen Erfolg anstrebt, ist keine Willenserklärung.

▶ **Beispiele:** Wer im Laden erklärt, eine bestimmte Zeitung kaufen zu wollen, strebt damit den wirtschaftlichen Erfolg an, die Zeitung gegen Zahlung des Kaufpreises mitnehmen und behalten zu dürfen. Da der Weg zu diesem wirtschaftlichen Erfolg aber über den Abschluss eines Kaufvertrags führt, erstrebt der Erklärende als rechtlichen Erfolg den Abschluss eines solchen Vertrags. Es handelt sich also um eine Willenserklärung in Form eines Antrags zum Vertragsschluss (§ 145 BGB). Wer einen Mietvertrag kündigt, erstrebt damit den rechtlichen Erfolg der Beendigung des Mietverhältnisses (§ 542 Abs. 1 BGB).

Wer verbreitet, die Produkte seines Konkurrenten seien qualitativ minderwertig, will seinen Absatz auf Kosten des Absatzes dieses Konkurrenten steigern. Er strebt einen wirtschaftlichen Erfolg an, will aber kein Rechtsgeschäft vornehmen. Eine Willenserklärung liegt deshalb nicht vor. Wer seinen Tischnachbarn im Restaurant bittet, ihm den Salzstreuer hinüberzureichen, will lediglich sein Essen salzen können. Irgendwelcher Rechtswirkungen bedarf es dazu nicht, und deshalb handelt es sich nicht um eine Willenserklärung. ◀

II. Arten von Willenserklärungen

Man unterscheidet zwischen empfangsbedürftigen und nicht empfangsbedürftigen Willenserklärungen. **Empfangsbedürftige Willenserklärungen** sind an einen bestimmten

---

[1] Einen ganz eigenen Ansatz in der Rechtsgeschäftslehre verfolgen *Leenen* und *Häublein*, indem sie strikt zwischen der Wirksamkeit der einzelnen Willenserklärungen und der Wirksamkeit des durch sie vorgenommenen Rechtsgeschäfts unterscheiden; siehe grundlegend *Leenen/Häublein*, § 4 Rn. 101 ff.

Empfänger gerichtet und müssen diesen erreichen, damit sie wirksam werden (vgl. § 130 Abs. 1 S. 1 BGB, siehe Rn. 21 ff.). Dabei muss dieser Empfänger in der Erklärung aber nicht konkret bezeichnet sein. Eine empfangsbedürftige Willenserklärung kann auch an einen Empfänger oder einen Kreis von Empfängern gerichtet werden, der im Zeitpunkt der Abgabe der Willenserklärung noch nicht bestimmt ist.

▶ **Beispiel:** Wenn in einer Kirche Postkarten mit dem Vermerk ausgelegt werden, der Kaufpreis für die entnommenen Karten solle in den Opferstock geworfen werden, liegt darin ein Antrag zum Vertragsschluss an jeden Kirchenbesucher. Man spricht auch von einem Antrag „ad incertas personas" (an noch ungewisse Personen). ◀

Die Empfangsbedürftigkeit ist der Regelfall, da normalerweise derjenige, der von den Folgen einer Willenserklärung betroffen wird, hierüber informiert werden und deshalb die Willenserklärung empfangen muss. **Nicht empfangsbedürftig** sind demgemäß Willenserklärungen, bei denen ein solches Informationsbedürfnis nicht besteht.

▶ **Beispiele:** Durch die Auslobung (§ 657 BGB) erwirbt auch derjenige einen Anspruch auf die versprochene Belohnung, der die Handlung, für die die Belohnung ausgelobt war (z.B. das Zurückbringen eines entlaufenen Haustiers), ohne Kenntnis der Auslobung vorgenommen hat. Die Auslobung erfolgt daher durch eine nicht empfangsbedürftige Willenserklärung. Das Gleiche gilt für letztwillige Verfügungen in einem Testament (§§ 2231 ff. BGB), da die in einem Testament Bedachten vor dem Tod des Erblassers keinerlei Rechte erwerben und daher auch nicht über die Existenz und den Inhalt des Testaments informiert werden müssen. Nicht empfangsbedürftig ist auch die Erklärung zur Aufgabe des Eigentums (§ 959 BGB). ◀

III. Der Tatbestand einer Willenserklärung

3   Wie schon das Wort Willens-erklärung aussagt, kann man zwischen dem äußeren (objektiven) Tatbestand einer Willenserklärung, nämlich der Erklärung, und dem inneren (subjektiven) Tatbestand, dem Willen, unterscheiden. Da der objektive Tatbestand auf den subjektiven Bezug nimmt, wird letzterer zuerst behandelt, auch wenn bei der Rechtsanwendung der objektive Tatbestand vorrangig ist (siehe Rn. 8 ff.).

1. Subjektiver Tatbestand der Willenserklärung

4   Der einer Willenserklärung zugrunde liegende Wille muss, wie sich aus der Definition der Willenserklärung ergibt (Rn. 1), darauf gerichtet sein, durch die Erklärung ein Rechtsgeschäft vorzunehmen. Dieser Wille wird herkömmlich in drei Komponenten unterteilt:

- Handlungswille

   Der Handlungswille ist der Wille, sich überhaupt in bestimmter, nach außen hervortretender Weise zu verhalten.

   ▶ **Beispiele:** Am Handlungswillen fehlt es etwa bei Reflexbewegungen oder bei Handlungen im Schlaf. ◀

- Erklärungsbewusstsein

   Das Erklärungsbewusstsein ist der Wille, durch die Erklärung *irgendein* Rechtsgeschäft vorzunehmen.

   ▶ **Beispiele:** Wer einen Brief unterschreibt, der den Antrag zum Verkauf eines Autos für 10.000 € enthält, handelt mit Erklärungsbewusstsein, wenn er einen derartigen Antrag abgeben will. Er handelt aber auch dann mit Erklärungsbewusstsein, wenn er einen An-

§ 2 Die Willenserklärung

trag nur zu einem Kaufpreis von 11.000 € abgeben will oder wenn er meint, der Brief beinhalte die Kündigung eines Mietvertrags; denn auch ein Antrag zum Verkauf für 11.000 € und die Kündigung eines Mietvertrags sind Rechtsgeschäfte. Dagegen fehlt es am Erklärungsbewusstsein, wenn der Betreffende meint, der Brief beinhalte Glückwünsche zum Geburtstag des Empfängers, oder wenn er diesen nur unverbindlich darüber informieren will, dass er sein Auto verkaufen will; denn dann will der Absender mit dem Brief (noch) kein Rechtsgeschäft vornehmen.

Der klassische Schulfall für das fehlende Erklärungsbewusstsein ist die Trierer Weinversteigerung: Bei einer Weinversteigerung sieht jemand einen Bekannten und winkt ihm zu, ohne zu wissen, dass nach den örtlichen Gebräuchen das Heben der Hand die Abgabe eines um 50 € höheren Gebots bedeutet. ◄

- Geschäftswille

    Der Geschäftswille ist der Wille, durch die Erklärung ein ganz bestimmtes Rechtsgeschäft vorzunehmen.

    ▶ **Beispiel:** Wenn jemand einen Brief in der Meinung unterschreibt, dieser enthalte einen Antrag zum Verkauf eines Autos für 11.000 €, während im Brief 10.000 € steht, fehlt es ihm am Geschäftswillen bezüglich des Verkaufs für 10.000 €. ◄

Die Unterscheidung zwischen den drei Komponenten des Willens ist wichtig, weil ihr Fehlen unterschiedliche Rechtsfolgen auslöst. Siehe dazu § 19.

Der Wille kann auch **antizipiert** gebildet werden. Wer etwa einen **Automaten** aufstellt, hat in dem Moment, in dem durch die Bedienung des Automaten einerseits und das Erbringen der betreffenden Leistung andererseits ein Vertrag geschlossen wird (siehe § 3 Rn. 4), keinerlei konkreten, auf einen Vertragsschluss gerichteten Willen. Da die Funktionsweise eines Automaten aber durch seine Konstruktion bestimmt wird, ist die Erklärung durch diese Konstruktion schon in allgemeiner Form festgelegt. Sie geht damit auf den Willen dessen zurück, der den Automaten in Kenntnis dieser konstruktionsbedingten Festlegung aufgestellt hat. Dass niemand weiß, wann dieser Wille durch die Ingangsetzung des Automaten aktualisiert werden wird, ist unerheblich. Ebenso verhält es sich mit von einem Computer automatisch generierten Willenserklärungen, wenn etwa über das Internet eingehende Bestellungen vom Computer automatisch bearbeitet und ausgeführt werden.

2. Objektiver Tatbestand der Willenserklärung

Der objektive Tatbestand einer Willenserklärung liegt in einem äußerlich erkennbaren Verhalten, das auf das Vorliegen eines Geschäftswillens (und damit auch von Handlungswillen und Erklärungsbewusstsein) schließen lässt. Das Erklärungsbewusstsein wird dabei im Rahmen des objektiven Tatbestands meist „Rechtsbindungswille" genannt.[2] Das Verhalten kann darin liegen, dass der entsprechende Wille **ausdrücklich** erklärt wird. Der Erklärende kann seinen Willen aber auch **konkludent**, d.h. durch schlüssiges Verhalten, zum Ausdruck bringen.

▶ **Beispiele:** Wer durch die Schranke in ein Parkhaus einfährt, für dessen Benutzung ein Entgelt zu zahlen ist, erklärt dadurch konkludent, einen entsprechenden Vertrag[3] schließen

---

[2] Vgl. *Schwab*, Iurratio 2010, 73 ff.; *Kretschmann/Putz*, Jura 2022, 294 ff.
[3] Die Art des Vertrags hängt dabei davon ab, ob der Betreiber des Parkhauses die Obhut über das Kraftfahrzeug übernimmt. Ist dies der Fall, handelt es sich um einen Verwahrungsvertrag (§ 688 BGB), sonst um einen Mietvertrag (§ 535 BGB).

zu wollen. Wer eine der in einer Kirche ausliegenden Postkarten an sich nimmt und, wie auf einem Aushang verlangt, dafür 50 c in den Opferstock wirft, erklärt konkludent, die Postkarte kaufen zu wollen. ◀

Dem objektiven Tatbestand der Willenserklärung muss sich – gegebenenfalls durch Auslegung (Rn. 8 ff.) – die Rechtsfolge, auf deren Herbeiführung die Erklärung gerichtet ist, eindeutig entnehmen lassen: Die Erklärung muss **inhaltlich bestimmt** sein. Hieran fehlt es, wenn eine Erklärung eine für sie essentielle Angabe nicht enthält oder einander widersprechende Angaben enthält und wenn sich ihr Inhalt auch durch Auslegung nicht klären lässt. In diesem Fall liegt keine wirksame Willenserklärung vor (siehe auch § 3 Rn. 24).

▶ **Beispiele:** M hat von V zwei Garagen unterschiedlicher Größe gemietet. Sie schreibt dem V, da sie jetzt nur noch ein Auto habe, benötige sie nur noch eine Garage und kündige den Mietvertrag über die andere. Welche Garage gemeint ist, lässt sich auch durch Auslegung nicht klären. Mangels Bestimmtheit liegt keine wirksame Willenserklärung vor.

V bietet der K an, ihr einen Restposten von 50 Brettern „à 9.500 cm² (2 m mal 48,5 cm)" zu verkaufen. Es lässt sich durch Auslegung nicht klären, ob sich die Erklärung auf Bretter mit einer Größe von 9.500 cm² oder Bretter mit einer Größe von 2 m mal 48,5 cm = 9.700 cm² bezieht. Die Erklärung ist deshalb in sich widersprüchlich und darum wegen **Perplexität** nichtig. ◀

Das Problem der Bestimmtheit einer Willenserklärung wird insbesondere im Hinblick auf den Antrag zum Vertragsschluss erörtert. Siehe § 3 Rn. 3.

7   Im bloßen **Schweigen** liegt – von Ausnahmen abgesehen – keine Willenserklärung. Denn die Teilnehmer am Rechtsverkehr müssen davor geschützt werden, durch bloßes Nichtstun rechtlich gebunden zu werden. Diejenigen Fälle, in denen ausnahmsweise Schweigen dennoch eine Willenserklärung darstellt, betreffen daher Sachverhalte, in denen der Schweigende eines solchen Schutzes nicht bedarf. Das ist etwa der Fall, wenn vereinbart ist, dass dem Schweigen Erklärungswert zukommen soll („beredtes Schweigen"). Aber auch das Gesetz ordnet in bestimmten Sonderfällen an, dass Schweigen eine Willenserklärung darstellt („normiertes Schweigen").

So gilt nach § 516 Abs. 2 BGB Schweigen als Annahme einer Schenkung, wenn der Schenker dem Empfänger eine Frist zur Erklärung gesetzt hat, ob der Empfänger die Schenkung annimmt, und der Empfänger diese Frist verstreichen lässt. Denn da eine Schenkung für den Beschenkten rechtlich nur vorteilhaft ist, muss der Beschenkte vor einem „aufgedrängten" Vertragsschluss nicht in gleicher Weise geschützt werden wie jemand, der durch den betreffenden Vertrag zu einer Leistung verpflichtet wird.

Nach § 362 Abs. 1 HGB gilt es als Annahme des Antrags, wenn ein Kaufmann, der gewerbsmäßig Geschäfte für andere besorgt (z.B. ein Spediteur), auf einen Antrag von jemandem schweigt, mit dem er in Geschäftsverbindung steht oder dem gegenüber er sich zur Besorgung solcher Geschäfte erboten hat. Denn zum einen hat der Kaufmann hier zu erkennen gegeben, dass er generell zur Besorgung derartiger Geschäfte bereit ist, und zum anderen können an das Verhalten eines Kaufmanns im Geschäftsverkehr höhere Anforderungen gestellt werden als an das Verhalten einer Privatperson. Das wird sehr deutlich durch einen Vergleich von § 362 HGB mit § 663 BGB, der auch für Nichtkaufleute gilt. Nach § 663 BGB muss zwar auch ein Nichtkaufmann, der zur Besorgung gewisser Geschäfte öffentlich bestellt ist oder sich öffentlich dazu erboten hat, einen auf Besorgung solcher Geschäfte gerichteten Antrag ablehnen. Versäumt er dies, gilt sein Schweigen aber – anders als nach § 362 HGB – nicht als Annahme, sondern er

§ 2 Die Willenserklärung

macht sich lediglich gemäß § 280 Abs. 1 BGB schadensersatzpflichtig, weil er eine vorvertragliche Pflicht i.S.v. §§ 241 Abs. 2, 311 Abs. 2 BGB verletzt.

Darüber hinaus messen Rechtsprechung und Literatur dem Schweigen in manchen Fällen Erklärungswert zu (siehe etwa § 3 Rn. 17). Insofern ist allerdings – insbesondere bei der Klausurbearbeitung – große Vorsicht angebracht.

▶ **Weiterführender Hinweis:** Im Handelsrecht kann das Schweigen auf ein **kaufmännisches Bestätigungsschreiben** zum Zustandekommen eines Vertrags oder zur inhaltlichen Modifizierung eines schon geschlossenen Vertrags führen.[4] ◀

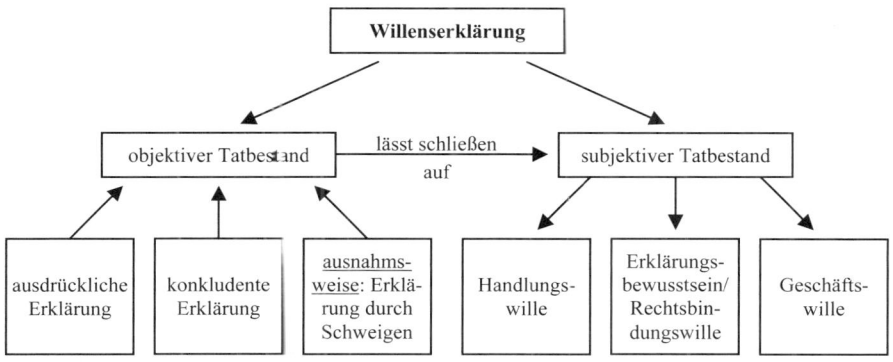

IV. Die Auslegung von Willenserklärungen

1. Empfangsbedürftige Willenserklärungen

a) Problem

In den meisten Fällen wird derjenige, der eine Willenserklärung abgibt, dasjenige objektiv erklären, was er subjektiv erklären will, und der Empfänger wird das Gemeinte und Erklärte richtig verstehen. Ist dies aber nicht der Fall, fragt sich, was gilt: das, was der Erklärende gemeint hat, das, was der Empfänger verstanden hat, oder das, was ein objektiver Dritter hätte verstehen müssen? Dieses Problem stellt sich nicht nur hinsichtlich des Inhalts einer Willenserklärung (also hinsichtlich der Frage, welchen Geschäftswillen der Erklärende hatte), sondern schon in Bezug darauf, ob überhaupt eine Willenserklärung vorliegt (ob also der Erklärende Erklärungsbewusstsein hatte).

▶ **Fall 1 (nach LG Hanau NJW 1979, 721):** Ein Gros ist definiert als zwölf Dutzend. Rektorin R bestellt für die von ihr geleitete Mädchenrealschule bei Großhändler G 25 Gros Packungen Toilettenpapier, weil sie irrtümlich meint, „Gros" sei eine Bezeichnung der Verpackungsart; sie will also 25 Packungen. G dagegen meint irrtümlich, ein Gros seien 24 Dutzend. Hat R 25, 3.600 oder 7.200 Packungen bestellt? ◀

Bei der Bestimmung der Bedeutung einer Erklärung stehen offenkundig die Interessen des Erklärenden und diejenigen des Adressaten in Widerspruch: Der Erklärende will an nichts gebunden sein, was er nicht gewollt hat; hierfür spricht auch der Schutz der Privatautonomie. Der Adressat dagegen will nicht von einer Erklärung betroffen werden, deren Inhalt er nicht richtig verstanden hat. Es ist also ein Ausgleich zu finden

---

4 Siehe *Steinbeck*, Nomos-Lehrbuch Handelsrecht, 5. Aufl. (2021), § 26 Rn. 11 ff.

zwischen dem **Schutz der Privatautonomie** und dem **Schutz des Rechtsverkehrs**. Das ist ein Konflikt, der Ihnen im Zivilrecht noch häufig begegnen wird.

§ 133 BGB sagt, dass bei der Auslegung einer Willenserklärung der wirkliche Wille zu erforschen und nicht am buchstäblichen Sinn des Ausdrucks zu haften ist. Das scheint darauf hinzudeuten, dass es darauf ankommt, was der Erklärende gemeint hat. Doch Vorsicht! § 133 BGB besagt nichts darüber, ob der „wirkliche Wille" nach der Person des Erklärenden oder nach dem Verständnis des Empfängers oder eines objektiven Dritten zu bestimmen ist. Die Sicherheit des Rechtsverkehrs würde erheblich beeinträchtigt, wenn der Adressat das, was der Erklärende subjektiv erklären wollte, auch dann gegen sich gelten lassen müsste, wenn er diesen Willen aus der Erklärung nicht herausgelesen hat und nicht herauslesen musste. Es besteht daher Einigkeit darüber, dass Willenserklärungen grundsätzlich normativ, nämlich nach dem „**objektiven Empfängerhorizont**", auszulegen sind und dass dieser prinzipiell auch darüber entscheidet, ob überhaupt eine Willenserklärung vorliegt.

b) Normative Auslegung nach dem objektiven Empfängerhorizont

9   Die Auslegung nach dem objektiven Empfängerhorizont bedeutet, dass eine Erklärung so auszulegen ist, wie sie eine vernünftige Person an der Stelle des Empfängers verstehen würde.

- Erstens wäre es mit dem Gedanken des Verkehrsschutzes nicht vereinbar, das subjektiv Gewollte gelten zu lassen, wenn der Empfänger es aus der Erklärung nicht herauslesen musste und nicht herausgelesen hat: Deshalb ist unerheblich, wie die Erklärung gemeint war. Vielmehr kommt es darauf an, wie sie *zu verstehen ist*.
- Zweitens verbietet die Privatautonomie, der Erklärung einen Inhalt zu geben, der auf einem Fehlverständnis des Empfängers beruht, mit dem der Erklärende nicht rechnen musste. Deshalb ist unerheblich, wie der Empfänger die Erklärung tatsächlich verstanden hat. Vielmehr kommt es darauf an, wie eine *vernünftige Person* sie verstanden hätte.
- Drittens geht es bei der Auslegung nur um einen Ausgleich der Interessen von Erklärendem und Empfänger. Deshalb ist unerheblich, wie ein außenstehender Dritter die Erklärung verstanden hätte. Vielmehr kommt es darauf an, wie eine vernünftige Person *an der Stelle des Empfängers* sie verstanden hätte.

§ 133 BGB bedeutet danach, dass der hypothetische objektive Dritte an der Stelle des Empfängers, der für die Auslegung maßgeblich ist, sich bei der Auslegung nicht auf den Wortlaut der Erklärung (den „buchstäblichen Sinn des Ausdrucks") beschränken darf, sondern sich bemühen muss, zu ermitteln, was der Erklärende zum Ausdruck bringen wollte. Um deutlich zu machen, dass es auf eine *vernünftige* Person an der Stelle des Empfängers, also den *objektiven* Empfängerhorizont ankommt, wird neben § 133 BGB auch § 157 BGB herangezogen, der sich seinem Wortlaut nach zwar nicht auf Willenserklärungen, sondern auf Verträge bezieht, aber mit dem Verweis auf Treu und Glauben und auf die Verkehrssitte objektive Elemente für relevant erklärt. Eine vernünftige Person an der Stelle des Empfängers berücksichtigt diese Elemente bei der Ermittlung des „wirklichen Willens" des Erklärenden, der konkrete Empfänger *muss* sie berücksichtigen. Man kann die Regel daher auf zwei verschiedene Arten formulieren: „Eine Willenserklärung ist so auszulegen, wie sie eine *vernünftige Person* an der Stelle des Empfängers verstehen *würde*." Oder: „Eine Willenserklärung ist so auszulegen, wie sie *der Empfänger* nach Treu und Glauben mit Rücksicht auf die Verkehrssitte verstehen *muss*." Zwischen § 133 BGB und § 157 BGB wird heute bezüglich der Auslegung empfangsbedürftiger Willenserklärungen nicht mehr unterschieden, sondern man zitiert beide Vorschriften gemeinsam: Auslegung nach dem objektiven Empfängerhorizont gemäß §§ 133, 157 BGB.

Die **„vernünftige Person"**, auf die es für die Auslegung nach dem objektiven Empfängerhorizont ankommt, verfügt über das Wissen, das man im Rechtsverkehr erwarten kann, und zieht daraus die angemessenen Schlüsse. Dass es sich um eine vernünftige Person **„an der Stelle des Empfängers"** handelt, bedeutet zweierlei: 10

- Zum einen kommt es auf einen vernünftigen Angehörigen desjenigen **Verkehrskreises** an, dem der Empfänger angehört. Ein vernünftiger Laie wird eine Erklärung im Hinblick auf die Eigenschaften eines technischen Geräts möglicherweise anders verstehen als ein Fachmann, ein zehnjähriges Kind wird einer Erklärung eventuell eine andere Bedeutung beimessen als ein Erwachsener. Der Erklärende wird durch diese Konkretisierung des vernünftigen Empfängers nicht unzumutbar belastet. Denn er weiß ja, an wen er seine Erklärung richtet, und kann sich daher auf den – typisierten – Verständnishorizont des Empfängers einstellen.
- Zum anderen weiß der für die Auslegung maßgebliche hypothetische Erklärungsempfänger alles, was der konkrete Empfänger aufgrund seiner besonderen Verhältnisse – insbesondere aufgrund vorheriger geschäftlicher Kontakte der Parteien und der „Vorgeschichte" der betreffenden Willenserklärung – wissen muss.

Die Auslegung nach dem objektiven Empfängerhorizont verbürgt damit für beide Parteien ein Höchstmaß an Rechtssicherheit, weil beide Parteien nicht von einer Erklärungsbedeutung überrascht werden können, mit der sie nicht rechnen mussten. Sie kann zwar bewirken, dass die Willenserklärung einen Inhalt hat, den weder der Erklärende ihr geben wollte noch der Empfänger ihr entnommen hat.[5] Doch führt dieses auf den ersten Blick erstaunliche Ergebnis zu einer sachgerechten Risikoverteilung, weil jede Partei (nur) die Folgen ihres eigenen Irrtums trägt.[6]

Maßgeblich für die Auslegung ist auch dann die Person des Empfängers, wenn die Erklärung von diesem nicht zur Kenntnis genommen, sondern **automatisch verarbeitet** wird. Darauf, wie das automatisierte System die Erklärung voraussichtlich deuten und verarbeiten wird, kommt es nicht an.[7] 11

▶ **Fall 2 (nach BGH NJW 2013, 598 ff.):** A bucht über das Internetportal einer Fluglinie einen Flug und gibt in die Buchungsmaske als Vor- und Familiennamen des Reisenden je-

---

5 BeckOGK-BGB/*Möslein* (1.2.2018), § 155 Rn. 15; Erman/*Armbrüster.* § 155 Rn. 8; MüKoBGB/*Busche,* § 155 Rn. 6. **A.A.** Leenen/Häublein, § 8 Rn. 160 sowie – polemisch – *Jahr,* JuS 1989, 249, 252.
6 Das wird deutlich in Fᴀʟʟ 1. Schreibt G der R, dass er für die Bestellung danke und umgehend liefern werde, kommt ein Vertrag über 3.600 Packungen zustande, da G den Antrag der R zwar nicht in diesem Sinn versteht, aber so verstehen muss, und R die Antwort des G entsprechend dem objektiven Inhalt des Antrags verstehen muss (siehe § 3 Rn. 15). Jede Partei trägt damit die Folgen ihres eigenen Irrtums – R muss statt 25 Packungen 3.600 Packungen abnehmen und bezahlen, G kann statt 7.200 Packungen nur 3.600 Packungen liefern. Das Interesse der Parteien daran, nicht an nicht Gewolltes gebunden zu sein, wird durch die Möglichkeit der Anfechtung gewahrt (siehe § 19 Rn. 3): R kann dadurch wählen, ob sie lieber 3.600 Packungen (statt der gewollten 25) abnimmt oder gar nichts erhält, und G kann wählen, ob er lieber 3.600 Packungen (statt der gewollten 7.200) oder gar nichts liefert. Würde man dagegen annehmen, dass die Erklärung nichtig ist, würde man den Parteien diese Wahlmöglichkeit nehmen, und zwar nur deshalb, weil sich auch die andere Partei geirrt hat. Das wäre nicht interessengerecht. Siehe auch § 21 Rn. 12 und § 27 Rn. 11, 19.
7 BGH NJW 2013, 598 Rn. 17.

weils „Noch unbekannt" ein, obwohl in der Buchungsmaske deutlich darauf hingewiesen wird, dass eine Namensänderung nach der Buchung nicht möglich ist. Die Fluglinie sendet dem A eine Buchungsbestätigung, in der als Name des Reisenden „Mr. Noch unbekannt" angegeben ist.

Das Buchungssystem der Fluglinie hat die Eingabe des A so verarbeitet, als wolle er einen Flug für eine Person mit dem Namen „Noch unbekannt Noch unbekannt" buchen. Darauf kommt es aber nicht an, sondern entscheidend ist gemäß §§ 133, 157 BGB, wie ein Mitarbeiter der Fluglinie die Willenserklärung des A verstehen musste. Diesem Mitarbeiter hätte klar sein müssen, dass A einen Flug für einen Reisenden buchen wollte, den er erst später benennen wollte. Die Willenserklärung des A ist daher in diesem Sinn auszulegen.

Als Willenserklärung der Fluglinie kommt nur die Buchungsbestätigung in Betracht.[8] A durfte sie angesichts des Hinweises in der Buchungsmaske nicht so verstehen, dass die Fluglinie ihm das Recht einräumen wollte, den Namen des Reisenden später zu bestimmen. Er musste daher davon ausgehen, dass es sich lediglich um die automatische Reaktion des Buchungssystems handelte. Die Auslegung nach dem objektiven Empfängerhorizont des A (§§ 133, 157 BGB) ergibt daher, dass jedenfalls keine Willenserklärung der Fluglinie vorlag, die mit der Willenserklärung des A übereinstimmte. Es kam daher kein Beförderungsvertrag zustande (siehe § 1 Rn. 1).[9] ◄

c) Natürliche Auslegung nach dem übereinstimmenden Verständnis der Parteien

12 Nach ganz herrschender Meinung kommt es auf die objektive Bedeutung einer Willenserklärung nicht an, wenn der Empfänger die Erklärung so verstanden hat, wie der Erklärende sie gemeint hat. Dann soll die Erklärung mit diesem Inhalt gelten, unabhängig davon, wie eine *vernünftige* Person an der Stelle des Empfängers die Erklärung verstanden hätte. Denn dies entspreche den Interessen beider Parteien, und Interessen Dritter seien für die Auslegung unbeachtlich. Diese „natürliche" Auslegung wird mit dem lateinischen Satz „**falsa demonstratio non nocet**" umschrieben: Eine Falschbezeichnung, die die Parteien im gleichen Sinn verstehen, schadet nicht.[10]

▶ **Fall 3 (nach RGZ 99, 147 ff.):** K bestellt bei V 10 t „Haakjöringsköd". K und V gehen dabei beide davon aus, dass „Haakjöringsköd" das norwegische Wort für Walfleisch ist. In Wirklichkeit bedeutet „Haakjöringsköd" aber Haifleisch. Da K und V beide annehmen, dass sich die Bestellung auf 10 t Walfleisch bezieht, gilt die Erklärung der K mit diesem Inhalt. ◄

Die natürliche Auslegung wird nur in seltenen Ausnahmefällen praktisch relevant, nämlich wenn beide Parteien *zufällig* demselben Irrtum unterliegen und deshalb beide von einem anderen Erklärungsinhalt ausgehen, als er sich bei der Auslegung nach dem objektiven Empfängerhorizont ergibt. Meist wird sich dagegen schon aus den Vertragsverhandlungen ergeben, was jede Partei erklären will. Wird dies dann im Vertragstext versehentlich falsch bezeichnet, so führt schon die normative Auslegung dazu, dass der jeweilige Erklärende nicht das dem gewählten Begriff Entsprechende erklären will, sondern dasjenige, worüber die Parteien verhandelt haben.

---

8 Das Angebot bestimmter Flüge durch die Buchungsmaske stellt mangels Rechtsbindungswillens (siehe Rn. 6) keine Willenserklärung, sondern nur eine unverbindliche invitatio ad offerendum dar (siehe § 3 Rn. 4).
9 Kritisch *Janal*, AcP 215 (2015), 830, 835 ff.; *Sutschet*, NJW 2014, 1041, 1045 f.
10 Z.B. BGH NJW 2002, 1038, 1039; *Leenen/Häublein*, § 5 Rn. 50 ff. Ungenau Grüneberg/*Ellenberger*, § 133 Rn. 8, da es nicht auf den übereinstimmenden Willen der Parteien, sondern auf das übereinstimmende Verständnis der konkreten Willenserklärung ankommt.

▶ Haben K und V in Fall 3 über den Verkauf von Walfleisch verhandelt und verwendet K dann in ihrer Bestellung das Wort „Haakjöringsköd", dann würde eine vernünftige Person an der Stelle des V die Willenserklärung der K nicht so verstehen, dass sie sich auf Haifleisch bezieht, sondern annehmen, dass K entsprechend den vorherigen Verhandlungen eine auf den Kauf von Walfleisch gerichtete Willenserklärung abgeben will. Es führt also schon die normative Auslegung dazu, dass sich die Erklärung auf Walfleisch bezieht. Auf die natürliche Auslegung muss nicht zurückgegriffen werden. ◀

In vielen Fällen, die in der Literatur mithilfe des falsa-demonstratio-Satzes gelöst werden, ist die Heranziehung dieses Satzes und der natürlichen Auslegung deshalb überflüssig. Das gilt insbesondere für den Standardfall der Parzellenverwechslung beim Grundstückskauf, bei dem das Grundstück im notariellen Vertrag versehentlich mit einer falschen Flurstücknummer bezeichnet wird (siehe § 8 Rn. 11).[11]

Entgegen der ganz herrschenden Meinung ist die natürliche Auslegung abzulehnen, da sie – wie *Mittelstädt* gezeigt hat[12] – für die Parteien unzumutbare Rechtsunsicherheit schafft. Wenn nämlich eine Partei bemerkt, dass sie sich über die Bedeutung einer von ihr abgegebenen oder an sie gerichteten Willenserklärung ursprünglich geirrt hat, hat sie keine Möglichkeit, ohne Mitwirkung der Gegenpartei den Inhalt der Erklärung zu ermitteln. Typischerweise wird sie davon ausgehen, dass die Erklärung mit demjenigen Inhalt gilt, den sie aufgrund der normativen Auslegung hat, und ihr Verhalten danach ausrichten. In dieser Erwartung wird sie aber enttäuscht, wenn sich später herausstellt, dass die andere Partei zufällig einem korrespondierenden Irrtum unterlag. Denn dann hat die Erklärung nach der natürlichen Auslegung nicht den nach dem objektiven Empfängerhorizont ermittelten Inhalt, sondern den von den Parteien irrtümlich angenommenen.

▶ **Fall 4:** K will 20 Zentner Kartoffeln bei V kaufen, vertippt sich aber und schreibt „10 Zentner". V glaubt fälschlich, ein Zentner entspreche 100 kg, und schreibt an K „Einverstanden".[13] Nach der normativen Auslegung kommt ein Vertrag über 500 kg Kartoffeln zustande, da V die Erklärung der K entsprechend ihrer objektiven Bedeutung als „10 Zentner à 50 kg" verstehen muss und K das „Einverstanden" so deuten muss, dass V sich mit dem von K objektiv Erklärten einverstanden erklärt (siehe § 3 Rn. 15). Nach der natürlichen Auslegung wird dagegen ein Vertrag über 1.000 kg Kartoffeln geschlossen, weil beide Parteien eine hierauf gerichtete Willenserklärung abgeben wollen und die Erklärung der Gegenpartei in diesem Sinn verstehen. Bemerkt nun K ihren Tippfehler, wird sie sich darauf einstellen, von V nur 500 kg Kartoffeln gekauft zu haben. Sie wird sehr überrascht sein, wenn sie erfährt, dass sie in Wirklichkeit doch 1.000 kg von V gekauft hat, weil dieser über die Bedeutung des Worts „Zentner" irrte. Hat sie sich inzwischen die – vermeintlich – fehlenden 500 kg anderswo besorgt, so hat sie plötzlich 500 kg Kartoffeln mehr, als sie wollte. ◀

2. Nicht empfangsbedürftige Willenserklärungen

Bei nicht empfangsbedürftigen Willenserklärungen muss niemand über den Inhalt der Willenserklärung informiert werden, und es gibt keinen Empfänger, nach dessen „objektivem Horizont" die Erklärung ausgelegt werden könnte. Dem subjektiven Willen des Erklärenden kommt daher eine größere Bedeutung zu als bei empfangsbedürftigen

---

[11] Siehe *Mittelstädt*, ZfPW 2017, 175, 178 ff.
[12] *Mittelstädt*, ZfPW 2017, 175, 182 f. **A.A.** Staudinger/*Singer*, § 133 Rn. 13.
[13] Beispiel nach *Wieling*, Jura 1979, 524, 525.

Erklärungen. Auch bei nicht empfangsbedürftigen Erklärungen kann der Wille jedoch nicht völlig unabhängig davon relevant sein, ob die Erklärung ihn widerspiegelt. Denn das Erfordernis einer „Erklärung" zeigt, dass der bloße Wille nicht genügt, sondern dass er auch wahrnehmbar sein muss. Für die Auslegung ist daher auf die **Verständnismöglichkeit des angesprochenen Personenkreises oder** – falls niemand besonders angesprochen wird – **eines durchschnittlichen Teilnehmers am Rechtsverkehr** abzustellen. Anders als bei empfangsbedürftigen Erklärungen können dabei sämtliche Begleitumstände – etwa die Vorgeschichte der Erklärung – berücksichtigt werden, unabhängig davon, ob eine konkrete Person diese Umstände kannte oder kennen konnte. Für die Auslegung nicht empfangsbedürftiger Willenserklärungen wird nur § 133 BGB zitiert.

V. Abgrenzungen

1. Gefälligkeitsverhältnisse

14 Eine Willenserklärung muss auf die Vornahme eines Rechtsgeschäfts gerichtet sein. Will der Erklärende kein Rechtsgeschäft vornehmen, sondern lediglich einen wirtschaftlichen oder sozialen Erfolg herbeiführen (siehe Rn. 1), handelt er ohne Erklärungsbewusstsein (siehe Rn. 4), und deshalb fehlt es am subjektiven Tatbestand der Willenserklärung. Muss der Erklärungsempfänger das erkennen (siehe Rn. 8 ff.), liegt mangels Rechtsbindungswillens keine Willenserklärung vor (zum Fall, dass der Empfänger das Fehlen des Erklärungsbewusstseins nicht erkennen muss, siehe § 19 Rn. 24 f.). Im Einzelfall kann es schwierig sein, zu entscheiden, ob jemand aus der Sicht eines vernünftigen Empfängers nur einen tatsächlichen Erfolg erreichen will oder ob er als Mittel zum Erreichen dieses tatsächlichen Erfolgs zunächst eine rechtliche Bindung schaffen will, indem er einen Vertrag schließt. Es geht hier um das Problem der Abgrenzung von (rechtlich bindenden) Verträgen zu bloßen Gefälligkeitsverhältnissen.

▶ **Beispiel:** Jemand bittet seinen Sitznachbarn im Zug, ihn kurz vor Erreichen einer bestimmten Station aufzuwecken. Es scheint hier möglich, dass der Betreffende allein den tatsächlichen Erfolg anstrebt, rechtzeitig geweckt zu werden, und es sich deshalb nicht um eine Willenserklärung handelt. Ebenso kann es ihm aber auch darum gehen, den Mitfahrer rechtlich zu binden, damit dieser gegebenenfalls schadensersatzpflichtig wird, wenn er das Wecken vergisst und der Schlafende deshalb zu weit fährt; dann liegt eine Willenserklärung in Form eines auf Abschluss eines entsprechenden Vertrags gerichteten Antrags vor. ◀

Prinzipiell sind drei Abstufungen an rechtlicher Bindung möglich:

- Die Parteien können einen Vertrag schließen, aus dem sich **klagbare Erfüllungsansprüche** ergeben. Sie handeln dann bei Abschluss der Vereinbarung mit Rechtsbindungswillen, geben also Willenserklärungen ab. Falls der Schuldner seinen vertraglichen Verpflichtungen nicht nachkommt, kann der Gläubiger Schadensersatz statt der Leistung verlangen (§§ 280 Abs. 1 und 3, 281, 283 BGB, § 311a Abs. 2 BGB).

▶ **Fall 5:** Zwei Arbeitskollegen schließen sich zu einer Fahrgemeinschaft zusammen. Gestalten sie dies als Vertrag mit klagbaren Erfüllungsansprüchen aus, kann der eine gegen den anderen auf Erfüllung klagen und bei Nichterfüllung z.B. die Kosten für die Fahrt mit dem eigenen Auto als Schadensersatz verlangen. ◀

- Die Parteien können einen Vertrag schließen, aus dem sich zwar keine Erfüllungsansprüche ergeben, aber **Rücksichtnahme- und Sorgfaltspflichten** (§ 241 Abs. 2 BGB), deren Verletzung nach § 280 Abs. 1 BGB zum Schadensersatz verpflichtet.[14] Auch in diesem Fall handeln sie mit Rechtsbindungswillen und geben Willenserklärungen ab.

▶ **Fall 6:** Zwei Arbeitskollegen schließen sich zu einer Fahrgemeinschaft zusammen. Gestalten sie dies als Vertrag aus, der keine klagbaren Erfüllungsansprüche, sondern nur Rücksichtnahme- und Sorgfaltspflichten statuiert, so kann der Mitfahrer vom Fahrer nicht verlangen, dass dieser ihn im Auto mitnimmt. Er kann aber erwarten, dass der Fahrer ihn rechtzeitig informiert, wenn er entgegen vorheriger Absprache nicht fährt, damit der Mitfahrer sich rechtzeitig um einen anderen Transport kümmern kann. Unterlässt der Fahrer das, kann der Mitfahrer als Schadensersatz zwar nicht die gesamten Transportkosten verlangen. Denn er hat ja keinen Anspruch darauf, mitgenommen zu werden, und hätte auch im Fall rechtzeitiger Information die Transportkosten selbst tragen müssen. Er kann aber die Mehraufwendungen infolge der unterlassenen Information verlangen, z.B. die Mehrkosten einer Taxi- gegenüber einer Busfahrt, wenn er wegen der fehlenden Information aus Zeitgründen mit dem Taxi fahren musste. ◀

- Die Parteien können auf **jegliche vertragliche Regelung** ihrer Beziehungen **verzichten**. Sie handeln dann bei ihren Absprachen ohne Rechtsbindungswillen, tauschen also keine Willenserklärungen aus. Ihre Beziehungen richten sich nur nach denjenigen Rechtsvorschriften, die auch zwischen einander fremden Personen gelten, insbesondere nach Deliktsrecht (§§ 823 ff. BGB).

▶ **Fall 7:** Zwei Arbeitskollegen vereinbaren, dass der eine den anderen zu einem dienstlichen Auswärtstermin im Auto mitnimmt. Liegt in dieser Vereinbarung kein Vertrag, hat der Mitfahrer gegen den Fahrer keinerlei Ansprüche, wenn dieser die Verabredung vergisst. „Versetzt" der Fahrer den Mitfahrer dagegen vorsätzlich, damit dieser den Termin versäumt und dadurch berufliche Nachteile erleidet, hat der Mitfahrer einen Schadensersatzanspruch wegen vorsätzlicher sittenwidriger Schädigung aus § 826 BGB. Die sittenwidrige Schädigung liegt dabei nicht darin, dass der Fahrer den Mitfahrer nicht mitnimmt, sondern darin, dass er ihn nicht rechtzeitig vorher darüber informiert hat, dass er die Verabredung nicht einhalten wird. Der Umfang des Schadensersatzanspruchs entspricht daher demjenigen im Fall 6. ◀

Problematisch ist, dass die Parteien in solchen Fällen in aller Regel nicht darüber nachdenken, ob und in welchem Umfang sie eine rechtliche Bindung eingehen wollen. Ob die Parteien Rechtsbindungswillen hatten, muss deshalb – wie der BGH festgestellt hat – unter Berücksichtigung der Interessenlage beider Parteien nach Treu und Glauben mit Rücksicht auf die Verkehrssitte geprüft werden.[15] Von Bedeutung sind dabei insbesondere die **Risiken,** die beide Parteien infolge der Verabredung tragen.

▶ **Fall 8 (nach BGH NJW 1974, 1705 ff.):** Fünf Personen schließen sich zu einer Lottospielgemeinschaft zusammen. Ein Teilnehmer soll jeweils einen Betrag, den alle fünf gemeinsam aufbringen, auf bestimmte Zahlen setzen. Gewinne sollen geteilt werden. Einmal vergisst der Betreffende die Abgabe des Lottoscheins, und bei dieser Ausspielung gewinnen die verabredeten Zahlen. Die anderen Spieler verlangen Ersatz für den entgangenen Gewinn.

Der BGH war der Auffassung, es bestünden zwar Rechtspflichten hinsichtlich des Ersatzes ausgelegter Einsätze und der Verteilung wirklich erzielter Gewinne, nicht aber Schadenser-

---

14 *Bork*, Rn. 681 f. nimmt als Basis der Haftung in derartigen Fällen keinen Vertrag, sondern ein gesetzliches Schuldverhältnis aufgrund gesteigerten sozialen Kontakts an.
15 BGH NJW 1974, 1705, 1706. Siehe auch BGH NJW 2012, 3366 Rn. 14.

satzansprüche wegen entgangener Gewinne. Denn für die Mitspieler gehe es nur darum, dass ihnen ein ohnehin unwahrscheinlicher und im Verhältnis zum Einsatz unverhältnismäßig hoher Gewinn entgehe, während der für die Abgabe des Scheins Verantwortliche durch eine Schadensersatzpflicht möglicherweise existenzgefährdende Vermögensminderungen hinnehmen müsste: „Keiner der Spieler würde, falls die Frage im Voraus bedacht und ausdrücklich erörtert würde, ein solches Risiko übernehmen oder es den Mitspielern zumuten." ◄

Außer den Risiken der Parteien spielen die **Dauer** des verabredeten Verhältnisses und seine **organisatorische Verfestigung** eine Rolle. Bei der Verabredung bloß einmaligen Mitnehmens wird man beispielsweise eine rechtsgeschäftliche Bindung nur sehr zurückhaltend annehmen, etwa, wenn eine Partei deutlich gemacht hat, dass für sie besonders viel auf dem Spiel steht. Bei einer organisierten Fahrgemeinschaft, bei der nach einem festgelegten Plan jeweils ein anderer Teilnehmer fährt, liegt dagegen eine rechtliche Bindung, die zumindest Rücksichtnahme- und Sorgfaltspflichten begründet, sehr nahe.

15 ▶ **Weiterführender Hinweis:** Bei unentgeltlichen Verträgen – unabhängig davon, ob sie Erfüllungsansprüche verschaffen oder nur zu Rücksichtnahme- und Sorgfaltspflichten nach § 241 Abs. 2 BGB führen – stellt sich die Frage, ob im Rahmen von § 276 Abs. 1 S. 1 BGB dem Inhalt des Schuldverhältnisses eine mildere **Haftung** als diejenige für jede Art von Fahrlässigkeit zu entnehmen ist. Das Gesetz enthält insofern keine allgemeine Regelung, und die vorhandenen Regelungen sind nicht einheitlich. So ist die Haftung des Schenkers (§ 521 BGB) und Verleihers (§ 599 BGB) auf Vorsatz und grobe Fahrlässigkeit beschränkt, diejenige des unentgeltlichen Verwahrers nach § 690 BGB auf diejenige Sorgfalt, die er in eigenen Angelegenheiten anzuwenden pflegt (diligentia quam in suis, § 277 BGB). Die Reichweite der Privilegierung ist im Einzelnen jeweils umstritten. Die Haftung des Beauftragten (§§ 662 ff. BGB) wird dagegen vom Gesetz nicht beschränkt. Was die deliktische Haftung angeht, ist bei unentgeltlichen Verträgen und bei reinen Gefälligkeitsverhältnissen ein Ausschluss der Haftung für einfache Fahrlässigkeit zu erwägen. Die Rechtsprechung hat bislang eine über die gesetzlichen Regelungen hinausgehende Haftungsprivilegierung abgelehnt.[16] ◄

2. Geschäftsähnliche Handlungen

16 Wenn eine Erklärung bestimmte rechtliche Folgen nicht deshalb auslöst, weil der Erklärende dies will, sondern deshalb, weil das Gesetz selbst diese Folgen an die Erklärung knüpft, liegt kein Rechtsgeschäft vor, sondern eine sog. geschäftsähnliche Handlung. Geschäftsähnliche Handlungen werden nicht mithilfe von Willenserklärungen vorgenommen.

▶ **Beispiel:** Wer seinen Schuldner mahnt, erstrebt damit den tatsächlichen Erfolg, dass der Schuldner seine Leistung erbringt. Für den Fall, dass der Schuldner das nicht tut, knüpft das Gesetz – sofern die weiteren Voraussetzungen vorliegen – in § 286 Abs. 1 S. 1 BGB an die Mahnung die Rechtsfolge des Verzugs. Ob der Mahnende dies mit der Mahnung erstrebt, ist jedoch gleichgültig. Die Mahnung ist daher kein Rechtsgeschäft, sondern eine geschäftsähnliche Handlung. Sie erfolgt nicht durch eine Willenserklärung. ◄

Die Unterscheidung zwischen Rechtsgeschäften und geschäftsähnlichen Handlungen ist praktisch nicht sehr bedeutend, da die meisten Vorschriften über Rechtsgeschäfte (und damit auch über Willenserklärungen) auf geschäftsähnliche Handlungen entspre-

---

16 BGHZ 43, 72, 76 f. **A.A.** Medicus/Petersen, Rn. 186 ff., 194.

chend angewandt werden. Da es sich jedoch nur um eine entsprechende Anwendung handelt, bleibt die Möglichkeit, im Einzelfall festzustellen, dass eine bestimmte Regelung über Rechtsgeschäfte oder Willenserklärungen für geschäftsähnliche Handlungen (oder eine bestimmte geschäftsähnliche Handlung) nicht passt, und sie deshalb nicht anzuwenden.

3. Realakte

Realakte (Tathandlungen) sind auf einen tatsächlichen Erfolg gerichtete Willensbetätigungen, an die das Gesetz Rechtsfolgen knüpft. Von den geschäftsähnlichen Handlungen unterscheiden sie sich dadurch, dass es sich nicht um Erklärungen handelt. 17

▶ **Beispiele:** Realakte sind etwa die Übergabe einer Sache, die Verarbeitung einer Sache, die zum Eigentumserwerb führt (§ 950 BGB), der Fund (§ 965 BGB) und der Schatzfund (§ 984 BGB). ◀

Auf Realakte sind die Vorschriften über Willenserklärungen grundsätzlich nicht einmal entsprechend anzuwenden. So führen sie etwa die an sie geknüpften Rechtsfolgen unabhängig von der Geschäftsfähigkeit des Handelnden herbei.

VI. Das Wirksamwerden von Willenserklärungen

1. Abgabe

a) Bedeutung der Abgabe

Das erste rechtlich relevante Ereignis im „Leben" einer Willenserklärung ist ihre Abgabe. So kommt es auf den **Zeitpunkt der Abgabe** für die in der Person des Erklärenden liegenden Wirksamkeitsvoraussetzungen an: Der Erklärende muss (nur) bei Abgabe der Willenserklärung rechts- und geschäftsfähig sein (siehe hierzu §§ 15, 16); § 130 Abs. 2 BGB ordnet ausdrücklich an, dass es die Wirksamkeit einer Willenserklärung nicht beeinträchtigt, wenn der Erklärende nach ihrer Abgabe stirbt oder geschäftsunfähig wird. Auch für das Vorliegen von Willensmängeln (siehe hierzu §§ 17 ff.), die Frage, ob der Erklärende bestimmte Umstände kennt oder kennen muss, und die subjektiven Umstände der Sittenwidrigkeit (siehe hierzu § 10 Rn. 2) ist der Zeitpunkt der Abgabe erheblich. 18

Nicht empfangsbedürftige Willenserklärungen (siehe Rn. 2) werden unmittelbar mit Abgabe wirksam, da es bei ihnen nicht darum geht, jemanden vom Inhalt der Willenserklärung in Kenntnis zu setzen.

Empfangsbedürftige Willenserklärungen bedürfen zu ihrer Wirksamkeit dagegen noch weiterer Voraussetzungen (siehe Rn. 21 ff.). Ausnahmsweise stellt das Gesetz für die **Rechtzeitigkeit** der Erklärung aber auf die Abgabe – im Gesetz insofern „Absendung" genannt – ab, und zwar bei Anfechtungserklärungen (§ 121 Abs. 1 S. 2 BGB, siehe § 21 Rn. 4), der Ausübung eines verbraucherschützenden Widerrufsrechts (§ 355 Abs. 1 S. 5 BGB, siehe § 28 Rn. 22) und der Rüge von Mängeln beim Handelskauf, die eine geschäftsähnliche Handlung (siehe Rn. 16) darstellt (§ 377 Abs. 4 HGB). Dadurch wird das Risiko, dass sich die Übermittlung der Erklärung (etwa durch die Post) verzögert, dem Empfänger auferlegt.

b) Zeitpunkt der Abgabe

19 Eine Willenserklärung ist abgegeben, wenn der Erklärende alles getan hat, was er selbst tun muss, damit die Erklärung wirksam wird. Bei nicht empfangsbedürftigen Erklärungen genügt es, dass er den Erklärungsvorgang abgeschlossen hat. Empfangsbedürftige Erklärungen muss er auf den Weg zum Empfänger gebracht haben. Dazu genügt es, dass er die Erklärung einem (Erklärungs- oder Empfangs-)Boten (zu den Begriffen siehe § 27 Rn. 10) aushändigt oder mitteilt, diesen beauftragt, die Erklärung an den Empfänger zu übermitteln, und ihm alle hierfür erforderlichen Informationen (insbesondere die Anschrift des Empfängers) gibt. Dass er den Boten eventuell nachträglich noch stoppen oder die Erklärung zurückholen kann, steht der Abgabe nicht entgegen, sofern er einen unbedingten Auftrag zur Übermittlung erteilt hat.

▶ **Beispiele:** Die in einem Brief enthaltene Willenserklärung ist abgegeben, sobald der Erklärende den (richtig adressierten und frankierten) Brief auf der Post aufgegeben, in einen Postbriefkasten geworfen oder jemandem mit dem Auftrag übergeben hat, ihn zur Post oder zum Empfänger zu bringen.

Eine mündliche Erklärung ist abgegeben, wenn der Erklärende sie gegenüber dem Empfänger in einer Weise geäußert hat, dass dieser sie vernehmen kann, oder wenn er einen (Erklärungs- oder Empfangs-)Boten beauftragt hat, dem Empfänger die Erklärung auszurichten. ◀

Eine **verkörperte** (insbesondere schriftliche) **Erklärung**, die an einen **Anwesenden** gerichtet ist, ist erst abgegeben, wenn der Erklärende dem Empfänger die Erklärung ausgehändigt oder den Zugriff darauf gestattet hat.

▶ **Fall 9 (nach RGZ 61, 414 ff.):** F ist bereit, für die Schulden ihres Mannes M gegenüber dessen Gläubiger G eine Bürgschaft zu übernehmen. Hierfür ist nach § 765 Abs. 1 BGB ein Vertrag zwischen F und G erforderlich, wobei nach § 766 S. 1 BGB die Willenserklärung der F schriftlich erfolgen muss. G sucht daher die F auf, und diese stellt eine Bürgschaftsurkunde aus. Noch bevor sie sie dem G aushändigt, ertönt aus dem Nebenzimmer ein Schuss – M hat sich erschossen. In der allgemeinen Aufregung bleibt die Bürgschaftsurkunde auf dem Tisch liegen. Später klagt G gegen F aus der Bürgschaft. Die Klage muss erfolglos bleiben. Denn F hatte ihre Bürgschaftserklärung noch nicht abgegeben, da sie weder dem G die Urkunde ausgehändigt noch ihm gestattet hatte, sie an sich zu nehmen. ◀

20 Wenn eine Erklärung in den Verkehr gelangt, ohne dass der Erklärende sie abgegeben hat („abhanden gekommene Willenserklärung"), entsteht – ganz ähnlich wie bei der Auslegung empfangsbedürftiger Erklärungen (siehe Rn. 8) – ein Konflikt zwischen dem Schutz der Privatautonomie des Erklärenden und dem Schutz des Rechtsverkehrs: Der Erklärende will nicht an eine Erklärung gebunden sein, die er gar nicht abgegeben hat. Der Empfänger dagegen kann normalerweise nicht erkennen, dass die Erklärung ohne den Willen des Erklärenden in den Verkehr gelangt ist, und verlässt sich auf sie.

▶ **Fall 10:** K erwägt, verschiedene Artikel beim Versandhaus V zu bestellen, und füllt vorsorglich schon die Bestellkarte aus. Dann legt sie die Karte auf ihren Schreibtisch, um es sich noch einmal zu überlegen. Als der Mann der K die Karte bemerkt, schickt er sie in der Meinung ab, dies entspreche dem Willen der K. ◀

§ 2 Die Willenserklärung

Nach ganz herrschender Meinung[17] ist dieser Fall ebenso zu behandeln wie ein Fall fehlenden Erklärungsbewusstseins, in dem jemand eine rechtserhebliche Erklärung abgibt, dabei aber nur nicht Rechtserhebliches erklären will („Trierer Weinversteigerung", siehe Rn. 4). Siehe zur Lösung dieses Problems § 19 Rn. 24 ff.

2. Zugang

a) Problem

Die Frage, wann eine Willenserklärung unter Abwesenden wirksam wird, war im 19. Jahrhundert lebhaft umstritten. Sie ist deshalb praktisch hoch relevant, weil der Zeitpunkt des Wirksamwerdens für die **Verteilung des Übermittlungsrisikos** zwischen Erklärendem und Empfänger bedeutsam ist. Würde man etwa auf denjenigen Zeitpunkt abstellen, zu dem die Erklärung äußere Gestalt gewinnt (zu dem also z.B. ein Brief geschrieben wird), würden alle nachfolgenden Ereignisse in die Risikosphäre des Empfängers fallen – die Erklärung würde beispielsweise auch wirksam, wenn der Erklärende vergisst, den geschriebenen Brief abzusenden. Würde man umgekehrt verlangen, dass der Empfänger die Erklärung zur Kenntnis nimmt, trüge der Erklärende das Risiko, dass der Brief nach Ankunft beim Empfänger verloren geht oder der Empfänger ihn einfach nicht liest. Beides wäre nicht akzeptabel. Die Verfasser des BGB haben sich daher in § 130 Abs. 1 S. 1 BGB für einen mittleren Zeitpunkt entschieden, nämlich denjenigen des Zugangs.

21

Der **Zugang** führt dabei zu einer Bindung beider Parteien: Die Erklärung wird wirksam, und deshalb wird der Empfänger von ihren Rechtsfolgen betroffen. Gleichzeitig wird aber auch der Erklärende gebunden. Denn § 130 Abs. 1 S. 2 BGB ermöglicht ihm, die Willenserklärung bis zum Zugang zu widerrufen. Er wird also nicht schon durch die Abgabe, sondern erst durch den Zugang endgültig gebunden (siehe Rn. 41).

b) Die grundlegende Definition

Das BGB präzisiert nicht, was unter „Zugang" zu verstehen ist. Der Begriff ist immer noch umstritten, auch wenn sich – vor allem in der Rechtsprechung – eine feststehende Meinung herausgebildet hat. Ausgangspunkt für alle Definitionen sind zwei Elemente:

22

- Hat die Erklärung den **Machtbereich** des Empfängers erreicht?
- Wird der Empfänger **unter gewöhnlichen Umständen** von der Erklärung **Kenntnis nehmen**?

   ▶ **Beispiele:** Wenn der Briefträger einen Brief in den Briefkasten des Empfängers wirft, hat der Brief den Machtbereich des Empfängers erreicht, und der Empfänger wird ihn unter gewöhnlichen Umständen noch am gleichen Tag zur Kenntnis nehmen, da man normalerweise seinen Briefkasten an jedem Tag mit Postzustellung leert.

   Wirft der Erklärende einen Brief am Samstagabend in den Briefkasten des Empfängers, hat der Brief den Machtbereich des Empfängers erreicht, aber mit der Kenntnisnahme ist erst am folgenden Montag zu rechnen, da normalerweise zwischen Samstagabend und Montagmorgen der Einwurf von Postsendungen nicht zu erwarten ist und deshalb der Hausbriefkasten nicht geleert wird.

---

[17] A.A. *Bork*, Rn. 615 mit dem Argument, bei abhanden gekommenen Willenserklärungen liege kein willentliches Verhalten gegenüber der Außenwelt vor. Siehe zur Problematik *Klein-Blenkers*, Jura 1993, 640, 641 ff.

Trifft der Briefträger, der ein Übergabe-Einschreiben (siehe Rn. 40) zustellen will, den Empfänger nicht an und wirft er deshalb einen Benachrichtigungszettel ein und hinterlegt das Einschreiben bei der zuständigen Postfiliale, hat das Einschreiben den Machtbereich des Empfängers nicht erreicht, aber es ist spätestens am übernächsten Werktag mit der Kenntnisnahme zu rechnen, da man normalerweise Einschreibsendungen alsbald bei der Post abholt. ◀

23   Nach h.M. setzt der Zugang das **Vorliegen beider Elemente** voraus: Eine Willenserklärung geht zu, sobald sie erstens den Machtbereich des Empfängers erreicht und zweitens der Empfänger unter gewöhnlichen Umständen von ihr Kenntnis nehmen würde.

Das erste Element – das Erreichen des Machtbereichs des Empfängers – markiert dabei den Zeitpunkt, in dem das **Übermittlungsrisiko** vom Erklärenden auf den Empfänger übergeht. Denn ab diesem Zeitpunkt kommt es nur noch auf den gewöhnlichen, d.h. den zu erwartenden Geschehensablauf an, nicht mehr auf den tatsächlichen Geschehensablauf. Tatsächlich eintretende, aber nicht zu erwartende Störungen können deshalb den Zugang nicht mehr beeinflussen; sie gehen zulasten des Empfängers.

▶ **Beispiel:** A wirft am Montagabend einen Brief in den Briefkasten des B, in dem sie einen Mietvertrag mit B zum 31. Oktober kündigt. Der Brief hat damit den Machtbereich des B erreicht. Unter normalen Umständen würde B spätestens am Dienstagabend seinen Briefkasten leeren und den Brief lesen. Die Erklärung der A geht daher am Dienstagabend zu. Was bis dahin mit dem Brief geschieht, ist bedeutungslos. Wenn also jemand in der Nacht einen Feuerwerkskörper in den Briefkasten wirft und der Brief dadurch zerstört wird, ändert dies nichts daran, dass die Kündigung am Dienstagabend zugeht. Auch der Inhalt der Erklärung wird zum Zeitpunkt des Einwurfs in den Briefkasten fixiert, da der Brief unter normalen Umständen zwischen dem Einwurf in den Kasten und der Kenntnisnahme durch B inhaltlich nicht verändert wird. Fischt etwa in der Nacht jemand den Brief aus dem Kasten und macht aus dem „31. Oktober" den „31. Dezember", so ändert das nichts daran, dass A zum 31. Oktober gekündigt hat. ◀

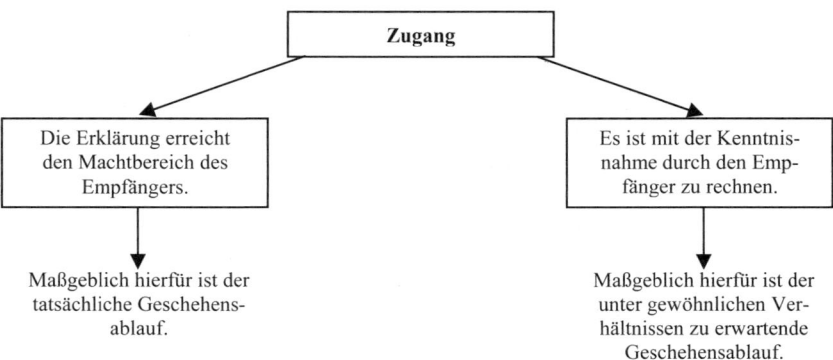

24   Nur in einem Fall kommt es nach dem Erreichen des Machtbereichs statt auf den zu erwartenden, gewöhnlichen Geschehensablauf auf den tatsächlichen an: Wenn der Empfänger von der Erklärung **früher Kenntnis nimmt**, als dies zu erwarten ist, geht die Erklärung schon zum Zeitpunkt der tatsächlichen Kenntnisnahme zu. Denn sobald der Empfänger tatsächlich Kenntnis genommen hat, kann er sich auf die Folgen der Erklärung einstellen und verdient in seinem Vertrauen auf ihre Geltung Schutz.

Die Zugangsdefinition der herrschenden Lehre verteilt damit das Übermittlungsrisiko sachgerecht zwischen Erklärendem und Empfänger: Der Erklärende wird dadurch geschützt, dass außerhalb der von ihm beherrschbaren Sphäre – nämlich innerhalb des Machtbereichs des Empfängers – der gewöhnliche Geschehensablauf unterstellt wird. Und der Empfänger wird dadurch geschützt, dass eine Willenserklärung nur dann wirksam wird, ohne dass er von ihr Kenntnis nimmt, wenn die fehlende Kenntnisnahme auf Umständen in seiner Sphäre beruht, die vom gewöhnlichen Geschehensablauf abweichen.

c) Die Mindermeinungen

Gegenüber der ausgewogenen Risikoverteilung, die die Zugangsdefinition der h.M. erreicht, vermögen die Mindermeinungen nicht zu überzeugen.

Eine Mindermeinung nimmt den Zugang einer Erklärung schon an, wenn diese **in den Machtbereich des Empfängers** gelangt ist; darauf, wann die Kenntnisnahme zu erwarten ist, soll es nicht ankommen.[18] Dies ist indes mit den Interessen des Empfängers nicht vereinbar, da danach Erklärungen ihm gegenüber Wirkung entfalten können, ohne dass er von ihnen weiß oder unter normalen Umständen wüsste.

Andere trennen – weniger weitgehend – zwischen dem Zugang und der Rechtzeitigkeit der Erklärung: Während es für den Zugang nur darauf ankomme, wann die Erklärung in den Machtbereich des Empfängers gelangt sei, sei für die Frage der Rechtzeitigkeit außerdem zu berücksichtigen, wann die Kenntnisnahme zu erwarten sei.[19] Der Unterschied zur h.M. liegt darin, dass der Erklärende nach der Mindermeinung seine Erklärung schon dann nicht mehr gemäß § 130 Abs. 1 S. 2 BGB widerrufen kann, wenn diese den Machtbereich des Empfängers erreicht hat, auch wenn der Empfänger die Erklärung weder zur Kenntnis genommen hat noch mit dieser Kenntnisnahme zu rechnen ist. Dadurch wird der Erklärende benachteiligt, weil er schon zu einem Zeitpunkt endgültig an seine Erklärung gebunden wird, zu dem sie zu seinen Gunsten noch nicht wirkt und der Empfänger nicht auf die Erklärung vertraut. Außerdem koppelt § 130 Abs. 1 S. 1 BGB das Wirksamwerden an den Zugang; für eine Differenzierung zwischen Zugang und Rechtzeitigkeit der Erklärung lässt das Gesetz keinen Raum.

Eine weitere Mindermeinung sieht es nicht als eigenständiges Erfordernis an, dass die Erklärung in den Machtbereich des Empfängers gelangt, und nimmt Zugang an, wenn **mit der Kenntnisnahme durch den Empfänger zu rechnen ist**[20]. Praktische Unterschiede zur h.M. ergeben sich in den Fällen der Zugangsverhinderung, wenn also etwa der Empfänger ein an ihn gerichtetes Übergabe-Einschreiben nicht abholt (siehe Beispiel in Rn. 22). Während die herrschende Lehre hier mit § 242 BGB operieren muss (siehe Rn. 39), kann diese Mindermeinung einen Zugang annehmen, weil der Empfänger bei normalem Geschehensablauf das Einschreiben abholen würde. Trotz dieses scheinbaren Vorteils ist die Mindermeinung abzulehnen. Denn zum einen ist sie schwerlich mit dem Begriff „Zugang" vereinbar, der zumindest ein wie auch immer geartetes „Erreichen" des Empfängers impliziert. Zum anderen führt die Mindermeinung bei konse-

---

[18] *Bachmann*, Festschrift Singer (2021), S. 45, 55 ff.; Staudinger/*Singer/Benedict*, § 130 Rn. 45, 59, 73 ff.
[19] *Flume*, § 14 3b, S. 231 ff.
[20] *Behn*, AcP 178 (1973), 505, 524 ff.; *Richardi*, Anmerkung zu BAG AP Nr. 4 zu § 130 BGB; *Singer*, Anmerkung zu BGH LM Nr. 27 zu § 130 BGB. Im Ergebnis auch *Neuner*, § 33 Rn. 12, 16, der zwar am Erfordernis des Machtbereichs festhält, aber annimmt, ein Schreiben sei schon dann in den Machtbereich des Empfängers gelangt, wenn zu erwarten sei, dass es anderswo abhole.

quenter Durchführung dazu, dass sämtliche vom normalen Geschehensablauf abweichenden Umstände nach Abgabe der Erklärung den Empfänger treffen, auch z.b. der Verlust der Erklärung auf dem Postweg. Der Empfänger hätte also auch das Risiko von Störungen während des allein vom Absender beherrschbaren Transports zu tragen. Dies wäre unbillig, würde dem ausdrücklichen Willen des Gesetzgebers widersprechen[21] und würde in dieser Konsequenz wohl auch von den Vertretern der Mindermeinung nicht angenommen. Es ist also zwangsläufig eine Abgrenzung der Risikosphären erforderlich, wie sie die herrschende Lehre vornimmt.

▶ **Hinweis für die Klausur:** Sie können in der Klausur selbstverständlich nicht nur die h.M., sondern auch eine der Mindermeinungen vertreten. Gute Noten bekommen Sie nicht dafür, dass Sie die Meinung des BGH oder die herrschende Auffassung in der Literatur „herunterbeten", sondern dafür, dass Sie die in der Aufgabe enthaltenen Probleme erkennen und einer sachgerechten Lösung zuführen. Die Begründung ist wichtiger als das Ergebnis! Je weiter Sie sich allerdings von der h.M. entfernen, umso eingehender muss in der Regel Ihre Begründung sein. ◀

d) Einzelheiten

aa) Abgabe der Willenserklärung gegenüber dem Empfänger

29 Der Zugang beim Empfänger darf nicht zufällig erfolgen, sondern muss auf dem **Willen des Erklärenden** beruhen, d.h., dieser muss die Erklärung gerade gegenüber dem Empfänger (und nicht gegenüber einem Dritten) abgegeben haben.[22]

▶ **Fall 11 (nach BGH NJW 1979, 2032 f.):** In einem Grundstückskaufvertrag ist vereinbart, dass der Käufer vom Vertrag zurücktreten kann. Gemäß § 349 BGB muss er den Rücktritt gegenüber dem anderen Teil, also gegenüber dem Verkäufer, erklären. Er richtet die Rücktrittserklärung aber an den Notar, der den Kaufvertrag beurkundet hat. Dieser leitet das Schreiben an den Verkäufer weiter. Der BGH hielt den Rücktritt nicht schon wegen dieser Weiterleitung für wirksam. Vielmehr sei außerdem erforderlich, dass der Käufer damit rechnen konnte und gerechnet hat, die Rücktrittserklärung werde (auf welchem Weg auch immer) den Verkäufer erreichen.[23] ◀

An den Willen des Erklärenden, dass die Erklärung den richtigen Empfänger erreicht, sollten allerdings keine hohen Anforderungen gestellt werden. Es erscheint als reiner Formalismus, das Wirksamwerden einer Erklärung, die den richtigen Empfänger erreicht, nur deshalb zu verneinen, weil der Erklärende irrtümlich jemand anderen als richtigen Empfänger ansah.[24] Der richtige Empfänger ist hier nicht schutzbedürftig, weil er die Erklärung erhält und sich deshalb auf sie einstellen kann, und der Erklärende ist nicht schutzbedürftig, weil er ja wollte, dass die Erklärung gegenüber dem richtigen Empfänger wirkt. Es ist deshalb mangels entgegenstehender Anzeichen anzunehmen, dass der Erklärende im Fall einer unzutreffenden Adressierung will, dass die Erklärung an den richtigen Empfänger weitergeleitet wird, und sie daher auch gegenüber diesem abgibt (siehe auch § 16 Rn. 38, § 27 Rn. 7 ff.).

---

21 Motive I, S. 156 f.
22 A.A. Soergel/*Riesenhuber*, § 130 Rn. 44; Staudinger/*Singer/Benedict*, § 130 Rn. 33.
23 BGH NJW 1979, 2032 f.
24 Vgl. BGH NJW 1980, 990 f.

§ 2 Die Willenserklärung

bb) Der Anwendungsbereich von § 130 Abs. 1 S. 1 BGB

§ 130 Abs. 1 S. 1 BGB bezieht sich nur auf **empfangsbedürftige Willenserklärungen**; nicht empfangsbedürftige Willenserklärungen werden schon mit der Abgabe wirksam (siehe Rn. 18). Ihrem Wortlaut nach regelt die Norm außerdem nur das Wirksamwerden von Willenserklärungen **unter Abwesenden**. Die Risikoverteilung, die die Norm trifft, passt jedoch ebenso gut für Willenserklärungen **unter Anwesenden**: Auch eine solche Willenserklärung kann zum Schutz des Empfängers nicht wirksam werden, bevor sie seinen Machtbereich erreicht und er unter normalen Umständen von ihr Kenntnis nimmt, und auch bei einer solchen Willenserklärung kann es zum Schutz des Erklärenden nicht darauf ankommen, ob und wann der Empfänger tatsächlich Kenntnis nimmt. § 130 BGB ist daher auf Willenserklärungen unter Anwesenden analog anzuwenden.

30

Wichtiger als die Unterscheidung zwischen Willenserklärungen unter Abwesenden und Willenserklärungen unter Anwesenden ist eine andere Unterscheidung, die im Gesetz nicht angelegt ist: diejenige zwischen **gespeicherten** und **nicht gespeicherten** Erklärungen. Wann die beiden Elemente der Zugangsdefinition – Erreichen des Machtbereichs des Empfängers und Erwartbarkeit der Kenntnisnahme – verwirklicht sind, hängt nämlich davon ab, ob die Erklärung gespeichert ist oder nicht. Die Unterscheidung zwischen gespeicherten und nicht gespeicherten Willenserklärungen korrespondiert dabei nicht mit derjenigen zwischen Willenserklärungen unter Abwesenden und Willenserklärungen unter Anwesenden: Man kann auch gegenüber einem Anwesenden eine Erklärung in gespeicherter Form abgeben, indem man ihm etwa ein Schriftstück überreicht. Und umgekehrt kann man einem Abwesenden gegenüber etwas in nicht gespeicherter Form erklären, nämlich indem man ihm die Erklärung mündlich durch einen Boten (siehe hierzu § 27) übermitteln lässt.

31

cc) Der Machtbereich des Empfängers

Der Machtbereich des Empfängers umfasst seinen räumlichen Herrschaftsbereich sowie den Bereich seiner Empfangsboten (siehe hierzu § 27 Rn. 10 f.).

32

Eine **schriftliche Erklärung** erreicht den Machtbereich des Empfängers, wenn sie in seinen Hausbriefkasten geworfen oder in sein Postfach gelegt wird. Auch das Postfach zählt nämlich als räumlich abgetrennter, der Nutzung durch den Empfänger vorbehaltener Bereich zu dessen Machtbereich. Nicht dagegen genügt es, wenn das Schreiben für den Empfänger bei der Postfiliale verwahrt wird (etwa bei postlagernden Sendungen). Eine schriftliche Erklärung erreicht den Machtbereich des Empfängers auch, wenn sie nicht in einer Empfangsvorrichtung, sondern an anderer Stelle beim Empfänger deponiert wird, etwa auf den Schreibtisch des Empfängers gelegt, in seine Tasche gesteckt oder sogar in seinem Haus verborgen wird. Denn auf all diese Orte hat der Absender später nicht mehr ohne Weiteres Zugriff, während sie zur generellen Herrschaftssphäre des Empfängers gehören. Der notwendige Schutz des Empfängers wird dadurch erreicht, dass ein Zugang nur und erst dann stattfindet, wenn der Empfänger unter gewöhnlichen Umständen von der Erklärung Kenntnis nehmen würde (siehe Rn. 35).

Ein **Telefax** erreicht den Machtbereich des Empfängers nach zutreffender Ansicht, sobald es die Schnittstelle zwischen dem allgemeinen Telefonnetz und der Hausleitung

33

des Empfängers passiert, da letztere schon zum Risikobereich des Empfängers zählt.[25] Manche Autoren verlangen demgegenüber, dass das Fax beim Empfänger gespeichert[26] oder ausgedruckt[27] wird. Sie nehmen eine Zugangsvereitelung (siehe Rn. 39) an, wenn das Speichern oder Ausdrucken daran scheitert, dass das Faxgerät des Empfängers nicht ordnungsgemäß funktioniert.

Erklärungen, die auf einen **Anrufbeantworter** des Empfängers aufgesprochen werden, gelangen in den Machtbereich des Empfängers, sobald sie die Schnittstelle zwischen dem allgemeinen Telefonnetz und der Hausleitung des Empfängers passieren. Ob tatsächlich eine Aufzeichnung erfolgt, ist unerheblich, weil der Aufzeichnungsvorgang in die Risikosphäre des Empfängers fällt. Wenn die Aufzeichnung nicht auf einem Gerät in den Räumen des Empfängers erfolgen soll, sondern auf Geräten der Telefongesellschaft (**Voicemail**), gelangt die Erklärung in den Machtbereich des Empfängers, wenn sie dort tatsächlich aufgezeichnet wird. Denn die Voicemail-Box des Empfängers ist – ähnlich wie ein Postfach – seinem Machtbereich zugeordnet.

Elektronische Erklärungen (E-Mail, Internet) gelangen in den Machtbereich des Empfängers, sobald sie die Schnittstelle vom allgemeinen Netz zur Leitung oder zum Gerät des Empfängers passieren. Ob sie in der Mailbox des Empfängers gespeichert werden oder nicht (etwa, weil kein Speicherplatz zur Verfügung steht), spielt – ebenso wie bei Erklärungen, die auf den Anrufbeantworter gesprochen werden – keine Rolle. Ist die Mailbox des Empfängers – wie in der Regel – nicht auf dessen eigenem Rechner, sondern auf dem Server seines Providers angelegt, gelangt die Erklärung nur dann in den Machtbereich des Empfängers, wenn sie dort gespeichert wird; es gelten insofern die gleichen Erwägungen wie bei Voicemail.

34 Besonderheiten gelten für **nicht gespeicherte Erklärungen**, also Erklärungen, die mündlich (auch per Telefon, außer bei Speicherung auf einem Anrufbeantworter), durch Gesten oder dadurch abgegeben werden, dass ein Schriftstück für kurze Zeit vorgezeigt wird. Unmittelbarer Adressat kann dabei entweder der Empfänger selbst oder ein Empfangsbote (siehe § 27 Rn. 10 f.)[28] sein. Eine nicht gespeicherte Erklärung erreicht den Machtbereich des Empfängers nicht schon dann, wenn der Adressat bemerkt, dass ihm gegenüber eine Erklärung abgegeben wird. Denn der Adressat kann eine solche Erklärung nicht wiederholt zur Kenntnis nehmen und dadurch das Risiko eines Fehlverständnisses minimieren, sondern hat nur *eine* „Chance"; er kann zwar gegebenenfalls rückfragen, wird jedoch häufig den Bedarf für eine solche Rückfrage nicht erkennen. Anders als bei gespeicherten Erklärungen kann darum das Risiko eines fehlenden oder falschen Verständnisses nicht einseitig dem Empfänger aufgebürdet werden. Deshalb werden derartige Erklärungen nach einer Ansicht nur wirksam, wenn der Adressat sie akustisch richtig versteht (**reine Vernehmungstheorie**); tut er das nicht, liegt keine wirksame Willenserklärung vor.[29] Für visuell (durch Gesten oder – nicht übergebe-

---

25 *Burgard*, AcP 195 (1995), 74, 101, 104 und 122 f.
26 BeckOGK-BGB/*Gomille* (1.9.2022), § 130 Rn. 59 f.; BeckOK-BGB/*Wendtland* (1.5.2024), § 130 Rn. 15; *Bork*, Rn. 628; Erman/*A. Arnold*, § 130 Rn. 14; MüKoBGB/*Einsele*, § 130 Rn. 20 (wenn Erklärung ausgedruckt werden kann); Soergel/*Riesenhuber*, § 130 Rn. 60. Vgl. auch BGH NJW 2007, 2045, 2046 zur Rechtzeitigkeit des Eingangs eines Schriftsatzes bei Gericht.
27 Grüneberg/*Ellenberger*, § 130 Rn. 7; MüKoBGB/*Einsele*, § 130 Rn. 20, 36 (kein Zugang, wenn Erklärung nicht ausgedruckt werden kann).
28 MüKoBGB/*Einsele*, § 130 Rn. 30 nimmt an, bei nicht verkörperten Erklärungen gebe es keine Empfangsboten.
29 *Flume*, § 14 3f, S. 241; *Neuner*, NJW 2000, 1822, 1825 f.; *Neuner*, § 33 Rn. 28 ff.; *Wertenbruch*, JuS 2020, 481, 487.

ne – Schriftzeichen) abgegebene Erklärungen muss es danach darauf ankommen, ob der Adressat die Erklärung visuell richtig wahrnimmt. Ob er dagegen den akustischen oder visuellen Reiz richtig interpretiert, ist keine Frage des Wirksamwerdens der Erklärung, sondern eine solche der Auslegung.

Die reine Vernehmungstheorie würde freilich für den Erklärenden wie den Rechtsverkehr ein hohes Maß an Unsicherheit mit sich bringen. Denn da sich die Wahrnehmung durch den Adressaten weitgehend dem Einfluss und auch der Wahrnehmung des Erklärenden entzieht, könnte dieser kaum je sicher sein, dass seine Erklärung wirksam wird. Die h.M. lässt es daher zu Recht genügen, dass für den Erklärenden bei Anwendung verkehrserforderlicher Sorgfalt keinerlei Anhaltspunkte dafür bestehen, dass der Adressat die Erklärung nicht oder falsch wahrnimmt (**eingeschränkte Vernehmungstheorie**).[30] Bestehen derartige Anhaltspunkte (etwa eine bekannte Schwerhörigkeit), muss er rückfragen, bis die Bedenken ausgeräumt sind. Tut er das nicht, trägt er das Risiko, dass die Erklärung nur wirksam wird, wenn der Adressat sie tatsächlich richtig wahrnimmt.

dd) Die Erwartbarkeit der Kenntnisnahme

Ob und wann zu erwarten ist, dass der Empfänger die Erklärung zur Kenntnis nimmt, hängt zunächst davon ab, ob die Erklärung auf eine **Weise in den Machtbereich des Empfängers gelangt, mit der dieser rechnen muss**. Ist dies nicht der Fall, kann vom Empfänger im Hinblick auf die Erklärung nicht ein Verhalten entsprechend dem „gewöhnlichen Verlauf der Dinge" erwartet werden, und die Erklärung geht erst zu, wenn der Empfänger sie tatsächlich zur Kenntnis nimmt.

▶ **Beispiele:** A legt einen Brief auf den Schreibtisch der B, ohne dass dies vereinbart ist oder B damit rechnen muss. Es kommt erst ab demjenigen Zeitpunkt auf den gewöhnlichen Verlauf der Dinge an, zu dem B den Brief tatsächlich bemerkt und als an sie gerichtete Erklärung wahrnimmt. Der Brief geht alsbald nach diesem Zeitpunkt zu, weil es dem gewöhnlichen Verlauf der Dinge entspricht, dass jemand einen an ihn gerichteten Brief alsbald liest. Dagegen kann sich A nicht darauf berufen, dass es dem gewöhnlichen Lauf der Dinge entspreche, mindestens einmal pro Woche seinen Schreibtisch aufzuräumen, und B bei diesem Aufräumen den Brief bemerken würde.

A gibt auf einem Schreiben an B aus Versehen zwar deren Adresse, aber den Namen der C an. Der Briefträger wirft das Schreiben aufgrund der Adresse dennoch in den Briefkasten der B. Das Schreiben geht erst zu, wenn B es tatsächlich liest. Denn es entspricht nicht dem gewöhnlichen Lauf der Dinge, ein Schreiben, das einen anderen Empfängernamen trägt, zu öffnen und zu lesen.

Aufgrund eines Versehens schickt Unternehmerin U ihrer deutschen Arbeitnehmerin A eine in türkischer Sprache abgefasste Kündigung. Die Kündigung wird erst wirksam, wenn A sie sich tatsächlich übersetzen lässt. Denn der Erklärende kann nicht erwarten, dass sich der Empfänger eine Erklärung in einer Sprache, mit der er nicht zu rechnen braucht, übersetzen lässt. ◀

Das Risiko des Einsatzes eines **unüblichen Kommunikationsmittels** oder einer **unüblichen Sprache** trägt also der Erklärende. Was üblich ist, hängt dabei ganz vom Einzelfall ab. Mit der Zustellung eines Briefs durch die Post muss der Empfänger auf jeden Fall rechnen. Auf die Einlegung eines Briefs in sein Postfach und Erklärungen durch Aufsprechen auf einen Anrufbeantworter, per Fax oder per E-Mail muss sich

---

30 Grüneberg/*Ellenberger*, § 130 Rn. 14; *John*, AcP 184 (1984), 385, 392 ff.; Soergel/*Riesenhuber*, § 130 Rn. 87.

der Empfänger dagegen nur einrichten, wenn er dem Erklärenden die entsprechenden Kontaktinformationen angegeben hat, wenn sie auf seinem Briefpapier, in seinem Werbematerial oder auf seiner Homepage angegeben sind oder in öffentliche Verzeichnisse aufgenommen wurden. Die übliche Sprache hängt vor allem davon ab, in welcher Sprache die Vertragsverhandlungen geführt wurden.

36 Das Hauptproblem bei der Bestimmung der „gewöhnlichen" Umstände ist, inwieweit vom Einzelfall abstrahiert wird. Es widerstreiten hier das Interesse des Empfängers daran, eine Erklärung nicht gegen sich gelten lassen zu müssen, solange er sie nicht mit vertretbarem Aufwand zur Kenntnis nehmen kann, und das Interesse des Erklärenden daran, den Zeitpunkt des Wirksamwerdens der Erklärung abschätzen zu können. So hat etwa eine Privatperson ein durchaus legitimes Interesse daran, während ihres Urlaubs keine Vorkehrungen für die Weiterleitung von Post treffen zu müssen, nur um eventuelle Erklärungen ihres Arbeitgebers, ihrer Bank oder ihres Vermieters zur Kenntnis nehmen zu können. Umgekehrt sind Arbeitgeber, Bank oder Vermieter berechtigterweise daran interessiert, dass ihre Willenserklärungen dem Arbeitnehmer, Kunden oder Mieter auch während dessen Urlaubs zugehen, da sich sonst für sie eine erhebliche Planungsunsicherheit ergeben würde und sie etwa Kündigungen vorsorglich jeweils lange vor Ablauf der Kündigungsfrist erklären müssten. Zu beachten ist, dass es ausschließlich um Vorgänge innerhalb des Machtbereichs des Empfängers geht, da der Zugang keinesfalls erfolgen kann, bevor die Willenserklärung den Machtbereich des Empfängers erreicht hat. Dieser Machtbereich ist ausschließlich vom Empfänger beherrschbar; nur er kann Vorkehrungen dafür treffen, dass er von eingegangenen Erklärungen Kenntnis nehmen kann. Diese Vorkehrungen mögen in manchen Fällen unsinnig sein und deshalb vom Empfänger unterlassen werden. Das ändert aber nichts daran, dass allein der Empfänger in der Lage ist, darüber zu entscheiden, ob er durch geeignete Maßnahmen eine umgehende Kenntnisnahme gewährleistet oder wegen des damit verbundenen Aufwands lieber das Risiko in Kauf nimmt, von eingegangenen Erklärungen erst nach ihrem Wirksamwerden zu erfahren. Jegliche **Spezifika aus der Empfängersphäre** müssen deshalb im Rahmen der „gewöhnlichen Umstände" außer Betracht bleiben. Die Tatsache, dass der Empfänger sich im Urlaub, auf Reisen, im Krankenhaus oder in Haft befindet, beeinflusst den Zugang an ihn gerichteter Willenserklärungen daher grundsätzlich nicht.

Umstritten ist, ob das auch gilt, **wenn der Erklärende die Spezifika** im Machtbereich des Empfängers **kennt**.[31] Meines Erachtens ist das anzunehmen. Denn die Kenntnis des Erklärenden ändert nichts am Beherrschbarkeitsvorsprung des Empfängers. Der Empfänger darf den fristgerechten Zugang an ihn gerichteter Erklärungen nicht einfach dadurch verhindern können, dass er den Erklärenden darüber informiert, vor Fristablauf nicht zur Kenntnisnahme in der Lage zu sein.

▶ **Beispiel:** Eine Kündigung geht dem Arbeitnehmer auch zu, wenn sie in seinen Briefkasten geworfen wird, während er verreist ist, und der Arbeitgeber von der urlaubsbedingten Abwesenheit weiß. ◀

37 Wann unter gewöhnlichen Umständen eine Kenntnisnahme zu erwarten ist, hängt ganz von dem verwendeten Kommunikationsmittel ab; außerdem ist danach zu differenzie-

---

31 Dafür etwa BAG NJW 1989, 606 f.; BeckOGK-BGB/*Gomille* (1.9.2022), § 130 Rn. 86.1; Grüneberg/*Ellenberger*, § 130 Rn. 5. Dagegen z.B. *Flume*, § 14 3e, S. 239.

ren, ob der Empfänger der Erklärung ein Privatmann oder ein Unternehmer ist.[32] Bei Privatleuten kann etwa erwartet werden, dass sie ihren Hausbriefkasten einmal an jedem Tag mit Postzustellung leeren, ihre E-Mails einmal täglich abfragen, sofern sie mit dem Eingang von Willenserklärungen per E-Mail rechnen müssen (siehe Rn. 35), ihren Anrufbeantworter einmal täglich abhören und Telefaxe vorfinden, wenn sie abends nach Hause kommen. Von Unternehmern kann die Kenntnisnahme dagegen nur an Arbeitstagen erwartet werden. Dagegen ist bei ihnen damit zu rechnen, dass sie ihren Anrufbeantworter mehrmals täglich abhören und Faxe alsbald nach Eingang zur Kenntnis nehmen.[33]

Willenserklärungen, die beim Empfänger nicht zur Kenntnis genommen, sondern **automatisiert bearbeitet** werden (z.B. bei Verwendung von Automaten oder bei einer automatisierten Bestellbearbeitung im Internet), gehen dem Empfänger zu, sobald mit dieser automatisierten Bearbeitung zu rechnen ist, gegebenenfalls also schon dann, wenn die Willenserklärung den Machtbereich des Empfängers erreicht (z.B. bei einem Automaten).

Nicht gespeicherte Erklärungen, die gegenüber dem Empfänger selbst abgegeben werden, nimmt der Empfänger normalerweise zur Kenntnis, sobald sie seinen Machtbereich erreichen, also sobald er sie wahrnimmt (siehe näher Rn. 34). Ausnahmen sind freilich denkbar, etwa wenn eine nicht gespeicherte Erklärung in verschlüsselter Form oder einer dem Empfänger unbekannten Sprache abgegeben wird. Wird eine nicht gespeicherte Erklärung gegenüber einem Empfangsboten abgegeben, kommt es darauf an, wann mit der Weiterleitung an den Empfänger zu rechnen ist (siehe § 27 Rn. 10).

3. Zugangsvereitelung

Auf den normalen Geschehensablauf kommt es erst ab demjenigen Zeitpunkt an, zu dem die Erklärung den Machtbereich des Empfängers erreicht. Tut sie dies nicht, kommt ein Zugang nicht in Betracht. **Geschehnisse vor Erreichen des Machtbereichs** fallen also in die Risikosphäre des Erklärenden. Dies ist prinzipiell auch angemessen und entspricht der vom Gesetz gewollten Risikoverteilung. Probleme treten jedoch auf, wenn diese Geschehnisse aus der Empfängersphäre herrühren, insbesondere wenn es am Empfänger liegt, dass die Erklärung seinen Machtbereich gar nicht oder nur mit Verzögerung erreicht.

▶ **Beispiele:** Der Empfänger holt eine für ihn bei der Post hinterlegte Erklärung trotz Benachrichtigung nicht ab, er nimmt das Telefon nicht ab oder zieht mit (Verzögerung!) oder ohne Stellung eines Nachsendeantrags um. ◀

Entscheidend ist zunächst, ob der Empfänger überhaupt gehalten war, für den Empfang der Erklärung Sorge zu tragen. Eine allgemeine **Pflicht, Empfangseinrichtungen vorzuhalten,** besteht zwar nicht. Nach ständiger Rechtsprechung muss derjenige, der aufgrund bestehender oder angebahnter vertraglicher Beziehungen mit dem Zugang

38

39

---

[32] Siehe zu den Einzelheiten NK-BGB/*Faust*, § 130 Rn. 53 ff. Als Beispiel aus der Rechtsprechung: BGH NJW 2008, 843 = JuS 2008, 651 f. (*Faust*) zum Einwurf eines Schreibens in den Briefkasten eines Unternehmers am Silvesternachmittag. Zu weitgehend BAG NJW 2019, 3666 Rn. 15, nach dem entsprechend den örtlich variierenden Postzustellzeiten zu differenzieren ist; kritisch auch *Bachmann*, Festschrift Singer (2021), S. 45, 47 f.; *Foerste*, JZ 2020, 49 ff.
[33] Nach BGH NJW 2022, 3791 Rn. 16 ff. geht eine E-Mail, die im unternehmerischen Geschäftsverkehr dem Empfänger zu den üblichen Geschäftszeiten auf seinem Mailserver abrufbereit zur Verfügung gestellt wird, schon zu diesem Zeitpunkt zu. Kritisch *Bachmann*, NJW 2022, 3793; *Faust*, RDi 2023, 85 f.

rechtserheblicher Erklärungen zu rechnen hat, aber geeignete Vorkehrungen dafür treffen, dass ihn derartige Erklärungen (mithilfe eines zulässigen Kommunikationsmittels, siehe Rn. 35) auch erreichen. Tut er das nicht, kann es ihm nach **Treu und Glauben** (**§ 242 BGB**) verwehrt sein, sich auf den fehlenden oder verspäteten Zugang zu berufen. In anderen Worten: Die Berufung auf den fehlenden oder verspäteten Zugang kann **rechtsmissbräuchlich** sein.

▶ **Hinweis:** § 242 BGB statuiert nach seinem Wortlaut das Gebot von Treu und Glauben nur in Bezug auf die Art der Leistungserbringung. Dementsprechend steht die Norm auch nicht im Allgemeinen Teil des BGB, sondern im Allgemeinen Schuldrecht. Rechtsprechung und Lehre haben aber aus § 242 BGB den allgemeinen Grundsatz abgeleitet, dass jeder in Ausübung seiner Rechte und in Erfüllung seiner Pflichten nach Treu und Glauben zu handeln hat. Die Norm fungiert damit als eine Art „Notventil"[34], mit dessen Hilfe sich als untragbar empfundene Ergebnisse vermeiden lassen.

In Klausuren darf § 242 BGB nur mit größter Zurückhaltung herangezogen werden. Keinesfalls dürfen Sie generell das mithilfe der Subsumtion gefundene Ergebnis auf seine Billigkeit überprüfen und sich gegebenenfalls mithilfe von § 242 BGB darüber hinwegsetzen. Rechtsprechung und Lehre haben Fallgruppen herausgearbeitet, in denen auf § 242 BGB zurückgegriffen werden kann; eine dieser Fallgruppen ist die Zugangsvereitelung. In diesen Fallgruppen müssen Sie § 242 BGB ansprechen. Darüber hinaus sollten Sie die Norm nur in krassen Ausnahmefällen heranziehen. ◀

Damit der Erklärende sich auf den Rechtsmissbrauchseinwand berufen kann, muss ein **objektives Zugangshindernis im Bereich des Empfängers** vorliegen, d.h., es muss an Umständen aus der Empfängersphäre liegen, dass die Erklärung nicht oder nicht rechtzeitig in den Bereich des Empfängers gelangt. In Betracht kommt etwa, dass der Empfänger mit dem Eingang rechtserheblicher Erklärungen rechnen muss und mit unbekannter Anschrift verzieht, eine für ihn bei der Post hinterlegte Sendung (insbesondere ein Übergabe-Einschreiben, siehe Rn. 40) nicht spätestens am zweiten Tag nach der Benachrichtigung, an dem dies möglich ist, abholt oder die Annahme eines Schreibens grundlos verweigert. Liegt dagegen ein berechtigter Grund für die Annahmeverweigerung vor (etwa Unterfrankierung oder unklare Adressierung), kommt eine Zugangsvereitelung nicht in Betracht. Umstritten ist, ob der Empfänger das Zugangshindernis **verschuldet** haben muss.[35] Meines Erachtens sollte man das nicht voraussetzen. Denn der Empfänger muss sich gemäß § 242 BGB nur so behandeln lassen, als hätte er sich ordnungsgemäß verhalten (also z.B. die hinterlegte Sendung rechtzeitig abgeholt); weitere Nachteile erleidet er nicht. Das Verschuldenserfordernis, das typischerweise die Voraussetzung für Schadensersatzpflichten ist, ist daher zum Schutz des Empfängers nicht erforderlich. Der Rechtsmissbrauchseinwand kommt deshalb z.B. auch dann in Betracht, wenn der Empfänger die hinterlegte Sendung nicht abholt, weil er krank ist.

Ob die Berufung auf den unterbliebenen oder verspäteten Zugang rechtsmissbräuchlich ist, kann nicht aufgrund des Verhaltens des Empfängers allein beurteilt werden. Vielmehr kann der Erklärende nach den Grundsätzen von Treu und Glauben aus seiner (noch) nicht zugegangenen Willenserklärung ihm günstige Rechtsfolgen nur dann ableiten, wenn er **alles Erforderliche und ihm Zumutbare getan** hat, damit seine Erklä-

---

34 MüKoBGB/*Schubert*, 8. Aufl. (2019), § 242 Rn. 2.
35 Dagegen *Flume*, § 14 3e, S. 238 f.; Soergel/*Riesenhuber*, § 130 Rn. 77; wohl auch *Medicus/Petersen*, Rn. 281. Dafür BGH NJW 1996, 1967, 1968; Grüneberg/*Ellenberger*, § 130 Rn. 18.

§ 2 Die Willenserklärung

rung den Adressaten erreicht. Dazu gehört in der Regel, dass er nach Kenntnis von dem nicht erfolgten Zugang unverzüglich einen erneuten Versuch unternimmt, seine Erklärung derart in den Machtbereich des Empfängers zu bringen, dass diesem ohne Weiteres eine Kenntnisnahme ihres Inhalts möglich ist.[36] Der Empfänger muss sich dann nach § 242 BGB so behandeln lassen, als wäre die Erklärung schon beim *ersten* Versuch in seinen Machtbereich gelangt. Bei offenkundiger Sinnlosigkeit bedarf es freilich keines erneuten Zustellversuchs. Dies ist etwa der Fall, wenn der Empfänger die Annahme grundlos verweigert oder den Zugang arglistig vereitelt.

▶ **Fall 12:** A schickt dem E per Übergabe-Einschreiben eine Kündigung, die dem B spätestens am 31. Mai zugehen muss. Da B nicht da ist, als das Einschreiben am 26. Mai zugestellt werden soll, wird er benachrichtigt und das Einschreiben für ihn bei der zuständigen Postfiliale hinterlegt. B holt es nicht ab, und nach Ablauf der Aufbewahrungsfrist wird der Brief daher an A zurückgesandt. Die Berufung des B darauf, dass ihm vor dem 31. Mai keine Kündigung zugegangen ist, ist nur dann rechtsmissbräuchlich, wenn A unverzüglich (§ 121 Abs. 1 S. 1 BGB), nachdem sie den Brief zurückbekommen und dadurch vom Fehlschlagen des Zugangs erfahren hat, erneut versucht, den Zugang zu bewirken. ◀

▶ **Hintergrund:** Die Deutsche Post AG bietet zwei verschiedene Formen des Einschreibens an: das „Einschreiben Standard" (= Übergabe-Einschreiben) und das „Einschreiben Einwurf". Das Übergabe-Einschreiben wird dem Empfänger gegen Empfangsbestätigung ausgehändigt; ist er nicht da, wird er benachrichtigt und das Einschreiben bei der Post hinterlegt. Das Einwurf-Einschreiben unterscheidet sich vom Übergabe-Einschreiben dadurch, dass es dem Empfänger nicht ausgehändigt, sondern wie ein normaler Brief in seinen Briefkasten oder sein Postfach eingelegt wird und der Zusteller diesen Vorgang mit seiner Unterschrift bestätigt. Beim Einwurf-Einschreiben droht also nicht die Gefahr, dass es wegen Abwesenheit des Empfängers gar nicht dessen Machtbereich erreicht und deshalb nicht zugeht. Allerdings ist der Beweiswert der Einwurf-Bestätigung des Zustellers wesentlich geringer als derjenige der Empfangsbestätigung des Empfängers beim Übergabe-Einschreiben.[37] ◀

40

4. Der Widerruf einer Willenserklärung (§ 130 Abs. 1 S. 2 BGB)

§ 130 Abs. 1 S. 2 BGB ermöglicht dem Erklärenden, seine Erklärung bis zu ihrem Zugang zu widerrufen. Der Widerruf kann dabei formlos mit jedem beliebigen Medium erfolgen, insbesondere auch mit einem anderen als die widerrufene Erklärung. Für die Rechtzeitigkeit des Widerrufs kommt es auf den Zeitpunkt des Zugangs von Erklärung und Widerruf an. Falls der Empfänger von der Erklärung schon Kenntnis nimmt, bevor dies zu erwarten ist, wird er dadurch geschützt, dass mit tatsächlicher Kenntnisnahme auf jeden Fall Zugang eintritt und ein Widerruf somit nicht mehr möglich ist (siehe Rn. 24). Zum Widerruf im Fall der Stellvertretung siehe § 24 Rn. 4.

41

Wiederholungs- und Vertiefungsfragen

1. Mutter M vereinbart mit ihrer Bekannten B, dass M am folgenden Nachmittag um 14 Uhr ihre zweijährige Tochter T bei B „abgibt", damit B während eines Arztbesuchs der M auf T aufpasst. Wie kann die Vereinbarung zwischen M und B rechtlich ausgestaltet

---

36 BGHZ 137, 205, 209. Siehe dazu *Franzen*, JuS 1999, 429 ff.
37 Siehe zu den Einzelheiten NK-BGB/*Faust*, § 130 Rn. 83 ff.

sein? Welche Kriterien sind für die Abgrenzung zwischen den verschiedenen möglichen Ausgestaltungen maßgeblich?
2. Welche Arten von Willenserklärungen gibt es?
3. Aus welchen Komponenten setzt sich der für eine Willenserklärung maßgebliche Wille zusammen? Geben Sie jeweils ein Beispiel für das Fehlen jeder Komponente!
4. § 362 Abs. 1 S. 1 HGB lautet: „Geht einem Kaufmanne, dessen Gewerbebetrieb die Besorgung von Geschäften für andere mit sich bringt, ein Antrag über die Besorgung solcher Geschäfte von jemand zu, mit dem er in Geschäftsverbindung steht, so ist er verpflichtet, unverzüglich zu antworten; sein Schweigen gilt als Annahme des Antrags." Wodurch unterscheidet er sich von § 663 BGB?
5. Was sind nach h.M. die zwei Grundregeln für die Auslegung empfangsbedürftiger Willenserklärungen?
6. Wann ist eine Willenserklärung abgegeben und wofür ist der Zeitpunkt der Abgabe rechtlich relevant?
7. Wann geht eine Willenserklärung zu?
8. Wann kann man eine Willenserklärung per E-Mail übermitteln?
9. M wirft am Samstagabend einen Brief mit einer Kündigung in den Hausbriefkasten des V. Wie lange kann sie die Kündigung widerrufen?
10. V hat der M ein Vertragsangebot gemacht, und beide vereinbaren, dass M es spätestens bis Sonntag um 18 Uhr annehmen muss. V hat der M deshalb seine Telefonnummer gegeben. Am Sonntagmorgen erhält V die Nachricht, dass seine Tochter bei einem Verkehrsunfall in Italien schwer verletzt worden ist, und bricht sofort dorthin auf. Alle Versuche der M, den V am Sonntagnachmittag anzurufen, um das Angebot anzunehmen, schlagen daher fehl. Am Montagmorgen sucht M Sie auf und bittet um Rechtsrat.

§ 3 Der Vertragsschluss

I. Grundsatz

Der zentrale Grundsatz, dass ein Vertrag durch **zwei übereinstimmende Willenserklärungen** zustande kommt, steht nur an versteckter Stelle im Gesetz. In § 151 S. 1 BGB, der eigentlich unter bestimmten Voraussetzungen die Annahme zur nicht empfangsbedürftigen Willenserklärung macht (siehe Rn. 18 ff.), heißt es: „Der Vertrag kommt durch die Annahme des Antrags zustande ..." Mittelbar lässt sich dieser Grundsatz auch aus §§ 145, 147 BGB entnehmen, obwohl diese eigentlich ganz andere Fragen regeln.

▶ **Formulierungshinweise:** Manche Korrektoren erwarten, dass Sie für den Satz, dass ein Vertrag durch zwei übereinstimmenden Willenserklärungen zustande kommt, §§ 145, 147 BGB zitieren. Da diese aber allenfalls mittelbar passen, formulieren Sie am besten: „Vgl. §§ 145, 147 BGB."
Bitte schreiben Sie nicht: „Ein Vertrag *besteht aus* zwei übereinstimmenden Willenserklärungen." Der Vertrag ist mehr als die bloße Summe zweier Willenserklärungen, durch die er geschlossen wird. ◀

Die zeitlich frühere der beiden Willenserklärungen nennt man – wie aus § 145 BGB folgt – „**Antrag**", die spätere „**Annahme**" (siehe § 150 BGB). Statt vom „Antrag" wird auch häufig vom „Angebot" gesprochen, doch da der Begriff „Antrag" der Terminologie des Gesetzes entspricht, ist er vorzuziehen. „Angebot" nennt das Gesetz etwas ganz anderes, nämlich das Angebot einer Leistung (siehe §§ 294 ff. BGB).

▶ **Hinweis zur Klausurtechnik:** Häufig – insbesondere bei mündlichem Vertragsschluss – werden Sie dem Sachverhalt nicht entnehmen können, in welcher Reihenfolge die beiden Willenserklärungen abgegeben wurden, welche Partei also den Antrag gemacht und welche Partei ihn angenommen hat. Das ist in solchen Fällen in aller Regel auch belanglos, so dass Sie in Ihrer Falllösung einfach von „Willenserklärung" sprechen können, ohne zwischen Antrag und Annahme zu differenzieren. ◀

Früher wurde vereinzelt die Auffassung vertreten, ein **faktisches Vertragsverhältnis**, das gleich einem Vertrag Erfüllungsansprüche begründe, könne auch durch **sozialtypisches Verhalten** entstehen. Wer eine Leistung der Massenversorgung in Anspruch nehme, sei auch dann zur Gegenleistung verpflichtet, wenn er keine auf einen entsprechenden Vertragsschluss gerichtete Willenserklärung abgebe oder sogar deutlich mache, dass er keine vertragliche Verpflichtung eingehen wolle. Deshalb hat der BGH den Nutzer eines gebührenpflichtigen Parkplatzes zur Zahlung der Parkgebühr verurteilt, obwohl der Autofahrer dem Parkwächter gegenüber deutlich gemacht hatte, dass er die Bewachung seines Fahrzeugs und die Zahlung eines Entgelts ablehne.[1] Das LG Bremen hat einen Anspruch der Bremer Straßenbahn auf Zahlung des erhöhten Beförderungsentgelts sogar gegen ein Kind bejaht, das ohne Wissen seiner Eltern schwarzgefahren war.[2] Die Lehre vom faktischen Vertragsverhältnis ist mit dem Gesetz nicht vereinbar und wird deshalb heute von der ganz herrschenden Meinung abgelehnt. Insbesondere darf sie nicht – wie in der Entscheidung des LG Bremen – zu einer Aushöhlung des Schutzes Minderjähriger führen (siehe dazu § 16). Es bedarf für Leistungen des Mas-

---

[1] BGHZ 21, 319, 333 ff. („Hamburger Parkplatzfall").
[2] LG Bremen NJW 1966, 2360 f.

senverkehrs auch keiner Sonderregelungen. Denn in der Inanspruchnahme einer Leistung liegt normalerweise eine konkludente, auf Abschluss eines entsprechenden Vertrags gerichtete Willenserklärung. Verwahrt sich der Betreffende – wie im Parkplatzfall – ausdrücklich gegen eine entsprechende Auslegung seines Verhaltens, wird dies teilweise als „**protestatio facto contraria**" (verbaler Protest im Widerspruch zum Verhalten) nach § 242 BGB für unbeachtlich gehalten.[3] Dies steht jedoch ebenso im Widerspruch zur Rechtsgeschäftslehre wie die Lehre vom faktischen Vertragsverhältnis: Letztere verzichtet auf das Erfordernis einer Willenserklärung, der protestatio-Satz fingiert die erforderliche Willenserklärung im Widerspruch zum ausdrücklich Erklärten. Die betreffenden Fälle können daher nicht mithilfe des Vertragsrechts gelöst werden, sondern nur mithilfe auf Gesetz beruhender Ansprüche, insbesondere des Bereicherungsrechts (§§ 812 ff. BGB).[4]

II. Der Antrag

1. Inhaltliche Anforderungen

a) Bestimmtheit

Der Antrag muss – wie jede Willenserklärung (§ 2 Rn. 6) – inhaltlich bestimmt sein, d.h., er muss Regelungen hinsichtlich aller Punkte enthalten, deren Festlegung für den konkreten Vertrag unabdingbar ist (**essentialia negotii**). Beim Kaufvertrag muss sich aus dem Antrag etwa ergeben, wer Verkäufer und wer Käufer sein soll, was verkauft wird und wie hoch der Kaufpreis ist. All das muss in dem Antrag nicht ausdrücklich enthalten sein; es genügt, wenn es sich im Wege der **Auslegung** ergibt (siehe § 2 Rn. 8 ff.).

▶ **Beispiel:** K verlangt am Zeitungskiosk der V: „Eine Süddeutsche, bitte." Nach dem objektiven Empfängerhorizont der V, der nach §§ 133, 157 BGB für die Auslegung maßgeblich ist (siehe § 2 Rn. 9), will K ein Exemplar der Süddeutschen Zeitung des betreffenden Tages für den auf der Zeitung aufgedruckten Normalpreis erwerben. ◀

Bei einigen Verträgen legt das Gesetz ausdrücklich fest, dass die **übliche Vergütung** geschuldet wird, falls die Parteien keine Vereinbarung über die Vergütung treffen. Für den Dienstvertrag enthält § 612 Abs. 2 BGB eine derartige Regel, für den Werkvertrag § 632 Abs. 2 BGB und für den Maklervertrag § 653 Abs. 2 BGB.

▶ **Beispiel:** B geht zu U und beauftragt sie, am Auto des B die Winterreifen ab- und die Sommerreifen anzumontieren. Nach § 632 Abs. 1 und 2 BGB ist der Antrag des B so auszulegen, dass er der U für die Montage die übliche Vergütung zahlen will. ◀

Wird die Höhe des zu zahlenden Entgelts bei einem anderen Vertrag als einem Dienst-, Werk- oder Maklervertrag nicht bestimmt, greift die Auslegungsregel des § 316 BGB ein: Mangels anderer Anhaltspunkte ist der Vertrag so auszulegen, dass diejenige Partei, die die Gegenleistung zu fordern hat, ihre Höhe nach **billigem Ermessen** (§ 315 Abs. 1 BGB) zu bestimmen hat. Ein Antrag, der keine Angaben hinsichtlich der Vergütung enthält, ist daher in dieser Weise auszulegen.

Häufig liest man, der Antrag müsse so bestimmt sein, dass er durch ein einfaches Ja angenommen werden könne. Doch das ist nicht richtig. Ein Antrag braucht keines-

---

[3] Siehe BGH NJW 2000, 3429, 3431; *Bork*, Rn. 744; *Flume*, § 8 1 und 2, S. 97 ff.; für eine Analogie zu §§ 612, 632 BGB *Medicus/Petersen*, Rn. 245 ff.
[4] *Gudian*, JZ 1967, 303, 305 ff.; *Köhler*, JZ 1981, 464 ff.; *Leenen/Häublein*, § 8 Rn. 61; *Neuner*, § 37 Rn. 46 f.; *Teichmann*, Festschrift Michaelis (1972), S. 294 ff.

§ 3 Der Vertragsschluss

wegs selbst schon alle essentialia negotii zu beinhalten, sondern muss nur Kriterien für ihre Festlegung enthalten – im Extremfall kann er es dem anderen Teil überlassen, sie durch die Annahme festzulegen. So kann etwa ein Antrag – z.B. bei einer Internetauktion[5] – den Preis offenlassen, indem der Verkäufer sich verpflichtet, zu dem höchsten Preis zu verkaufen, der innerhalb einer bestimmten Frist geboten wird. Ebenso kann ein Antrag nicht an eine bestimmte Person gerichtet sein, sondern an einen begrenzten Kreis von Personen oder sogar die Allgemeinheit (**Antrag ad incertas personas**); er enthält also keine Festlegung der Person des Vertragspartners, sondern überlässt diese dem Annehmenden.

b) Rechtsbindungswille

Ein Antrag liegt nur vor, wenn sich aus der betreffenden Erklärung ergibt, dass sich der Erklärende schon rechtlich binden will, d.h. dem anderen Teil ermöglichen will, durch die Annahme einen Vertrag zustande zu bringen. Der Antrag setzt also – wie jede Willenserklärung – Rechtsbindungswillen voraus. Dieser Rechtsbindungswille ist nichts anderes als die äußere (objektive) Seite des Erklärungsbewusstseins (siehe dazu § 2 Rn. 4, 6). Fehlt es am Rechtsbindungswillen, so liegt kein Antrag vor, sondern nur eine sog. **invitatio ad offerendum**, d.h. eine Aufforderung, einen Antrag zu machen.

4

Ob ein Antrag oder eine invitatio ad offerendum vorliegt, ist durch Auslegung zu entscheiden; prinzipiell ist also der objektive Empfängerhorizont maßgeblich (§§ 133, 157 BGB; siehe § 2 Rn. 8 ff.). Ganz wesentlich ist insofern die Interessenlage desjenigen, der das betreffende Angebot macht. Insbesondere bei Angeboten, die an die Allgemeinheit gerichtet sind, wird meist kein Antrag ad incertas personas, sondern nur eine invitatio ad offerendum vorliegen, weil der Anbietende sonst riskieren würde, an einen Vertrag gebunden zu werden, den er nicht will. Vorbehalte kann der Anbietende etwa in Bezug auf die Person des Vertragspartners haben, weil er nicht mit jemandem kontrahieren will, an dessen Zahlungsfähigkeit er zweifelt oder mit dem er in der Vergangenheit schon schlechte Erfahrungen gemacht hat. Vor allem aber möchte der Anbietende typischerweise nicht Gefahr laufen, Verträge zu schließen, die er nicht erfüllen kann, weil er nicht genug Ware vorrätig hat oder beschaffen kann oder die Kapazität seines Betriebs nicht ausreicht.

▶ **Beispiele:** Bloße invitationes ad offerendum sind in aller Regel Zeitungsinserate, Kataloge, Angebote im Internet mit Online-Bestellmöglichkeit, an eine Vielzahl von Empfängern gerichtete Werbebriefe, Speisekarten und das Ausstellen von Waren im Schaufenster. ◀

Das **Auslegen von Waren im Selbstbedienungshandel** stellt nach h.M. einen Antrag und nicht eine bloße invitatio ad offerendum dar.[6] Denn die Gefahr, dass der Händler an einen Vertrag gebunden wird, den er nicht erfüllen kann, besteht hierbei nicht, und vor mangelnder Zahlungsfähigkeit des Kunden wird der Händler durch die Regeln des Leistungsstörungsrechts (insbesondere § 320 BGB) geschützt. Meines Erachtens ist dennoch im Auslegen der Ware nur eine invitatio ad offerendum zu sehen,[7] da dies dem Händler eine – wenn auch praktisch selten relevante – „Gesichtskontrolle" an der Kasse ermöglicht und es dem Händler keinerlei Vorteil brächte, sich schon durch einen

---

[5] Siehe dazu BGH NJW 2002, 363 ff.
[6] BeckOK-BGB/*Eckert* (1.5.2024), § 145 Rn. 43; Grüneberg/*Ellenberger*, § 145 Rn. 8; *Schulze*, AcP 201 (2001), 232, 234 f.; Staudinger/*Bork*, § 145 Rn. 7.
[7] So auch Erman/*Armbrüster*, § 145 Rn. 10; Leenen/*Häublein*, § 8 Rn. 27; MüKoBGB/*Busche*, § 145 Rn. 12; *Neuner*, § 37 Rn. 7; Soergel/*Riesenhuber*, § 145 Rn. 20.

Antrag zu binden. Ein derartiger Vorteil könnte nur darin liegen, dass auf diese Weise der Vertrag früher zustande kommt und somit auch der Kunde früher gebunden wird. Der Kunde gibt jedoch typischerweise seine Willenserklärung erst an der Kasse ab, so dass der Vertrag ohnehin erst dann zustande kommt. Denn der Kunde will sich typischerweise noch nicht rechtlich binden, wenn er die Ware aus dem Regal nimmt, sondern erst, wenn er sie an der Kasse vorlegt, weil er sich die Möglichkeit offenhalten will, Ware wieder ins Regal zurückzulegen. Es ist daher anzunehmen, dass im Selbstbedienungshandel der Kunde den Antrag zum Vertragsschluss macht, indem er die Ware an der Kasse vorlegt, und der Händler diesen Antrag durch das Eintippen oder Einscannen in die Registrierkasse annimmt.

Beim Tanken an der **Selbstbedienungstankstelle** wird der Kaufvertrag dagegen nicht erst an der Kasse, sondern schon an der Zapfsäule geschlossen: Das Freischalten der Zapfsäule stellt einen Antrag des Tankstellenbetreibers ad incertas personas zum Abschluss eines Kaufvertrags über das an dieser Säule getankte Benzin dar, den der Kunde durch das Einfüllen des Benzins in den Tank gemäß § 151 S. 1 BGB (siehe dazu Rn. 18 ff.) annimmt. Dieses Einfüllen schafft nämlich – anders als im Selbstbedienungshandel die Entnahme von Ware aus dem Regal – einen praktisch unumkehrbaren Zustand, und deshalb entspricht es dem Interesse beider Parteien, schon zu diesem Zeitpunkt eine vertragliche Bindung herbeizuführen.[8]

Im **Aufstellen eines Automaten** liegt eine bloße invitatio ad offerendum.[9] Der Kunde macht durch ordnungsgemäße Bedienung des Automaten einen Antrag zum Vertragsschluss, der dadurch angenommen wird, dass der Automat die betreffende Leistung erbringt. Zwar spielt der Gesichtspunkt, dass sich der Automatenaufsteller eine Möglichkeit zur Ablehnung offenhalten will, hier keine Rolle. Würde im Aufstellen des Automaten jedoch schon ein Antrag liegen, könnte der Automatenaufsteller vertraglich gebunden werden, obwohl der Automat nicht ordnungsgemäß funktioniert. Das würde typischerweise seinem Interesse widersprechen (siehe zum Vertragsschluss bei Automaten auch § 2 Rn. 5).

2. Die Bindung an den Antrag

5 Nach § 145 BGB ist der Offerent an seinen Antrag **gebunden**, sofern er nicht die Gebundenheit ausgeschlossen hat. Die Bindung tritt freilich erst ein, sobald der Antrag wirksam wurde, also nach § 130 Abs. 1 S. 1 BGB erst mit Zugang. Vorher kann der Offerent seinen Antrag gemäß § 130 Abs. 1 S. 2 BGB widerrufen. Die Bindung endet, wenn der Antrag gemäß § 146 BGB erlischt. Der Antrag wird dann nicht etwa nur widerruflich, sondern kann nicht mehr angenommen werden.

a) Die Dauer der Bindung

6 Wie lange der Offerent an den Antrag gebunden ist, ergibt sich aus § 146 BGB. Danach erlischt der Antrag, wenn er entweder abgelehnt oder nicht rechtzeitig angenommen wird. Was dabei „rechtzeitig" heißt, richtet sich nach §§ 147, 148 BGB.

---

8 BGH NJW 2011, 2871 Rn. 13 ff. = JuS 2011, 929 ff. (*Faust*).
9 So auch Erman/*Armbrüster*, § 145 Rn. 8; *Medicus/Petersen*, Rn. 362; *Neuner*, § 37 Rn. 7. **A.A.** *Flume*, § 35 I 1, S. 636; Grüneberg/*Ellenberger*, § 145 Rn. 7; MüKoBGB/*Busche*, § 145 Rn. 12.

§ 3 Der Vertragsschluss

Hat der Antragende eine **Annahmefrist** bestimmt, so ist nach § 148 BGB diese maßgeblich. Falls nicht der Endtermin der Frist angegeben ist, sondern ihre Länge, richtet sich die Fristberechnung nach §§ 186 ff. BGB.

▶ **Fall 1:** V bietet der K an, ihr einen Gebrauchtwagen zu verkaufen, und teilt ihr mit, er halte sich eine Woche an das Angebot gebunden. Der Brief des V ist auf Sonntag, den 20. Juli, datiert, und K erhält ihn am folgenden Tag mit der Post.

Fraglich ist zunächst der Fristbeginn: Soll die Wochenfrist ab demjenigen Tag laufen, auf den V den Brief an K datiert hat, oder ab demjenigen Tag, an dem der K der Brief zuging? Die Frage ist durch Auslegung der Fristbestimmung nach dem objektiven Empfängerhorizont (§§ 133, 157 BGB) zu lösen. Im Zweifel ist anzunehmen, dass die Frist ab Datierung des Antrags läuft, da der Offerent daran interessiert ist, das Fristende sicher bestimmen zu können, damit er weiß, ab wann er die angebotene Sache ohne Rechtsnachteile anderweitig verkaufen kann.

Für die Berechnung der Frist gelten nach § 186 BGB die Auslegungsvorschriften der §§ 187–193 BGB. Diese Normen kommen also zum Tragen, wenn es – wie hier – keine vorrangige gesetzliche Sonderregelung gibt und die Auslegung der Fristbestimmung keinen abweichenden Parteiwillen erkennen lässt. Ob bei der Berechnung der von V gesetzten Wochenfrist der Tag, auf den V den Antrag datiert hat, mitzuzählen ist oder nicht, hängt davon ab, ob der Beginn dieses Tages für den Anfang der Frist maßgeblich sein sollte (§ 187 Abs. 2 S. 1 BGB) oder ein in den Lauf dieses Tages fallendes Ereignis, nämlich der Vorgang des Datierens (§ 187 Abs. 1 BGB). Auch das ist durch Auslegung nach dem objektiven Empfängerhorizont (§§ 133, 157 BGB) zu ermitteln. Im Zweifel ist anzunehmen, dass der Vorgang des Datierens maßgeblich sein sollte, damit der K eine volle Woche für die Annahme verbleibt.[10] Gemäß § 187 Abs. 1 BGB ist daher der Tag, auf den V den Antrag datiert hat, nicht mitzuzählen. Die Wochenfrist beginnt also am Montag, den 21. Juli, um 0 Uhr. Nach § 188 Abs. 2 Alt. 1 BGB endet sie mit dem Ablauf desjenigen Tags, der durch seine Benennung dem Tag entspricht, in den das Ereignis des Fristbeginns – also die Datierung des Antrags – fällt, also am Sonntag, dem 27. Juli, um 24 Uhr. Nach § 193 BGB enden allerdings Fristen für die Abgabe einer Willenserklärung, deren letzter Tag ein Samstag, Sonntag oder allgemeiner Feiertag ist, erst mit Ablauf des nächsten Werktags. Da auch insofern keine Anhaltspunkte für einen abweichenden Willen des V erkennbar sind, endet die Frist also am Montag, dem 28. Juli, um 24 Uhr.

Schließlich ist durch Auslegung zu klären, ob es genügt, dass K die Annahmeerklärung innerhalb der Frist abgibt, oder ob sie dem V innerhalb der Frist zugehen muss. Es kommt hier der gleiche Gedanke zum Tragen wie bezüglich des Fristbeginns: V kann das Ende seiner Bindung nur dann sicher bestimmen, wenn der Zugang der Annahme entscheidet. Die Annahmeerklärung der K muss dem V daher bis Montag, dem 28. Juli, um 24 Uhr zugehen. ◀

Hat der Antragende **keine Annahmefrist** bestimmt, kommt es nach § 147 BGB darauf an, ob der Antrag einem Anwesenden gemacht wurde. Ist das der Fall, kann er nach § 147 Abs. 1 BGB nur sofort angenommen werden.

---

[10] BeckOK-BGB/*Henrich* (1.5.2024), § 187 Rn. 6; Grüneberg/*Ellenberger*, § 187 Rn. 1; MüKoBGB/*Grothe*, § 187 Rn. 2; Staudinger/*Repgen*, § 187 Rn. 10a; Staudinger/*Bork*, § 148 Rn. 3. **A.A.** BeckOK-BGB/*Eckert* (1.5.2024), § 148 Rn. 6; MüKoBGB/*Busche*, § 148 Rn. 4.

▶ **Begriffe:** „**Sofort**" bedeutet „so schnell wie objektiv möglich". Allerdings kommt es dabei nicht nur auf die Möglichkeit der Erklärung der Annahme an, sondern es muss dem Empfänger auch möglich sein, Inhalt und Folgen des angetragenen Geschäfts zu erfassen. Häufiger als „sofort" verwendet das Gesetz „**unverzüglich**", das in § 121 Abs. 1 S. 1 BGB als „ohne schuldhaftes Zögern" definiert wird. Es kommt also darauf an, ob der Betreffende länger wartet, als die verkehrserforderliche Sorgfalt erlaubt (§ 276 Abs. 2 BGB). Damit sind – anders als bei „sofort" – auch subjektive Umstände des Betreffenden wie etwa eine Krankheit relevant. ◀

Entscheidend für die **Anwesenheit** i.S.v. § 147 Abs. 1 S. 1 BGB ist nicht die physische Anwesenheit, sondern die Möglichkeit einer unmittelbaren Kommunikation; der Antrag muss – wie § 147 Abs. 1 S. 2 BGB formuliert – „von Person zu Person" gemacht sein. Ein Antrag gegenüber einem Anwesenden liegt daher auch bei einem Antrag per Telefon (außer, wenn der Antrag auf einen Anrufbeantworter aufgesprochen wird) und einem Antrag, der in unmittelbarer Kommunikation beim Chatten gemacht wird, vor, nicht dagegen bei einem Antrag per Brief, Fax oder E-Mail.

8 Der einem **Abwesenden** gemachte Antrag kann nach § 147 Abs. 2 BGB nur bis zu demjenigen Zeitpunkt angenommen werden, in welchem der Antragende den Eingang der Antwort unter regelmäßigen Umständen erwarten darf. Maßgeblich für die Rechtzeitigkeit ist der Zugang (§ 130 Abs. 1 S. 1 BGB) der Annahmeerklärung. Die Frist setzt sich aus drei Teilabschnitten zusammen: der Zeit für die Übermittlung des Antrags, einer Überlegungs- und Bearbeitungsfrist und der Zeit für die Übermittlung der Annahme. Es ist dabei grundsätzlich davon auszugehen, dass für die Annahme dasselbe Kommunikationsmittel verwendet wird wie für den Antrag, dass also z.B. ein per E-Mail gemachter Antrag auch per E-Mail angenommen wird. Die Länge der Überlegungs- und Bearbeitungsfrist hängt insbesondere von der Komplexität des angetragenen Geschäfts ab. Da es für § 147 Abs. 2 BGB nur auf die Gesamtfrist ankommt, kann der Annehmende Verzögerungen in einem Teilabschnitt durch Beschleunigung in einem anderen ausgleichen; er kann sich also beispielsweise eine längere Überlegungsfrist sichern, indem er einen brieflich gemachten Antrag per E-Mail annimmt. Bei der Bestimmung der Fristlänge sind sämtliche Umstände zu berücksichtigen, die der Antragende kannte oder mit denen er rechnen musste, auch außergewöhnliche Umstände wie etwa eine Krankheit des Empfängers.[11]

b) Der Ausschluss der Bindung

9 § 145 BGB räumt dem Offerenten die Möglichkeit ein, die Gebundenheit an den Antrag auszuschließen. Ein solcher Ausschluss macht den Antrag nicht etwa zu einer bloßen invitatio ad offerendum: Letztere ist keine Willenserklärung, kann also keinesfalls angenommen werden. Ein unverbindlicher Antrag ist dagegen eine **Willenserklärung** und kann, solange er nicht widerrufen ist, angenommen werden. Die Abgrenzung zwischen unverbindlichem Antrag und invitatio ad offerendum kann im Einzelfall schwierig sein. Entscheidend ist, ob der Anbietende Rechtsbindungswillen hat, und dies ist nach dem objektiven Empfängerhorizont (§§ 133, 157 BGB) zu beurteilen. Eine Erklärung, die nicht an eine bestimmte Person gerichtet ist, stellt in der Regel eine bloße invitatio ad offerendum dar (siehe Rn. 4). Hieran ändert sich auch dann nichts, wenn sie

---

11 Siehe z.B. BGH NJW 2010, 2873 Rn. 11 ff. = JuS 2010, 1106 ff. (*Faust*); BGH NJW 2016, 1441 Rn. 21.

eine Klausel wie „freibleibend" oder „unverbindlich" enthält, die an sich auf einen unverbindlichen Antrag hindeutet.

Ein unverbindlicher Antrag kann nicht nur – wie jede Willenserklärung (§ 130 Abs. 1 S. 2 BGB) – bis zu seinem Wirksamwerden widerrufen werden, sondern auch noch danach. Wie lange ein Widerruf möglich ist, kann der Antragende bestimmen; gegebenenfalls ist es dem Antrag durch Auslegung zu entnehmen. Jedenfalls ist ein Widerruf nur bis zum Wirksamwerden der Annahme möglich (str.).[12] Danach bleibt dem Offerenten nur noch die Möglichkeit, sich durch einen Rücktritt vom Vertrag zu lösen, wenn ihm ein vertragliches Rücktrittsrecht zusteht oder die Voraussetzungen eines gesetzlichen Rücktrittsrechts vorliegen.

▶ **Hintergrund:** Die Formulierung des § 145 BGB scheint unnötig kompliziert; viel einfacher wäre: „Wer einem anderen die Schließung eines Vertrags anträgt und die Gebundenheit nicht ausschließt, ist an der Antrag gebunden." Die „es-sei-denn"-Formulierung hat jedoch ihren guten Sinn: Der Gesetzgeber bringt dadurch zum Ausdruck, dass der Ausschluss der Gebundenheit eine Ausnahme darstellt und deshalb im Prozess von demjenigen darzulegen und zu beweisen ist, der sich darauf beruft, also typischerweise vom Antragenden. Derartige negative Formulierungen finden sich im Gesetz häufig (siehe z.B. §§ 130 Abs. 1 S. 2, 153, 179 Abs. 3, 932 Abs. 1 S. 1 BGB) und sollen jeweils die **Verteilung der Darlegungs- und Beweislast** zum Ausdruck bringen.

Die Darlegungs- und Beweislast ist in der Praxis von zentraler Bedeutung. Sie entscheidet darüber, welche Partei im Zivilprozess die maßgeblichen Tatsachen vorbringen und – wenn die Gegenpartei sie bestreitet – beweisen muss. Wenn sich der entscheidungserhebliche Sachverhalt nicht aufklären lässt (man nennt eine solche Situation „non liquet"), verliert diejenige Partei den Prozess, die hinsichtlich der betreffenden Tatsache die Beweislast trägt. Prinzipiell gilt, dass jede Partei die Darlegungs- und Beweislast hinsichtlich derjenigen Tatsachen trägt, die zum Tatbestand einer ihr günstigen Norm gehören. So ist etwa eine Anspruchsgrundlage für den Kläger, der den entsprechender Anspruch geltend macht, günstig, und er trägt deshalb die Darlegungs- und Beweislast hinsichtlich der einzelnen Anspruchsvoraussetzungen (siehe näher § 30). Eine Beweislastumkehr liegt vor, wenn die Beweislast nicht derjenigen Partei auferlegt wird, die sie nach diesen allgemeinen Grundsätzen zu tragen hätte, sondern der Gegenpartei. ◀

c) Der Einfluss von Tod oder Verlust der Geschäftsfähigkeit

§ 153 BGB regelt, ob der Antrag auch für den Fall gelten soll, dass der Antragende vor der Annahme stirbt oder geschäftsunfähig wird. Danach führen Tod und Geschäftsunfähigkeit grundsätzlich nicht zum Erlöschen des Antrags, außer es ist ein anderer Wille des Antragenden anzunehmen. Da der Antragende sich in der Regel über diese Frage keine Gedanken macht, kommt es normalerweise auf seinen **hypothetischen Willen** an. Auf welche Weise der tatsächliche oder hypothetische Wille des Antragenden zu bestimmen ist, ist umstritten. Nach einer Ansicht ist dieser Wille unter Heranziehung aller Umstände zu ermitteln.[13] Der h.M. zufolge handelt es sich dagegen um eine Frage der Auslegung des Antrags, bei der nur Umstände zu berücksichtigen sind, die der

---

[12] So auch Grüneberg/*Ellenberger*, § 145 Rn. 4; *Leenen/Häublein*, § 8 Rn. 51. **A.A.** Erman/*Armbrüster*, § 145 Rn. 16; *Flume*, § 35 I 3c, S. 642 f. (Widerruf auch noch unverzüglich nach Zugang der Annahme).
[13] Erman/*Armbrüster*, § 153 Rn. 2, 4.

Empfänger kannte oder kennen musste.[14] Meines Erachtens ist die letztere Auffassung vorzugswürdig, da nicht einzusehen ist, warum ausgerechnet bei der Frage der Geltung des Antrags bei Tod oder Geschäftsunfähigkeit von der allgemeinen Regel der Auslegung nach dem objektiven Empfängerhorizont (siehe § 2 Rn. 9) abgewichen werden sollte. Die Meinung, die auch dem Empfänger nicht erkennbare Umstände berücksichtigt, kann zu erheblichen Härten für den Empfänger führen, wenn infolge eines für ihn nicht erkennbaren tatsächlichen oder hypothetischen Willens ein Vertragsschluss, den er für sicher hielt und halten durfte, scheitert. Bezeichnenderweise sehen sich die Vertreter dieser Auffassung genötigt, den Empfänger dadurch zu schützen, dass sie ihm in analoger Anwendung von § 122 BGB einen auf das negative Interesse gerichteten Schadensersatzanspruch (siehe dazu § 21 Rn. 13 f.) gewähren, obwohl höchst fraglich ist, ob die Fälle des § 153 BGB mit dem Vorliegen eines Willensmangels, dessen Folgen § 122 BGB regelt, vergleichbar sind.

12 Entscheidend ist damit der erklärte Wille des Antragenden. Für den Fall, dass sich dem Antrag insofern nichts entnehmen lässt, ordnet § 153 BGB an, dass Tod oder Geschäftsunfähigkeit den Antrag nicht zum Erlöschen bringen; der Antrag wirkt dann für die Erben des Antragenden. Ein abweichender Wille des Antragenden kann sich insbesondere aus dem Inhalt des angetragenen Vertrags ergeben. Verpflichtet dieser den Antragenden zu einer Leistung, die zwar ein Dritter erbringen könnte, aber offenkundig nur der Antragende selbst erbringen will, oder berechtigt er den Antragenden zu einer Leistung, die nur ihm persönlich zugutekommen soll, ist anzunehmen, dass der Antrag zumindest mit dem Tod des Antragenden erlöschen soll.

▶ **Beispiele:** Der Antragende ist Malermeister, hat – wie auch der Empfänger weiß – keine Mitarbeiter und offeriert, ein Haus zu streichen. Der Antragende bucht für sich einen Fortbildungskurs. ◀

13 § 153 BGB bezieht sich zwar ebenso wie § **130 Abs. 2 BGB** auf den Tod oder den Verlust der Geschäftsfähigkeit von jemandem, der eine Willenserklärung abgegeben hat, regelt aber eine andere Rechtsfrage als jener. § 130 Abs. 2 BGB betrifft die rechtstechnische Frage, ob eine Willenserklärung auch dann wirksam wird, wenn der Erklärende zwischen Abgabe und Zugang stirbt oder geschäftsunfähig wird (siehe § 2 Rn. 18). Bei § 153 BGB geht es dagegen darum, ob die Willenserklärung ihrem Inhalt nach auch für den Fall des Todes oder des Verlusts der Geschäftsfähigkeit gelten soll, also um eine Frage der Auslegung; unerheblich ist dabei, ob der Antragende vor oder nach Zugang der Erklärung stirbt oder geschäftsunfähig wird.

14 Nicht im Gesetz geregelt ist die Frage des **Todes oder des Verlusts der Geschäftsfähigkeit des Antragsempfängers** vor Abgabe der Annahmeerklärung. Es geht hierbei darum, ob der Erbe oder der Betreuer (§ 1814 BGB) des Antragsempfängers den Antrag annehmen kann. Prinzipiell ist der Erbe kraft der Gesamtrechtsnachfolge (§ 1922 Abs. 1 BGB) oder der Betreuer kraft seiner gesetzlichen Vertretungsmacht (§ 1823 BGB) hierzu in der Lage. Es ist aber durch Auslegung des Antrags zu klären, ob der Antrag auch für den Fall des Todes oder der Geschäftsunfähigkeit des Empfängers gelten soll.

---

14 *Flume*, § 35 I 4, S. 646 f.; Grüneberg/*Ellenberger*, § 153 Rn. 2; Medicus/*Petersen*, Rn. 377; MüKoBGB/*Busche*, § 153 Rn. 4; Staudinger/*Bork*, § 153 Rn. 5.

§ 3 Der Vertragsschluss

III. Die Annahme

1. Inhaltliche Anforderungen

Die Annahme muss dem Antrag **inhaltlich entsprechen**, sonst kommt kein Vertrag zustande. Entscheidend hierfür ist normalerweise die Auslegung nach dem objektiven Empfängerhorizont (§§ 133, 157 BGB); siehe § 2 Rn. 8 ff.

▶ **Fall 2:** V will dem K ein Gemälde brieflich für 12.000 € zum Kauf anbieten. Beim Schreiben des Briefs vertippt sie sich jedoch und gibt den geforderten Preis mit 10.000 € an. K faxt an V: „Ich nehme Ihr Angebot an."

V hat dem K das Gemälde für 10.000 € angeboten; dass sie eigentlich einen höheren Preis fordern wollte, ist für die Auslegung ihres Antrags (§§ 133, 157 BGB) unbeachtlich, weil K es weder erkannte noch erkennen musste. K will das Gemälde für 10.000 € kaufen. V versteht die Antwort des K allerdings so, dass K das Gemälde für 12.000 € kaufen will, weil sie meint, es dem K für diesen Preis angeboten zu haben. Wie V die Annahme des K tatsächlich versteht, ist aber unerheblich; entscheidend ist nach §§ 133, 157 BGB, wie sie eine vernünftige Person an der Stelle der V verstanden hätte. Dabei wird unterstellt, dass diese hypothetische vernünftige Person sämtliche der Sphäre der Empfängerin V entstammenden Umstände kennt, weil der Empfänger seine eigene Sphäre selbst organisiert und kontrolliert und deshalb in ihr begründete Umstände in seinen Risikobereich fallen müssen. Die hypothetische vernünftige Person hätte daher gewusst, dass V das Gemälde tatsächlich für 10.000 € anbot, und richtig geschlossen, dass K diesen Antrag über 10.000 € annehmen wollte. Bei Auslegung nach dem objektiven Empfängerhorizont hat die Annahme des K also den Inhalt „10.000 €". Damit ist ein Kaufvertrag zu 10.000 € zustande gekommen.[15] ◀

Weicht die Annahme inhaltlich vom Antrag ab, gilt sie nach § 150 Abs. 2 BGB als **Ablehnung des Antrags**, der dadurch gemäß § 146 BGB erlischt, und gleichzeitig als **neuer Antrag**. Ob wirklich eine inhaltliche Abweichung vorliegt, kann im Einzelfall schwierige Auslegungsprobleme aufwerfen.

▶ **Fall 3:** Architektin K bestellt für ihr Büro aus einem ihr vorliegenden Katalog des V einen Computer für 1.200 €. V schreibt zurück: „Herzlichen Dank für Ihren Auftrag. Zu unserer Freude können wir Ihnen mitteilen, dass der Preis für den von Ihnen bestellten Artikel inzwischen auf 1.100 € gesenkt wurde. Wir werden die Ware in Kürze an Sie ausliefern." K bereut inzwischen ihre Bestellung und will den Computer nicht abnehmen.

Der Antrag der K ist nach dem objektiven Empfängerhorizont auszulegen (§§ 133, 157 BGB). Eine maßgebliche Rolle spielt dabei die Interessenlage der K bei Abgabe des Antrags, soweit V die relevanten Umstände erkennen muss. K hat keinerlei Interesse daran, ausschließlich zu einem Preis von 1.200 € zu kaufen. Aus ihrer Erklärung lässt sich nur ableiten, dass sie nicht zu einem höheren Preis kaufen will. Die Erklärung der K ist daher so auszulegen, dass sie den Computer für 1.200 € oder jeden niedrigeren Preis erwerben will. Damit decken sich die Erklärungen von K und V, und es ist ein Kaufvertrag zu einem Preis von 1.100 € zustande gekommen. ◀

▶ **Fall 4:** V offeriert dem K als „Werbeangebot zum Sonderpreis" 100 CD-Rohlinge für 19 €. K schreibt zurück: „Ich danke für Ihr Angebot und bestelle 200 CD-Rohlinge zum Gesamtpreis von 38 €."

---

[15] V kann diesen Kaufvertrag allerdings wegen Erklärungsirrtums nach § 119 Abs. 1 Alt. 2 BGB anfechten; siehe dazu § 19 Rn. 2.

§ 3   A. Willenserklärungen und Vertragsschluss

Da es sich beim Angebot der V um ein Werbeangebot zu einem besonders günstigen Preis handelt, kann der Antrag der V nicht so ausgelegt werden, dass V auch zur Lieferung einer größeren als der offerierten Menge zu diesem Preis bereit ist. Entscheidend dafür, ob ein Konsens vorliegt, ist daher, ob die Erklärung des K so auszulegen ist, dass er ausschließlich 200 CD-Rohlinge, nicht aber eine geringere Menge kaufen will, oder ob er jedenfalls die von V offerierten 100 CD-Rohlinge und nach Möglichkeit noch 100 weitere kaufen will. Da CD-Rohlinge problemlos auf dem Markt erhältlich sind und keine Anhaltspunkte dafür ersichtlich sind, dass K daran gelegen ist, auf jeden Fall 200 CD-Rohlinge aus einer Hand zu erhalten, ist anzunehmen, dass K jedenfalls die Vorteile des Sonderangebots wahrnehmen will. Seine Erklärung ist daher so auszulegen, dass er den Antrag der V über den Verkauf von 100 CD-Rohlingen annimmt und außerdem der V einen Antrag über den Kauf 100 weiterer CD-Rohlinge macht.

Anders wäre der Fall zu beurteilen, wenn es sich statt um CD-Rohlinge um Fliesen handeln würde, da es bei Fliesen wichtig ist, zur Vermeidung von Farbunterschieden die gesamte Lieferung aus einer Partie zu erhalten. Es könnte daher nicht angenommen werden, dass K auf jeden Fall 100 Fliesen von V kaufen und sich die 100 weiteren Fliesen notfalls anderswo beschaffen will. ◄

▶ **Fall 5 (nach BGH NJW 2014, 2100 f.):** Bauherr B verhandelt mit dem Bauunternehmer U über die Erteilung eines Auftrags zur Ausführung von Bauleistungen. Schließlich übersendet B dem U per E-Mail ein Word-Dokument mit einem als „Auftragsbestätigung" bezeichneten Schreiben, in dem detaillierte Vertragsbedingungen festgelegt sind. Unter anderem ist vorgesehen, dass B 5 % des Werklohns „auf die Dauer der Gewährleistung" einbehalten kann. B bittet den U um Rücksendung eines unterzeichneten Exemplars; eine Unterzeichnung durch ihn selbst ist nicht vorgesehen. U löscht die Bestimmung hinsichtlich der Einbehaltung von 5 % des Werklohns aus dem Dokument und fügt stattdessen mit identischer Schrifttype eine Klausel ein, nach der der gesamte Werklohn bei Abnahme (§ 640 BGB) fällig ist. Er schickt dem B per Post ein ausgedrucktes und unterzeichnetes Exemplar. Im Begleitschreiben heißt es: „Anbei erhalten Sie wie erwünscht ein unterzeichnetes Exemplar der Auftragsbestätigung zu Ihrer weiteren Verwendung zurück." B sieht sich nur die Unterschrift des U an, liest das Dokument aber nicht mehr durch. Nach Abnahme verlangt U die vollständige Begleichung seiner prüffähigen Schlussrechnung.

Ein Anspruch des U auf Zahlung des vollen Werklohns würde bestehen, wenn U und B einen Werkvertrag geschlossen hätten, der die 5 %-Klausel nicht enthält (§ 650g Abs. 4 BGB). Die E-Mail des B stellt einen Antrag zum Abschluss eines Werkvertrags (mit der 5 %-Klausel) dar und nicht eine bloße invitatio ad offerendum. Denn da B um Rücksendung eines von U unterzeichneten Exemplars bat, aber selbst kein auch von ihm unterzeichnetes Exemplar mehr an U senden wollte, musste U annehmen (§§ 133, 157 BGB), dass sich B schon durch die E-Mail rechtlich binden wollte. Durch die Rücksendung des unterzeichneten Exemplars hat U die Annahme dieses Antrags erklärt. Allerdings stimmt die Annahme ihrem Wortlaut nach nicht mit dem Antrag überein, da sie eine abweichende Fälligkeitsregelung enthält. Für den Inhalt der Annahme ist jedoch nicht ihr Wortlaut entscheidend, sondern das Verständnis einer vernünftigen Person an der Stelle des Empfängers (§§ 133, 157 BGB). Es kommt also darauf an, ob eine vernünftige Person an der Stelle des B die Änderung der Fälligkeitsregelung bemerkt hätte. Das ist nicht der Fall. Angesichts der Tatsache, dass die Änderung im Druckbild nicht auffiel, und vor allem angesichts des Begleitschreibens durfte B annehmen, dass U den Antrag in unveränderter Form annehmen wollte und das von B erstellte Word-Dokument inhaltlich nicht verändert hatte. Insbesondere bestand deswegen kein Anlass für

§ 3 Der Vertragsschluss

B, das Dokument des U auf Veränderungen zu überprüfen. Die Annahme des U entspricht daher – trotz ihres Wortlauts – dem Antrag des B, so dass ein Werkvertrag mit der 5 %-Klausel zustande kam. B muss darum bei Abnahme nur 95 % des Werklohrs zahlen. ◄

Ebenso, wie der Antragende einseitig eine Annahmefrist festlegen kann (§ 148 BGB), kann er auch einseitig für die Annahmeerklärung eine **Form** bestimmen. Die Annahme ist dann nur wirksam, wenn diese Form beachtet wird (vgl. § 150 Abs. 2 BGB).[16]

2. Rechtzeitigkeit

Die Annahme muss wirksam werden – also gemäß § 130 Abs. 1 S. 1 BGB **zugehen** –, bevor der Antrag gemäß § 146 BGB erlischt (siehe Rn. 6 ff.).

a) Verzögerung des Zugangs der Annahme

Eine Sonderregel zum Schutz des Annehmenden enthält § 149 BGB: Wenn der Annehmende die Annahme so rechtzeitig abgesandt hat, dass sie bei regelmäßiger Beförderung rechtzeitig zugegangen wäre, sich die Beförderung aber verzögert und der Antragende dies erkennen muss, gilt die Annahme zwar nicht als rechtzeitig – dies wäre mit dem Schutz des Antragenden, der nach dem Erlöschen des Antrags gemäß § 146 BGB möglicherweise schon anderweitig disponiert hat, nicht vereinbar. Der Antragende muss dem Annehmenden die Verspätung aber unverzüglich – also ohne schuldhaftes Zögern (§ 121 Abs. 1 S. 1 BGB; siehe auch Rn. 7) – anzeigen. Dafür genügt es nach h.M., die sich auf eine Stelle in den Materialien stützt[17], dass er eine Verspätungsanzeige absendet; auf deren Zugang kommt es nicht an.[18] Unterlässt er die unverzügliche Anzeige, gilt die Annahme als nicht verspätet, der Vertrag ist also zustande gekommen.

► **Fall 6:** V bietet dem K schriftlich einen Gebrauchtwagen zum Kauf an und schreibt, sie halte sich an das Angebot bis zum 21. Juli gebunden. K schickt der V am 18. Juli seine Annahmeerklärung, die die V jedoch wegen einer Verzögerung der Post erst am 22. Juli erreicht. Das Schreiben des K ist auf den 18. Juli datiert, und der Poststempel vom 18. Juli ist deutlich lesbar.

V muss hier erkennen, dass K die Annahme so früh abgesandt hat, dass sie normalerweise am 21. Juli oder früher zugegangen wäre. Deshalb muss V den K nach § 149 S. 1 BGB unverzüglich über die Verspätung der Annahme – und damit darüber, dass kein Kaufvertrag zustande gekommen ist – informieren. Unterlässt oder verzögert V diese Information, gilt die Annahme nach § 149 S. 2 BGB als rechtzeitig, so dass ein Kaufvertrag zustande kommt. ◄

b) Verspätete Annahme

Mit Ende der Annahmefrist i.S.v. §§ 147, 148 BGB wird der Antrag nicht etwa nur widerruflich, sondern gemäß § 146 BGB erlischt er; er kann also nicht mehr angenommen werden. Eine verspätete Annahme gilt nach § 150 Abs. 1 BGB als neuer Antrag. Entscheidend ist dann, ob der ursprüngliche Antragende diesen neuen Antrag annimmt. In Betracht kommt insbesondere eine **konkludente Annahme**, und zwar dadurch, dass der ursprüngliche Antragende an der Durchführung des vermeintlichen

---

[16] RGZ 92, 232, 235; Staudinger/*Bork*, § 146 Rn. 4.
[17] Motive I, S. 171.
[18] Erman/*Armbrüster*, § 149 Rn. 3; *Flume*, § 35 II 2, S. 651; Grüneberg/*Ellenberger*, § 149 Rn. 3; MüKoBGB/*Busche*, § 149 Rn. 7; Soergel/*Rieserhuber*, § 149 Rn. 16. **A.A.** BeckOGK-BGB/*Möslein* (1.2.2018), § 149 Rn. 23 ff.; BeckOK-BGB/*Eckert* (1.5.2024), § 149 Rn. 10; *Klocke/Hoppe*, JR 2021, 607, 611; Staudinger/*Bork*, § 149 Rn. 8.

Vertrags mitwirkt, etwa den Kaufpreis zahlt oder die Ware liefert. Insofern ist allerdings Zurückhaltung angebracht. Weiß der Betreffende gar nicht, dass der Vertrag möglicherweise noch nicht zustande gekommen ist, so wird er normalerweise meinen, zur Vertragsdurchführung verpflichtet zu sein. Er wird deshalb nicht den Willen haben, durch die Vertragsdurchführung eine rechtlich bindende Annahmeerklärung abzugeben: Er handelt ohne Erklärungsbewusstsein. Dies wird meist auch die andere Partei erkennen müssen, so dass nach dem objektiven Empfängerhorizont (§§ 133, 157 BGB) mangels Rechtsbindungswillen keine Annahme vorliegt (siehe § 2 Rn. 4, 6).

▶ **Fall 7 (nach BGH NJW 2010, 2873 ff.):** Am 4. Mai gibt K gegenüber V einen notariell beurkundeten Antrag zum Kauf einer Eigentumswohnung ab. Mit notarieller Urkunde vom 22. Juni erklärt V die Annahme des Antrags. Der Kaufvertrag wird von beiden Seiten durchgeführt. Zwei Jahre später verlangt K wegen angeblicher Mängel die Rückzahlung des Kaufpreises.

Die Annahme der V war gemäß § 147 Abs. 2 BGB verspätet. Nach Auffassung des BGH kann nämlich auch bei finanzierten und beurkundungsbedürftigen Verträgen, deren Abschluss regelmäßig eine Bonitätsprüfung vorausgeht, der Eingang der Annahmeerklärung normalerweise innerhalb von vier Wochen erwartet werden. Die Annahme der V stellt daher gemäß § 150 Abs. 1 BGB einen neuen Antrag dar. K kann diesen Antrag allenfalls durch die Zahlung des Kaufpreises und die Abnahme der Wohnung angenommen haben. Allerdings gingen beide Parteien bei der Zahlung und Abnahme davon aus, vorher einen wirksamen Vertrag geschlossen zu haben, und nahmen daher an, dass K lediglich ihren Verpflichtungen aus diesem Vertrag nachkommen wollte. K wollte deswegen durch die Zahlung und die Abnahme keine Annahmeerklärung abgeben, und V verstand dieses Verhalten auch nicht als Annahmeerklärung und durfte es nicht so verstehen. Es fehlt daher an einer Annahme durch K. Folglich kam kein Kaufvertrag zustande, und K kann – unabhängig davon, ob die Wohnung wirklich mangelhaft ist – Rückzahlung des Kaufpreises nach § 812 Abs. 1 S. 1 Alt. 1 BGB (siehe § 6 Rn. 6) verlangen. ◀

Die Rechtsprechung ist der Auffassung, dass der in einer verspäteten Annahme liegende neue Antrag unter Umständen sogar durch **Schweigen** angenommen werden kann, sofern keine Umstände vorliegen, die die Möglichkeit nahelegen, der ursprüngliche Offerent habe seine Entscheidung geändert: „Nach anerkanntem Recht entspricht es gerade bei dem in einer verspäteten Annahme liegenden, nur formell neuen Angebot überaus häufig der Verkehrsübung, das bloße Schweigen auf die verspätete Annahmeerklärung als Annahme der neuen Offerte aufzufassen. Die Beteiligten nehmen es häufig mit der Wahrung der Annahmefrist nicht so genau und verlassen sich darauf, dass der andere Teil sich mit der verzögerten Annahme zufriedengibt. Dann kann aber nach Treu und Glauben das Schweigen des anderen Teils regelmäßig nur dahin verstanden werden, daß er mit dieser Annahme einverstanden ist, so daß dann also durch sein Schweigen der Vertrag zustande kommt."[19]

▶ **Fall 8 (nach BGH NJW 1951, 313 f.):** M stellt bei der Versicherung V am 31. Mai den Antrag auf Abschluss einer Unfallversicherung. Darin heißt es, dass er sich an den Antrag bis zum 12. Juli gebunden halte. Am 16. Juli geht dem M der Versicherungsschein mit der Aufforderung zur Prämienzahlung zu. M reagiert nicht. Am 1. September mahnt V die Zahlung der Prämie bis zum 14. September an und weist darauf hin, dass nach Ablauf dieser Frist kein Versicherungsschutz mehr bestehe und V berechtigt sei, den Vertrag fristlos zu kündi-

---

19 BGH NJW 1951, 313. Ebenso Erman/*Armbrüster*, § 150 Rn. 1 f.

§ 3 Der Vertragsschluss

gen. Am 2. September verunglückt M tödlich. Seine Ehefrau F, die als Begünstigte für den Todesfall benannt ist, fordert Auszahlung der Versicherungssumme.

Der BGH war mit der oben zitierten Begründung der Auffassung, dass die verspätete Annahme am 16. Juli gemäß § 150 Abs. 1 BGB einen neuen Antrag darstellte, den M durch Schweigen annahm. ◀

Die Auffassung des BGH, dass Schweigen auf eine verspätete Annahme „überaus häufig" die Annahme des darin liegenden Antrags darstellt, begegnet erheblichen Bedenken. Die Wertung des Schweigens als Annahme ist eine pure Fiktion, die demjenigen, der eine verspätete Annahme erhält und den Vertrag nun nicht mehr will, die Obliegenheit auferlegt, diese Annahme zurückzuweisen – § 149 BGB kennt aber eine derartige Obliegenheit nur für den Fall, dass die Annahme rechtzeitig abgesandt wurde und der Antragende dies erkennen musste. In der Literatur werden deshalb andere Lösungen vertreten, und auch der BGH hat in der Entscheidung, die FALL 7 zugrunde liegt, betont, dass bei „besonders bedeutsamen Rechtsgeschäften" wie beurkundungsbedürftigen Grundstücksgeschäften das Schweigen auf eine verspätete Annahme keinen Erklärungswert habe[20]. *Flume*[21] will Fälle geringfügiger Überschreitung der Annahmefrist des § 147 BGB – nicht einer nach § 148 BGB gesetzten Frist – durch eine analoge Anwendung des § 149 BGB lösen. Meines Erachtens liegen indes die Voraussetzungen einer Analogie nicht vor, da das Gesetz in § 149 BGB gerade nur denjenigen verspätet Annehmenden für schutzwürdig erklärt, der seine Annahme rechtzeitig abgesandt hat. In den übrigen Fällen gibt *Flume* dem Antragenden ein Wahlrecht, ob er sich auf die Verspätung berufen oder die verspätete Annahme als rechtzeitig behandeln will. Mit der Regel des § 146 BGB ist dies jedoch schwerlich vereinbar und führt außerdem zu erheblicher Rechtsunsicherheit. Vorzugswürdig scheint mir deshalb der Weg von *Canaris*, der dem Annehmenden im Einzelfall nach Treu und Glauben verwehren will, sich auf die Verspätung seiner Annahme zu berufen; der Antragende könne die Verspätung dagegen jederzeit geltend machen. In FALL 8 liegt der Verstoß gegen Treu und Glauben darin, dass sich die Versicherung einerseits in ihrem Schreiben vom 1. September auf die Wirksamkeit des Vertrags beruft und den M zur Prämienzahlung auffordert, andererseits aber – sobald es um ihre eigene Leistungspflicht geht – geltend macht, es sei gar kein Vertrag zustande gekommen. Durch die Aufforderung zur Prämienzahlung hat V in M Vertrauen darauf erweckt, dass ein wirksamer Vertrag zustande gekommen ist, und deshalb handelt sie, wenn sie sich später auf die Verspätung der Annahme beruft, widersprüchlich – die Juristen sprechen von einem „**venire contra factum proprium**" – und damit rechtsmissbräuchlich.[22]

3. Annahme durch nicht empfangsbedürftige Willenserklärung gemäß § 151 BGB

Die Annahme muss normalerweise durch eine empfangsbedürftige Willenserklärung erfolgen, damit der Antragende darüber informiert wird, ob ein Vertrag zustande gekommen ist oder nicht. Eine Ausnahme hiervon macht § 151 S. 1 BGB in zwei Fällen: wenn eine Annahmeerklärung gegenüber dem Antragenden nach der Verkehrssitte nicht zu erwarten ist oder wenn der Antragende auf sie verzichtet hat. Dies bedeutet allerdings nicht, dass der Vertrag durch Schweigen zustande kommt. § 151 BGB macht nur die **Abgabe der Annahmeerklärung gerade gegenüber dem Antragenden** und ihren

18

---

20 BGH NJW 2010, 2873 Rn. 16 = JuS 2010, 1106 ff. (*Faust*).
21 *Flume*, § 35 II 2, S. 652 ff.
22 *Canaris*, Festschrift Wilburg (1975), S. 77, 94 ff.

Zugang entbehrlich, nicht dagegen die Erklärung der Annahme selbst („durch die Annahme"). Im Fall des § 151 BGB erfolgt die Annahme somit durch eine nicht empfangsbedürftige Willenserklärung.

▶ **Formulierungshinweis:** Sie dürfen also *nicht* schreiben: „Die Annahme könnte hier nach § 151 S. 1 BGB entbehrlich sein." Richtig ist: „Die Annahme könnte hier gemäß § 151 S. 1 BGB durch eine nicht empfangsbedürftige Willenserklärung erfolgt sein." oder „Der Zugang der Annahme könnte hier nach § 151 S. 1 BGB entbehrlich sein." ◀

19 Die Aufspaltung in Entbehrlichkeit kraft **Verkehrssitte** und Entbehrlichkeit kraft **Verzichts** ist unglücklich, weil sie suggeriert, dass beide Fälle selbständig nebeneinanderstehen, die Erklärung gegenüber dem Antragenden und der Zugang also etwa auch dann kraft Verkehrssitte entbehrlich sein können, wenn der Antragende ausdrücklich nicht darauf verzichtet. Richtigerweise ist allein der **Wille des Antragenden** entscheidend, wie er im Antrag zum Ausdruck kommt. Lässt sich dem Antrag insofern allerdings nichts entnehmen, ist anzunehmen, dass der Antragende auf die Erklärung der Annahme ihm gegenüber und ihren Zugang verzichtet, wenn bei Geschäften der gleichen Art unter vergleichbaren Umständen üblicherweise hierauf verzichtet wird. Je bedeutender das Geschäft ist, umso zurückhaltender ist ein Verzicht anzunehmen. So hat der BGH etwa die Entbehrlichkeit in Bezug auf die Annahmeerklärung einer Versicherung zum Abschluss eines Versicherungsvertrags verneint, da es für den Versicherten besonders wichtig sei, zu wissen, ob er Versicherungsschutz genieße oder nicht.[23] Die Entbehrlichkeit wird dagegen bejaht, wenn der angetragene Vertrag für den Annehmenden ausschließlich vorteilhaft ist (vgl. § 516 Abs. 2 BGB), bei Warenbestellungen aufgrund einer vorangegangenen invitatio ad offerendum (siehe Rn. 4) und der Buchung eines Hotelzimmers. Letzteres scheint mir nicht richtig, da der Gast normalerweise nicht darüber im Unklaren bleiben will, ob er eine Unterkunft hat oder nicht.

20 Welche **Anforderungen** im Einzelnen an die Annahme zu stellen sind, ist umstritten: Eine Mindermeinung stellt darauf ab, ob ein Annahmewille gefasst wird[24], während die h.M. eine nach außen hervortretende eindeutige Betätigung dieses Willens verlangt[25]. Vorzugswürdig ist aus Gründen der Rechtssicherheit die h.M., da der bloße Wille retrospektiv kaum feststellbar ist und sich daher nicht als Anknüpfungspunkt für die Begründung einer rechtlichen Bindung eignet. Da es sich um eine nicht empfangsbedürftige Willenserklärung handelt, kommt es darauf an, ob ein unbeteiligter Dritter, der das gesamte nach außen hervortretende Verhalten des Antragsempfängers kennt, darin eine Annahme sehen würde (siehe zur Auslegung nicht empfangsbedürftiger Willenserklärungen § 2 Rn. 13).

Eine Betätigung des Annahmewillens kann insbesondere in Handlungen liegen, die zur **Erfüllung** des angetragenen Vertrags dienen sollen, also etwa in der Absendung der bestellten Ware oder in der Überweisung des Kaufpreises. Ohne § 151 BGB käme der Vertrag erst zustande, wenn die in der Erfüllungshandlung liegende Annahmeerklärung dem Antragenden zugeht (§ 130 Abs. 1 S. 1 BGB). § 151 BGB verlagert also in diesen Fällen den Zeitpunkt des Vertragsschlusses nach vorne.

---

23 BGH NJW 1951, 313.
24 *Flume*, § 35 II 3, S. 655; *Schwarze*, AcP 202 (2002), 607 ff. mit beachtlichen Gründen.
25 BGHZ 111, 97, 101; Grüneberg/*Ellenberger*, § 151 Rn. 2; Soergel/*Riesenhuber*, § 151 Rn. 17; Staudinger/*Bork*, § 151 Rn. 15.

▶ **Fall 9:** Einzelhändlerin K bestellt bei Großhändler V per E-Mail nach dessen Preisliste 1.000 USB-Sticks. V versendet die USB-Sticks an K, doch das Paket wird unterwegs gestohlen.

Der Katalog des V stellt nur eine invitatio ad offerendum dar (siehe Rn. 4). Durch die E-Mail hat K dem V einen Antrag zum Abschluss eines Kaufvertrags über 1.000 USB-Sticks gemacht. V hat die Annahme dieses Antrags erklärt, indem er die bestellten USB-Sticks an K abgesandt hat. Da K die Sendung aber nie erhielt, ging ihr diese Annahmeerklärung nicht zu und wurde darum nicht nach § 130 Abs. 1 S. 1 BGB wirksam. Nach den „normalen" Regeln wäre daher kein Kaufvertrag zustande gekommen. Etwas anderes folgt hier aber aus § 151 S. 1 BGB: Denn nach der Verkehrssitte sind bei Warenbestellungen auf eine vorangegangene invitatio ad offerendum hin eine Erklärung der Annahme gegenüber dem Antragenden und ihr Zugang an den Antragenden nicht zu erwarten. Da keine Anhaltspunkte für einen abweichenden Willen der K erkennbar sind, konnte V darum den Antrag der K nach § 151 S. 1 BGB durch eine nicht empfangsbedürftige Willenserklärung annehmen. Diese hat er spätestens dadurch abgegeben, dass er die USB-Sticks an K absandte, und als nicht empfangsbedürftige Willenserklärung wurde die Annahme schon mit ihrer Abgabe wirksam (siehe § 2 Rn. 18). Es kam somit ein Kaufvertrag zustande.[26] ◀

▶ **Hintergrund und weiterführender Hinweis:** Bei Warenbestellungen, bei denen der Verkäufer dem Käufer die bestellten Waren zusenden soll, ist diese Vorverlagerung des Zeitpunkts des Vertragsschlusses besonders wichtig. Denn wenn der Vertrag erst zustande käme, sobald die bestellte Ware dem Käufer zugeht, könnten während des Transports noch keine vertraglichen Regeln darüber gelten, wer die Gefahr trägt, dass die Ware unterwegs verloren geht, zerstört oder beschädigt wird; insbesondere könnte § 447 BGB nicht zur Anwendung kommen. Ohne § 151 BGB müsste der Verkäufer daher, um die vertraglichen Gefahrtragungsregeln zur Anwendung zu bringen, dafür Sorge tragen, dass dem Käufer vor Absendung der Ware eine Annahmeerklärung zugeht. ◀

Da die Annahme nicht empfangsbedürftig ist, genügen interne – bei Unternehmen innerbetriebliche – Handlungen, wenn sie darauf schließen lassen, dass der Antragsempfänger sich definitiv dazu entschlossen hat, den Antrag anzunehmen. Der häufig zu lesende Satz, bei Warenbestellungen liege die Annahme erst im Absenden, ist daher m.E. nicht richtig.

Bei einem Antrag zum Abschluss eines Kaufvertrags, den der Verkäufer durch Zusenden der Ware macht, liegt die Annahmehandlung i.S.v. § 151 BGB darin, dass der Käufer sich **die Ware aneignet** (etwa, indem er sie mit seinem Namen kennzeichnet) **oder sie in Gebrauch nimmt**, sofern er nicht gleichzeitig zum Ausdruck bringt, den Antrag nicht annehmen zu wollen. Denn der Verkäufer gestattet die Aneignung oder den Gebrauch der Ware ersichtlich nur für den Fall der Annahme des Antrags, und grundsätzlich ist davon auszugehen, dass der Antragsempfänger sich rechtmäßig und redlich verhält und deshalb keine Aneignungs- oder Gebrauchshandlung vornimmt, ohne den Antrag anzunehmen.[27]

21

Eine Ausnahme gilt allerdings im Anwendungsbereich des **§ 241a BGB**. Denn nach dessen Abs. 1 wird durch die Lieferung unbestellter Waren durch einen Unternehmer

---

26 Da die Verpflichtung des V aus diesem Kaufvertrag nach § 269 BGB eine Schickschuld ist, muss V gemäß §§ 243 Abs. 2, 275 Abs. 1 Alt. 1 BGB keine anderen USB-Sticks liefern, doch wegen § 447 Abs. 1 BGB muss K trotzdem den Kaufpreis zahlen.
27 BGHZ 111, 97, 101.

an einen Verbraucher (§§ 13, 14 Abs. 1 BGB; siehe näher § 28 Rn. 3 ff.) ein Anspruch gegen diesen nicht begründet. § 241a BGB will damit nicht nur (überflüssigerweise) zum Ausdruck bringen, dass die Lieferung unbestellter Waren als solche keinen vertraglichen Anspruch begründet, sondern soll auch vor gesetzlichen Ansprüchen schützen (vgl. § 241a Abs. 2 BGB).[28] Da § 241a Abs. 1 BGB also prinzipiell auch Ansprüche des Unternehmers gegen den Verbraucher auf Rückgabe, Schadensersatz, Nutzungsersatz etc. ausschließt, darf der Verbraucher die ihm unbestellt zugesandte Ware sanktionslos verwenden. Darum greift die Erwägung nicht mehr ein, dass deswegen im Verwenden eine Betätigung des Annahmewillens liegt, weil ein redlicher Antragsempfänger die Ware nur gebrauchen werde, wenn er sie auch kaufe. Denn ein rational handelnder Antragsempfänger würde den Vorteil, den ihm § 241a Abs. 1 BGB bietet, ausnutzen und die Ware verwenden, ohne sie zu kaufen, und er könnte dies auch redlicherweise tun, da ihm § 241a BGB genau dies ermöglicht.[29] Im Gebrauch der unbestellt zugesendeten Ware kann darum allenfalls dann eine Annahme gesehen werden, wenn die Voraussetzungen von § 241a Abs. 2 BGB vorliegen.

▶ **Weiterführender Hinweis:** Den meisten Gerichtsentscheidungen zu § 151 BGB lagen in den letzten Jahren Fälle zugrunde, in denen ein Schuldner seinem Gläubiger einen Scheck in Höhe eines Teilbetrags mit dem Vermerk übersandte, die Einlösung sei nur gestattet, wenn der Gläubiger die Schuld im Übrigen erlasse. Der Schuldner gibt also Anträge zum Abschluss eines Erlassvertrags (§ 397 Abs. 1 BGB) und des zugrunde liegenden schuldrechtlichen Geschäfts (siehe § 5 Rn. 1) ab, verzichtet auf die Erklärung der Annahme ihm gegenüber und ihren Zugang und legt durch die Maßgabe, der Scheck dürfe nur im Fall der Annahme eingelöst werden, der Scheckeinlösung die Bedeutung einer Annahme i.S.v. § 151 BGB bei. Ob dies geht, ist lebhaft umstritten.[30] ◀

22 In subjektiver Hinsicht setzt eine Annahme nach § 151 BGB – wie jede Willenserklärung – das Vorliegen von Handlungswillen, Erklärungsbewusstsein und Geschäftswillen voraus (siehe § 2 Rn. 4). Zu den Folgen des Fehlens einer subjektiven Komponente siehe § 19, insbesondere Rn. 26.

23 Da § 147 BGB für die nicht empfangsbedürftige Annahme nicht passt, statuiert § 151 S. 2 BGB eine eigenständige Regel für das **Erlöschen des Antrags** gemäß § 146 BGB: Entscheidend ist der Wille des Antragenden, wie er sich aus dem Antrag selbst oder aus den Umständen ergibt. Der Antragende kann also auch im Fall des § 151 BGB eine Frist für die Annahmehandlung (§ 148 BGB) setzen; sonst kommt es auf die Umstände an.

IV. Einigungsmangel/Dissens

1. Fälle des Einigungsmangels

24 Ein Einigungsmangel oder Dissens kann auf **verschiedenen Gründen** beruhen:

Erstens kann es sein, dass sich Antrag und Annahme inhaltlich nicht decken.

---

28 So auch die Gesetzesbegründung, BT-Drucks. 14/2658, S. 46. Die genaue Reichweite des Ausschlusses gesetzlicher Ansprüche ist umstritten.
29 *Berger*, JuS 2001, 649, 654; *Lorenz*, JuS 2000, 833, 841; *Riehm*, Jura 2000, 505, 511 f.; *Sosnitza*, BB 2000, 2317, 2323.
30 Siehe dazu BGHZ 111, 97 ff.; BGH NJW 2001, 2324; *Kleinschmidt*, NJW 2002, 346 ff.

§ 3 Der Vertragsschluss

▶ **Fall 10:** V bietet dem K an, ihm einen bestimmten Gebrauchtwagen für 10.000 € zu verkaufen. K schreibt zurück: „Ich kaufe das Auto für 9.000 €." ◀

Zweitens können die Parteien nicht über alle Punkte, die geregelt werden müssen, eine Einigung erzielt haben. Ein derartiger Dissens liegt stets vor, wenn es an einer Einigung über die **essentialia negotii** (siehe Rn. 3) fehlt. Ein Dissens kann aber auch bestehen, wenn derjenige Punkt, über den die Parteien keine Einigung erzielt haben, zu den sog. **accidentalia negotii** – also nicht zu den Kernbestandteilen des Vertrags – gehört. Denn jede Partei kann einseitig einen bestimmten Punkt für regelungsbedürftig erklären (§ 154 BGB: „alle Punkte …, über die nach der Erklärung auch nur einer Partei eine Vereinbarung getroffen werden soll"). Fehlt es dann an einer Einigung über diesen Punkt, liegt ein Dissens vor. Ob der betreffende Punkt objektiv bedeutsam ist, ist unerheblich; entscheidend ist allein, dass eine Partei erklärt hat, über den betreffenden Punkt eine Vereinbarung herbeiführen zu wollen. Dies dient dem Schutz der negativen Abschlussfreiheit (vgl. § 1 Rn. 5): Niemand muss einen Vertrag schließen, der inhaltlich nicht vollständig seinen Vorstellungen entspricht.

▶ **Fall 11:** V und K verhandeln über den Verkauf eines Gebrauchtwagens. Sie sind sich über den Preis einig. V erklärt aber, das Auto noch eine Woche lang für eine Urlaubsreise nutzen zu wollen, während K sofortige Lieferung verlangt. Da sich V und K nicht über den Lieferzeitpunkt geeinigt haben, liegt ein Dissens vor. ◀

Als dritte Fallgruppe des Dissenses wird herkömmlich der Fall angesehen, dass sich die Erklärungen der Parteien formal zwar decken, aber inhaltlich mehrdeutig sind („Scheinkonsens"). Verstehen beide Parteien die mehrdeutigen Erklärungen gleich, ist nach h.M. ein Vertrag entsprechend diesem übereinstimmenden Verständnis zustande gekommen (siehe § 2 Rn. 12). Ist dies nicht der Fall, muss durch Auslegung nach dem objektiven Empfängerhorizont (§§ 133, 157 BGB) der Inhalt beider Erklärungen festgestellt werden. Führt die Auslegung dazu, dass sich beide Erklärungen decken, haben die Parteien einen Vertrag mit dem entsprechenden Inhalt geschlossen. Kommt die Auslegung aber wegen der objektiven Mehrdeutigkeit zu keinem Ergebnis, soll ein Dissens vorliegen.[31] Richtigerweise ist dies allerdings kein Fall des Dissenses. Denn der Vertragsschluss scheitert hier nicht daran, dass sich die Willenserklärungen der Parteien nicht decken, sondern schon daran, dass mangels Bestimmtheit gar keine wirksamen Willenserklärungen vorliegen (siehe § 2 Rn. 6).

▶ **Fall 12:** V bietet in der Regensburger Tageszeitung ihren Gebrauchtwagen zum Verkauf an. Es meldet sich der offensichtlich aus einem englischsprachigen Land stammende K, und sie einigen sich über einen Verkauf für 10.000 Dollar. Hinterher stellt sich heraus, dass V US-amerikanische Dollar meinte, K dagegen (geringerwertige) kanadische Dollar.

Falls keine weiteren Anhaltspunkte vorliegen, lassen sich die Erklärungen von V und K nicht eindeutig auslegen. Mangels Bestimmtheit liegen darum keine wirksamen Willenserklärungen vor. Hat dagegen V im Lauf der Verhandlungen gesagt, sie sei mit der Zahlung in Dollar einverstanden, weil sie demnächst nach Kalifornien in Urlaub fahre und deshalb sowieso Dollar benötige, musste K die Erklärung der V so verstehen, dass diese US-Dollar meinte, und wenn K sich daraufhin mit dem Geschäft einverstanden erklärte, durfte umgekehrt V die Erklärung des K so verstehen, dass auch dieser US-Dollar meinte. Die beiden Willenserklärungen sind darum inhaltlich bestimmt, und V und K haben sich auf einen Kaufpreis von

---

[31] Grüneberg/*Ellenberger*, § 155 Rn. 4; MüKoBGB/*Busche*, § 155 Rn. 12 f.; Soergel/*Riesenhuber*, § 155 Rn. 18; Staudinger/*Bork*, § 155 Rn. 9.

10.000 US-Dollar geeinigt. Hätte K dagegen während der Verhandlungen einen kanadischen Pass vorgelegt, wäre es umgekehrt. ◄

2. Rechtsfolgen

25 Die Folgen eines Dissenses regelt das Gesetz in §§ 154, 155 BGB. § 154 BGB betrifft den offenen Dissens, bei dem die Parteien wissen, dass sie sich nicht oder nicht vollständig geeinigt haben. § 155 BGB setzt dagegen voraus, dass die Parteien den Vertrag als geschlossen ansehen, ihnen der Dissens also nicht bewusst ist (versteckter Dissens). Hat nur eine Partei den Dissens erkannt, ist umstritten, ob § 154 BGB oder § 155 BGB zur Anwendung kommt.[32]

Beide Normen sind zwar verschieden formuliert, doch die Unterschiede sind gering. Sowohl nach § 154 BGB als auch nach § 155 BGB ist im Falle eines Dissenses normalerweise kein Vertrag zustande gekommen, und zwar auch dann, wenn sich die Parteien über einzelne Punkte schon geeinigt haben. Nur ausnahmsweise liegt ein Vertrag vor, *soweit* sich die Parteien geeinigt haben.[33] Betrifft der Einigungsmangel allerdings die **essentialia negotii** (siehe Rn. 3), scheidet ein Vertragsschluss – ohne dass dies aus dem Text von §§ 154, 155 BGB hervorgeht – von vornherein aus, da ein Vertrag ohne Einigung über seine Kernbestandteile nicht existenzfähig ist („logischer" oder „totaler" Dissens).

▶ In Fall 10 ist keinesfalls ein Vertrag über den Verkauf des Autos zustande gekommen, auch wenn sich V und K schon über einzelne Punkte wie den Lieferzeitpunkt und die Haftung für Mängel geeinigt haben. Denn weil es an einer Einigung über den Kaufpreis fehlt, haben sich V und K noch nicht über die essentialia negotii geeinigt. ◄

26 Haben sich die Parteien über die essentialia negotii geeinigt und betrifft der Einigungsmangel somit nur einen Punkt, der zu den **accidentalia negotii** gehört (siehe Rn. 24), kann ein Vertrag zustande gekommen sein, *soweit* sich die Parteien geeinigt haben. Unter welchen Voraussetzungen dies der Fall ist, hängt davon ab, ob sich die Parteien des Einigungsmangels bewusst sind.

Ist dies der Fall, liegt also ein **offener Dissens** vor, kommt es darauf an, ob die Parteien hinsichtlich der Punkte, über die sie sich geeinigt haben, schon einen Vertrag schließen wollten, ob sie also Rechtsbindungswillen hatten. Dies ist durch Auslegung ihrer Erklärungen festzustellen. Wenn etwa die Parteien mit der Vertragsdurchführung beginnen, deutet das darauf hin, dass sie sich durch die vorherige teilweise Einigung schon rechtlich binden wollten („Selbstinterpretation durch späteres Verhalten"[34]). § 154 Abs. 1 S. 1 BGB stellt die Auslegungsregel auf, dass im Zweifel der Vertrag nicht ge-

---

[32] Für § 154 BGB *Bork*, Rn. 779; *Diederichsen*, Festschrift Hübner (1984), S. 421, 440 f.; *Medicus/Petersen*, Rn. 436; Soergel/*Riesenhuber*, § 155 Rn. 19; Staudinger/*Bork*, § 154 Rn. 2. Für § 155 BGB BeckOK-BGB/*Eckert* (1.5.2024), § 155 Rn. 2; Grüneberg/*Ellenberger*, § 155 Rn. 1; MüKoBGB/*Busche*, § 155 Rn. 2. Weder für § 154 BGB noch für § 155 BGB: BeckOGK-BGB/*Möslein* (1.2.2018), § 155 Rn. 18.

[33] *Rödl*, AcP 215 (2015), 683, 708 f. nimmt an, dass im Fall eines versteckten Dissenses im Zweifel das Vereinbarte gilt; so wohl auch *Diederichsen*, Festschrift Hübner (1984), S. 421, 439 und *Medicus/Petersen*, Rn. 436. Doch nach dem Wortlaut von § 155 BGB gilt das Vereinbarte nur dann, wenn ein entsprechender hypothetischer Parteiwille anzunehmen ist. Dementsprechend trägt diejenige Partei, die sich auf die Geltung des Vereinbarten beruft, die Beweislast für die Tatsachen, aus denen ein solcher Parteiwille folgt (z.B. Grüneberg/*Ellenberger*, § 155 Rn. 5; MüKoBGB/*Busche*, § 155 Rn. 16; Staudinger/*Bork*, § 155 Rn. 18). Im Zweifel liegt also – wie bei § 154 BGB – kein Vertrag vor (*Flume*, § 34 7, S. 634; *Gsell*, AcP 203 [2003], 119, 133). Unklar *Bork*, Rn. 769, 780.

[34] *Lindacher*, JZ 1977, 604, 605.

§ 3 Der Vertragsschluss

schlossen ist. Lässt sich das Vorliegen von Rechtsbindungswillen nicht positiv feststellen, ist somit anzunehmen, dass die Parteien ohne Rechtsbindungswillen gehandelt und deshalb noch keinen Vertrag geschlossen haben. Das gilt nach § 154 Abs. 1 S. 2 BGB selbst dann, wenn die Parteien diejenigen Punkte, über die sie sich geeinigt haben, schriftlich niedergelegt oder in anderer Weise aufgezeichnet haben (Punktation).

▶ In FALL 11 ist nach der Auslegungsregel des § 154 Abs. 1 S. 1 BGB anzunehmen, dass V und K noch keinen Vertrag über den Verkauf des Gebrauchtwagens zu dem vereinbarten Preis geschlossen haben. ◀

War den Parteien der Einigungsmangel dagegen nicht bewusst, liegt also ein **versteckter Dissens** vor, so kann nicht danach differenziert werden, ob sich die Parteien hinsichtlich derjenigen Punkte, über die sie sich geeinigt haben, rechtlich binden wollten. Denn da sich die Frage für sie nicht gestellt hat, haben sie auch keinen entsprechenden Willen gebildet. § 155 BGB stellt stattdessen darauf ab, ob anzunehmen ist, dass der Vertrag auch ohne eine Einigung über den offenen Punkt geschlossen worden *wäre*; maßgeblich ist also der **hypothetische Parteiwille bei Vertragsschluss**. Die Testfrage lautet: Wie hätten sich die Parteien entschieden, wenn sie bei Vertragsschluss vor die Wahl zwischen dem lückenhaften und gar keinem Vertrag gestellt worden wären? Nur wenn anzunehmen ist, dass beide Parteien den lückenhaften Vertrag vorgezogen hätten, ist dieser Vertrag zustande gekommen; sonst fehlt es an einem Vertragsschluss.

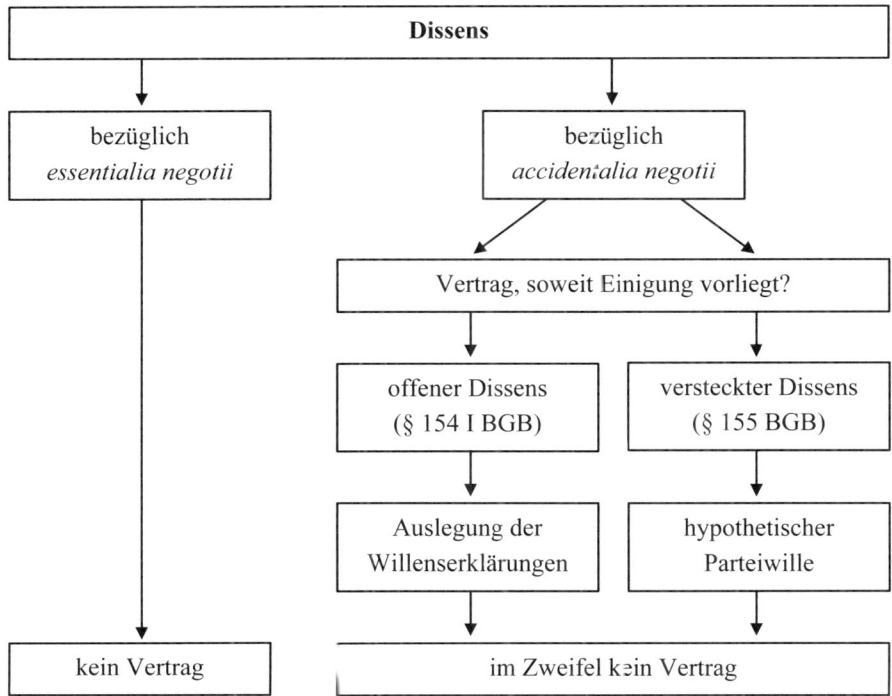

Ein gewisses Spannungsverhältnis besteht zwischen den Regelungen über den Dissens und § 150 Abs. 2 BGB (siehe Rn. 15). Denn da nach diesem eine Annahme unter Erweiterungen, Einschränkungen oder sonstigen Änderungen als Ablehnung des Antrags gilt und damit nach § 146 BGB zu dessen Erlöschen führt, scheint § 150 Abs. 2 BGB keine Möglichkeit einer partiellen Einigung zu lassen, wie §§ 154, 155 BGB sie vorsehen. § 150 Abs. 2 BGB muss insofern hinter die Regelungen über den Dissens zurücktreten, da diese sonst gegenstandslos würden. § 150 Abs. 2 BGB kommt darum nur insoweit zur Anwendung, als nach §§ 154, 155 BGB keine Einigung vorliegt.[35]

27 ▶ **Weiterführender Hinweis:** Umstritten ist, ob eine Partei, die den versteckten Dissens verschuldet hat, der anderen nach §§ 280 Abs. 1, 241 Abs. 2, 311 Abs. 2 BGB (culpa in contrahendo) auf Schadensersatz haftet; nach h.M. ist das der Fall.[36] Zwar wird bei einem versteckten Dissens regelmäßig beiden Parteien Verschulden zur Last fallen, weil beide den Einigungsmangel hätten bemerken können; der Schadensersatzanspruch wird daher meist wegen Mitverschuldens (§ 254 BGB) zu mindern sein. Er ermöglicht aber einen Ausgleich, wenn der Schaden beider Parteien unterschiedlich hoch ist, etwa weil eine Partei schon mit der Durchführung des vermeintlich wirksamen Vertrags begonnen hat und ihr dafür Kosten entstanden sind. ◀

28 Falls gemäß § 154 BGB oder § 155 BGB hinsichtlich derjenigen Punkte, über die sich die Parteien geeinigt haben, ein Vertrag zustande gekommen ist, können sich die Parteien über die noch offenen Punkte später einigen. Gelingt das nicht, ist die Lücke durch das dispositive Recht (siehe § 1 Rn. 5) oder durch **ergänzende Vertragsauslegung** zu füllen. Bei dieser wird der im Vertrag zum Ausdruck gekommene Parteiwille „zu Ende gedacht" und der Vertrag um diejenige Regelung ergänzt, die die Parteien im Hinblick auf den von ihnen mit dem Vertrag verfolgten Zweck nach Treu und Glauben und unter Berücksichtigung der Verkehrssitte bei Vertragsschluss getroffen hätten. Entscheidend ist also der **hypothetische Parteiwille**, der durch Erwägungen der Üblichkeit (Verkehrssitte) und Billigkeitselemente (Treu und Glauben) ergänzt wird. Diese ergänzende Vertragsauslegung kommt nicht nur zum Tragen, wenn die Parteien über einen als regelungsbedürftig erkannten Punkt keine Einigung erzielt haben, sondern auch und vor allem, wenn sich erst während der Vertragsdurchführung ein Punkt als regelungsbedürftig erweist, an den die Parteien bei Vertragsschluss gar nicht gedacht haben. Die Möglichkeit ergänzender Vertragsauslegung räumt dem Richter beträchtliche Gestaltungsmacht ein und führt zu nicht unerheblicher Rechtsunsicherheit. In der Rechtspraxis – und mehr noch in juristischen Klausuren! – sollte sie daher nur mit Vorsicht herangezogen werden.

V. Vertragsschluss bei Versteigerung

29 § 156 BGB enthält eine dispositive Regelung über den Vertragsschluss bei einer Versteigerung. Der **Begriff der Versteigerung** wird im Gesetz nicht definiert; § 312g Abs. 2 Nr. 10 BGB enthält lediglich eine Legaldefinition der „öffentlich zugänglichen Versteigerung", auf die z.B. in § 474 Abs. 2 S. 2 BGB abgestellt wird. Hieraus lässt sich ableiten, dass prägend für eine Versteigerung ein „vom Versteigerer durchgeführte[s], auf konkurrierenden Geboten basierende[s] transparente[s] Verfahren [ist], bei dem der Bieter, der den Zuschlag erhalten hat, zum Erwerb der Waren oder Dienstleistungen verpflichtet ist". Typischerweise agiert der Versteigerer dabei als Stellvertreter der Personen, die die zur Versteigerung kommenden Gegenstände eingeliefert haben (siehe zur Stellvertretung § 22).

---

35 Auch insoweit gegen die Anwendbarkeit von § 150 Abs. 2 *Rödl*, AcP 215 (2015), 683, 709 f.
36 Dafür z.B. RGZ 104, 265 ff. („Weinsteinsäure") und *Bork*, Rn. 783. Dagegen *Flume*, § 34 5, S. 625 f.

Auch bei einer Versteigerung wird der Vertrag durch die Annahme eines Antrags geschlossen. § 156 S. 1 BGB präzisiert, dass der Vertrag erst durch den Zuschlag zustande kommt. Hieraus folgt, dass der Aufruf durch den Versteigerer („Ausgebot") noch kein Antrag ist, sondern eine bloße invitatio ad offerendum. Einen **Antrag** macht der Bieter, indem er ein **Gebot** abgibt; hierbei handelt es sich – wie stets bei einem Antrag – um eine empfangsbedürftige Willenserklärung. Normalerweise würde dieser Antrag nach §§ 146, 147 Abs. 1 BGB erlöschen, wenn er nicht sofort angenommen wird. Insofern trifft aber § 156 S. 2 BGB eine vorrangige Spezialregelung: Der Antrag bleibt so lange wirksam, bis ein höheres Gebot („Übergebot") abgegeben oder die Versteigerung ohne Erteilung des Zuschlags geschlossen wird. Das Erlöschen des Antrags hängt dabei nicht davon ab, dass das Übergebot wirksam ist, da sonst erhebliche Rechtsunsicherheit entstehen würde. Der Antrag erlischt vielmehr schon dann, wenn das Übergebot nicht eindeutig unwirksam ist.

Der Versteigerer hat drei Möglichkeiten, auf ein Gebot zu reagieren:

- Er kann das Gebot annehmen. Diese **Annahme** nennt man **Zuschlag**. Eine Besonderheit liegt darin, dass der Zuschlag eine nicht empfangsbedürftige Willenserklärung ist und deshalb schon mit Abgabe wirksam wird (§ 2 Rn. 18). Der Bieter muss also im Zeitpunkt des Zuschlags nicht mehr im Saal sein.
- Er kann das Gebot ablehnen. Dies führt gemäß § 146 BGB zum Erlöschen des Antrags.
- Er kann die **Versteigerung fortsetzen**. Wird ein höheres Gebot abgegeben, erlischt das niedrigere gemäß § 156 S. 2 Alt. 1 BGB. Wird kein höheres Gebot abgegeben, muss der Versteigerer den Zuschlag nicht erteilen, sondern er kann auch die Versteigerung ohne Erteilung des Zuschlags schließen. Nach § 156 S. 2 Alt. 2 BGB erlischt in diesem Fall das Höchstgebot.

§ 156 BGB bezieht sich nur auf den Abschluss des Kaufvertrags. Für die **dingliche Einigung** zur Übereignung der versteigerten Sachen (§ 929 S. 1 BGB; siehe § 4 Rn. 2) gelten keine besonderen Regelungen.

Keine Versteigerungen i.S.v. § 156 BGB sind **Internetauktionen** (z.B. über eBay), weil dabei kein Zuschlag erfolgt.[37] Vielmehr liegt im Einstellen der Sache durch den Verkäufer ein Antrag[38] zum Abschluss eines Vertrags mit demjenigen, der bei Ende des Auktionszeitraums der Höchstbietende ist, zum gebotenen Preis, sofern dieser Preis über dem festgesetzten Mindestpreis liegt. Gemäß §§ 145, 146, 148 BGB ist der Verkäufer prinzipiell bis zum Ende des Auktionszeitraums an diesen Antrag gebunden. Der Käufer gibt durch Abgabe eines Gebots eine Annahmeerklärung ab. Ob diese dem Antrag entspricht, erweist sich freilich erst bei Ende des Auktionszeitraums, weil erst dann feststeht, ob sie das höchste Gebot ist.[39] Die Einzelheiten werden normalerweise durch die Bedingungen der betreffenden Internetplattform geregelt.

30

▶ **Fall 13 (nach BGH NJW 2017, 468 ff.):** V bietet über eBay unter Vorgabe eines Startpreises von 1 € und einer Auktionsdauer von zehn Tagen einen gebrauchten Pkw VW Golf zum Verkauf an. In den Allgemeinen Geschäftsbedingungen von eBay heißt es u.a.: „§ 2 Je-

---

37 A.A. *Mankowski*, JZ 2005, 444 f.
38 BGH NJW 2017, 468 Rn. 20. Teilweise wird das Einstellen nicht als Antrag, sondern als antizipierte Annahme des höchsten Gebots klassifiziert. Das ist eine unnötige Komplizierung und entspricht nicht dem Regelungsmodell der §§ 145 ff. BGB (NK-BGB/*Kremer*, Anhang § 156 Rn. 21 f.).
39 BGHZ 149, 129 ff.; BGH NJW 2005, 53, 54.

der Bieter kann bei einer Auktion ein Maximalgebot abgeben. Das Maximalgebot stellt den Höchstbetrag dar, den der Bieter bereit ist, für den Artikel zu bezahlen. Bieten weitere Mitglieder auf den Artikel, so wird das aktuelle Gebot automatisch schrittweise erhöht, so dass der Bieter so lange Höchstbietender bleibt, bis sein Maximalgebot von einem anderen Mitglied überboten wurde. § 6 Mitglieder dürfen den Verlauf einer Auktion nicht durch die Abgabe von Geboten unter Verwendung eines weiteren Mitgliedskontos oder durch die gezielte Einschaltung eines Dritten manipulieren. Insbesondere ist es dem Anbieter untersagt, selbst Gebote auf die von ihm eingestellten Angebote abzugeben."

K gibt ein Maximalgebot in Höhe von 5.000 € ab. Anschließend gibt V als einziger weiterer Bieter über sein zweites Mitgliedskonto ein höheres Maximalgebot ab. Ein solches Verhalten des Verkäufers, bei dem er durch eigene Gebote den Preis in die Höhe treibt, nennt man „shill bidding". Im Folgenden erhöhen beide Parteien mehrfach ihre Maximalgebote. Bei Auktionsende liegt das Maximalgebot von K bei 16.500 €, dasjenige von V bei 17.000 €. K verlangt von V Übergabe und Übereignung des Autos gegen Zahlung von 1 €.

Durch das Einstellen des Autos gab V einen Antrag zum Vertragsschluss (§ 145 BGB) ab, der an denjenigen gerichtet war, der zum Ablauf der Auktionslaufzeit als der nach § 148 BGB bestimmten Annahmefrist das Höchstgebot abgegeben haben würde. Dieser Antrag war von vornherein nur an von V personenverschiedene Bieter gerichtet, weil ein Vertrag nur zwischen zwei verschiedenen Personen zustande kommen kann (§ 145 BGB: „einem anderen"); dies entspricht auch § 6 der eBay-Bedingungen. Weil der Antrag nicht an V gerichtet war, konnte er ihn auch nicht annehmen. Höchstbietender bei Auktionsende war darum K, und zwar mit einem Gebot von 1 €. Zwar gab K mehrere höhere Maximalgebote ab, doch diese sind entsprechend § 2 der eBay-Bedingungen dahingehend auszulegen (§§ 133, 157 BGB), dass K nicht in Höhe des Maximalgebots ein unbedingtes Gebot abgeben wollte, sondern nur jeweils genug bieten wollte, um Höchstbietender zu sein. Da die Eigengebote des V von vornherein nicht geeignet waren, einen Vertragsschluss herbeizuführen, musste K sie nicht übertreffen. Er bot daher nur einen Betrag von 1 € und war damit bei Auktionsende Höchstbietender, so dass ein Kaufvertrag zu diesem Preis zustande kam.[40] Dieser ist auch nicht nach § 138 BGB wegen des groben Missverhältnisses von Leistung und Gegenleistung nichtig (siehe § 10 Rn. 4). Der Anspruch des K ist deswegen begründet. ◄

Wiederholungs- und Vertiefungsfragen

1. Was versteht man unter „essentialia negotii"?
2. G schreibt an den Hotelier H: „Bitte reservieren Sie mir für die Nacht von 2. auf 3. August ein Einzelzimmer mit Dusche/WC." Liegt hierin ein Antrag zum Vertragsschluss? Falls ja: Zu welchem Preis?
3. Wie kommt ein Vertrag im Supermarkt zustande?

---

40 Manche Autoren (*Linardatos*, LMK 2017, 385307; *Mankowski*, JZ 2017, 253, 254; *Sutschet*, NJW 2014, 1041, 1043 f.) nehmen demgegenüber an, dass Gebote „echter" Bieter analog § 156 S. 2 BGB durch höhere Eigengebote des Verkäufers erlöschen, obwohl diese Eigengebote unwirksam sind (siehe Rn. 29). Denn sonst könnten „echte" Bieter bei Auktionsende nicht wissen, ob ein Vertrag mit ihnen zustande gekommen sei oder nicht. Der BGH hat die analoge Anwendung von § 156 S. 2 BGB in der Entscheidung, der Fall 13 nachgebildet ist, für den Fall des „Shill bidding" zurückgewiesen. Das überzeugt. Wenn der echte Bieter darauf vertraut, überboten worden zu sein, und in diesem Vertrauen Dispositionen trifft (etwa anderswo ein Auto erwirbt), ist er hinreichend durch einen Anspruch auf Schadensersatz gemäß §§ 280 Abs. 1, 241 Abs. 2, 311 Abs. 2 BGB (culpa in contrahendo) geschützt. Anders verhält es sich freilich, wenn das höhere Gebot nicht wegen „Shill Bidding", sondern aus anderen Gründen (etwa wegen Geschäftsunfähigkeit) unwirksam ist. Diesen Fall hat der BGH offengelassen.

§ 3 Der Vertragsschluss

4. Was ist der Unterschied zwischen einer invitatio ad offerendum und einem Antrag, bei dem der Antragende die Gebundenheit ausgeschlossen hat?
5. K bietet der V an, ein Gemälde der V für 1,25 Mio. € zu kaufen. Er teilt der V mit, dass er sich „an dieses Angebot bis 1 Monat nach Ende der ‚documenta' gebunden halte". Die „documenta" schließt am Sonntag, dem 15. September, um 18 Uhr. Wann erlischt der Antrag des K?
6. Erklären Sie den Unterschied zwischen „sofort" und „unverzüglich".
7. Welche Anforderungen sind an den „anderen Willen" i.S.v. § 153 BGB zu stellen?
8. Lebensmittelhändlerin K bestellt bei Hersteller H 300 1 kg-Packungen Reis zu je 1,20 €. H schreibt zurück: „Sehr geehrte Frau K, vielen Dank für Ihre Bestellung. Wir müssen Ihnen allerdings mitteilen, dass wir unsere Packungsgrößen geändert haben und Reis in Kilopackungen nicht mehr führen. Wir senden Ihnen daher 200 1,5 kg-Packungen zu je 1,75 €. Mit freundlichen Grüßen, H." Ist ein Vertrag zustande gekommen?
9. Würde sich in Frage 8 etwas ändern, wenn K kein Lebensmittelgeschäft, sondern ein China-Restaurant betriebe?
10. Was versteht man unter einem venire contra factum proprium?
11. Was ist in den Fällen des § 151 BGB entbehrlich?
12. Versandbuchhändler V sendet der selbständigen Rechtsanwältin R, mit der er vorher in keinerlei Kontakt stand, „unverbindlich zur Ansicht" den neuen Grüneberg zu und fordert die R auf, nach einer Woche entweder das Buch portofrei zurückzuschicken oder den Rechnungsbetrag von 100 € zu zahlen. R versieht das Buch mit ihrem Stempel und stellt es ins Regal. Muss sie zahlen?
13. Wie wäre es in Frage 12, wenn R Richterin wäre?
14. K nimmt per Internet an einer Versteigerung von Gemälden teil. Sie bietet 20.000 € auf ein Gemälde. Der Versteigerer erteilt ihr den Zuschlag, doch zuvor bricht die Internet-Verbindung der K zusammen. Kann sie trotzdem Lieferung des Gemäldes verlangen?

B. Trennungs- und Abstraktionsprinzip

§ 4 Sachenrechtliche Grundlagen

I. Besitz und Eigentum

1 „Besitz" und „Eigentum" werden im Alltagssprachgebrauch weitgehend synonym verwendet – in der Rechtssprache ist zwischen beiden strikt zu trennen. **Besitz** ist die tatsächliche Sachherrschaft; nach § 854 Abs. 1 BGB wird er durch die Erlangung der tatsächlichen Gewalt über die Sache erworben, nach § 856 Abs. 1 BGB durch den Verlust dieser tatsächlichen Gewalt beendigt. **Eigentum** ist dagegen die rechtliche Herrschaftsmacht über eine Sache. § 903 BGB formuliert, dass der Eigentümer mit der Sache nach Belieben verfahren und andere von jeder Einwirkung ausschließen kann, soweit nicht das Gesetz oder Rechte Dritter entgegenstehen.

▶ **Beispiel:** Das Auto des V wird von D gestohlen. Damit ist D (unmittelbare) Besitzerin des Autos, weil sie die tatsächliche Sachherrschaft ausübt. Am Eigentum des V hat sich durch den Diebstahl nichts geändert. ◀

Der Besitz als tatsächliche Sachherrschaft wird normalerweise (Ausnahme z.B. § 854 Abs. 2 BGB) durch **Realakt** (siehe § 2 Rn. 17) übertragen, nämlich durch die Übergabe der Sache.

Besitz und Eigentum können nur an **Sachen** bestehen, also gemäß § 90 BGB an körperlichen Gegenständen; ihnen sind nach § 90a BGB Tiere gleichgestellt. Der Begriff „Gegenstand" wird im BGB nicht definiert. Er umfasst außer den Sachen und Tieren insbesondere **Rechte**, z.B. Forderungen, Patente, Urheberrechte, Pfandrechte. Ein Pendant zum Besitz gibt es bei ihnen nicht, da tatsächliche Gewalt nur in Bezug auf körperliche Gegenstände möglich ist. In Bezug auf die rechtliche Zuordnung spricht man bei Rechten statt vom Eigentum von der Inhaberschaft, statt vom Eigentümer vom Inhaber (oder bei Forderungen vom Gläubiger). Nicht-körperliche Gegenstände sind außerdem beispielsweise Energien (z.B. Elektrizität, Fernwärme), soweit sie technisch beherrschbar sind, digitale Inhalte, Geschäfte und Praxen.

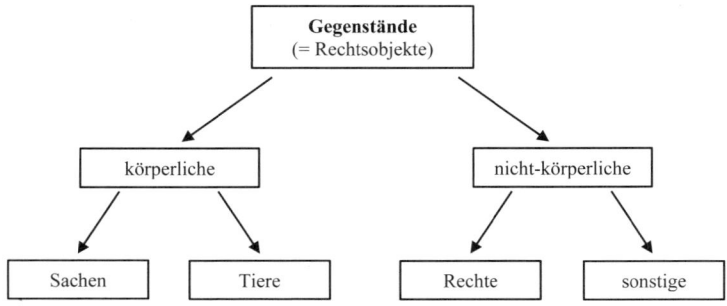

II. Die Übertragung des Eigentums an beweglichen Sachen

2 Das Eigentum an beweglichen Sachen wird nach § 929 S. 1 BGB dadurch übertragen, dass sich Eigentümer und Erwerber über den Eigentumsübergang einigen und der Ei-

gentümer dem Erwerber die Sache übergibt. Zur Eigentumsübertragung sind also ein Vertrag und ein Realakt erforderlich.
- Der Vertrag wird **dingliche Einigung** genannt. Wie jeder Vertrag kommt er durch zwei übereinstimmende Willenserklärungen zustande. Es gelten insofern die allgemeinen Regeln. Der Inhalt der Willenserklärungen kann etwa wie folgt lauten:
Eigentümer: „Ich, A, übertrage dir, B, das Eigentum an diesem Buch."
Erwerber: „Ich, B, stimme zu, dass du, A, mir das Eigentum an diesem Buch überträgst."
In der Praxis – und auch in der Klausur – stellt sich das Problem, dass derartige Übereignungserklärungen nur selten ausdrücklich abgegeben werden. Man muss also durch **Auslegung** ermitteln, ob die Parteien schon konkludente, auf Übereignung der Sache gerichtete Willenserklärungen abgegeben haben. Häufig (aber keineswegs immer!) wird das zu dem Zeitpunkt der Fall sein, zu dem die Sache übergeben wird.
- Der Realakt liegt in der **Übergabe** der Sache, also darin, dass der Veräußerer seinen Besitz an der Sache aufgibt und dem Erwerber den Besitz verschafft. Ist der Erwerber schon Besitzer, so genügt nach § 929 S. 2 BGB die dingliche Einigung. §§ 930, 931 BGB bieten die Möglichkeit, die Übergabe durch andere Tatbestände zu ersetzen; diese Fragen gehören ins Sachenrecht.

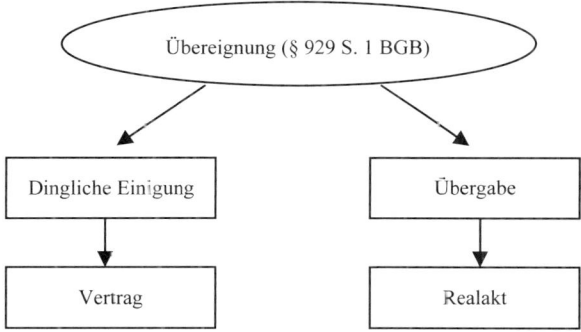

§ 929 S. 1 BGB bezeichnet den Veräußerer als „Eigentümer" und bringt damit die dritte Voraussetzung für eine Übereignung nach § 929 BGB zum Ausdruck: Der Veräußerer muss zur Übereignung berechtigt sein. Denn es liegt auf der Hand, dass man nicht einfach fremde Sachen übereignen und dadurch dem Eigentümer das Eigentum entziehen kann. Indem er auf das Eigentum abstellt, bringt der Wortlaut des § 929 BGB aber nur einen Teilaspekt der Problematik zum Ausdruck, denn Eigentum ist zwar der typische Fall einer Berechtigung zur Übereignung, aber es ist dafür weder erforderlich noch hinreichend. Exakt wäre die Formulierung, der Veräußerer müsse verfügungsbefugt sein. Die **Verfügungsbefugnis** folgt in der Regel aus dem Eigentum; in Sonderfällen – etwa, wenn über sein Vermögen das Insolvenzverfahren eröffnet ist (§§ 80 Abs. 1, 81 Abs. 1 S. 1 InsO) – ist aber der Eigentümer nicht verfügungsbefugt (siehe auch § 11). Umgekehrt kann ein Nichteigentümer verfügungsbefugt sein, und zwar entweder kraft Gesetzes (z.B. der Insolvenzverwalter, § 80 Abs. 1 InsO) oder gemäß § 185 Abs. 1 BGB, weil der Eigentümer in die Verfügung eingewilligt hat, d.h. ihr im Voraus zugestimmt hat (§ 183 S. 1 BGB). Unter Umständen kann der Erwerber sogar von einem Veräußerer das Eigentum erwerben, der nicht verfügungsbefugt ist, und zwar im Weg

3

des **gutgläubigen Erwerbs** nach §§ 932–936 BGB, 366 HGB. Voraussetzung dafür ist allerdings nach § 935 BGB, dass die Sache dem Eigentümer nicht abhandengekommen ist, dass er also den Besitz an ihr willentlich aufgegeben hat.

4 ▶ **Weiterführender Hinweis: Grundstücke** werden ähnlich übereignet wie bewegliche Sachen, nur dass an die Stelle der Übergabe die Eintragung des Eigentümerwechsels ins Grundbuch tritt (§ 873 Abs. 1 BGB). Die dingliche Einigung zur Übereignung eines Grundstücks nennt man „**Auflassung**"; sie unterliegt nach § 925 Abs. 1 BGB einer besonderen Form. ◀

Wiederholungs- und Vertiefungsfragen

1. Erläutern Sie den Unterschied zwischen Besitz und Eigentum!
2. Welche Arten von Gegenständen gibt es?
3. A ist Eigentümerin eines Hundes. Sie möchte den Hund an B übereignen. Was muss sie dazu tun?

§ 5 Verpflichtungsgeschäfte und Verfügungsgeschäfte

I. Begriffe

Ein **Verpflichtungsgeschäft** (oder schuldrechtliches Geschäft oder obligatorisches Geschäft) führt dazu, dass zwischen den Parteien ein Anspruch oder mehrere Ansprüche entstehen, d.h., dass zumindest eine der Parteien das Recht erwirbt, von der anderen ein Tun oder Unterlassen zu verlangen (§ 194 Abs. 1 BGB). Ein Verpflichtungsgeschäft lässt also zwischen den Parteien ein **Schuldverhältnis** i.S.v. § 241 BGB entstehen.

▶ **Beispiele:** Durch einen Kaufvertrag über eine Sache wird der Verkäufer zur Übergabe und zur Übereignung, der Käufer zur Kaufpreiszahlung und zur Abnahme verpflichtet (§ 433 BGB). Aufgrund eines Schenkungsvertrags ist der Schenker verpflichtet, dem Beschenkten eine unentgeltliche Zuwendung aus seinem Vermögen zu machen (§ 516 Abs. 1 BGB). Ein Leihvertrag verpflichtet den Verleiher, dem Entleiher unentgeltlich den Gebrauch einer Sache zu gestatten (§ 598 BGB; der gebräuchliche Ausdruck „Autoverleih" ist deshalb juristisch falsch). Der Mietvertrag begründet einen Anspruch des Mieters gegen den Vermieter auf Gebrauchsüberlassung und einen Anspruch des Vermieters gegen den Mieter auf Zahlung der Miete (§ 535 BGB). ◀

An der **dinglichen Rechtszuordnung** ändern Verpflichtungsgeschäfte nichts. Aufgrund des Kaufvertrags kann der Käufer zwar vom Verkäufer Übereignung der Kaufsache verlangen, aber er wird noch nicht Eigentümer; dazu bedarf es vielmehr der Übereignung nach § 929 S. 1 BGB. Rechtsgeschäfte wie die Übereignung, die die dingliche Güterzuordnung ändern, nennt man **Verfügungsgeschäfte** (oder dingliche Geschäfte).

▶ **Beispiele:** Durch die Übereignung einer Sache (§§ 929 ff. BGB) oder die Aufgabe des Eigentums an einer Sache (§ 959 BGB) ändern sich die Eigentumsverhältnisse an der Sache. Die Abtretung einer Forderung führt dazu, dass der alte Gläubiger die Forderung verliert und der neue Gläubiger Forderungsinhaber wird (§ 398 BGB). Aufgrund des Erlasses einer Forderung erlischt die Forderung, der Gläubiger verliert also die Inhaberschaft (§ 397 Abs. 1 BGB). Die Belastung einer beweglichen Sache mit einem Pfandrecht (§ 1204 Abs. 1 BGB) oder eines Grundstücks mit einer Hypothek (§ 1113 Abs. 1 BGB) oder Grundschuld (§ 1191 BGB) führt dazu, dass ein beschränktes dingliches Recht an der belasteten Sache entsteht. ◀

II. Die rechtliche Unabhängigkeit von Verpflichtungsgeschäft und Verfügungsgeschäft

Die Tatsache, dass zwischen Verpflichtungsgeschäft und Verfügungsgeschäft zu unterscheiden ist, nennt man **Trennungsprinzip**. Dieses Trennungsprinzip führt dazu, dass ein „Geschäft" im wirtschaftlichen Sinn meist aus mehreren verschiedenen Rechtsgeschäften besteht.

▶ **Fall 1:** K kauft am Kiosk des V eine Zeitung für 1 €, indem sie von V die Zeitung verlangt, ihm eine 1 €-Münze gibt und die Zeitung mitnimmt.

K und V haben drei Rechtsgeschäfte geschlossen:
- Den Kaufvertrag über die Zeitung, aufgrund dessen V der K die Zeitung übergeben und übereignen muss (§ 433 Abs. 1 S. 1 BGB) und K dem V den Kaufpreis zahlen und die Zeitung abnehmen muss (§ 433 Abs. 2 BGB).
- Die dingliche Einigung zur Übereignung der Zeitung (§ 929 S. 1 BGB).
- Die dingliche Einigung zur Übereignung der 1 €-Münze (§ 929 S. 1 BGB).

Hätte K mit einem 2 €-Stück gezahlt und ein 1 €-Stück herausbekommen, hätten K und V vier Rechtsgeschäfte geschlossen, nämlich außer dem Kaufvertrag und der dinglichen Einigung zur Übereignung der Zeitung noch dingliche Einigungen zur Übereignung der 2 €-Münze von K an V und zur Übereignung der 1 €-Münze von V an K. ◄

▶ **Fall 2:** G hat gegen S eine Forderung in Höhe von 100 €. Aus Anlass des Geburtstags der S erlässt er ihr die Forderung.

Der Erlass der Forderung (§ 397 Abs. 1 BGB) stellt ein Verfügungsgeschäft dar. Gleichzeitig schließen G und S aber auch ein Verpflichtungsgeschäft, nämlich einen Schenkungsvertrag, in dem sie sich darüber einigen, dass der Erlass unentgeltlich erfolgt. ◄

3 Es ist nicht nur hinsichtlich des Zustandekommens zwischen Verpflichtungs- und Verfügungsgeschäft zu trennen, sondern auch hinsichtlich der Wirksamkeit (**Abstraktionsprinzip**). Mängel des einen Geschäfts beeinträchtigen die Wirksamkeit des anderen nicht. Insbesondere ist die Wirksamkeit des Verfügungsgeschäfts unabhängig von der Wirksamkeit des Verpflichtungsgeschäfts.

▶ Wenn in FALL 1 der Kaufvertrag aus irgendeinem Grund unwirksam ist, ändert dies nichts daran, dass die dinglichen Einigungen – sofern ihnen nicht auch ein Unwirksamkeitsgrund anhaftet – wirksam sind. Trotz der Unwirksamkeit des Kaufvertrags ist also K Eigentümerin der Zeitung und V Eigentümer der 1 €-Münze geworden. Siehe aber zur Rückabwicklung der Übereignungen § 6 Rn. 6 f. ◄

▶ **Hinweis zur Klausurtechnik:** Ein Verstoß gegen das Trennungs- oder gegen das Abstraktionsprinzip ist einer der „sichersten" Wege, um in einer Klausur durchzufallen. Vermeiden Sie deswegen alles, was Ihnen als derartiger Verstoß angekreidet werden könnte. Sie müssen unbedingt viele Formulierungen der Alltagssprache, die nicht zwischen Verpflichtungs- und Verfügungsgeschäft unterscheiden, unterlassen. Ausdrücke wie „K könnte aufgrund des Kaufvertrags mit V Eigentümerin geworden sein" oder „V könnte noch Eigentümer sein, weil der Kaufvertrag mit K unwirksam ist" sind grob falsch, weil wegen des Abstraktionsprinzips der Kaufvertrag für die dingliche Rechtslage unerheblich ist! ◄

4 Häufig liest man, die Nichtigkeit des Verpflichtungsgeschäfts führe zur Nichtigkeit auch des Verfügungsgeschäfts, wenn ein Fall der **Fehleridentität** vorliege, d.h., wenn das Verfügungsgeschäft an demselben Mangel leide wie das Verpflichtungsgeschäft. Der Begriff „Fehleridentität" ist ein ganz unglücklicher, der nur zu Verstößen gegen das Abstraktionsprinzip verleitet und besser aus dem juristischen Sprachgebrauch getilgt werden sollte. Entscheidend für die Unwirksamkeit des Verfügungsgeschäfts ist allein, ob dieses selbst an einem Mangel leidet, der es unwirksam macht. Ist das der Fall, ist es im Hinblick auf das Verfügungsgeschäft völlig unerheblich, ob auch das Verpflichtungsgeschäft unwirksam ist und – wenn ja – ob Verpflichtungsgeschäft und Verfügungsgeschäft aus demselben Grund unwirksam sind oder aus verschiedenen Gründen. Es kann ohne Weiteres das Verpflichtungsgeschäft wirksam, das Verfügungsgeschäft aber unwirksam sein. Auf die „Identität" irgendwelcher Fehler kommt es nicht an.

▶ **Hinweis zur Klausurtechnik:** „Stichwortfixierte" Korrektoren werden von Ihnen erwarten, dass Sie den Ausdruck „Fehleridentität" verwenden. Tun Sie es deshalb, um Ihrer Noten willen. Sie selbst sollten allerdings über diesem Begriff stehen, nicht in seinen Kategorien denken und ihn nur als letzte „Garnierung" Ihrer Falllösung verwenden. Prüfen Sie im Hinblick auf die Wirksamkeit des Verfügungsgeschäfts keinesfalls, ob das Verpflichtungsge-

§ 5 Verpflichtungsgeschäfte und Verfügungsgeschäfte

schäft einen Fehler aufweist und, wenn ja, ob das Verfügungsgeschäft denselben Fehler aufweist – das wäre ein glatter Verstoß gegen das Abstraktionsprinzip. Ignorieren Sie vielmehr das Verpflichtungsgeschäft und prüfen Sie einfach, ob das Verfügungsgeschäft an einem Fehler leidet, der es unwirksam macht. ◄

Wiederholungs- und Vertiefungsfragen

1. A möchte einen Kuchen backen, hat aber nicht genug Zucker. Er geht deshalb zu seinem Wohnungsnachbarn B und „leiht" sich von diesem 300 g Zucker (vgl. §§ 607 ff. BGB). Am folgenden Tag kauft er Zucker und gibt – wie vereinbart – dem B davon 300 g zurück. Welche Rechtsgeschäfte wurden zwischen A und B geschlossen?
2. Was besagt das Abstraktionsprinzip?

§ 6 Die Rückabwicklung bei Unwirksamkeit von Verpflichtungs- und/oder Verfügungsgeschäft

I. Kausale und abstrakte Geschäfte

1 Es wäre natürlich ein befremdliches Ergebnis, wenn der Käufer, dem aufgrund eines unwirksamen Kaufvertrags eine Sache wirksam übereignet wurde, diese behalten könnte, obwohl er wegen der Unwirksamkeit des Kaufvertrags den Kaufpreis nicht zahlen muss. Die Tatsache, dass die Übereignung wirksam ist, besagt nur, dass der Verkäufer die Sache nicht *aufgrund seines Eigentums* zurückverlangen kann. Die Rückabwicklung erfolgt in diesem Fall vielmehr nach **Bereicherungsrecht**. § 812 Abs. 1 S. 1 Alt. 1 BGB lautet: „Wer durch die Leistung eines anderen … etwas ohne rechtlichen Grund erlangt, ist ihm zur Herausgabe verpflichtet."[1] Man spricht insofern von der „Leistungskondiktion". Entscheidend sind die Worte „ohne rechtlichen Grund". Damit eine Vermögensverschiebung Bestand hat, muss für sie ein **rechtlicher Grund** – lateinisch: eine „causa" – bestehen.

2 Manche Rechtsgeschäfte tragen diesen rechtlichen Grund in sich; man spricht insofern von „kausalen Geschäften" oder „Kausalgeschäften". Dazu gehören die meisten Verpflichtungsgeschäfte.

▶ **Beispiele:** Ein Kaufvertrag führt insofern zu einer Vermögensverschiebung, als er Ansprüche der Parteien gegeneinander begründet, z.B. denjenigen des Käufers gegen den Verkäufer auf Übergabe und Übereignung der Kaufsache (§ 433 Abs. 1 S. 1 BGB). Der rechtliche Grund für die Begründung dieser Ansprüche liegt im Kaufvertrag selbst.

Ein Verpflichtungsgeschäft, das seinen rechtlichen Grund **nicht** in sich trägt, ist das abstrakte Schuldversprechen (§ 780 BGB)[2]. Es ist Verpflichtungsgeschäft, weil es nichts an der dinglichen Güterzuordnung ändert, sondern nur zur Begründung eines Anspruchs des Versprechensempfängers gegen den Versprechenden führt. Warum dieser Anspruch jedoch begründet werden soll, geht aus dem Geschäft (anders als bei einem Kaufvertrag, einer Schenkung, einem Mietvertrag etc.) nicht hervor. Das abstrakte Schuldversprechen bedarf deshalb eines außerhalb liegenden rechtlichen Grundes. Fehlt dieser, hat der Versprechensempfänger nach § 812 Abs. 1 S. 1 Alt. 1 BGB den erlangten Anspruch „herauszugeben", d.h., dieser Anspruch muss wieder aufgehoben werden. ◀

3 Rechtsgeschäfte, die ihren rechtlichen Grund nicht in sich tragen, nennt man „**abstrakte Geschäfte**". Abstrakt sind (fast[3]) alle Verfügungsgeschäfte und einige Verpflichtungsgeschäfte, wie das soeben angesprochene (wie schon der Name sagt) abstrakte Schuldversprechen.

Der rechtliche Grund für ein abstraktes Geschäft kann entweder in einem kausalen Geschäft liegen oder auf Gesetz beruhen.

▶ **Beispiele:** Wenn der Verkäufer dem Käufer zur Erfüllung des Kaufvertrags eine Sache übereignet und übergibt, liegt der Rechtsgrund sowohl für die Übereignung (Zuwendung durch abstraktes Geschäft) als auch für die Übergabe (Zuwendung durch Realakt) im Kaufvertrag.

---

1 Das Merkmal „auf dessen Kosten" ist nur im Rahmen der zweiten Alternative, nämlich der Bereicherung „in sonstiger Weise" relevant. Es dient dort dazu, den Gläubiger des Bereicherungsanspruchs zu bestimmen. Im Rahmen der ersten Alternative ist Gläubiger derjenige, der geleistet hat.
2 Siehe dazu *Brömmelmeyer*, Nomos-Lehrbuch Schuldrecht Besonderer Teil: Vertragliche Schuldverhältnisse, 6. Aufl. (2023), § 31.
3 Eine Ausnahme ist nur die Aufgabe des Eigentums gemäß § 928 Abs. 1 BGB oder § 959 BGB, da durch sie niemandem etwas zugewendet wird.

§ 6 Rückabwicklung bei Unwirksamkeit von Verpflichtungs- und/oder Verfügungsgeschäft § 6

A stößt fahrlässig die B an, die gerade mit ihren Einkäufen aus dem Supermarkt kommt. Dabei geht ein Gurkenglas zu Bruch. A geht in den Supermarkt, erwirbt dort ein Glas Gurken der gleichen Art und übergibt und übereignet es der B. Der Rechtsgrund für diese Übergabe und Übereignung liegt darin, dass A gemäß §§ 823 Abs. 1, 249 Abs. 1 BGB verpflichtet war, den Schaden der B dadurch zu ersetzen, dass er ihr ein Glas Gurken von der gleichen Art wie das zerstörte verschaffte. ◄

II. Die einzelnen Ansprüche

1. Eigentumsherausgabeanspruch bei Unwirksamkeit der Übereignung

Wenn der Eigentümer einer Sache diese an jemanden übereignet hat und die Übereignung unwirksam ist, hat der Eigentümer sein Eigentum nicht verloren. Er kann die Sache daher aufgrund seines fortbestehenden Eigentums vom Besitzer nach § 985 BGB herausverlangen oder – wie man auch sagt – vindizieren. Den Anspruch aus § 985 BGB nennt man auch „**Vindikation**". Seine Voraussetzungen sind: 4

- Derjenige, der den Anspruch geltend macht, muss **Eigentümer** der Sache sein.

  Wichtig: In Bezug auf die Eigentumslage ist es völlig unerheblich, ob der Übereignung ein Verpflichtungsgeschäft (z.B. ein Kaufvertrag) zugrunde liegt und ob dieses wirksam ist.

- Derjenige, von dem die Sache herausverlangt wird, muss ihr **Besitzer** sein.

- Der Besitzer darf **kein Recht zum Besitz** haben (§ 986 Abs. 1 S. 1 BGB)

  Ein Recht zum Besitz kann u.a. aus den schuldrechtlichen Beziehungen des Besitzers zum Eigentümer folgen. So verpflichtet ein Kaufvertrag den Verkäufer, die Sache dem Käufer zu übergeben, dem Käufer also den Besitz an der Sache zu verschaffen. Ein Kaufvertrag gibt dem Käufer somit ein Recht zum Besitz gegenüber dem Verkäufer. Deshalb ist unter dem Prüfungspunkt „Kein Recht zum Besitz" (aber auch erst unter diesem Prüfungspunkt!) darauf einzugehen, ob der gescheiterten Übereignung ein wirksames Verpflichtungsgeschäft zugrunde liegt, aus dem der Besitzer gegenüber dem Eigentümer zum Besitz berechtigt ist. Falls ein Recht zum Besitz besteht, kann der Eigentümer die Sache trotz seines Eigentums nicht vom Besitzer herausverlangen.

In Bezug auf **Geld** ist ein Anspruch aus § 985 BGB in aller Regel nicht erfolgversprechend. Das hat einen praktischen und einen rechtlichen Grund. Der praktische Grund beruht darauf, dass Eigentum nur an **konkreten Sachen** möglich ist, nicht aber an einer Geldsumme. Der Anspruch aus § 985 BGB könnte sich daher nicht auf Rückzahlung „des Kaufpreises" oder „von 11,68 €" richten, sondern nur auf Rückgabe genau derjenigen Münzen und Scheine, die der Zahlende dem Zahlungsempfänger gegeben hat. Bei unbarer Zahlung scheidet eine Vindikation darum von vornherein aus, und bei Barzahlung wird sie normalerweise daran scheitern, dass der Zahlungsempfänger die betreffenden Münzen und Scheine im Zeitpunkt der Geltendmachung des Herausgabeanspruchs längst weitergegeben hat oder sie sich unter seinen anderen Münzen und Geldscheinen nicht herausfinden lassen. Der rechtliche Grund liegt in § 948 BGB i.V.m. § 947 BGB: Wenn der Zahlungsempfänger die erhaltenen Münzen und Geldscheine in seinen Geldbeutel steckt oder in seine Kasse legt, werden sie mit den dort vorhandenen Münzen oder Scheinen untrennbar vermengt, weil sie mangels Unterscheidbarkeit nicht mehr auseinandersortiert werden können. Diese **Vermengung** führt nach §§ 947 Abs. 1, 948 BGB dazu, dass das bisherige Eigentum an den einzelnen 5

Münzen und Scheinen erlischt und die bisherigen Eigentümer am Gesamtbestand – also an jeder einzelnen Münze und jedem einzelnen Schein in der Kasse oder im Geldbeutel – Miteigentum erwerben.[4] Ein Miteigentümer kann vom anderen nicht nach § 985 BGB Herausgabe der Sache verlangen (vgl. § 1011 BGB: „Dritten gegenüber").

▶ **Hinweis zur Klausurtechnik:** Wenn der Aufgabensteller von Ihnen erwartet, dass Sie in Bezug auf Geld einen Anspruch aus § 985 BGB prüfen, wird er das dadurch deutlich machen, dass er im Sachverhalt angibt, dass die konkreten Münzen und Scheine, mit denen gezahlt wurde, noch auffindbar sind. Etwa: „Der 20 €-Schein, mit dem K gezahlt hat, liegt noch auf dem Ladentisch der V.", „V hat das von K erhaltene Geld separat verwahrt." ◀

2. Bereicherungsanspruch bei Unwirksamkeit des Verpflichtungsgeschäfts

6 Wenn das Verpflichtungsgeschäft unwirksam ist, haben die Parteien gegeneinander jeweils einen Anspruch aus § 812 Abs. 1 S. 1 Alt. 1 BGB (**Leistungskondiktion**) auf Rückgewähr der erbrachten Leistungen. Die einzelnen Voraussetzungen sind:

- Der in Anspruch Genommene muss **etwas erlangt** haben.

  Sie dürfen hier nicht einfach schreiben, dass er „das Buch" erlangt hat, sondern müssen präzisieren, ob er **Besitz** und/oder **Eigentum** am Buch erlangt hat (siehe § 4 Rn. 1). Das hängt davon ab, ob die Übereignung wirksam ist; insofern können Sie auf Ihre Ausführungen bei der Prüfung des § 985 BGB (die in der Klausur vor derjenigen des Bereicherungsanspruchs zu erfolgen hat) verweisen: Wenn die Sache übergeben wurde und die Übereignung wirksam ist, hat der in Anspruch Genommene Besitz und Eigentum erlangt. Wenn die Sache übergeben wurde und die Übereignung unwirksam ist, hat er nur Besitz erlangt. Nur wenn sich der Bereicherungsanspruch auf Rückzahlung einer Geldsumme (nicht auf Rückgabe bestimmter Geldscheine oder Münzen) richtet, müssen Sie (wegen der unter Rn. 5 geschilderten Probleme) nicht zwischen Besitz und Eigentum unterscheiden.

- Der in Anspruch Genommene muss das „Etwas" durch **Leistung** des Anspruchstellers erlangt haben.

  Unter einer Leistung versteht man eine bewusste, zweckgerichtete Mehrung fremden Vermögens. Eine Leistung liegt insbesondere dann vor, wenn der Zuwendende mit der Zuwendung eine – wirkliche oder vermeintliche – Schuld gegenüber dem Zuwendungsempfänger erfüllen wollte.

- Die Leistung muss **ohne rechtlichen Grund** erfolgt sein.

  Rechtlicher Grund kann insbesondere ein wirksames Verpflichtungsgeschäft zwischen Leistendem und Leistungsempfänger sein. Wenn Sie das Bestehen eines solchen Verpflichtungsgeschäfts schon im Rahmen des Anspruchs aus § 985 BGB unter dem Punkt „Kein Recht zum Besitz" geprüft haben, können Sie nach oben verweisen.

- Der **Inhalt des Bereicherungsanspruchs** hängt davon ab, was der Schuldner erlangt hat: Hat er nur Besitz erlangt, muss er die Sache lediglich herausgeben (Realakt). Hat er dagegen Besitz und Eigentum erlangt, muss er die Sache zurückgeben und gemäß § 929 S. 1 BGB zurückübereignen.

---

4 Nach BGH NJW 2010, 3578 Rn. 13 erwirbt der Kasseninhaber nicht nach §§ 947 Abs. 2, 948 BGB Alleineigentum (str.).

§ 6 Rückabwicklung bei Unwirksamkeit von Verpflichtungs- und/oder Verfügungsgeschäft

Es macht einen erheblichen praktischen Unterschied, ob der Anspruchsteller Eigentümer blieb und deshalb einen Anspruch aus § 985 BGB hat oder ob er sein Eigentum verlor und deshalb nur einen Bereicherungsanspruch hat. Der Anspruch aus § 985 BGB hilft ihm z.B. auch, wenn ein Gläubiger des Schuldners in die Sache vollstreckt. Mit einem Bereicherungsanspruch kann er dagegen in diesem Fall vom Schuldner nicht die Sache selbst, sondern nur deren Wert verlangen; bei fehlender Solvenz des Schuldners ist der Bereicherungsanspruch wertlos. Umgekehrt bietet der Bereicherungsanspruch gegenüber der Vindikation den Vorteil, dass mit seiner Hilfe z.B. die Herausgabe einer Versicherungsleistung verlangt werden kann, die der Schuldner erhalten hat, weil die Sache bei ihm durch Zufall untergegangen ist (vgl. § 818 Abs. 1 BGB). Die Einzelheiten erfordern Kenntnisse im Sachenrecht.

▶ **Hinweis zur Klausurtechnik:** In der Klausur prüfen Sie zuerst den Anspruch aus § 985 BGB. Im Anschluss müssen Sie auf jeden Fall den Anspruch aus § 812 Abs. 1 S. 1 Alt. 1 BGB prüfen, also auch dann, wenn der Anspruch aus § 985 BGB „durchgeht". Denn der Gutachtenstil gebietet, alle in Betracht kommenden Ansprüche zu prüfen. ◀

III. Zusammenfassung der einzelnen Fallkonstellationen

Die einzelnen Fallkonstellationen sollen noch einmal am Beispiel eines Kaufvertrags veranschaulicht werden. Dabei wird der Einfachheit halber davon ausgegangen, dass der Verkäufer dem Käufer die Sache schon übergeben und übereignet hat, der Käufer aber noch nicht gezahlt hat:

- Kaufvertrag und Übereignung sind wirksam.

  Der Käufer muss gemäß § 433 Abs. 2 BGB den Kaufpreis zahlen. Es bestehen keine Rückgewähransprüche.

- Kaufvertrag und Übereignung sind unwirksam.

  Wegen der Unwirksamkeit des Kaufvertrags ist der Käufer nicht verpflichtet, gemäß § 433 Abs. 2 BGB den Kaufpreis zu zahlen.
  Der Verkäufer ist Eigentümer der Sache geblieben. Er kann sie nach § 985 BGB vindizieren, da der Käufer wegen der Unwirksamkeit des Kaufvertrags kein Recht zum Besitz hat.
  Der Käufer hat den Besitz (nicht aber das Eigentum!) an der Sache wegen der Unwirksamkeit des Kaufvertrags ohne rechtlichen Grund erlangt. Er muss die Sache daher gemäß § 812 Abs. 1 S. 1 Alt. 1 BGB dem Verkäufer zurückgeben.
  Die Ansprüche aus § 985 BGB und aus § 812 Abs. 1 S. 1 Alt. 1 BGB auf Rückgabe der Sache bestehen nebeneinander; es ist also keiner von beiden vorrangig.

- Der Kaufvertrag ist unwirksam, die Übereignung ist wirksam.

  Wegen der Unwirksamkeit des Kaufvertrags ist der Käufer nicht verpflichtet, gemäß § 433 Abs. 2 BGB den Kaufpreis zu zahlen.
  Der Verkäufer hat sein Eigentum an der Sache durch die wirksame Übereignung verloren. Er kann die Sache daher nicht nach § 985 BGB vindizieren.
  Der Käufer hat den Besitz und das Eigentum an der Sache wegen der Unwirksamkeit des Kaufvertrags ohne rechtlichen Grund erlangt. Er muss die Sache daher gemäß § 812 Abs. 1 S. 1 Alt. 1 BGB dem Verkäufer zurückgeben und zurückübereignen.

- Der Kaufvertrag ist wirksam, die Übereignung ist unwirksam.

Aufgrund der Wirksamkeit des Kaufvertrags ist der Käufer gemäß § 433 Abs. 2 BGB zur Zahlung des Kaufpreises verpflichtet, und der Verkäufer ist gemäß § 433 Abs. 1 S. 1 BGB zur Übereignung der Sache verpflichtet.

Der Verkäufer ist Eigentümer der Sache geblieben. Er kann sie aber nicht nach § 985 BGB vindizieren, da der Käufer wegen der Wirksamkeit des Kaufvertrags ein Recht zum Besitz i.S.v. § 986 Abs. 1 S. 1 Alt. 1 BGB hat.

Der Käufer hat den Besitz (nicht aber das Eigentum!) an der Sache erlangt, und zwar wegen der Wirksamkeit des Kaufvertrags mit rechtlichem Grund. Der Verkäufer kann daher nicht gemäß § 812 Abs. 1 S. 1 Alt. 1 BGB Rückgabe der Sache verlangen.

Wiederholungs- und Vertiefungsfragen

1. Was bedeutet es, dass ein Geschäft abstrakt ist?
2. Welche drei Voraussetzungen hat ein Anspruch aus § 985 BGB?
3. Welche drei Voraussetzungen hat ein Anspruch aus Leistungskondiktion?
4. Kann die Wirksamkeit des Verpflichtungsgeschäfts im Rahmen der Vindikation eine Rolle spielen?
5. K kauft von V eine Waschmaschine für 1.290 €. Er zahlt und nimmt die Waschmaschine mit. Nun erweist sich, dass sämtliche Rechtsgeschäfte zwischen K und V unwirksam sind. Welche Ansprüche haben K und V gegeneinander?

§ 7 Der Sinn von Trennungs- und Abstraktionsprinzip

Außer der deutschen folgen nur ganz wenige Rechtsordnungen dem Trennungs- und dem Abstraktionsprinzip. Die Trennung zwischen Verpflichtungs- und Verfügungsgeschäft und die Unabhängigkeit beider voneinander scheinen alltägliche Lebensvorgänge künstlich zu komplizieren und aufzuspalten und sind dem juristischen Laien kaum verständlich zu machen.

Der scheinbare Verlust an „Einsichtigkeit" bringt jedoch, wenn man die Grundprinzipien einmal verstanden hat, einen gewaltigen **Gewinn an gedanklicher Klarheit**.[1] Es ist nun einmal ein Unterschied, ob A gegen B nur einen Anspruch auf Übereignung hat oder ob die Übereignung schon stattgefunden hat. Das wird insbesondere dann deutlich, wenn die Übereignung zeitlich nicht mit dem Abschluss des Kaufvertrags zusammenfallen kann, etwa weil die Kaufsache zu diesem Zeitpunkt noch gar nicht vorhanden ist oder noch aus einem größeren Vorrat gleichartiger Sachen ausgewählt werden muss. Es muss dann nach irgendwelchen Kriterien festgelegt werden, zu welchem Zeitpunkt das Eigentum übergehen soll. Wenn man – wie es das Trennungsprinzip tut – die Übereignung als eigenes Rechtsgeschäft auffasst, ist dies ohne Probleme möglich. Insbesondere kann auf diese Weise der Eigentumsübergang mühelos zeitlich von der Übergabe getrennt werden, wenn etwa der Käufer schon Eigentümer werden, der Verkäufer die Sache aber noch eine Zeitlang behalten soll, oder wenn umgekehrt der Käufer die Sache schon erhalten, aber noch nicht Eigentümer werden soll.

Gerade der letztere Fall, dass die Übergabe vor dem Eigentumsübergang erfolgen soll, ist sehr häufig. Denn oft wird die Kaufsache übergeben, bevor der Käufer den Kaufpreis zahlt, sei es aus technischen Gründen („Kauf auf Rechnung"), sei es, weil der Käufer die Sache schon nutzen will, den Kaufpreis aber erst später oder nur auf Raten zahlen will. In diesem Fall will der Verkäufer das Eigentum nicht verlieren, bevor er den Kaufpreis erhalten hat; sonst würde er Gefahr laufen, dass Gläubiger des Käufers in die Sache vollstrecken, und im Falle der Insolvenz des Käufers würde er weitgehend leer ausgehen. Umgekehrt will der Käufer sicher sein, dass er bei Zahlung des Kaufpreises tatsächlich Eigentümer wird. Das Trennungsprinzip ermöglicht hier eine sehr elegante Lösung, und zwar mithilfe des **Eigentumsvorbehalts** (§ 449 Abs. 1 BGB): Die Sache wird dem Käufer vor der Kaufpreiszahlung nicht nur übergeben, sondern es wird auch schon die dingliche Einigung vorgenommen. Diese wird aber **aufschiebend bedingt** durch die vollständige Zahlung des Kaufpreises, d.h., sie wird gemäß § 158 Abs. 1 BGB erst wirksam, wenn der Kaufpreis vollständig gezahlt ist. Dadurch sind sowohl Verkäufer als auch Käufer bestmöglich geschützt: Der Verkäufer bleibt Eigentümer, bis der Kaufpreis vollständig gezahlt wird. Der Käufer wird mit vollständiger Zahlung des Kaufpreises *automatisch* Eigentümer, ohne dass es noch weiterer Handlungen des Verkäufers bedarf. Durch § 161 BGB (und die gesetzlich nicht geregelte Figur des Anwartschaftsrechts) wird er weitgehend davor geschützt, dass der Eigentumserwerb wegen Ereignissen während der Schwebezeit (wie etwa der Übereignung durch den Verkäufer an einen Dritten) scheitert. Die Einzelheiten gehören ins Sachenrecht.[2]

Ein Vorteil des Abstraktionsprinzips liegt darin, dass die dingliche Rechtslage weitgehend **von Störungen auf der schuldrechtlichen Ebene isoliert** wird. Wenn der Käufer einer Sache diese weiterübereignet und sich dann herausstellt, dass der Kaufvertrag un-

---

1 Siehe auch *Strack*, Jura 2011, 5 ff.
2 Siehe *Kainer*, Nomos-Lehrbuch Sachenrecht, 2. Aufl. (2023), § 19.

wirksam ist, ändert das nichts an der Verfügungsbefugnis des Käufers; der Erwerber erwirbt vom Berechtigten (siehe § 4 Rn. 3). Das dient der Rechtssicherheit. Der Erwerber würde zwar auch durch die Möglichkeit eines gutgläubigen Erwerbs vom Nichtberechtigten (z.B. nach § 932 BGB) hinreichend geschützt. Es können jedoch bei Weitem nicht alle Gegenstände gutgläubig erworben werden. In Bezug auf Forderungen lässt die deutsche Rechtsordnung beispielsweise keinen gutgläubigen Erwerb vom Nichtberechtigten zu.

▶ **Fall:** G hat eine Forderung gegen S. Er verkauft diese Forderung an A (§§ 433, 453 Abs. 1 S. 1 BGB) und tritt sie ihr ab (§ 398 BGB). A verkauft die Forderung an B weiter und tritt sie ihm ab. Nun stellt sich heraus, dass der Kaufvertrag zwischen G und A unwirksam ist.

A ist durch die wirksame Abtretung Inhaberin der Forderung geworden; die Unwirksamkeit des zugrunde liegenden Kaufvertrags ändert hieran nichts. Als Forderungsinhaberin konnte A die Forderung an B abtreten. Die Forderung steht deshalb dem B zu.

Würde man dagegen nicht dem Abstraktionsprinzip folgen, würde die Unwirksamkeit des Kaufvertrags zwischen G und A dazu führen, dass A nicht Forderungsinhaberin wurde. Da A nicht über die Forderung verfügungsbefugt gewesen wäre, hätte sie sie nicht an B abtreten können. Weil ein gutgläubiger Erwerb vom Nichtberechtigten bei Forderungen nicht möglich ist, wäre B somit nicht Forderungsinhaber geworden. B trüge also das Risiko von Störungen im Rahmen des Kaufvertrags zwischen G und A, in den er keinerlei Einblick hat. ◀

Wiederholungs- und Vertiefungsfragen

1. Erklären Sie die Wirkungsweise eines Eigentumsvorbehalts.
2. Bei welchen Verfügungen ist das Abstraktionsprinzip zur Gewährleistung von Rechtssicherheit besonders wichtig?

C. Formale und inhaltliche Wirksamkeitsvoraussetzungen von Rechtsgeschäften

§ 8 Formbedürftige Rechtsgeschäfte

I. Formfreiheit und Formzwecke

Grundsätzlich können alle Rechtsgeschäfte **formfrei** vorgenommen werden, also mündlich, durch Gesten und auch durch konkludentes Verhalten. Die verbreitete Vorstellung, ohne „etwas Schriftliches" sei ein Vertrag größerer Bedeutung (z.B. ein Mietvertrag oder ein Kaufvertrag über ein Auto) nicht zustande gekommen, ist falsch. Die Formgebundenheit von Rechtsgeschäften ist die Ausnahme. Sie kann sich aus gesetzlichen Vorschriften oder aus der Vereinbarung der Parteien ergeben (vgl. § 127 BGB).

Formerfordernisse können verschiedenen **Zwecken** dienen:

- Erstens kann der Zwang, eine bestimmte Form zu wahren, denjenigen, der ein Rechtsgeschäft vornehmen will, zum Innehalten zwingen und ihn dadurch vor Übereilung schützen (**Warnfunktion**): Eine Erklärung ist viel schneller gesagt als hingeschrieben, und der Gang zum Notar erfordert noch größeren Aufwand. Außerdem stellt die Erfüllung der Form dem Betreffenden die Bindung, die er eingeht, nachdrücklich vor Augen. Gesetzliche Formerfordernisse finden sich deshalb häufig bei Rechtsgeschäften, die für den Betreffenden besonders gefährlich sind, etwa beim Schenkungsversprechen (§ 518 Abs. 1 BGB), der Übernahme einer Bürgschaft (§ 766 S. 1 BGB) oder der Übernahme der Verpflichtung zur Übertragung oder zum Erwerb des Eigentums an einem Grundstück (§ 311b Abs. 1 S. 1 BGB). Wenn bei Abschluss eines Vertrags nur eine Partei vor Übereilung geschützt werden muss, genügt es, wenn die Willenserklärung dieser Partei formbedürftig ist. So ist beim Abschluss eines Schenkungsvertrags nach § 518 Abs. 1 BGB nur die Willenserklärung des Schenkers, nicht aber die des Beschenkten formbedürftig, bei der Bürgschaft nach § 766 S. 1 BGB nur die Willenserklärung des Bürgen, nicht die des Gläubigers.
- Zweitens kann ein Formzwang sicherstellen, dass die Parteien vor Abschluss des Rechtsgeschäfts sachkundig beraten werden (**Beratungsfunktion**). Dies ist immer dann der Fall, wenn die notarielle Beurkundung vorgeschrieben ist, da der Notar nach § 17 Abs. 1 Beurkundungsgesetz (BeurkG) die Beteiligten über die rechtliche Tragweite des Geschäfts belehren und einer Benachteiligung unerfahrener Personen entgegenwirken muss. Eine wichtige Rolle kommt der Beratungsfunktion etwa bei Verträgen zu, die zur Übertragung oder zum Erwerb des Eigentums an einem Grundstück verpflichten (§ 311b Abs. 1 S. 1 BGB).
- Schließlich kann ein Formzwang dazu dienen, späteren Streit über Zustandekommen und Inhalt eines Rechtsgeschäfts zu vermeiden, weil sich insofern aufgrund der Form ein klarer Beweis erbringen lässt (**Beweisfunktion**).

Im Allgemeinen Teil des BGB ist nicht angeordnet, wann ein Rechtsgeschäft formbedürftig ist und welche Form eingehalten werden muss; das ist bei den einzelnen formbedürftigen Rechtsgeschäften geregelt. In den §§ 125 ff. BGB finden sich Vorschriften zur Präzisierung der einzelnen Arten der gesetzlichen Form und zu den Folgen von Formmängeln.

II. Arten der Form

1a In §§ 126, 126a, 126b, 128 und 129 BGB werden verschiedene Formerfordernisse näher definiert. Die Vorschriften beziehen sich dabei jeweils auf den Fall, dass das betreffende Formerfordernis durch Gesetz angeordnet wurde. Wird eines dieser Formerfordernisse von den Parteien vereinbart, gilt § 127 BGB, der teilweise die Voraussetzungen gegenüber den gesetzlichen Formerfordernissen absenkt. Im Folgenden werden die einzelnen Formerfordernisse kurz erläutert, beginnend mit der Textform, die die geringsten Anforderungen stellt, bis hin zur strengsten Form, der notariellen Beurkundung.

1. Textform (§ 126b BGB)

2 Wenn das Gesetz Textform vorschreibt, muss nach § 126b S. 1 BGB eine lesbare Erklärung, in der die Person des Erklärenden genannt ist, auf einem dauerhaften Datenträger abgegeben werden.

Ein **dauerhafter Datenträger** ist nach § 126b S. 2 BGB jedes Medium, das es dem Empfänger ermöglicht, eine auf dem Datenträger befindliche, an ihn persönlich gerichtete Erklärung so aufzubewahren oder zu speichern, dass sie ihm während eines für ihren Zweck angemessenen Zeitraums zugänglich ist, und das geeignet ist, die Erklärung unverändert wiederzugeben. Dauerhafte Datenträger sind etwa Papier und Vorrichtungen zur Speicherung digitaler Daten (z.B. USB-Sticks, CD-ROMs, Speicherkarten und Festplatten). Trotz der missverständlichen Formulierung, dass die Erklärung „auf einem dauerhaften Datenträger abgegeben werden" muss, entsprechen auch Erklärungen per E-Mail der Textform, da sie den Empfänger auf einem dauerhaften Datenträger erreichen.[1] Nicht genügen dagegen eine Anzeige der Erklärung im Internet, da dabei nicht sichergestellt ist, dass die Erklärung für einen bestimmten Zeitraum unverändert zugänglich ist,[2] und die Speicherung auf einem Anrufbeantworter oder einer Voicemail-Box, da derartige Erklärungen nicht lesbar sind.

Eine **Unterschrift** ist für Erklärungen in Textform nicht erforderlich; es muss sich lediglich die Person des Erklärenden aus dem Text ergeben. Nach h.M. muss aber der Abschluss der Erklärung erkennbar gemacht werden, etwa durch Unterschrift, eine Grußformel, die Angabe des Datums oder den Vermerk „Diese Erklärung wird nicht unterschrieben".[3] § 126b BGB in seiner seit 13.6.2014 geltenden Fassung statuiert dieses Erfordernis zwar nicht. Es war jedoch in der früheren Fassung enthalten, die der Gesetzgeber in inhaltlicher Hinsicht nicht ändern wollte[4].

Insbesondere wegen des Verzichts auf die Unterschrift kommt der Textform nur geringe Beweis- und Warnfunktion zu. Das Gesetz setzt sie deshalb häufig dort ein, wo es vor allem darum geht, dem Erklärungsempfänger bestimmte Informationen zu verschaffen (z.B. §§ 482 Abs. 1 S. 1, 504a Abs. 1 S. 3, 510 Abs. 1 S. 3 BGB, Art. 246 Abs. 3 S. 1 EGBGB), oder wo dem Erklärenden die formgerechte Abgabe der Erklärung möglichst leicht gemacht werden soll (z.B. § 312h BGB). Beruht das Textformer-

---

1 Siehe BT-Drucks. 17/12637, S. 44 sowie Erwägungsgrund 23 der Verbraucherrechte-RL (Richtlinie 2011/83/EU des Europäischen Parlaments und des Rates vom 25.10.2011, ABl. EU Nr. L 304, S. 64 ff.).
2 BT-Drucks. 17/12637, S. 44.
3 BeckOGK-BGB/*Primaczenko/Frohn* (1.5.2020), § 126b Rn. 23 f.; BeckOK-BGB/*Wendtland* (1.5.2024), § 126b Rn. 7; Grüneberg/*Ellenberger*, § 126b Rn. 5; MüKoBGB/*Einsele*, § 126b Rn. 8; Staudinger/*Hertel*, § 126b Rn. 1, 31 ff. **A.A.** Erman/*A. Arnold*, § 126b Rn. 8; Soergel/*Meier/Wolz*, § 126b Rn. 15.
4 BT-Drucks. 17/12637, S. 44.

fordernis nicht auf Gesetz, sondern auf **Rechtsgeschäft**, kommt nach § 127 Abs. 1 BGB im Zweifel § 126b BGB gleichermaßen zur Anwendung.

2. Elektronische Form (§ 126a BGB)

Die elektronische Form setzt nach § 126a Abs. 1 BGB voraus, dass die Erklärung in Form eines elektronischen Dokuments abgegeben wird, dass der Aussteller der Erklärung dieser seinen Namen hinzufügt und das elektronische Dokument mit seiner qualifizierten elektronischen Signatur nach der Elektronische-Transaktionen-Verordnung[5] versieht.

Der Erklärende muss ein elektronisches Dokument (z.B. E-Mail, Online-Erklärung im Internet) erstellen, das die formbedürftige Erklärung enthält. Es muss den Namen des Ausstellers beinhalten, nicht notwendig in Form einer Unterschrift. Die Begriffe „elektronische Signatur" und „qualifizierte elektronische Signatur" werden in Art. 3 Nr. 10 und Nr. 12 Elektronische-Transaktionen-Verordnung definiert. Bei einer elektronischen Signatur handelt es sich um Daten in elektronischer Form, die anderen elektronischen Daten beigefügt oder logisch mit ihnen verbunden werden und die der Unterzeichner zum Unterzeichnen verwendet. Die „Qualifizierung" setzt u.a. voraus, dass die elektronische Signatur eindeutig dem Unterzeichner zugeordnet ist und dessen Identifizierung ermöglicht und dass sie von einer qualifizierten elektronischen Signaturerstellungseinheit erstellt wurde und auf einem qualifizierten Zertifikat für elektronische Signaturen beruht.

Soll durch elektronische Form ein **Vertrag** geschlossen werden, müssen die Parteien nach § 126a Abs. 2 BGB jeweils ein gleichlautendes Dokument mit einer qualifizierten elektronischen Signatur versehen. Es genügt also nicht, dass jede Partei die von ihr abgegebene Willenserklärung mit einer derartigen Signatur versieht, da diese Willenserklärungen nicht gleichlautend sind.

Das Gesetz schreibt nirgends die elektronische Form vor, sondern gestattet sie lediglich als Variante zur Schriftform (§ 126 Abs. 3 BGB).

Vereinbaren die Parteien elektronische Form, so kommt nach § 127 Abs. 1 BGB im Zweifel § 126a BGB zur Anwendung, doch gelten nach § 127 Abs. 3 BGB im Zweifel zwei Formerleichterungen: Es genügt jede, also auch eine nicht qualifizierte elektronische Signatur, und bei einem Vertrag müssen die Parteien nicht ein gleichlautendes Dokument elektronisch signieren, sondern es genügt, wenn jede Partei ihre Willenserklärung elektronisch signiert. Nach § 127 Abs. 3 S. 2 BGB kann jede Partei aber nachträglich eine qualifizierte elektronische Signierung oder – wenn dies einer Partei nicht möglich ist – die Errichtung einer Urkunde, die die Schriftform des § 126 BGB wahrt, verlangen. Ein derartiges Verlangen dient lediglich Beweiszwecken; für die Wirksamkeit des Rechtsgeschäfts ist es ohne Belang.

3. Schriftform (§ 126 BGB)

Die Schriftform setzt nach § 126 Abs. 1 BGB voraus, dass eine Urkunde ausgestellt und vom Aussteller eigenhändig durch Namensunterschrift oder notariell beglaubigtes Handzeichen unterzeichnet wird.

---

5 Verordnung (EU) Nr. 910/2014 des Europäischen Parlaments und des Rates vom 23.7.2014 über elektronische Identifizierung und Vertrauensdienste für elektronische Transaktionen im Binnenmarkt und zur Aufhebung der Richtlinie 1999/93/EG, ABl. EU Nr. L 257, S. 73 ff.

Eine **Urkunde** muss schriftlich abgefasst sein; die Art der Herstellung (handschriftlich, mit Schreibmaschine, Computerausdruck, Fotokopie etc.) ist gleichgültig. Besteht die Urkunde aus mehreren Blättern oder Texten, muss die Zusammengehörigkeit deutlich gemacht werden (Einheitlichkeit der Urkunde). Das kann entweder durch eine körperliche Verbindung oder durch Merkmale wie einen fortlaufenden Text oder fortlaufende Paginierung geschehen.

Die Urkunde muss **eigenhändig** (also nicht durch Stempel, Schreibautomat o.Ä.) **unterschrieben** sein. Die Unterschrift muss dabei den Text der Urkunde räumlich abschließen. Die eigenhändige Angabe des Ausstellernamens im Kopf oder Text der Urkunde genügt deshalb nicht. Nachträge, die unter der Unterschrift stehen, müssen erneut unterschrieben werden.

Ist für eine **empfangsbedürftige Willenserklärung** Schriftform vorgeschrieben (z.B. nach § 766 S. 1 BGB für eine Bürgschaftserklärung), muss dem Empfänger das unterschriebene Original zugehen. Die Übermittlung per Fax oder einer Kopie genügt nicht.

Wenn ein **Vertrag** der Schriftform bedarf, müssen die Parteien nach § 126 Abs. 2 BGB dieselbe Urkunde oder von mehreren gleichlautenden Urkunden jeweils die für die Gegenpartei bestimmte unterzeichnen. Es genügt also nicht, dass jede Partei eine Urkunde unterzeichnet, die ihre auf den Vertragsschluss gerichtete Willenserklärung enthält.

Die Schriftform kann, sofern das Gesetz nichts anderes vorschreibt, durch die elektronische Form (§ 126 Abs. 3 BGB), durch die notarielle Beurkundung (§ 126 Abs. 4 BGB) oder durch die Aufnahme in einen gerichtlichen Vergleich (§§ 126 Abs. 4, 127a BGB) **ersetzt** werden.

Das Gesetz schreibt Schriftform vor etwa für den Abschluss von Mietverträgen über Wohnraum, die auf länger als ein Jahr befristet sind (§ 550 S. 1 BGB), für die Kündigung eines Mietverhältnisses über Wohnraum (§ 568 Abs. 1 BGB), für die Kündigung eines Arbeitsverhältnisses (§ 623 BGB) und die Übernahme einer Bürgschaft (§ 766 BGB); in den letzten beiden Fällen ist die elektronische Form ausgeschlossen.

6   Beruht das Schriftformerfordernis auf **Parteivereinbarung**, so kommt nach § 127 Abs. 1 BGB im Zweifel ebenfalls § 126 BGB zur Anwendung, doch gelten nach § 127 Abs. 2 BGB im Zweifel zwei Erleichterungen:

Erstens muss dem Empfänger nicht die Originalurkunde zugehen, sondern es genügt die telekommunikative Übermittlung, insbesondere durch E-Mail oder Fax. Umstritten ist dabei, inwieweit die Gestattung der telekommunikativen Übermittlung auch vom Unterschriftserfordernis befreit: Ist schon die Erstellung einer eigenhändig unterschriebenen Urkunde entbehrlich oder nur der Zugang dieser Urkunde? Sinnvoll scheint, auf das Erfordernis der Unterschrift jeweils nur so weit zu verzichten, wie es das zur Übermittlung eingesetzte Medium erfordert. Bei brieflicher Übermittlung ist danach eine eigenhändige Unterschrift erforderlich, bei Übermittlung per Fax eine eigenhändige Unterschrift auf dem Originaldokument und bei Übermittlung per E-Mail eine Namensnennung am Ende der Erklärung.[6]

Zweitens genügt für einen Vertragsschluss ein Briefwechsel; die Parteien müssen also nicht gleichlautende Urkunden unterzeichnen. Als „Briefwechsel" gilt dabei nicht nur

---

[6] BeckOGK-BGB/*Wollenschläger* (1.1.2024), § 127 Rn. 56 ff.; Staudinger/*Hertel*, § 127 Rn. 34 f., 44a ff.; wohl auch BeckOK-BGB/*Wendtland* (1.5.2024), § 127 Rn. 3. Generell für die Entbehrlichkeit der Unterschrift MüKo-BGB/*Einsele*, § 127 Rn. 11. Für die Entbehrlichkeit nur bei telekommunikativer Übermittlung Erman/*A. Arnold*, § 127 Rn. 7; Grüneberg/*Ellenberger*, § 127 Rn. 2 f.; Soergel/*Meier/Wolz*, § 127 Rn. 18.

der Austausch von Briefen, sondern auch der Austausch von telekommunikativ übermittelten Erklärungen.

Ähnlich wie nach § 127 Abs. 3 S. 2 BGB kann jede Partei nachträglich die Errichtung einer Urkunde verlangen, die den Erfordernissen des § 126 BGB entspricht (§ 127 Abs. 2 S. 2 BGB).

4. Öffentliche Beglaubigung (§ 129 BGB)

Für die öffentliche Beglaubigung einer Erklärung eröffnet § 129 BGB zwei Wege: Erstens kann die Erklärung schriftlich abgefasst (§ 126 Abs. 1 BGB) und die Unterschrift des Erklärenden oder das Handzeichen, mit dem er unterzeichnet, von einem Notar nach §§ 39, 40 BeurkG beglaubigt werden (§ 129 Abs. 1 S. 1 Nr. 1, Abs. 2 BGB). Zweitens kann die Erklärung in elektronischer Form abgefasst (§ 126a Abs. 1 BGB) und die qualifizierte elektronische Signatur des Erklärenden von einem Notar nach § 39a, 40a BeurkG beglaubigt werden (§ 129 Abs. 1 S. 1 Nr. 2 BGB). In dem Gesetz, das die öffentliche Beglaubigung vorschreibt, kann dabei vorgesehen werden, dass die öffentliche Beglaubigung nur auf dem einen oder dem anderen Weg möglich ist (§ 129 Abs. 1 S. 2 BGB). Die öffentliche Beglaubigung bezieht sich nur auf die Echtheit der Unterschrift, des Handzeichens oder der qualifizierten elektronischen Signatur; mit dem Inhalt der Urkunde ist der Notar nicht befasst. Die öffentliche Beglaubigung kann durch die notarielle Beurkundung (§ 129 Abs. 3 BGB) oder durch die Aufnahme in einen gerichtlichen Vergleich (§§ 129 Abs. 3, 127a BGB) ersetzt werden.

Öffentliche Beglaubigung schreibt das Gesetz etwa vor für Erklärungen über die nachträgliche Bestimmung eines Ehenamens (§ 1355 Abs. 3 S. 2 BGB) und hinsichtlich eines Begleitnamens (§ 1355 Abs 4 S. 5 BGB) sowie für die Bestimmung eines Testamentsvollstreckers durch einen Dritten (§ 2198 Abs. 1 S. 2 Hs. 2 BGB).

§ 127 Abs. 1 BGB ordnet zwar nicht an, dass § 129 BGB im Zweifel auch für die durch **Rechtsgeschäft** bestimmte öffentliche Beglaubigung gilt. Die Norm ist aber analog anzuwenden.

5. Notarielle Beurkundung (§ 128 BGB)

Das Verfahren für notarielle Beurkundungen ist im BeurkG geregelt. Es findet eine Verhandlung vor dem Notar statt, in der die Beteiligten die zu beurkundenden Willenserklärungen abgeben und über die eine Niederschrift aufgenommen wird, die vorgelesen, genehmigt und von den Parteien und dem Notar eigenhändig unterschrieben wird. Ist für eine empfangsbedürftige Willenserklärung notarielle Beurkundung vorgeschrieben, muss dem Empfänger eine Ausfertigung (§ 47 BeurkG) der Erklärung zugehen; eine beglaubigte Abschrift reicht nicht aus. Nach § 127a BGB wird die notarielle Beurkundung einer im Rahmen eines gerichtlichen Vergleichs abgegebenen Erklärung dadurch ersetzt, dass die Erklärung in ein nach den Vorschriften der ZPO errichtetes Protokoll aufgenommen wird.

Wenn ein **Vertrag** – also nicht nur die Willenserklärung einer Partei – kraft Gesetzes der notariellen Beurkundung bedarf, genügt nach § 128 BGB die getrennte notarielle Beurkundung von Antrag und Annahme, auch durch verschiedene Notare. Nach § 152 BGB kommt dabei der Vertrag im Zweifel schon mit der Beurkundung der Annahme zustande, ohne dass es deren Zugangs beim Antragenden bedarf.

Notarielle Beurkundung schreibt das Gesetz etwa vor für Verträge, die zur Übertragung oder zum Erwerb des Eigentums an einem Grundstück verpflichten (§ 311b Abs. 1 S. 1 BGB), Verträge, in denen sich ein Teil zur Übertragung seines gegenwärtigen Vermögens oder eines Bruchteils davon verpflichtet (§ 311b Abs. 3 BGB), Schenkungsversprechen (§ 518 Abs. 1 S. 1 BGB), Verträge über den Verkauf einer Erbschaft (§ 2371 BGB) und über die Verfügung über einen Erbteil (§ 2033 Abs. 1 S. 2 BGB).

§ 127 Abs. 1 BGB ordnet zwar nicht an, dass § 128 BGB im Zweifel auch für die durch **Rechtsgeschäft** bestimmte notarielle Beurkundung gilt. Die Norm ist aber analog anzuwenden.

III. Auslegung und Form

9   Auch formbedürftige Rechtsgeschäfte sind nach den allgemeinen Regeln auszulegen. Es ist darum in einem ersten Schritt festzustellen, ob die Partei eine entsprechende Willenserklärung abgegeben hat und welchen Inhalt diese hat. In einem zweiten Schritt ist dann zu prüfen, ob die in bestimmter Weise ausgelegte Erklärung der Form genügt. Die Unterscheidung dieser beiden Schritte ist von zentraler Bedeutung, weil ein Formmangel unter Umständen geheilt werden kann (siehe Rn. 13). So wird etwa nach § 311b Abs. 1 S. 2 BGB ein formnichtiger Grundstückskaufvertrag gültig, wenn die Auflassung und die Eintragung in das Grundbuch erfolgen (siehe § 4 Rn. 4). Nach § 518 Abs. 2 BGB wird der Formmangel eines Schenkungsvertrags durch die Bewirkung der versprochenen Leistung geheilt, und nach § 766 S. 3 BGB der Formmangel eines Bürgschaftsvertrags durch die Erfüllung der Hauptverbindlichkeit. Fehlt es dagegen nicht (nur) an der Form, sondern schon am Vorliegen entsprechender Willenserklärungen, dann kommt eine Heilung nicht in Betracht.

10 Die Form ist durchaus schon auf der ersten Stufe – derjenigen der **Auslegung** – von Bedeutung. Zwar sind bei der Auslegung nach dem objektiven Empfängerhorizont (§§ 133, 157 BGB) alle nach den allgemeinen Regeln relevanten Umstände zu berücksichtigen, unabhängig davon, ob die Form überhaupt oder hinsichtlich der betreffenden Umstände gewahrt wurde. Doch ist die Tatsache, dass die Parteien eine zu wahrende Form beachtet oder nicht beachtet haben, ein im Rahmen der Auslegung zu berücksichtigender Umstand. Wenn nämlich eine bestimmte Form gewahrt werden soll, dies aber nicht geschieht, dann muss sich der Erklärungsempfänger fragen, warum die Form nicht beachtet wird. Eine naheliegende Erklärung hierfür ist, dass der Erklärende gar keine entsprechende Erklärung abgeben will.

So statuiert § 154 Abs. 2 BGB eine **Auslegungsregel**, nach der die Parteien, die die Beurkundung eines beabsichtigten Vertrags verabreden, diesen Vertrag im Zweifel nicht schließen, bis die Beurkundung erfolgt. Es wird also vermutet, dass Erklärungen vor der Beurkundung ohne Rechtsbindungswillen erfolgen (§ 2 Rn. 4, 6). Die Parteien, die einen Grundstückskaufvertrag schließen wollen, werden sich etwa schon über die wesentlichen Punkte einigen, bevor sie die notarielle Beurkundung vornehmen lassen. Nach § 154 Abs. 2 BGB wird vermutet, dass sie dabei ohne Rechtsbindungswillen handeln und darum kein – formnichtiger, aber nach § 311b Abs. 1 S. 2 BGB heilungsfähiger – Grundstückskaufvertrag zustande kommt. § 154 Abs. 2 BGB gilt dabei unabhängig von der Art der verabredeten Beurkundung und unabhängig davon, warum die Parteien eine Beurkundung verabreden. Es kommt also nicht darauf an, ob die Parteien z.B. notarielle Beurkundung oder nur Schriftform verabreden und ob sie dies tun,

§ 8 Formbedürftige Rechtsgeschäfte

weil sie ein – tatsächliches oder nur vermeintliches – gesetzliches Formerfordernis wahren wollen oder weil sie den Vertrag aus eigenem Antrieb beurkunden wollen.

Ebenso ist im Zweifel anzunehmen, dass die Parteien, die einen Vertrag beurkunden, keine Abreden treffen wollen, die sie nicht in die Urkunde aufnehmen.

▶ **Fall 1 (nach BGHZ 207, 349 ff.):** V verkauft der K ein Grundstück, das mit einem Einfamilienhaus bebaut ist. Vor Vertragsschluss händigt er der K Grundrisszeichnungen des Hauses aus, die im notariellen Vertrag nicht erwähnt werden. Nach der Abwicklung des Kaufvertrags erweist sich, dass die Fläche des Hauses 13 m² kleiner ist als in den Grundrisszeichnungen angegeben, weil abweichend von diesen gebaut wurde.

K hätte wegen der Fläche des Wohnhauses nur dann Gewährleistungsrechte gemäß § 437 BGB, wenn V und K eine der Grundrisszeichnungen entsprechende Fläche als Beschaffenheit vereinbart hätten (§ 434 Abs. 1, Abs. 2 S. 1 Nr. 1 BGB); der Formmangel wegen der fehlenden notariellen Beurkundung einer solchen Vereinbarung wäre nach § 311b Abs. 1 S. 2 BGB geheilt gewesen. Es fehlt hier jedoch schon am Vorliegen einer Beschaffenheitsvereinbarung. Denn K darf nicht annehmen, dass V für Angaben im Vorfeld des Vertragsschlusses, die nicht in den beurkundeten Vertrag aufgenommen werden, gewährleistungsrechtlich einstehen will. Und V muss nicht annehmen, dass K auf eine gewährleistungsrechtliche Haftung für Eigenschaften Wert legt, auf deren Beurkundung sie nicht hingewirkt hat.[7] ◀

Wenn durch Auslegung ermittelt wurde, dass ein bestimmtes Rechtsgeschäft vorgenommen wurde, ist in einem zweiten Schritt festzustellen, ob das **Formerfordernis gewahrt** ist. Der BGH geht dabei in ständiger Rechtsprechung von der **Andeutungstheorie** aus, nach der der rechtsgeschäftliche Wille auch insoweit, als er aus Umständen außerhalb der Urkunde ermittelt wurde, in der Urkunde einen wenn auch unvollkommenen Ausdruck gefunden haben muss.[8] Daran fehlt es insbesondere bei Abreden, deren Beurkundung ganz unterlassen wurde. Nicht gilt das Erfordernis der Andeutung allerdings für die **ergänzende Vertragsauslegung**, denn bei ihr wird nicht der tatsächliche, sondern der hypothetische Parteiwille ermittelt (siehe § 3 Rn. 28) und dieser kann zwangsläufig keinen Ausdruck in der Urkunde gefunden haben. Eine Ausnahme macht der BGH auch hinsichtlich des Grundsatzes „**falsa demonstratio non nocet**" (siehe § 2 Rn. 12). Aus ihm soll sich ergeben, dass die Form auch dann gewahrt ist, wenn der Inhalt der Urkunde versehentlich (zu vorsätzlicher Falschbeurkundung siehe § 18 Rn. 5) vom Inhalt des Rechtsgeschäfts abweicht, sofern der Zweck der jeweiligen Formvorschrift nicht entgegensteht.

11

▶ **Fall 2 (nach BGHZ 87, 150 ff.):** V ist Eigentümer der Flurstücke Nr. 39/30, 31 und 32 an der A-Straße. Er einigt sich mit K darauf, seinen gesamten Grund an der A-Straße zu einem bestimmten Preis an K zu verkaufen. Bei der notariellen Beurkundung des Kaufvertrags werden jedoch versehentlich nur die Flurstücke 39/31 und 32 aufgeführt. Kann K von V Auflassung auch des Flurstücks 39/30 verlangen?

V und K haben sich auf den Verkauf aller drei Flurstücke geeinigt, da ihre Willenserklärungen aufgrund der Vertragsverhandlungen so auszulegen sind, dass sie sich auf alle drei Flurstücke beziehen (siehe § 2 Rn 12). Die Wirksamkeit des Kaufvertrags scheitert nach Ansicht des BGH nicht an §§ 125 S. 1, 311b Abs. 1 S. 1 BGB, da die Form trotz der Falschbezeichnung

---

[7] Siehe BGHZ 207, 349 Rn. 10 ff. = JuS 2016, 841 ff. (*Gutzeit*). Kritisch zur Begründung des BGH *Faust*, JZ 2016, 1012 ff.
[8] Siehe etwa BGHZ 80, 242 ff. und 246 ff. (jeweils zur Auslegung von Testamenten).

gewahrt sei. Die Formzwecke stünden dem nicht entgegen. Die Warn- und die Beratungsfunktion würden dadurch gewahrt, dass überhaupt eine Beurkundung erfolge, und die Beweisfunktion der Beurkundung dürfe ohnehin „nicht überschätzt werden". Dies ist äußerst fragwürdig, da in Bezug auf die nicht beurkundete Vereinbarung eben gerade keine Warnung erfolgt und der Notar die Parteien hinsichtlich dieser Vereinbarung auch nicht beraten kann.[9] Auch der BGH scheint durchaus an der Schlagkräftigkeit seiner eigenen Begründung zu zweifeln. So stützte er den „nach bisher herrschender Meinung ... kaum näher begründete[n]"[10] Grundsatz, dass eine versehentliche Falschbezeichnung nicht zur Formunwirksamkeit führe, maßgeblich darauf, dass „im Falle der durch gefestigte höchstrichterliche Rechtsprechung gefundenen Gesetzesauslegung die Rechtswerte der Rechtssicherheit und des Vertrauensschutzes in den Vordergrund [treten] und ... im Allgemeinen ein Festhalten an der einmal eingeschlagenen Rechtsentwicklung [verlangen]"[11]. ◀

IV. Folgen von Formverstößen

1. Verstoß gegen gesetzliche Formvorschriften

12 Ein Rechtsgeschäft, das der gesetzlich vorgeschriebenen Form ermangelt, ist nach § 125 S. 1 BGB **nichtig**[12].

▶ **Hinweis zur Klausurtechnik:** In der Klausur ist § 125 BGB der „Einstieg" in das Formproblem, da Sie im Gutachtenstil stets eine bestimmte Rechtsfolge prüfen müssen: „Der Kaufvertrag könnte aber nach § 125 S. 1 BGB nichtig sein. Dann müsste für ihn gesetzlich eine bestimmte Form vorgeschrieben sein, und er müsste dieser Form ermangeln. Ein gesetzliches Formerfordernis könnte sich hier aus § 311b Abs. 1 S. 1 BGB ergeben ..." ◀

Manche Formvorschriften legen allerdings selbst eine **andere Rechtsfolge** für einen Formverstoß fest; dies geht als speziellere Regelung (lex specialis) dem § 125 S. 1 BGB vor. So ist etwa die Folge eines Verstoßes gegen § 550 S. 1 BGB nicht die Nichtigkeit des Mietvertrags, sondern dass er für unbestimmte Zeit gilt (ähnlich § 585a BGB für Landpachtverträge). Die Angabe eines zu niedrigen effektiven Jahreszinses in einem Verbraucherdarlehensvertrag führt nach § 494 Abs. 3 BGB nicht zur Nichtigkeit des Vertrags, sondern zur Herabsetzung der Zinsen.

13 Einige Formvorschriften lassen die Möglichkeit einer **Heilung** des formnichtigen Geschäfts durch Erfüllung zu (siehe auch Rn. 9). So wird ein formnichtiger Grundstückskaufvertrag nach § 311b Abs. 1 S. 2 BGB gültig, wenn die Auflassung und die Eintragung des Eigentümerwechsels ins Grundbuch (vgl. § 4 Rn. 4) erfolgt sind.[13] Der Formmangel eines Schenkungsversprechens wird gemäß § 518 Abs. 2 BGB durch die Bewirkung der versprochenen Leistung geheilt, und die Erfüllung der Hauptverbindlichkeit durch den Bürgen heilt nach § 766 S. 3 BGB den Formmangel eines Bürgschaftsvertrags. Grund dafür ist, dass im Fall der Erfüllung die Formzwecke auch ohne Wahrung der Form teilweise erreicht werden: Soweit der Formzwang die Parteien vor Übereilung schützen soll, wird dieser Schutz durch das Erfordernis der Erfüllung weitgehend

---

9 Ablehnend auch *Wieling*, AcP 172 (1972), 297, 307 ff.
10 BGHZ 74, 116, 119.
11 BGHZ 87, 150, 155 f.
12 Das Gesetz unterscheidet nicht streng zwischen den Begriffen „unwirksam" und „nichtig". Siehe *Leenen/Häublein*, § 9 Rn. 15.
13 Voraussetzung ist allerdings, dass der Grundstückskaufvertrag, abgesehen vom Formmangel, gültig wäre. War der Antrag zum Zeitpunkt der Annahme schon nach § 146 BGB erloschen, kommt eine Heilung nicht in Betracht (BGH NJW-RR 2017, 114 Rn. 27 ff.).

erreicht, denn die tatsächliche Weggabe des Vermögensgegenstands macht dem Betreffenden die Bedeutung seiner Handlung in viel höherem Maße bewusst als die bloße Eingehung einer Verbindlichkeit. Auch der Beweiszweck des Formerfordernisses ist im Falle der Erfüllung weit weniger akut, da durch die Erfüllung der Vertragsinhalt zumindest teilweise nach außen sichtbar dokumentiert wird.

Besonderheiten ordnet § 494 BGB für **Verbraucherdarlehensverträge** an, die nicht der Form des § 492 BGB genügen: Der Vertrag wird nach § 494 Abs. 2 S. 1 BGB gültig, soweit der Darlehensnehmer das Darlehen empfängt oder in Anspruch nimmt, aber der Vertragsinhalt wird nach § 494 Abs. 2 S. 2, Abs. 3–6 BGB zugunsten des Verbrauchers modifiziert.

Ausnahmsweise kann die Berufung auf die Formnichtigkeit eines Rechtsgeschäfts nach § 242 BGB **rechtsmissbräuchlich** und damit unbeachtlich sein.[14] Denn für geschäftsungewandte Personen, die den Formzwang nicht kennen, kann er leicht zum Fallstrick werden: Sie nehmen im Vertrauen auf ihren geschäftsgewandten Vertragspartner an, einen wirksamen Vertrag geschlossen zu haben, und müssen sich dann von diesem Vertragspartner die Nichtigkeit des Vertrags vorhalten lassen. Die Anforderungen, die der BGH an Billigkeitskorrekturen der Nichtigkeitsfolge stellt, sind – zu Recht – sehr hoch: Er verlangt, die Formnichtigkeit müsse ein „schlechthin untragbares Ergebnis" darstellen; eine bloße Härte für eine Partei genüge nicht. Ein solches schlechthin untragbares Ergebnis nimmt er in **zwei Fällen** an: bei einer besonders schweren Treuepflichtverletzung derjenigen Partei, die sich auf die Formnichtigkeit beruft, und bei einer Existenzgefährdung der Gegenpartei.[15] **Rechtsfolge** ist nicht, dass der Formmangel schlechthin unbeachtlich ist. Vielmehr kann sich nur eine der Parteien nicht darauf berufen. Die Gegenpartei – diejenige, deren Existenz gefährdet wäre oder der gegenüber die Treuepflichtverletzung begangen wurde – kann also wählen, ob sie den Vertrag als wirksam oder wegen des Formmangels als unwirksam behandelt.

14

Eine **besonders schwere Treuepflichtverletzung** liegt insbesondere dann vor, wenn eine Partei die andere arglistig über das Bestehen des Formerfordernisses täuscht, um sich die Möglichkeit offenzuhalten, sich später vom Vertrag loszusagen. Kennen dagegen beide Parteien das Formerfordernis und beachten es nicht, weil sie sich ohnehin vertrauen oder – wie in einem vom Reichsgericht entschiedenen Fall[16] – sich eine Partei darauf beruft, ihr „Edelmannswort" sei ausreichend, ist eine Berufung auf den Formmangel möglich (str.).[17] Denn diejenige Partei, die später am Vertrag festhalten will, hat hier das Risiko von dessen Unwirksamkeit bewusst in Kauf genommen. Dass die Voraussetzungen der Verwirkung vorliegen, genügt nicht zur Begründung einer besonders schweren Treuepflichtverletzung: Auch wenn beide Parteien den Vertrag über längere Zeit als wirksam behandelt haben und deshalb die eine darauf vertraute, die andere werde sich nicht auf den Formmangel berufen, ist die Geltendmachung des Formmangels nicht rechtsmissbräuchlich.[18]

Bei **Verfügungen** kommt eine Durchbrechung der Formbedürftigkeit nach § 242 BGB aus Gründen der Verkehrssicherheit nicht in Betracht, weil durch Verfügungen Interessen Dritter berührt werden.

---

14 Siehe *Armbrüster*, NJW 2007, 337 ff.
15 BGHZ 85, 315, 319.
16 RGZ 117, 121 ff.
17 **A.A.** BGHZ 48, 396 ff.; *Neuner*, § 44 Rn. 68 f. mit Fn. 124.
18 BGH NJW 2004, 3330, 3331 f.

15 ▶ **Weiterführender Hinweis:** Wenn kein Fall vorliegt, in dem die Formnichtigkeit ein schlechthin untragbares Ergebnis darstellen würde und deshalb eine Berufung darauf rechtsmissbräuchlich ist, aber trotzdem eine Partei der anderen an geschäftlicher Erfahrung weit überlegen ist, fragt sich, ob die unterlegene Partei gegen die andere wegen des Formmangels einen **Schadensersatzanspruch** aus §§ 280 Abs. 1, 241 Abs. 2, 311 Abs. 2 BGB (culpa in contrahendo) haben kann. An sich ist jede Partei gehalten, in ihrem eigenen Interesse für die Wirksamkeit geschlossener Verträge Sorge zu tragen. Es ist deshalb sehr fraglich, ob eine Partei gegenüber der Gegenpartei verpflichtet sein kann, für die Wahrung der Form zu sorgen. Der BGH hat in Bezug auf eine gemeinnützige Wohnungsbaugesellschaft eine derartige Pflicht angenommen und dem Vertragspartner sogar einen auf das positive Interesse gerichteten Schadensersatzanspruch in Geld gewährt; die Wohnungsbaugesellschaft musste ihn also vermögensmäßig so stellen, als wäre der Vertrag wirksam gewesen.[19] Diese Entscheidung wurde in der Literatur teilweise heftig kritisiert.[20] ◀

2. Verstoß gegen vereinbarte Formerfordernisse

16 Beruht das Formerfordernis nicht auf Gesetz, sondern auf einer Vereinbarung der Parteien, so steht es den Parteien frei, darüber zu entscheiden, welche Folgen die Nichtbeachtung der Form haben soll. Wenn nach dem Parteiwillen ohne Beachtung der Form kein wirksamer Vertrag vorliegen soll, spricht man von einem **konstitutiven Formerfordernis**; wenn dagegen die Wirksamkeit des Vertrags nicht an der Nichtbeachtung der Form scheitern soll, von einem **deklaratorischen Formerfordernis**. Das Gesetz enthält insofern lediglich eine **Auslegungsregel**: Nach § 125 S. 2 BGB hat der Mangel der vereinbarten Form im Zweifel die Nichtigkeit des Rechtsgeschäfts zur Folge. Vereinbarte Formerfordernisse sollen also im Zweifel konstitutiv wirken. Ein Fall, in dem trotz Nichtbeachtung der vereinbarten Form ein wirksamer Vertrag anzunehmen ist, kommt insbesondere dann in Betracht, wenn das vereinbarte Formerfordernis nur Beweiszwecken dienen soll. Jede Partei kann dann von der anderen die Nachholung der Form verlangen.

17 Da ein vereinbartes Formerfordernis allein auf dem Parteiwillen beruht, können die Parteien es jederzeit aufheben. Teilweise werden an eine derartige **Aufhebung** sehr geringe Anforderungen gestellt und dadurch vereinbarte Formerfordernisse stark entwertet. So soll die Aufhebungsvereinbarung auch dann nicht der vereinbarten Form genügen müssen, wenn sie von der Formklausel umfasst wird; eine vertragliche Vereinbarung, dass alle Vertragsänderungen der Schriftform bedürfen, soll also durch mündliche Vereinbarung aufgehoben werden können.[21] Darüber hinaus wird angenommen, dass die Aufhebung auch konkludent erfolgen könne, etwa dadurch, dass die Parteien einfach eine an sich der vereinbarten Form unterliegende Vereinbarung treffen, ohne die Form zu wahren; überwiegend wird dabei für unerheblich gehalten, ob die Parteien das Formerfordernis aufheben wollten oder gar nicht daran gedacht haben[22]. Meines Erachtens wird durch eine derartige Geringschätzung vereinbarter Formerfordernisse die Privatautonomie nicht – wie behauptet – realisiert, sondern konterkariert. Der

---

19 BGH NJW 1965, 812 ff. Siehe auch BGHZ 116, 251, 257 f.
20 Z.B. *Flume*, § 15 III 4c dd, S. 282 ff.; *Larenz*, Festschrift Ballerstedt (1975), 397, 404 f.
21 Erman/*Palm*, 12. Aufl. (2008), § 125 Rn. 9; *Flume*, § 15 III 2, S. 264 ff. **A.A.** BGHZ 66, 378 ff. (nur in Bezug auf Kaufleute); Erman/*A. Arnold*, § 125 Rn. 26; Grüneberg/*Ellenberger*, § 125 Rn. 19; *Medicus/Petersen*, Rn. 643; MüKoBGB/*Einsele*, § 125 Rn. 71.
22 BGHZ 71, 162, 164; Erman/*A. Arnold*, § 125 Rn. 26; *Flume*, § 15 III 2, S. 264 ff. **A.A.** MüKoBGB/*Einsele*, § 125 Rn. 73; *Neuner*, § 44 Rn. 84.

§ 8 Formbedürftige Rechtsgeschäfte

Schutz der Privatautonomie erfordert, dass Vereinbarungen bindend sind. Wenn die Aufhebung eines Formerfordernisses von diesem erfasst wird, ist sie daher nur unter Wahrung der Form möglich, und die Parteien müssen mit Aufhebungswillen handeln. Etwas anderes gilt nur, wenn das Formerfordernis in AGB enthalten ist (siehe § 29 Rn. 15).

Wiederholungs- und Vertiefungsfragen

1. Was sind die wichtigsten Zwecke, die das Gesetz mit Formvorschriften verfolgt?
2. Können die Mitglieder eines Vereins außerhalb der Mitgliederversammlung einen Beschluss fassen, indem sie ihre Zustimmung dazu in elektronischer Form erklären?
3. Gibt es Fälle, in denen eine Erklärung dem Schriftformerfordernis unterliegt und ohne eigenhändige Unterschrift gültig ist?
4. Was ist bei der Auslegung formbedürftiger Rechtsgeschäfte zu beachten?
5. Warum ist es wichtig, zwischen der Nicht-Vornahme und der Formnichtigkeit eines Rechtsgeschäfts zu unterscheiden?
6. Ist § 154 Abs. 2 BGB oder § 125 BGB vorrangig zu prüfen?
7. In welchen Fällen kann die Berufung auf einen Formmangel rechtsmissbräuchlich sein?

§ 9 Gesetzwidrige Rechtsgeschäfte (§ 134 BGB)

I. Regelungsgehalt von § 134 BGB

1   Nach § 134 BGB ist ein Rechtsgeschäft, das gegen ein gesetzliches Verbot verstößt, nichtig, sofern sich aus dem Gesetz nicht etwas anderes ergibt.

§ 134 BGB ist damit relevant, wenn ein Rechtsgeschäft gegen ein gesetzliches Verbot verstößt, das betreffende Gesetz aber die Nichtigkeitsfolge nicht selbst ausspricht. Bei Normen wie etwa Art. 9 Abs. 3 S. 2 GG, nach dem Abreden, die das Koalitionsrecht einschränken oder zu behindern suchen, nichtig sind, oder §§ 312m Abs. 1, 651y BGB, nach denen von den gesetzlichen Vorschriften nicht abgewichen werden kann, bedarf es des Rückgriffs auf § 134 BGB nicht. § 134 BGB dient damit dazu, aus Gesetzen, die eigentlich ein anderes Regelungsziel haben, eine Beschränkung der Inhaltsfreiheit abzuleiten. Dabei ist § 134 BGB allerdings nur von beschränktem Wert, da er keineswegs alle gesetzwidrigen Rechtsgeschäfte für nichtig erklärt, sondern eine Ausnahme für diejenigen macht, bei denen sich aus dem Verbotsgesetz etwas anderes ergibt. Letztlich ist also § 134 BGB für die Frage der Nichtigkeit ohne Aussagekraft. Entscheidend ist allein die **Auslegung des Verbotsgesetzes**; die Bedeutung des § 134 BGB liegt darin, genau das klarzustellen. Ferner kann § 134 BGB nach h.M. die Regelung entnommen werden, dass im Zweifelsfall ein gegen ein gesetzliches Verbot verstoßendes Rechtsgeschäft nichtig ist.[1]

II. Verbotsgesetze

2   Das eigentliche Problem liegt also bei der Auslegung der Verbotsgesetze. Allgemeine Kriterien lassen sich hierfür kaum angeben.

Wenn sich ein Gesetz nicht gegen den Inhalt eines Rechtsgeschäfts richtet, sondern nur gegen die **Art und Weise seines Zustandekommens,** so gebietet dieser Zweck nicht die Nichtigkeit des gesetzwidrig zustande gekommenen Geschäfts. Verträge, die unter Verstoß gegen das Ladenschlussgesetz geschlossen wurden, sind deshalb nicht nach § 134 BGB nichtig. Die Nichtigkeit könnte hier nur dadurch gerechtfertigt sein, dass sie eine Sanktion für das gesetzwidrige Verhalten darstellen würde. Mit dieser Erwägung bejaht man etwa zumindest dann die Nichtigkeit von Verträgen, die gegen das Schwarzarbeitsbekämpfungsgesetz verstoßen, wenn der Unternehmer vorsätzlich gegen das Gesetz verstößt und der Besteller diesen Verstoß kennt und bewusst zum eigenen Vorteil ausnutzt.[2] Denn dieses Gesetz soll nicht nur den tatsächlichen Vorgang der Schwarzarbeit eindämmen, sondern durch die Sanktion der Nichtigkeit, die den Parteien etwa Vergütungs- und Gewährleistungsansprüche nimmt, auch **präventiv** wirken.

3   Richtet sich ein Verbotsgesetz **nur gegen eine der Vertragsparteien**, sind bei der Entscheidung über die Nichtigkeit auch die Interessen der anderen Partei betroffen. Wür-

---

[1] BeckOK-BGB/*Wendtland* (1.5.2024), § 134 Rn. 2; *Bork*, Rn. 1111; Grüneberg/*Ellenberger*, § 134 Rn. 7; MüKo-BGB/*Armbrüster*, § 134 Rn. 177; Soergel/*Meier*, § 134 Rn. 2; Staudinger/*Seibl/Fischinger/Hengstberger*, § 134 Rn. 88. **A.A.** BeckOGK-BGB/*Vossler* (1.3.2024), § 134 Rn. 65 ff.; *Flume*, § 17 1, S. 341.

[2] BGHZ 198, 141 Rn. 12 ff. Die Nichtigkeit tritt auch dann ein, wenn die Parteien die Schwarzarbeitsabrede erst nachträglich treffen; der geänderte Vertrag ist dann insgesamt nichtig (BGHZ 214, 228 Rn. 17 ff.). Der Unternehmer hat gemäß § 817 S. 2 BGB keinen Anspruch aus §§ 812 Abs. 1 S. 1 Alt. 1, 818 Abs. 2 BGB auf Ersatz des Werts der geleisteten Arbeit (BGHZ 201, 1 Rn. 15 ff.). Umgekehrt kann der Besteller nicht Rückzahlung des schon gezahlten Werklohns verlangen (BGHZ 206, 69 Rn. 14 ff.), und im Fall von Mängeln stehen ihm keine Gewährleistungsrechte zu (BGHZ 198, 141 Rn. 27 ff.).

§ 9 Gesetzwidrige Rechtsgeschäfte (§ 134 BGB)

de sie durch die Nichtigkeit gravierende Rechtsnachteile erleiden, spricht dies für die Wirksamkeit trotz des Gesetzesverstoßes.

▶ **Beispiel:** Der Hehler verkauft im Einverständnis mit dem Dieb auf dessen Rechnung Diebesgut an einen gutgläubigen Abnehmer und verstößt dadurch gegen § 259 StGB. Wäre der Kaufvertrag nach § 134 BGB unwirksam, hätte der Abnehmer keinerlei vertragliche Rechte gegen den Hehler. ◀

Auch bei dem Verstoß nur einer Partei muss dagegen Nichtigkeit eintreten, wenn sonst der Verbotszweck nicht durchgesetzt werden könnte.

▶ **Beispiel:** Die Abtretung ärztlicher Honoraransprüche ist ohne Einwilligung des Patienten nichtig, weil sie gegen § 203 Abs. 1 Nr. 1 StGB verstößt. Denn der Arzt, der den Anspruch abtritt, muss dem neuen Gläubiger gemäß § 402 BGB die zur Durchsetzung der Forderung nötigen Informationen geben und ihm somit Einzelheiten über den Gesundheitszustand des Patienten mitteilen. Dieses Verbot richtet sich nur an den Arzt, der durch die Abtretung Patientendaten verrät, nicht dagegen an den Abtretungsempfänger. Dennoch greift die Nichtigkeitsfolge ein, weil sonst gerade zum Geheimnisverrat käme, den § 203 StGB verhindern will. ◀

Nach h.M. reicht prinzipiell ein **objektiver Verstoß** gegen ein Verbotsgesetz aus, um die Nichtigkeit herbeizuführen; auf die Kenntnis der Verbotswidrigkeit kommt es nicht an. Enthält der Tatbestand eines Verbotsgesetzes auch subjektive Merkmale – wie es beispielsweise bei **Strafvorschriften** der Fall ist –, verlangt der BGH allerdings normalerweise das Vorliegen des objektiven und des subjektiven Tatbestands. Ein objektiver Gesetzesverstoß reicht jedoch auch bei Strafgesetzen aus, wenn sonst der Zweck des Verbotsgesetzes vereitelt würde.

▶ **Beispiel:** Die Abtretung ärztlicher Honoraransprüche muss auch dann nichtig sein, wenn der Arzt keinen Vorsatz bezüglich des Geheimnisverrats hat, da sonst die Patientendaten nicht effektiv geschützt würden. ◀

Ob sich ein Verbotsgesetz nur gegen das **Verpflichtungsgeschäft**, nur gegen das **Verfügungsgeschäft** oder gegen beide[3] richtet, hängt ebenfalls von der Auslegung des Verbotsgesetzes ab.

▶ **Beispiele:** Bei der Abtretung ärztlicher Honorarforderungen erfolgt der Geheimnisverrat erst durch die Abtretung, nicht schon durch die Verpflichtung dazu. Es spricht daher – entgegen der h.M. – manches dafür, Wirksamkeit des Verpflichtungsgeschäfts anzunehmen, damit der Abtretungsempfänger, der möglicherweise das Verbotensein der Abtretung nicht kennt (etwa, weil er an eine Einwilligung der Patienten glaubt), zumindest Schadensersatzansprüche hat.[4]

§ 5 Abs. 1 Jugendarbeitsschutzgesetz verbietet grundsätzlich die Beschäftigung von Kindern unter 15 Jahren. Ein Arbeitsvertrag mit einem solchen Kind ist deshalb nichtig, nicht dagegen die Übereignung von Geldscheinen und Münzen an das Kind als Vergütung für geleistete Arbeit. ◀

▶ **Weiterführender Hinweis:** Wenn ein Vertrag nach Bereicherungsrecht rückabgewickelt wird, weil er gegen ein gesetzliches Verbot verstößt, sind die Besonderheiten des § 817 S. 2 BGB zu beachten.[5] ◀

---

[3] Zum verfehlten Begriff der „Fehleridentität" siehe § 5 Rn. 4.
[4] **A.A.** BGHZ 116, 268, 276 f.; Erman/*A. Arnold*, § 134 Rn. 19, 34; Grüneberg/*Ellenberger*, § 134 Rn. 13, 22a.
[5] Siehe *Peifer*, Nomos-Lehrbuch Schuldrecht: Gesetzliche Schuldverhältnisse, 7. Aufl. (2023), § 9 Rn. 19 ff.

III. Umgehungsgeschäfte

6 Umgehungsgeschäfte sind Rechtsgeschäfte, die unter Ausnutzung der rechtsgeschäftlichen Gestaltungsfreiheit den vom Verbotsgesetz missbilligten Erfolg auf einem Weg zu erreichen suchen, den der Wortlaut des Verbotsgesetzes nicht erfasst. Teilweise werden sie ausdrücklich verboten (z.B. in §§ 306a, 312m Abs. 1 S. 2, 476 Abs. 4, 512 S. 2 BGB). Sonst ist durch Auslegung der Verbotsnorm zu klären, ob ein Umgehungsgeschäft nichtig ist. Entscheidend hierfür ist, ob sich das Verbotsgesetz nur gegen einen bestimmten **Weg** zur Erreichung eines an sich zulässigen Erfolgs richtet oder ob der **Erfolg** selbst verboten ist. Im ersten Fall sind Rechtsgeschäfte, die denselben Erfolg auf einem anderen, nicht unter das Verbotsgesetz fallenden Weg anstreben, wirksam. Im zweiten Fall dagegen sind auch Rechtsgeschäfte unwirksam, die den Erfolg auf einem Weg anstreben, der scheinbar nicht vom Verbotsgesetz erfasst wird.

▶ **Beispiel (nach BayObLG NJW 2000, 1875):** Nach § 14 Abs. 5 Heimgesetz dürfen Mitarbeiter von Alten-, Pflege- und Behindertenheimen sich für die Erfüllung der Pflichten aus dem Heimvertrag von Bewohnern keine Geld- oder geldwerten Leistungen versprechen oder gewähren lassen. Eine unzulässige Umgehung dieser Bestimmung liegt vor, wenn die Zuwendung nicht an den Mitarbeiter des Heims selbst, sondern an seine Ehefrau erfolgt. ◀

Wiederholungs- und Vertiefungsfragen

1. Worin besteht die Bedeutung des § 134 BGB?
2. Genügt für § 134 BGB der objektive Verstoß gegen ein Verbotsgesetz?

§ 10 Sittenwidrige Rechtsgeschäfte (§ 138 BGB)

I. Grundlagen

Nach § 138 Abs. 1 BGB ist ein Rechtsgeschäft, das gegen die guten Sitten verstößt, nichtig.

Der Begriff der guten Sitten ist in höchstem Maße ausfüllungsbedürftig. Die verbreitete Formel, mit der allerdings kaum etwas gewonnen ist, lautet, dass es auf das **Anstandsgefühl aller billig und gerecht Denkenden** ankommt. In einer pluralistischen Gesellschaft, in der über sittliche Werte und deren Rangordnung immer weniger Konsens besteht, ist das schwer zu bestimmen. Jedenfalls handelt es sich um einen normativen Begriff. Die „Sitte" im Sinne desjenigen, was üblich ist, kann zwar ein Indiz sein, aber nicht entscheidend. Maßgeblich ist die Sozialmoral des betreffenden Verkehrskreises. Der Begriff „sittenwidrig" darf dabei nicht dahingehend missverstanden werden, dass er nur moralisch anstößiges Handeln erfasst, mit dem ein besonderes Unwerturteil verbunden ist. Es geht vielmehr einfach darum, die rechtlichen Grenzen erlaubten Verhaltens abzustecken. Eine besondere Rolle spielt dabei der Einfluss der **Wertungen des Grundgesetzes** (mittelbare Drittwirkung der Grundrechte).[1]

▶ **Fall:** Eine Brauerei schließt mit einem Gastwirt einen Vertrag, durch den sie sich u.a. verpflichtet, ihm Inventar für die Gastwirtschaft zur Verfügung zu stellen. Der Gastwirt verpflichtet sich, für die Dauer von 30 Jahren alles benötigte Bier von der Brauerei zu beziehen. Der Vertrag ist sittenwidrig, da er die wirtschaftliche Freiheit des Gastwirts für eine nicht akzeptable Dauer beschränkt. ◀

Ob beiden Parteien ein Sittenverstoß zur Last fallen muss oder ob der Sittenverstoß einer Partei genügt, hängt davon ab, worauf der Vorwurf der Sittenwidrigkeit gründet. Liegt er (wie im Brauerei-Beispiel) darin, dass eine Partei ihre Interessen ohne Rücksicht auf die Gegenpartei verfolgt, und dient damit § 138 BGB vorrangig dem Schutz dieser Gegenpartei, so genügt ein **einseitiger Sittenverstoß**. Begründen dagegen die Interessen der Allgemeinheit oder Dritter die Qualifizierung eines Verhaltens als sittenwidrig, ist die Sanktion der Nichtigkeit nur gerechtfertigt, wenn sich **beide Parteien** sittenwidrig verhalten, da die redliche Partei ein berechtigtes Interesse daran haben kann, dass das Rechtsgeschäft trotz des sittenwidrigen Verhaltens der Gegenpartei wirksam ist.

§ 138 BGB setzt nicht nur einen objektiven Sittenverstoß voraus, sondern auch die **Kenntnis der Umstände, die die Sittenwidrigkeit begründen;**[2] dabei stellt es der BGH der Kenntnis gleich, wenn sich eine Partei **bewusst oder grob fahrlässig der Kenntnis verschließt**. Nicht dagegen ist erforderlich, dass den Parteien die Sittenwidrigkeit ihres Handelns bewusst ist, denn sonst würden Parteien mit einem besonders laxen Anstandsgefühl privilegiert.

Maßgeblicher **Zeitpunkt** für die Beurteilung der Sittenwidrigkeit ist derjenige der Vornahme des Rechtsgeschäfts. Im Hinblick auf die Kenntnis der die Sittenwidrigkeit begründenden Umstände ist der Zeitpunkt der Abgabe der jeweiligen Willenserklärung relevant (siehe § 2 Rn. 18).

---

1 Siehe etwa BVerfGE 89, 214 ff. = NJW 1994, 36 ff. zu den Bürgschaftsfällen (Rn. 5).
2 Differenzierend *Medicus/Petersen*, Rn. 690.

Ob die Nichtigkeit nur das **Verpflichtungsgeschäft**, nur das **Verfügungsgeschäft** oder beide umfasst, hängt davon ab, ob nur eines der Geschäfte gegen die guten Sitten verstößt oder beide.[3] Häufig wird im Verfügungsgeschäft kein Sittenverstoß liegen, weil die Änderung der Güterzuordnung als solche wertneutral ist.

▶ **Weiterführender Hinweis:** Bei der Rückabwicklung sittenwidriger Verträge nach Bereicherungsrecht sind die Besonderheiten des § 817 S. 2 BGB zu beachten.[4] ◀

Die Rechtsprechung hat die Generalklausel des § 138 Abs. 1 BGB durch die Bildung von **Fallgruppen** konkretisiert. Nur die wichtigsten können im Folgenden angesprochen werden.

II. Sittenwidriges Verhalten gegenüber dem Geschäftspartner

3 ■ Wucherische Rechtsgeschäfte (§ 138 Abs. 2 BGB)

Einen Fall sittenwidrigen Verhaltens gegenüber dem Geschäftspartner hat das Gesetz in § 138 Abs. 2 BGB besonders geregelt, nämlich die wucherischen Rechtsgeschäfte. Ein solches Rechtsgeschäft setzt objektiv erstens voraus, dass ein auffälliges Missverhältnis zwischen Leistung und Gegenleistung besteht, und zweitens, dass eine Partei dieses Missverhältnis aufgrund einer Zwangslage, von Unerfahrenheit, Mangel an Urteilsvermögen oder erheblicher Willensschwäche in Kauf nimmt. Subjektiv muss der Wucherer die Zwangslage etc. seines Vertragspartners ausbeuten. § 291 StGB stellt Wucher auch unter Strafe; ein wucherisches Rechtsgeschäft ist daher nicht nur nach § 138 Abs. 2 BGB, sondern auch nach § 134 BGB i.V.m. § 291 StGB nichtig.

Für die Bestimmung des **auffälligen Missverhältnisses** sind alle Umstände des Einzelfalls maßgeblich. Als Faustregel hat der BGH – insbesondere für Verbraucherkreditverträge[5] – die „Grenze des Doppelten" statuiert. Danach ist ein auffälliges Missverhältnis in der Regel anzunehmen, wenn die von einer Partei zu erbringende Vergütung die marktübliche Vergütung für ein vergleichbares Geschäft um knapp 100 % oder mehr übersteigt (oder umgekehrt die von der anderen Partei zu erbringende Vergütung nur etwa 50 % der marktüblichen Vergütung beträgt). Im Hinblick auf die Vergleichbarkeit ist insbesondere das vom Gläubiger übernommene Risiko zu berücksichtigen, etwa bei der Vergabe eines Kredits. Bei einem Grundstückskaufvertrag hat der BGH ein auffälliges Missverhältnis schon bei einem ca. 60 % über dem Verkehrswert liegenden Kaufpreis angenommen.[6]

Die **Ausbeutung** setzt voraus, dass der Wucherer sich die Zwangslage etc. bewusst zunutze macht, eine besondere Ausbeutungsabsicht ist nicht erforderlich. Von welcher Seite die Anregung zu dem wucherischen Geschäft ausgeht, ist unerheblich.

Eine **Zwangslage** liegt vor, wenn der Bewucherte sich in einer erheblichen Bedrängnis befindet und daher ein zwingendes Bedürfnis nach einer Geld- oder Sachleistung hat (Beispiele: existenzgefährdende wirtschaftliche Not, Wasserrohrbruch am Sonntag); ob die Zwangslage verschuldet ist, spielt keine Rolle. Unter **Unerfahrenheit** versteht man einen Mangel an Lebens- oder Geschäftserfahrung. **Mangelndes Urteilsvermögen** liegt vor, wenn der Betreffende – häufig als Folge von Verstandesschwäche – im konkreten Fall nicht in der Lage ist, Vor- und Nachteile des

---

3 Zum verfehlten Begriff der „Fehleridentität" siehe § 5 Rn. 4.
4 Siehe *Peifer*, Nomos-Lehrbuch Schuldrecht: Gesetzliche Schuldverhältnisse, 7. Aufl. (2023), § 9 Rn. 19 ff.
5 BGHZ 110, 336, 338.
6 BGHZ 160, 8, 17.

Geschäfts sachgerecht gegeneinander abzuwägen; nicht genügt es dagegen, dass er seine – an sich vorhandenen – Fähigkeiten im konkreten Fall nicht einsetzt und deshalb einer Fehleinschätzung unterliegt[7]. Bei einer **erheblichen Willensschwäche** durchschaut der Betreffende zwar Inhalt und Folgen des Geschäfts, kann sich aber wegen einer verminderten psychischen Widerstandsfähigkeit nicht entsprechend dieser Einsicht verhalten.

Rechtsfolge des Wuchers ist – wie aus dem Wortlaut des § 138 Abs. 2 BGB („versprechen oder gewähren lässt") folgt – die Unwirksamkeit nicht nur des Verpflichtungsgeschäfts, sondern auch des Verfügungsgeschäfts zulasten des Bewucherten.

- **Wucherähnliche Rechtsgeschäfte** 4

§ 138 Abs. 2 BGB ist keine abschließende Regelung für Fälle eines auffälligen Missverhältnisses zwischen Leistung und Gegenleistung. Liegt ein solches Missverhältnis vor, aber keine Ausbeutung im Sinn des Wuchertatbestands, kann daher auf § 138 Abs. 1 BGB zurückgegriffen werden. Das Gleiche gilt, wenn es für § 138 Abs. 2 BGB an einem auffälligen Missverhältnis fehlt, aber die Ausbeutung einer Zwangslage etc. vorliegt. Dadurch dürfen jedoch die Voraussetzungen des § 138 Abs. 2 BGB nicht unterlaufen werden. Das Fehlen der Ausbeutung oder des auffälligen Missverhältnisses i.S.v. § 138 Abs. 2 BGB muss daher durch das Vorliegen **weiterer die Sittenwidrigkeit begründender Umstände** ausgeglichen werden.

Ein auffälliges Missverhältnis allein reicht somit nicht aus, um ein Geschäft nach § 138 Abs. 1 BGB sittenwidrig zu machen. Als Umstand, dessen Hinzutreten die Sittenwidrigkeit begründet, kommt insbesondere eine **verwerfliche Gesinnung** des Begünstigten in Betracht. Die Anforderungen, die der BGH insofern stellt, sind nicht sonderlich hoch. So genügt es, dass sich der Begünstigte zumindest leichtfertig des objektiv besonders groben Missverhältnisses nicht bewusst wird und der Einsicht verschließt, dass sich der andere Teil nur unter dem Zwang der Verhältnisse oder den in § 138 Abs. 2 BGB genannten Umständen auf den ungünstigen Vertrag einlässt.

In der Regel rechtfertigt schon das Vorliegen eines besonders groben Missverhältnisses zwischen Leistung und Gegenleistung den Schluss auf eine verwerfliche Gesinnung; die verwerfliche Gesinnung muss dann im Prozess nicht besonders festgestellt werden. Denn außergewöhnliche Leistungen werden in der Regel nicht ohne Not oder einen anderen den Benachteiligten hemmenden Umstand zugestanden, und normalerweise weiß dies auch der Begünstigte. In der Praxis wird oft nicht klar zwischen einem auffälligen Missverhältnis i.S.v. § 138 Abs. 2 BGB (siehe Rn. 3) und einem besonders groben Missverhältnis unterschieden.[8] Beim Grundstückskaufvertrag nimmt der BGH an, dass ein besonders grobes Missverhältnis vorliegt, wenn der Kaufpreis den Verkehrswert um 90 % übersteigt.[9]

Nicht gerechtfertigt ist der Schluss auf eine verwerfliche Gesinnung, wenn der Marktwert der Leistung für den Begünstigten nicht einmal in etwa erkennbar war. Erkennbarkeit nimmt der BGH bei Darlehensverträgen von Kreditbanken mit Privatpersonen stets und bei Grundstücksgeschäften Privater regelmäßig an, während sie bei gewerblichen Miet- und Pachtverträgen im Einzelfall festgestellt werden muss.[10] Auch bei Internetauktionen kann aus dem besonders groben Missverhält-

---

7 BGH NJW 2006, 3054 Rn. 28 ff. = JuS 2007, 179 ff. (*Faust*).
8 Z.B. BGH NJW 2000, 1254, 1255 Klar differenzierend dagegen BGHZ 160, 8, 16 f.
9 BGH NJW 2014, 1652 Rn. 8.
10 BGH NJW 2004, 3553, 3555.

nis zwischen Leistung und Gegenleistung nicht auf eine verwerfliche Gesinnung geschlossen werden. Denn die Besonderheit von Internetauktionen liegt gerade darin, dass beide Parteien durch den Gebotsmechanismus die Chance auf einen besonders guten Abschluss haben. Man kann deshalb nicht annehmen, dass diejenige Partei, für die sich diese Chance nicht realisiert, in irgendeiner Weise benachteiligt war und deshalb die andere Partei verwerflich gehandelt hat, als sie die Chance ausnutzte.[11]

5 ■ Überforderung einer strukturell unterlegenen Partei

Bürgschaftsverträge (§§ 765 ff. BGB) oder Schuldmitübernahmen sind sittenwidrig, wenn sie für den Bürgen oder Mithaftenden eine mit seinen Einkommens- und Vermögensverhältnissen unvereinbare Belastung begründen und erkennbar Ausdruck einer strukturellen Unterlegenheit sind. Das kommt insbesondere bei Bürgschaften für **Schulden naher Angehöriger** (z.B. der Eltern, des Ehegatten) in Betracht, weil hier häufig die Haftung ohne rationale Beurteilung der Interessenlage aus emotionaler Verbundenheit übernommen wird. Falls der Angehörige durch die übernommene Haftung krass überfordert wird (insbesondere voraussichtlich nicht einmal die laufenden Zinsen der Hauptschuld aufzubringen vermag), besteht dabei im Prozess eine tatsächliche Vermutung dafür, dass das Kreditinstitut die emotionale Beziehung zwischen Hauptschuldner und Mithaftendem in sittlich anstößiger Weise ausgenutzt hat. Diese Vermutung kann aber widerlegt werden, etwa wenn der Mithaftende durch den Kredit unmittelbar einen Vorteil (z.B. Miteigentum an der mit dem Kredit angeschafften Sache) erlangt. Die Einzelheiten gehören ins Kreditsicherungsrecht.[12]

6 ■ Knebelungsverträge

Verträge, die die wirtschaftliche Freiheit des anderen Teils so sehr beschränken, dass er seine freie Selbstbestimmung ganz oder im Wesentlichen einbüßt, sind sittenwidrig. Siehe das Beispiel des Bierlieferungsvertrags in Rn. 1.

■ Übersicherung

Wenn sich ein Gläubiger für seine Forderung Sicherheiten in einem Ausmaß einräumen lässt, das außer Verhältnis zur gesicherten Forderung steht, wird dadurch zum einen der Schuldner geknebelt, weil er neuen Kreditgebern keine Sicherheiten mehr stellen und dadurch keinen weiteren Kredit oder nur noch Kredit zu erheblich schlechteren Bedingungen erlangen kann. Zum anderen werden schon vorhandene Gläubiger benachteiligt, weil ihnen durch die Übersicherung Haftungsobjekte entzogen werden. Die Einzelheiten gehören ins Schuld- und Sachenrecht.[13]

7 ■ Eheverträge

Die Ehegatten können – auch schon vor der Eheschließung – weitgehende Vereinbarungen über den Zugewinnausgleich und den Versorgungsausgleich (§ 1408 BGB) sowie den Unterhalt im Falle einer Scheidung (§ 1585c BGB) schließen. Hierbei besteht die Gefahr, dass einer der Ehepartner in sittenwidriger Weise benachteiligt wird, etwa wenn eine schwangere Frau mit der Drohung, sie sonst nicht zu heira-

---

[11] Siehe BGH NJW 2012, 2723 Rn. 16 ff. = JuS 2012, 839 (*Schwab*); BGH NJW 2015, 548 Rn. 9 f.
[12] Siehe *Brömmelmeyer*, Nomos-Lehrbuch Schuldrecht Besonderer Teil: Vertragliche Schuldverhältnisse, 6. Aufl. (2023), § 18 Rn. 10 ff.
[13] Siehe *Kainer*, Nomos-Lehrbuch Sachenrecht, 2. Aufl. (2023), § 18 Rn. 27 ff., § 19 Rn. 12, 19.

ten, dazu gebracht wird, für den Fall der Scheidung auf Zugewinnausgleich, Versorgungsausgleich und Unterhalt zu verzichten.[14]

III. Sittenwidriges Verhalten gegenüber Dritten und der Allgemeinheit

- Strafbare und ordnungswidrige Handlungen

    Verträge, die der Vorbereitung, Förderung oder Ausnutzung strafbarer oder ordnungswidriger Handlungen dienen, sind sittenwidrig. Sie werden allerdings häufig schon nach § 134 BGB nichtig sein.

    ▶ **Beispiel:** Der Kaufvertrag über den Erwerb eines Radarwarngeräts ist sittenwidrig, wenn der Kauf nach dem für beide Parteien erkennbaren Vertragszweck auf eine Verwendung des Radarwarngeräts im Geltungsbereich der deutschen Straßenverkehrsordnung gerichtet ist. Denn diese Verwendung stellt eine Ordnungswidrigkeit gemäß §§ 23 Abs. 1c, 49 Abs. 1 Nr. 22 StVO dar.[15] ◀

- Verträge zulasten des Sozialhilfeträgers

    Ein Unterhaltsverzicht kann dazu führen, dass der Verzichtende sozialhilfeberechtigt wird, der Unterhaltsverpflichtete also auf Kosten des Sozialhilfeträgers entlastet wird. Ein solcher Verzicht ist sittenwidrig, es sei denn, die Hilfsbedürftigkeit war nicht voraussehbar oder es liegen besondere Gründe vor.[16] Grundsätzlich nicht als sittenwidrig angesehen werden dagegen erbrechtliche Regelungen, durch die Eltern ihrem behinderten Kind zu seinen Lebzeiten zusätzlich zu den Sozialhilfeleistungen laufende Einnahmen verschaffen, den Nachlass aber dem Zugriff der Sozialhilfe entziehen.[17]

- Sexualsphäre

    Gerade im Bereich der Sexualsphäre haben sich die Anschauungen in den letzten Jahrzehnten grundlegend gewandelt. So steht es heute außer Frage, dass die Vermietung eines Hotel-Doppelzimmers an ein unverheiratetes Paar[18] und der Verkauf von Kondomen nicht sittenwidrig sind. Verträge mit Prostituierten über die entgeltliche Gewährung des Geschlechtsverkehrs wurden als sittenwidrig angesehen, obwohl aus ihnen gemäß § 888 Abs. 3 ZPO keinesfalls gegen die Prostituierte vollstreckt werden konnte. Seit dem Erlass des Prostitutionsgesetzes (ProstG), das die Rechte der Prostituierten – nicht dagegen der Kunden und der Bordellbetreiber – verbessern sollte, verstoßen diese Verträge dagegen nicht mehr gegen § 138 Abs. 1 BGB[19]; die Prostituierte erwirbt gemäß § 1 S. 1 ProstG nach Vornahme der sexuellen Handlungen eine rechtswirksame Forderung auf das vereinbarte Entgelt. Als sittenwidrig hat der BGH eine Vereinbarung angesehen, durch die sich eine Frau ihrem Partner gegenüber zur Einnahme der Pille verpflichtete.[20]

---

14 Siehe z.B. BGHZ 158, 81 ff.
15 BGH NJW 2005, 1490 f.
16 BGHZ 86, 82 ff.
17 BGHZ 111, 36 ff.; BGHZ 123, 368 ff.
18 Für Sittenwidrigkeit AG Emden NJW 1975, 1363.
19 BT-Drucks. 14/5958, S. 4. **A.A.** Grüneberg/*Ellenberger*, § 138 Rn. 52.
20 BGHZ 97, 372, 379 (ohne Erwähnung von § 138 BGB). Siehe zu dem – sehr fragwürdigen – Urteil die Anmerkungen von *Dunz*, VersR 1986, 859 f., *Ramm*, JZ 1986, 1011 ff. und *Schlund*, JR 1986, 455 f.

Wiederholungs- und Vertiefungsfragen

1. Kommt § 138 Abs. 1 BGB auch zur Anwendung, wenn nur einer Vertragspartei ein Verstoß gegen die guten Sitten zur Last fällt?
2. Was sind die subjektiven Voraussetzungen von § 138 Abs. 1 BGB?
3. Wie verhalten sich die beiden Absätze des § 138 BGB zueinander?

§ 11 Veräußerungsverbote (§§ 135–137 BGB)

§§ 135–137 BGB regeln Veräußerungsverbote. Die **Terminologie** des Gesetzes schwankt zwischen „Veräußerung" und „Verfügung"; „Verfügung" ist dabei der Oberbegriff, der außer Veräußerungen z.B. auch Belastungen umfasst (siehe § 5 Rn. 1). Es besteht Einigkeit darüber, dass sich §§ 135–137 BGB nicht nur auf Veräußerungen, sondern auf alle Verfügungen beziehen.

Man unterscheidet zwischen absoluten Verfügungsverboten, die im öffentlichen Interesse oder im Interesse größerer Gruppen bestehen, und relativen Verfügungsverboten, die nur den Schutz einzelner Personen bezwecken.

I. Absolute Verfügungsverbote

Absolute Verfügungsverbote dienen dem öffentlichen Interesse oder dem Interesse größerer Gruppen. Sie sind im BGB nicht besonders geregelt. Beispiele sind §§ 3 Abs. 1 Nr. 1, 29 Abs. 1 S. 1 Nr. 1 Betäubungsmittelgesetz und §§ 290 ff. StPO (Vermögensbeschlagnahme). Rechtsgeschäfte, die einem absoluten Verfügungsverbot zuwiderlaufen, sind nach § 134 BGB nichtig. Beruht das Verfügungsverbot nicht auf Gesetz, sondern auf behördlicher Anordnung, wird § 134 BGB analog angewandt.

II. Relative Verfügungsverbote

Relative Verfügungsverbote dienen nur dem **Schutz einzelner Personen**. Deshalb sind Verfügungen, die ihnen zuwiderlaufen, nach § 135 Abs. 1 BGB nicht gegenüber jedermann (also absolut) unwirksam, sondern nur gegenüber den geschützten Personen. Ein relatives Verfügungsverbot kann sich aus Gesetz (§ 135 BGB) oder der Anordnung eines Gerichts oder einer anderen Behörde (§ 136 BGB) ergeben. Gesetzliche relative Verfügungsverbote sind extrem selten; im BGB findet sich keines. Wichtige Fälle behördlicher relativer Verfügungsverbote sind insbesondere Verfügungsverbote als Folge von Maßnahmen der Zwangsvollstreckung (§ 829 Abs. 1 S. 2 ZPO für gepfändete Forderungen, § 23 Abs. 1 ZVG für beschlagnahmte Grundstücke), die zugunsten des Vollstreckungsgläubigers wirken, und Verfügungsverbote aufgrund einer einstweiligen Verfügung (§§ 935, 938 Abs. 2 ZPO), durch die derjenige geschützt wird, der die einstweilige Verfügung beantragt hat.

▶ **Fall:** E verkauft ein Gemälde an K, übereignet es ihr aber noch nicht. Kurz darauf bietet D der E einen höheren Preis, und E schließt auch mit ihm einen Kaufvertrag. Davon erfährt K, die Angst hat, E werde das Gemälde an D übereignen. K erwirkt deshalb eine einstweilige Verfügung, in der der E Verfügungen über das Gemälde verboten werden, und informiert den D hiervon. Wenn E das Gemälde nun an D übereignet, wird D Eigentümer und kann z.B. Ansprüche aus dem Eigentum gegen Dritte geltend machen. E verliert ihr Eigentum, ihre Gläubiger können also beispielsweise nicht mehr in das Gemälde vollstrecken. Der K gegenüber ist die Übereignung an D aber gemäß §§ 135 Abs. 1 S. 1, 136 BGB unwirksam. Ihr (und nur ihr) gegenüber ist weiterhin E Eigentümerin. Wenn K daher gegen E ihren Anspruch aus § 433 Abs. 1 S. 1 BGB auf Übereignung des Gemäldes geltend macht, kann E ihr das Gemälde als Berechtigte nach §§ 929 ff. BGB übereignen. ◀

▶ **Weiterführender Hinweis:** Geht es um ein **Grundstück**, geben § 888 Abs. 1 und 2 BGB demjenigen, der durch das relative Verfügungsverbot begünstigt wird, einen Anspruch gegen den Erwerber auf Zustimmung zur Eintragung des Begünstigten ins Grundbuch. ◀

Nach § 135 Abs. 2 BGB kann ein relatives Verfügungsverbot durch den **guten Glauben** des Erwerbers überwunden werden, sofern bei dem betreffenden Geschäft gutgläubiger Erwerb möglich ist. Bei der Zession einer Forderung wird also auch ein gutgläubiger Erwerber nicht vor dem Verfügungsverbot geschützt.

▶ Wenn im Fall D die einstweilige Verfügung weder kennt noch infolge grober Fahrlässigkeit nicht kennt, hat er das Eigentum nach §§ 932, 135 Abs. 2, 136 BGB auch mit Wirkung gegenüber K erworben. Der K bleiben nur Ansprüche gegen E. ◀

III. Rechtsgeschäftliche Verfügungsverbote

4   Nach § 137 S. 1 BGB kann die Befugnis zur Verfügung über ein veräußerliches Recht nicht durch Rechtsgeschäft ausgeschlossen oder beschränkt werden. Eine Verfügung ist also auch dann wirksam, wenn der Verfügende sich zuvor gegenüber einem Dritten dahingehend gebunden hat, über den betreffenden Gegenstand nicht zu verfügen; das **rechtliche Können** kann durch Rechtsgeschäft nicht beschränkt werden. Dadurch soll das Vertrauen des Rechtsverkehrs auf die Verkehrsfähigkeit eines Gegenstands geschützt werden. Möglich ist aber nach § 137 S. 2 BGB eine Beschränkung des **rechtlichen Dürfens**, also die Übernahme einer Verpflichtung, Verfügungen über einen bestimmten Gegenstand zu unterlassen. Eine Verletzung dieser Unterlassungspflicht führt zu Schadensersatzansprüchen. Außerdem kann die Unterlassungspflicht durch das Versprechen einer Vertragsstrafe (§§ 339 ff. BGB) abgesichert werden.

▶ **Weiterführender Hinweis:** Eine Ausnahme vom Grundsatz des § 137 S. 1 BGB enthält § 399 Alt. 2 BGB: Die **Abtretbarkeit einer Forderung** kann durch Vereinbarung zwischen Gläubiger und Schuldner ausgeschlossen werden (beachte § 308 Nr. 9 BGB). Eine Abtretung, die trotz eines solchen Abtretungsverbots erfolgt, ist absolut unwirksam. Im Handelsrecht wird § 399 Alt. 2 BGB durch § 354a HGB eingeschränkt. ◀

Wiederholungs- und Vertiefungsfragen

1. Welche Verfügungsverbote können durch gutgläubigen Erwerb überwunden werden?
2. E ist Eigentümer eines Dackels, den er sehr liebt. Da bei seinem Sohn S eine Allergie gegen Hundehaare diagnostiziert wird, muss er den Dackel verkaufen. Er entscheidet sich schließlich für die Käuferin K, weil er annimmt, dass diese gut für den Dackel sorgen werde. In den schriftlichen Kaufvertrag nimmt er die Klausel auf: „Die Käuferin verzichtet unwiderruflich auf die Möglichkeit, den gekauften Dackel weiterzuveräußern." Drei Monate nach Abwicklung des Kaufvertrags hört E, dass K den Dackel an das medizinische Forschungslabor F veräußert hat. Wie ist die Rechtslage?

D. Die Folgen der Unwirksamkeit von Rechtsgeschäften

§ 12 Teilnichtigkeit (§ 139 BGB)

I. Grundsätze

Wenn der Unwirksamkeitsgrund nicht das ganze Rechtsgeschäft erfasst, sondern nur einen Teil davon, stellt sich die Frage, ob das Rechtsgeschäft im Übrigen wirksam bleibt oder ob der Unwirksamkeitsgrund auch auf den an sich wirksamen Teil „ausstrahlt". Die Antwort gibt § 139 BGB: Entscheidend ist, ob die Parteien das Rechtsgeschäft auch ohne den unwirksamen Teil vorgenommen hätten, also der **Parteiwille**. § 139 BGB statuiert insofern die Vermutung, dass die Parteien das Rechtsgeschäft ohne den nichtigen Teil nicht vorgenommen hätten. Im Zweifel ist das Rechtsgeschäft also insgesamt unwirksam. Dadurch soll gewährleistet werden, dass die Beteiligten nicht gegen ihren Willen an ein von ihnen so nicht gewolltes Rechtsgeschäft gebunden werden.

Die Vermutung des § 139 BGB kann durch eine **salvatorische Klausel** („Rettungsklausel") umgedreht werden.

▶ **Beispiel:** „Sollten eine oder mehrere Bestimmungen dieses Vertrags unwirksam sein, so wird die Wirksamkeit der übrigen Bestimmungen dadurch nicht berührt." ◀

Eine salvatorische Klausel muss selbst ausgelegt werden. Sie führt daher nicht unter allen Umständen, sondern nur im Zweifel dazu, dass die nicht vom Unwirksamkeitsgrund erfassten Teile des Rechtsgeschäfts wirksam sind. Im Einzelfall kann trotz einer salvatorischen Klausel Gesamtnichtigkeit vorliegen, etwa wenn eine wesentliche Vertragsbestimmung unwirksam ist und durch die Teilnichtigkeit der Gesamtcharakter des Vertrags verändert würde.

Wenn die Nichtigkeit einzelner Vertragsbestimmungen **dem Schutz einer der Vertragsparteien** dienen soll, wäre Gesamtnichtigkeit – wie sie § 139 BGB im Zweifel anordnet – mit diesem Schutzzweck häufig nicht vereinbar.

▶ **Beispiel:** § 551 Abs. 1 und 4 BGB erklärt Klauseln in Mietverträgen für unwirksam, die den Mieter verpflichten, eine Kaution in Höhe von mehr als drei Monatsmieten zu leisten. Es wäre mit dem Mieterschutz, der dadurch bewirkt werden soll, völlig unvereinbar, wenn die Unwirksamkeit der Kautionsvereinbarung die Unwirksamkeit des ganzen Mietvertrags zur Folge hätte. ◀

Neuerdings sieht der Gesetzgeber deshalb zunehmend von der Anordnung der Nichtigkeit einzelner Vertragsbestimmungen ab, um den Anwendungsbereich des § 139 BGB gar nicht erst zu eröffnen. So erklären etwa §§ 444, 476 Abs. 1 S. 1, 478 Abs. 2, 639 BGB Regelungen, die zulasten der geschützten Partei vom Gesetz abweichen, nicht für unwirksam, sondern ordnen nur an, dass sich die Gegenpartei nicht auf solche Regelungen berufen kann. In denjenigen Fällen besonderer Schutzbedürftigkeit einer Partei, in denen diese Gesetzgebungstechnik noch nicht angewandt wurde, ist § 139 BGB nach dem Zweck der Regelung, die die teilweise Unwirksamkeit anordnet, **nicht anwendbar**. Zum Tragen kommt dies insbesondere im Mietrecht, im Arbeitsrecht und im Verbraucherschutzrecht. Nach § 139 BGB auf den Parteiwillen abzustellen wäre hier kein adäquates Mittel zum Schutz der unterlegenen Partei. Denn die Gültigkeit der nicht vom Nichtigkeitsgrund erfassten Vertragsteile erfordert einen entsprechenden

Willen beider Parteien, die „überlegene" Partei hätte aber im Regelfall den Vertrag nicht zu den übrigen unveränderten Bedingungen geschlossen.

II. Einheitlichkeit und Teilbarkeit des Rechtsgeschäfts

4 § 139 BGB setzt erstens voraus, dass ein einheitliches Rechtsgeschäft vorliegt und nicht mehrere getrennte, wenn auch inhaltlich im Zusammenhang stehende Rechtsgeschäfte. Denn von mehreren Rechtsgeschäften ist auf jeden Fall nur das vom Nichtigkeitsgrund erfasste unwirksam.[1] Zweitens setzt die Norm voraus, dass sich das einheitliche Rechtsgeschäft in einen nichtigen und einen wirksamen Teil zerlegen lässt. Andernfalls kommt nur Gesamtnichtigkeit infrage.

1. Einheitlichkeit des Rechtsgeschäfts

5 Die Frage, ob ein einheitliches Rechtsgeschäft vorliegt, stellt sich nur, wenn der nichtige und der wirksame Teil jeweils auch für sich Bestand haben können. Bezieht sich die Nichtigkeit dagegen auf einzelne Klauseln eines einheitlichen Vertrags (etwa einen Haftungsausschluss), dann versteht sich die Einheitlichkeit von selbst.

Ob ein einheitliches Rechtsgeschäft vorliegt oder mehrere Rechtsgeschäfte, hängt vom **Parteiwillen im Zeitpunkt der Vornahme des Rechtsgeschäfts** ab. Eine saubere Trennung von demjenigen (gegebenenfalls hypothetischen) Parteiwillen, der über Restgültigkeit oder Gesamtnichtigkeit entscheidet, wird dabei häufig weder möglich noch nötig sein. Denn für die Parteien stellen sich beide Fragen meist gemeinsam; entscheidend ist für sie allein, ob im Fall der Nichtigkeit der einen Vereinbarung auch die andere nichtig sein soll. Ist dies der Fall, müssen beide Vereinbarungen zwangsläufig als einheitliches Rechtsgeschäft ausgelegt werden. Ist es dagegen nicht der Fall, ist es belanglos, ob die Gültigkeit der einen Vereinbarung daraus folgt, dass sie ein von der anderen getrenntes eigenständiges Rechtsgeschäft darstellt, oder daraus, dass beide zwar Teile desselben Rechtsgeschäfts sind, der (gegebenenfalls hypothetische) Parteiwille jedoch nicht auf Totalnichtigkeit, sondern auf Restgültigkeit gerichtet ist. Im Prozess begründet die Zusammenfassung mehrerer Geschäfte in einer einzigen Urkunde eine **Vermutung der Einheitlichkeit** und umgekehrt.

6 Umstritten ist, ob auch **Verpflichtungs- und Verfügungsgeschäft** i.S.v. § 139 BGB zusammengefasst werden können,[2] da das Abstraktionsprinzip gerade die Unabhängigkeit beider voneinander betont. Allerdings ist m.E. kein Grund dafür ersichtlich, um eines rechtstechnischen Prinzips willen die Privatautonomie zu beschränken. Ebenso, wie die Parteien Verpflichtungs- und Verfügungsgeschäft durch eine Bedingung (§ 158 BGB) miteinander verknüpfen können, können sie beide als einheitliches Rechtsgeschäft i.S.v. § 139 BGB ausgestalten; eine Ausnahme gilt deshalb, wenn eines der Geschäfte (wie die Auflassung, § 925 Abs. 2 BGB) bedingungsfeindlich ist. Das Abstraktionsprinzip gebietet jedoch, eine solche Verknüpfung nur dann anzunehmen, wenn konkrete Anhaltspunkte für einen entsprechenden Parteiwillen sprechen.

---

1 Eine Ausnahme gilt nur, wenn die Rechtsgeschäfte durch eine auflösende (§ 158 Abs. 2 BGB) oder eventuell auch eine aufschiebende (§ 158 Abs. 1 BGB) Bedingung verbunden sind.
2 Siehe zum Problem *Eisenhardt*, JZ 1991, 271 ff. Für die Möglichkeit einer Zusammenfassung u.a. BGHZ 161, 170, 175; Grüneberg/*Ellenberger*, § 139 Rn. 7; *Leenen/Häublein*, § 4 Rn. 37a, § 9 Rn. 268; *Medicus/Petersen*, Rn. 241; Soergel/*Martens*, § 139 Rn. 52. Dagegen etwa *Bork*, Rn. 488; Erman/*A. Arnold*, § 139 Rn. 14; *Flume*, § 32 2a, S. 571; *Neuner*, § 56 Rn. 12 f.; Staudinger/*H. Roth*, § 139 Rn. 54.

§ 12 Teilnichtigkeit (§ 139 BGB)

2. Teilbarkeit des Rechtsgeschäfts

a) Grundsatz

Teilbarkeit liegt vor, wenn der nicht von der Nichtigkeit erfasste Teil des Rechtsgeschäfts einer **selbständigen Geltung** fähig ist. In der Rechtsprechung wird Teilbarkeit meist bejaht. Darüber, ob schließlich Teil- oder Gesamtnichtigkeit eintritt, entscheidet ja letztlich ohnehin der Parteiwille.

Von **objektiver Teilbarkeit** spricht man, wenn es um die Aufrechterhaltung einzelner sachlicher Teile des Rechtsgeschäfts geht. An ihr fehlt es etwa, wenn sich der Nichtigkeitsgrund auf essentialia negotii bezieht oder wenn bei Nichtigkeit eines von mehreren selbständigen Geschäften, die kraft Parteiwillens zu einem einheitlichen Rechtsgeschäft verbunden wurden, die Gegenleistung nicht sinnvoll aufgespalten werden kann. **Subjektive Teilbarkeit** kommt in Betracht, wenn auf einer Seite oder beiden Seiten des Rechtsgeschäfts mehrere Personen beteiligt sind und das Rechtsgeschäft nur in Bezug auf einzelne dieser Personen nichtig ist.

b) Quantitative Teilbarkeit und geltungserhaltende Reduktion

Unter einer geltungserhaltenden Reduktion versteht man die „Reduzierung" einer unwirksamen Vertragsbestimmung auf einen Inhalt, mit dem sie wirksam ist. Die Problematik wird bei Individualvereinbarungen (zu AGB siehe § 29 Rn. 23) überwiegend als eine solche des § 139 BGB angesehen. Die Frage lautet dabei nicht, ob die Unwirksamkeit eines Teils des Rechtsgeschäfts die Unwirksamkeit eines anderen Teils nach sich zieht, sondern ob eine (in der Regel nach § 138 BGB) nichtige Klausel mit „reduziertem" Inhalt aufrechterhalten werden kann, also quantitativ in einen von der Rechtsordnung noch akzeptierten Teil und in den unwirksamen überschießenden Rest aufgeteilt werden kann.

▶ **Beispiel:** Ein Bierlieferungsvertrag sieht eine 30-jährige Bindung des Gastwirts vor. Dies ist wegen Knebelung des Wirts sittenwidrig und damit nach § 138 Abs. 1 BGB nichtig. Eine 15-jährige Bindung wäre noch mit den guten Sitten vereinbar. Es fragt sich, ob die 30-jährige Bindung auf eine 15-jährige reduziert und der Vertrag mit diesem Inhalt aufrechterhalten werden kann. ◀

Die **Zulässigkeit** einer geltungserhaltenden Reduktion ist lebhaft umstritten. Problematisch ist, dass die geltungserhaltende Reduktion den sittenwidrig handelnden Teil vom Risiko der Unwirksamkeit entlastet und dadurch einen Anreiz für sittenwidrige Vertragsklauseln schafft: Der Betreffende kann seine sittenwidrigen Maximalziele vertraglich verankern. Hat er Glück, kommt er damit durch, weil die Gegenseite die Sittenwidrigkeit nicht erkennt oder das Prozessrisiko scheut. Hat er Pech, profitiert er immer noch von der für ihn günstigstmöglichen Regelung, auf die die sittenwidrige reduziert wird. Gegen eine geltungserhaltende Reduktion wird auch eingewandt, dass sie den Richter zu einer Vertragsgestaltung zwingt.

Die **Rechtsprechung des BGH** in Bezug auf die Zulässigkeit einer geltungserhaltenden Reduktion ist uneinheitlich, und den Begründungen, die der BGH für seine Entscheidungen gibt, lassen sich keine klaren Kriterien entnehmen. So hält er es in ständiger Rechtsprechung für möglich, Bierlieferungsverträge und Automatenaufstellverträge, die (nur) wegen ihrer übermäßig langen Laufzeit gegen § 138 BGB verstoßen, in entsprechender Anwendung von § 139 BGB mit einer dem tatsächlichen oder vermuteten Parteiwillen entsprechenden geringeren Laufzeit aufrechtzuerhalten, wobei er von der längsten zulässigen Laufzeit ausgeht.³ Auch Verstöße gegen Preisvorschriften sollen nicht zur Nichtigkeit des Vertrags führen, sondern zur Herabsetzung des Preises auf das zulässige Maß.

Abgelehnt hat es der BGH dagegen, ein zeitlich und örtlich unbeschränktes oder unangemessenes und daher sittenwidriges Wettbewerbsverbot auf das zulässige Maß zurückzuführen.⁴ Nicht für möglich gehalten wird eine geltungserhaltende Reduktion in der Regel auch, wenn die Höhe einer der beiden Leistungen gegen die guten Sitten verstößt und deshalb angepasst werden müsste.⁵

10 Da eine geltungserhaltende Reduktion ohnehin nur in Betracht kommt, wenn der „reduzierte" Vertragsinhalt dem (gegebenenfalls hypothetischen) Parteiwillen entspricht, und damit letztlich dem **Parteiwillen** dient, sollte sie m.E. nicht generell für unzulässig erklärt werden. Sie sollte umso eher zulässig sein, je geringer im konkreten Fall das Bedürfnis ist, durch die Drohung mit der Nichtigkeit präventiv von gesetz- oder sittenwidrigen Vertragsgestaltungen abzuschrecken. Der Präventionsgedanke ist dabei m.E. umso weniger wichtig, je größer die Unsicherheit über die Grenze des Zulässigen und je geringer das Verhandlungsungleichgewicht der Parteien ist. Dem Präventionsgedanken kann man auch bei Zulässigkeit der geltungserhaltenden Reduktion dadurch Rechnung tragen, dass man die unwirksame Regelung nicht auf das gerade noch zulässige Maß, sondern auf ein angemessenes Maß reduziert.⁶

III. Der Parteiwille

11 Für die Frage, ob Gesamtnichtigkeit oder Restgültigkeit eintritt, ist primär der **tatsächliche Wille** beider Parteien bei Vertragsschluss maßgeblich. Haben die Parteien (wie meist) keinen entsprechenden Willen gebildet, weil sie die Möglichkeit der teilweisen Nichtigkeit nicht bedacht haben, ist auf den **hypothetischen Parteiwillen** abzustellen, also darauf, was die Parteien bei Vertragsschluss vereinbart hätten, wenn sie das Problem der Teilnichtigkeit bedacht hätten. Entscheidend ist, wie sich die Parteien verhalten hätten, wenn sie bei Vertragsschluss vor der Wahl gestanden hätten, das Geschäft teilweise oder überhaupt nicht gelten zu lassen; die Möglichkeit einer Behebung des Nichtigkeitsgrunds (etwa durch Nachholung der vorgeschriebenen Form) bleibt außer Betracht. Es kommt nicht darauf an, was objektiv vernünftig ist oder was der Richter für eine angemessene Regelung hält, sondern es geht um die Verwirklichung der Vorstellungen der Parteien, und mögen sie noch so unvernünftig sein. Häufig werden allerdings keine Indizien für den hypothetischen Willen der konkreten Parteien vorliegen. Man kann dann nur annehmen, dass die Parteien eine objektiv vernünftige Regelung getroffen hätten, wenn sie sich über die Teilnichtigkeit Gedanken gemacht hätten.

---

3 Z.B. BGH NJW 1985, 2693, 2695; BGH NJW 1992, 2145, 2146. Ablehnend *Tiedtke*, ZIP 1987, 1089, 1094 f.
4 BGH NJW-RR 1989, 800, 801; BGH NJW 1997, 3089, 3089 f.
5 BGHZ 146, 37, 47 f. **A.A.** Staudinger/*H. Roth*, § 139 Rn. 70.
6 Siehe zur Problematik ausführlich *Canaris*, Festschrift Steindorff (1990), 519 ff.; NK-BGB/*Faust*, § 139 Rn. 23 ff.

§ 12 Teilnichtigkeit (§ 139 BGB)

Wiederholungs- und Vertiefungsfragen

1. Was versteht man unter einer salvatorischen Klausel und welche Wirkung hat sie?
2. Welches Problem wirft das Abstraktionsprinzip im Rahmen von § 139 BGB auf?
3. Was versteht man unter geltungserhaltender Reduktion?
4. Gibt es Fälle, in denen § 139 BGB nicht anwendbar ist?

§ 13 Umdeutung (§ 140 BGB)

I. Allgemeines

1 § 140 BGB kommt zur Anwendung, wenn ein nichtiges Rechtsgeschäft den Erfordernissen eines anderen, wirksamen Rechtsgeschäfts entspricht. Es gilt dann dieses andere Rechtsgeschäft, sofern anzunehmen ist, dass dessen Geltung bei Kenntnis der Nichtigkeit gewollt sein würde. Die Umdeutung entscheidet also über das **Schicksal der nichtigen Regelung selbst**; sie ermöglicht, diese – wenn auch in abgeschwächter Weise – zu „retten" und dadurch wirksam zu machen. Bei § 139 BGB (siehe dazu § 12) geht es dagegen darum, ob der Nichtigkeitsgrund auf Regelungen, die von ihm an sich nicht beeinträchtigt werden, „ausstrahlt"; an der Nichtigkeit der von ihm erfassten Regelung ändert sich nichts.

2 § 140 BGB dient dazu, dem Parteiwillen soweit wie möglich zur Wirksamkeit zu verhelfen. Er regelt den Fall, dass die Parteien sich zur Verwirklichung des von ihnen angestrebten Ziels eines **Mittels** bedient haben, das von der Rechtsordnung nicht akzeptiert wird. Kann das Ziel – zumindest teilweise – mit einem anderen Mittel erreicht werden, wird das nichtige Rechtsgeschäft im Sinne dieses anderen Mittels aufrechterhalten, sofern es den Anforderungen eines entsprechenden Rechtsgeschäfts genügt und die Umdeutung dem tatsächlichen oder hypothetischen Parteiwillen entspricht.

▶ **Fall 1**: Arbeitgeberin A kündigt dem bei ihr beschäftigten B fristlos, weil B durch mangelnde Höflichkeit einen wichtigen Kunden verärgert hat. Im Arbeitsgerichtsprozess erweist sich, dass das Verhalten des B nicht gravierend genug ist, um eine fristlose Kündigung zu rechtfertigen (§ 626 Abs. 1 BGB).

Fraglich ist, ob die unwirksame fristlose Kündigung nach § 140 BGB in eine ordentliche Kündigung (§§ 620 Abs. 2, 622 BGB) umzudeuten ist. Hierfür ist erstens erforderlich, dass alle Voraussetzungen für eine ordentliche Kündigung vorliegen; so muss etwa der Betriebsrat gemäß § 102 Betriebsverfassungsgesetz auch zur ordentlichen Kündigung angehört worden sein. Zweitens muss ein entsprechender (gegebenenfalls hypothetischer) Wille des Arbeitgebers vorliegen, d.h., dieser müsste bei Kenntnis der Unwirksamkeit der fristlosen Kündigung eine ordentliche Kündigung ausgesprochen haben. Davon ist in der Regel auszugehen, wenn – wie hier – die Tatsachen, die Anlass für die Kündigung waren, wirklich vorliegen.[1]

Die Umdeutung einer unwirksamen ordentlichen Kündigung in eine fristlose Kündigung scheidet wegen der weitergehenden Rechtsfolgen von vornherein aus. Eine ordentliche Kündigung entspricht nie den Erfordernissen einer fristlosen. ◀

3 Missbilligt die Rechtsordnung dagegen das von den Parteien angestrebte **Ziel** und ist das Rechtsgeschäft deshalb unwirksam, kommt eine Umdeutung nicht in Betracht.[2]

▶ **Fall 2 (nach BGH NJW-RR 1989, 800 ff.):** V verkauft sein Gebäudereinigungsunternehmen an K. Im Vertrag enthalten ist die Verpflichtung des V, nicht mehr in der Gebäudereinigungsbranche tätig zu sein. Ein derartiges zeitlich unbefristetes, örtlich unbegrenztes und entschädigungsloses Wettbewerbsverbot greift so tief in die Berufsfreiheit (Art. 12 Abs. 1

---

1 Das BAG verlangt darüber hinaus, dass dieser Wille dem Kündigungsempfänger im Zeitpunkt des Zugangs der Kündigung erkennbar geworden ist. Das ist allerdings keine Voraussetzung von § 140 BGB selbst, sondern eine Voraussetzung dafür, dass die umgedeutete Kündigung gegenüber dem Empfänger wirkt (vgl. die Auslegung nach dem objektiven Empfängerhorizont, oben § 2 Rn. 9 ff.). Siehe NK-BGB/*Faust*, § 140 Rn. 23, 32.
2 BGHZ 68, 204 ff.

§ 13 Umdeutung (§ 140 BGB)

GG) ein, dass es sittenwidrig und damit gemäß § 138 Abs. 1 BGB nichtig ist. Da hier das angestrebte Ziel – das unbeschränkte Wettbewerbsverbot – rechtlich missbilligt wird, scheidet eine Umdeutung aus. Denn sie würde dazu führen, dass dasselbe Ziel mit einem anderen Mittel angestrebt wird. ◀

In Fällen, in denen das angestrebte Ziel missbilligt wird, kommt nur eine **geltungserhaltende Reduktion** (siehe § 12 Rn. 8 ff.) in Betracht. Ihre Zulässigkeit ist im Gegensatz zu derjenigen einer Umdeutung problematisch, da sie nicht nur dazu führt, dass ein untaugliches Mittel zum Erreichen eines legitimen Ziels durch ein anderes, rechtlich mögliches Mittel ersetzt wird, sondern Parteien zugutekommt, die unzulässige Ziele anstreben. So hat der BGH in Fall 2 die Zulässigkeit einer geltungserhaltenden Reduktion verneint.

§ 140 BGB gilt für **alle Unwirksamkeitsgründe**. Voraussetzung ist aber, dass sich die Parteien auf das nichtige Rechtsgeschäft geeinigt haben; wenn ein Dissens vorliegt, kommt eine Umdeutung nicht in Betracht. Außerdem ist § 140 BGB nur anwendbar, wenn das Rechtsgeschäft **endgültig unwirksam** ist. Kann die Unwirksamkeit (etwa durch Heilung nach § 311b Abs. 1 S. 2 BGB) noch behoben werden, muss abgewartet werden, ob das Rechtsgeschäft nicht auf diese Weise in seiner ursprünglichen Form wirksam wird.

II. Das Ersatzgeschäft

Das Ersatzgeschäft muss dem nichtigen Rechtsgeschäft **nicht gleichartig** sein. Es kann daher z.B. ein Rechtsgeschäft unter Lebenden in ein solches von Todes wegen umgedeutet werden und umgekehrt. Das Ersatzgeschäft muss nicht unbedingt wirksam sein, aber es muss **weniger fehlerhaft** als das umgedeutete Geschäft sein. So genügt es etwa, wenn das Ersatzgeschäft im Gegensatz zum nichtigen Geschäft noch durch eine Genehmigung wirksam werden kann (schwebende Unwirksamkeit, siehe § 16 Rn. 41).

Das Ersatzgeschäft muss nicht als „Minus" im nichtigen Geschäft enthalten sein, da § 140 BGB kein Fall der Teilnichtigkeit ist. Von seinen Wirkungen her darf es aber nicht über das umgedeutete Geschäft hinausgehen (siehe Fall 1 in Rn. 2).

III. Der Parteiwille

Entscheidend ist wie bei § 139 BGB primär der **tatsächliche**, hilfsweise der **hypothetische Parteiwille** im Zeitpunkt der Vornahme des nichtigen Rechtsgeschäfts. Es kommt also darauf an, was derjenige, der das nichtige einseitige Rechtsgeschäft vorgenommen hat, oder die Parteien des nichtigen Vertrags bei Kenntnis der Nichtigkeit getan hätten. Was objektiv vernünftig ist oder was der Richter für eine angemessene Regelung hält, ist nur relevant, wenn es keine anderen Indizien für den hypothetischen Parteiwillen gibt. Wird durch das Ersatzgeschäft der von den Parteien mit dem nichtigen Rechtsgeschäft erstrebte wirtschaftliche Erfolg erreicht, ist normalerweise ein auf das Ersatzgeschäft gerichteter hypothetischer Wille anzunehmen.

Wiederholungs- und Vertiefungsfragen

1. Wodurch unterscheidet sich die Umdeutung von der geltungserhaltenden Reduktion?
2. Welche Anforderungen sind nach § 140 BGB an das Ersatzgeschäft zu stellen?

§ 14 Bestätigung eines nichtigen Rechtsgeschäfts (§ 141 BGB)

1 § 141 BGB regelt den Fall, dass die Parteien ein nichtiges Rechtsgeschäft später bestätigen. Hintergrund ist die Tatsache, dass ein nichtiges Rechtsgeschäft auch dann nichtig bleibt, wenn der Nichtigkeitsgrund später wegfällt (z.b. das Verbotsgesetz i.S.v. § 134 BGB aufgehoben wird). Wenn die Parteien also nach Wegfall des Nichtigkeitsgrunds die Geltung des Rechtsgeschäfts noch wollen, müssen sie es erneut vornehmen. Nach § 141 Abs. 1 BGB ist eine Bestätigung des nichtigen Rechtsgeschäfts als eine solche erneute Vornahme zu beurteilen. Daraus folgt zum einen, dass eine Bestätigung nur Wirkung zeitigt, wenn der **Nichtigkeitsgrund inzwischen weggefallen** ist; denn sonst ist die erneute Vornahme ebenso unwirksam wie das ursprüngliche Rechtsgeschäft. Zum anderen folgt, dass die Bestätigung **keine Rückwirkung** entfaltet, also – wie die Juristen sagen – nicht ex tunc (von damals an), sondern nur ex nunc (von jetzt an) wirkt. Nach der **Auslegungsregel des § 141 Abs. 2 BGB** übernehmen die Parteien durch die Bestätigung eines Vertrags allerdings im Zweifel die schuldrechtliche Verpflichtung, einander so zu stellen, wie sie stünden, wenn der Vertrag von Anfang an wirksam gewesen wäre.

2 Bestätigt werden kann nur ein **nichtiges** Rechtsgeschäft. Ist das Rechtsgeschäft dagegen schon nicht wirksam zustande gekommen, etwa weil eine erforderliche Willenserklärung nicht gemäß § 130 BGB wirksam wurde, scheidet eine Bestätigung aus. Der Nichtigkeitsgrund ist unerheblich. In Betracht kommen etwa der Verstoß gegen ein Verbotsgesetz (§ 134 BGB), Sittenwidrigkeit (§ 138 BGB) und Formnichtigkeit (§ 125 BGB).

3 Die Bestätigung ist ein **Rechtsgeschäft**, an dem die gleichen Personen beteiligt sein müssen wie an dem bestätigten Rechtsgeschäft. Welche **inhaltlichen Anforderungen** an eine Bestätigung zu stellen sind, hat der Gesetzgeber offengelassen; § 141 Abs. 1 BGB ordnet nur an, dass die Rechtsfolgen einer wirksamen Bestätigung denen einer Neuvornahme entsprechen.[1] Nach h.M. unterliegt die Bestätigung nicht denselben inhaltlichen Voraussetzungen wie die erstmalige Vornahme. Sie muss vielmehr nur zum Ausdruck bringen, dass das bisher fehlerhafte Rechtsgeschäft als gültig anerkannt wird. Die Erklärung der Bestätigung muss daher nicht denselben Inhalt haben wie das ursprüngliche Rechtsgeschäft. Bei einem Vertrag braucht etwa nicht über alle einzelnen Abmachungen erneut eine Willensübereinstimmung hergestellt und erklärt zu werden. Es genügt vielmehr, dass sich die Parteien in Kenntnis der Abreden „auf den Boden des Vertrags stellen". Im Zuge der Bestätigung kann das Rechtsgeschäft inhaltlich geändert werden, um den Nichtigkeitsgrund zu beseitigen; so können die vertraglichen Leistungen so angepasst werden, dass ein ursprünglich nach § 138 BGB nichtiger Vertrag nicht mehr sittenwidrig ist.[2]

In subjektiver Hinsicht setzt die Bestätigung einen **Bestätigungswillen** voraus. An ihm fehlt es, wenn die Parteien an der Wirksamkeit des Geschäfts keine Zweifel haben.[3] Dass sie seine Nichtigkeit kennen, ist nicht nötig. Vielmehr genügt es, dass sie an der Wirksamkeit des Rechtsgeschäfts zweifeln und es auf alle Fälle gelten lassen wollen. Wenn der äußere Tatbestand einer Bestätigung gesetzt wird, es aber an dem Bestätigungswillen fehlt, so liegt ein Fall des fehlenden Erklärungsbewusstseins vor (siehe § 2 Rn. 4 sowie § 19 Rn. 24 ff.).

---

1 Protokolle I, S. 126.
2 BGH NJW 2012, 1570 Rn. 21.
3 **A.A.** *K. Schmidt*, AcP 189 (1989), 1, 8 f.

§ 14 Bestätigung eines nichtigen Rechtsgeschäfts (§ 141 BGB)

Die Bestätigung eines Geschäfts, das einem **gesetzlichen Formerfordernis** unterliegt, ist nach h.M. ihrerseits formbedürftig, und zwar auch dann, wenn die Form bei der Vornahme des bestätigten Rechtsgeschäfts beachtet wurde[4]. Die geringeren inhaltlichen Anforderungen, denen eine Bestätigung genügen muss, wirken sich aber auch hinsichtlich der Formbedürftigkeit aus: Zumindest, wenn der zu bestätigende Vertrag formgerecht abgeschlossen wurde, gehört er nicht zum Regelungsinhalt der Bestätigung. Sein Inhalt braucht deshalb bei der Bestätigung nicht in die neue Urkunde aufgenommen zu werden, sondern es genügt ein Hinweis auf diejenige Urkunde, die das zu bestätigende Rechtsgeschäft enthält.

Wiederholungs- und Vertiefungsfragen

1. Wann ist eine Bestätigung nur möglich?
2. Wodurch unterscheidet sich eine Bestätigung i.S.v. § 141 Abs. 1 BGB von einer völligen Neuvornahme?

---

[4] Z.B. BGH NJW 1985, 2579, 2580. **A.A.** *Medicus/Petersen*, Rn. 532; *K. Schmidt*, AcP 189 (1989), 1, 9 f.; *Staudinger/H. Roth*, § 141 Rn. 16.

E. Rechts- und Geschäftsfähigkeit

§ 15 Rechtsfähigkeit

I. Überblick

1 Rechtsfähigkeit ist die Fähigkeit, Träger von Rechten und Pflichten zu sein. Wer rechtsfähig ist, den nennt man ein **„Rechtssubjekt"** (zu Rechtsobjekten siehe § 4 Rn. 1). Die Rechtsfähigkeit ist zu unterscheiden von der Fähigkeit, durch *eigene* Handlungen Rechte zu erwerben oder Pflichten zu übernehmen. Insofern kommt es im rechtsgeschäftlichen Bereich auf die **Geschäftsfähigkeit** (§§ 104 ff. BGB) und im Bereich der unerlaubten Handlungen auf die **Deliktsfähigkeit** (§§ 827 f. BGB) an.

▶ **Beispiele:** Auch ein Säugling oder ein Geisteskranker kann Erbe sein, einen Schadensersatzanspruch erwerben, wenn er etwa bei einem Verkehrsunfall geschädigt wird, oder – bei entsprechendem Vermögen – seinen Eltern unterhaltspflichtig sein (§ 1601 ff. BGB). Säuglinge und Geisteskranke können aber prinzipiell nicht durch eigene Handlungen Rechte erwerben oder Pflichten auf sich nehmen. ◀

▶ **Begriffe:** Im Bereich des Prozessrechts entspricht der Rechtsfähigkeit die Fähigkeit, Kläger oder Beklagter zu sein; sie nennt man **Parteifähigkeit** (§ 50 ZPO). Der Geschäftsfähigkeit entspricht im Prozessrecht die **Prozessfähigkeit** (§§ 51 ff. ZPO) als die Fähigkeit, Prozesshandlungen selbst oder durch selbst bestellte Vertreter wirksam vorzunehmen oder entgegenzunehmen. Schließlich gibt es im Prozessrecht noch die **Postulationsfähigkeit**, d.h. die Fähigkeit, in eigener Person rechtswirksam prozessual zu handeln; sie fehlt den Prozessparteien, soweit Anwaltszwang besteht (§ 78 ZPO). Eine Parallele dazu im Zivilrecht gibt es nicht.[1] ◀

2 Rechtsfähig sind alle Menschen, aber nicht nur diese. So gibt es neben den Menschen, die das Gesetz natürliche Personen nennt (z.B. in § 13 BGB), juristische Personen (z.B. die Gesellschaft mit beschränkter Haftung, § 13 Abs. 1 GmbHG) und rechtsfähige Personengesellschaften (z.B. die rechtsfähige Gesellschaft bürgerlichen Rechts, § 705 Abs. 2 Alt. 1 BGB, oder die offene Handelsgesellschaft, § 105 Abs. 2 HGB).

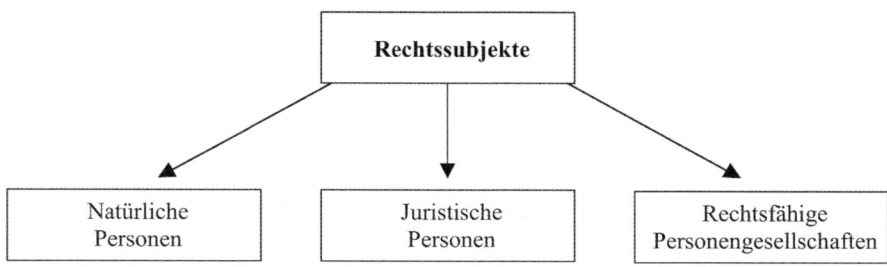

Grundtypus der juristischen Person ist der **eingetragene Verein** (§§ 21 ff. BGB). Er soll hier nicht weiter besprochen werden, denn obwohl er im Allgemeinen Teil des BGB geregelt ist, handelt es sich der Sache nach um Gesellschaftsrecht.

---

1 Siehe *Adolphsen*, Nomos-Lehrbuch Zivilprozessrecht, 8. Aufl. (2023), § 7 Rn. 20 ff.

II. Beginn der Rechtsfähigkeit natürlicher Personen

Die Rechtsfähigkeit eines Menschen beginnt nach § 1 BGB mit der **Vollendung der Geburt**, d.h. mit seinem vollständigen Austreten aus dem Mutterleib, auch wenn die Nabelschnur noch nicht durchtrennt ist. Ob das lebend geborene Kind zum Weiterleben fähig ist, spielt keine Rolle. Die exakte Festlegung des Beginns der Rechtsfähigkeit eines Kindes kann insbesondere für die Frage relevant sein, ob das Kind erbt, etwa wenn Kind und Mutter bei der Geburt sterben und beide von verschiedenen Personen beerbt werden.

Im Zeitraum vor der Vollendung der Geburt unterscheidet man die Phasen vor der Zeugung („**nondum conceptus**") und zwischen der Zeugung und der Vollendung der Geburt („**nasciturus**"). Sowohl der nondum conceptus als auch der nasciturus genießen in gewissem Umfang rechtlichen Schutz. So können Vorgänge vor der Geburt[2] und selbst vor der Zeugung[3] zu Schadensersatzansprüchen des Kindes führen, etwa wenn die Mutter bei einer Bluttransfusion mit HIV infiziert wird und die Infektion auch das Kind erfasst. Die Schadensersatzansprüche des Kindes entstehen freilich erst mit Erwerb der Rechtsfähigkeit, also mit Vollendung der Geburt.

Nach der etwas seltsam anmutenden Fiktion des § 1923 Abs. 2 BGB kann ein Kind, das lebend auf die Welt kommt, auch solche Personen beerben, die zwischen seiner Zeugung und seiner Geburt sterben. Dadurch soll vor allem gewährleistet werden, dass ein Kind seinen Vater auch dann beerben kann, wenn dieser vor der Geburt stirbt. Ist jemand für den Tod eines Unterhaltspflichtigen nach der Zeugung, aber vor der Geburt des Kindes verantwortlich, hat dieses ab der Geburt nach § 844 Abs. 2 S. 2 BGB einen Anspruch auf Schadensersatz wegen entgangenen Unterhalts. § 1810 BGB gewährleistet die Fürsorge für derartige Rechte des Kindes in der Zeit bis zur Geburt.

Der nondum conceptus kann zwar nicht Erbe werden, aber als Nacherbe (§ 2101 Abs. 1 BGB) oder Vermächtnisnehmer (§ 2178 Alt. 1 BGB) erbrechtlich bedacht werden. Auch für ihn kann schon ein Pfleger bestellt werden (§ 1882 S. 2 BGB), damit die Fürsorge für seine Rechte gesichert ist.

III. Ende der Rechtsfähigkeit natürlicher Personen

Über das Ende der Rechtsfähigkeit einer natürlichen Person enthält das BGB keine Regelungen. Einziger Grund für die Beendigung der Rechtsfähigkeit ist der **Tod** (vgl. § 1922 Abs. 1 BGB). Als maßgeblich angesehen wird heute der Hirntod, auf den auch § 3 Abs. 2 Nr. 2 Transplantationsgesetz für die Entnahme von Organen zu Transplantationszwecken abstellt.

Wenn sich das Schicksal eines Menschen nicht ermitteln lässt, kann er nach § 2 Verschollenheitsgesetz (VerschG) durch gerichtlichen Beschluss (§§ 23 ff. VerschG) **für tot erklärt** werden, etwa um dem Ehegatten die Wiederheirat zu ermöglichen (vgl. §§ 1319 f. BGB). Voraussetzung ist nach § 1 VerschG, dass der Aufenthalt des Betreffenden während längerer Zeit unbekannt ist, ohne dass Nachrichten darüber vorliegen, ob er in dieser Zeit noch gelebt hat oder gestorben ist, und hierdurch nach den Umständen ernstliche Zweifel an seinem Fortleben begründet werden. Die maßgeblichen Fristen werden in §§ 3–8 VerschG festgelegt. Die Todeserklärung begründet nach

---

2 BGHZ 58, 48 ff.
3 BGHZ 8, 243 ff.

§ 9 Abs. 1 S. 1 VerschG die Vermutung, dass der Verschollene in dem im gerichtlichen Beschluss festgestellten Zeitpunkt gestorben ist. Diese Vermutung kann widerlegt werden. Eine unrichtige Todeserklärung führt also nicht zum Verlust der Rechtsfähigkeit.

6 Die Rechtsprechung ist der Auffassung, dass das allgemeine Persönlichkeitsrecht eines Menschen in beschränktem Umfang dessen Tod überdauert, dass also auch Tote noch einen gewissen Schutz gegen Ehrverletzungen und andere Verletzungen des allgemeinen Persönlichkeitsrechts genießen (**postmortaler Persönlichkeitsschutz**). Die Einzelheiten gehören ins Deliktsrecht.[4]

Wiederholungs- und Vertiefungsfragen

1. Wodurch unterscheiden sich Rechts- und Geschäftsfähigkeit?
2. Welche Arten von Rechtssubjekten gibt es?
3. Was versteht man unter dem nondum conceptus und dem nasciturus?
4. Der sechsjährige M hat von seiner Großmutter ein Gemälde geerbt, das von D gestohlen wird. Wem stehen die Ansprüche auf Rückgabe des Gemäldes gegen D (z.B. aus § 985 BGB oder § 823 Abs. 1 BGB) zu?

---

4 Siehe *Wagner*, Deliktsrecht, 14. Aufl. (2021), Kap. 7 Rn. 53 ff.

§ 16 Geschäftsfähigkeit

I. Grundlagen

1. Begriff der Geschäftsfähigkeit

Es liegt auf der Hand, dass die Vornahme von Rechtsgeschäften – etwa der Abschluss eines Kaufvertrags – an den Handelnden gewisse intellektuelle Mindestanforderungen stellt: Er muss Vor- und Nachteile des Geschäfts abwägen, damit er nur Geschäfte schließt, die wirklich seinen Interessen entsprechen. Menschen, die diesen intellektuellen Mindestanforderungen nicht genügen (wie Kinder und Geisteskranke), müssen vor sich selbst geschützt werden. Dieser Schutz wird mithilfe der Vorschriften über die Geschäftsfähigkeit erreicht: Bestimmte Personen sind rechtlich nicht oder nur eingeschränkt fähig, Rechtsgeschäfte vorzunehmen.

Schutzbedarf besteht aber nicht nur, wenn ein nicht voll Geschäftsfähiger ein Rechtsgeschäft vornimmt, indem er eine Willenserklärung abgibt. Der nicht voll Geschäftsfähige muss auch geschützt werden, wenn ihm gegenüber ein Rechtsgeschäft vorgenommen wird, indem er eine empfangsbedürftige Willenserklärung entgegennimmt. Denn eine empfangsbedürftige Willenserklärung soll dem Empfänger ermöglichen, sich auf die rechtlichen Folgen der Erklärung einzustellen und dementsprechend zu handeln. Dafür bedarf es wiederum eines Mindestmaßes an intellektuellen Fähigkeiten.

▶ **Beispiel:** Die zwölfjährige V hat ein an M vermietetes Wohnhaus geerbt. Eines Tages drückt M der V einen Brief in die Hand, in dem steht, dass er den Mietvertrag kündigt. V verliert den Brief und vergisst das Ganze. Dadurch können ihre Interessen nachhaltig beeinträchtigt werden, etwa weil M nicht zur Durchführung vertraglich geschuldeter Schönheitsreparaturen angehalten wird oder nicht rechtzeitig ein neuer Mieter gefunden wird. ◀

Auch das Wirksamwerden von Willenserklärungen gegenüber von Personen, die ihre Interessen nicht hinreichend selbst wahrnehmen können, muss daher besonders geregelt werden. Dies geschieht ebenfalls mithilfe der Vorschriften über die Geschäftsfähigkeit.

Damit ergibt sich als **Definition**: Geschäftsfähigkeit ist die Fähigkeit, Willenserklärungen wirksam abzugeben und entgegenzunehmen.

▶ **Hinweis zur Klausurtechnik:** Auf die Geschäftsfähigkeit ist in der Klausur nur einzugehen, wenn Angaben im Sachverhalt (insbesondere Altersangaben) für das Fehlen oder die Beschränkung der Geschäftsfähigkeit sprechen. ◀

2. Stufen der Geschäftsfähigkeit

Man unterscheidet drei Stufen der Geschäftsfähigkeit:

- **Geschäftsunfähig** sind nach § 104 Nr. 1 BGB Kinder, die das siebte Lebensjahr noch nicht vollendet haben, und nach § 104 Nr. 2 BGB Personen, die sich in einem seiner Natur nach nicht nur vorübergehenden, die freie Willensbestimmung ausschließenden Zustand krankhafter Störung der Geistestätigkeit befinden.
- **Beschränkt geschäftsfähig** sind nach § 106 BGB Minderjährige – also gemäß § 2 BGB Personen, die das 18. Lebensjahr noch nicht vollendet haben –, die das siebte Lebensjahr vollendet haben und deren Geschäftsfähigkeit nicht nach § 104 Nr. 2 BGB ausgeschlossen ist. Ihnen weitgehend gleichgestellt sind nach § 1825 BGB Volljährige, die wegen einer Krankheit oder einer Behinderung ihre Angelegenheiten

rechtlich nicht selbst besorgen können und für die deshalb nach § 1814 BGB ein Betreuer bestellt wurde, sofern zur Abwendung einer erheblichen Gefahr für ihre Person oder ihr Vermögen ein **Einwilligungsvorbehalt** angeordnet wurde und ihre Geschäftsfähigkeit nicht nach § 104 Nr. 2 BGB ausgeschlossen ist.
- **Unbeschränkt geschäftsfähig** sind alle Volljährigen (§ 2 BGB), deren Geschäftsfähigkeit nicht nach § 104 Nr. 2 BGB ausgeschlossen ist und für die auch kein Einwilligungsvorbehalt (§ 1825 BGB) angeordnet wurde.

▶ **Fall 1:** K ist am 1.3.2004 um 17 Uhr geboren. Am 1.3.2022 um 11 Uhr kauft er von V, die am 29.2.2004 um 13 Uhr geboren ist, einen Computer. Waren K und V bei Abschluss des Vertrags unbeschränkt oder beschränkt geschäftsfähig?

Die 18 Jahre dauernde Minderjährigkeit, nach deren Ablauf gemäß § 2 BGB die Volljährigkeit eintritt, ist eine Frist, die nach §§ 186 ff. BGB zu berechnen ist. Nach § 187 Abs. 2 S. 2 BGB wird der Tag der Geburt voll mitgerechnet.

Für K beginnt die Frist also am 1.3.2004 um 0 Uhr. Sie endet nach § 188 Abs. 2 Alt. 2 BGB mit dem Ablauf desjenigen Tags des letzten Monats der Frist, welcher dem Tag vorhergeht, der durch seine Zahl dem Anfangstag der Frist entspricht. Dem Anfangstag der Frist durch seine Zahl entspricht der 1.3.2022. Die Frist endet also mit Ablauf des vorhergehenden Tags, nämlich des 28.2.2022. K war folglich ab 1.3.2022, 0 Uhr, also auch beim Vertragsschluss, unbeschränkt geschäftsfähig.

Für V beginnt die Frist gemäß § 187 Abs. 2 S. 2 BGB am 29.2.2004 um 0 Uhr. Nach § 188 Abs. 2 Alt. 2 BGB endet sie mit Ablauf des dem 29.2.2022 vorhergehenden Tags, also mit Ablauf des 28.2.2022. Dass es im Jahr 2022 gar keinen 29. Februar gibt, ist unerheblich. Auch V war also beim Vertragsschluss unbeschränkt geschäftsfähig. ◀

Wie FALL 1 zeigt, wird man also wegen § 187 Abs. 2 S. 2 BGB in rechtlicher Hinsicht schon am **Beginn seines Geburtstags** ein Jahr älter.

3. Der Konflikt zwischen dem Schutz nicht voll Geschäftsfähiger und der Verkehrssicherheit

Die **starren Altersgrenzen** für den Übergang von der Geschäftsunfähigkeit zur beschränkten Geschäftsfähigkeit (§ 106 BGB: 7 Jahre) und von dieser zur unbeschränkten Geschäftsfähigkeit (§§ 2, 106 BGB: 18 Jahre) werden natürlich der tatsächlichen Reife der einzelnen Kinder und Jugendlichen nur sehr beschränkt gerecht: Besonders intelligenten und vernünftigen Jugendlichen werden rechtliche Möglichkeiten versagt, die sie ohne Weiteres wahrnehmen könnten, und umgekehrt erhalten besonders unreife Jugendliche nicht denjenigen Schutz, dessen sie eigentlich bedürften. Doch das ist unvermeidbar, da aus Gründen der **Verkehrssicherheit** eine individuelle Bestimmung der Geschäftsfähigkeit je nach dem Entwicklungsstand des konkreten Jugendlichen ausscheidet. Zum einen muss der Betreffende selbst Klarheit darüber gewinnen können, welche rechtlichen Möglichkeiten ihm die Rechtsordnung einräumt. Und zum anderen muss seinen Geschäftspartnern ein einfaches Mittel an die Hand gegeben werden, um festzustellen, ob der Betreffende ohne Mitwirkung eines gesetzlichen Vertreters eine Willenserklärung abgeben oder entgegennehmen kann. Dieses einfache Mittel ist der Blick in den Personalausweis.

▶ **Weiterführender Hinweis:** Ganz anders verhält es sich im Hinblick auf die **Verschuldensfähigkeit**. Hier geht es nicht darum, im Voraus festzustellen, ob jemand rechtlich zu bestimmten Handlungen in der Lage ist, sondern es muss im Nachhinein geklärt werden, ob jemand für eine bestimmte Handlung verantwortlich ist. Diese Frage stellt sich erstens wesentlich seltener als diejenige der Geschäftsfähigkeit, und zweitens steht zu ihrer Klärung viel mehr Zeit zur Verfügung, in der z.B. ein psychologisches Gutachten eingeholt werden kann. Deshalb kann das Gesetz hier die **Einzelfallgerechtigkeit** über die Rechtssicherheit stellen. So schließen zwar § 828 Abs. 1 und 2 BGB die Verantwortlichkeit von unter siebenjährigen Kindern (und in bestimmten Fällen von unter zehnjährigen Kindern) schlechthin aus. Im Zeitraum zwischen der Vollendung des siebten/zehnten und der Vollendung des 18. Lebensjahrs kommt es aber nach § 828 Abs. 3 BGB auf die Einsichtsfähigkeit des konkreten Jugendlichen an. ◀

Resultiert die Schutzbedürftigkeit nicht aus dem Alter, sondern aus **anderweitigen intellektuellen Defiziten** des Betreffenden, bleibt kein anderer Weg als die Einzelfallbetrachtung. Eine gewisse Rechtssicherheit kann dadurch hergestellt werden, dass eine Einschränkung der Geschäftsfähigkeit – wie im Fall eines Einwilligungsvorbehalts nach § 1825 BGB – erst durch eine gerichtliche Entscheidung bewirkt wird. Würde man den Verlust der Geschäftsfähigkeit allerdings generell von einer solchen Entscheidung abhängig machen, blieben Menschen, die ihre Interessen nicht selbst wahren können, häufig schutzlos. Deshalb stellt § 104 Nr. 2 BGB allein auf den Zustand des Betreffenden ab.

Für die Verkehrsteilnehmer stellt sich das Problem, dass sie möglicherweise fälschlich von der unbeschränkten Geschäftsfähigkeit ihres Gegenübers ausgehen, weil sie ihn irrtümlich für volljährig halten oder – gravierender, da häufig unvermeidbar – nicht erkennen, dass ein Fall von § 104 Nr. 2 BGB vorliegt. Hier wird der Konflikt zwischen dem Schutz nicht voll Geschäftsfähiger und der Rechtssicherheit ganz akut: Das Vertrauen des Verkehrs könnte dadurch geschützt werden, dass der Geschäftspartner die mangelnde Geschäftsfähigkeit nur dann gegen sich gelten lassen muss, wenn er sie kannte oder infolge von (eventuell grober) Fahrlässigkeit nicht kannte. Dadurch würde jedoch der Schutz des nicht voll Geschäftsfähigen erheblich eingeschränkt. Der Gesetzgeber hat sich hier für den **Vorrang des Schutzes des nicht voll Geschäftsfähigen** entschieden. Der **gute Glaube an die Geschäftsfähigkeit** wird deshalb nicht geschützt. Das Risiko, ein Rechtsgeschäft mit einem unerkennbar nicht voll Geschäftsfähigen vorzunehmen und dadurch einen Schaden zu erleiden, müssen die Verkehrsteilnehmer um des Schutzes der nicht voll Geschäftsfähigen willen tragen.

4. Die gesetzliche Vertretung nicht voll Geschäftsfähiger

Da nicht voll geschäftsfähige Personen ihre rechtlichen Angelegenheiten nicht umfassend selbst erledigen können, stellt ihnen das Gesetz einen gesetzlichen Vertreter zur Seite, der mit Wirkung für sie handeln kann (vgl. § 164 Abs. 1 S. 1 und Abs. 3 BGB; siehe zur Stellvertretung §§ 22 ff.).[1]

a) Der gesetzliche Vertreter

Die Vertretung des minderjährigen Kindes ist nach § 1629 Abs. 1 S. 1 BGB Teil der **elterlichen Sorge** (§ 1626 Abs. 1 BGB). Gesetzlicher Vertreter ist also derjenige, dem die elterliche Sorge zusteht.

---

[1] Siehe *Röthel*, Jura 2023, 796 ff.

Sind die Eltern bei der Geburt miteinander verheiratet, steht ihnen die elterliche Sorge gemeinsam zu (Gegenschluss aus § 1626a BGB), sonst besteht Alleinsorge der Mutter (§ 1626a Abs. 3 BGB). Die Alleinsorge der Mutter wird nach § 1626a Abs. 1 BGB durch die gemeinsame Sorge abgelöst, wenn die Eltern einander heiraten, Sorgeerklärungen gemäß §§ 1626b ff. BGB abgeben oder das Familiengericht ihnen gemäß § 1626a Abs. 2 BGB die elterliche Sorge gemeinsam überträgt. Das gemeinsame Sorgerecht bleibt – auch im Fall einer Scheidung – bestehen, bis das Familiengericht nach § 1671 BGB einem Elternteil die Alleinsorge überträgt. Leben die Eltern nicht mehr zusammen, regelt § 1687 BGB die Ausübung der gemeinsamen Sorge.

Steht die elterliche Sorge beiden Eltern gemeinsam zu und stirbt ein Elternteil oder ist er tatsächlich verhindert, die elterliche Sorge auszuüben, erwirbt der andere nach §§ 1678 Abs. 1, 1680 Abs. 1 BGB die Alleinsorge. Im Übrigen kann das Familiengericht in zahlreichen Fällen Regelungen zur elterlichen Sorge treffen.[2]

8 Sofern die Eltern die elterliche Sorge gemeinsam ausüben, vertreten sie das Kind nach § 1629 Abs. 1 S. 2 Hs. 1 BGB **gemeinschaftlich** (Ausnahme nach § 1629 Abs. 1 S. 4 BGB: Gefahr im Verzug). Es müssen also beide Eltern tätig werden. Das bedeutet freilich nicht, dass zwangsläufig beide Eltern in jedem Einzelfall gemeinsam handeln müssen. Vielmehr kann – wie stets bei der Gesamtvertretung (siehe § 26 Rn. 7) – ein Elternteil den anderen im Voraus ermächtigen, bestimmte Arten von Rechtsgeschäften des Minderjährigen (etwa Alltagsgeschäfte) allein vorzunehmen. Soll eine Willenserklärung gegenüber dem Kind wirksam werden, genügt nach § 1629 Abs. 1 S. 2 Hs. 2 BGB auf jeden Fall ihr Zugang an einen Elternteil. Können sich die Eltern in einzelnen Angelegenheiten, die für das Kind von erheblicher Bedeutung sind, nicht einigen, kann das Familiengericht nach § 1628 BGB einem Elternteil die Entscheidung (und damit nach § 1629 Abs. 1 S. 3 BGB die Vertretungsmacht) übertragen.

9 Wenn ein Minderjähriger nicht unter elterlicher Sorge steht, erhält er einen Vormund (§ 1773 BGB) und wird durch diesen vertreten (§ 1789 Abs. 2 S. 1 BGB). Steht der Minderjährige unter elterlicher Sorge oder Vormundschaft, sind aber die Eltern oder der Vormund an der Vertretung gehindert (z.B. nach §§ 1789 Abs. 2 S. 2, 1629 Abs. 2 S. 1, 1824 BGB; siehe auch § 26 Rn. 29 ff.), wird er durch einen Ergänzungspfleger vertreten (§ 1809 Abs. 1 BGB).

10 Ein Volljähriger hat einen gesetzlichen Vertreter, soweit das Betreuungsgericht nach § 1814 BGB für ihn einen Betreuer bestellt hat (§ 1823 BGB). Dabei spielt es keine Rolle, ob der Betreute geschäftsunfähig oder geschäftsfähig ist und ob ein Einwilligungsvorbehalt nach § 1825 BGB angeordnet wurde; dies ist nur für die Frage relevant, inwieweit er selbst – also ohne Mitwirkung des Betreuers – handeln kann. Die Vormundschaft über Volljährige gibt es seit 1992 nicht mehr.

b) Handeln des gesetzlichen Vertreters und Handeln des nicht voll Geschäftsfähigen

11 Ein **gesetzlicher Vertreter** hat die Möglichkeit, **selbst mit Wirkung für und gegen den nicht voll Geschäftsfähigen** zu handeln (§ 164 BGB; siehe dazu §§ 22 ff.). So können etwa Eltern im Namen ihres minderjährigen Kindes einen Kaufvertrag schließen, einen Mietvertrag kündigen oder eine Forderung abtreten. Zu bestimmten, für den nicht voll Geschäftsfähigen besonders gefährlichen Geschäften bedürfen die Eltern, der Vormund oder der Betreuer allerdings der **gerichtlichen Genehmigung**. Die einschlägigen Vor-

---

2 Z.B. §§ 1629 Abs. 2 S. 3, 1666 ff., 1674 f., 1678 Abs. 2, 1680 Abs. 2 und 3, 1681 Abs. 2 BGB.

schriften finden sich an vielen Stellen im BGB (z.B. §§ 112, 1491 Abs. 3 BGB). Besonders wichtig sind die Kataloge in §§ 1848 ff. BGB, die unmittelbar für den Betreuer und über die Verweisungen in § 1643 BGB und § 1799 BGB teilweise für die Eltern und den Vormund gelten. Zuständig ist das Familiengericht oder das Betreuungsgericht. „Genehmigung" ist nicht gemäß § 184 Abs. 1 BGB als nachträgliche Zustimmung zu verstehen; sie kann vielmehr im Voraus oder nachträglich erteilt werden (vgl. §§ 1856, 1644 Abs. 3 S. 1, 1800 Abs. 2 S. 1 BGB). Einzelheiten regeln §§ 1855 ff., 1860, 1644, 1800 f. BGB. Maßstab für die Erteilung der Genehmigung ist das Wohl des Kindes oder des Betreuten (vgl. §§ 1697a, 1800 Abs. 1, 1862 Abs. 1 S. 2 BGB).

Neben dem gesetzlichen Vertreter kann **der nicht voll Geschäftsfähige** in unterschiedlichem Umfang **selbst handeln**. Dazu benötigt er allerdings teilweise die Zustimmung des gesetzlichen Vertreters.

▶ **Beispiel:** Ihre Eltern erlauben der 17-jährigen M, sich von ihrem Ersparten ein Mofa zu kaufen. M geht selbst zum Händler V, schließt mit ihm einen Kaufvertrag über das Mofa und wickelt das Geschäft ab. ◀

Soweit der gesetzliche Vertreter einer gerichtlichen Genehmigung bedarf, wenn er selbst nach § 164 BGB mit Wirkung für den nicht voll Geschäftsfähigen handelt, bedarf er auch der gerichtlichen Genehmigung, wenn er eigenem Handeln des nicht voll Geschäftsfähigen zustimmt

5. Sonderfälle der Geschäftsfähigkeit

Sonderfälle der Geschäftsfähigkeit sind die **Ehemündigkeit** und die **Testierfähigkeit**. Minderjährige und Geschäftsunfähige dürfen keine Ehe eingehen (§§ 1303 S. 1, 1304 BGB). Schließt ein Sechzehn- bis Achtzehnjähriger oder ein volljähriger Geschäftsunfähiger dennoch eine Ehe, so ist diese zwar wirksam, sie kann aber nach § 1314 Abs. 1 BGB durch das Familiengericht aufgehoben werden. Den entsprechenden Antrag kann außer den Ehegatten auch die zuständige Verwaltungsbehörde stellen (§ 1316 Abs. 1 Nr. 1 BGB). Eine von einem Jugendlichen unter 16 Jahren geschlossene Ehe ist nach § 1303 S. 2 BGB nichtig.

12

Die Fähigkeit, ein Testament zu errichten (anders beim Erbvertrag: § 2275 BGB), ist in § 2229 BGB geregelt. Danach können unter Sechzehnjährige nicht testieren, ältere Jugendliche dagegen ohne die Zustimmung des gesetzlichen Vertreters. Wer wegen krankhafter Störung der Geistestätigkeit, wegen Geistesschwäche oder wegen Bewusstseinsstörung nicht die Bedeutung einer von ihm abgegebenen Willenserklärung einsehen und nach dieser Einsicht handeln kann, kann nicht testieren.

Bei der Heirat (§ 1311 S. 1 BGB) und der Errichtung eines Testaments (§ 2064 BGB) ist Vertretung (insbesondere durch den gesetzlichen Vertreter) ausgeschlossen. Insofern kann auch kein Einwilligungsvorbehalt angeordnet werden (§ 1825 Abs. 2 BGB).

II. Die beschränkte Geschäftsfähigkeit

1. Überblick

Ein beschränkt Geschäftsfähiger kann nach §§ 112, 113 BGB **in Teilbereichen unbeschränkt geschäftsfähig** sein. In diesen Bereichen kommen dann §§ 107–111 BGB nicht zur Anwendung, und der gesetzliche Vertreter kann nicht mit Wirkung für und gegen den Betreffenden handeln. §§ 112, 113 BGB sind daher vorrangig zu prüfen.

13

Beide Vorschriften gelten auch für solche Betreute, die einem Einwilligungsvorbehalt unterliegen (§ 1825 Abs. 1 S. 3 BGB).

Soweit §§ 112, 113 BGB nicht eingreifen, ist als Erstes zu fragen, ob der beschränkt Geschäftsfähige durch die von ihm abgegebene oder empfangene Willenserklärung **rechtlich lediglich einen Vorteil** erlangt; denn dann bedarf er insofern nicht der Mitwirkung des gesetzlichen Vertreters (§§ 107, 131 Abs. 2 S. 2 Alt. 1 BGB). Auch das gilt gleichermaßen im Fall eines Einwilligungsvorbehalts (§ 1825 Abs. 3 S. 1 BGB bzw. §§ 131 Abs. 2 S. 2 Alt. 1, 1825 Abs. 1 S. 3 BGB).

Bringt die von ihm abgegebene oder empfangene Willenserklärung dem beschränkt Geschäftsfähigen einen rechtlichen Nachteil, stellt sich nach §§ 107, 131 Abs. 2 S. 2 Alt. 2 BGB als Nächstes die Frage, ob der gesetzliche Vertreter in die Abgabe oder den Empfang der Willenserklärung durch den beschränkt Geschäftsfähigen **eingewilligt** hat, d.h. vorher seine Zustimmung erteilt hat (§ 183 S. 1 BGB). Genauso ist es im Fall eines Einwilligungsvorbehalts (§ 1825 Abs. 1 S. 1 BGB bzw. §§ 131 Abs. 2 S. 2 Alt. 2, 1825 Abs. 1 S. 3 BGB).

Liegt keine Einwilligung vor, kommt es bei Verträgen auf die **Genehmigung**, d.h. die nachträgliche Zustimmung (§ 184 Abs. 1 BGB) des gesetzlichen Vertreters an (§ 108 Abs. 1 BGB); eine besondere Möglichkeit des Wirksamwerdens bietet § 110 BGB. Für einseitige Rechtsgeschäfte (zum Begriff siehe Rn. 27) gelten nach § 111 BGB Sonderregeln. Wiederum gilt das Gleiche für unter Einwilligungsvorbehalt stehende Betreute (§§ 108 Abs. 1, 110, 111, 1825 Abs. 1 S. 3 BGB).

Eine besondere Möglichkeit für unter Einwilligungsvorbehalt stehende Betreute, auf die hier nicht weiter eingegangen werden soll, bietet § 1825 Abs. 3 S. 2 BGB: Wenn das Gericht nichts anderes angeordnet hat, können sie im Bereich der **geringfügigen Angelegenheiten des täglichen Lebens** selbständig handeln (vgl. auch Rn. 51). Für Minderjährige gibt es dazu kein Pendant.

2. Partielle unbeschränkte Geschäftsfähigkeit des beschränkt Geschäftsfähigen

14 §§ 112, 113 BGB geben dem gesetzlichen Vertreter die Möglichkeit, den beschränkt Geschäftsfähigen durch Ermächtigung in Teilbereichen unbeschränkt geschäftsfähig zu machen, und zwar entweder für Geschäfte, die der **selbständige Betrieb eines Erwerbsgeschäfts** durch den Minderjährigen mit sich bringt (§ 112 BGB), oder für Geschäfte, die die Eingehung oder Aufhebung eines **Dienst- oder Arbeitsverhältnisses** oder die Erfüllung der sich aus einem solchen Verhältnis ergebenden Verpflichtungen betreffen (§ 113 BGB). § 113 BGB umfasst keine Berufsausbildungsverhältnisse, da bei ihnen nicht die Leistung von Diensten oder Arbeit im Vordergrund steht, sondern die Vermittlung von Kenntnissen und Fertigkeiten. Dagegen erstreckt er sich auch auf Rechtsgeschäfte mit Dritten, die im Zusammenhang mit dem Dienst- oder Arbeitsverhältnis stehen, wie den Beitritt zu einer Gewerkschaft, die Eröffnung eines Gehaltskontos, den Kauf von Berufskleidung oder den Abschluss von Transport- oder Mietverträgen, ohne die der Minderjährige seine Arbeitsleistung nicht erbringen könnte.

Die **Ermächtigung** erfolgt durch eine Willenserklärung gegenüber dem beschränkt Geschäftsfähigen. Für die Ermächtigung nach § 112 BGB ist die Genehmigung des Familiengerichts erforderlich. Rechtsfolge der §§ 112, 113 BGB ist die **unbeschränkte Geschäftsfähigkeit** des Minderjährigen in dem betreffenden Teilbereich. Er kann also völlig selbständig handeln, allerdings keine Rechtsgeschäfte vornehmen, zu denen der ge-

§ 16 Geschäftsfähigkeit

setzliche Vertreter der Genehmigung des Familiengerichts bedarf (§§ 112 Abs. 1 S. 2, 113 Abs. 1 S. 2 BGB). Kehrseite der unbeschränkten Geschäftsfähigkeit des Minderjährigen ist, dass der gesetzliche Vertreter in dem betreffenden Teilbereich seine Vertretungsmacht verliert. Hierin liegt der Unterschied zu einer Einwilligung nach § 107 BGB, die die Vertretungsmacht des gesetzlichen Vertreters unberührt lässt. Bei § 113 BGB kann der gesetzliche Vertreter allerdings die Ermächtigung jederzeit zurücknehmen oder einschränken (§ 113 Abs. 2 BGB) und dadurch seine gesetzliche Vertretungsmacht zurückerlangen. Nach § 112 Abs. 2 BGB ist dagegen eine Rücknahme nur mit Genehmigung des Familiengerichts möglich.

3. Abgabe von Willenserklärungen durch beschränkt Geschäftsfähige

a) Rechtlich lediglich vorteilhafte Geschäfte

Nach § 107 BGB kann ein beschränkt Geschäftsfähiger eine Willenserklärung, durch die er rechtlich lediglich einen Vorteil erlangt, ohne Einwilligung des gesetzlichen Vertreters abgeben.

14a

aa) Grundsatz

Das Gesetz stellt allein auf die **rechtliche** Vorteilhaftigkeit der Erklärung ab; die wirtschaftliche Vorteilhaftigkeit ist belanglos. Denn wenn ein Geschäft dem beschränkt Geschäftsfähigen keinen rechtlichen Nachteil bringt, ist es für ihn auch wirtschaftlich nicht nachteilig, so dass er keines Schutzes bedarf. Umgekehrt muss es der Entscheidung des gesetzlichen Vertreters überlassen bleiben, ob ein rechtlich auch nachteiliges Rechtsgeschäft für den beschränkt Geschäftsfähigen „unter dem Strich" (also wirtschaftlich) vorteilhaft oder nachteilig ist.

15

▶ **Fall 2:** Der 17-jährige M sieht auf einem Brandenburger Flohmarkt ein Gemälde, das er zutreffend als Werk des Regensburger Künstlers Willi Ulfig (1910–1983) identifiziert. Er weiß, dass Ölgemälde Ulfigs im süddeutschen Raum für mehrere Tausend Euro gehandelt werden, und möchte das Bild, das für 800 € angeboten wird, erwerben.

M kann eine auf Abschluss eines Kaufvertrags über das Bild gerichtete Willenserklärung nach § 107 BGB nicht ohne Einwilligung seines gesetzlichen Vertreters abgeben, da er durch den Kaufvertrag nach § 433 Abs. 2 BGB zur Zahlung des Kaufpreises verpflichtet wird. Dass dieser sehr günstig ist, ist belanglos. ◀

▶ **Hinweis zur Klausurtechnik:** Vermeiden Sie die – häufig gebrauchten – Ausdrücke „lediglich rechtlich vorteilhaft" und „lediglich rechtlicher Vorteil". Im ersten ist – wie im Übrigen auch in §§ 107, 131 Abs. 2 S. 2 BGB („lediglich einen rechtlichen Vorteil") – der Bezug von „lediglich" zweifelhaft, im zweiten bezieht es sich sprachlich eindeutig auf „rechtlich". Der erste Ausdruck ist damit unpräzise, der zweite falsch. Denn es kommt nicht darauf an, dass das Geschäft „lediglich rechtlich" (und nicht z.B. wirtschaftlich) vorteilhaft ist, sondern darauf, dass es in rechtlicher Hinsicht lediglich vorteilhaft ist. Richtig ist „rechtlich lediglich vorteilhaft". ◀

bb) Einzelfälle

Rechtlich nicht lediglich vorteilhaft sind alle Geschäfte, durch die eine **Verpflichtung des beschränkt Geschäftsfähigen** begründet wird – also etwa Kaufverträge, Mietverträ-

16

ge und Arbeitsverträge.³ Dazu gehören Leihverträge (§ 598 BGB) und Aufträge (§ 662 BGB) auch dann, wenn der beschränkt Geschäftsfähige der Entleiher⁴ oder der Auftraggeber ist. In beiden Fällen wird sein Vertragspartner zwar unentgeltlich tätig, aber es treffen den Minderjährigen die Pflichten zur Rückgabe der entliehenen Sache (§ 604 Abs. 1 BGB) bzw. zum Aufwendungsersatz (§ 670 BGB). Rechtlich nicht lediglich vorteilhaft sind ferner alle **Verfügungen zulasten des beschränkt Geschäftsfähigen**, also etwa die Übereignung einer ihm gehörenden Sache (§§ 929–931 BGB), die Abtretung (§ 398 BGB) und der Erlass (§ 397 BGB) einer ihm zustehenden Forderung und die Belastung einer ihm gehörenden Sache mit einem Pfandrecht (§ 1204 BGB). Ein rechtlicher Nachteil liegt weiterhin vor, wenn der beschränkt Geschäftsfähige durch das Rechtsgeschäft **Rechte aus einem Vertrag verliert**. Deshalb sind etwa die Kündigung eines Mietvertrags oder die Ausübung eines verbraucherschützenden Widerrufsrechts (§ 355 BGB) rechtlich nicht lediglich vorteilhaft.

17 Problematisch ist, dass nahezu jedes Rechtsgeschäft für den beschränkt Geschäftsfähigen irgendwelche ihm nachteiligen rechtlichen Folgen nach sich zieht. So wird der beschränkt Geschäftsfähige etwa durch einen Schenkungsvertrag – der wie der Prototyp des für den Beschenkten rechtlich lediglich vorteilhaften Rechtsgeschäfts erscheint – verpflichtet, dem Schenker im Falle von dessen Verarmung (§ 528 BGB) oder im Falle eines Widerrufs wegen groben Undanks (§ 530 BGB) das Geschenk zurückzugeben. Den beschränkt Geschäftsfähigen, dem eine Sache übereignet wird, treffen möglicherweise Verkehrssicherungspflichten im Hinblick auf diese Sache, deren Verletzung Schadensersatzansprüche nach § 823 Abs. 1 BGB auslösen kann; so muss beispielsweise ein Jugendlicher, dem ein Fußball übereignet wird, darauf achten, dass dieser nicht auf die Straße rollt und dort zu einem Verkehrsunfall führt. Würde man all diese nachteiligen Rechtsfolgen als rechtliche Nachteile i.S.v. § 107 BGB ansehen, gäbe es kaum Geschäfte, die der beschränkt Geschäftsfähige ohne Einwilligung des gesetzlichen Vertreters vornehmen könnte. Es kommt also darauf an, aus den vielen möglichen nachteiligen Folgen eines Rechtsgeschäfts die im Rahmen von § 107 BGB relevanten auszusondern. Im Ergebnis ist die Einigkeit dabei sehr hoch. Ein dogmatisch schlüssiges Konzept, auf das sich alle Einzelfälle zurückführen lassen, ist bislang aber noch nicht gefunden. Teilweise wird behauptet, im Rahmen von § 107 BGB seien nur Nachteile relevant, die eine unmittelbare Folge des Geschäfts seien, während mittelbare Nachteile außer Acht blieben. Doch wird das Vermögen des beschränkt Geschäftsfähigen durch mittelbare Nachteile nicht weniger gefährdet als durch unmittelbare,⁵ und überdies vermag diese Unterscheidung die verschiedene Behandlung z.B. der in Rn. 20 behandelten Fälle nicht zu tragen.

18 Als eine Leitlinie kann dienen, dass solche nachteiligen Rechtsfolgen im Rahmen von § 107 BGB außer Acht bleiben, deren Ausgestaltung einen **hinreichenden Schutz Minderjähriger** gewährleistet. Führt etwa ein Rechtsgeschäft dazu, dass der Minderjährige einer **Delikthaftung** unterworfen werden kann (siehe das obige Beispiel der Übereignung eines Fußballs), tragen §§ 828 f. BGB der besonderen Situation des Minderjährigen Rechnung.⁶ Es besteht deshalb keinerlei Anlass, den Minderjährigenschutz auf die

---

3 Dabei spielt es keine Rolle, dass die Verpflichtung – etwa bei einem Vertrag über die Mitgliedschaft in einem Fitnessstudio – erst nach Eintritt der Volljährigkeit zu laufen beginnt. Siehe *Latzel/Zöllner*, NJW 2019, 1031 ff.
4 Insofern zweifelnd *Medicus/Petersen*, Rn. 563.
5 BGHZ 161, 170, 178.
6 Eine Ausnahme besteht nur für die Haftung für Luxustiere nach § 833 S. 1 BGB, die kein Verschulden voraussetzt. Doch es besteht Einigkeit, dass der Minderjährige dadurch zu schützen ist, dass auf die Begründung

Ebene des betreffenden Rechtsgeschäfts vorzuverlagern. Ebenso liegt es, wenn ein Rechtsgeschäft zu einer **Bereicherungshaftung** des beschränkt Geschäftsfähigen führen kann. Denn deren Umfang ist nach § 818 Abs. 3 BGB prinzipiell auf die noch vorhandene Bereicherung beschränkt; der beschränkt Geschäftsfähige kann also durch sie nie ins Minus geraten.[7] Eine Ausnahme gilt nur im Rahmen von § 819 BGB, und bei dessen Anwendung wird im Rahmen des Merkmals der Bösgläubigkeit die Minderjährigkeit des Bereicherungsschuldners berücksichtigt. Hiermit lässt sich erklären, dass die mögliche Rückgabepflicht des Beschenkten (siehe Rn. 17) keinen rechtlichen Nachteil darstellt; denn der Beschenkte haftet jedenfalls nur nach Bereicherungsrecht (§§ 528 Abs. 1 S. 1, 531 Abs. 2 BGB).

▶ **Fall 3:** Die 16-jährige K kauft bei V ohne Einwilligung ihres gesetzlichen Vertreters einen Computer, den ihr V auch gleich übereignet.

K konnte ihre auf Abschluss des Kaufvertrags gerichtete Willenserklärung nicht selbständig abgeben, da der Kaufvertrag sie zur Kaufpreiszahlung verpflichtet und daher für sie rechtlich nachteilig ist. Der Kaufvertrag ist daher nicht wirksam (siehe näher Rn. 41). Wenn die Übereignung des Computers an K wirksam ist, ist K daher nach § 812 Abs. 1 S. 1 Alt. 1 BGB zur Rückübereignung an V verpflichtet (siehe § 6). Dies macht die Übereignung jedoch für K nicht rechtlich nachteilig i.S v. § 107 BGB, da sie durch die Regelungen des Bereicherungsrechts hinreichend geschützt wird. ◀

▶ **Weiterführender Hinweis:** Ob der Schutz des Bereicherungsschuldners im Rahmen von § 819 BGB durch eine entsprechende Anwendung der §§ 104 ff. BGB oder der §§ 827 ff. BGB zu gewährleisten ist, ist im Einzelnen umstritten.[8] ◀

Auf ähnliche Weise lässt sich das Problem von Verfügungen zugunsten des beschränkt Geschäftsfähigen lösen, die zur **Erfüllung eines Anspruchs des beschränkt Geschäftsfähigen** dienen. Wenn die Verfügung Erfüllungswirkung hat, bringt sie nach § 362 Abs. 1 BGB den zugrunde liegenden Anspruch zum Erlöschen, und dieses Erlöschen ist zweifellos ein rechtlicher Nachteil, da der beschränkt Geschäftsfähige seinen Anspruch verliert. Der „Kniff" liegt hier darin, zwischen der Wirksamkeit der Verfügung und ihrer Erfüllungswirkung zu trennen und den Minderjährigenschutz bei der Frage der Erfüllungswirkung zu berücksichtigen – auf welche Weise, ist eine Frage des Schuldrechts[9]. Die Wirksamkeit der Verfügung führt dann nicht zwangsläufig dazu, dass der beschränkt Geschäftsfähige nach § 362 Abs. 1 BGB den zugrunde liegenden Anspruch verliert, und deshalb stellt ein solcher Anspruchsverlust keinen rechtlichen Nachteil dar, der hinsichtlich der Verfügung im Rahmen von § 107 BGB zu berücksichtigen ist.

▶ **Fall 4:** T setzt in ihrem Testament dem immer freundlichen und hilfsbereiten 15-jährigen Nachbarssohn S ein Vermächtnis (§§ 1939, 2147 ff. BGB) in Höhe von 500 € aus. Nach dem Tod der T überreicht ihr Erbe E dem S einen 500 €-Schein. Noch bevor die Eltern des S hiervon erfahren, verliert S das Geld beim Joggen.

S konnte seine Willenserklärung im Rahmen der dinglichen Einigung zur Übereignung des 500 €-Scheins (§ 929 S. 1 BGB) selbständig abgeben, da er durch die Übereignung rechtlich

---

der Haltereigenschaft §§ 104 ff. BGB oder §§ 828 f. BGB analog anzuwenden sind. Siehe z.B. *Canaris*, NJW 1964, 1987, 1989 ff.; Grüneberg/*Sprau*, § 833 Rn. 10.

7 BGHZ 161, 170, 175 f.
8 Siehe *Peifer*, Nomos-Lehrbuch Schuldrecht: Gesetzliche Schuldverhältnisse, 7. Aufl. (2023), § 8 Rn. 23, § 9 Rn. 3.
9 Siehe *Weiler*, Nomos-Lehrbuch Schuldrecht: Allgemeiner Teil, 7. Aufl. (2024), § 13 Rn. 7.

lediglich einen Vorteil – nämlich das Eigentum am Geldschein – erlangt. Außer Acht kann bleiben, ob S infolge der Übereignung seinen Vermächtnisanspruch gegen E aus § 2174 BGB verliert. Denn hierfür ist keinesfalls die Übereignung allein entscheidend. Ob sie zum Erlöschen des Anspruchs geführt hat, hängt vielmehr von Wertungen im Rahmen von § 362 Abs. 1 BGB ab, und dabei wird der Minderjährigenschutz berücksichtigt. Die Einzelheiten gehören ins Schuldrecht. ◂

20 Schwieriger sind diejenigen Fälle, in denen ein Rechtsgeschäft zu Nachteilen für den Minderjährigen führt, bei deren Ausgestaltung der Minderjährigenschutz nicht berücksichtigt wird. Die mit dem Grundeigentum verbundenen **öffentlichen Lasten** (z.B. Grundsteuer) bleiben nach allgemeiner Meinung im Rahmen von § 107 BGB außer Betracht. Der BGH[10] hat das mit dem typischerweise ganz unerheblichen Gefährdungspotential gewöhnlicher öffentlicher Lasten[11] begründet. Sie seien wirtschaftlich derart unbedeutend, dass sie eine Verweigerung der Zustimmung des gesetzlichen Vertreters nicht rechtfertigen könnten, und deshalb wäre es reiner Formalismus, eine solche Zustimmung zu verlangen. Eine unzulässige wirtschaftliche Betrachtung liegt hierin nach Ansicht des BGH nicht. Denn dass das Gesetz auf die rechtliche statt auf die wirtschaftliche Nachteiligkeit des Geschäfts abstelle, beruhe auf Gründen der Rechtssicherheit. Diese werde aber nicht beeinträchtigt, wenn lediglich eine geschlossene, klar abgegrenzte Gruppe von Rechtsnachteilen ausgesondert werde, die nach ihrer abstrakten Natur typischerweise keine Gefährdung mit sich bringe.

Privatrechtliche Pflichten, die den Minderjährigen als Folge des Eigentumserwerbs treffen, sind dagegen zu berücksichtigen. So ist die Übereignung eines vermieteten Grundstücks an den beschränkt Geschäftsfähigen für diesen rechtlich nicht nur vorteilhaft; denn nach § 566 Abs. 1 BGB tritt er mit dem Eigentumserwerb in die Pflichten aus dem Mietverhältnis ein.[12] Rechtlich nicht lediglich vorteilhaft ist auch die Übertragung von Wohnungseigentum an den beschränkt Geschäftsfähigen, weil er dadurch in die Gemeinschaft der Wohnungseigentümer und die damit verknüpften Verpflichtungen eintritt (§§ 10 ff. WEG).[13] Dagegen soll der Erwerb eines Miteigentumsanteils an einem nicht vermieteten oder verpachteten Grundstück für den Minderjährigen rechtlich lediglich vorteilhaft sein, obwohl der Minderjährige nach § 748 BGB gegenüber den anderen Miteigentümern verpflichtet ist, die Lasten des gemeinschaftlichen Grundstücks und die Kosten der Erhaltung, Verwaltung und gemeinschaftlichen Benutzung nach dem Verhältnis seines Miteigentumsanteils zu tragen. Der BGH begründet dies mit dem gegenüber dem Eintritt in eine Wohnungseigentümergemeinschaft geringeren Gefährdungspotential und damit, das seien mittelbare Folgen, die bei der Beurteilung außer Betracht bleiben müssten.[14] Der Beschluss ist ein weiterer – bedenklicher – Schritt hin zu einer nicht rechtlichen, sondern wirtschaftlichen Betrachtung und setzt sich in Widerspruch zu einer früheren Entscheidung, in der der BGH festgestellt hat, dass es nicht darauf ankommen könne, ob der Nachteil eine unmittelbare oder eine mittelbare Folge des dinglichen Erwerbsgeschäfts sei[15] (siehe auch Rn. 17).

---

10 BGHZ 161, 170, 177 ff. Kritisch *Schmitt*, NJW 2005, 1090, 1092 f. Ablehnend *Röthel/Krackhardt*, Jura 2006, 161, 163 f.
11 Wie außerordentliche Grundstückslasten (z.B. Erschließungsbeiträge) zu behandeln sind, hat der BGH offengelassen.
12 BGHZ 162, 137, 140. A.A. *Jerschke*, DNotZ 1982, 459, 470 ff.
13 BGHZ 187, 119 Rn. 5 ff.
14 BGH NJW 2024, 1957 Rn. 12 ff.
15 BGHZ 162, 137, 141.

Die Übereignung einer **dinglich belasteten Sache** an einen beschränkt Geschäftsfähigen ist rechtlich lediglich vorteilhaft, wenn die dingliche Belastung nicht zu einer Haftung des beschränkt Geschäftsfähigen mit seinem sonstigen Vermögen führen kann, sondern allenfalls dazu, dass er infolge der Belastung die betreffende Sache verliert und damit genauso steht wie vor der Übereignung. So berechtigen Hypothek und Grundschuld nach §§ 1113 Abs. 1, 1191 Abs. 1 BGB nur zu einer Zahlung „aus dem Grundstück". Der Gläubiger kann also nur in das Grundstück, nicht aber in das sonstige Vermögen des Eigentümers vollstrecken (vgl. §§ 1147, 1192 Abs. 1 BGB). Ebenso liegt es bei einem Pfandrecht an einer beweglichen Sache (§§ 1204 Abs. 1, 1228 Abs. 1 BGB). Der Erwerb des Eigentums an einem mit einer Hypothek oder Grundschuld belasteten Grundstück oder an einer mit einem Mobiliarpfandrecht belasteten Sache ist daher rechtlich lediglich vorteilhaft. Anders liegt es dagegen normalerweise beim Erwerb eines mit einer Reallast belasteten Grundstücks, weil der Eigentümer nach § 1108 Abs. 1 BGB für die während der Dauer seines Eigentums fällig werdenden Leistungen auch persönlich haftet, soweit nicht ein anderes bestimmt ist.

cc) Rechtlich neutrale Geschäfte

§ 107 BGB bezieht sich nach seinem Wortlaut auf rechtlich lediglich vorteilhafte Geschäfte. Diesen gleichzustellen sind **rechtlich neutrale Geschäfte**, die dem beschränkt Geschäftsfähigen weder einen rechtlichen Vorteil noch einen rechtlichen Nachteil bringen, denn auch insofern bedarf er keines Schutzes. Das zeigt § 165 BGB, nach dem ein beschränkt Geschäftsfähiger als Stellvertreter eines anderen tätig werden kann, also Geschäfte vornehmen kann, aus denen nicht er selbst, sondern der Vertretene berechtigt und verpflichtet wird (§ 164 Abs. 1 S. 1 BGB). Ein rechtlich neutrales Geschäft ist etwa die Leistungsbestimmung nach § 317 BGB.

Umstritten ist, ob ein beschränkt Geschäftsfähiger einem **gutgläubigen Erwerber** nach §§ 929, 932 BGB das Eigentum an einer fremden Sache verschaffen kann (siehe § 4 Rn. 3). Voraussetzung hierfür ist eine wirksame dingliche Einigung. Die hierauf gerichtete Willenserklärung ist für den beschränkt Geschäftsfähigen rechtlich neutral, da er durch die Übereignung einer fremden Sache nichts verliert. Zwar setzt er sich möglicherweise Schadensersatzansprüchen und Bereicherungsansprüchen aus, doch ist das im Rahmen von § 107 BGB ohne Belang, da der beschränkt Geschäftsfähige durch die Ausgestaltung dieser Ansprüche hinreichend geschützt wird (siehe Rn. 18). Unter dem Aspekt des Minderjährigenschutzes steht der Wirksamkeit der Übereignung also nichts entgegen. Zum Tragen kommt m.E. aber ein anderer, sachenrechtlicher Aspekt: Wäre der beschränkt Geschäftsfähige Eigentümer der Sache, wie es der gutgläubige Erwerber annimmt, wäre die dingliche Einigung und damit die Übereignung ohne Zustimmung des gesetzlichen Vertreters nicht wirksam, weil die Übereignung für den beschränkt Geschäftsfähigen rechtlich nachteilig wäre. Die Möglichkeit gutgläubigen Erwerbs würde also dazu führen, dass die Übereignung nur wegen der fehlenden Berechtigung des beschränkt geschäftsfähigen Veräußerers wirksam wäre. Dieses Ergebnis lässt sich mit dem Sinn des gutgläubigen Erwerbs, Verkehrsteilnehmer zu schützen, die an das Eigentum des Veräußerers glauben, nicht rechtfertigen; denn der gutgläubige Erwerber würde bessergestellt, als wenn seine Vorstellung wahr wäre. Ein gutgläubiger Erwerb muss daher in solchen Fällen m.E. ausscheiden – nicht zum Zweck des Minderjährigenschutzes, sondern weil die „Enteignung" des Eigentümers zugunsten des gutgläubigen Erwerbers nicht gerechtfertigt ist (str.).[16]

b) Einwilligung des gesetzlichen Vertreters

22a Nach § 107 BGB kann ein beschränkt Geschäftsfähiger mit Einwilligung des gesetzlichen Vertreters eine Willenserklärung abgeben, die für ihn rechtlich nachteilig ist.

aa) Allgemeines zur Einwilligung

23 Die Einwilligung ist einer der beiden Unterfälle der Zustimmung, und zwar nach der Legaldefinition des § 183 S. 1 BGB die **vorherige Zustimmung**. Die nachträgliche Zustimmung nennt man dagegen Genehmigung (§ 184 Abs. 1 BGB).

Die Einwilligung erfolgt durch eine empfangsbedürftige Willenserklärung. Für sie gelten daher die allgemeinen Vorschriften über Willenserklärungen; so kann die Einwilligung etwa auch konkludent erfolgen und setzt Geschäftsfähigkeit voraus. **Subjektiv** setzt die Einwilligung das Bewusstsein voraus, dass das Geschäft, dem zugestimmt wird, ohne die Einwilligung nicht oder nicht sicher wirksam wäre. Meint der Zustimmende, seine Billigung des Geschäfts sei rechtlich irrelevant, fehlt ihm das Erklärungsbewusstsein (siehe § 2 Rn. 4 und § 19 Rn. 24 f.).

Wird der beschränkt Geschäftsfähige durch seine Eltern gesetzlich vertreten, müssen gemäß § 1629 Abs. 1 S. 2 Hs. 1 BGB **beide Eltern** zustimmen (siehe Rn. 8).

▶ **Fall 5:** Um ohne gesonderte Berechnung ein neues Smartphone zu bekommen, will die 17-jährige M einen langfristigen Netzkartenvertrag schließen. Ihr Vater ist einverstanden, doch als die Mutter davon hört, widerspricht sie, weil sie der Auffassung ist, M solle nur vorausbezahlte Telefonkarten verwenden, um die Telefonkosten besser im Griff zu behalten. M kann die auf den Vertragsschluss gerichtete Willenserklärung nicht abgeben. ◀

24 Nach § 182 Abs. 2 BGB ist die Zustimmung auch zu **formbedürftigen Geschäften** formlos möglich. Dies ist äußerst bedenklich, weil dadurch die Zwecke der Formvorschriften (siehe § 8 Rn. 1) gefährdet werden können. So wird etwa die von einer Formvorschrift bezweckte Warnung häufig ins Leere laufen, wenn nur der – nicht hinreichend einsichtsfähige – beschränkt Geschäftsfähige die Form wahrt und dadurch gewarnt wird, nicht aber der gesetzliche Vertreter. Die Begründung, die der Gesetzgeber für die Regelung des § 182 Abs. 2 BGB gegeben hat, ist denn auch wenig überzeugend: Unterläge die Zustimmung stets der für das zustimmungsbedürftige Rechtsgeschäft geltenden Form, wäre sie auch dann formbedürftig, wenn der konkrete Formzweck dies nicht gebiete. Mache man aber die Formbedürftigkeit der Zustimmung vom Zweck der Form des konkreten zustimmungsbedürftigen Geschäfts abhängig, führe das zu nicht unerheblichen Schwierigkeiten bei der Rechtsanwendung.[17] Man mag diesen Erwägungen nicht zustimmen, aber sie zeigen eindeutig, dass der Gesetzgeber das Problem gesehen und sich bewusst dafür entschieden hat, lieber den Formzweck preiszugeben als den Rechtsverkehr durch eine generelle Formbedürftigkeit der Zustimmung zu belasten. Daran ist der Rechtsanwender nach herrschender und m.E. richtiger Ansicht gebunden.[18] Eine Ausnahme wird nur erwogen, wenn die Einwilligung entge-

---

16 Ebenso *Medicus/Petersen*, Rn. 568. **A.A.** *Bork*, Rn. 1008; *Neuner*, § 34 Rn. 34.
17 Protokolle I, S. 178.
18 BGHZ 125, 218, 222 f. (zur Genehmigung). **A.A.** *Medicus/Petersen*, Rn. 1017.

gen § 183 S. 1 BGB unwiderruflich ist, weil sie dann das formbedürftige Geschäft vorwegnimmt, ohne dass – wie bei der Genehmigung – dessen Inhalt schon notwendig feststeht.[19]

▶ **Hintergrund:** Sie begegnen hier nach dem Konflikt zwischen dem Schutz der Privatautonomie und dem Schutz des Rechtsverkehrs (siehe § 2 Rn. 8) einem **zweiten Grundkonflikt**, der den Alltag des Juristen bestimmt: demjenigen zwischen der **Bindung des Rechtsanwenders an das Gesetz** und dem Wunsch, ein anderes, von ihm **als besser empfundenes Ergebnis** zu erzielen. Dieser Konflikt stellt sich immer dann in voller Schärfe, wenn sich das geschriebene Gesetz – wie hier – wegen seines eindeutigen Wortlauts und des dokumentierten Willens des Gesetzgebers (der freilich nicht voreilig mit dem Inhalt irgendwelcher vorbereitender Gesetzesmaterialien gleichgesetzt werden darf) nicht im gewünschten Sinn auslegen lässt. Die Bindung an das geschriebene Gesetz ist letztlich Ausfluss des Gewaltenteilungsprinzips (Art. 20 Abs. 2 S. 2 GG) und kann daher nur dann mithilfe einer gesetzesübersteigenden Rechtsfortbildung zurückgestellt werden, wenn andere, ebenfalls verfassungsrechtlich verankerte Wertungen dies gebieten. Zu denken ist dabei insbesondere an das Willkürverbot des Art. 3 GG.

Letztlich wird es vom **Vorverständnis** des einzelnen Rechtsanwenders abhängen, wo genau er die Grenze zwischen der Respektierung des Wortlauts des Gesetzes und des Willens des historischen Gesetzgebers einerseits und der Vermeidung von als nicht tragbar empfundenen Ergebnissen andererseits zieht. Meines Erachtens besteht heute eine bedenkliche Tendenz, sich im Zweifel über das geschriebene Gesetz hinwegzusetzen. ◀

Nach § 182 Abs. 1 BGB kann die Zustimmung zu einem Vertrag oder einem einseitigen Rechtsgeschäft, das gegenüber einem anderen vorzunehmen ist, **sowohl dem einen als auch dem anderen Teil gegenüber** erklärt werden, also im Fall des § 107 BGB sowohl gegenüber dem beschränkt Geschäftsfähigen als auch gegenüber seinem Vertragspartner oder dem Adressaten des einseitigen Rechtsgeschäfts.

▶ **Beispiele:** Der beschränkt geschäftsfähige M will mit V einen Kaufvertrag schließen. Sein gesetzlicher Vertreter kann die Einwilligung hierzu sowohl gegenüber M als auch gegenüber V erklären.

Der beschränkt geschäftsfähige M hat im Versandhandel bei V ein Paar Schuhe gekauft und will widerrufen (§§ 312g Abs. 1 Alt. 2, 355 BGB). Wiederum kann der gesetzliche Vertreter die Einwilligung in den Widerruf sowohl gegenüber M als auch gegenüber V erklären. ◀

▶ **Begriffe: Einseitige Rechtsgeschäfte** sind Rechtsgeschäfte, die ihrer Art nach nur *einer* Willenserklärung bedürfen. Diese Willenserklärung kann empfangsbedürftig sein (wie es § 182 Abs. 1 BGB voraussetzt) oder nicht. Einseitige Rechtsgeschäfte, die mithilfe einer empfangsbedürftigen Willenserklärung vorgenommen werden, sind z.B. die Kündigung und die Anfechtung (§ 143 Abs. 1 BGB) eines Vertrags, der Rücktritt vom Vertrag (§ 349 BGB) und die Zustimmung nach §§ 182 ff. BGB. Beispiele für einseitige Rechtsgeschäfte, die mithilfe einer nicht empfangsbedürftigen Willenserklärung vorgenommen werden, sind die Auslobung (§ 657 BGB), die Eigentumsaufgabe (§ 959 BGB) und letztwillige Verfügungen in einem Testament (§ 2247 BGB). An der Einseitigkeit eines Rechtsgeschäfts ändert sich nichts, wenn es im konkreten Fall von mehreren gemeinsam vorgenommen wird, etwa weil Eheleute eine Wohnung gemeinsam gemietet haben und sie deshalb auch gemeinsam kündigen müssen.

---

[19] BGH NJW 1998, 1482, 1484.

Zwei- und mehrseitige Rechtsgeschäfte sind Rechtsgeschäfte, die ihrer Art nach mehrerer Willenserklärungen bedürfen. Sind diese Willenserklärungen nicht parallel gerichtet, sondern korrespondieren (Beispiel: K: „Ich kaufe." V: „Ich verkaufe."), spricht man von einem **Vertrag**. An ihm können zwei oder (z.B. bei Gesellschaftsverträgen) mehr Personen beteiligt sein. Bei Rechtsgeschäften, die der Willensbildung eines Organs oder einer Organisation dienen (= **Beschlüssen**), sind die Willenserklärungen dagegen parallel gerichtet (Beispiel: A: „Ich stimme der Änderung der Satzung des Fußballvereins zu." B: „Ich stimme der Änderung der Satzung des Fußballvereins zu." usw.).[20] Eine Besonderheit liegt darin, dass Beschlüsse nicht zwangsläufig einstimmig erfolgen müssen, sondern auch Entscheidungen nach dem Mehrheitsprinzip möglich sind, dass aber alle an den Beschluss gebunden sind.

Häufig liest man von **„einseitigen Willenserklärungen"**. Zwei- oder mehrseitige Willenserklärungen gibt es jedoch gar nicht. Der Begriff „einseitige Willenserklärung" ist daher verfehlt. ◄

28 Die Einwilligung ist nach § 183 S. 1 BGB bis zur Vornahme des Rechtsgeschäfts **widerruflich**, soweit sich nicht aus dem ihrer Erteilung zugrunde liegenden Rechtsverhältnis etwas anderes ergibt. Bei der Einwilligung des gesetzlichen Vertreters zu einem Rechtsgeschäft des beschränkt Geschäftsfähigen wird ein Ausschluss der Widerruflichkeit (etwa wegen eines Verzichts des gesetzlichen Vertreters auf die Widerrufsmöglichkeit) kaum je in Betracht kommen. Der Widerruf erfolgt durch eine empfangsbedürftige Willenserklärung und kann – ebenso wie die Einwilligung – sowohl dem beschränkt Geschäftsfähigen als auch dem anderen Teil gegenüber erklärt werden (§ 183 S. 2 BGB). Probleme können sich ergeben, wenn die Einwilligung dem anderen Teil gegenüber erklärt, aber dem beschränkt Geschäftsfähigen gegenüber widerrufen wird. Nimmt der beschränkt Geschäftsfähige dann das Rechtsgeschäft trotzdem vor, vertraut der andere Teil wegen der vermeintlichen Einwilligung zu Unrecht auf die Wirksamkeit des Geschäfts. Hier werden zugunsten des anderen Teils §§ 170–173 BGB, die das entsprechende Problem bei der Vollmacht lösen, analog angewandt (siehe dazu § 24 Rn. 22 ff.).

bb) Die Einwilligung nach § 107 BGB

29 Die Einwilligung nach § 107 BGB kann sich entweder auf ein spezielles Rechtsgeschäft beziehen oder einen bestimmten Kreis von zunächst noch nicht individualisierbaren Rechtsgeschäften umfassen.

▶ **Beispiel:** Die 16-jährige M unternimmt mit Erlaubnis ihrer Eltern eine zweiwöchige Radtour durch Deutschland. Die Eltern haben hier in alle Rechtsgeschäfte eingewilligt, die diese Radtour mit sich bringt, also in den Kauf von Lebensmitteln, das Essen im Restaurant, Verträge über eventuell erforderliche Fahrradreparaturen usw. Die Einzelheiten sind eine Frage der Auslegung, ob also M beispielsweise nur in Jugendherbergen oder auch in Pensionen und auf Campingplätzen übernachten darf. ◄

cc) Die Einwilligung durch Überlassung von Mitteln nach § 110 BGB

30 Einen Sonderfall der Einwilligung regelt § 110 BGB, der häufig – nicht exakt – „Taschengeldparagraf" genannt wird: Ein vom beschränkt Geschäftsfähigen ohne Zustimmung des gesetzlichen Vertreters geschlossener Vertrag gilt als von Anfang an wirk-

---

20 *Ernst*, Festschrift Leenen (2012), S. 1 ff. sieht Beschlüsse nicht als mehrseitige Rechtsgeschäfte an, sondern als Rechtsakte des Verbandsorgans, die durch die Beschlussfeststellung Geltung erlangen.

sam, wenn der beschränkt Geschäftsfähige die vertragsmäßige Leistung mit Mitteln bewirkt, die ihm zu diesem Zweck oder zur freien Verfügung vom gesetzlichen Vertreter oder mit dessen Zustimmung von einem Dritten überlassen wurden.

Die Formulierung „ohne Zustimmung" ist dabei äußerst unglücklich, weil sie suggeriert, § 110 BGB unterscheide sich wesensmäßig von § 107 BGB. In Wirklichkeit ist § 110 BGB nur ein Unterfall des § 107 BGB (str.).[21] Die Besonderheit liegt darin, dass die Einwilligung durch Überlassung von Mitteln erteilt wird und – vor allem – dass der Vertrag nur wirksam wird, wenn der beschränkt Geschäftsfähige die ihm obliegende Leistung mit den überlassenen Mitteln bewirkt hat. Das gleiche Ergebnis könnte man im Rahmen von § 107 BGB erreichen, indem man die Zustimmung unter die aufschiebende Bedingung der Leistungsbewirkung stellt (§ 158 Abs. 1 BGB).

Der Unterschied zwischen der Einwilligung nach § 107 BGB und der Einwilligung nach § 110 BGB liegt also darin, dass es erstere dem beschränkt Geschäftsfähigen ermöglicht, sich zu verschulden, letztere nicht. 31

▶ **Fall 6:** Die zwölfjährige M erhält von ihren Eltern 25 €, damit sie davon zum Friseur gehen kann.

Das Handeln der Eltern kann hier sowohl eine Einwilligung nach § 107 BGB darstellen als auch eine Einwilligung nach § 110 BGB. Falls ein Fall des § 107 BGB vorliegt, ist der Vertrag zwischen M und dem Friseur in dem Augenblick wirksam, in dem M und der Friseur entsprechende Willenserklärungen ausgetauscht haben, also spätestens zu Beginn des Haarschnitts. Ist dagegen § 110 BGB einschlägig, wird der Vertrag erst dann (rückwirkend) wirksam, wenn M die ihr obliegende Leistung bewirkt, also den Haarschnitt bezahlt. Der Unterschied wird deutlich, wenn M die 25 € auf dem Weg zum Friseur verliert oder für etwas anderes ausgibt. Wenn die Eltern nach § 107 BGB eingewilligt haben, kann M trotzdem mit dem Friseur einen wirksamen Vertrag schließen, der sie zur Bezahlung des Haarschnitts verpflichtet; M kann also Schulden machen. Bei einer Einwilligung nach § 110 BGB ist das dagegen ausgeschlossen: Da M das Geld nicht hat, kann sie die vertragsmäßige Leistung nicht bewirken, und deshalb wird der Vertrag und damit die Verpflichtung der M nicht wirksam. M muss lediglich nach §§ 812 Abs. 1 S. 1 Alt. 1, 818 Abs. 2 BGB den Wert des an ihr vorgenommenen Haarschnitts ersetzen. ◀

Ob in der Überlassung von Mitteln eine Einwilligung nach § 107 BGB oder eine solche nach § 110 BGB liegt, ist eine Frage der **Auslegung**. Maßgeblich ist also prinzipiell der objektive Empfängerhorizont (§§ 133, 157 BGB) des beschränkt Geschäftsfähigen oder des Dritten, je nachdem, wem gegenüber die Einwilligung erteilt wird (§ 182 Abs. 1 BGB). Da eine Einwilligung nach § 110 BGB für den Minderjährigen wesentlich sicherer ist, weil sie ihm keine Verschuldung ermöglicht, ist im Zweifel eine Einwilligung nach § 110 BGB anzunehmen. Als Einwilligung nach § 107 BGB ist die Überlassung von Mitteln nur zu verstehen, wenn diese zu einem Zweck eingesetzt werden sollen, der nach dem Willen des gesetzlichen Vertreters auf jeden Fall erreicht werden muss, also auch z.B. dann, wenn die überlassenen Mittel verloren gehen. Zu denken ist

---

21 *Bork*, Rn. 1021; Erman/*Müller*, § 110 Rn. 1; Grüneberg/*Ellenberger*, § 110 Rn. 1; *Neuner*, § 34 Rn. 42 f.; Staudinger/*Klumpp*, § 110 Rn. 7 ff. Nach **a.A.** wird der schuldrechtliche Vertrag durch seine Erfüllung von Gesetzes wegen wirksam: BeckOGK-BGB/*Duden* (1.5.2024), § 110 Rn. 4 ff.; *Leenen/Häublein*, § 9 Rn. 51 ff.; Medicus/*Petersen*, Rn. 579; *Rodi*, Die Rechtsnatur des § 110 BGB (2021), passim; Soergel/*Gössl*, § 110 Rn. 2 f. Der Streit ist weitgehend ohne praktische Bedeutung.

beispielsweise an den Kauf von Schulbüchern oder einen aus Sicht der Eltern dringend gebotenen Haarschnitt.

32 Der **Umfang der Einwilligung** ist bei § 110 BGB ebenso Auslegungssache wie bei § 107 BGB. Die Mittel können für einen ganz bestimmten Zweck (z.b. den Kauf eines bestimmten Buchs in einem bestimmten Laden), für einen vom Minderjährigen zu konkretisierenden Zweck (z.b. den Kauf irgendeines Buchs von Erich Kästner in einer beliebigen Buchhandlung) oder zur freien Verfügung (wie normalerweise das Taschengeld) überlassen werden. „Freie Verfügung" umfasst dabei nicht jedes beliebige Rechtsgeschäft, sondern es ist Auslegungssache, wie frei die freie Verfügung ist. Wenn die Mittelüberlassung – wie in aller Regel – gegenüber dem beschränkt Geschäftsfähigen erfolgt, kommt es also auf seinen Empfängerhorizont an, und dabei sind alle ihm bekannten Werte, Erziehungsziele usw. der Eltern zu berücksichtigen. Je nachdem kann alles von Bier bis zum „Playboy" erfasst oder umgekehrt schon eine Hip-Hop-CD als „Schundmusik" ausgeschlossen sein.

33 Wie der Wortlaut des § 110 BGB klarstellt, ist die **Herkunft der Mittel** unerheblich. Die Einwilligung muss aber auf jeden Fall vom gesetzlichen Vertreter erteilt werden, auch wenn die Mittel aus anderer Quelle stammen. Schenkt also die Tante ihrer Nichte 50 € zum zehnten Geburtstag, kann das Kind das Geld nur dann für Geschäfte i.S.v. § 110 BGB einsetzen, wenn die Eltern einverstanden sind.

„Mittel" i.S.v. § 110 BGB müssen nicht notwendig Geld sein. So können die Eltern ihrem Kind z.b. auch erlauben, die Briefmarken aus seiner Sammlung im Rahmen von Geschäften nach § 110 BGB zu tauschen oder zu verkaufen. Eine Frage der Auslegung ist, ob Gegenstände, die der Minderjährige aus Geschäften nach § 110 BGB erwirbt, ihrerseits zur freien Verfügung überlassen sind, ob der Minderjährige sie also für weitere Geschäfte nach § 110 BGB einsetzen kann. Das wird man im Zweifel annehmen, wenn die Mittel für den Erwerb zur „freien Verfügung" überlassen waren, nicht dagegen, wenn sie gerade für den Erwerb des konkreten Gegenstands überlassen waren. Auf jeden Fall kann der gesetzliche Vertreter die in der Überlassung von Mitteln liegende Einwilligung gemäß § 183 BGB widerrufen, solange der Minderjährige von den Mitteln noch keinen Gebrauch gemacht hat.

▶ **Fall 7 (nach RGZ 74, 234 ff.):** Ein 17-Jähriger kauft sich (im Jahr 1910) von seinem Taschengeld in Höhe von wöchentlich 3 Mark ein Lotterielos und gewinnt damit 4.000 Mark. Von diesem Gewinn erwirbt er für 3.200 Mark ein Kraftfahrzeug, das er bar bezahlt.

Man kann die Überlassung von 3 Mark pro Woche zur freien Verfügung nicht so auslegen, dass auch der Lotteriegewinn in vielfacher Höhe zur freien Verfügung überlassen sein sollte. Insbesondere kann man – wie das Reichsgericht ausführte – nicht annehmen, dass der Vater[22] mit der Verwendung „zum Ankaufe eines Kraftfahrzeuges und zum Betriebe eines kostspieligen, auch sittliche Gefahren aller Art mit sich bringenden Sports" – gemeint war das Autofahren – einverstanden war. ◀

Umstritten ist, ob auch Zeit ein Mittel i.S.v. § 110 BGB sein kann, ob die Norm also – zumindest analog – anzuwenden ist, wenn der beschränkt Geschäftsfähige sich ohne Wissen seines gesetzlichen Vertreters zu einer Tätigkeit verpflichtet und diese Ver-

---

[22] Gesetzlicher Vertreter war damals allein der Vater. Die Mutter wurde erst 1980 (!) zur gleichberechtigten Gesamtvertreterin.

pflichtung dann in seiner Freizeit erfüllt. Die h.M. verneint dies.[23] Meines Erachtens ist der Zweck der Norm jedoch auch in diesem Fall einschlägig: Sie soll dem beschränkt Geschäftsfähigen, der ohne Wissen seines gesetzlichen Vertreters einen bestimmten Vertrag geschlossen hat, einen Anspruch auf die Gegenleistung oder einen Rechtsgrund für deren Behaltendürfen gewähren, wenn er die ihm obliegende Leistung schon erbracht hat und deswegen keiner Verpflichtung ausgesetzt wird. Voraussetzung ist lediglich, dass er seine Leistung auf eine vom gesetzlichen Vertreter gebilligte Weise (nämlich mit entsprechenden Mitteln) erbracht hat. Insbesondere verhindert § 110 BGB, dass sich der Vertragspartner durch Widerruf gemäß § 109 BGB nach Belieben von einem derartigen Vertrag lösen kann, indem er der Genehmigung des gesetzlichen Vertreters zuvorkommt. Dieser Zweck ist unabhängig davon einschlägig, welcher Art die Leistung des beschränkt Geschäftsfähigen ist. Bei nicht-gegenständlichen Leistungen des beschränkt Geschäftsfähigen scheint ein Fortdauern der schwebenden Unwirksamkeit mit Widerrufsmöglichkeit des Dritten eher noch unangemessener als bei gegenständlichen Leistungen, weil dabei eine Rückgewähr der vom beschränkt Geschäftsfähigen erbrachten Leistung in Natur von vornherein ausgeschlossen ist.[24] § 110 BGB ist daher auf nicht-gegenständliche Leistungen wie Dienstleistungen analog anzuwenden.[25]

Wirksam wird der Vertrag nach § 110 BGB, wenn der beschränkt Geschäftsfähige die vertragsmäßige Leistung mit den überlassenen Mitteln „bewirkt". Er muss also alles getan haben, wozu er nach dem Vertrag verpflichtet ist; durch das Wirksamwerden des Vertrags darf kein Erfüllungsanspruch gegen ihn entstehen. Ist der beschränkt Geschäftsfähige aufgrund des Vertrags zu mehreren Leistungen verpflichtet (z.B. Ratenzahlungen), wird der Vertrag erst wirksam, wenn auch die letzte dieser Leistungen bewirkt ist. Zuvor kann bei entsprechender Teilbarkeit beider vertraglicher Leistungen allenfalls Teilwirksamkeit im Umfang der vom Minderjährigen schon erbrachten Teilleistung vorliegen. Ob das der Fall ist, richtet sich nach § 139 BGB (siehe § 12).

34

Die Bewirkung der dem Minderjährigen obliegenden Leistung erfordert in aller Regel ein **wirksames Verfügungsgeschäft**, insbesondere die Übereignung von Geld. Die Wirksamkeit dieses Verfügungsgeschäfts ist ihrerseits nach §§ 106 ff. BGB zu beurteilen. § 110 BGB ist auf Verfügungsgeschäfte nicht anwendbar, weil es bei diesen keine vertragsmäßige Leistung gibt, die der beschränkt Geschäftsfähige bewirken kann. In der Überlassung der Mittel liegt aber eine Einwilligung gemäß § 107 BGB zur Vornahme des Verfügungsgeschäfts.[26] Diese Einwilligung muss jedoch m.E. unter Berücksichtigung des Verpflichtungsgeschäfts ausgelegt werden, das gemäß § 110 BGB durch das Verfügungsgeschäft wirksam werden soll. Zwar gebietet das Abstraktionsprinzip, Verpflichtungs- und Verfügungsgeschäft zu trennen. Es steht dem gesetzlichen Vertreter aber frei, seine Einwilligung in das Verfügungsgeschäft inhaltlich im Hinblick auf das Verpflichtungsgeschäft zu beschränken, und es wäre extrem lebensfremd, dies nicht anzunehmen. Der gesetzliche Vertreter wird in aller Regel mit dem Verfügungsgeschäft

---

23 BeckOK-BGB/*Wendtland* (1.5.2024), § 110 Rn. 11; Erman/*Müller*, § 110 Rn. 4; MüKoBGB/*Spickhoff*, § 110 Rn. 22 f.; Soergel/*Gössl*, § 110 Rn. 11; Staudinger/*Klumpp*, § 110 Rn. 22.
24 Die Lehre vom fehlerhaften Arbeitsverhältnis (siehe dazu Krause, Nomos-Lehrbuch Arbeitsrecht, 4. Aufl. [2020], § 6 Rn. 26 ff.) vermag den beschränkt Geschäftsfähigen zwar bei Arbeitsverträgen zu schützen, es ist jedoch sehr fraglich, ob sie bei anderen Dienstverträgen herangezogen werden kann. Siehe Staudinger/*Latzel*, Neubearb. 2022, § 611 Rn. 70 ff.
25 Grüneberg/*Ellenberger*, § 110 Rn. 3; *Rodi*, Die Rechtsnatur des § 110 BGB (2021), S. 108 ff.
26 Leenen/*Häublein*, § 9 Rn. 37 f., 55 f.

nicht schlechthin, sondern nur im Hinblick auf das Verpflichtungsgeschäft einverstanden sein, zu dem die überlassenen Mittel eingesetzt werden sollen. Eine Einwilligung in das Verfügungsgeschäft ist daher m.E. nur anzunehmen, wenn durch das Verfügungsgeschäft gemäß § 110 BGB ein Verpflichtungsgeschäft wirksam wird, das von der Einwilligung nach § 110 BGB gedeckt ist.

▶ **Fall 8:** Der 13-jährige M kauft sich bei V einen „Playboy" und zahlt mit Münzen von seinem Taschengeld. Er weiß, dass seine Eltern mit dem Kauf des „Playboy" keinesfalls einverstanden wären.

Der Kaufvertrag über die Zeitschrift kann hier nicht nach § 110 BGB wirksam werden, weil sein Abschluss nicht von der in der Überlassung des Taschengelds liegenden Einwilligung gedeckt ist. Da die Zahlung des M nicht zu einem wirksamen Vertrag führte, kann nicht angenommen werden, dass die Eltern gemäß § 107 BGB mit der Übereignung der Münzen an V einverstanden waren, denn die Wirksamkeit der Übereignung brächte M ausschließlich Nachteile. ◀

▶ **Fall 9:** Die 17-jährige M kauft von ihrer 18-jährigen Freundin F ein gebrauchtes iPhone für 80 €. 50 € zahlt sie sofort mit einem Schein von ihrem Taschengeld, den Rest verspricht sie in zwei Wochen zu zahlen.

Der Kaufvertrag über das iPhone ist (noch) nicht nach § 110 BGB wirksam, da M ihre Leistung noch nicht vollständig erbracht hat. Deshalb kann nicht angenommen werden, dass die Eltern schon mit der Übereignung des 50 €-Scheins an F einverstanden waren, da diese vor Wirksamkeit des Kaufvertrags ausschließlich zu einem Rechtsverlust der M führen würde. Eine Einwilligung der Eltern in die Übereignung kann erst dann angenommen werden, wenn diese Übereignung zur Wirksamkeit des Kaufvertrags führt, also sobald M die ihr obliegende Leistung mit den überlassenen Mitteln vollständig bewirkt. Rechtstechnisch kann das erreicht werden, indem die Einwilligung zur dinglichen Einigung gemäß § 158 Abs. 1 BGB dadurch aufschiebend bedingt wird, dass alle zur Bewirkung der Leistung der M erforderlichen Handlungen vorgenommen wurden. ◀

▶ **Hinweis zur Klausurtechnik:** Da im Fall einer Einwilligung nach § 110 BGB der Vertrag zunächst ohne die erforderliche Einwilligung des gesetzlichen Vertreters geschlossen wird und – wenn überhaupt – erst später durch die Leistungsbewirkung wirksam wird, ist § 110 BGB im Rahmen des Klausuraufbaus an einer ganz anderen Stelle zu prüfen als § 107 BGB. Siehe dazu unten Rn. 40. ◀

4. Wirksamwerden von Willenserklärungen gegenüber beschränkt Geschäftsfähigen

35 Das Wirksamwerden von Willenserklärungen gegenüber beschränkt Geschäftsfähigen ist in § 131 Abs. 2 BGB geregelt. Dieser bezieht sich nicht auf den Fall, dass eine Willenserklärung, die dem Minderjährigen gegenüber wirken soll, unmittelbar gegenüber dem gesetzlichen Vertreter abgegeben wird. Denn dann stellt sich das Problem des Wirksamwerdens durch Zugang an den Minderjährigen gar nicht; es handelt sich um einen einfachen Fall der passiven Stellvertretung (§ 164 Abs. 1 und 3 BGB, siehe § 22 Rn. 4). Es geht vielmehr um Erklärungen, die **gegenüber dem beschränkt Geschäftsfähigen abgegeben** werden, also an ihn selbst gerichtet sind.

36 Die Voraussetzungen des Wirksamwerdens ähneln denen für die Abgabe einer Willenserklärung durch beschränkt Geschäftsfähige:

§ 16 Geschäftsfähigkeit

Soweit der beschränkt Geschäftsfähige gemäß §§ 112, 113 BGB voll geschäftsfähig ist (siehe Rn. 14), wird eine Willenserklärung durch Zugang an ihn selbst wirksam, und § 131 Abs. 2 BGB kommt nicht zur Anwendung.

Bringt die Erklärung dem beschränkt Geschäftsfähigen **rechtlich lediglich einen Vorteil**, genügt es nach § 131 Abs. 2 S. 2 Alt. 1 BGB, dass sie dem beschränkt Geschäftsfähigen zugeht. Denn dann droht ihm kein Verlust, wenn er die rechtlichen Folgen der Erklärung nicht begreift und nicht dementsprechend handelt. Wie im Rahmen von § 107 BGB sind den rechtlich lediglich vorteilhaften Erklärungen die rechtlich neutralen gleichzustellen (siehe Rn. 22). Rechtlich nur einen Vorteil bringt dem beschränkt Geschäftsfähigen namentlich das Wirksamwerden eines ihm gegenüber abgegebenen **Vertragsantrags**, und zwar unabhängig vom Inhalt dieses Vertragsantrags. Denn durch dieses Wirksamwerden erweitert sich lediglich der Handlungsspielraum des beschränkt Geschäftsfähigen; gebunden wird er in keiner Weise: Wenn er will, kann er (gegebenenfalls unter Mitwirkung des gesetzlichen Vertreters) den Antrag annehmen, er muss es aber nicht. Will er nicht, kann er einfach untätig bleiben (vgl. § 146 Alt. 2 BGB). Differenzieren muss man dagegen bei **Annahmeerklärungen**, da sie unmittelbar zum Entstehen einer vertraglichen Bindung führen können: Wenn kein wirksamer Antrag des beschränkt Geschäftsfähigen vorliegt (insbesondere, weil die Voraussetzungen des § 107 BGB nicht erfüllt sind), kann durch das Wirksamwerden der Annahme kein wirksamer Vertrag zustande kommen, und deshalb bringt dieses Wirksamwerden dem beschränkt Geschäftsfähigen keinesfalls einen rechtlichen Nachteil. Die Annahme wird daher nach § 131 Abs. 2 S. 2 Alt. 1 BGB dadurch wirksam, dass sie dem beschränkt Geschäftsfähigen zugeht. Legt dagegen ein wirksamer Antrag des beschränkt Geschäftsfähigen oder seines gesetzlichen Vertreters vor, führt das Wirksamwerden der Annahme unmittelbar zum Entstehen der vertraglichen Bindung. Ob es dem beschränkt Geschäftsfähigen einen rechtlichen Nachteil bringt, hängt vom Vertragsinhalt ab; siehe insofern Rn. 14a ff.

Nach § 131 Abs. 2 S. 2 Alt. 2 BGB kann ein beschränkt Geschäftsfähiger ihm gegenüber abgegebene Willenserklärungen auch dann wirksam in Empfang nehmen, wenn der gesetzliche Vertreter **eingewilligt** hat. Im Fall der Eltern ist nach § 1629 Abs. 1 S. 2 Hs. 1 BGB die Einwilligung beider Elternteile erforderlich. Die Einwilligung – also die vorherige Zustimmung (§ 183 S. 1 BGB) – muss sich auf den Empfang der Erklärung durch den beschränkt Geschäftsfähigen beziehen. Falls nicht besondere Anhaltspunkte vorliegen, ist anzunehmen, dass eine Einwilligung des gesetzlichen Vertreters zum Abschluss eines Vertrags sich nicht nur auf die Abgabe der Willenserklärung des beschränkt Geschäftsfähigen bezieht, sondern auch auf den Empfang der Annahme des Vertragspartners durch den beschränkt Geschäftsfähigen, normalerweise dagegen nicht auf den Empfang von Erklärungen im Rahmen der Abwicklung des Vertrags (etwa einer Kündigung gegenüber dem beschränkt Geschäftsfähigen).

Bringt das Wirksamwerden der Willenserklärung dem beschränkt Geschäftsfähigen einen rechtlichen Nachteil und hat auch der gesetzliche Vertreter nicht in den Empfang durch den beschränkt Geschäftsfähigen eingewilligt, wird die Erklärung nur wirksam, wenn sie **dem gesetzlichen Vertreter zugeht** (§ 131 Abs. 1 und Abs. 2 S. 1 BGB). Der Zugang an den gesetzlichen Vertreter führt dazu, dass die Erklärung nach § 164 Abs. 1 und 3 BGB für und gegen den beschränkt Geschäftsfähigen wirkt; es handelt sich um einen normalen Fall **passiver Stellvertretung** (siehe § 22 Rn. 4). Wird das Kind durch die Eltern gesetzlich vertreten, genügt der Empfang durch einen Elternteil (§ 1629

Abs. 1 S. 2 Hs. 2 BGB). Gewisse Probleme bereitet die Tatsache, dass nach h.M. eine Willenserklärung nur dann wirksam wird, wenn sie auch gegenüber demjenigen, dem sie zugeht, abgegeben wurde (siehe § 2 Rn. 29). Würde also beispielsweise eine Kündigung an den Minderjährigen adressiert, würde sie auch dann nicht wirksam, wenn der gesetzliche Vertreter von ihr Kenntnis erlangt, etwa, weil er den Brief aus dem Briefkasten der Familienwohnung nimmt und öffnet oder weil ihm der Minderjährige den Brief zeigt; die Möglichkeit, dem Empfang durch den beschränkt Geschäftsfähigen nachträglich zuzustimmen, sieht § 131 Abs. 2 BGB nicht vor. Die h.M. nimmt denn auch an, dass in diesem Fall die Erklärung nicht wirksam wird.[27] Das ist lebensfremd und wenig interessengerecht. Schon dem Text des § 131 Abs. 1 BGB kann man das Gegenteil entnehmen, da er ausdrücklich davon spricht, dass eine gegenüber dem Minderjährigen abgegebene Willenserklärung durch Zugang an den gesetzlichen Vertreter wirksam wird. Meines Erachtens ist dies Ausfluss eines allgemeinen Grundsatzes, nach dem mangels anderer Anzeichen (etwa der Adressierung „persönlich") anzunehmen ist, dass eine Erklärung nicht nur gegenüber dem genannten Empfänger, sondern stets gleichzeitig gegenüber dessen Empfangsvertretern abgegeben wird (siehe § 27 Rn. 7 ff.).[28]

▶ **Hinweis zur Klausurtechnik:** Achten Sie auf korrekte Formulierungen: Wenn die Voraussetzungen von § 131 Abs. 2 S. 2 BGB nicht vorliegen, führt das nicht dazu, dass die Willenserklärung dem beschränkt Geschäftsfähigen nicht „zugegangen" ist oder „der Zugang an ihn nicht wirksam" ist. § 131 BGB regelt nicht die Voraussetzungen des Zugangs, sondern betrifft die Frage, wem die Willenserklärung zugehen muss, um wirksam zu werden. Wenn die Voraussetzungen des § 131 Abs. 2 S. 2 BGB nicht vorliegen, geht die Willenserklärung daher zwar dem beschränkt Geschäftsfähigen zu, sie wird aber durch diesen Zugang nicht wirksam. Richtig muss es daher heißen: „Weil das Wirksamwerden der Willenserklärung des X der M rechtlich nicht lediglich einen Vorteil bringt und die Eltern der M auch nicht in den Empfang dieser Willenserklärung durch M eingewilligt haben, ist die Erklärung durch den Zugang an M nicht wirksam geworden." ◀

5. Verträge ohne die erforderliche Einwilligung des gesetzlichen Vertreters

a) Regelungstechnik

39 Den Fall, dass ein beschränkt Geschäftsfähiger einen Vertrag ohne die erforderliche Einwilligung des gesetzlichen Vertreters schließt, regelt § 108 BGB. Durch das Wort „erforderlich" wird dabei klargestellt, dass § 108 BGB für Verträge, die dem beschränkt Geschäftsfähigen rechtlich lediglich einen Vorteil bringen, nicht gilt; denn diese sind schon nach §§ 107, 131 Abs. 2 S. 2 Alt. 1 BGB wirksam.

Zwischen §§ 107, 131 Abs. 2 BGB und §§ 108, 110 BGB liegt ein gewisser Bruch in der Regelungstechnik des Gesetzes: In §§ 107, 131 Abs. 2 BGB regelt das Gesetz das Schicksal der einzelnen **Willenserklärung**.[29] Sofern die Einwilligung des gesetzlichen Vertreters zum Vertragsschluss vorliegt oder der Vertrag dem beschränkt Geschäftsfähigen rechtlich nur einen Vorteil bringt oder für ihn rechtlich neutral ist, ist der Ver-

---

27 BAG NJW 2011, 872 Rn. 21 ff.; BeckOK-BGB/*Wendtland* (1.5.2024), § 131 Rn. 4; Erman/*A. Arnold*, § 131 Rn. 3; Grüneberg/*Ellenberger*, § 131 Rn. 2; *Wertenbruch*, JuS 2020, 481, 482. **A.A.** BeckOGK-BGB/*Gomille* (1.9.2022), § 131 Rn. 10.1; *Boemke/Schönfelder*, JuS 2013, 7, 9; *Neuner*, § 34 Rn. 11, 59; Soergel/*Riesenhuber*, § 131 Rn. 7; Staudinger/*Singer/Benedict*, § 131 Rn. 3.
28 Siehe NK-BGB/*Faust*, § 130 Rn. 21.
29 **A.A.** *Leenen/Häublein*, § 6 Rn. 124 ff., § 9 Rn. 25 ff.

§ 16 Geschäftsfähigkeit

trag wirksam, weil der beschränkt Geschäftsfähige selbständig sowohl seine Willenserklärung abgeben (§ 107 BGB) als auch die Willenserklärung des Vertragspartners in Empfang nehmen (§ 131 Abs. 2 S. 2 BGB) kann. Sofern aber keine Einwilligung vorliegt und der Vertrag dem beschränkt Geschäftsfähigen einen rechtlichen Nachteil bringt, stellt das Gesetz nicht mehr auf die einzelnen Willenserklärungen ab, sondern beschäftigt sich in § 108 BGB und § 110 BGB allein mit der Wirksamkeit des **Vertrags**. §§ 108, 110 BGB überbrücken dabei nicht nur einen Mangel der Willenserklärung des beschränkt Geschäftsfähigen, der darauf beruht, dass die Voraussetzungen des § 107 BGB nicht erfüllt sind. Sie überbrücken auch einen eventuellen Mangel der Willenserklärung des Vertragspartners, der darauf beruht, dass die Voraussetzungen des § 131 Abs. 2 BGB nicht vorliegen.

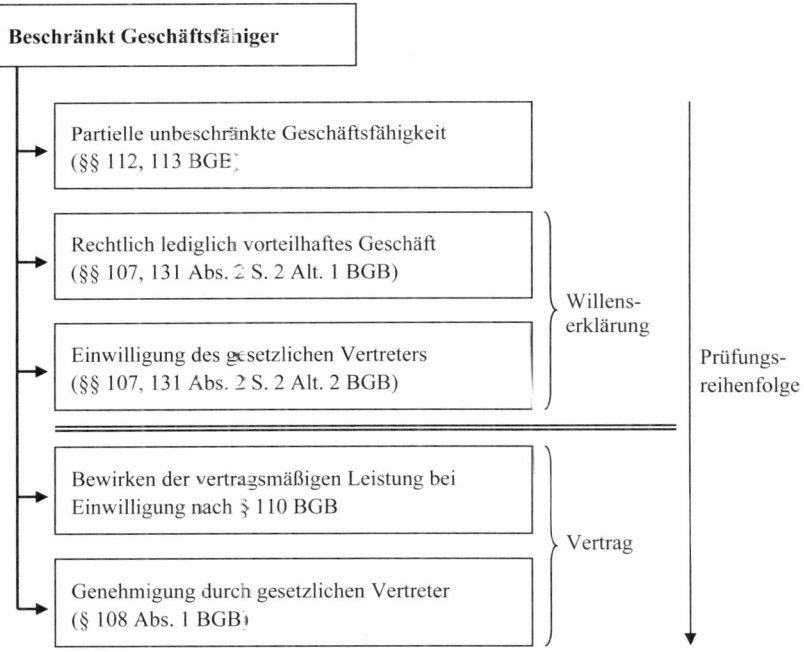

▶ **Hinweis zur Klausurtechnik:** In der Klausur bringt der Bruch zwischen §§ 107, 131 Abs. 2 BGB einerseits und §§ 108, 110 BGB andererseits nicht unerhebliche **Aufbauschwierigkeiten** mit sich.

Ein Problem liegt darin, dass § 107 BGB keine Rechtsfolge für den Fall anordnet, dass die erforderliche Einwilligung des gesetzlichen Vertreters fehlt. Sie dürfen deshalb nicht formulieren, dass die Willenserklärung des beschränkt Geschäftsfähigen „nach § 107 BGB nicht wirksam" ist. Besser ist: „Der beschränkt Geschäftsfähige hätte für seine Willenserklärung daher nach § 107 BGB der Einwilligung seiner Eltern (§ 1629 Abs. 1 S. 2 Hs. 1 BGB) bedurft. Da diese nicht vorlag, konnte die Willenserklärung nicht zu einem wirksamen Vertragsschluss führen." Entsprechend sollten Sie auch den Obersatz formulieren, mit dem Sie in die Prüfung „einsteigen".

§ 16 E. Rechts- und Geschäftsfähigkeit

Wenn Sie als erste Willenserklärung diejenige des beschränkt Geschäftsfähigen prüfen und feststellen, dass die Voraussetzungen des § 107 BGB nicht vorliegen, können Sie nicht einfach zu § 108 BGB oder § 110 BGB übergehen – denn beide setzen ja voraus, dass ein Vertragsschluss erfolgt ist, und dafür ist auch eine Willenserklärung des Vertragspartners erforderlich. Sie müssen also, bevor Sie auf § 108 BGB oder § 110 BGB eingehen, unbedingt die Willenserklärung des Vertragspartners (und dabei die Probleme des § 131 Abs. 2 BGB) erörtern.

Problematisch ist ferner, dass die Wirksamkeit der Willenserklärung des Vertragspartners davon abhängen kann, ob diese der Antrag oder die Annahme ist (siehe Rn. 36), dies aber oft – insbesondere bei mündlichem Vertragsschluss – aus dem Aufgabentext nicht hervorgehen wird. Es empfiehlt sich folgendes Vorgehen:

- Hat der Vertragspartner des beschränkt Geschäftsfähigen den Antrag abgegeben, prüft man am besten zunächst diesen Antrag, der – unabhängig von seinem Inhalt – nach § 131 Abs. 2 S. 2 Alt. 1 BGB dadurch wirksam werden konnte, dass er dem beschränkt Geschäftsfähigen zuging. Die Wirksamkeit des Vertrags hängt dann von der Willenserklärung des beschränkt Geschäftsfähigen ab. Liegen in Bezug auf sie die Voraussetzungen des § 107 BGB nicht vor, kann man unmittelbar zur Prüfung von §§ 108, 110 BGB (in Bezug auf den Vertrag) übergehen.

- Hat der beschränkt Geschäftsfähige den Antrag abgegeben oder ist nicht klar, welche Partei den Antrag abgegeben hat, beginnt man mit der Prüfung der Willenserklärung des beschränkt Geschäftsfähigen.

  - Wenn im Hinblick auf diese Willenserklärung die Voraussetzungen des § 107 BGB nicht vorliegen, ist der Vertrag ursprünglich auf keinen Fall wirksam. Das Wirksamwerden der Willenserklärung des Vertragspartners kann deshalb nicht zu einem rechtlichen Nachteil für den beschränkt Geschäftsfähigen führen, unabhängig davon, ob diese Willenserklärung der Antrag oder die Annahme ist. Nach § 131 Abs. 2 S. 2 Alt. 1 BGB genügt daher auf jeden Fall der Empfang dieser Willenserklärung durch den beschränkt Geschäftsfähigen. Ob der Vertrag später wirksam wird, richtet sich nach §§ 108, 110 BGB. Formulierungsvorschlag: „Es liegt also eine Willenserklärung des M vor, die auf den Abschluss eines Kaufvertrags mit V gerichtet ist, aber wegen der beschränkten Geschäftsfähigkeit des M keinen wirksamen Vertragsschluss herbeiführen konnte. Der Kaufvertrag könnte aber nach § 108 BGB oder § 110 BGB wirksam geworden sein. Dies erfordert zunächst eine korrespondierende Willenserklärung der V. [Erörtern Sie nun, ob eine solche Willenserklärung vorliegt.] Für das Wirksamwerden dieser Willenserklärung genügte nach § 131 Abs. 2 S. 2 Alt. 1 BGB, dass sie dem M zuging. Da nämlich der Vertrag ohnehin wegen der von M abgegebenen Willenserklärung ursprünglich nicht wirksam war, konnte ein Wirksamwerden der Willenserklärung der V dem M keinesfalls einen rechtlichen Nachteil bringen ..."

  - Wenn die Voraussetzungen des § 107 BGB im Hinblick auf die Willenserklärung des beschränkt Geschäftsfähigen vorliegen, muss man, nachdem man dies festgestellt hat, prüfen, ob die Willenserklärung des Vertragspartners nach § 131 Abs. 2 BGB wirksam wurde. Das wird in aller Regel der Fall sein, weil § 107 BGB und § 131 Abs. 2 S. 2 BGB dieselben Voraussetzungen aufstellen. Auch der Vertrag ist dann wirksam. Möglich ist aber, dass der gesetzliche Vertreter in die Abgabe der Willenserklärung durch den beschränkt Geschäftsfähigen eingewilligt hat (oder selbst eine nach § 164 Abs. 1 BGB für den beschränkt Geschäftsfähigen wirkende Willenserklärung abgegeben hat), dagegen keine Einwilligung im Hinblick auf den Empfang der Willenserklärung

§ 16 Geschäftsfähigkeit

des Vertragspartners durch den beschränkt Geschäftsfähigen erteilt hat. Der Vertrag ist dann zunächst nicht wirksam, kann aber nach §§ 108, 110 BGB wirksam werden. Diese Vorschriften können unmittelbar im Anschluss an § 131 Abs. 2 BGB geprüft werden. ◄

b) Genehmigung

Nach § 108 Abs. 1 BGB hängt die Wirksamkeit eines Vertrags, den der beschränkt Geschäftsfähige ohne die erforderliche Einwilligung des gesetzlichen Vertreters geschlossen hat, von dessen Genehmigung ab. Man nennt einen derartigen Vertrag „schwebend unwirksam": „unwirksam", weil er nicht wirksam ist, und „schwebend", weil er durch die Genehmigung noch wirksam werden kann.

41

Für die Genehmigung – also die nachträgliche Zustimmung (§ 184 Abs. 1 BGB) – gelten die allgemeinen Vorschriften über die Zustimmung in § 182 Abs. 1 und 2 BGB; siehe dazu Rn. 23–26. Soweit nicht ein anderes bestimmt ist, wirkt die Genehmigung nach § 184 Abs. 1 BGB auf den Zeitpunkt der Vornahme des Rechtsgeschäfts zurück, also ex tunc. § 184 Abs. 2 BGB schränkt diese Rückwirkung in Bezug auf Verfügungen ein. Eine „andere Bestimmung" muss nach h.M. in dem Rechtsgeschäft enthalten sein, das genehmigt wird, und kann nicht einseitig vom Genehmigenden getroffen werden.

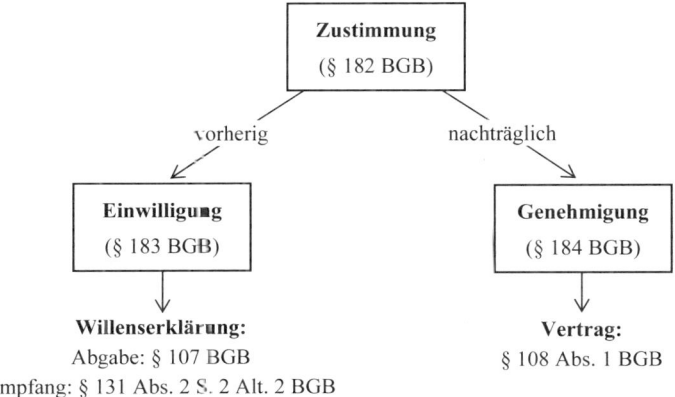

Die Genehmigung muss sich **inhaltlich mit dem genehmigungsbedürftigen Rechtsgeschäft decken**. Maßgeblich hierfür ist – wie bei allen Willenserklärungen – prinzipiell die Auslegung nach dem objektiven Empfängerhorizont (§§ 133, 157 BGB, siehe § 2 Rn. 8 ff.). Manche Autoren machen hiervon eine Ausnahme, wenn die inhaltliche Diskrepanz darauf beruht, dass der beschränkt Geschäftsfähige den gesetzlichen Vertreter unrichtig über den Inhalt des Geschäfts informiert hat.[30] Meines Erachtens besteht dazu keinerlei Anlass.[31]

42

▶ **Fall 10:** Die 15-jährige M kauft ohne Wissen und Einwilligung ihrer Eltern von ihrem 18-jährigen Freund F ein Notebook für 2.200 €. Da sie befürchtet, die Eltern seien mit dem Kauf eines so teuren Geräts nicht einverstanden, gibt sie ihnen gegenüber den Kaufpreis

---

30 *Flume*, § 13 7d bb, S. 200 f.; *Medicus/Petersen*, Rn. 575.
31 So auch *Bork*, Rn. 1028; *Neuner*, § 34 Rn. 57 f.

mit 1.700 € an. Die Eltern erklären ihr daraufhin, mit dem Geschäft einverstanden zu sein. Es liegt keine wirksame Genehmigung vor, da M, der gegenüber die Genehmigung erklärt wurde (§ 182 Abs. 1 BGB), sie so verstehen musste, dass sie sich auf einen Kauf für 1.700 € bezog (§§ 133, 157 BGB). Die Genehmigung deckt sich daher inhaltlich nicht mit dem Vertrag.

Hätten die Eltern dagegen den F angerufen und ihm gesagt, sie seien mit „dem Kaufvertrag über das Notebook" einverstanden, kommt es auf den objektiven Empfängerhorizont des F an, da er Erklärungsempfänger ist. F kann das Einverständnis der Eltern nur so verstehen, dass es sich auf den tatsächlich geschlossenen Vertrag, also auf einen Preis von 2.200 € bezieht. Nach der hier vertretenen Auffassung ist die Genehmigung daher wirksam, kann aber wegen Inhaltsirrtums nach § 119 Abs. 1 Alt. 1 BGB angefochten werden (dazu § 19 Rn. 3). Nach der Gegenauffassung ist die Genehmigung mangels Übereinstimmung mit dem Kaufvertrag unwirksam. ◄

43 Zuständig für die Genehmigung ist der **gesetzliche Vertreter** (siehe Rn. 7 ff.). Wird der Minderjährige aber unbeschränkt geschäftsfähig, so ist gemäß § 108 Abs. 3 BGB er selbst zuständig. Zu beachten ist, dass nicht jede Erfüllungshandlung des volljährig Gewordenen als Genehmigung ausgelegt werden kann. Denn die Genehmigung setzt das Bewusstsein voraus, dass der Vertrag möglicherweise nicht wirksam ist; sonst fehlt es am Erklärungsbewusstsein (vgl. Rn. 23).

44 Der Schwebezustand kann nicht nur durch die Genehmigung beendet werden, sondern auch durch ihre **Verweigerung**. Auch sie kann entweder gegenüber dem beschränkt Geschäftsfähigen oder gegenüber dem Vertragspartner erklärt werden (§ 182 Abs. 1 BGB). Durch die Verweigerung wird der Vertrag endgültig unwirksam, eine spätere Genehmigung (etwa nach § 108 Abs. 3 BGB) kann keine Wirkung entfalten (zur Ausnahme siehe Rn. 46).

c) Der Schutz des Vertragspartners

45 Die schwebende Unwirksamkeit des Vertrags bringt für den Vertragspartner des beschränkt Geschäftsfähigen erhebliche **Unsicherheit** mit sich: Er weiß weder, ob er letztlich seine eigene Leistung erbringen wird oder ob er sich darum bemühen muss, sie anderweitig zu verwerten, noch, ob er letztlich die Leistung des beschränkt Geschäftsfähigen er- oder behalten wird. Schlimmer noch: Hat der gesetzliche Vertreter nicht ihm gegenüber die Genehmigung erteilt oder verweigert, weiß der Vertragspartner nicht einmal, ob der Vertrag nun wirksam, unwirksam oder immer noch schwebend unwirksam ist, da er nicht wissen kann, ob der gesetzliche Vertreter den Schwebezustand durch Erklärung gegenüber dem beschränkt Geschäftsfähigen (§ 182 Abs. 1 BGB) beendet hat.

46 Zum Schutz des Vertragspartners bedient sich das Gesetz dreier verschiedener Mittel:

Vor der Unwissenheit über den Status des Vertrags schützt ihn § 108 Abs. 2 S. 1 BGB. Er kann den gesetzlichen Vertreter **zur Erklärung über die Genehmigung auffordern**. Diese Aufforderung ist eine geschäftsähnliche Handlung, auf die die Vorschriften über Willenserklärungen entsprechend anzuwenden sind (§ 2 Rn. 16). Sie hat erstens zur Folge, dass eine zuvor gegenüber dem beschränkt Geschäftsfähigen erteilte Genehmigung oder Verweigerung der Genehmigung unwirksam wird (§ 108 Abs. 2 S. 1 Hs. 2 BGB); war der Vertrag also schon wirksam oder unwirksam, wird er wieder schwebend unwirksam. Und zweitens kann sich der gesetzliche Vertreter – abweichend von

§ 182 Abs. 1 BGB – nur noch gegenüber dem Vertragspartner erklären (§ 108 Abs. 2 S. 1 Hs. 1 BGB); dieser kann also sicher sein, über das Wirksam- oder Unwirksamwerden des Vertrags informiert zu werden. Jegliche Unsicherheit wird dem Vertragspartner dadurch freilich nicht abgenommen, da sich die Vorschrift nach ihrem Wortlaut und dem erklärten Willen des Gesetzgebers[32] nur auf die Genehmigung, nicht aber auf die **Einwilligung** bezieht. Eine vor Vertragsschluss dem beschränkt Geschäftsfähigen gegenüber erteilte Einwilligung wird deshalb durch die Aufforderung nach § 108 Abs. 2 S. 1 BGB nicht unwirksam. Will der Vertragspartner insofern keine Ungewissheit auf sich nehmen, muss er vor Vertragsschluss beim gesetzlichen Vertreter nachfragen oder den Vertragsschluss unterlassen.

Zweitens beschränkt § 108 Abs. 2 S. 2 BGB die Ungewissheit in zeitlicher Hinsicht: Die Aufforderung hat zur Folge, dass der Vertrag nur noch binnen **zwei Wochen** nach ihrem Zugang genehmigt werden kann. Mit Fristablauf gilt die Genehmigung als verweigert, d.h., der Vertrag wird endgültig unwirksam.

Und drittens hat der Vertragspartner während der Schwebezeit ein **Widerrufsrecht** nach § 109 BGB. Dadurch wird zwischen den Parteien „Waffengleichheit" hergestellt: Solange der beschränkt Geschäftsfähige nicht endgültig gebunden ist, soll es der Vertragspartner auch nicht sein.[33] Nur wenn der Vertragspartner bei Vertragsschluss die Minderjährigkeit gekannt hat, unterliegt das Widerrufsrecht nach § 109 Abs. 2 BGB Einschränkungen, denn dann hat er die aus der schwebenden Unwirksamkeit resultierende Ungewissheit bewusst auf sich genommen. Gemäß § 109 Abs. 1 S. 2 BGB kann der Widerruf in Abweichung von § 131 Abs. 2 BGB auch gegenüber dem beschränkt Geschäftsfähigen erklärt werden; auf den Zugang an den gesetzlichen Vertreter kommt es nicht an.

6. Einseitige Rechtsgeschäfte

Bei einseitigen Rechtsgeschäften (zum Begriff siehe Rn. 27) eines beschränkt Geschäftsfähigen ist die **Schutzbedürftigkeit des Erklärungsempfängers** besonders hoch. Denn vor der Unsicherheit, die ein Vertrag mit einem beschränkt Geschäftsfähigen mit sich bringt, kann er sich dadurch schützen, dass er mit einem beschränkt Geschäftsfähigen nicht kontrahiert; ihm bleibt dann nur noch das Risiko, die beschränkte Geschäftsfähigkeit seines Vertragspartners nicht erkennen zu können. Eine Kündigung, ein Widerruf nach Verbraucherschutzvorschriften oder ein Rücktritt gestaltet dagegen die Rechtslage mit Wirksamwerden unmittelbar um, ohne dass der Erklärungsempfänger dies beeinflussen kann. Zweifel über die Wirksamkeit sind daher dabei besonders gravierend. Der Erklärungsempfänger wird darum durch § 111 BGB besonders geschützt.

47

Eine ähnliche Rechtsunsicherheit entsteht bei der **Annahme eines Vertragsantrags** durch einen beschränkt Geschäftsfähigen. Wenn dieser Antrag gegenüber dem beschränkt Geschäftsfähigen selbst abgegeben wurde, hat der Antragende diese Unsicherheit bewusst auf sich genommen und ist deshalb nicht schutzwürdig. Hat er den An-

---

32 Protokolle I, S. 60. Eine von Teilen der Literatur (Erman/*Müller*, § 108 Rn. 7; Grüneberg/*Ellenberger*, § 108 Rn. 7; Jauernig/*Mansel*, § 108 Rn. 3) vertretene analoge Anwendung von § 108 Abs. 2 BGB auf die Einwilligung ist deshalb abzulehnen; siehe *Albers*, AcP 217 (2017), 766, 792 ff. Paal/*Leyendecker*, JuS 2006, 25, 26.
33 Umstritten ist, ob der Vertragspartner nach einer Aufforderung gemäß § 108 Abs. 2 BGB eine angemessene Zeit warten muss, bevor er widerruft. Dafür: BeckOK-BGB/*Wendtland* (1.5.2024), § 109 Rn. 2; Grüneberg/*Ellenberger*, § 108 Rn. 6; Paal/*Leyendecker*, JuS 2006, 25, 27. Dagegen: BeckOGK-BGB/*Duden* (1.5.2024), § 109 Rn. 10; MüKoBGB/*Spickhoff*, § 109 Rn. 10; Staudinger/*Klumpp*, § 109 Rn. 12; *Wilhelm*, NJW 1992, 1666 f.

trag dagegen an den gesetzlichen Vertreter gerichtet, ist § 111 BGB analog anzuwenden.[34]

§ 111 BGB gilt für einseitige Rechtsgeschäfte, für die die Einwilligung des gesetzlichen Vertreters erforderlich ist. Keine Anwendung findet er somit auf einseitige Rechtsgeschäfte, die für den beschränkt Geschäftsfähigen rechtlich nicht nachteilig sind, weil diese nach § 107 BGB keiner Einwilligung bedürfen.

Vor der **Unsicherheit über das Bestehen einer Einwilligung** schützen § 111 S. 2 und 3 BGB den Erklärungsempfänger dadurch, dass er das Rechtsgeschäft unverzüglich – also ohne schuldhaftes Zögern (§ 121 Abs. 1 S. 1 BGB, siehe § 3 Rn. 7) – zurückweisen kann und es in diesem Fall auch dann unwirksam ist, wenn der gesetzliche Vertreter eingewilligt hatte. Nur wenn der beschränkt Geschäftsfähige die Einwilligung in schriftlicher Form vorlegt oder der gesetzliche Vertreter den Erklärungsempfänger über die Einwilligung informiert, ist die Zurückweisung ausgeschlossen, denn dann besteht für den Erklärungsempfänger keine Unsicherheit. Dabei genügt auch noch eine Vorlage oder Information nach Vornahme des einseitigen Rechtsgeschäfts, sofern die Zurückweisung noch nicht erfolgt ist.

Das Entstehen eines **Schwebezustands** schließt § 111 S. 1 BGB in Bezug auf einseitige Rechtsgeschäfte generell aus: Bei Fehlen einer Einwilligung sind sie endgültig unwirksam. Damit schießt das Gesetz allerdings etwas über das Ziel hinaus, denn im Einzelfall kann dem Erklärungsempfänger an der Wirksamkeit des einseitigen Rechtsgeschäfts gelegen sein und er kann deshalb bereit sein, um der Chance des Wirksamwerdens willen eine Schwebezeit auf sich zu nehmen. Nach h.M. ist daher § 108 BGB anzuwenden, wenn der Erklärungsempfänger damit einverstanden war, dass der beschränkt Geschäftsfähige das einseitige Rechtsgeschäft ohne Einwilligung vornahm. Rechtstechnisch lässt sich das am besten durch eine analoge Anwendung von § 180 S. 2 Alt. 2 BGB erreichen, der das Parallelproblem im Fall der Vertretung ohne Vertretungsmacht regelt. Nicht erörtert wird eine analoge Anwendung von § 180 S. 2 Alt. 1 BGB, die dazu führen würde, dass § 108 BGB schon dann gilt, wenn der Erklärungsempfänger die behauptete Einwilligung des gesetzlichen Vertreters nicht beanstandet hat. Meines Erachtens wäre es nicht angemessen, insofern im Minderjährigenrecht anders zu verfahren als im Stellvertretungsrecht.

48 Auch im Hinblick auf das Wirksamwerden eines **einseitigen Rechtsgeschäfts**, das **gegenüber dem beschränkt Geschäftsfähigen** vorgenommen wird, lässt das Gesetz keinen Schwebezustand entstehen: Bringt das Wirksamwerden dem beschränkt Geschäftsfähigen einen rechtlichen Nachteil und hat der gesetzliche Vertreter in den Zugang an den beschränkt Geschäftsfähigen nicht eingewilligt, ist das einseitige Rechtsgeschäft endgültig unwirksam, wenn ein Zugang nur an den beschränkt Geschäftsfähigen erfolgte. Eine Genehmigung sieht § 131 Abs. 2 BGB nicht vor.

III. Die Geschäftsunfähigkeit

49 Geschäftsunfähig sind nach § 104 BGB **Kinder**, die das siebte Lebensjahr noch nicht vollendet haben, und Personen, die sich in einem seiner Natur nach nicht nur vorübergehenden, die freie Willensbestimmung ausschließenden Zustand **krankhafter Störung der Geistestätigkeit** befinden. Eine vorübergehende Störung der Geistestätigkeit führt nicht zur Geschäftsunfähigkeit, sondern nach § 105 Abs. 2 BGB nur zur Nichtigkeit

---

[34] A.A. BeckOGK-BGB/*Duden* (1.5.2024), § 111 Rn. 10; Staudinger/*Klumpp*, § 111 Rn. 7.

§ 16 Geschäftsfähigkeit

abgegebener Willenserklärungen (siehe Rn. 52). Die bloße Heilbarkeit einer psychischen Störung macht diese nicht zu einer vorübergehenden. Während **lichter Intervalle** (auf Lateinisch: lucida intervalla) ist ein an sich nach § 104 Nr. 2 BGB Geschäftsunfähiger geschäftsfähig, wie sich aus der Formulierung „sich in einem Zustand befindet" ergibt.

Wenn die geistige Störung sich nur auf einen bestimmten, abstrakt zu umschreibenden Kreis von Angelegenheiten bezieht, ist der Betreffende nur im Hinblick auf diese Angelegenheiten geschäftsunfähig (**partielle Geschäftsunfähigkeit**). Die Abgrenzung muss dabei gegenständlich erfolgen, nicht nach der Schwierigkeit der Geschäfte. Partielle Geschäftsunfähigkeit wurde etwa angenommen bei Querulantenwahn für Fragen der Prozessführung und bei krankhafter Eifersucht für Fragen der Ehe.

▶ **Fall 11 (nach BGH NJW-RR 2002, 1424):** A führt innerhalb von drei Monaten über eine 0190-Rufnummer Telefonsex-Gespräche für über 50.000 €. Der BGH hat es für möglich gehalten, dass A, der als Transsexueller seine Sexualität nicht ausleben könne, von seiner Telefonsexpartnerin sowohl sexuell als auch emotional derart abhängig gewesen sei, dass er zu einer freien Willensbildung nicht mehr fähig gewesen sei und deshalb gemäß § 104 Nr. 2 BGB in Bezug auf das Anwählen von Telefonsex-Nummern partiell geschäftsunfähig gewesen sei. ◀

Willenserklärungen, die ein Geschäftsunfähiger abgibt, sind nach § 105 Abs. 1 BGB **nichtig**. An ihn gerichtete Willenserklärungen müssen nach § 131 Abs. 1 BGB dem gesetzlichen Vertreter zugehen. Ein Handeln mit Einwilligung des gesetzlichen Vertreters oder eine Genehmigung kommen nicht infrage. Auch rechtlich lediglich vorteilhafte Geschäfte kann der Geschäftsunfähige nicht vornehmen. 50

Vorsicht: §§ 107–113 BGB sprechen vom „Minderjährigen". Dies könnte zum Fehlschluss verleiten, damit seien auch Kinder unter sieben Jahren gemeint. Wie sich aus § 106 BGB ergibt, gelten §§ 107–113 BGB aber nur für beschränkt geschäftsfähige, nicht für geschäftsunfähige Minderjährige.

Eine sehr beschränkte Möglichkeit zu **eigenständigem rechtsgeschäftlichem Handeln** bietet volljährigen Geschäftsunfähigen der im Jahr 2002 ins Gesetz eingefügte § 105a BGB. Danach gilt ein von einem volljährigen Geschäftsunfähigen geschlossener Vertrag in Ansehung von Leistung und – soweit vereinbart – Gegenleistung als wirksam, sobald Leistung und Gegenleistung bewirkt sind, wenn es sich um ein Geschäft des täglichen Lebens handelt, das mit geringwertigen Mitteln bewirkt werden kann und nicht zu einer erheblichen Gefahr für Person oder Vermögen des Geschäftsunfähigen führt. 51

Geschäfte des täglichen Lebens sind etwa der Kauf von einfachen, zum baldigen Verbrauch bestimmten Nahrungsmitteln, von Zahnpasta, Zeitungen oder Textilien oder Verträge über einfache Dienstleistungen wie einen Haarschnitt, die Beförderung eines Pakets, den Eintritt in ein Museum oder die Beförderung im Personennahverkehr. Für die Geringwertigkeit der Mittel soll ein objektiver Maßstab entscheidend sein, ohne dass die finanziellen Verhältnisse des Geschäftsunfähigen berücksichtigt werden. *Lipp* schlägt vor, sich am für sozialhilfeberechtigte Heimbewohner geltenden Taschengeldsatz zu orientieren.[35] Der Vertrag gilt erst dann als wirksam, wenn die beiderseitigen Leistungen bewirkt sind. Über § 105a BGB können daher keine Erfüllungsansprüche

---

35 *Lipp*, FamRZ 2003, 721, 726.

begründet werden, sondern es wird nur die Rückforderung erbrachter Leistungen ausgeschlossen.

Die Neuregelung ist kein Ruhmesblatt des Gesetzgebers. Sie ist dogmatisch wenig schlüssig und lässt viele Fragen offen, wie gerade ein Vergleich mit § 110 BGB zeigt.[36] So ist es wenig sachgerecht, dass der Vertrag erst dann als wirksam gilt, wenn auch der Vertragspartner des Geschäftsunfähigen seine Leistung erbracht hat. Warum soll der Geschäftsunfähige, sobald er seine Leistung erbracht hat, keinen Anspruch auf Erfüllung haben? Völlig unklar bleibt das Schicksal der Verfügungsgeschäfte. Da § 105a BGB voraussetzt, dass die beiderseitigen Leistungen bewirkt sind, müssen offensichtlich die Verfügungsgeschäfte – sowohl dasjenige zugunsten als auch dasjenige zulasten des Geschäftsunfähigen – wirksam sein. Wie und wann sie wirksam werden, bleibt angesichts von §§ 105 Abs. 1, 131 Abs. 1 BGB ein Rätsel.

Sonderregeln für den Abschluss von bestimmten Verträgen zur Überlassung von Wohnraum und zur Erbringung von Pflege- oder Betreuungsleistungen, die der Bewältigung eines durch Alter, Pflegebedürftigkeit oder Behinderung bedingten Hilfebedarfs dienen, enthält § 4 Abs. 2 des 2009 erlassenen Gesetzes zur Regelung von Verträgen über Wohnraum mit Pflege- oder Betreuungsleistungen (WBVG): Der Vertrag ist trotz der Geschäftsunfähigkeit des Verbrauchers nur schwebend unwirksam; in Ansehung einer bereits bewirkten Leistung und deren Gegenleistung gilt er als wirksam geschlossen.[37] § 221 Abs. 5 des Neunten Buchs des Sozialgesetzbuchs (SGB IX) erklärt einen Werkstattvertrag, den ein volljähriger Behinderter zur Aufnahme in den Arbeitsbereich einer anerkannten Werkstatt für behinderte Menschen im Zustand der Geschäftsunfähigkeit abschließt, für wirksam in Ansehung einer bereits bewirkten Leistung und deren Gegenleistung, soweit diese in einem angemessenen Verhältnis zueinander stehen.

IV. Bewusstlosigkeit und vorübergehende Störung der Geistestätigkeit

52 Wer bewusstlos ist oder wessen Geistestätigkeit vorübergehend gestört ist, der ist **nicht geschäftsunfähig**. § 105 Abs. 2 BGB ordnet lediglich an, dass eine in diesem Zustand abgegebene Willenserklärung **nichtig** ist. Der Unterschied zur Geschäftsunfähigkeit liegt darin, dass eine Willenserklärung auch dann durch **Zugang** an den Empfänger wirksam wird, wenn er sich in einem Zustand der Bewusstlosigkeit oder vorübergehenden Störung der Geistestätigkeit befindet. Denn sonst könnte ein derartiger Zustand bewusst herbeigeführt werden, um das (fristgerechte) Wirksamwerden einer Willenserklärung zu vereiteln. Eine Kündigung, die am letzten Tag der Kündigungsfrist in den Briefkasten des Arbeitnehmers oder Mieters geworfen wird, wird also auch dann rechtzeitig wirksam, wenn sich dieser in einem Vollrausch befindet, der bis Fristablauf anhält. Das Wirksamwerden nicht gespeicherter Erklärungen wird allerdings im Fall des § 105 Abs. 2 BGB regelmäßig daran scheitern, dass die Erklärung schon nicht in den Machtbereich des Empfängers gelangt (siehe § 2 Rn. 34).

53 **Bewusstlosigkeit** ist nicht mit Ohnmacht gleichzusetzen, denn ein Ohnmächtiger kann ohnehin keine Willenserklärung abgeben. Gemeint ist vielmehr ein Zustand, der die freie Willensbestimmung ausschließt, etwa infolge von hochgradiger Trunkenheit, Rauschgift, Medikamenten, Fieberdelirium oder Hypnose.

---

36 Siehe etwa *Löhnig/Schärtl*, AcP 204 (2004), 25 ff.
37 Siehe *Wedemann*, Jura 2010, 587, 591 f.

§ 16 Geschäftsfähigkeit

Während bloß vorübergehender Störungen der Geistestätigkeit gilt § 105a BGB nach seinem Wortlaut nicht. Auch von seinem Zweck her, die Handlungsfähigkeit geistig behinderter Menschen zu erweitern, muss er bei bloß vorübergehenden Störungen nicht eingreifen. Dennoch ist nicht ganz einzusehen, warum beispielsweise die im Rahmen einer Taxifahrt erbrachten Leistungen rückabgewickelt werden sollen, wenn der Fahrgast einen Vollrausch hatte, und bestehen bleiben sollen, wenn er geschäftsunfähig war. Teilweise wird deshalb eine analoge Anwendung von § 105a BGB befürwortet.[38]

V. Zusammenfassung

	Regelungen in Bezug auf			
	die Abgabe einer Willenserklärung	den Empfang einer Willenserklärung	einen geschlossenen Vertrag	ein vorgenommenes einseitiges Rechtsgeschäft
Geschäftsunfähiger	§ 105 Abs. 1 BGB	§ 131 Abs. 1 BGB	§ 105a BGB	
Beschränkt Geschäftsfähiger	§ 107 BGB	§ 131 Abs. 2 BGB	§§ 108–110 BGB	§ 111 BGB
Vorübergehende Störung der Geistestätigkeit	§ 105 Abs. 2 BGB	§ 130 BGB		

Wiederholungs- und Vertiefungsfragen

1. M ist am 9.8.2017 um 18 Uhr geboren. An ihrem siebten Geburtstag erhält sie mit der Post einen Brief ihrer Tante T, in dem als Geburtstagsgeschenk ein 20 €-Schein steckt. Ist M Eigentümerin des Geldscheins geworden, wenn ihre Eltern von nichts wissen?
2. Der wesentlich älter aussehende 17-jährige M schließt ohne Wissen seiner Eltern mit V einen Kaufvertrag über ein Motorrad. Kann er Lieferung verlangen?
3. Sind folgende Sätze richtig oder falsch:
   a) Der Vormund eines volljährigen Geschäftsunfähigen kann einen Kredit für den Geschäftsunfähigen nur mit Genehmigung des Vormundschaftsgerichts aufnehmen.
   b) Wenn sich die Eltern in einer Angelegenheit der gesetzlichen Vertretung nicht einigen können, entscheidet das Familiengericht an ihrer Stelle.
   c) Ein Betreuer kann auch für einen Geschäftsfähigen bestellt werden.
   d) Es gibt Fälle, in denen Eltern die gesetzlichen Vertreter ihres Kindes sind und trotzdem keine Vertretungsmacht haben, für das Kind einen Mietvertrag zu kündigen.
4. Der achtjährige A kauft von seinem Taschengeld bei V ein Buch von Alfred Weidenmann. Nachdem er es gelesen hat, tauscht er es mit seinem gleichaltrigen Freund B gegen ein Buch von Anthony Buckeridge. Wer ist Eigentümer des Buchs von Weidenmann, wenn die Eltern beider Kinder nichts von alledem wissen?
5. Die 16-jährige K schließt mit dem 18-jährigen V einen Kaufvertrag über ein gebrauchtes Mofa. Die beiderseitigen Leistungen sollen zwei Wochen nach Vertragsschluss erbracht

---

[38] Z.B. Erman/*Müller*, § 105a Rn. 3; *Lipp*, FamRZ 2003, 721, 725; MüKoBGB/*Spickhoff*, § 105a Rn. 5. Dagegen etwa BeckOGK-BGB/*Schneider* (1.2.2024) § 105a Rn. 26 ff.; *Löhnig/Schärtl*, AcP 204 (2004), 25, 28; Soergel/*Gössl*, § 105a Rn. 6; Staudinger/*Klumpp*, § 105a Rn. 15.

werden. Die Eltern der K sind einverstanden, nachdem sie sich über den genauen Vertragsinhalt informiert haben. Drei Tage später ruft V die K ohne Wissen von deren Eltern an. Er brauche dringend Geld; ob K nicht sofort zahlen könne, er gebe ihr dafür bei Lieferung des Mofas noch fünf Hefte von „Auto, Motor und Sport" dazu. K stimmt zu und zahlt. Als sie zum verabredeten Zeitpunkt bei V das Mofa abholen will, weigert sich dieser, der K die Zeitschriften dazuzugeben. Kann K die Zeitschriften verlangen, ohne ihre Eltern einzuschalten?

6. Der 15-jährige M würde sich gern von seinem ersparten Geld eine Stereoanlage kaufen. Seine Eltern sind damit einverstanden, und sein Vater hebt vom Sparbuch des M 500 € ab und gibt sie ihm. Im Elektrofachgeschäft V ist die gewünschte Stereoanlage nicht vorrätig; V verspricht aber, sie für M zu beschaffen, und beide unterzeichnen einen entsprechenden Kaufvertrag. Auf dem Heimweg sieht M im Schaufenster des Warenhauses W einen Fernseher für 459 €, kauft ihn und nimmt ihn mit. Zu Hause bittet er seine Eltern, weiteres Geld vom Sparbuch zu holen, damit er die bestellte Stereoanlage bezahlen könne. Doch die Eltern lehnen ab; M solle Musik hören, nicht fernsehen. Welche Ansprüche haben M und V sowie M und W gegeneinander?

7. V hat ein Zimmer an die 17-jährige M vermietet; die Eltern der M waren einverstanden. Am Donnerstag, dem 3. Mai, erhält V eine Kündigung der M zum 31. Juli (§ 573c Abs. 1 S. 1 BGB). Was ist ihm zu raten, wenn er den Mietvertrag mit M gern fortsetzen will?

8. Was versteht man unter partieller Geschäftsunfähigkeit?

F. Willensmängel

§ 17 Der Konflikt zwischen dem Schutz der Privatautonomie und dem Verkehrsschutz

Wie in § 2 Rn. 3 ff. erläutert, unterscheidet man zwischen dem subjektiven und dem objektiven **Tatbestand einer Willenserklärung**, wobei sich der objektive Tatbestand auf den subjektiven bezieht: Der Erklärende muss den Willen haben, durch seine Erklärung unmittelbar eine Rechtsfolge herbeizuführen. Und er muss sich äußerlich auf eine Weise verhalten, die auf einen derartigen Willen schließen lässt. Probleme treten dabei immer dann auf, wenn Wille und äußeres Verhalten nicht übereinstimmen; man spricht dann von einem Willensmangel.[1] Diesbezüglich wurden vor allem vor Inkrafttreten des BGB zwei Theorien diskutiert:

Die **Willenstheorie** stellt in einem solchen Fall entscheidend auf den Willen des Erklärenden ab. Hat die Erklärung einen objektiven Inhalt, der nicht dem Willen des Erklärenden entspricht, soll zwar nicht das Gewollte gelten, denn sonst würde der Rechtsverkehr unzumutbar belastet. Doch soll eine Erklärung, deren objektiver Inhalt nicht vom Willen des Erklärenden gedeckt ist, unwirksam sein. Dadurch wird der Erklärende in weitestmöglichem Umfang vor den Folgen nicht gewollter Erklärungen geschützt und der Grundsatz der Privatautonomie betont. Der Rechtsverkehr dagegen wird erheblich beeinträchtigt, da er sich nicht darauf verlassen kann, dass das objektiv Erklärte gilt.

Die **Erklärungstheorie** betont dagegen nicht das Prinzip der Selbstbestimmung, sondern dasjenige der Selbstverantwortung. Zum Schutz des Rechtsverkehrs soll ausschließlich das objektiv Erklärte gelten, ohne Rücksicht darauf, ob der Erklärende es will oder nicht.

Das BGB hat sich schlechthin weder der Willenstheorie noch der Erklärungstheorie angeschlossen. Um einen **Ausgleich zwischen Privatautonomie und Verkehrsschutz** zu schaffen, differenziert es vielmehr nach der Art des Willensmangels und gelangt je nach dessen Schwere und der Schutzbedürftigkeit des Verkehrs zu unterschiedlichen Lösungen. Ausgangspunkt ist dabei freilich ein gewisser **Vorrang des Verkehrsschutzes**, der sich darin manifestiert, dass Willenserklärungen nach dem **objektiven Empfängerhorizont** auszulegen sind (§§ 133, 157 BGB; siehe § 2 Rn. 9 ff.).

Soweit die **Erklärung hinter dem Willen zurückbleibt**, ist der „überschießende" Wille grundsätzlich unbeachtlich, denn es wäre mit dem Schutz des Erklärungsempfängers oder – bei nicht empfangsbedürftigen Erklärungen – des Rechtsverkehrs nicht vereinbar, einem nicht nach außen hervorgetretenen Willen rechtliche Geltung zukommen zu lassen. So genügt es nach h.M. selbst für die Annahme nach § 151 BGB nicht, dass der Annehmende einen entsprechenden Willen gefasst hat, sondern es ist erforderlich, dass dieser Wille eindeutig nach außen hervorgetreten ist (§ 3 Rn. 20).

▶ **Beispiel:** K will beim Versandhaus V ein Buch und eine CD bestellen. Bei der Aufgabe ihrer Bestellung über die Webseite von V übersieht sie jedoch, dass sie nur die CD, nicht

---

1 *Kein* Willensmangel liegt nach h.M. allerdings vor, wenn der Empfänger die Willenserklärung so versteht, wie sie gemeint war, und sie deshalb aufgrund der natürlichen Auslegung in diesem Sinn gilt (siehe § 2 Rn. 12).

aber das Buch in den „Warenkorb" gelegt hat. Eine Willenserklärung in Bezug auf den Kauf des Buchs liegt nicht vor. Dass K eine solche Willenserklärung abgeben wollte, ist unerheblich. ◄

Wenn die andere Partei den überschießenden Willen des Erklärenden **erkennt**, gilt er nach herrschender – hier abgelehnter – Meinung freilich ohne Rücksicht darauf, ob er in der Erklärung zum Ausdruck gekommen ist (siehe § 2 Rn. 12).

4 Schwieriger zu lösen ist der umgekehrte Fall, in dem der **Wille des Erklärenden den objektiven Erklärungswert nicht umfasst**. Der Rechtsverkehr – bei empfangsbedürftigen Erklärungen insbesondere der Erklärungsempfänger – verlässt sich dann auf die Geltung des Erklärten. Andererseits ist es im Hinblick auf den Grundsatz der Privatautonomie problematisch, jemanden einer rechtsgeschäftlichen Bindung zu unterwerfen, die nicht von seinem Willen getragen ist. Außer dem Schutz des Erklärenden sprechen auch gesamtwirtschaftliche Erwägungen gegen eine solche Bindung, da der Preismechanismus als Grundlage eines marktwirtschaftlichen Systems nur funktioniert, wenn geschlossene Verträge die Präferenzen der Marktteilnehmer widerspiegeln (siehe § 28 Rn. 1).

Es gibt **drei unterschiedliche Mechanismen**, um das Problem der Willensmängel – oder, umgekehrt betrachtet, dasjenige des überschießenden objektiven Erklärungswerts – zu lösen:

- Der **Willensmangel** kann **unbeachtlich**, die Erklärung also entsprechend ihrem objektiven Inhalt wirksam sein. Diese Lösung gewährleistet höchstmöglichen Verkehrsschutz, führt aber zu nicht gewollten rechtsgeschäftlichen Bindungen.
- Die **Willenserklärung** kann wegen des Willensmangels **unwirksam** sein. Wollte der Erklärende gar keine rechtsgeschäftliche Erklärung abgeben, wird er auf diese Weise vollkommen geschützt. Wollte er eine rechtsgeschäftliche Erklärung mit anderem Inhalt abgeben, wird keine der Parteien bevorzugt: Es setzt sich weder das Gewollte noch das Erklärte durch. Die Position des Erklärungsempfängers kann dadurch verbessert werden, dass ihm ein Schadensersatzanspruch gegen den Erklärenden eingeräumt wird.
- Die Willenserklärung kann trotz des Willensmangels entsprechend ihrem objektiven Inhalt wirksam sein, der Erklärende kann aber die Möglichkeit haben, sie zu vernichten. Rechtstechnisches Mittel hierzu ist die **Anfechtung**, die gemäß § 142 Abs. 1 BGB zur Folge hat, dass das angefochtene Rechtsgeschäft als von Anfang an nichtig anzusehen ist. Für den Erklärenden hat das den Vorteil, dass er faktisch ein Wahlrecht erlangt, ob er die Erklärung mit ihrem objektiven Inhalt gelten lassen will oder nicht. Der Erklärungsempfänger kann dadurch geschützt werden, dass für die Anfechtung Fristen festgesetzt werden und dass ihm im Fall der Anfechtung ein Schadensersatzanspruch gewährt wird.

5 Alle drei Regelungstechniken finden im BGB Verwendung. Welche in einem konkreten Fall zur Anwendung kommt, hängt davon ab, wie groß die **Schutzwürdigkeit** der einen Partei im Vergleich zur anderen ist. Hat etwa eine Partei vorsätzlich einen nicht ihrem Willen entsprechenden Erklärungstatbestand gesetzt, ist sie nicht schutzwürdig. Umgekehrt ist der Empfänger einer Erklärung nicht oder nur vermindert schutzwürdig, wenn er den Willensmangel gekannt oder nur infolge von Fahrlässigkeit nicht gekannt hat.

§ 17 Der Konflikt zwischen dem Schutz der Privatautonomie und dem Verkehrsschutz § 17

Für die Schutzwürdigkeit des Erklärenden ist insbesondere die Art des Willensmangels relevant: Er ist erstens umso weniger schutzwürdig, je **genauer er über sein Tun Bescheid weiß**. Wenn der Erklärende objektiv etwas anderes erklärt, als er erklären will, verdient er deshalb eher Schutz, als wenn er genau dasjenige erklärt, was er erklären will, sich bei der Bildung dieses Willens aber von falschen Vorstellungen hat leiten lassen.

▶ **Beispiele:** A ruft den Hotelier H an und reserviert ein Doppelzimmer vom 10. bis 17. August. Dabei nimmt er an, dass seine Freundin, mit der er verreisen möchte, in dieser Zeit Urlaub hat; in Wirklichkeit ist ihr Urlaub aber eine Woche später. A weiß also ganz genau, welchen Inhalt die von ihm abgegebene Erklärung hat. Er hat sich nur über die Umstände geirrt, die ihn dazu veranlasst haben, eine Erklärung dieses Inhalts abgeben zu wollen. Man spricht hier von einem **Motivirrtum**.

Hätte A dagegen das Doppelzimmer in Wirklichkeit vom 10. bis 17. September reservieren wollen und sich nur versprochen, hätte der Inhalt der von ihm abgegebenen Erklärung nicht seinen Vorstellungen entsprochen. Er wäre schutzwürdiger gewesen als im ersten Fall, weil hier die Erklärung unmittelbar mit dem Willensmangel „infiziert" ist. ◀

Zweitens ist der Erklärende umso weniger schutzwürdig, je **klarer ihm ist, dass er sich im rechtlich relevanten Bereich bewegt**. Bei Mängeln des Handlungswillens[2], bei denen der Erklärende nicht einmal weiß, dass er überhaupt etwas tut, ist er deshalb schutzwürdiger als bei Mängeln des Erklärungsbewusstseins, bei denen er nur nicht weiß, dass sein Handeln eine Willenserklärung darstellt. Bei Mängeln des Erklärungsbewusstseins ist er wiederum schutzwürdiger als bei Mängeln des Geschäftswillens, bei denen ihm klar ist, dass er eine Willenserklärung abgibt, und er nur über den genauen Inhalt im Irrtum ist.

▶ **Beispiele:** Wer in Hypnose einen Brief unterschreibt, der eine rechtlich relevante Erklärung enthält (fehlender Handlungswille), ist in hohem Maße schutzwürdig, denn da er nicht einmal handeln will, kann er diese Handlung auch in Bezug auf ihren Erklärungswert nicht steuern.[3] Wer einen Brief mit einer rechtlich relevanten Erklärung in der Meinung unterschreibt, es handle sich um Glückwünsche zum Geburtstag (fehlendes Erklärungsbewusstsein), ist schon weniger schutzwürdig: Er weiß, dass er sich in einer nach außen wahrnehmbaren Weise verhält, und hat allen Grund, sich Gedanken darüber zu machen, wie dieses Verhalten von Dritten aufgefasst wird. Noch weniger schutzwürdig ist derjenige, der eine Bestellung von 50 kg Langkornreis in der Meinung unterschreibt, sie beziehe sich auf 50 kg Basmatireis (fehlender Geschäftswille): Er weiß, dass er eine Willenserklärung abgibt, die für ihn rechtliche Folgen nach sich zieht, und muss deshalb besonders sorgsam vorgehen. ◀

Eine gesetzliche Regelung, die alle Kriterien berücksichtigt, die die Schutzwürdigkeit der Beteiligten beeinflussen, wäre sehr kompliziert. Das Gesetz **pauschalisiert** deshalb sehr stark, blendet dabei allerdings nicht einzelne Kriterien völlig aus, sondern rückt manchmal das eine und manchmal das andere Kriterium in den Vordergrund. Folgendes Schaubild soll die Struktur klarer machen:

---

2 Siehe zu den drei Komponenten des rechtlich relevanten Willens § 2 Rn. 4.
3 Die Erklärung ist auf jeden Fall nach § 105 Abs. 2 BGB unwirksam; vgl. § 19 Rn. 27.

§ 17 F. Willensmängel

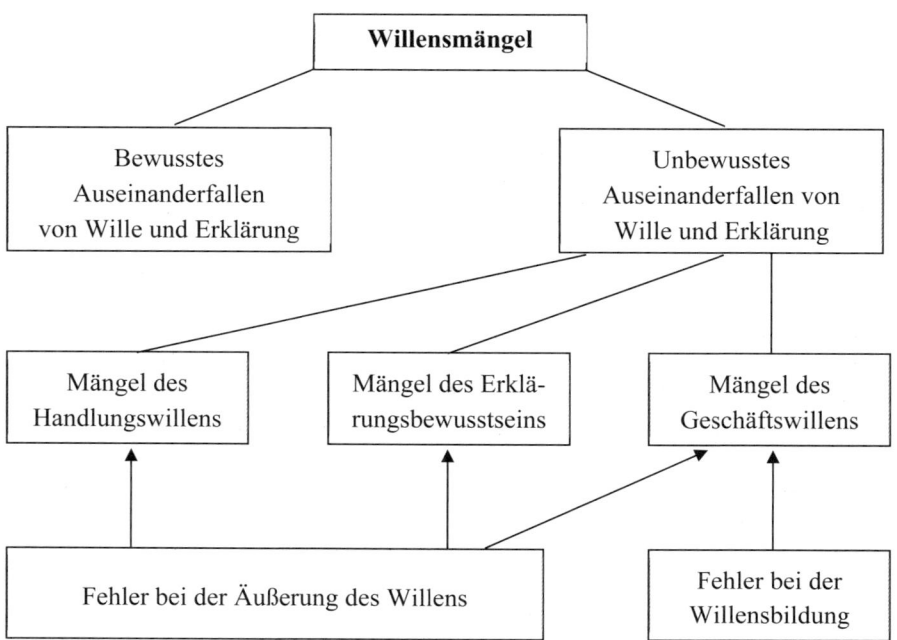

Wie das Schaubild deutlich macht, können Fehler bei der Äußerung des Willens zu einem Mangel sowohl des Handlungswillens (wenn der Betreffende gar nicht handeln will) als auch des Erklärungsbewusstseins (wenn er zwar handeln, aber keine rechtlich relevante Erklärung abgeben will) als auch des Geschäftswillens (wenn er eine rechtlich relevante Erklärung mit anderem Inhalt abgeben will) führen. Fehler bei der Willensbildung führen dagegen immer zu einem Mangel des Geschäftswillens, da der Betreffende hierbei das erklärt, was er erklären will, aber die Entscheidung zur Vornahme des betreffenden Rechtsgeschäfts fehlerhaft getroffen hat.

8 ▶ **Hinweis zur Klausurtechnik:** Bevor Sie einen Willensmangel bejahen und sich mit dessen Folgen beschäftigen, müssen Sie immer die betreffende Erklärung auslegen. Denn möglicherweise ergibt sich, dass Wille und Erklärung nur scheinbar auseinanderfallen, etwa weil der Empfänger die Erklärung aufgrund ihrer Vorgeschichte im gewollten, vom Wortlaut nicht gedeckten Sinn verstehen muss (§§ 133, 157 BGB). ◀

9 Die folgende **Darstellung** ist nach pragmatischen Erwägungen aufgebaut, damit sie leichter verständlich ist. In § 18 werden die in §§ 116–118 BGB geregelten Fälle des bewussten Auseinanderfallens von Wille und Erklärung erörtert. § 19 befasst sich mit Sachverhalten, in denen sich der Erklärende des Auseinanderfallens von Wille und Erklärung nicht bewusst ist, nämlich den in §§ 119, 120 BGB geregelten Fällen von Willensmängeln und dem Fehlen von Erklärungsbewusstsein und Handlungswillen. § 20 behandelt die Anfechtung wegen arglistiger Täuschung und widerrechtlicher Drohung. Diese beiden Fälle lassen sich gemeinsam besser darstellen, obwohl sie der Sache nach in §§ 18, 19 gehören: Bei der widerrechtlichen Drohung liegt ein bewusstes und bei der arglistigen Täuschung ein unbewusstes Auseinanderfallen von Wille und Erklärung

vor. In § 21 schließlich geht es um die Ausübung des Anfechtungsrechts und die Rechtsfolgen der Anfechtung.

Wiederholungs- und Vertiefungsfragen

Überlegen Sie sich die Schutzwürdigkeit der Parteien in folgenden Fällen und entscheiden Sie danach, ob Ihrer Ansicht nach die Willenserklärung nichtig oder anfechtbar oder der Willensmangel unbeachtlich sein sollte. Es geht dabei nicht darum, wie das BGB diese Fälle löst – das werden Sie in der folgenden Paragrafen erfahren.

a) K erklärt gegenüber V den Rücktritt von einem Kaufvertrag über einen Pkw. Sie weiß dabei nicht, dass sie das Gesetz als Folge des Rücktritts dazu verpflichtet, Nutzungsersatz für die gefahrenen Kilometer zu zahlen.

b) K macht der V einen schriftlichen Antrag zum Kauf eines Gemäldes und verschreibt sich dabei, so dass er einen Kaufpreis von 6.000 € statt – wie gewollt – 5.000 € bietet.

c) V verkauft dem K ein Gemälde von Rubens, nachdem K ihr vorgetäuscht hatte, das Bild stamme von einem unbedeutenden Maler.

d) V bietet dem K – ohne dies ernst zu meinen – an, ihm ihren Porsche für 10.000 € zu verkaufen.

e) Der Talkshowmoderator T unterschreibt einen Vertrag in der Meinung, es handle sich nur um ein Autogramm.

f) A kauft eine Geschirrspülmaschine in der Meinung, sie passe in die Lücke zwischen Kühlschrank und Herd. In Wirklichkeit ist sie einige Zentimeter zu breit.

§ 18 Bewusstes Auseinanderfallen von Wille und Erklärung

I. Geheimer Vorbehalt (§ 116 BGB)

1 § 116 BGB regelt den Fall, dass sich der Erklärende insgeheim vorbehält, das Erklärte nicht zu wollen. Der Erklärende erklärt also bewusst etwas, was er nicht will. Dabei ist es belanglos, ob er **überhaupt keine Willenserklärung** abgeben will oder ob er eine **Willenserklärung mit anderem Inhalt** abgeben will.

▶ **Beispiele:** A nimmt in Trier an einer Weinversteigerung teil und weiß, dass nach den örtlichen Gebräuchen das Heben der Hand ein um 50 € höheres Gebot bedeutet. Trotzdem winkt er einem Freund zu.

A will für einen bei einer Internetauktion angebotenen Artikel maximal 100 € zahlen. Trotzdem gibt er ein Gebot über 150 € ab, weil er die Auktion auf jeden Fall gewinnen will und denkt, der Verkäufer werde sich später notgedrungen mit der geringeren Zahlung begnügen. ◀

Eine weitere Voraussetzung des § 116 BGB ergibt sich aus dem Wort „insgeheim": Der Erklärende muss der Auffassung sein, dass der Erklärungsempfänger den geheimen Vorbehalt **nicht erkennen** wird. Sonst ist § 118 BGB einschlägig (Rn. 7). Unerheblich ist dabei, aus welchen Motiven der Erklärende handelt, ob er also etwa den Empfänger täuschen oder einen Schwerkranken beruhigen will.

2 Die Lösung derartiger Fälle ist offensichtlich: Der geheime Vorbehalt (auch „**Mentalreservation**" genannt) muss unbeachtlich sein (§ 116 S. 1 BGB). Denn einerseits vertraut der Rechtsverkehr auf die abgegebene Erklärung, und andererseits ist der Erklärende, der vorsätzlich eine nicht von seinem Willen gedeckte Erklärung abgibt, nicht schutzwürdig.

Nur im Fall des § 116 S. 2 BGB macht der Vorbehalt die Erklärung nichtig, nämlich wenn die Erklärung empfangsbedürftig ist und der Empfänger den Vorbehalt **kennt**. Denn dann ist auch der Erklärungsempfänger nicht schutzwürdig. Dadurch, dass § 116 S. 2 BGB auf positive Kenntnis des Erklärungsempfängers abstellt, modifiziert er den allgemeinen Grundsatz von der **Auslegung nach dem objektiven Empfängerhorizont**, nach dem Unwirksamkeit schon anzunehmen wäre, wenn eine vernünftige Person an der Stelle des Empfängers den geheimen Vorbehalt erkannt hätte (siehe § 2 Rn. 9 f.). Der Grund liegt auf der Hand: Gegenüber einem Empfänger, der allenfalls fahrlässig den geheimen Vorbehalt nicht erkennt, ist der vorsätzlich handelnde Erklärende nicht schutzwürdig.

II. Scheinerklärung und Scheingeschäft (§ 117 BGB)

3 Nach § 117 Abs. 1 BGB ist eine empfangsbedürftige Willenserklärung, die mit Einverständnis des Empfängers nur zum Schein abgegeben wird, nichtig. § 116 BGB ist in derartigen Fällen von vornherein nicht anwendbar, weil er voraussetzt, dass der Erklärende annimmt, der Empfänger werde die Erklärung ernst nehmen (siehe Rn. 1). Bei § 117 Abs. 1 BGB will der Erklärende dagegen im Einvernehmen mit dem Empfänger handeln, typischerweise um Dritte zu täuschen.

▶ **Beispiel:** V bietet über eBay seinen gebrauchten VW Golf mit einem Startpreis von 1 € zum Verkauf an. Als das Höchstgebot kurz vor Auktionsende bei 500 € liegt, bittet er seinen Freund F, 25.000 € zu bieten, damit er das Auto nicht zum „Schnäppchenpreis" hergeben müsse. Beide sind sich einig, dass F das Auto nicht zu diesem Betrag kaufen soll. Das Gebot des F ist gemäß § 117 Abs. 1 BGB unwirksam (und wäre im Übrigen auch nach den allgemeinen Auslegungsgrundsätzen unwirksam). Siehe auch § 3 Rn. 30. ◄

In Bezug auf das **Einverständnis** des Empfängers verlangt die h.M. eine innere Willensübereinstimmung von Erklärendem und Empfänger hinsichtlich des Scheincharakters. Diese könne nicht durch der Auslegung fähige Willenserklärungen herbeigeführt werden, sondern müsse tatsächlich vorliegen.[1] Es genügt also nicht, dass der Empfänger erkennen muss, der Erklärende wolle ein Scheingeschäft vornehmen, und der Erklärende annehmen darf, der Empfänger habe dies erkannt.[2]

Soll durch das Scheingeschäft (= simuliertes Geschäft) ein anderes Rechtsgeschäft (= dissimuliertes Geschäft) verdeckt werden, so finden nach § 117 Abs. 2 BGB die für das verdeckte Rechtsgeschäft geltenden Vorschriften Anwendung. Es ist also nach den allgemeinen Regeln zu prüfen, ob das verdeckte Rechtsgeschäft wirksam zustande gekommen ist. 4

Klassischer Fall eines Scheingeschäfts, das ein anderes Rechtsgeschäft verdeckt, ist die **Unterverbriefung beim Grundstückskauf**, bei der durch Angabe eines zu niedrigen Kaufpreises Notar- und Grundbuchkosten sowie Grunderwerbsteuern gespart werden sollen.

▶ **Fall 1:** K möchte ein Grundstück des V kaufen. Sie einigen sich auf einen Kaufpreis von 300.000 €. Um Kosten zu sparen, kommen sie überein, gegenüber dem Notar und dem Grundbuchamt nur einen Kaufpreis von 200.000 € anzugeben. So geschieht es; der Kaufvertrag wird notariell beurkundet. K zahlt an V 200.000 € und fordert Auflassung (siehe § 4 Rn. 4) des Grundstücks. V ist dazu nur gegen Zahlung von weiteren 100.000 € bereit. ◄

Hinsichtlich des **Zustandekommens des dissimulierten Geschäfts** bestehen zwei Möglichkeiten:

- Die Parteien können sich schon auf das dissimulierte Geschäft einigen, wenn sie die Vornahme des Scheingeschäfts verabreden. In FALL 1 können sich also K und V schon verbindlich auf den Verkauf des Grundstücks für 300.000 € einigen, bevor sie zum Notar gehen. Vor dem Notar wird dann kein Rechtsgeschäft mehr vorgenommen, sondern nur noch „Theater gespielt". Die vor dem Notar abgegebenen Erklärungen sind nach § 117 Abs. 1 BGB nichtig. § 117 Abs. 2 BGB ist nicht einschlägig, weil nicht „durch das Scheingeschäft ein anderes Rechtsgeschäft verdeckt" wird, sondern dieses andere Rechtsgeschäft schon vorher vorgenommen wurde.[3]

- Die Parteien können das dissimulierte Geschäft erst durch die Vornahme des Scheingeschäfts vornehmen. In FALL 1 können sich also K und V noch nicht auf den Verkauf des Grundstücks für 300.000 € einigen, bevor sie zum Notar gehen, sondern entsprechende Willenserklärungen erst vor dem Notar abgeben, freilich mit vom Gewollten (300.000 €) abweichendem Wortlaut (200.000 €). Dann liegen – auch wenn der Wortlaut von § 117 Abs. 1 und 2 BGB dies nahelegt – nicht zwei Rechtsgeschäfte vor, von denen das eine (Kauf zu 200.000 €) nach § 117 Abs. 1 BGB nichtig ist und das andere (Kauf zu 300.000 €) nach § 117 Abs. 2 den für es

---

1 BGHZ 144, 331, 333 f.; BGH NJW 2001, 1062; Staudinger/*Singer*, § 117 Rn. 7 9. Von einem bloßen „Bewusstsein des Empfängers" spricht RGZ 134, 33, 37.
2 Wenn auf der Empfängerseite Gesamtvertreter stehen, genügt allerdings nach h.M. das Einverständnis eines der Gesamtvertreter (RGZ 134, 33, 37; MüKoBGB/*Armbrüster*, § 117 Rn. 14; Staudinger/*Singer*, § 117 Rn. 8; zweifelnd *Neuner*, § 40 Rn. 16). Das ist konsequent, weil es ausreicht, dass der Erklärende die Erklärung an einen der Gesamtvertreter richtet (siehe § 26 Rn. 6).
3 *Leenen/Häublein*, § 6 Rn. 104.

geltenden Vorschriften unterliegt. Vielmehr sind die vor dem Notar abgegebenen Willenserklärungen entsprechend der vorherigen Abrede der Parteien entgegen ihrem Wortlaut auszulegen, so dass von vornherein nur ein einziger Kaufvertrag mit einem Kaufpreis von 300.000 € vorliegt.[4]

Welche von beiden Möglichkeiten im konkreten Fall einschlägig ist, hängt davon ab, ob die Parteien in demjenigen Zeitpunkt, in dem sie die Vornahme des Scheingeschäfts verabreden, schon Rechtsbindungswillen hinsichtlich des dissimulierten Geschäfts haben. Dies ist durch Auslegung zu klären. Im Zweifel ist nach der Auslegungsregel des § 154 Abs. 2 BGB anzunehmen, dass sich die Parteien erst vor dem Notar binden wollen (siehe § 8 Rn. 10). Der Stellenwert dieser Auslegungsregel ist hier freilich geringer als in ihrem normalen Anwendungsbereich: Wenn die Parteien genau das beurkunden wollen, worauf sie sich geeinigt haben, liegt es näher, dass sie sich vor der Beurkundung noch nicht binden wollen, als wenn sie – wie hier – von vornherein etwas anderes beurkunden wollen.

5 Falls das Einverständnis des Erklärungsempfängers vorliegt, führt § 117 BGB zu keinem anderen Ergebnis als die **normalen Auslegungsregeln**.

▶ In FALL 1 wollten K und V vor dem Notar keine Willenserklärungen abgeben, die auf Abschluss eines Kaufvertrags zu einem Kaufpreis von 200.000 € gerichtet waren. Vielmehr wollten sie vor dem Notar entweder – falls sie sich vorher schon verbindlich über einen Verkauf für 300.000 € geeinigt hatten – gar keine Willenserklärungen abgeben oder – falls das nicht der Fall war – Willenserklärungen, die auf einen Verkauf für 300.000 € gerichtet waren. Da jeder aufgrund der Vorgeschichte die entsprechende Intention des anderen kannte, sind die Erklärungen entsprechend auszulegen. Im Ergebnis liegt darum eine – entweder schon vor dem Notarbesuch oder während des Notarbesuchs geschlossene – Einigung über einen Verkauf zu 300.000 € vor.

Nichts anderes besagt § 117 BGB. Aus Abs. 1 folgt, dass keine Willenserklärungen vorliegen, die auf einen Verkauf zu 200.000 € gerichtet sind. Und Abs. 2 besagt, dass nach den allgemeinen Vorschriften zu beurteilen ist, ob ein Vertrag zu 300.000 € geschlossen wurde. Entsprechende Willenserklärungen haben K und V – wie ausgeführt – ausgetauscht.

Der Vertrag über einen Verkauf zu 300.000 € ist aber gemäß §§ 125 S. 1, 311b Abs. 1 S. 1 BGB nichtig, da er nicht notariell beurkundet wurde. Die notarielle Beurkundung des simulierten Vertrags (zu 200.000 €) wahrt nämlich nicht die Form hinsichtlich des dissimulierten (zu 300.000 €). Zwar kommt der Grundsatz „falsa demonstratio non nocet" nach h.M. prinzipiell auch hinsichtlich der Wahrung der vorgeschriebenen Form zur Anwendung (siehe § 8 Rn. 11). Dies gilt aber nicht bei absichtlicher Falschbeurkundung, da hierbei ein Schutz der Parteien nicht angebracht ist: Der falsa-demonstratio-Satz soll nicht die bewusste Umgehung von Formvorschriften ermöglichen. K hat also keinen Anspruch aus § 433 Abs. 1 S. 1 BGB auf Auflassung des Grundstücks, und umgekehrt kann V nicht gemäß § 433 Abs. 2 BGB Zahlung weiterer 100.000 € fordern. Vielmehr hat K die gezahlten 200.000 € ohne Rechtsgrund geleistet und kann daher nach § 812 Abs. 1 S. 1 Alt. 1 BGB Rückzahlung fordern (siehe § 6 Rn. 6). Nur wenn V das Grundstück an K auflässt, ohne dazu verpflichtet zu sein, und K als neue Eigentümerin ins Grundbuch eingetragen wird, wird der formnichtige Kaufvertrag zu 300.000 € durch Heilung gemäß § 311b Abs. 1 S. 2 BGB wirksam. Er stellt dann einen Rechtsgrund für die Zahlung der K und die Übereignung des Grundstücks dar, so dass inso-

---

4 Vgl. *Leenen/Häublein*, § 6 Rn. 102 f.

§ 18 Bewusstes Auseinanderfallen von Wille und Erklärung § 18

fern keine Rückabwicklung nach § 812 Abs. 1 S. 1 Alt. 1 BGB stattfindet. Vielmehr muss K nach § 433 Abs. 2 BGB die ausstehenden 100.000 € zahlen. ◄

§ 117 BGB ist also ohne **praktische Bedeutung**, wenn das Einverständnis des Erklärungsempfängers vorliegt. Ist dies nicht der Fall, fragt sich, ob § 117 BGB Sperrwirkung gegenüber den allgemeinen Auslegungsregeln entfaltet: Ist eine Willenserklärung, die der Erklärende in der Erwartung, der Empfänger werde dies erkennen, nur zum Schein abgibt, *nur* dann (nach § 117 Abs. 1 BGB) nichtig, wenn der Empfänger hiermit einverstanden ist, oder auch dann (nach den allgemeinen Auslegungsregeln), wenn der Empfänger wissen muss, dass der Erklärende die Erklärung nur zum Schein abgibt? Ein Grund, von den allgemeinen Auslegungsregeln abzuweichen, ist nicht ersichtlich. Im Gegenteil folgt aus § 118 BGB, dass die Erklärung ohne Rücksicht auf das Einverständnis des Empfängers nichtig ist. § 117 BGB ist damit im Grunde überflüssig. Trotzdem ist er – wie *Mittelstädt* gezeigt hat[5] – nicht sinnlos. Denn Scheingeschäfte bezwecken typischerweise, Dritte zu täuschen. Es läge daher durchaus nahe, die Parteien an dem Vorgetäuschten festzuhalten, um die darauf vertrauenden Dritten zu schützen. Die Bedeutung von § 117 BGB liegt darin, klarzustellen, dass dies nicht geschehen soll, dass also trotz der intendierten Täuschung die allgemeinen Auslegungsregeln zur Anwendung kommen, und zwar nicht nur, was das Verhältnis der Parteien untereinander anbelangt, sondern auch, was ihr Verhältnis zu Dritten anbelangt.[6]

▶ **Hinweis:** Auch wenn § 117 BGB lediglich klarstellende Bedeutung zukommt, empfiehlt es sich, in Klausuren primär unter ihn zu subsumieren, weil die meisten Korrektoren dies erwarten. Man sollte also feststellen, dass das simulierte Geschäft nach § 117 Abs. 1 BGB nicht gilt und dass das dissimulierte nach § 117 Abs. 2 BGB den allgemeinen Vorschriften unterliegt, und dann unter diese subsumieren. ◄

Keine Scheingeschäfte sind Treuhandgeschäfte und Strohmanngeschäfte, da beider Zweck die Wirksamkeit des Geschäfts voraussetzt, um einen vom rechtlichen Erfolg abweichenden wirtschaftlichen Erfolg zu erreichen. Bei **Treuhandgeschäften** wird dem Treuhänder im Außenverhältnis mehr Rechtsmacht eingeräumt, als er nach dem Innenverhältnis zum Treugeber gebrauchen darf.

▶ **Beispiel:** A bittet seinen Freund B um ein kurzfristiges Darlehen. B ist dazu nur bereit, wenn ihm A zur Sicherheit seine Briefmarkensammlung übereignet. Der Zweck des Geschäfts – die Sicherung des B – kann nur erreicht werden, wenn die Übereignung wirksam ist. B als Treuhänder darf aber nach dem Innenverhältnis zum Treugeber A mit der Briefmarkensammlung nicht nach Belieben verfahren. So darf er sie etwa nicht verwerten, solange A seinen Verpflichtungen nachkommt. ◄

Beim **Strohmanngeschäft** möchte der Hintermann nach außen nicht in Erscheinung treten und schaltet deshalb einen Strohmann ein, der für ihn nach außen handelt. Die Rechtsfolgen des vom Strohmann geschlossenen Geschäfts werden dabei im Innenverhältnis auf den Hintermann verlagert (mittelbare Stellvertretung, siehe § 22 Rn. 6).

▶ **Beispiel:** H möchte ein berühmtes Gemälde erwerben, das von V zum Kauf angeboten wird. Sie will aber nach außen nicht in Erscheinung treten, da sie einen Diebstahl des Bildes befürchtet, wenn bekannt wird, dass sie die Eigentümerin ist. Deshalb schaltet sie ihre Freundin K ein, die das Gemälde für sie erwerben soll. K schließt dazu mit V einen wirksamen Kaufvertrag, muss aber im Innenverhältnis zu H das Gemälde an diese herausgeben und übereignen (§§ 667, 675 Abs. 1 BGB) und kann dafür im Gegenzug von H Ersatz ihrer

---
5 *Mittelstädt*, Unveröffentlichtes Manuskript.
6 Siehe Motive I, S. 192 f.; Protokolle I, S. 97.

Aufwendungen – insbesondere des an V zu zahlenden Kaufpreises – verlangen (§§ 670, 675 Abs. 1 BGB).

III. Scherzerklärung (§ 118 BGB)

7 Nach § 118 BGB ist eine nicht ernstlich gemeinte Willenserklärung, die in der Erwartung abgegeben wird, der Mangel an Ernstlichkeit werde nicht verkannt werden, nichtig.

§ 118 BGB hat mit § 116 BGB gemeinsam, dass jemand etwas erklärt, was er nicht will, und dabei weiß, dass seine Erklärung im Rechtsverkehr als Willenserklärung aufgefasst werden kann. Im Gegensatz zu § 116 BGB nimmt der Erklärende aber bei § 118 BGB an, der Erklärungsempfänger oder – bei nicht empfangsbedürftigen Erklärungen – der Rechtsverkehr werde erkennen, dass die Erklärung nicht ernst gemeint war. Er ist daher schutzwürdiger als im Fall des § 116 BGB, und deshalb ist der Willensmangel nicht unbeachtlich. Der Erklärungsempfänger wird dadurch geschützt, dass er nach § 122 BGB Anspruch auf Ersatz seines Vertrauensschadens hat (siehe § 21 Rn. 13 f.).

8 § 118 BGB ist **praktisch nur relevant**, wenn die Erklärung entgegen der Erwartung des Erklärenden ernst genommen werden darf, denn sonst ist sie schon nach den allgemeinen Auslegungsgrundsätzen unwirksam. Nach h.M. sind deswegen die allgemeinen Auslegungsgrundsätze vorrangig zu prüfen. Nur, wenn nach ihnen eine Willenserklärung vorliege, könne § 118 BGB einschlägig sein.[7] Die Gesetzesmaterialien sprechen demgegenüber dafür, dass § 118 BGB auch dann einschlägig ist, wenn schon nach den allgemeinen Auslegungsgrundsätzen keine Willenserklärung vorliegt; denn sie nennen Erklärungen „anläßlich theatralischer oder didaktischer Darstellungen" als Anwendungsfälle von § 118 BGB.[8] Praktisch ist die Frage bedeutungslos. Unterstellt man die betreffenden Fälle § 118 BGB, greift zwar an sich die Schadensersatzpflicht des § 122 BGB ein. Wenn aber nach allgemeinen Auslegungsgrundsätzen keine Willenserklärung vorliegt, weil der Empfänger die mangelnde Ernstlichkeit erkennen musste, ist der Erklärende nach § 122 Abs. 2 BGB keinesfalls zum Schadensersatz verpflichtet.

9 Wenn eine Erklärung mit einem Willensmangel behaftet ist, den der Empfänger nicht erkennen muss, ist sie an und für sich nicht nichtig, sondern nur **anfechtbar** (§§ 119, 120, 123 BGB). Im Fall des § 118 BGB ist dies anders, weil der Gesetzgeber der Ansicht war, die Anfechtbarkeit sei für den Erklärenden günstiger als die Nichtigkeit. Denn sie eröffne ihm die Wahl, ob er das Rechtsgeschäft gelten lassen wolle oder nicht (siehe hierzu § 19 Rn. 25). Für ein solches Wahlrecht besteht aber kein Anlass, wenn der Erklärende sich – wie im Fall des § 118 BGB – bewusst dafür entscheidet, das objektiv Erklärte nicht zu wollen.

10 Der wichtigste Anwendungsfall von § 118 BGB ist das misslungene Scheingeschäft: Eine Partei will ein **Scheingeschäft** vornehmen, die andere Partei nimmt das Geschäft jedoch ernst. Allerdings ist auch in diesem Fall die Heranziehung von § 118 BGB überflüssig, wenn sich – wie in aller Regel – schon aus den allgemeinen Auslegungsgrundsätzen ergibt, dass der Erklärende keine dem Wortlaut der Erklärung entsprechende Willenserklärung abgeben will. Nur in dem seltenen Fall, in dem der Empfänger nicht

---

[7] *Flume*, § 20 3, S. 413; *Medicus/Petersen*, Rn. 596; MüKoBGB/*Armbrüster*, § 118 Rn. 7; *Neuner*, § 40 Rn. 9; Soergel/*Harke*, § 118 Rn. 3; Staudinger/*Singer*, § 118 Rn. 2. **A.A.** BeckOGK-BGB/*Rehberg* (1.3.2024), § 118 Rn. 11.1.
[8] Motive I, S. 193 f.; Protokolle I, S. 99.

wissen muss, dass der Erklärende die Erklärung nur zum Schein abgibt, kommt es auf § 118 BGB an.

▶ **Fall 2 (nach BGHZ 144, 331 ff.):** K will ein Grundstück kaufen, das im Eigentum des V steht. Die Verhandlungen mit V führt nicht K selbst, sondern ihr Ehemann E. Dieser einigt sich mit V auf einen Kaufpreis von 200.000 € sowie darauf, zur Steuerersparnis nur einen Kaufpreis von 22.000 € beurkunden zu lassen. K erfährt von dieser Abrede nichts. Den notariellen Kaufvertrag, in dem ein Kaufpreis von 22.000 € genannt ist, schließt sie selbst. K verlangt Auflassung des Grundstücks.

Nach den allgemeinen Auslegungsregeln ist ein Kaufvertrag zum Preis von 200.000 € zustande gekommen, obwohl die Willenserklärungen von K und V auf 22.000 € lauteten.[9] Denn dass K von ihrem Verhandlungsgehilfen E nicht über dessen Absprache mit V informiert wurde, fällt in ihren Risikobereich; die hypothetische „vernünftige Person", auf die es für die Auslegung der Willenserklärung des V nach §§ 133, 157 BGB ankommt (siehe § 2 Rn. 10), hätte von dieser Absprache gewusst und die Willenserklärung des V so verstanden, dass sie sich auf einen Kaufpreis von 200.000 € bezog. Umgekehrt durfte V annehmen, dass E die K informiert hatte und dass K sich deswegen – obwohl sie 22.000 € sagte – mit einem Kaufpreis von 200.000 € einverstanden erklärte. Dieser Kaufvertrag ist freilich nach §§ 125 S. 1, 311b Abs. 1 S. 1 BGB nichtig, weil er nicht notariell beurkundet wurde. Zwar wollte nur V, nicht aber K bewusst die Formvorschrift umgehen. Doch ist die Auffassung, dass die Form nach dem Grundsatz „falsa demonstratio non nocet" trotz einer Abweichung zwischen Vereinbarung und Beurkundung gewahrt sein könne, ohnehin fragwürdig (siehe § 8 Rn. 11); dieser Grundsatz sollte deshalb auch bei Kenntnis nur einer Partei nicht angewendet werden (vgl. Rn. 5). Der Kaufvertrag kann gemäß § 311b Abs. 1 S. 2 BGB durch Heilung wirksam werden. Allerdings unterlag K bei Abgabe ihrer Willenserklärung einem Inhaltsirrtum, weil sie meinte, ihre Erklärung beziehe sich auf einen Kaufpreis von 22.000 €, während sie sich tatsächlich auf einen Kaufpreis von 200.000 € bezog (§ 19 Rn. 3). K kann darum den Kaufvertrag – auch schon vor einer eventuellen Heilung (vgl. § 21 Rn. 16) – anfechten und dadurch endgültig vernichten (§ 142 Abs. 1 BGB), so dass keine Heilung mehr in Betracht kommt.

Der BGH ließ bei der Lösung des Falles dagegen die allgemeinen Auslegungsregeln völlig außer Betracht. Er subsumierte unter § 117 Abs. 1 BGB und stellte fest, dass dessen Voraussetzungen nicht vorlagen. Denn Empfängerin der Erklärung des V war K selbst, und da sie nichts von der Abrede zwischen ihrem Mann und V wusste, fehlte es notwendig an einer inneren Willensübereinstimmung von K und V hinsichtlich des Scheincharakters (Rn. 3). Anschließend beurteilte der BGH den Fall nach den Grundsätzen des misslungenen Scheingeschäfts, das von § 118 BGB erfasst werde. Folglich sei „der Vertrag" nach § 118 BGB nichtig. Ob ein Vertrag zum Preis von 200.000 € zustande gekommen war, erörterte der BGH – obwohl es entscheidungserheblich gewesen wäre – nicht. ◀

Wenn der Erklärende erkennt, dass der Erklärungsempfänger oder – bei nicht empfangsbedürftigen Willenserklärungen – ein Dritter die nicht ernst gemeinte Erklärung ernst genommen hat, muss er ihn **unverzüglich aufklären**. Unterlässt er das, muss er nach h.M.[10] die Erklärung gegen sich gelten lassen. Dies lässt sich entweder mit einer Analogie zu § 116 S. 1 BGB begründen, weil sich der Erklärende, der die Aufklärung

11

---

[9] Zutreffend *Mittelstädt*, Die Auslegung empfangsbedürftiger Willenserklärungen (2016), S. 254 Fn. 103. **A.A.** *Leenen/Häublein*, § 6 Rn. 110.
[10] **A.A.** Erman/*A. Arnold*, § 118 Rn. 5; Staudinger/*Singer*, § 118 Rn. 8; Soergel/*Harke*, § 118 Rn. 8.

unterlässt, dadurch wie jemand verhält, der sich insgeheim vorbehält, die Erklärung nicht zu wollen.[11] Oder man kann annehmen, der Erklärende könne sich in diesem Fall nach § 242 BGB nicht auf § 118 BGB berufen, weil dies rechtsmissbräuchlich wäre.[12]

IV. Zusammenfassung

12

	§ 116 S. 1 BGB	§ 116 S. 2 BGB	§ 117 BGB	§ 118 BGB
Erklärender	Will das Erklärte nicht.	Will das Erklärte nicht.	Will das Erklärte nicht.	Will das Erklärte nicht.
	Glaubt, dass Erklärungsempfänger den Vorbehalt nicht erkennt.	Glaubt, dass Erklärungsempfänger den Vorbehalt nicht erkennt.	Glaubt, dass Erklärungsempfänger den Vorbehalt erkennt.	Glaubt, dass Erklärungsempfänger den Vorbehalt erkennt.
Erklärungsempfänger	Erkennt den Vorbehalt nicht.	Erkennt den Vorbehalt.	Erkennt den Vorbehalt und ist mit ihm einverstanden.	Erkennt den Vorbehalt nicht und muss ihn auch nicht erkennen.
Rechtsfolge	Erklärung wirksam.	Erklärung nichtig.	Erklärung nichtig.	Erklärung nichtig, aber Schadensersatzpflicht.

Wiederholungs- und Vertiefungsfragen

1. Wodurch unterscheiden sich die Willensmängel nach § 116 S. 1 BGB und § 118 BGB?
2. Was bedeutet „Einverständnis" in § 117 Abs. 1 BGB?
3. Was bezeichnet man in § 117 BGB als das simulierte und was als das dissimulierte Geschäft? Geben Sie ein Beispiel.
4. Worin liegt die Bedeutung von § 117 BGB?
5. Wann kommt der Grundsatz „falsa demonstratio non nocet" nach h.M. hinsichtlich der Wahrung einer gesetzlichen Form zur Anwendung?
6. Wann ist § 118 BGB praktisch relevant?

---

11 *Flume*, § 20 3, S. 414; *Medicus/Petersen*, Rn. 604; MüKoBGB/*Armbrüster*, § 118 Rn. 11; *Neuner*, § 40 Rn. 13.
12 *Bork*, Rn. 815; Grüneberg/*Ellenberger*, § 118 Rn. 2.

§ 19 Unbewusstes Auseinanderfallen von Wille und Erklärung

I. Mängel des Geschäftswillens

1. Fehler bei der Äußerung des Willens

Das Gesetz enthält in §§ 119 Abs. 1, 120 BGB drei verschiedene Anfechtungsgründe wegen Fehlern, die sich bei der Äußerung des Willens ereignet haben. Deren Besonderheiten sollen zunächst erörtert werden (unten a–c, Rn. 2–4), während die Voraussetzungen, die die drei Anfechtungsgründe gemeinsam haben, im Anschluss (unter d, Rn. 5–6) dargestellt werden. Schließlich wird auf die Anfechtbarkeit des Verfügungsgeschäfts eingegangen (unter e, Rn. 7).

a) Erklärungsirrtum (§ 119 Abs. 1 Alt. 2 BGB)

Ein zur Anfechtung berechtigender Erklärungsirrtum liegt nach § 119 Abs. 1 Alt. 2 BGB vor, wenn der Betreffende eine Erklärung dieses Inhalts überhaupt nicht abgeben will. Gemeint sind Fälle, in denen der Erklärende ein **anderes Erklärungszeichen** setzt, als er will, weil er sich verspricht, verschreibt oder vergreift.

▶ **Beispiel:** A will beim Versandhaus V ein Diktiergerät mit der Bestellnummer 384.223 zum Preis von 249 € kaufen. Weil er sich verschreibt, ordert er aus Versehen einen Rasenmäher mit der Bestellnummer 348.223 zum gleichen Preis. ◀

b) Inhaltsirrtum (§ 119 Abs. 1 Alt. 1 BGB)

Nach § 119 Abs. 1 Alt. 1 BGB kann anfechten, wer bei Abgabe einer Erklärung über deren Inhalt im Irrtum war. Der Erklärende setzt also zwar dasjenige Erklärungszeichen, das er setzen will, aber er irrt über dessen **Bedeutung**. Dieser Irrtum kann darauf beruhen, dass der Erklärende die Bedeutung eines Worts nicht kennt (etwa von „Gros" in FALL 1 in § 2 Rn. 8); doch das wird eher selten sein. Häufiger ist der Fall des **Identitätsirrtums**, in dem der Erklärende über die Identität einer Person oder Sache irrt, auf die sich eine Bezeichnung bezieht.

▶ **Beispiele:** Eine Freundin erzählt dem A, dass der „Steuerberater Beier" so hervorragende Arbeit leiste. A findet im Telefonbuch einen Steuerberater Thomas Beier und beauftragt diesen mit der Erstellung seiner Einkommensteuererklärung. Dabei handelt es sich jedoch nicht um den Steuerberater, den die Freundin des A empfohlen hatte.

G fragt bei B an, ob dieser bereit sei, für die Schulden von „Herbert Berger" zu bürgen. B stimmt zu und unterzeichnet eine entsprechende Bürgschaftsurkunde, weil er meint, es handle sich um seinen Freund Herbert Berger. In Wirklichkeit ist der Schuldner der G der Sohn von Bs Freund, der den gleichen Namen wie sein Vater trägt.

K schaut sich bei V mehrere Rennpferde an. Eines, das schon mehrere Rennen gewonnen hat, gefällt ihr besonders gut, und nach einigen Tagen Bedenkzeit beschließt sie, es zu kaufen. Da dieses Pferd nach der Erinnerung der K „Nixe" heißt, unterbreitet sie dem V einen schriftlichen Antrag zum Kauf des Rennpferds Nixe. In Wirklichkeit heißt das Pferd, das K meint, „Hexe", und Nixe hat noch nie ein Rennen gewonnen. ◀

Der häufigste Fall des Inhaltsirrtums dürfte derjenige sein, in dem der Erklärende in seiner Erklärung auf diejenige des Vertragspartners Bezug nimmt und dabei über deren Inhalt irrt. Dadurch irrt er zwangsläufig auch über den Inhalt seiner eigenen Erklärung, und *dieser* Irrtum (nicht derjenige über den Inhalt der Erklärung des Vertragspartners!) berechtigt zur Anfechtung.

§ 19 F. Willensmängel

▶ **Fall 1:** K schreibt an V: „Ich habe mich jetzt entschieden und biete Ihnen 8.000 € für das Gemälde, das ich gestern bei Ihnen angesehen habe." V liest irrtümlich „9.000 €" und schreibt an K: „Vielen Dank für Ihr Angebot, das ich gern annehme."
V meint, ein Angebot des K zu einem Preis von 9.000 € anzunehmen. Vom objektiven Empfängerhorizont (§§ 133, 157 BGB) aus stimmt sie aber einem Verkauf zu 8.000 € zu, da K das Schreiben der V nur so verstehen kann, dass V zu dem von K gebotenen Preis in Höhe von 8.000 € verkaufen wolle. Es kommt damit ein Kaufvertrag zu 8.000 € zustande. V kann aber nach § 119 Abs. 1 Alt. 1 BGB wegen Inhaltsirrtums anfechten, da sie über den Inhalt der Worte „Ihr Angebot" irrte, die sie in ihrer Willenserklärung verwendet hat. ◀

c) Unrichtige Übermittlung (§ 120 BGB)

4   § 120 BGB stellt die unrichtige Übermittlung einer Willenserklärung dem Fall gleich, dass der Erklärende bei Abgabe einem Erklärungsirrtum unterlag. Die Einzelheiten sind nur im Zusammenhang mit dem Recht der Botenschaft verständlich und sollen dort behandelt werden (siehe § 27 Rn. 13 ff.).

d) Gemeinsame Voraussetzungen

5   Die Anfechtung wegen Erklärungsirrtums, Inhaltsirrtums oder unrichtiger Übermittlung setzt jeweils voraus, dass die Vorstellung, die der Betreffende vom Inhalt seiner Erklärung hat, und der objektive Erklärungswert voneinander abweichen. Das ist nur möglich, wenn der Erklärende überhaupt eine **konkrete Vorstellung vom Inhalt seiner Erklärung** hat, nicht dagegen, wenn ihm dieser gleichgültig ist.

Wichtige Fälle, in denen sich das Problem stellt, sind das Unterschreiben einer ungelesenen Urkunde und der Vertragsschluss unter Einbeziehung von Allgemeinen Geschäftsbedingungen (AGB) in Unkenntnis von deren Inhalt.

▶ **Fall 2 (nach BGH NJW 1995, 190 f.):** Die Iranerin B, die nicht Deutsch spricht, besucht mehrfach ihren Vetter H, der in Deutschland lebt. Bei einem dieser Besuche eröffnet sie bei der Sparkasse S ein Sparkonto. Als H ein Haus baut, nimmt er bei S einen Kredit auf. B unterzeichnet in den Räumen der S ein in deutscher Sprache gehaltenes Bürgschaftsformular, durch das sie eine Bürgschaft für alle Verbindlichkeiten des H gegenüber S übernimmt. S hat der B den Inhalt des Formulars vor der Unterschrift nicht erläutert oder übersetzt. B beruft sich darauf, sie sei davon ausgegangen, es habe sich um eine formelle Unterschrift im Hinblick auf ihr Sparkonto gehandelt.

B kann wegen Inhaltsirrtums (§ 119 Abs. 1 Alt. 1 BGB) anfechten, da sie annahm, bloß eine Unterschrift im Zusammenhang mit ihrem Sparkonto zu leisten, und somit eine konkrete Vorstellung vom Inhalt ihrer Erklärung hatte, die vom objektiven Erklärungswert abweicht. Dass diese Vorstellung nicht auf einer hinreichenden Tatsachengrundlage beruhte und B sich grob leichtsinnig verhalten hat, ist ohne Belang, da eine Anfechtung auch bei verschuldetem Irrtum möglich ist. ◀

6   Weitere Voraussetzung der Anfechtung ist nach § 119 Abs. 1 BGB, auf den § 120 BGB (und auch § 119 Abs. 2 BGB) verweist, dass der Erklärende die Erklärung bei Kenntnis der Sachlage und bei verständiger Würdigung des Falles nicht abgegeben hätte. Damit werden zwei Voraussetzungen für die Anfechtung statuiert: Die Fehlvorstellung muss für die Abgabe der Erklärung ursächlich gewesen sein („bei Kenntnis der Sachlage") und sie muss objektiv erheblich sein („bei verständiger Würdigung des Falles").

An der **Ursächlichkeit** (subjektiven Erheblichkeit) fehlt es nur, wenn der Erklärende auch in Kenntnis der Sachlage die Erklärung so abgegeben hätte, wie er sie tatsächlich abgegeben hat. Das wird kaum je der Fall sein, denn in aller Regel hätte der Erklärende bei Kenntnis der Sachlage dasjenige erklärt, was er gewollt hat. Nur wenn er in seine Erklärung – in der Regel konkludent – Umstände aufgenommen hat, die ihm gänzlich unwichtig sind, kann es an der Kausalität fehlen.

Die „verständige Würdigung des Falles", die über die **objektive Erheblichkeit** entscheidet, meint nach einer Definition des Reichsgerichts ein Handeln „frei von Eigensinn, subjektiven Launen und törichten Anschauungen".[1] Am Fehlen der objektiven Erheblichkeit wird die Anfechtung kaum je scheitern. In Betracht kommt es bei minimalen, auch im Hinblick auf die speziellen Verhältnisse des Erklärenden unerheblichen Abweichungen zwischen Wille und Erklärung, wie bei einem Preisunterschied von wenigen Cent bei einem Geschäft über mehrere Hundert Euro.

e) Die Anfechtbarkeit des Verfügungsgeschäfts

Für die Anfechtbarkeit von Verfügungsgeschäften nach §§ 119 Abs. 1, 120 BGB gelten **keine Besonderheiten**. Entscheidend ist, ob dem Verfügungsgeschäft ein Anfechtungsgrund anhaftet oder nicht. Ob das Verpflichtungsgeschäft anfechtbar ist, ist völlig unerheblich. Siehe zum verfehlten Begriff der Fehleridentität § 5 Rn. 4.

▶ **Fall 3:** V will der K brieflich ein Gemälde für 5.000 € zum Kauf anbieten. Dabei vertippt sie sich und schreibt „4.000 €". K antwortet, sie nehme das Angebot der V an. V übereignet der K das Bild und bemerkt kurz darauf, als K nur 4.000 € zahlt, ihren Fehler.

V kann den Kaufvertrag anfechten, da sie insoweit einem Erklärungsirrtum (§ 119 Abs. 1 Alt. 2 BGB) unterlag. Die Anfechtung der dinglichen Einigung ist dagegen ausgeschlossen, da insofern kein Anfechtungsgrund vorliegt. Denn die Erklärung der V im Rahmen der dinglichen Einigung lautet nur: „Ich – V – übereigne hiermit dieses Gemälde an K." Der Kaufpreis ist nicht Bestandteil der Erklärung, und deshalb ist ein Irrtum über den Kaufpreis im Hinblick auf die dingliche Einigung irrelevant. ◀

▶ **Fall 4:** Einzelhändler Karl Müller aus Köln bestellt bei Großhändler G telefonisch Ware. G meint irrtümlich, es handle sich um einen langjährigen Kunden gleichen Namens, und gewährt ihm deshalb einen erheblichen Rabatt. Der Kaufvertrag wird von beiden Seiten erfüllt, dann entdeckt G seinen Irrtum.

G kann sowohl den Kaufvertrag als auch die dingliche Einigung anfechten, da er sich bei Abschluss beider über die Identität seines Vertragspartners irrte und deshalb einem Inhaltsirrtum (§ 119 Abs. 1 Alt. 1 BGB) unterlag. ◀

▶ **Fall 5:** K fragt bei Antiquar V an, ob dieser ein Exemplar der Erstauflage von Carl Zuckmayers Autobiografie „Als wär's ein Stück von mir" vorrätig habe. V bejaht, und sie einigen sich telefonisch auf einen Preis von 48 €. Nachdem er die Vorauszahlung der K erhalten hat, versendet V ein von Zuckmayer signiertes Exemplar des Werks an K, weil er es irrtümlich für das für K vorgesehene, unsignierte Buch hält. K sortiert das Buch in ihre Bibliothek ein.

V kann den Kaufvertrag nicht anfechten, weil er sich bei dessen Abschluss nicht geirrt hat. Er hat das signierte Buch gemäß § 929 S. 1 BGB an K übereignet, da diese annehmen durfte (§§ 133, 157 BGB), V wolle ihr das übersandte Buch übereignen, und durch das Einsortieren

---

[1] RGZ 62, 201, 206.

des Buchs in ihre Bibliothek ihren Annahmewillen bekundete. Die Erklärung der Annahme gegenüber V und der Zugang der Annahme an V (nicht die Annahme an sich!) waren nach § 151 S. 1 BGB entbehrlich (siehe § 3 Rn. 18 ff.). V kann die dingliche Einigung anfechten, da er insofern einem Inhaltsirrtum (§ 119 Abs. 1 Alt. 1 BGB) in Form des Identitätsirrtums unterlag.[2] ◀

2. Fehler bei der Willensbildung

a) Grundsatz

8 Fehler bei der Willensbildung (**Motivirrtümer**) berechtigen grundsätzlich nicht zur Anfechtung. Wenn der Erklärende genau dasjenige erklärt, was er erklären will, sich bei der Bildung dieses Willens aber von falschen Vorstellungen hat leiten lassen, sieht ihn das Gesetz als weniger schutzwürdig an als den Erklärungsempfänger oder – bei nicht empfangsbedürftigen Erklärungen – einen Dritten.

▶ **Beispiele:** Der Kauf eines Hochzeitsgeschenks kann nicht deshalb angefochten werden, weil im Zeitpunkt des Vertragsschlusses die Hochzeit schon abgesagt war. Der Irrtum darüber, ob während eines bestimmten Zeitraums Schulferien sind, rechtfertigt nicht die Anfechtung eines Mietvertrags über eine Ferienwohnung für diesen Zeitraum. Die irrige Annahme, aufgrund eines in Wirklichkeit unwirksamen Kaufvertrags zur Übereignung einer Sache verpflichtet zu sein, berechtigt nicht zur Anfechtung der entsprechenden dinglichen Einigung. ◀

Von dem Grundsatz, dass Motivirrtümer nicht zur Anfechtung berechtigen, kennt das Gesetz **zwei Ausnahmen**: Erstens kann der Erklärende anfechten, wenn der Fehler bei der Willensbildung auf einer arglistigen Täuschung beruht, die dem Erklärungsempfänger oder demjenigen, der aus der Erklärung unmittelbar ein Recht erwirbt, zuzurechnen ist (§ 123 Abs. 1 Alt. 1, Abs. 2 BGB); dass der Erklärende in diesem Fall schutzwürdiger ist als der andere, liegt auf der Hand (siehe dazu § 20 Rn. 2 ff.).[3] Und zweitens kann er anfechten, wenn er sich über eine verkehrswesentliche Eigenschaft der Person oder Sache geirrt hat (§ 119 Abs. 2 BGB). Hierbei handelt es sich um eine Anomalie, die allenfalls dadurch zu rechtfertigen ist, dass derartige Motivirrtümer noch einen recht engen Bezug zum Rechtsgeschäft haben.

b) Eigenschaftsirrtum (§ 119 Abs. 2 BGB)

9 Nach § 119 Abs. 2 BGB berechtigt ein Irrtum über solche Eigenschaften der Person oder der Sache zur Anfechtung, die im Verkehr als wesentlich angesehen werden. Im ersten Entwurf zum BGB wurde ein Anfechtungsrecht wegen Eigenschaftsirrtums noch ausgeschlossen, weil dieser ein bloßer Irrtum in den Beweggründen sei; „auch würde eine solche Vorschrift bei der Unmöglichkeit, die Merkmale ihrer Anwendbarkeit mit

---

2 Weiterführender Hinweis: V kann allerdings das Buch nicht ohne Weiteres von K zurückverlangen. Denn der wirksame Kaufvertrag stellt einen rechtlichen Grund für die Übergabe und Übereignung des Buchs an K dar, so dass V keinen Rückgewähranspruch aus § 812 Abs. 1 S. 1 Alt. 1 BGB hat, und gibt der K ein Recht zum Besitz i.S.v. § 986 Abs. 1 S. 1 BGB, so dass V das Buch selbst nach einer Anfechtung der dinglichen Einigung nicht gemäß § 985 BGB vindizieren kann. V kann daher das Buch nur zurückverlangen, wenn er dessen Zuordnung zum Kaufvertrag aufheben kann. Das kann er möglicherweise dadurch tun, dass er die Tilgungsbestimmung anficht. Siehe dazu BeckOK-BGB/*Faust* (1.5.2024), § 437 Rn. 214 ff.
3 Noch weitergehend MüKoBGB/*Armbrüster*, § 119 Rn. 120 und Staudinger/*Singer*, § 119 Rn. 78: Bei einem vom Vertragspartner verschuldeten oder erkannten Motivirrtum sei eine Irrtumsanfechtung analog § 119 BGB möglich. Dadurch werden jedoch die strengen Voraussetzungen des § 123 BGB umgangen.

§ 19 Unbewusstes Auseinanderfallen von Wille und Erklärung

hinreichender Deutlichkeit zu bestimmen, eine Quelle von Streitigkeiten werden".[4] Angesichts all der Schwierigkeiten, die die Anwendung von § 119 Abs. 2 BGB bereitet, war diese Aussage wahrhaft hellsichtig. Im weiteren Gesetzgebungsverfahren wurde die Anfechtung wegen Eigenschaftsirrtums zugelassen, weil das „dem Bedürfnis des Verkehrs, der Billigkeit und dem Zuge der modernen Rechtsentwicklung" entspreche.[5]

aa) Rechtsnatur

Der Eigenschaftsirrtum wird heute von der ganz herrschenden Meinung als **ausnahmsweise beachtlicher Motivirrtum** angesehen.[6]

▶ **Fall 6:** K unterbreitet dem V das Angebot, dessen Rennpferd „Nixe" zu kaufen. Dabei geht sie irrtümlich davon aus, dass Nixe schon mehrere Rennen gewonnen hat.

K will hier (anders als im Beispiel in Rn. 3) dasjenige Pferd kaufen, auf das sich auch ihre Erklärung bezieht, nämlich Nixe. Sie irrt nicht über die Identität des Gegenstands, auf den sich ihre Willenserklärung bezieht, sondern nur über dessen Eigenschaften. Es liegt daher kein Inhaltsirrtum in Form des Identitätsirrtums (§ 119 Abs. 1 Alt. 1 BGB) vor, sondern ein Eigenschaftsirrtum (§ 119 Abs. 2 BGB). Die Vorstellung, Nixe sei ein Preisträger, ist lediglich Motiv dafür, dass K – in Übereinstimmung mit ihrem Willen – erklärt, dieses Pferd kaufen zu wollen. ◀

▶ **Fall 7:** K verlangt in einem CD-Geschäft eine Aufnahme der „Winterreise" mit Dietrich Fischer-Dieskau und Gerald Moore. Wie aus der Geschäftsbezeichnung deutlich hervorgeht, handelt der Laden nur mit gebrauchten CDs. K bemerkt dies nicht und geht deshalb davon aus, Neuware zu erhalten.

Die Erklärung des K bezieht sich nicht auf eine bestimmte CD, sondern auf irgendeine CD, die eine Aufnahme der „Winterreise" mit Fischer-Dieskau und Moore enthält. Er kann daher bei Abgabe seiner Erklärung gar nicht über die Eigenschaften einer bestimmten Sache irren. Die Erklärung enthält aber auch Aussagen über die Eigenschaften der gewünschten Sache, denn nur auf diese Weise kann die Sache bestimmt werden. Zu diesen Eigenschaften gehört außer „Winterreise" und „Fischer-Dieskau/Moore" auch „gebraucht", da der Laden nur mit gebrauchten CDs handelt und der Verkäufer die Erklärung des K deshalb so verstehen muss, dass dieser eine gebrauchte CD verlange (§§ 133, 157 BGB). Somit weicht der Inhalt der von K abgegebenen Erklärung von seinem Willen ab, denn K war der Auffassung, konkludent zu erklären, er wolle eine neue CD. Damit liegt ein Inhaltsirrtum nach § 119 Abs. 1 Alt. 1 BGB vor. ◀

---

4 Motive I, S. 199.
5 Protokolle I, S. 114.
6 *Flume*, § 24 2–4, S. 474 ff. ist dagegen der Auffassung, der eigentliche Grund für die Beachtlichkeit des Eigenschaftsirrtums sei nicht der Irrtum, sondern die Tatsache, dass der Gegenstand oder die Person hinsichtlich einer Eigenschaft nicht dem Rechtsgeschäft entspreche. Die Abweichung der Ist- von der Sollbeschaffenheit sei jedoch nur erheblich, wenn diejenige Partei, die sich darauf berufe, sich darüber geirrt habe. *Flume* schränkt dadurch die Anfechtung wegen Eigenschaftsirrtums ganz erheblich ein, da eine einseitige Fehlvorstellung des Anfechtenden nicht genügt, sondern eine der Fehlvorstellung entsprechende vertragliche Vereinbarung erforderlich ist („geschäftlicher Eigenschaftsirrtum"). § 119 Abs. 2 BGB wird dadurch faktisch zu einer Vorschrift, die – zumindest im Hinblick auf Irrtümer über die Eigenschaften der Sache – Fragen der Mängelhaftung regelt (vgl. § 434 Abs. 2 S. 1 Nr. 1 BGB). Da *Flume* überdies annimmt, gegenüber § 119 Abs. 2 BGB seien die Regeln über die Mängelhaftung vorrangig, bleibt seiner Ansicht nach für § 119 Abs. 2 BGB nur ein sehr kleiner Anwendungsbereich. Zustimmend Soergel/*Harke*, § 119 Rn. 7. Dagegen *Bork*, Rn. 864.

bb) Person oder Sache

11 „Person oder Sache" i.S.v. § 119 Abs. 2 BGB sind nur solche, auf die sich das Rechtsgeschäft bezieht, also etwa die Kaufsache oder der Vertragspartner, eventuell aber auch Dritte wie Familienangehörige des Mieters, die in die gemietete Wohnung ziehen sollen. Person kann auch der Erklärende selbst sein. Sachen sind an sich nur körperliche Gegenstände (§ 90 BGB), denen gemäß § 90a BGB Tiere gleichgestellt sind. § 119 Abs. 2 BGB wird jedoch nach allgemeiner Ansicht auf nicht-körperliche Gegenstände wie etwa Forderungen analog angewendet (vgl. § 4 Rn. 1).

▶ **Beispiel:** K kauft als Geschenk für seine Freundin F eine Bluse der Größe „S", weil er irrtümlich meint, das sei ihre Größe; in Wirklichkeit benötigt F die Größe „M". K kann wegen des Irrtums über die Eigenschaft der F nicht anfechten, weil sich der Kaufvertrag in keiner Weise auf die F bezieht. ◀

Nach h.M. berechtigt ein Irrtum über die Zahlungsfähigkeit des Hauptschuldners den Bürgen nicht zur **Anfechtung der Bürgschaft**, da nach dem Sinn einer Bürgschaft (§§ 765 ff. BGB) der Bürge das Risiko der Insolvenz des Hauptschuldners tragen müsse.[7] Mich überzeugt das nicht. Der Bürge muss zwar nach dem Sinn der Bürgschaft das Risiko einer Verschlechterung der Vermögensverhältnisse des Hauptschuldners tragen, aber nicht zwangsläufig auch dasjenige, dass die Vermögensverhältnisse schon im Zeitpunkt der Bürgschaftsübernahme schlechter sind, als er meint. Der Gläubiger, der dem Hauptschuldner im Vertrauen auf die Wirksamkeit der Bürgschaft Kredit gewährt hat, ist durch die Schadensersatzpflicht nach § 122 BGB ausreichend geschützt (siehe § 21 Rn. 13 ff.).

cc) Eigenschaft

12 Der Begriff der Eigenschaften einer Person oder Sache ist recht diffus. Das zeigt sich schon in der komplizierten **Definition**, die durch eine Fülle von Einzelfallentscheidungen konkretisiert wird: Eigenschaften sind neben den auf der natürlichen Beschaffenheit beruhenden Merkmalen auch tatsächliche oder rechtliche Verhältnisse und Beziehungen zur Umwelt, soweit sie nach der Verkehrsanschauung für die Wertschätzung oder Verwendbarkeit von Bedeutung sind. Sie müssen die Person oder die Sache unmittelbar kennzeichnen, d.h., sie dürfen sich nicht nur mittelbar auf die Bewertung auswirken. Außerdem muss es sich um gegenwärtige Umstände handeln; prognostizierte zukünftige Entwicklungen (etwa, dass ein Grundstück als Bauland ausgewiesen werden wird) genügen nicht. Als **Eigenschaften einer Person** werden etwa angesehen das Alter, die Sachkunde, die Mitgliedschaft in einer Sekte und die Zahlungsfähigkeit. Das Bestehen einer **Schwangerschaft** ist als bloß vorübergehender Zustand keine Eigenschaft einer Frau (wichtig im Arbeitsrecht!).[8] **Eigenschaften einer Sache** sind etwa ihre Größe und ihr Alter, die Echtheit eines Kunstwerks und die Bebaubarkeit eines Grundstücks. Keine Eigenschaft eines vermieteten Grundstücks ist dagegen die Zahlungsfähigkeit der Mieter, keine Eigenschaft der Aktien eines Unternehmens die Altlastenverseuchung von dessen Betriebsgrundstück; denn beides wirkt sich nur mittelbar auf die Bewertung aus. Keine Eigenschaft ist insbesondere der **Wert** oder **Marktpreis**

---

[7] Z.B. *Flume*, § 24 4, S. 490; MüKoBGB/*Armbrüster*, § 119 Rn. 139; Soergel/*Harke*, § 119 Rn. 44. *Leenen/Häublein*, § 14 Rn. 77 ff. nehmen einen konkludenten vertraglichen Ausschluss der Anfechtbarkeit an. Hierfür müssten m.E. allerdings konkrete Anhaltspunkte vorliegen.

[8] H.M.; **a.A.** Soergel/*Harke*, § 119 Rn. 43 und Staudinger/*Singer*, § 119 Rn. 87, 89 und 94 (aber Einschränkung des Anfechtungsrechts durch das Verbot der Diskriminierung wegen des Geschlechts).

eines Gegenstands. Denn er ist bloßer Ausfluss der für die Wertbildung maßgeblichen Eigenschaften und wird durch die freie Preisbildung in der Marktwirtschaft ständig neu festgelegt. Dieses System der freien Preisbildung könnte nicht funktionieren, wenn die einzelnen Marktteilnehmer sich von ihrer Bewertung des Gegenstands, die in die Bildung des Marktpreises einfließt, wieder lösen könnten.

dd) Verkehrswesentlichkeit

Über die Verkehrswesentlichkeit der Eigenschaft entscheidet primär der Inhalt der konkreten Willenserklärung. Erst wenn sich aus ihm nicht ergibt, dass nach dem Willen des konkreten Erklärenden eine bestimmte Eigenschaft wesentlich oder unwesentlich sein soll, kommt es auf die Verkehrsanschauung an. Die Zahlungsfähigkeit eines Käufers ist etwa verkehrswesentlich, wenn der Verkäufer vorleistet und den Kaufpreis stundet, dagegen nicht, wenn der Käufer sofort zahlt. Teilweise wird angenommen, die Herkunft eines Kunstwerks (aus einer bestimmten Epoche oder von einem bestimmten Maler) sei zwar beim Kauf im Antiquitätengeschäft verkehrswesentlich, nicht aber beim Kauf auf dem Flohmarkt.[9] Mir leuchtet das nicht ein, denn es ist doch offensichtlich, dass die Herkunft auch beim Kauf auf dem Flohmarkt für beide Parteien von zentraler Bedeutung ist.

13

Damit „der Begriff des Eigenschaftsirrtums nicht zu sehr verflach[t] und eine unerträgliche Rechtsunsicherheit hervorruf[t]", hält der BGH nur solche Eigenschaften für verkehrswesentlich, die von dem Erklärenden in irgendeiner Weise **erkennbar dem Vertrag zugrunde gelegt** worden sind, ohne dass er sie zum Inhalt seiner Erklärung gemacht haben muss.[10] Das ist m.E. zwar richtig, schränkt den Begriff der Verkehrswesentlichkeit aber nicht ein. Denn sofern sich aus der konkreten Erklärung nichts anderes ergibt, muss der Erklärungsempfänger annehmen, dass der Erklärende seiner Erklärung all diejenigen Eigenschaften zugrunde legt, die nach der Verkehrsanschauung wesentlich sind.[11]

ee) Irrtum

Derjenige, der die Willenserklärung abgibt, muss sich über eine verkehrswesentliche Eigenschaft der Person oder Sache irren. Er muss also annehmen, dass die Person oder Sache die betreffende Eigenschaft tatsächlich aufweist. Wer bloß darauf hofft, eine Sache habe eine gewisse Eigenschaft, irrt sich nicht, sofern sich die Hoffnung als unbegründet erweist.

14

ff) Subjektive und objektive Erheblichkeit

Da der Eigenschaftsirrtum nach § 119 Abs. 2 BGB als Inhaltsirrtum „gilt", setzt die Anfechtbarkeit wegen Eigenschaftsirrtums ebenso wie diejenige wegen Inhaltsirrtums die subjektive und objektive Erheblichkeit des Irrtums voraus (siehe dazu Rn. 6). Bei Eigenschaftsirrtümern wird es häufiger als bei Erklärungs- oder Inhaltsirrtümern an

14a

---

9 *Bork*, Rn. 852; *Neuner*, § 41 Rn. 64; Staudinger/*Singer*, § 119 Rn. 12, 96. A.A. Grüneberg/*Ellenberger*, § 119 Rn. 27. *Leenen/Häublein*, § 14 Rn. 77 ff. nehmen einen konkludenten vertraglichen Ausschluss der Anfechtbarkeit an. Hierfür müssten m.E. allerdings konkrete Anhaltspunkte vorliegen.
10 BGHZ 88, 240, 246.
11 Vgl. etwa BGH NJW 1979, 160, 161: Es verstehe sich von selbst, dass das Alter eines Kraftfahrzeugs von entscheidender Bedeutung für den Kaufentschluss sei und der Käufer darum von einem bestimmten Alter ausgehe, und deshalb brauche er den genauen Inhalt dieser Vorstellung nicht zum Ausdruck zu bringen.

der objektiven Erheblichkeit fehlen, nämlich immer dann, wenn die betreffende Eigenschaft für den Erklärenden belanglos ist. Zweifelhaft ist, welcher **Zeitpunkt** für die Beurteilung maßgeblich ist: der Zeitpunkt der Abgabe der Erklärung (Ex-ante-Betrachtung)[12] oder der Zeitpunkt der Anfechtung (Ex-post-Betrachtung)[13].

▶ **Fall 8:** K kauft von V einen Gebrauchtwagen. V übergibt ihm das Auto und stundet ihm den Kaufpreis für drei Monate. Dabei weiß sie nicht, dass K arbeitslos ist und kein nennenswertes Vermögen hat; hätte sie das gewusst, hätte sie den Kaufvertrag nicht zu diesen Bedingungen geschlossen. Nach drei Monaten zahlt K pünktlich den Kaufpreis. Kurz darauf erfährt V die wahren Vermögensverhältnisse des K. Da sie den Verkauf inzwischen bereut, ficht sie an. ◀

Meines Erachtens sollte für die Beurteilung der objektiven Erheblichkeit der Zeitpunkt der Anfechtung maßgeblich sein. Denn die Voraussetzung der objektiven Erheblichkeit soll die Anfechtbarkeit im Interesse des anderen Teils, der auf die Erklärung vertraut hat, einschränken. Mit diesem Zweck wäre es nicht vereinbar, Umstände zu berücksichtigen, die sich letztlich als irrelevant erwiesen haben. Allerdings kann man solche Umstände nicht verwerten, die erst nach der Anfechtung eintreten, da die Parteien im Zeitpunkt der Anfechtung die Möglichkeit haben müssen, zu beurteilen, ob diese wirksam ist oder nicht. Für diese Sichtweise spricht auch der Gedanke des **Rechtsmissbrauchs** (§ 242 BGB): Wer die Anfechtung erklärt, obwohl sich schon zu diesem Zeitpunkt erwiesen hat, dass sein Irrtum letztlich keine schädlichen Auswirkungen für ihn hat, bedient sich des Anfechtungsrechts dazu, nicht wegen des Irrtums, sondern aus anderen Gründen vom Vertrag loszukommen, und missbraucht es dadurch. Denn das Anfechtungsrecht ist kein Reurecht (siehe auch § 21 Rn. 12).

15 ▶ **Weiterführender Hinweis:** Große Probleme wirft das Verhältnis der Anfechtung wegen Irrtums über die Eigenschaften einer Sache zu den Vorschriften über die **Mängelgewährleistung** (§§ 434 ff. BGB) auf. Denn diese regeln den Fall, dass eine Sache andere Eigenschaften hat, als sie nach dem Vertragsinhalt haben soll, und gewähren dem Käufer für diesen Fall bestimmte Rechte.

Könnte nun der Käufer wegen Eigenschaftsirrtums anfechten, könnte er auf diese Weise Beschränkungen der Mängelgewährleistung umgehen (etwa die Verjährung seiner Gewährleistungsrechte oder die Tatsache, dass das Gesetz dem Verkäufer prinzipiell eine „zweite Chance" zur mangelfreien Leistung einräumt[14]). Könnte umgekehrt der Verkäufer wegen seines Irrtums über Eigenschaften der Sache anfechten, könnte er dadurch dem Käufer Gewährleistungsrechte entziehen. Deshalb nimmt die ganz herrschende Meinung an, dass im Anwendungsbereich des Gewährleistungsrechts die Anfechtung sowohl des Käufers als auch des Verkäufers wegen Eigenschaftsirrtums ausgeschlossen sein kann. Die Einzelheiten sind lebhaft umstritten und können hier nicht erörtert werden, da sie fundierte Kenntnis des Gewährleistungsrechts voraussetzen.[15]

Wenn beide Parteien demselben Irrtum unterliegen, ist das Verhältnis des Anfechtungsrechts zu den Regeln über das **Fehlen der Geschäftsgrundlage** (§ 313 Abs. 2 BGB) zweifelhaft. Die Gesetzesbegründung deutet darauf hin, § 313 Abs. 2 BGB anzuwenden.[16] In der Li-

---

12 So Soergel/*Harke*, § 119 Rn. 53.
13 So MüKoBGB/*Armbrüster*, § 119 Rn. 157; Staudinger/*Singer*, § 119 Rn. 102.
14 Recht des Verkäufers zur zweiten Andienung, siehe §§ 323 Abs. 1, 437 Nr. 2 Alt. 1 BGB.
15 Siehe etwa BeckOK-BGB/*Faust* (1.5.2024), § 437 Rn. 186 ff., 210 ff.
16 BT-Drucks. 14/6040, S. 176.

teratur wird dies damit begründet, bei einem beiderseitigen Irrtum sei es nicht interessengerecht, über § 122 BGB einseitig die Partei zu belasten, die anficht.[17] Hiergegen spricht allerdings, dass ohnehin nur derjenige anfechten wird, der sich zu seinem Nachteil irrt, weil nur ihm der Vorteil der Anfechtung zugutekommt. Dann ist es auch nicht unbillig, wenn er diesen Vorteil mit der Pflicht zum Ersatz des negativen Interesses bezahlt. Deshalb sehen manche Autoren das Anfechtungsrecht als vorrangig an[18] oder lassen die Anfechtung neben § 313 Abs. 2 BGB zu[19]. ◄

gg) Die Anfechtbarkeit des Verfügungsgeschäfts

Sehr zweifelhaft ist, ob ein Eigenschaftsirrtum auch zur Anfechtung des Verfügungsgeschäfts berechtigt.

16

▶ **Beispiele:** V verkauft und übereignet der K ein Gemälde, das er für das Werk eines Sonntagsmalers hält. In Wirklichkeit stammt das Bild von Caspar David Friedrich. Kann V die dingliche Einigung anfechten, etwa, um die Gläubiger der K am Zugriff auf das Bild zu hindern?

V verkauft und übereignet der K einen Gebrauchtwagen und stundet ihr den Kaufpreis für drei Monate. Kann er die dingliche Einigung wegen eines Irrtums über die Zahlungsfähigkeit der K anfechten? ◄

Versteht man mit der h.M. den Eigenschaftsirrtum als ausnahmsweise beachtlichen Motivirrtum, so spricht auf den ersten Blick viel für eine Anfechtbarkeit des Verfügungsgeschäfts. Denn die Eigenschaftsvorstellung ist Motiv nicht nur für den Abschluss des Verpflichtungsgeschäfts, sondern auch für denjenigen des Verfügungsgeschäfts. Trotzdem sollte m.E. die Anfechtung des Verfügungsgeschäfts nicht zugelassen werden. Denn **unmittelbares Motiv** für die Verfügung ist der Wille, die schuldrechtliche Verpflichtung zu erfüllen. Die Eigenschaftsvorstellung motiviert den Erklärenden also nur mittelbar – über den Zwischenschritt des Verpflichtungsgeschäfts – zur Verfügung. Das genügen zu lassen würde der Grundidee des Abstraktionsprinzips, die dingliche Rechtslage von Störungen auf der schuldrechtlichen Ebene möglichst zu isolieren, zuwiderlaufen. Die Anerkennung des Eigenschaftsirrtums stellt ohnehin schon eine Durchbrechung des Prinzips dar, nach dem Mängel in der Willensbildung grundsätzlich unbeachtlich sein sollen. Deshalb sollte man diese Durchbrechung nicht noch so extensiv ausgestalten, dass sie – entgegen dem Grundgedanken des Abstraktionsprinzips – auch das dingliche Geschäft umfasst.[20] Rechtstechnisch lässt sich das dadurch erreichen, dass die betreffende Eigenschaft im Hinblick auf das Verfügungsgeschäft nicht als verkehrswesentlich eingestuft wird.

---

17 BeckOK-BGB/*Lorenz* (1.5.2024), § 313 Rn. 68; *Bork*, Rn. 944; Erman/*A. Arnold*, vor § 116 Rn. 21; MüKoBGB/*Armbrüster*, § 119 Rn. 126; *Neuner*, § 41 Rn. 71.
18 *Medicus/Petersen*, Rn. 778.
19 BeckOGK-BGB/*Martens* (1.4.2024), § 313 Rn. 178 ff.; MüKoBGB/*Finkenauer*, 9. Aufl. (2022), § 313 Rn. 148 ff.; NK-BGB/*Jung*, 4. Aufl. (2020), § 313 Rn. 23.
20 Siehe auch *Grigoleit*, AcP 199 (1999), 379, 396 ff.; *Leenen/Häublein*, § 14 Rn. 73; *Neuner*, § 29 Rn. 72; Soergel/*Harke*, § 119 Rn. 45; Staudinger/*Singer*, § 119 Rn. 106. **A.A.** OLG Hamm NJW 2019, 3387 Rn. 68 ff.; BeckOGK-BGB/*Rehberg* (1.3.2024), § 119 Rn. 149.1; *Bork*, Rn. 921, 923; MüKoBGB/*Armbrüster*, § 119 Rn. 159.

3. Problemfälle

a) Rechtsfolgenirrtum[21]

17 Willenserklärungen ziehen die verschiedensten Rechtsfolgen nach sich, die entweder Bestandteil der Erklärung selbst sein können (Beispiel: Der Antrag, für 100 € zu kaufen, bringt unmittelbar den Willen zum Ausdruck, eine Verpflichtung zur Zahlung des Kaufpreises in Höhe von 100 € zu übernehmen.) oder vom Gesetz an die Erklärung geknüpft werden können (Beispiel: Ein Verkäufer haftet nach §§ 434 ff. BGB für Mängel, auch wenn sich der Wille zur Übernahme einer entsprechenden Verpflichtung nicht aus seiner Erklärung ergibt.). Ein Irrtum über Rechtsfolgen, die das Gesetz an die Erklärung knüpft, kann entweder als Inhaltsirrtum angesehen werden, wenn man annimmt, auch die vom Gesetz an die Erklärung geknüpften Rechtsfolgen würden konkludent miterklärt. Oder man kann ihn als Motivirrtum ansehen, weil die Vorstellung des Erklärenden über die an eine Erklärung geknüpften Rechtsfolgen ihn zur Abgabe dieser Erklärung motiviert.

Die h.M. stellt darauf ab, ob die Rechtsfolge **Bestandteil der Erklärung** selbst ist (unmittelbar erklärte Rechtsfolge) oder nur vom Gesetz als Folge der unmittelbar erklärten Rechtsfolge vorgesehen wird (mittelbare Rechtsfolge). Im ersten Fall soll ein zur Anfechtung berechtigender Inhaltsirrtum (§ 119 Abs. 1 Alt. 1 BGB) vorliegen, im zweiten Fall ein unbeachtlicher Motivirrtum.[22]

▶ **Beispiele:**[23] Ein Gastwirt verkauft seine Gaststätte „nebst Zubehör" und denkt dabei, der Begriff umfasse nur fest eingebaute Sachen, während er nach §§ 97 f. BGB viel weiter ist. Es liegt hier ein Irrtum über den Inhalt des Begriffs „Zubehör" vor, der nach § 119 Abs. 1 Alt. 1 BGB zur Anfechtung berechtigt.

Ein Verkäufer glaubt, ohne besondere Zusage nicht für Mängel der Kaufsache haften zu müssen. Die Mängelhaftung wird vom Gesetz an die unmittelbar erklärte Rechtsfolge, eine Sache zu verkaufen, geknüpft, und deshalb liegt nach h.M. ein unbeachtlicher Motivirrtum vor. ◀

Mich überzeugt diese Abgrenzung nicht. Dispositives Recht dient zur Lückenfüllung (siehe § 1 Rn. 5). Es soll die Parteien davon entlasten, Regelungen für alle Eventualitäten in ihre Erklärung aufnehmen zu müssen, indem sie – wenn sie dies nicht ausschließen – so gestellt werden, als hätten sie die dispositiven Regelungen in ihre Erklärung aufgenommen. Deshalb scheint es mir wertungsmäßig nicht gerechtfertigt, in Bezug auf die Anfechtbarkeit zwischen in die Erklärung aufgenommenen Rechtsfolgen und Rechtsfolgen, die kraft dispositiven Rechts in die Erklärung „hineingelesen" werden, zu unterscheiden. Nach h.M. kann ein Verkäufer anfechten, wenn er in seiner Erklärung auf die §§ 433 ff. BGB verweist und ihr eine Fotokopie dieser Normen beiheftet, aber über deren Inhalt irrt (vgl. Rn. 5).[24] Er kann dagegen nicht anfechten, wenn er einfach erklärt, eine Sache zu verkaufen, und dabei nicht weiß, dass das Gesetz an diese Erklärung die Folge der Mängelhaftung knüpft. Dieser Unterschied ist meiner Ansicht nach nicht gerechtfertigt.

Entscheidend für die Anfechtbarkeit muss sein, ob die Rechtsfolge **auf dem Willen des Erklärenden beruht** oder nicht. Ein Irrtum über Rechtsfolgen, die dem Willen des

---

21 Siehe *Musielak*, JZ 2014, 64 ff.
22 *Flume*, § 23 4d, S. 465 ff.; *Neuner*, § 41 Rn. 89 ff.; Staudinger/*Singer*, § 119 Rn. 67 ff. Für die generelle Erheblichkeit von Rechtsfolgenirrtümern dagegen BeckOGK-BGB/*Rehberg* (1.3.2024), § 119 Rn. 97 ff.
23 Nach *Neuner*, § 41 Rn. 90 f.
24 **A.A.** *Flume*, § 23 4d, S. 465 Fn. 46.

§ 19 Unbewusstes Auseinanderfallen von Wille und Erklärung

Erklärenden unterliegen, ist ein Inhaltsirrtum und berechtigt zur Anfechtung. Auf dem Willen des Erklärenden beruhen dabei nicht nur diejenigen Rechtsfolgen, die er in seine Erklärung aufnimmt, sondern auch all diejenigen, die das Gesetz an seine Erklärung knüpft, sofern er sie einseitig[25] hätte ausschließen können. Gesetzliche Rechtsfolgen, die der Erklärende nicht einseitig hätte ausschließen können, sind dagegen nicht vom Willen des Erklärenden getragen und deshalb nicht Inhalt seiner Erklärung, sondern bloßes Motiv für die Abgabe der Erklärung. Ein Irrtum über sie ist daher unbeachtlich.[26]

▶ **Fall 9:** V bietet einen Gebrauchtwagen zum Verkauf an und geht dabei davon aus, dass der Käufer im Fall von Sachmängeln kein Rücktrittsrecht hat, wenn ihm ein solches Recht nicht besonders eingeräumt wird.

Falls kein Verbrauchsgüterkauf i.S.v. § 474 Abs. 1 BGB vorliegt, wäre ein Ausschluss des Rücktrittsrechts ohne Weiteres möglich. Dass dieser nicht erfolgt, beruht also auf dem vom Willen des V getragenen Inhalt seiner Erklärung. Da V aber davon ausgeht, dem Käufer kein Rücktrittsrecht zu gewähren, stimmt dieser Inhalt nicht mit seinem wahren Willen überein, und er kann nach § 119 Abs. 1 Alt. 1 BGB anfechten.

Liegt dagegen ein Verbrauchsgüterkauf vor, wäre ein Ausschluss des Rücktrittsrechts gemäß § 476 Abs. 1 S. 1 BGB nicht möglich. Das Rücktrittsrecht des Käufers bei Sachmängeln lässt sich also nicht auf den vom Willen des V getragenen Inhalt seiner Erklärung zurückführen, sondern ist gesetzliche Folge des Abschlusses eines Verbrauchsgüterkaufs. Die Vorstellung, es bestehe kein Rücktrittsrecht, kann für V daher allenfalls Motiv dafür gewesen sein, einen solchen Kauf abzuschließen. Ist sie falsch, berechtigt das als Motivirrtum nicht zur Anfechtung. ◀

▶ **Fall 10:** Wer von einem Vertrag zurücktritt, muss nach § 346 Abs. 1, Abs. 2 S. 1 Nr. 1 BGB Wertersatz für die aus der erhaltenen Sache gezogenen Gebrauchsvorteile (§ 100 Alt. 2 BGB) leisten, also z.B. für die mit dem erhaltenen Auto gefahrenen Kilometer. Zwar können die Vertragsparteien normalerweise etwas anderes vereinbaren, aber der Zurücktretende kann nicht einseitig die Pflicht zum Nutzungsersatz als Folge seines Rücktritts ausschließen. Die Anfechtung einer Rücktrittserklärung wegen eines Irrtums über die Pflicht zum Nutzungsersatz ist daher nicht möglich. ◀

b) Kalkulationsirrtum

Von einem Kalkulationsirrtum spricht man, wenn eine Partei in ihrer Willenserklärung eine Größe (in aller Regel den Preis) zwar mit derjenigen Zahl angibt, die sie angeben will, diese Zahl jedoch auf einer fehlerhaften Kalkulation oder fehlerhaften sonstigen Grundlage beruht.

18

▶ **Fall 11 (nach LG Bremen NJW 1992, 915):** K interessiert sich in der Galerie der V für die Grafik „Papagenos" und erkundigt sich nach deren Preis. V erwidert, da müsse sie erst in der Preisliste nachschauen, tut das und nennt einen Preis von 850 DM. Zu diesem Preis schließen V und K einen Kaufvertrag. V hatte jedoch aus Versehen in einer veralteten Liste nachgesehen; in der aktuellen ist die Grafik mit einem Preis von 2.500 DM verzeichnet. ◀

---

25 Da es darauf ankommt, ob der Erklärende die betreffende Rechtsfolge *einseitig* hätte ausschließen können, entspricht die Unterscheidung nicht derjenigen zwischen zwingendem und dispositivem Recht; vgl. Fall 10.
26 Zustimmend *Cziupka*, JuS 2009, 837, 890. Dagegen MüKoBGB/*Armbrüster*, § 119 Rn. 86.

▶ **Fall 12 (nach RGZ 105, 406 ff.):** Die beiden Deutschen A und B treffen sich im Jahr 1920 in Moskau. A gibt dem B, der Kriegsgefangener war, 30.000 Rubel, damit B heimreisen kann. B verpflichtet sich, dem A in Deutschland 7.500 Mark zurückzuzahlen, da sie einen Kurs von 1 Mark = 4 Rubel annehmen. In Wirklichkeit beträgt der Kurswert der 30.000 Rubel zu diesem Zeitpunkt 300 Mark. ◀

▶ **Fall 13 (nach RGZ 90, 268 ff.):** V verkauft dem K sein Altmetalllager. Die Parteien schätzen einen Haufen Brockeneisen auf 40 Eisenbahnwaggons und legen unter Zugrundelegung des Tagespreises von 1.000 Mark/Eisenbahnwaggon den Preis dafür mit 40.000 Mark fest. Später erweist sich, dass der Haufen Brockeneisen 80 Eisenbahnwaggons ausmacht. ◀

Herkömmlich wird zwischen **internen** (verdeckten) und **externen** (offenen) **Kalkulationsirrtümern** unterschieden. Bei Ersteren bleibt die Kalkulation ein reines Internum des Erklärenden und tritt in keiner Weise nach außen hervor, bei Letzteren wird die Kalkulation gegenüber dem Erklärungsempfänger offengelegt. Die Unterscheidung geht auf die Rechtsprechung des Reichsgerichts zurück, nach der interne Kalkulationsirrtümer nicht zur Anfechtung berechtigen sollen, externe dagegen einen Inhaltsirrtum (§ 119 Abs. 1 Alt. 1 BGB) darstellen und damit ein Anfechtungsrecht begründen sollen.

▶ In den drei Beispielsfällen liegt jeweils ein externer Kalkulationsirrtum vor, da die Kalkulation der einen Seite jeweils für die Gegenseite erkennbar war. Könnte dagegen in FALL 11 K nicht wahrnehmen, dass V in der Preisliste nachsieht, in FALL 12 A nicht erkennen, dass B die 7.500 Mark auf der Basis des vermeintlichen Umrechnungskurses festlegt, und in FALL 13 K nicht bemerken, dass V die geforderten 40.000 Mark auf der Basis einer Mengenschätzung und des Tagespreises berechnet, läge jeweils ein interner Kalkulationsirrtum vor. ◀

19 Die Ansicht des Reichsgerichts ist heute überholt. Maßgeblich ist in erster Linie die **Auslegung** der Erklärung: Ergibt sie, dass die **Endsumme maßgeblich** ist, dann ist die Annahme, diese Endsumme beruhe auf einer bestimmten Kalkulation, bloßes Motiv für die Abgabe der Erklärung, und ihre Unrichtigkeit berechtigt deshalb nicht zur Anfechtung. Das ist zwangsläufig bei internen Kalkulationen der Fall, bei denen der Erklärungsempfänger von der Kalkulation gar nichts weiß. Aber auch bei externen Kalkulationsirrtümern kann die Auslegung ergeben, dass nur die Endsumme relevant ist.

▶ In FALL 11 hätte ein objektiver Erklärungsempfänger (§§ 133, 157 BGB) den Hinweis der V, sie müsse in der Preisliste nachsehen, nicht so verstanden, dass V den in der Liste stehenden Preis zum Inhalt ihres Antrags machen wollte. Denn es entsprach dem Interesse der V, für 850 DM anzubieten, weil K nur am zu zahlenden Betrag interessiert war und einen Kaufvertrag zum ihr unbekannten Listenpreis sicher nicht geschlossen hätte. Der Antrag der V hatte daher den Inhalt, für 850 DM verkaufen zu wollen, und deshalb kam durch die Annahme der K ein Vertrag zu diesem Preis zustande. V kann wegen ihrer Fehlvorstellung, es handle sich um die aktuelle Preisliste, nicht anfechten, da diese Vorstellung bloßes Motiv für die Abgabe ihrer Erklärung war. ◀

Ergibt die Auslegung der Erklärung, dass die **Kalkulationsbasis** gegenüber der Endsumme vorrangig ist, dann gilt nicht die genannte, sondern eine anhand der Kalkulationsbasis korrekt berechnete Endsumme. Die unrichtige Annahme, die vereinbarte Kalkulationsbasis führe zur genannten Endsumme, ist allenfalls Motiv für die Abgabe der Erklärung und berechtigt deshalb nicht zur Anfechtung.

▶ In FALL 12 ergibt die Auslegung, dass die Parteien eine Rückzahlungspflicht in Höhe des gegenwärtigen Kurswerts der Rubel vereinbaren wollten. Vorrangig ist also die Kalkulationsbasis „Kurswert", nicht die Endsumme von 7.500 Mark. B schuldet somit nur Rückzahlung von 300 Mark. A kann wegen seiner Annahme, der Kurswert betrage 7.500 Mark, nicht anfechten, da sie allenfalls Motiv für seine Erklärung war, die Höhe der Rückzahlung solle durch den Kurswert bestimmt werden.[27] ◄

Ergibt die Auslegung den Vorrang keiner der beiden Größen, ist die Erklärung in sich widersprüchlich und wegen Perplexität nichtig (siehe § 2 Rn. 6). Die Frage der Anfechtbarkeit stellt sich nicht.

▶ In FALL 13 lässt der Sachverhalt eine definitive Auslegung nicht zu. Mit Sicherheit war für die Parteien die Festlegung erheblich, der Preis solle auf der Basis von 1.000 Mark/Eisenbahnwaggon festgesetzt werden, da dies in etwa der Preis war, zu dem sie beide hätten Alternativgeschäfte schließen können. Zweifelhaft ist, ob die Größe des Lagers und damit die Endsumme gleichermaßen wichtig waren. Im Hinblick auf V ist das zu verneinen, da es ihm nicht primär darum ging, eine bestimmte Geldsumme zu erwirtschaften, sondern darum, sein Lager zu räumen. Im Hinblick auf K ist die Lage dagegen unklar. Ergibt die Auslegung seiner Erklärung, dass er auf jeden Fall den ganzen Haufen Brockeneisen für 1.000 Mark/Eisenbahnwaggon kaufen wollte, waren die Größe des Lagers und folglich die Endsumme für ihn irrelevant, und die Auslegung seiner Erklärung ergibt ein Kaufangebot zu 80.000 Mark, so dass ein Kaufvertrag zu diesem Preis zustande kam. Ergibt die Auslegung der Erklärung des K dagegen, dass auch die Größe des Lagers und die Endsumme für ihn von Bedeutung waren – etwa, weil er nicht über genug Mittel verfügte oder glaubte, mehr als 40 Eisenbahnwagen Brockeneisen nicht verwerten zu können –, ist die Erklärung des K wegen Perplexität nichtig, so dass kein Kaufvertrag zustande gekommen ist.[28] ◄

Eine Anfechtung kommt nach alledem nicht wegen der unrichtigen Kalkulation in Betracht, wohl aber unter einem anderen Aspekt: Ergibt die Auslegung der Erklärung einer Partei nach dem objektiven Empfängerhorizont (§§ 133, 157 BGB), dass derjenige Aspekt (Kalkulationsbasis oder Endsumme) vorrangig ist, der nach dem Willen des Erklärenden nicht vorrangig sein sollte, dann liegt ein **Inhaltsirrtum** vor (§ 119 Abs. 1 Alt. 1 BGB), der zur Anfechtung berechtigt. Dieser Fall dürfte allerdings weit seltener sein als ein Kalkulationsirrtum, da sich die Parteien insofern meist einig sein werden.

20

▶ Hätte in FALL 11 V erklären wollen, dass nicht der genannte Preis von 850 DM maßgeblich sein soll, sondern der in der aktuellen Preisliste verzeichnete, könnte sie wegen Inhaltsirrtums anfechten. V hielt hier aber wohl selbst den genannten Preis für maßgeblich und nahm nur irrig an, dieser entspreche dem in der aktuellen Preisliste.

Wenn A in FALL 12 hätte erklären wollen, B müsse auf jeden Fall 7.500 Mark zurückzahlen, unabhängig vom Kurswert der Rubel, wäre er einem Inhaltsirrtum unterlegen. Auch das scheint eher unwahrscheinlich.

In Betracht kommt eine Anfechtung wegen Inhaltsirrtums dagegen in FALL 13. Wenn für K der Endpreis wichtig war, er dies aber nicht zum Ausdruck brachte, kann er anfechten. ◄

---

27 A.A. RGZ 105, 406 ff., das auf die Frage der Auslegung nicht weiter einging, sondern eine Rückzahlungspflicht in Höhe von 7.500 Mark annahm, dem B aber ein Anfechtungsrecht nach § 119 Abs. 1 Alt. 1 BGB wegen Inhaltsirrtums zusprach.
28 A.A. RGZ 90, 268 ff., das auf die Frage der Auslegung nicht weiter einging, sondern eine Zahlungspflicht in Höhe von 40.000 Mark annahm, dem V aber ein Anfechtungsrecht nach § 119 Abs. 1 Alt. 1 BGB wegen Inhaltsirrtums zusprach.

c) Automatisch generierte Erklärungen

21 Zahlreiche Fragen wirft die Anfechtbarkeit von Willenserklärungen auf, die automatisch von einem Computer generiert werden, etwa im Rahmen eines Onlineshops (siehe auch § 2 Rn. 5).

▶ **Fall 14 (nach BGH NJW 2005, 976 f.):** V betreibt einen Onlineshop für Computer. K bestellt elektronisch ein dort für 245 € angebotenes Notebook. Das Warenwirtschaftssystem des V sagt mittels automatisch generierter E-Mail die Lieferung zu. Kurz darauf ficht V mit der Begründung an, das Notebook habe in Wirklichkeit für 2.650 € angeboten werden sollen. Der Fehler beruht darauf, dass

a) V sich bei der Eingabe des Preises vertippt hat;

b) V aus Versehen einen veralteten Einkaufspreis eingegeben hat, aus dem die EDV dann automatisch den Verkaufspreis errechnet und in die Datenbank eingestellt hat;

c) wegen eines Softwarefehlers der richtig eingegebene Preis falsch in die Produktdatenbank übertragen worden ist;

d) die EDV wegen eines Softwarefehlers aus dem richtig eingegebenen Einkaufspreis einen falschen Verkaufspreis errechnet hat, der dann automatisch in die Datenbank eingestellt wurde.

Das Angebot des Notebooks auf der Webseite stellt lediglich eine unverbindliche invitatio ad offerendum dar (siehe § 3 Rn. 4). Gegenstand der Anfechtung kann daher nur die (automatisch generierte) Annahme des von K abgegebenen Antrags sein.[29] Fraglich ist, ob insofern ein Anfechtungsgrund vorliegt. Dabei kann ein Erklärungsirrtum vorliegen, wenn die Annahme den Preis von 245 € enthält (siehe Rn. 2). Tut sie das nicht, kommt ein Inhaltsirrtum in Betracht, da V zwar dasjenige Erklärungszeichen setzte, das er setzen wollte („Wir danken für Ihre Bestellung und werden schnellstmöglich liefern"), damit aber einen anderen Inhalt (2.650 € statt 245 €) verband (siehe Rn. 3).[30] Problematisch ist jeweils die Abgrenzung zum bloßen Irrtum bei der Willensbildung. ◀

Der Grund dafür, dass Irrtümer bei der Willensbildung (außer in den Fällen der §§ 119 Abs. 2, 123 BGB) unbeachtlich sind, liegt darin, dass der Erklärende dabei letztlich das äußert, was er äußern will, und sich deshalb für die unmittelbaren Konsequenzen der Erklärung entschieden hat: Wenn V erklärt und erklären will, ein bestimmtes Notebook für 245 € zu verkaufen, entscheidet er sich dafür, das Notebook für 245 € herzugeben, und kann sich vorher noch einmal überlegen, ob er das wirklich will. In den Fällen des § 119 Abs. 1 BGB fehlt es dagegen an einer solchen Entscheidung für die unmittelbaren Konsequenzen der Erklärung, und deshalb ist der Erklärende in höherem Maße schutzwürdig als bei Irrtümern bei der Willensbildung.

22 Bei automatisch generierten Erklärungen fehlt es stets an einer Letztentscheidung für die Folgen der Erklärung. Doch liegt dies allein am Entschluss des Erklärenden, die betreffende Erklärung automatisch generieren zu lassen, statt sie selbst abzugeben oder einen Stellvertreter einzusetzen. Er könnte sein Unternehmen auch so organisieren, dass die EDV Bestellungen nicht automatisch bearbeitet, sondern nur einen Entwurf

---

[29] Nach § 312i Abs. 1 S. 1 Nr. 3 BGB muss der Unternehmer beim Vertragsschluss im elektronischen Geschäftsverkehr dem Kunden den Zugang von dessen Bestellung unverzüglich auf elektronischem Wege bestätigen. Diese Bestätigung darf nicht mit einer Annahme des vom Kunden abgegebenen Vertragsantrags gleichgesetzt werden. Vielmehr ist durch Auslegung (§§ 133, 157 BGB) zu ermitteln, ob sie lediglich über den Zugang informiert oder zugleich eine auf den Vertragsschluss gerichtete Willenserklärung darstellen.

[30] Vgl. *Singer*, LMK 2005, 67, 68; Soergel/*Harke*, § 119 Rn. 22.

erstellt, den ein Sachbearbeiter überprüft und absendet; dann würden Fehler in diesem Entwurf nicht zur Anfechtung berechtigen. Es scheint zunächst wenig einleuchtend, dass man durch einen **Verzicht auf Kontrollmöglichkeiten** Willensmängel vom Bereich der Willensbildung in den Bereich der Willensäußerung verschieben und so Anfechtungsrechte begründen kann. Trotzdem ermöglicht das Gesetz ausdrücklich in einem anderen Fall die Anfechtung, in dem bei einer Intensivierung von Kontrollmaßnahmen ein bloßer Irrtum in der Willensbildung vorläge: bei der unrichtigen Übermittlung einer Willenserklärung (§ 120 BGB; siehe Rn. 4 und § 27 Rn. 13 ff.). Wenn der Erklärende hier nach der Übermittlung der Erklärung durch einen Dritten den Inhalt der Erklärung noch einmal kontrollieren und dann die Erklärung selbst dem Empfänger mitteilen oder aushändigen würde, könnte er wegen einer Verfälschung der Erklärung bei der Übermittlung, die er bei dieser Kontrolle nicht bemerkte, nicht anfechten. Kontrolliert er aber nicht, gibt ihm § 120 BGB im Fall einer solchen Verfälschung ein Anfechtungsrecht. Es liegt damit genau die scheinbar paradoxe Situation vor, dass ein Verzicht auf Kontrolle zu einer Erweiterung der Anfechtungsmöglichkeiten führt. Der Grund dafür besteht darin, dass Kontrolle teuer und deshalb nur bedingt sinnvoll ist. Würde § 120 BGB im Fall der unrichtigen Übermittlung einer Erklärung kein Anfechtungsrecht geben, müsste der Erklärende entweder die Folgen einer falschen Übermittlung tragen oder seine Kontrollmaßnahmen so intensivieren, dass eine falsche Übermittlung praktisch ausgeschlossen ist. Beides würde erhebliche Kosten verursachen, die – da der Erklärende sie in den Preis einkalkulieren würde – letztlich der Vertragspartner zu tragen hätte. Für den Vertragspartner wird es aber typischerweise günstiger sein, im Fall einer falschen Übermittlung eine Anfechtung hinnehmen zu müssen, als diese Kosten zu tragen.

Dieser Gedanke lässt sich m.E. auf automatisch generierte Willenserklärungen übertragen: Zumindest im Rahmen standardisierter Transaktionen – etwa mithilfe von Onlineshops – ist es ökonomisch sinnvoll, auf eine manuelle Kontrolle automatisch generierter Willenserklärungen zu verzichten. Dass eine solche Kontrolle erfolgen könnte, tatsächlich aber nicht erfolgt, darf daher nicht zu einer Beschränkung der nach den allgemeinen Grundsätzen gegebenen Anfechtungsmöglichkeiten führen.

Die **Voraussetzungen für die Anfechtung einer automatisch generierten Willenserklärung** entsprechen daher denen für die Anfechtung einer „normalen" Willenserklärung. Letztere kann nach § 119 Abs. 1 BGB angefochten werden, wenn sie inhaltlich vom Willen des Erklärenden abweicht. Eine automatisch generierte Willenserklärung muss daher anfechtbar sein, wenn sie deshalb vom Willen des Erklärenden abweicht, weil die in den Datenverarbeitungsprozess eingespeisten Daten inhaltlich vom Willen des Einspeisenden abweichen. Wusste der Einspeisende dagegen, welchen Inhalt die eingespeisten Daten hatten, und irrte nur bei der Entscheidung darüber, genau diese Daten einzuspeisen, liegt ein unbeachtlicher Fehler in der Willensbildung vor – ebenso, wie wenn bei einer normalen Willenserklärung der Erklärende weiß, was er erklärt, aber seine Entscheidung, genau das zu erklären, irrtumsbehaftet ist.

23

Im FALL 14A liegt somit ein Erklärungs- oder Inhaltsirrtum vor, da V Daten mit anderem Inhalt „aus der Hand gab", als er wollte.[31] Instruktiv ist insofern ein Vergleich mit dem Einsatz von Boten: Wenn der Erklärende seine Erklärung einem Boten aus-

---

31 Siehe MüKoBGB/*Säcker*, Einl. Rn. 199; NK-BGB/*Feuerborn*, § 119 Rn. 32; Soergel/*Harke*, § 119 Rn. 19; Staudinger/*Singer*, § 119 Rn. 36. **A.A.** *Köhler*. AcP 182 (1982), 126, 136; *Lorenz*, Der Schutz vor dem unerwünschten Vertrag (1997), S. 277 ff.

händigt oder mitteilt, ist die Erklärung in diesem Moment abgegeben. Da es für das Vorliegen von Willensmängeln auf den **Zeitpunkt der Abgabe** ankommt, kann der Erklärende anfechten, wenn er bei der Weitergabe der Erklärung an den Boten einem Erklärungs- oder Inhaltsirrtum unterliegt, und zwar unabhängig davon, ob er den Boten später noch stoppen oder die Erklärung zurückholen könnte (siehe § 2 Rn. 19). Es besteht kein Anlass, anders zu entscheiden, wenn die Daten statt einem Menschen einer Maschine „übergeben" werden. Allerdings wird die Erklärung mit der Einprogrammierung der Daten noch nicht abgegeben, weil zu diesem Zeitpunkt noch nicht einmal der Empfänger feststeht. Doch wirkt der Wille, eine Erklärung entsprechend den einprogrammierten Vorgaben abzugeben, fort, bis die Erklärung von der EDV automatisch an den Empfänger abgesandt und dadurch abgegeben wird. Wille und objektiver Erklärungswert fallen daher noch bei der Abgabe auseinander; ein Willensmangel liegt vor.[32] Nur wenn z.B. das Unternehmen den Datenfehler bemerkt und bewusst nicht korrigiert (etwa, um die Kunden nicht zu verärgern), fehlt es bei Abgabe der Erklärung an einem Irrtum.

Im FALL 14B ist dagegen ein unbeachtlicher Motivirrtum gegeben, weil V über den Inhalt der weitergegebenen Daten im Bilde war und sich lediglich im Hinblick darauf geirrt hat, *welche* Daten er weiterleitete – ebenso, wie wenn der Erklärende dem Boten versehentlich einen für eine andere Ware geltenden Preis nennt.[33]

Die FÄLLE 14C und 14D sind problematisch, weil zwar im Hinblick auf die verarbeiteten Daten ein Fehler erst nach deren Einspeisung eintrat, die verarbeitende Software aber schon von Anfang an mangelhaft war. Stellt man auf die verarbeiteten Daten ab, muss eine Anfechtung möglich sein, weil die aus der Hand gegebenen Daten richtig waren und erst nachträglich verfälscht wurden – ebenso, wie wenn im Fall des § 120 BGB der korrekt instruierte Bote die Erklärung falsch übermittelt. Stellt man jedoch auf die Software ab, liegt ein Irrtum bei der Willensbildung vor, da genau diese Software eingespeist werden sollte und lediglich die Entscheidung, diese Software einzuspeisen, irrtumsbehaftet war. Auch hier hilft wieder ein Vergleich mit dem Boten weiter: § 120 BGB erlaubt eine Anfechtung auch dann, wenn die falsche Übermittlung auf einem „Defekt" (wie etwa Unzuverlässigkeit oder mangelnder intellektueller Kapazität) des Boten beruht (siehe § 27 Rn. 13 ff.). Auf der „Mangelhaftigkeit" des Boten beruhende Verfälschungen werden also nicht dem Stadium der Willensbildung, sondern dem Stadium der Willensäußerung zugerechnet. Es ist nicht ersichtlich, warum für auf mangelhafter Hard- oder Software beruhende Verfälschungen etwas anderes gelten sollte.[34]

Der BGH hat im FALL 14C einen zur Anfechtung berechtigenden Irrtum angenommen.[35] Im FALL 14D geht die h.M. dagegen vom Vorliegen eines unbeachtlichen Motivirrtums aus.[36] Die Ungleichbehandlung beider Fälle leuchtet nicht ein.[37]

---

32 BGH NJW 2005, 976, 977; *Singer*, LMK 2005, 67, 68; *Spindler*, JZ 2005, 793, 795.
33 Z.B. Grüneberg/*Ellenberger*, § 119 Rn. 10; MüKoBGB/*Säcker*, Einl. Rn. 199; Soergel/*Harke*, § 119 Rn. 20; Staudinger/*Singer*, § 119 Rn. 36.
34 FALL 14D entspricht z.B. dem Fall, dass der Bote die Erklärung nicht lediglich weiterleiten, sondern vorher in eine andere Sprache übersetzen soll (vgl. § 27 Rn. 1).
35 BGH NJW 2005, 976, 977. Ebenso MüKoBGB/*Säcker*, Einl. Rn. 197; Soergel/*Harke*, § 119 Rn. 20; Staudinger/*Singer*, § 119 Rn. 36.
36 *Köhler*, AcP 182 (1982), 126, 135; *Mehrings*, MMR 1998, 30, 32; MüKoBGB/*Säcker*, Einl. Rn. 198; NK-BGB/*Feuerborn*, § 119 Rn. 32; Staudinger/*Singer*, § 119 Rn. 36.
37 So auch *Spindler*, JZ 2005, 793, 794.

II. Mängel des Erklärungsbewusstseins

Wie zu entscheiden ist, wenn derjenige, der den äußeren Tatbestand einer Willenserklärung setzt, keine rechtlich relevante Erklärung abgeben will (zum Begriff des Erklärungsbewusstseins siehe § 2 Rn. 4), ist umstritten.

Das Problem stellt sich nur, wenn der Erklärungsempfänger das Fehlen des Erklärungsbewusstseins nicht erkennen muss, wenn also bei der **Auslegung** der Erklärung ein Handeln mit Rechtsbindungswillen (siehe § 2 Rn. 6) anzunehmen ist. Sonst liegt keinesfalls eine Willenserklärung vor.

▶ **Beispiel:** In der Trierer Weinversteigerung winkt jemand nicht nur seinem Freund zu, sondern ruft dabei: „Huhu, Walther!" Unter diesen Umständen kann das Heben der Hand nicht als Gebot ausgelegt werden. ◀

Liegt der äußere Tatbestand einer Willenserklärung vor, so ist die Schutzwürdigkeit des Erklärungsempfängers ebenso hoch wie bei Fehlen des Geschäftswillens, denn er kann das Fehlen des Erklärungsbewusstseins ebensowenig erkennen wie dasjenige des Geschäftswillens. Das Schutzbedürfnis des Erklärenden ist dagegen höher, da er bei Fehlen des Erklärungsbewusstseins nicht einmal weiß, dass er eine rechtlich relevante Erklärung abgibt, und deshalb weniger Anlass zur Achtsamkeit hat als bei Fehlen des Geschäftswillens. Im Ergebnis besteht Einigkeit über zwei Punkte:

- Der Erklärende kann keinesfalls schlechter stehen als bei Fehlen des Geschäftswillens. Er kann also im Ergebnis nicht an seine Willenserklärung gebunden werden. Umstritten ist nur, ob die Willenserklärung von Anfang an nichtig ist oder ob sie zwar zunächst wirksam ist, der Erklärende sie aber nach § 119 Abs. 1 Alt. 2 BGB anfechten kann, weil er eine Erklärung dieses Inhalts nicht abgeben wollte.
- Wenn der Erklärende nicht gebunden bleibt, kommt ein Anspruch des Erklärungsempfängers auf Ersatz seines Vertrauensschadens (zum Begriff siehe § 21 Rn. 14) in Betracht. Hält man die Erklärung nur für anfechtbar, ergibt sich das zwanglos daraus, dass die Anfechtung den Schadensersatzanspruch aus § 122 BGB nach sich zieht (siehe § 21 Rn. 13 ff.). Hält man die Erklärung auch ohne Anfechtung für nichtig, ist eine analoge Anwendung von § 122 BGB[38] oder der Rückgriff auf §§ 280 Abs. 1, 241 Abs. 2, 311 Abs. 2 BGB (culpa in contrahendo)[39] möglich.

Der Streit geht also letztlich nur darum, ob eine **Anfechtung erforderlich** ist. Nach einer Mindermeinung ist das nicht der Fall, weil eine ohne Erklärungsbewusstsein abgegebene Willenserklärung generell nichtig sei.[40] Nach h.M. ist dagegen eine Anfechtung immer dann nötig, wenn der Erklärende bei Anwendung der verkehrserforderlichen Sorgfalt hätte erkennen und vermeiden können, dass sein Verhalten als Willenserklärung aufgefasst wird, wenn ihm die Erklärung also zurechenbar ist.[41]

▶ In der Trierer Weinversteigerung folgt die Zurechenbarkeit daraus, dass jemand, der sich in eine Versteigerung begibt und das angewandte Verfahren nicht kennt, mit der Möglichkeit rechnen muss, dass nach den örtlichen Gebräuchen Gebote durch Handzeichen abgegeben werden können, und sich deshalb entweder ruhig halten oder vorher informie-

---

38 So *Canaris*, Die Vertrauenshaftung im deutschen Privatrecht (1971), S. 549 f.; *Singer*, JZ 1989, 1030, 1035.
39 So *Schrader*, JA 2023, 887, 890; Staudinger/*Singer*, § 118 Rn. 5.
40 *Canaris*, Die Vertrauenshaftung im deutschen Privatrecht (1971), S. 427 f., 548 ff.; *Neuner*, § 32 Rn. 22 f.; *Schrader*, JA 2023, 887, 889 f.; Staudinger/*Singer*, § 118 Rn. 5.
41 BGHZ 91, 324 ff. mit ablehnender Anmerkung von *Canaris*, NJW 1984, 2281 f.; *Bork*, Rn. 596 ff.; *Flume*, § 20 3, S. 414 f. und § 23 1, S. 449 f. (außer bei konkludentem Verhalten); MüKoBGB/*Armbrüster*, § 119 Rn. 101 ff.; Soergel/*Harke*, § 119 Rn. 24.

ren muss. Anders wäre es, wenn ein Verhalten Gebotscharakter hätte, für das das völlig unüblich ist, wie etwa ein Heben der Augenbraue. ◀

Für die Erforderlichkeit einer Anfechtung wird angeführt, dass bei Fehlen des Erklärungsbewusstseins ebenso ein Bedürfnis nach schneller Klarstellung durch eine Anfechtungserklärung bestehe wie bei Fehlen des Geschäftswillens. Außerdem solle der Erklärende ebenso wie bei Fehlen des Geschäftswillens die Wahl haben, ob er durch Verzicht auf die Anfechtung das Erklärte doch gelten lassen will und dadurch die Schadensersatzpflicht nach § 122 BGB vermeidet. Dieses „Wahl-Argument" scheint recht schwach, denn wenn der Erklärende das ohne Erklärungsbewusstsein Erklärte gelten lassen will, kann er das in aller Regel einfach dadurch erreichen, dass er seinen Willensmangel nicht zur Sprache bringt. Umgekehrt stellt der Zwang zur Anfechtung – mit dem Risiko, die kurze Frist des § 121 BGB zu versäumen – eine erhebliche Belastung für ihn dar. Trotz dieser Schwäche ist das Wahl-Argument m.E. letztlich durchschlagend, weil es die Sichtweise der Gesetzesverfasser widerspiegelt. Denn nach dem Ersten Entwurf zum BGB führten Irrtümer (außer im Fall des heutigen § 123 BGB) noch nicht zur Anfechtbarkeit, sondern zur Nichtigkeit der Willenserklärung. Im Zweiten Entwurf wurde das geändert, weil nicht einzusehen sei, „weshalb auch der Andere oder gar jeder unbetheiligte Dritte auf unbeschränkte Zeit hinaus die Ungültigkeit sollte geltend machen dürfen, und zwar selbst in solchen Fällen, in denen der Irrende trotz des Irrthums mit der Aufrechterhaltung der Willenserklärung vollkommen einverstanden sein würde".[42] Das Wahl-Argument erklärt auch, warum bei § 118 BGB, der einen gesetzlich geregelten Fall fehlenden Erklärungsbewusstseins darstellt, Nichtigkeit eintritt: Der Erklärende ist sich hier des Auseinanderfallens von Wille und objektivem Erklärungswert bewusst und will das Erklärte gerade nicht. Es ist daher nicht angebracht, ihm ein Wahlrecht einzuräumen (siehe § 18 Rn. 9).

26 Bei **nicht empfangsbedürftigen Willenserklärungen** entscheidet sich die h.M. anders, da es hierbei keinen Erklärungsempfänger gibt, der geschützt werden muss. So kommt es bei der Auslegung von nicht empfangsbedürftigen Willenserklärungen in erhöhtem Maß auf den wirklichen Willen des Erklärenden an (§ 2 Rn. 13), und deshalb kann ein Handeln ohne Erklärungsbewusstsein keine nicht empfangsbedürftige Willenserklärung darstellen.[43]

III. Mängel des Handlungswillens

27 Fehlt demjenigen, der den äußeren Tatbestand einer Willenserklärung setzt, der Handlungswille (zum Begriff § 2 Rn. 4), dann liegt nach ganz herrschender Meinung **keine Willenserklärung** vor.[44] Selbstverständlich ist dies allerdings nicht, denn wenn der Erklärungsempfänger das Fehlen des Handlungswillens nicht erkennen kann, ist er genauso schutzbedürftig wie bei Fehlen des Erklärungsbewusstseins oder des Geschäftswillens. Die Nichtigkeit beruht hier auf der höheren Schutzbedürftigkeit des Erklärenden, der nicht einmal handeln will und deshalb diese Handlung im Hinblick auf ihren Erklärungswert nicht steuern kann.

---

42 Protokolle I, S. 106.
43 Grüneberg/*Ellenberger*, vor § 116 Rn. 17. Speziell zur Annahme nach § 151 BGB: BGH NJW-RR 1986, 415; Grüneberg/*Ellenberger*, § 151 Rn. 2b; MüKoBGB/*Busche*, § 151 Rn. 10; **a.A.** Staudinger/*Bork*, § 151 Rn. 16.
44 Grüneberg/*Ellenberger*, vor § 116 Rn. 16; MüKoBGB/*Armbrüster*, vor § 116 Rn. 22; Staudinger/*Singer*, vor § 116 Rn. 50. **A.A.** *Leenen/Häublein*, § 5 Rn. 35 (Willenserklärung, aber anfechtbar).

Praktisch wird das Problem des fehlenden Handlungswillens nur selten relevant. Häufig (etwa beim Handeln im Schlaf oder unter Hypnose) ist die Willenserklärung schon nach § 105 Abs. 2 BGB nichtig (siehe § 16 Rn. 53). In anderen Fällen ist der fehlende Handlungswille erkennbar, so dass es schon am äußeren Tatbestand einer Willenserklärung fehlt. Erheblich kann das Fehlen des Handlungswillens vor allem bei dem – freilich auch nicht gerade alltäglichen – Vorliegen von **vis absoluta** sein, die den Willen des Opfers völlig ausschaltet.

▶ **Fall 15:** M ist nicht damit einverstanden, dass seine Frau F einen Beruf ausübt. Er schreibt am Computer eine Kündigung und legt sie der F zur Unterschrift vor. F weigert sich. Daraufhin kommt es zwischen den Eheleuten zum Streit, der immer mehr eskaliert. Schließlich drückt M seiner Frau einen Stift in die Hand, packt ihr Handgelenk und führt die Hand so über die Kündigungserklärung, dass ein unterschriftsähnlicher Krakel entsteht. Anschließend sendet M die Kündigung an den Arbeitgeber der F.

Es liegt hier nicht nur eine abhanden gekommene Willenserklärung vor (siehe dazu § 2 Rn. 20), sondern gar keine Willenserklärung, da F keinerlei Handlungswillen hatte. Die Kündigung ist daher nichtig. Dass der Arbeitgeber der F dies nicht erkennen kann, ist unerheblich. ◀

IV. Zusammenfassung: Feststellung des Inhalts einer Erklärung und Folgen von Willensmängeln

Das folgende Schaubild entspricht der ganz herrschenden Meinung. Lehnt man mit der hier vertretenen Ansicht die natürliche Auslegung ab (siehe § 2 Rn. 12), dann entfällt die erste Stufe („Versteht Empfänger Erklärung so, wie sie gemeint war?"), und am Anfang steht die Auslegung nach dem objektiven Empfängerhorizont.

§ 19 F. Willensmängel

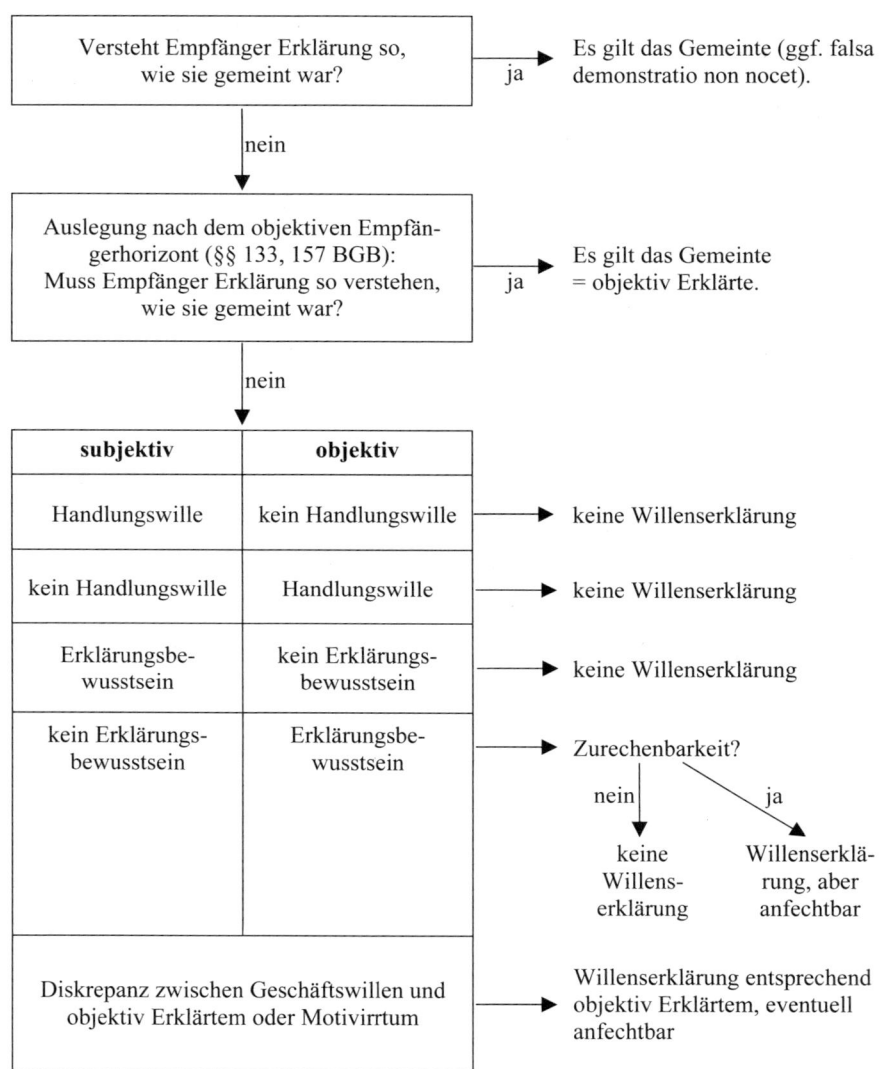

Wiederholungs- und Vertiefungsfragen

1. Wie müsste man den Steuerberater-Fall in Rn. 3 abwandeln, damit ein Eigenschaftsirrtum vorliegt?
2. Wovon hängt es ab, ob man eine Erklärung anfechten kann, die man ungelesen unterschrieben hat?
3. Wann kann man ein Verfügungsgeschäft anfechten?
4. K kauft ein Gemälde für 25.000 €, von dem sie annimmt, dass es einen Marktwert von 30.000 € hat. Dann stellt sich heraus, dass das Gemälde nicht – wie K meinte – von Willi

§ 19 Unbewusstes Auseinanderfallen von Wille und Erklärung

Ulfig, sondern von Gerhard Schaidinger stammt und deshalb nur 9.000 € wert ist. Kann K anfechten?

5. M hat sich bei Abschluss eines Mietvertrags über eine Ferienwohnung über das Datum geirrt und deshalb den Mietvertrag angefochten. Nun verlangt die Vermieterin Schadensersatz nach § 122 BGB. M wusste nicht, dass ihn die Anfechtung zur Schadensersatzzahlung verpflichtet, und würde doch lieber die Ferienwohnung im gebuchten Zeitraum nutzen als Schadensersatz zahlen. Kann er seine Anfechtungserklärung anfechten?

6. Wann spricht man von einem offenen und wann von einem verdeckten Kalkulationsirrtum?

7. K und V verhandeln über den Kauf von Silber. V bietet dem K 200 kg Silber 800 fein zu je 320 Mark an. K möchte aber lieber Silber 1.000 fein. V bittet um einen Moment Geduld, weil er den Preis von 800 fein auf 1.000 fein umrechnen müsse. Schließlich bietet er das Silber 1.000 fein für 360 Mark/kg (statt für 400 Mark/kg) an, weil er sich verrechnet hat. K bemerkt das nicht und ordert 200 kg Silber 1.000 fein. Wie ist die Rechtslage?[45]

8. Rechtsanwältin K schreibt an das Möbelhaus V, um für ihr Büro eine Couch zu bestellen. Sie legt den Brief dann jedoch beiseite, weil ihr noch ein anderes Möbelhaus eingefallen ist und sie sich dort auch noch umsehen möchte. Am Abend sieht die Sekretärin den Brief auf dem Schreibtisch der K liegen und schickt ihn ab, weil sie glaubt, K habe nur vergessen, ihn in den Postausgangskorb zu legen. Wie ist die Rechtslage?

---

45 Nach RGZ 101, 107 f.

§ 20 Arglistige Täuschung und widerrechtliche Drohung

I. Vorbemerkung

1 Allein die Tatsache, dass ein Rechtsgeschäft auf arglistiger Täuschung oder widerrechtlicher Drohung beruht, macht dieses Rechtsgeschäft nicht sittenwidrig i.S.v. § 138 Abs. 1 BGB. Denn sonst wäre das Rechtsgeschäft automatisch nichtig und § 123 BGB weitgehend überflüssig. Kommen aber zur arglistigen Täuschung oder widerrechtlichen Drohung weitere Umstände hinzu, die das Geschäft nach seinem Gesamtcharakter als sittenwidrig erscheinen lassen, ist es nach § 138 BGB nichtig. Eine Anfechtung ist dann meist (siehe § 21 Rn. 16) überflüssig.

II. Arglistige Täuschung (§ 123 Abs. 1 Alt. 1 BGB)

1a Nach § 123 Abs. 1 Alt. 1 BGB kann derjenige anfechten, der zur Abgabe einer Willenserklärung durch arglistige Täuschung bestimmt worden ist.

1. Täuschung

a) Erregung eines Irrtums

2 Täuschung ist die Erregung eines Irrtums oder die Aufrechterhaltung eines schon vorhandenen Irrtums. Worin dieser Irrtum besteht, ist bei § 123 BGB gleichgültig. Es kann sich also entweder um einen **Irrtum** handeln, der schon **nach § 119 BGB** zur Anfechtung berechtigt, wenn etwa der Erklärende über den Inhalt der von ihm unterschriebenen Urkunde (§ 119 Abs. 1 Alt. 1 BGB) oder die Zahlungsfähigkeit seines Vertragspartners (§ 119 Abs. 2 BGB) getäuscht wird. Die Anfechtung nach § 123 BGB ist in diesem Fall für den Getäuschten interessant, weil die Anfechtungsfrist länger ist als im Fall des § 119 BGB (§§ 121, 124 BGB) und weil eine Schadensersatzpflicht des Anfechtenden nach § 122 BGB bei der Anfechtung nach § 123 BGB von vornherein nicht in Betracht kommt. Für die Anfechtbarkeit nach § 123 BGB genügt aber auch die Erregung oder Aufrechterhaltung eines **Motivirrtums**. Dass der Getäuschte bei Anwendung der verkehrserforderlichen Sorgfalt den Irrtum hätte vermeiden können, schließt die Anfechtbarkeit nicht aus.

b) Täuschung durch Tun oder Unterlassen

3 Die Täuschung kann entweder durch **aktives Tun** erfolgen, also indem der Täuschende falsche Angaben macht. Auf diese Weise täuscht insbesondere, wer eine Frage falsch beantwortet. Möglich ist aber auch eine **Täuschung durch Unterlassen**. Voraussetzung hierfür ist, dass der Täuschende zum Handeln verpflichtet ist, also dazu, das Entstehen eines Irrtums zu verhindern oder einen schon vorhandenen Irrtum zu beheben: Eine Täuschung durch Unterlassen erfordert das Bestehen einer **Aufklärungspflicht**. Insofern kommt es ganz auf die Umstände des Einzelfalls an. Die geläufige Formel, es sei gemäß § 242 BGB entscheidend, ob der andere Teil nach Treu und Glauben unter Berücksichtigung der Verkehrsanschauung redlicherweise Aufklärung erwarten darf, ist bei der Entscheidung konkreter Fälle keine Hilfe. Ausgangspunkt – aber nicht mehr! – ist der Grundsatz, dass es Sache jeder Partei ist, ihre Interessen selbst wahrzunehmen. Es besteht deshalb keine Pflicht, die Gegenpartei ungefragt auf alle Umstände hinzuweisen, die für ihre Entschließung von Bedeutung sein können.

▶ **Beispiele:** Der Verkäufer eines Fernsehers muss den Kaufinteressenten nicht darauf hinweisen, dass es das gleiche Gerät bei der Konkurrenz billiger gibt. Den Verkäufer eines VW trifft keine Pflicht, darauf hinzuweisen, dass bestimmtes Zubehör bei Fiat in der serienmäßigen Ausstattung enthalten ist. ◀

Dieser Grundsatz wird allerdings von einer Vielzahl von Ausnahmen „durchlöchert". Aufklärungspflichten werden dabei umso eher angenommen, je wichtiger ein Umstand für die Entschließung einer Partei ist, je größer das Informationsgefälle zwischen den Parteien und je intensiver ihr Vertrauensverhältnis ist. So müssen etwa Umstände ungefragt offenbart werden, die den Vertragszweck vereiteln oder erheblich gefährden können, wie das Erlöschen der Betriebserlaubnis für einen Gebrauchtwagen. Einen Händler treffen weitergehende Aufklärungspflichten als einen privaten Verkäufer, und umgekehrt muss ein Verbraucher eher aufgeklärt werden als ein professioneller Käufer. Familiäre oder besondere persönliche Verbundenheit oder eine langjährige Geschäftsbeziehung können besondere Aufklärungspflichten begründen. Aufklärungspflichten wurden etwa bejaht in Bezug auf die Eigenschaft eines Gebrauchtwagens als Unfallfahrzeug, sofern das Auto nicht einen bloßen Bagatellschaden erlitten hatte, in Bezug auf die Altlastenverseuchung eines Grundstücks, in Bezug auf eine Verkehrsplanung, die mit der vom Käufer beabsichtigten Nutzung eines Grundstücks unvereinbar ist, und in Bezug auf das Bestehen erheblicher Vorstrafen bei einem Vertrag über die gewerbliche Nutzung eines Adelsnamens.

c) Person des Täuschenden

Bei **nicht empfangsbedürftigen Willenserklärungen** ist es egal, wer die Täuschung begeht. Für **empfangsbedürftige Willenserklärungen** statuiert § 123 Abs. 2 BGB dagegen Einschränkungen hinsichtlich der Person des Täuschenden. Wer infolge einer arglistigen Täuschung eine empfangsbedürftige Willenserklärung abgegeben hat, kann in folgenden Fällen anfechten:

- Wenn der **Erklärungsempfänger** getäuscht hat.
- Wenn eine Person getäuscht hat, die **nicht Dritter** i.S.v. § 123 Abs. 2 S. 1 BGB ist. Das ergibt sich daraus, dass die Anfechtbarkeit nur bei der Täuschung durch einen Dritten die Kenntnis oder das Kennenmüssen des Erklärungsempfängers voraussetzt. Keine Dritten sind Personen, die „im Lager" des Erklärungsempfängers stehen und maßgeblich am Zustandekommen des Vertrags mitwirken. Zur Anfechtbarkeit führt insbesondere die Täuschung durch einen Verhandlungsgehilfen des Erklärungsempfängers. Ein typischer Fall ist, dass der Verkäufer einer Sache dem Käufer einen Kredit zur Finanzierung des Kaufpreises vermittelt und für die Bank die Vertragsverhandlungen führt. Die Bank muss sich dann ohne Rücksicht auf eigenes Kennen oder Kennenmüssen eine arglistige Täuschung des Käufers/Kreditnehmers durch den Verkäufer zurechnen lassen.[1]
- Wenn ein Dritter getäuscht hat und der Erklärungsempfänger diese Täuschung zum Zeitpunkt des Zugangs der Willenserklärung **kannte oder kennen musste** (§ 123 Abs. 2 S. 1 BGB). Kennenmüssen bedeutet dabei nach der Legaldefinition des § 122 Abs. 2 BGB fahrlässige Unkenntnis, also Unkenntnis infolge des Außerachtlassens der verkehrserforderlichen Sorgfalt (§ 276 Abs. 2 BGB).

---

[1] Siehe *Martens*, JuS 2005, 887 ff.

- Wenn ein Dritter getäuscht hat und eine Person, die aus der Erklärung **unmittelbar ein Recht erworben** hat, diese Täuschung zum Zeitpunkt des Zugangs der Willenserklärung **kannte oder kennen musste** (§ 123 Abs. 2 S. 2 BGB). Wichtigster Anwendungsfall ist der Vertrag zugunsten Dritter (§ 328 BGB), bei dem ein Vertrag zwischen zwei Personen einer dritten, am Abschluss des Vertrags nicht beteiligten Person einen Anspruch gegen einen der Vertragschließenden verschafft. In vielen dieser Fälle wird schon eine Anfechtung nach § 123 Abs. 2 S. 1 BGB möglich sein, deren Wirkungen über die einer Anfechtung nach § 123 Abs. 2 S. 2 BGB hinausgehen: Eine Anfechtung nach § 123 Abs. 2 S. 1 BGB vernichtet das Rechtsgeschäft *insgesamt*, während eine Anfechtung nach § 123 Abs. 2 S. 2 BGB nur wirkt, *soweit* der Begünstigte daraus ein Recht erworben hat; im Übrigen richtet sich das Schicksal des Rechtsgeschäfts nach § 139 BGB (siehe § 12). Die Anfechtung gemäß § 123 Abs. 2 S. 2 BGB muss, wie auch § 143 Abs. 2 Alt. 2 BGB anordnet, gegenüber dem Begünstigten erfolgen.

- Wenn eine Person **getäuscht** hat, die aus der Erklärung **unmittelbar ein Recht erworben** hat. Dieser Fall ist zwar in § 123 BGB nicht genannt, folgt jedoch aus einem Erst-recht-Schluss aus § 123 Abs. 2 S. 2 BGB: Weil der Getäuschte schon dann anfechten kann, wenn derjenige, der aus der Erklärung unmittelbar ein Recht erwirbt, die Täuschung durch einen Dritten kennt oder kennen muss, kann er erst recht anfechten, wenn der Betreffende selbst täuscht. Die Folgen der Anfechtung entsprechen denen im Fall des § 123 Abs. 2 S. 2 BGB. Die Anfechtung wirkt also nur, *soweit* der Täuschende ein Recht erworben hat.

▶ **Beispiel:** H verpachtet eine Gaststätte an G. Im Pachtvertrag übernimmt G zugunsten der Brauerei B im Wege eines echten Vertrags zugunsten Dritter (§ 328 Abs. 1 BGB) die Verpflichtung, sämtliches ausgeschenkte Bier, auf jeden Fall aber pro Jahr eine bestimmte Menge, von B zu beziehen. Bei Abschluss des Pachtvertrags wird G über den Umsatz der Gaststätte in den vergangenen Jahren arglistig getäuscht.

Wenn H oder ein Verhandlungsgehilfe von ihm getäuscht hat, kann G den Pachtvertrag nach § 123 Abs. 1 BGB anfechten. Hat B oder ein Außenstehender (etwa der vorherige Pächter) getäuscht und wusste H das oder musste er es wissen, ist G nach § 123 Abs. 1, Abs. 2 S. 1 BGB zur Anfechtung des Pachtvertrags berechtigt.

Hat B getäuscht, ohne dass H dies wusste oder wissen musste, kann G ebenfalls anfechten, wie sich aus dem Erst-recht-Schluss aus § 123 Abs. 2 S. 2 BGB ergibt. Wenn ein Außenstehender getäuscht hat, H das weder wusste noch wissen musste, aber der B Kenntnis oder fahrlässige Unkenntnis zur Last fällt, folgt das Anfechtungsrecht des G aus § 123 Abs. 1, Abs. 2 S. 2 BGB. In diesen Fällen ist der Pachtvertrag aber jeweils nicht insgesamt anfechtbar, sondern nur, soweit er sich auf die Verpflichtung gegenüber B bezieht. Über das Schicksal des Pachtvertrags im Übrigen entscheidet § 139 BGB. ◀

▶ **Hinweis zur Klausurtechnik:** Aufbaumäßig empfiehlt es sich, die Person des Täuschenden im Rahmen von § 123 Abs. 2 BGB zu behandeln. Man prüft also zunächst, ob der Erklärende zur Abgabe seiner Willenserklärung *von irgendjemandem* durch arglistige Täuschung bestimmt wurde (§ 123 Abs. 1 Alt. 1 BGB). Wenn man das bejaht, hat man inzident auch festgestellt, wer getäuscht hat. Dann kann man fortfahren: „Da nicht der Empfänger der Willenserklärung getäuscht hat, fragt sich, ob eine Anfechtung nur unter den zusätzlichen Voraussetzungen des § 123 Abs. 2 S. 1 BGB möglich ist. Dies ist der Fall, wenn der Täuschende Dritter im Sinne dieser Norm ist. ..." Kommt man zum Ergebnis, dass der Täuschende Dritter ist und die Voraussetzungen von § 123 Abs. 2 S. 1 BGB *nicht* vorliegen, prüft man gegebenenfalls § 123 Abs. 2 S. 2 BGB. Der Einstieg in diese Prüfung hängt davon ab, in welchem Kontext man die Anfechtung erörtert: Geht es darum, ob das Recht zugunsten des Dritten wirksam begründet wurde, prüft man die Anfechtung im Rahmen von § 142 Abs. 1 BGB. Geht es dagegen darum, ob der mit dem Empfänger der Erklärung geschlossene Vertrag im Übrigen wirksam ist, muss man – da dieser Vertrag nach § 123 Abs. 2 S. 2 BGB allenfalls *insoweit* angefochten werden kann, als der Dritte das Recht erworben hat – die Anfechtung unter dem Aspekt des § 139 BGB prüfen. ◀

2. Widerrechtlichkeit der Täuschung

§ 123 Abs. 1 BGB statuiert die Widerrechtlichkeit als Voraussetzung nur für die Anfechtbarkeit wegen Drohung, aber nicht für die Anfechtbarkeit wegen Täuschung. Das beruht darauf, dass nach Ansicht der Gesetzesverfasser die Widerrechtlichkeit einer Täuschung selbstverständlich war. Inzwischen ist jedoch anerkannt, dass es **Fälle erlaubter Täuschung** gibt und dass deshalb die Widerrechtlichkeit Voraussetzung auch der Anfechtung wegen Täuschung ist.

So erlaubt § 53 Bundeszentralregistergesetz einem **Vorbestraften** unter bestimmten Voraussetzungen, sich als unbestraft zu bezeichnen. Tut er das, handelt er nicht widerrechtlich, und deshalb begründet seine falsche Aussage auch kein Anfechtungsrecht nach § 123 Abs. 1 Alt. 1 BGB.

Ein „Recht zur Lüge" kann auch aus der **Unzulässigkeit einer Frage** folgen. Allerdings ist keineswegs jede sachwidrige oder anstößige Frage unzulässig in diesem Sinn. Normalerweise kann man von dem Gefragten erwarten, dass er die Antwort verweigert, wenn er nicht wahrheitsgemäß antworten will.

▶ **Beispiel:** K fragt den Münchner Autohändler A, ob dieser ein Bayern- oder ein Sechziger-Fan sei, weil K nur einem Anhänger des TSV 1860 München zu einem Geschäft verhelfen will. Wenn A nicht wahrheitsgemäß antworten will, dass er Anhänger des FC Bayern München ist, muss er die Antwort verweigern, auch wenn er dadurch das Risiko eingeht, dass K nicht bei ihm kauft. Lügen darf A m.E. nicht. K ist aufgrund der Vertragsfreiheit berechtigt, seine Entscheidung, bei wem er kauft, auch von objektiv sachfremden Erwägungen abhängig zu machen.[2] Sein Entscheidungsprozess darf auch insofern nicht durch arglistige Täuschung beeinflusst werden ◀

Etwas anderes gilt jedoch in Fällen, in denen der Gefragte auf das Zustandekommen des Vertrags **existentiell angewiesen** ist und ihm daher die Verweigerung der Antwort – die mit hoher Wahrscheinlichkeit zum Scheitern des Vertragsschlusses führen würde – nicht zuzumuten ist. Die Problematik ist in erster Linie beim Abschluss von Arbeitsverträgen relevant. Unzulässig sind dabei prinzipiell Fragen nach der Parteizugehörigkeit, der Familienplanung, dem Bestehen einer nichtehelichen Lebensgemeinschaft und dem Vorliegen einer Schwangerschaft.

▶ **Fall 1 (nach BAG NZA 2003, 848 f.):** W stellt die A als Wäschereimitarbeiterin ein, nachdem diese die Frage nach Bestehen einer Schwangerschaft bewusst wahrheitswidrig verneint hatte. Nach § 11 Mutterschutzgesetz darf A während der Schwangerschaft die Tätigkeit in der Wäscherei, für die sie eingestellt wurde, nicht ausüben. W ficht den Arbeitsvertrag an. Um die Stelle hatten sich nur Frauen beworben.

---

2 Das Allgemeine Gleichbehandlungsgesetz (AGG) vom 14.8.2006 verbietet auch im Privatrechtsverkehr in etlichen Bereichen Diskriminierung aus Gründen der Rasse oder wegen der ethnischen Herkunft, des Geschlechts, der Religion oder Weltanschauung, einer Behinderung, des Alters oder der sexuellen Identität (§§ 1, 19 AGG). Zumindest in seinem Anwendungsbereich sind entsprechende Fragen daher unzulässig und begründen ein „Recht zur Lüge".

Wenn ein Arbeitgeber eine Bewerberin deshalb nicht einstellt, weil sie schwanger ist, liegt nach § 3 Abs. 1 S. 2 i.V.m. § 2 Abs. 1 Nr. 1 des Allgemeinen Gleichbehandlungsgesetzes (AGG) eine unmittelbare Benachteiligung wegen des Geschlechts vor. Solche Benachteiligungen sind nach § 7 Abs. 1 i.V.m. §§ 1, 6 Abs. 1 S. 2 AGG (früher § 611a Abs. 1 BGB) bei der Begründung eines Arbeitsverhältnisses unzulässig. Dies ist unabhängig davon, ob sich auch Männer um die betreffende Stelle bewerben[3] und ob die Bewerberin trotz der Schwangerschaft ihre Arbeit sofort aufnehmen kann; denn nach Ablauf der gesetzlichen Schutzfristen ist sie in der Lage, ihrer Tätigkeit im Rahmen des unbefristeten Arbeitsvertrags nachzugehen. Da die eventuelle Schwangerschaft einer Bewerberin somit für die Entscheidung des Arbeitgebers über die Einstellung keine Rolle spielen darf, darf der Arbeitgeber auch nicht nach dem Bestehen einer Schwangerschaft fragen. Wegen der Unzulässigkeit der Frage des W war die Täuschung durch A darum nicht widerrechtlich, und die Anfechtung nach § 123 Abs. 1 Alt. 1 BGB ist ausgeschlossen.[4] ◄

3. Ursächlichkeit

6 Die **Täuschung** – also die Falschinformation oder das Unterlassen der Aufklärung – muss einen **Irrtum** des Getäuschten hervorgerufen oder aufrechterhalten haben, und dieser Irrtum muss den Getäuschten zur **Abgabe seiner Willenserklärung** veranlasst haben. Auf die objektive Erheblichkeit kommt es – anders als bei § 119 BGB (siehe § 19 Rn. 6 und 14) – nicht an.

4. Arglist

7 „Arglist" in § 123 BGB bedeutet „**Vorsatz**". Ein besonders verwerfliches Verhalten oder eine feindliche Willensrichtung dem Getäuschten gegenüber sind nicht erforderlich. Denn § 123 BGB schützt die Willensfreiheit des Getäuschten, nicht sein Vermögen. Die Beeinträchtigung der Willensfreiheit ist aber unabhängig davon, ob der Täuschende dem Getäuschten schaden wollte oder ob er nur sein Bestes wollte.[5]

Der Vorsatz muss sich beziehen

- auf die Täuschung, also darauf, dass durch die Falschinformation oder die unterlassene Aufklärung beim Getäuschten ein Irrtum erregt oder aufrechterhalten wird;
- auf die Ursächlichkeit (= Kausalität) des Irrtums für die Abgabe der Willenserklärung des Getäuschten.

Am Vorsatz fehlt es insbesondere, wenn der Täuschende meint, der andere kenne den wahren Sachverhalt, und deshalb z.B. eine Aufklärung unterlässt.

8 § 123 BGB verlangt keine Täuschungsabsicht, sondern es genügt **bedingter Vorsatz**: Der Täuschende muss eine Täuschung und deren Ursächlichkeit für die Abgabe der Willenserklärung für möglich halten und billigend in Kauf nehmen. Ein solcher bedingter Vorsatz liegt auch vor, wenn der Täuschende **ins Blaue hinein** Behauptungen aufstellt, mit deren möglicher Unrichtigkeit er rechnet, oder **auf gut Glück** Umstände verschweigt, deren Vorliegen er für möglich hält.

---

[3] BAG NJW 1993, 1154, 1155. In Bezug darauf, ob die Frage zulässig ist, wenn wegen der Schwangerschaft die Tätigkeit gar nicht aufgenommen werden kann, ist das Urteil durch BAG NZA 2003, 848 f. überholt.
[4] W kann auch nicht nach § 119 Abs. 2 BGB anfechten, da das Bestehen einer Schwangerschaft keine Eigenschaft ist; siehe § 19 Rn. 12.
[5] H.M.; **a.A.** BGH LM Nr. 9 zu § 123 BGB; Grüneberg/*Ellenberger*, § 123 Rn. 11.

§ 20 Arglistige Täuschung und widerrechtliche Drohung § 20

▶ **Fall 2 (nach BGH NJW 1998, 302 ff.):** K will zum Zweck der Vermögensanlage eine Eigentumswohnung erwerben. Dabei ist ihr wichtig, ihr verfügbares Einkommen nicht zu vermindern. V schlägt ihr ein Finanzierungsmodell vor, bei dem der Kaufpreis durch ein Darlehen finanziert wird. Er versichert der K, die Mieteinnahmen und die Steuervorteile würden zur Deckung der Darlehensraten ausreichen, obwohl er keinerlei Informationen über die steuerlichen Verhältnisse der K hat. K schließt den Kaufvertrag mit V. Es erweist sich, dass sie jährlich über 1.000 € aus ihrem laufenden Einkommen für die Tilgung des Darlehens aufwenden muss.

V hat ohne Kenntnis der steuerlichen Verhältnisse der K Angaben über die aus dem Kauf resultierenden Steuervorteile gemacht. Ihm war bewusst, dass er keine Möglichkeit hatte, die Richtigkeit dieser „Angaben ins Blaue hinein" zu beurteilen, und deshalb nahm er ihre Unrichtigkeit billigend in Kauf. Damit handelte er bedingt vorsätzlich und somit arglistig. ◀

▶ **Weiterführende Hinweise:** 9

1. Umstritten ist das Verhältnis der Anfechtung nach § 123 BGB zu Schadensersatzansprüchen aus §§ 280 Abs. 1, 241 Abs. 2, 311 Abs. 2 BGB (**culpa in contrahendo**) wegen vorvertraglicher Falschinformation. Da solche Schadensersatzansprüche hinsichtlich des Verschuldens und der Frist für die Geltendmachung geringere Anforderungen stellen als das Anfechtungsrecht nach § 123 Abs. 1 BGB, stellt sich die Frage, ob § 123 Abs. 1 BGB eine abschließende Regelung für vorvertragliche Täuschung darstellt und deshalb den Schadensersatzanspruch aus culpa in contrahendo ausschließt oder ob dieser zumindest hinsichtlich seiner Voraussetzungen und Rechtsfolgen so auszugestalten ist, dass die Voraussetzungen des § 123 BGB nicht unterlaufen werden. Dieser Meinungsstreit gehört ins Schuldrecht.
2. Auch in Bezug auf die Anfechtung nach § 123 Abs. 1 Alt. 1 BGB stellt sich das Problem des Verhältnisses zu den Regeln des **Gewährleistungsrechts**. Im Gegensatz zur Anfechtung nach § 119 Abs. 2 BGB (siehe § 19 Rn. 15) wird die Täuschungsanfechtung nach h.M. nicht vom Gewährleistungsrecht verdrängt, da bei Arglist die Beschränkungen des Gewährleistungsrechts nicht eingreifen.[6] ◀

5. Die Anfechtbarkeit des Verfügungsgeschäfts

§ 123 Abs. 1 Alt. 1 BGB ermöglicht nach einhelliger Ansicht auch die Anfechtung des Verfügungsgeschäfts. Denn die Norm setzt nur die Ursächlichkeit der Täuschung für die Abgabe der Willenserklärung voraus. An dieser Ursächlichkeit im Hinblick auf das Verfügungsgeschäft ist in aller Regel auch dann nicht zu zweifeln, wenn sich die Täuschung primär auf das Verpflichtungsgeschäft bezieht. Denn ohne die Täuschung hätte der Getäuschte das Verpflichtungsgeschäft nicht abgeschlossen, und ohne Abschluss des Verpflichtungsgeschäfts hätte er das Verfügungsgeschäft, durch das er seine Verpflichtung erfüllen wollte, nicht vorgenommen. Dafür, eine solche mittelbare Kausalität nicht genügen zu lassen, besteht im Rahmen von § 123 BGB – anders als im Rahmen von § 119 Abs. 2 BGB (siehe § 19 Rn. 16) – keinerlei Anlass. 10

Die **Arglist** des Täuschenden wird sich in aller Regel nicht nur auf das Verpflichtungsgeschäft, sondern auch auf das Verfügungsgeschäft beziehen, da es dem Täuschenden regelmäßig weniger auf das Entstehen einer Verpflichtung seines Vertragspartners ankommt als auf die Erfüllung dieser Verpflichtung durch das Verfügungsgeschäft. 11

---

6 Siehe BeckOK-BGB/*Faust* (1.5.2024). § 437 Rn. 193.

▶ **Fall 3:** V möchte ein altes Buch, das sie geerbt hat, verkaufen. Auf ihre Zeitungsanzeige hin meldet sich K. Sie verhandeln über den Kaufpreis, und dabei erwähnt K, sie habe in letzter Zeit zweimal vergeblich bei eBay für ein derartiges Buch geboten; das Höchstgebot habe jeweils knapp über 800 € gelegen. V nimmt das als Anhaltspunkt für den Wert des Buchs und einigt sich deshalb mit K auf einen Preis von 750 €. Der Vertrag wird abgewickelt. K weiß, dass in Wirklichkeit derartige Bücher bei eBay für über 1.000 € gehandelt wurden.

Die arglistige Täuschung der K hat sich primär auf die Erklärung der V zum Abschluss des Kaufvertrags ausgewirkt, da die Täuschung sich ausschließlich auf Umstände zur Festsetzung des Kaufpreises bezog. Da ohne die Täuschung ein Kaufvertrag zum Preis von 750 € nicht geschlossen worden wäre, hätte V das Buch aber auch nicht gegen Zahlung von 750 € an K übereignet. Die Täuschung war daher kausal für die Willenserklärung der V im Rahmen der dinglichen Einigung. K hatte insofern Vorsatz und handelte damit arglistig, da sie wusste und wollte, dass V ihr zur Erfüllung des Kaufvertrags das Buch übereignen würde. Die Voraussetzungen von § 123 Abs. 1 Alt. 1 BGB liegen somit auch in Bezug auf die Willenserklärung der V im Rahmen der dinglichen Einigung vor, und V kann diese daher anfechten. ◀

III. Widerrechtliche Drohung (§ 123 Abs. 1 Alt. 2 BGB)

12 Nach § 123 Abs. 1 Alt. 2 BGB kann derjenige seine Willenserklärung anfechten, der zu ihrer Abgabe widerrechtlich durch Drohung bestimmt worden ist. Anfechtungsgrund ist hier nicht ein Irrtum, denn der Bedrohte weiß, was er erklärt. Der Willensmangel besteht vielmehr darin, dass der Wille, die entsprechende Erklärung abzugeben, erzwungen wurde.

1. Drohung

13 Drohung ist die Inaussichtstellung eines Übels, dessen Verwirklichung aus Sicht des Bedrohten vom Willen des Drohenden abhängig ist. Bei der **Warnung**, die nicht zur Anfechtung berechtigt, wird dagegen zwar auch ein Übel in Aussicht gestellt, dieses aber nicht als vom Willen des Warnenden abhängig dargestellt. Eine bloße Warnung liegt auch vor, wenn der Warnende das Übel zwar auslöst, aber dazu verpflichtet ist.

▶ **Fall 4 (nach BGHZ 6, 348 ff.):** A ist im Jahr 1945 bei B beschäftigt. Er hat verschwiegen, dass er Blockleiter der NSDAP war. B fordert den A auf, zu kündigen, da B den A sonst wegen Fragebogenfälschung bei der Militärregierung anzeigen müsse.

Es handelt sich um eine bloße Warnung. B wäre es zwar im Fall der Weiterbeschäftigung des A faktisch möglich gewesen, die Anzeige zu unterlassen, aber er hätte sich – wie auch A wusste – dadurch selbst dem Risiko einer Bestrafung ausgesetzt. Es lag damit keine Situation vor, in der es nach Vorstellung des A vom Belieben des B abhing, ob das Übel eintrat oder nicht. ◀

Anders als bei der arglistigen Täuschung (§ 123 Abs. 1 Alt. 1 BGB) ist es im Fall der widerrechtlichen Drohung unerheblich, **wer droht**. Eine widerrechtliche Drohung begründet also auch dann ein Anfechtungsrecht, wenn der Erklärungsempfänger mit der Drohung nichts zu tun hat und von ihr auch nicht wissen kann.

2. Widerrechtlichkeit

13a Die Widerrechtlichkeit der Drohung kann aus dem angestrebten Zweck, dem eingesetzten Mittel oder der Relation zwischen Mittel und Zweck folgen.

a) Widerrechtlichkeit des angestrebten Zwecks

Widerrechtlich sind Erfolge, die **gegen das Gesetz oder die guten Sitten** verstoßen. Dann greift jedoch in der Regel § 134 BGB oder § 138 BGB ein, so dass es auf die Anfechtbarkeit nicht ankommt. Die Tatsache, dass der Drohende etwas verlangt, worauf er **keinen Anspruch** hat, macht die Drohung noch nicht widerrechtlich.

▶ **Fall 5:** G ist Gesellschafter einer GmbH, die Zahlungsschwierigkeiten hat. Hauptkreditgeberin der GmbH ist die Sparkasse S. Diese verlangt von G, eine Bürgschaft für die Schulden der GmbH zu übernehmen. Sonst werde sie – wozu sie berechtigt ist – die Kredite der GmbH kündigen, was zu deren Insolvenz führen würde. Die Drohung der S ist nicht widerrechtlich. ◀

b) Widerrechtlichkeit des eingesetzten Mittels

Ist das angedrohte Mittel widerrechtlich, macht das die Drohung stets widerrechtlich. Nicht gedroht werden darf daher mit **strafbarem oder sittenwidrigem Verhalten** oder mit einem **Vertragsbruch**. Unter dem Aspekt des eingesetzten Mittels zulässig ist dagegen die Drohung mit der Anrufung der Gerichte, der Einschaltung der Verwaltungsbehörden, einer Strafanzeige oder der Ausübung eines Kündigungsrechts. Die Widerrechtlichkeit der Drohung kann hierbei allerdings aus der Mittel-Zweck-Relation folgen.

c) Widerrechtlichkeit der Mittel-Zweck-Relation

Die Widerrechtlichkeit einer Drohung mit einem an sich zulässigen Mittel, um einen an sich zulässigen Zweck zu erreichen, kann daraus herrühren, dass gerade dieses Mittel zum Erreichen gerade dieses Zwecks eingesetzt wird.

Die Drohung mit einer **Strafanzeige**, um eine Wiedergutmachung des durch die Straftat angerichteten Schadens zu erlangen, ist nach Ansicht des BGH auch gegen einen Dritten zulässig, der in einer straf- und zivilrechtlich nicht erfassbaren Weise an der Straftat mitgewirkt oder aus ihr Vorteile gezogen hat.[7] Dagegen ist die Drohung mit einer Strafanzeige widerrechtlich, wenn die erstrebte Willenserklärung mit der Straftat, deren Anzeige angedroht wird, nichts zu tun hat.

▶ **Fall 6 (nach BGH NJW 2013, 1591 ff.):** G ist Gesellschafter der G GmbH, die von Rechtsanwalt R beraten und gerichtlich vertreten wird. Als die GmbH eine Honorarrechnung des R in Höhe von ca. 36.000 € wegen aufgetretener Zahlungsschwierigkeiten nicht begleichen kann, fordert R den G mehrfach erfolglos auf, die persönliche Haftung für gegenwärtige und zukünftige Honoraransprüche zu übernehmen. Als sich R und G bei einem Verhandlungstermin vor dem Landgericht treffen, den R für die G GmbH wahrnimmt, kündigt R an, wenn G nicht die persönliche Haftung übernehme, werde er vor Gericht nicht für die GmbH auftreten. Deshalb unterzeichnet G eine entsprechende Vereinbarung.

Der von R verfolgte Zweck – der Abschluss einer Vereinbarung, durch die G die Haftung für die Schulden der GmbH gegenüber R übernimmt – ist nicht zu beanstanden. Das Gleiche gilt prinzipiell auch für das eingesetzte Mittel – die Drohung, umgehend das Mandat niederzulegen –, weil ein Rechtsanwalt den Anwaltsvertrag nach § 627 Abs. 1 BGB fristlos kündigen kann, ohne dass es eines wichtigen Grundes bedarf. Die Widerrechtlichkeit der Dro-

---
[7] BGHZ 25, 217, 220 ff.

hung des R kann jedoch aus der Zweck-Mittel-Relation folgen. Die Kündigung eines Anwaltsvertrags unmittelbar vor einer Gerichtsverhandlung – also zu einem Zeitpunkt, zu dem sich der Mandant die erforderlichen Dienste eines Anwalts nicht mehr anderweitig besorgen kann – erfolgt zur Unzeit. Sie ist deshalb zwar nicht per se unzulässig, bedarf aber eines wichtigen Grundes (§ 627 Abs. 2 BGB). Das bloße Interesse an der Sicherung der Vergütung ist kein solcher wichtiger Grund. R durfte folglich nicht mit der umgehenden Mandatsniederlegung drohen, um eine Sicherung seiner Vergütungsansprüche gegen die G GmbH zu erreichen. G kann darum die Haftungsübernahme gemäß § 123 Abs. 1 Alt. 2 BGB anfechten. ◄

3. Ursächlichkeit

17 Die Drohung muss für die Abgabe der Willenserklärung ursächlich sein. Das hängt ganz von der **psychischen Verfassung des konkreten Bedrohten** ab. Ob sich ein durchschnittlicher Mensch in der Situation des Bedrohten durch die Drohung zur Abgabe der Willenserklärung hätte motivieren lassen, ist belanglos.

4. Subjektive Voraussetzungen

18 Zur Begründung der Anfechtbarkeit genügt nach der Rechtsprechung die Zwangslage, in die der Bedrohte versetzt wurde, nicht. Hinzukommen muss vielmehr eine **besonders geartete innere Einstellung** des Drohenden. Er muss sich des ausgeübten Drucks bewusst sein und den Willen haben, die Abgabe der Willenserklärung durch Beugung des Willens des Erklärenden zu erzwingen. Ferner muss er die **tatsächlichen Umstände** kennen, aus denen die **Widerrechtlichkeit** der Drohung folgt, oder er muss seine Unkenntnis dieser Umstände verschuldet haben. Nicht erforderlich ist aber, dass der Drohende aus diesen Umständen den zutreffenden rechtlichen Schluss zieht und die Widerrechtlichkeit der Drohung erkennt.[8] In der Literatur wird dagegen vielfach zu Recht das Bestehen einer rechtswidrigen Zwangslage für den Bedrohten für ausreichend gehalten, da Zweck des § 123 Abs. 1 Alt. 2 BGB nicht die Verhängung einer Sanktion gegen den Drohenden sei, sondern der Schutz des Bedrohten.[9]

5. Die Anfechtbarkeit des Verfügungsgeschäfts

19 Ebenso wie die Anfechtbarkeit wegen arglistiger Täuschung erfasst die Anfechtbarkeit wegen widerrechtlicher Drohung neben dem Verpflichtungsgeschäft in aller Regel auch das Verfügungsgeschäft, weil es gleichermaßen unter dem Einfluss der widerrechtlichen Drohung geschlossen wird.

---

[8] BGHZ 25, 217, 223 ff.
[9] *Bork*, Rn. 899; *Flume*, § 28 3, S. 538 ff.; MüKoBGB/*Armbrüster*, § 123 Rn. 125; *Neuner*, § 41 Rn. 140; Soergel/*Martens*, § 123 Rn. 126 ff.; Staudinger/*Singer/von Finckenstein*, § 123 Rn. 86 f.

Wiederholungs- und Vertiefungsfragen

1. Welche Umstände sprechen für das Bestehen einer Aufklärungspflicht?
2. Wer ist Dritter i.S.v. § 123 Abs. 2 S. 1 BGB?
3. Inwiefern unterscheiden sich die Rechtsfolgen einer Anfechtung nach § 123 Abs. 2 S. 2 BGB von denen in den sonstigen Fällen des § 123 BGB?
4. Welche ungeschriebene Voraussetzung hat die Anfechtung wegen arglistiger Täuschung?
5. Was versteht man unter einer Behauptung ins Blaue hinein?
6. Woraus kann die Widerrechtlichkeit einer Drohung folgen?

§ 21 Ausübung des Anfechtungsrechts und Rechtsfolgen

I. Die Erklärung der Anfechtung

1 Die Anfechtbarkeit eines Rechtsgeschäfts ändert nichts an dessen Wirksamkeit. Sie eröffnet dem Anfechtungsberechtigten nur die Möglichkeit, dieses Rechtsgeschäft durch Anfechtung zu vernichten. Das geschieht nach § 143 Abs. 1 BGB durch Erklärung der Anfechtung gegenüber dem Anfechtungsgegner. Die Anfechtung erfolgt also durch eine **empfangsbedürftige Willenserklärung**.

Zur Anfechtung **berechtigt** ist prinzipiell derjenige, der die anfechtbare Willenserklärung abgegeben hat. War das ein Stellvertreter, steht das Anfechtungsrecht jedoch dem Vertretenen zu, da die anfechtbare Willenserklärung nach § 164 Abs. 1 S. 1 BGB gegenüber diesem wirkt (siehe auch § 26 Rn. 15).

Wer **Anfechtungsgegner** ist, ergibt sich aus § 143 Abs. 2–4 BGB. Bei einem Vertrag ist nach § 143 Abs. 2 Alt. 1 BGB grundsätzlich der Vertragspartner Anfechtungsgegner. Die Einzelheiten ergeben sich aus dem Gesetz.

2 Die Anfechtung ist **formlos** möglich, auch wenn das angefochtene Rechtsgeschäft formbedürftig war. Die Anfechtungserklärung muss bei **Auslegung** nach dem objektiven Empfängerhorizont (§§ 133, 157 BGB) erkennen lassen, dass der Anfechtende das Rechtsgeschäft wegen des Anfechtungsgrunds nicht gelten lassen will. Dabei muss weder das Wort „Anfechtung" gebraucht noch gar der Anfechtungsgrund unter Verwendung der gesetzlichen Terminologie angegeben werden. Der Anfechtungsgegner muss aber erkennen können, auf welchen **Sachverhalt** die Anfechtung gestützt wird.[1] Zweifelhaft ist, ob ein dem Anfechtungsgegner bekannter Sachverhalt (etwa, dass er arglistig getäuscht hat) in die Anfechtungserklärung mindestens konkludent aufgenommen werden muss. Stellt es etwa eine Anfechtung nach § 123 Abs. 1 Alt. 1 BGB dar, wenn der Anfechtungsgegner den Anfechtenden arglistig über eine Eigenschaft der Kaufsache getäuscht hat, der Anfechtende dies aber nicht weiß und die Anfechtung daher nur damit begründet, er habe sich über eine Eigenschaft der Kaufsache geirrt?[2] Dafür spricht, dass der Anfechtungsgegner dann nicht über diesen Sachverhalt unterrichtet werden muss, dagegen sprechen die allgemeinen Regeln über die Auslegung von Willenserklärungen. Wenn man der Auffassung ist, auch ein bekannter Sachverhalt müsse sich im Wege der Auslegung aus der Anfechtungserklärung ergeben, kann der Anfechtende jedenfalls dadurch Gründe „nachschieben", dass er später unter Verweis auf diese Gründe erneut die Anfechtung erklärt (siehe auch Rn. 16). Dies ist freilich nur innerhalb der Anfechtungsfrist (Rn. 2a ff.) möglich.

Eine Anfechtung kann für den Anfechtenden auch erhebliche **Nachteile** mit sich bringen. Sie kann ihn der Schadensersatzpflicht nach § 122 BGB unterwerfen (siehe Rn. 13 ff.), vor allem aber vernichtet sie nach § 142 Abs. 1 BGB den Vertrag und führt deshalb dazu, dass der Anfechtende alle Rechte aus diesem Vertrag verliert. Deshalb ist mit der Auslegung einer Erklärung als Anfechtungserklärung Vorsicht geboten, insbesondere, wenn dem Betreffenden auch vertragliche Rechtsbehelfe zustehen. Wenn ein

---

[1] **A.A.** RGZ 65, 86, 88.
[2] Wohl dafür: BeckOGK-BGB/*Beurskens* (1.5.2024), § 143 Rn. 11, 14; MüKoBGB/*Busche*, § 143 Rn. 8; NK-BGB/*Feuerborn*, § 143 Rn. 7; Staudinger/*H. Roth*, § 143 Rn. 11. Wohl dagegen: BeckOK-BGB/*Wendtland* (1.5.2024), § 143 Rn. 5; Erman/*A. Arnold*, § 143 Rn. 2; Grüneberg/*Ellenberger*, § 143 Rn. 3; Soergel/*Martens*, § 143 Rn. 9.

juristischer Laie das Wort „Anfechtung" gebraucht, ist dies nicht zwangsläufig als Anfechtung im Rechtssinne auszulegen.

▶ **Hinweis zur Klausurtechnik:** In Klausuren können sich hier erhebliche Aufbauprobleme stellen. Kommt etwa sowohl ein Rücktritt vom Vertrag als auch eine Anfechtung in Betracht und ergibt sich aus dem Sachverhalt nicht zweifelsfrei, welchen der beiden Rechtsbehelfe der Berechtigte ausgeübt hat, muss die Erklärung des Berechtigten dahingehend ausgelegt werden. Im Rahmen dieser Auslegung kommt es entscheidend darauf an, welcher Rechtsbehelf für den Berechtigten günstiger ist, da der Vertragspartner im Zweifel annehmen muss (§§ 133, 157 BGB), dass der Berechtigte den für ihn günstigeren Rechtsbehelf ausüben wollte. Es kann daher erforderlich sein, schon im Rahmen der Auslegung der Erklärung, vom Vertrag Abstand nehmen zu wollen, die Voraussetzungen und Rechtsfolgen eines Rücktritts (§§ 346 ff. BGB) und einer Anfechtung (§§ 812 ff. BGB) zumindest pauschal zu prüfen. ◀

II. Die Anfechtungsfrist

Die Anfechtungsfrist hängt vom Anfechtungsgrund ab.

1. Anfechtung nach §§ 119, 120 BGB

Die Anfechtung nach §§ 119, 120 BGB muss nach § 121 Abs. 1 S. 1 BGB **unverzüglich** erfolgen, nachdem der Anfechtungsberechtigte vom Anfechtungsgrund Kenntnis erlangt hat. „Unverzüglich" bedeutet dabei nach der – auch in anderem Kontext sehr wichtigen! – Legaldefinition des § 121 Abs. 1 S. 1 BGB „ohne schuldhaftes Zögern" (siehe schon § 3 Rn. 7). Es kommt also darauf an, ob der Anfechtende länger gewartet hat, als die verkehrserforderliche Sorgfalt erlaubt (§ 276 Abs. 2 BGB). Diese sehr kurze Frist soll dem Interesse des Anfechtungsgegners dienen und den Anfechtungsberechtigten daran hindern, zu dessen Lasten zu spekulieren.

Die Frist beginnt mit der **Kenntnis des Anfechtungsgrunds.** Es genügt die Kenntnis der Tatsachen, aus denen das Anfechtungsrecht folgt; Kenntnis des Anfechtungsrechts selbst und der Erforderlichkeit einer Anfechtung ist nicht erforderlich, aber im Rahmen der Unverzüglichkeit relevant. Für den Fall, dass der Anfechtungsberechtigte keine Kenntnis erlangt, schließt § 121 Abs. 2 BGB die Anfechtung auf jeden Fall aus, wenn seit Abgabe der Willenserklärung zehn Jahre vergangen sind.

Unverzügliche Anfechtung bedeutet nicht, dass der Anfechtende sofort nach Kenntnis des Anfechtungsgrunds handeln muss. Es steht ihm vielmehr eine angemessene **Überlegungsfrist** zu, etwa, um rechtlichen Rat einzuholen. Bei Unkenntnis der Rechtslage kommt es darauf an, ob sie verschuldet ist. Prinzipiell muss derjenige, der sich über die Rechtslage nicht im Klaren ist, einen Rechtskundigen konsultieren.

Nach § 121 Abs. 1 S. 2 BGB genügt es für die Rechtzeitigkeit, dass die Anfechtungserklärung unverzüglich **abgesendet** wurde. Die Vorschrift statuiert damit eine Ausnahme von § 130 Abs. 1 S. 1 BGB, nach dem eine empfangsbedürftige Willenserklärung erst mit Zugang wirksam wird und es deshalb auch für die Rechtzeitigkeit der Erklärung auf ihren Zugang ankommt (siehe auch § 2 Rn. 18). Sie ändert allerdings nichts daran, dass auch eine Anfechtungserklärung **zugehen** muss, um wirksam zu werden; lediglich das Verzögerungsrisiko wird auf den Anfechtungsgegner verlagert. Geht die rechtzeitig abgesendete Anfechtungserklärung nicht innerhalb normaler Zeit zu, muss der Anfechtende die Erklärung unverzüglich wiederholen, also sobald er von der Verzögerung Kenntnis erlangte oder erlangen musste.

2. Anfechtung nach § 123 BGB

5 Die Frist für eine Anfechtung nach § 123 BGB beträgt nach § 124 Abs. 1 BGB ein Jahr und ist damit wesentlich länger als diejenige für eine Anfechtung nach §§ 119, 120 BGB. Denn der Getäuschte oder Bedrohte ist erheblich schutzwürdiger als der lediglich Irrende.

Die Frist beginnt bei der Täuschung mit deren Entdeckung durch den Anfechtungsberechtigten und bei der Drohung mit dem Ende der Zwangslage. Wie nach § 121 Abs. 2 BGB gilt eine Maximalfrist von zehn Jahren ab Abgabe der Willenserklärung (§ 124 Abs. 3 BGB). Die **Entdeckung der Täuschung** setzt Kenntnis der das Anfechtungsrecht begründenden Tatsachen voraus. Der Getäuschte muss also nicht nur wissen, dass er getäuscht wurde, sondern auch, dass dies arglistig geschah. Erfolgte die Täuschung durch einen Dritten (§ 123 Abs. 2 BGB), ist m.E. darüber hinaus erforderlich, dass der Anfechtungsberechtigte die Kenntnis oder fahrlässige Unkenntnis des Anfechtungsgegners kennt; denn nur dann kennt er die Tatsachen, aus denen sein Anfechtungsrecht folgt. Wann bei der **Drohung** mit der Zufügung des angedrohten Übels nicht mehr zu rechnen ist und deshalb die Zwangslage aufgehört hat, ist nach dem subjektiven Empfinden des Anfechtungsberechtigten zu beurteilen. Entscheidend ist also, ob er sich noch bedroht fühlt.

Anders als nach § 121 Abs. 1 S. 2 BGB kommt es für die Fristwahrung im Rahmen von § 124 BGB auf den rechtzeitigen **Zugang** der Anfechtungserklärung an.

III. Der Ausschluss der Anfechtung bei Bestätigung des anfechtbaren Rechtsgeschäfts (§ 144 BGB)

6 Nach § 144 Abs. 1 BGB ist die Anfechtung ausgeschlossen, wenn der Anfechtungsberechtigte das anfechtbare Rechtsgeschäft bestätigt hat. Die Bestätigung kann sich dabei auf einzelne von mehreren Anfechtungsgründen beschränken. Diese Bestätigung darf nicht mit der Bestätigung eines nichtigen Rechtsgeschäfts nach § 141 BGB gleichgesetzt werden (siehe dazu § 14). Letztere bezieht sich auf ein nichtiges Rechtsgeschäft und ist daher nach § 141 Abs. 1 BGB als Neuvornahme zu beurteilen, während die Bestätigung nach § 144 BGB ein wirksames Rechtsgeschäft betrifft und der Sache nach ein **Verzicht auf das Anfechtungsrecht** ist. Deshalb bedarf sie nach § 144 Abs. 2 BGB nicht der für das anfechtbare Rechtsgeschäft bestimmten Form.

7 Die Bestätigung nach § 144 BGB erfolgt nach h.M., die sich auf die Gesetzesmaterialien stützen kann[3], durch eine **nicht empfangsbedürftige Willenserklärung** (str.).[4] Ihre Auslegung richtet sich daher nach den Verständnismöglichkeiten eines durchschnittlichen Verkehrsteilnehmers, der sämtliche Begleitumstände kennt (§ 2 Rn. 13). Die Bestätigung kann auch konkludent erfolgen, allerdings stellt die Rechtsprechung hieran sehr hohe Anforderungen. So hat der BGH nicht einmal die klageweise Geltendmachung von Gewährleistungsrechten als Bestätigung angesehen.[5]

Eine Bestätigung setzt die **Kenntnis des Anfechtungsrechts** voraus. Dafür genügt die Kenntnis der das Anfechtungsrecht begründenden Tatsachen nicht. Der Bestätigende

---

3 Protokolle I, S. 134.
4 BeckOK-BGB/*Wendtland* (1.5.2024), § 144 Rn. 5; *Flume*, § 31 7, S. 569; Grüneberg/*Ellenberger*, § 144 Rn. 2; *Neuner*, § 41 Rn. 173. **A.A.** *Bork*, Rn. 946; Erman/*A. Arnold*, § 144 Rn. 2; *Medicus/Petersen*, Rn. 534; MüKoBGB/*Busche*, § 144 Rn. 4; Soergel/*Martens*, § 144 Rn. 9; Staudinger/*H. Roth*, § 144 Rn. 4.
5 BGHZ 110, 220 ff.

muss vielmehr auch wissen, dass er aufgrund dieser Tatsachen etwas gegen das Rechtsgeschäft unternehmen kann. Weiß er das nicht, fehlt ihm das Erklärungsbewusstsein, und das führt bei nicht empfangsbedürftigen Willenserklärungen zur Nichtigkeit (siehe § 19 Rn. 26).

Nach **vollzogener Anfechtung** richtet sich die Bestätigung des Rechtsgeschäfts nicht mehr nach § 144 BGB, sondern nach § 141 BGB, da das Rechtsgeschäft durch die Anfechtung nichtig wurde (§ 142 Abs. 1 BGB).

IV. Die Folgen der Anfechtung

1. Nichtigkeit des angefochtenen Rechtsgeschäfts (§ 142 Abs. 1 BGB)

Die Anfechtung führt nach § 142 Abs. 1 BGB dazu, dass das angefochtene Rechtsgeschäft von Anfang an (ex tunc) als nichtig gilt; sie bewirkt also nicht etwa, dass das Rechtsgeschäft mit dem vom Anfechtenden gewollten Inhalt gilt. Sie ist ein **Gestaltungsrecht**, da der Anfechtende durch einseitige Erklärung die Rechtslage umgestalten kann. Weitere Gestaltungsrechte sind etwa der Rücktritt, die Kündigung und die Ausübung eines verbraucherschützenden Widerrufsrechts.

▶ **Hinweis zur Klausurtechnik:** In der Klausur ist § 142 Abs. 1 BGB der „Einstieg" in die Anfechtungsproblematik, da Sie im Gutachtenstil stets eine bestimmte Rechtsfolge prüfen müssen (vgl. § 8 Rn. 12 zum Aufbau in Bezug auf Formprobleme). ◀

Von §§ 119–124 BGB zu §§ 142–144 BGB vollführt das Gesetz einen ähnlichen „Schwenk" wie von §§ 107, 131 Abs. 2 BGB zu §§ 108, 110 BGB (siehe § 16 Rn. 39): In §§ 119 ff. BGB ist die Rede von der Anfechtung der Willenserklärung, §§ 142 ff. BGB beschäftigen sich dagegen mit der Anfechtung des Rechtsgeschäfts, also bei einem Vertrag mit der des Vertrags. Es ist somit zweifelhaft, ob Gegenstand der Anfechtung die einzelne Willenserklärung ist oder das Rechtsgeschäft als solches. Die h.M. nimmt Ersteres an: Die Anfechtung der Willenserklärung führe nach § 142 Abs. 1 BGB zu deren Nichtigkeit und damit – mangels Vorliegens zweier übereinstimmender Willenserklärungen – zum „Wegfall" des Vertrags.[6] Nach der Gegenauffassung „erledigen" sich mit Zustandekommen des Vertrags die einzelnen Willenserklärungen, und deshalb richte sich die Anfechtung im Einklang mit dem Wortlaut des § 142 Abs. 1 BGB unmittelbar gegen den Vertrag.[7]

▶ **Hinweis zur Klausurtechnik:** Das Problem ist in erster Linie **terminologisch** und **aufbautechnisch** relevant. In der Klausur müssen Sie es nicht diskutieren; vielmehr ergibt sich aus Ihrem Aufbau, welcher Ansicht Sie folgen. Wenn Sie davon ausgehen, dass die Anfechtung zur Nichtigkeit der einzelnen Willenserklärung führt, müssen Sie die Frage der Anfechtung im Zusammenhang mit der anfechtbaren Willenserklärung prüfen, also eventuell vor der Erörterung der Willenserklärung der anderen Vertragspartei. Nehmen Sie dagegen an, Gegenstand der Anfechtung sei nicht die einzelne Willenserklärung, sondern der Vertrag, müssen Sie zunächst das Vorliegen zweier übereinstimmender Willenserklärungen untersuchen und im Anschluss daran, ob der durch diese Willenserklärungen zustande gekommene Vertrag durch eine Anfechtung vernichtet wurde. Mir scheint der zweite Weg vorzugswürdig; überdies ist er formulierungsmäßig unkomplizierter: „K und V haben also durch zwei übereinstimmende Willenserklärungen einen Kaufvertrag geschlossen. Dieser wäre jedoch ge-

---

6 Z.B. Erman/*A. Arnold*, § 142 Rn. 4; *Neuner*, § 41 Rn. 141; Soergel/*Martens*, § 142 Rn. 10.
7 Instruktiv *Leenen/Häublein*, § 6 Rn. 136 ff. und *Leenen*, Jura 1991, 393 ff.

mäß § 142 Abs. 1 BGB als von Anfang an nichtig anzusehen, wenn K ihn wirksam angefochten hätte. Eine wirksame Anfechtung setzt das Bestehen eines Anfechtungsgrunds und eine fristgerechte Anfechtungserklärung voraus ..." ◄

10 Die Anfechtung wirkt nicht nur gegenüber dem Anfechtungsgegner, sondern gegenüber **jedermann**. Das ist besonders bei der Anfechtung von Verfügungsgeschäften von Bedeutung. Nach § 142 Abs. 1 BGB wirkt sie – wie jede Anfechtung – **rückwirkend**. Wird also etwa eine dingliche Einigung nach § 929 S. 1 BGB angefochten, so wird derjenige, dem das Eigentum übertragen wurde, rückwirkend zum Nichteigentümer. Hat er die Sache seitdem weiterübereignet, so hat er als Nichtberechtigter gehandelt und konnte deshalb nur einem gutgläubigen Erwerber das Eigentum verschaffen (§§ 932 ff. BGB; siehe § 4 Rn. 3).

Ein Problem, das die Rückwirkung aufwirft, regelt **§ 142 Abs. 2 BGB**: In vielerlei Hinsicht kann es darauf ankommen, ob jemand zu einem bestimmten Zeitpunkt die Nichtigkeit eines Rechtsgeschäfts kennt oder kennen muss. Für den Zeitraum zwischen der Vornahme eines anfechtbaren Rechtsgeschäfts und seiner Anfechtung ist diese Frage jedoch sinnlos. Zwar ist das Rechtsgeschäft als Folge der Anfechtung als von Anfang an nichtig anzusehen, doch das ändert nichts daran, dass vor der Anfechtung niemand die Nichtigkeit kennen konnte, weil sie erst später – wenn auch mit Rückwirkung – eintrat. Deshalb stellt § 142 Abs. 2 BGB für den Fall, dass angefochten wird, die Kenntnis oder fahrlässige Unkenntnis der Anfechtbarkeit der Kenntnis oder fahrlässigen Unkenntnis der Nichtigkeit gleich. Dabei muss sich die Kenntnis oder fahrlässige Unkenntnis nur auf die Tatsachen beziehen, die die Anfechtbarkeit begründen, nicht dagegen auf die Rechtsfolgen der Anfechtung.[8]

▶ **Fall 1:** E verkauft und übereignet ein Gemälde an V, weil dieser sie arglistig über den Maler getäuscht hat. V verkauft und übereignet das Gemälde weiter an K, der von der arglistigen Täuschung weiß. Nun ficht E den Kaufvertrag und die dingliche Einigung mit V gemäß § 123 Abs. 1 Alt. 1 BGB an.

Infolge der Anfechtung ist die dingliche Einigung zwischen E und V nach § 142 Abs. 1 BGB rückwirkend unwirksam. V ist also nie Eigentümer des Gemäldes geworden. Als er es gemäß § 929 S. 1 BGB durch Einigung und Übergabe an K übereignet hat, hat er folglich als Nichtberechtigter gehandelt. K könnte das Eigentum am Gemälde aber gemäß §§ 929 S. 1, 932 BGB gutgläubig erworben haben. Gemäß § 932 Abs. 2 BGB wäre er gutgläubig gewesen, wenn er den V im Zeitpunkt des Erwerbs ohne grobe Fahrlässigkeit für den Eigentümer des Gemäldes gehalten hätte. V war zu diesem Zeitpunkt allerdings tatsächlich Eigentümer, da sein Eigentum erst später durch die Anfechtung der E – wenn auch mit Rückwirkung – entfiel. Die Frage, ob K damals den V für den Eigentümer hielt und halten durfte, ist daher müßig. Deshalb kommt es nach § 932 Abs. 2 BGB i.V.m. § 142 Abs. 2 BGB darauf an, ob K die Anfechtbarkeit der dinglichen Einigung zwischen E und V kannte oder infolge grober Fahrlässigkeit nicht kannte. Das ist der Fall. K war daher nicht gutgläubig und wurde somit nicht gemäß §§ 929 S. 1, 932 BGB Eigentümer des Gemäldes. ◄

11 Wegen der Rückwirkung der Anfechtung ist Anspruchsgrundlage für die **bereicherungsrechtliche Rückabwicklung** eines angefochtenen Verpflichtungsgeschäfts nicht § 812 Abs. 1 S. 2 Alt. 1 BGB (späterer Wegfall des rechtlichen Grundes), sondern § 812 Abs. 1 S. 1 Alt. 1 BGB (str.); praktisch ist die Frage unerheblich. Siehe im Übrigen zur Rückabwicklung angefochtener Verträge § 6.

---

8 BGH NJW-RR 1987, 1456, 1457.

§ 21 Ausübung des Anfechtungsrechts und Rechtsfolgen

▶ **Weiterführender Hinweis:** Einschränkungen der Rückwirkung der Anfechtung gelten im Arbeitsrecht und im Gesellschaftsrecht. So können im **Gesellschaftsrecht** nach der Lehre von der fehlerhaften Gesellschaft Anfechtungsgründe nur (mit Wirkung ex nunc) durch Auflösung der Gesellschaft oder Austritt des betreffenden Gesellschafters aus wichtigem Grund geltend gemacht werden, sobald die Gesellschaft in Vollzug gesetzt wurde.[9] Im **Arbeitsrecht** nimmt zwar die ganz h.M. an, dass das Anfechtungsrecht auch dann nicht durch das Recht zur außerordentlichen Kündigung verdrängt wird, wenn das Arbeitsverhältnis in Vollzug gesetzt wurde. Die Anfechtung wirkt aber (mit Ausnahmen im Fall der arglistigen Täuschung) nur für die Zukunft; für die Vergangenheit ist das „fehlerhafte Arbeitsverhältnis" wie ein fehlerfreies zu behandeln.[10] Bei der **Geschäftsraummiete** hat der BGH dagegen eine Beschränkung jedenfalls der Anfechtung wegen arglistiger Täuschung abgelehnt.[11] ◀

2. Einschränkung der Anfechtungsfolgen nach Treu und Glauben (§ 242 BGB)

Nach allgemeiner Ansicht muss sich derjenige, der eine anfechtbare Willenserklärung abgegeben hat, gemäß § 242 BGB am **tatsächlich Gewollten** festhalten lassen. Denn Sinn der Anfechtungsregeln ist nur, den Anfechtenden von den Folgen nicht gewollter Erklärungen zu entlasten, nicht jedoch, ihm aus einem anderen als dem Anfechtungsgrund die Lösung vom Vertrag zu ermöglichen und ihn damit besser zu stellen, als wenn er seinen Willen von Anfang an richtig erklärt hätte: Das Anfechtungsrecht ist **kein Reurecht.** Der Anfechtende kann sich daher gemäß § 242 BGB nicht auf die Nichtigkeit des angefochtenen Geschäfts berufen, wenn der Anfechtungsgegner unverzüglich nach der Anfechtung erklärt, es mit dem vom Anfechtenden ursprünglich gewollten Inhalt gelten zu lassen. Vielmehr gilt dann das Geschäft mit diesem Inhalt.[12]

12

▶ **Fall 2:** K will ein Gemälde der V kaufen und bittet sie um ein Angebot. V schreibt dem K, sie verlange 5.000 €. In Wirklichkeit wollte sie allerdings 6.000 € verlangen und hat sich vertippt. K nimmt an. Nachdem V ihren Irrtum entdeckt hat, ficht sie unverzüglich den Kaufvertrag an.

Die Anfechtung des Kaufvertrags wegen Erklärungsirrtums (§ 119 Abs. 1 Alt. 2 BGB) führt nach § 142 Abs. 1 BGB zu dessen Nichtigkeit. K verliert also seinen Anspruch aus § 433 Abs. 1 S. 1 BGB auf Übergabe und Übereignung des Bildes. Möglicherweise ist V jetzt auch nicht mehr bereit, ihm das Bild für 6.000 € zu verkaufen, etwa, wenn ihr inzwischen ein anderer Interessent mehr geboten hat. Der Sinn des Anfechtungsrechts liegt jedoch nur darin, dass V nicht verpflichtet sein soll, dem K das Gemälde zum nicht gewollten Kaufpreis von 5.000 € zu überlassen. Keineswegs soll die Anfechtung der V ermöglichen, nun ein besseres Geschäft zu machen, als sie es mit K zu machen meinte. Deshalb kann sich V gemäß § 242 BGB nicht auf die Nichtigkeit des Kaufvertrags berufen, wenn ihr K unverzüglich (§ 121 Abs. 1 S. 1 BGB) nach Zugang der Anfechtungserklärung mitteilt, er sei bereit, auch 6.000 € für das Bild zu zahlen. K und V stehen dann so, als hätten sie einen Kaufvertrag zu 6.000 € geschlossen. ◀

---

9 Siehe *Kindl*, Nomos-Lehrbuch Gesellschaftsrecht, 2. Aufl. (2019), § 13.
10 Siehe *Krause*, Nomos-Lehrbuch Arbeitsrecht, 4. Aufl. (2020), § 6 Rn. 21 ff.
11 BGHZ 178, 16 Rn. 26 ff. = JuS 2009, 178 ff (*Faust*).
12 Siehe *Müller*, JuS 2005, 18 ff. **A.A.** (keinerlei Einschränkung des Anfechtungsrechts) nur *Spieß*, JZ 1985, 593 ff.

3. Die Schadensersatzpflicht des Anfechtenden nach § 122 BGB

13 Das Anfechtungsrecht dient dem Schutz der Privatautonomie des Anfechtenden, der nicht an eine Erklärung gebunden werden soll, die seinem Willen nicht entspricht. Dieser Schutz geht allerdings zulasten des Erklärungsempfängers, der auf die Wirksamkeit des angefochtenen Rechtsgeschäfts vertraut hat. Notwendiges Korrelat des Anfechtungsrechts ist daher die Schadensersatzpflicht des Anfechtenden nach § 122 BGB. Sie gilt auch im Fall von Scherzerklärungen nach § 118 BGB (siehe § 18 Rn. 7), nicht aber für eine Anfechtung nach § 123 BGB, da es mit dem Schutz des arglistig Getäuschten oder widerrechtlich Bedrohten nicht vereinbar wäre, ihn einer Schadensersatzpflicht zu unterwerfen.

Ersatzberechtigt ist bei empfangsbedürftigen Willenserklärungen derjenige, dem gegenüber die Willenserklärung wirkt. War ein passiver Stellvertreter Empfänger der Willenserklärung, steht der Ersatzanspruch deshalb dem Vertretenen zu. Bei nicht empfangsbedürftigen Willenserklärungen kann jeder Dritte, der auf die Gültigkeit der Erklärung vertraut und dadurch einen Schaden erlitten hat, Ersatz verlangen.

Die Ersatzpflicht ist **unabhängig von einem Verschulden** des Ersatzpflichtigen. Sie ist nach § 122 Abs. 2 BGB **ausgeschlossen**, wenn der Geschädigte den Grund der Nichtigkeit (bei § 118 BGB) oder der Anfechtbarkeit (bei §§ 119, 120 BGB) kannte oder kennen musste. Bei empfangsbedürftigen Willenserklärungen spielen Kenntnis und Kennenmüssen des Empfängers freilich bereits für die Auslegung der Erklärung eine entscheidende Rolle (siehe § 2 Rn. 8 ff.): Muss der Empfänger das wirklich Gewollte erkennen, ist die Erklärung in diesem Sinn auszulegen. Muss er dagegen nur erkennen, dass das Erklärte *nicht* gewollt war, liegt überhaupt keine gültige Willenserklärung vor. In beiden Fällen scheidet eine Anfechtung aus. § 122 Abs. 2 BGB ist daher nur relevant, wenn wegen eines Eigenschaftsirrtums (§ 119 Abs. 2 BGB) angefochten wird oder wenn die Kenntnis oder das Kennenmüssen erst nach dem Wirksamwerden der Erklärung (aber vor Entstehung des betreffenden Schadens) eintritt.[13]

▶ **Hinweis zur Klausurtechnik:** In § 122 Abs. 2 BGB findet sich die praktisch äußerst wichtige Legaldefinition des **Kennenmüssens**, die an vielen Stellen im Gesetz relevant wird: Kennenmüssen heißt fahrlässige Unkenntnis, d.h. gemäß § 276 Abs. 2 BGB Unkenntnis infolge des Außerachtlassens der verkehrserforderlichen Sorgfalt. ◀

14 Nicht leicht erschließt sich aus dem Gesetz der **Umfang des geschuldeten Schadensersatzes**. Ausgangspunkt hierfür ist – wie bei jeder Schadensersatzpflicht – die Regel des § 249 Abs. 1 BGB: Der Schadensersatzberechtigte ist so zu stellen, wie er stehen würde, wenn der zum Ersatz verpflichtende Umstand nicht eingetreten wäre. Entscheidend ist also, was der „zum Ersatz verpflichtende Umstand" ist. Hier kommt zweierlei in Betracht, und beides findet sich in § 122 Abs. 1 BGB wieder:

- Der zum Ersatz verpflichtende Umstand könnte sein, dass der Ersatzpflichtige **die irrtumsbehaftete Willenserklärung abgegeben** hat. Die Regel des § 249 Abs. 1 BGB würde dann dazu führen, dass der Ersatzberechtigte so zu stellen ist, als hätte der Ersatzpflichtige die Willenserklärung nicht abgegeben. Das meint § 122 Abs. 1 BGB mit der Formulierung „Schaden, den der andere … dadurch erleidet, dass er auf die Gültigkeit der Erklärung vertraut". Kürzer spricht man vom **Vertrauensschaden** oder dem **negativen Interesse**. Der Vertrauensschaden umfasst erstens alle Aufwen-

---

13 Soergel/*Harke*, § 122 Rn. 11; Staudinger/*Singer*, § 119 Rn. 40, § 122 Rn. 17.

dungen, die der Ersatzberechtigte wegen der vermeintlichen Wirksamkeit des Rechtsgeschäfts gemacht hat und die nun wegen der Nichtigkeit für ihn nutzlos sind. Zweitens umfasst er alle entgangenen Vorteile aus Geschäften, die der Ersatzberechtigte wegen der vermeintlichen Wirksamkeit des Rechtsgeschäfts nicht vorgenommen hat; in wirtschaftswissenschaftlicher Terminologie handelt es sich dabei um Opportunitätskosten.

- Der zum Ersatz verpflichtende Umstand könnte ferner sein, dass das **Rechtsgeschäft nicht wirksam** ist. Die Regel des § 249 Abs. 1 BGB würde dann dazu führen, dass der Ersatzberechtigte so zu stellen ist, als wäre es wirksam. Das meint § 122 Abs. 1 BGB mit der Formulierung „Interesse ..., welches der andere ... an der Gültigkeit der Erklärung hat". Kürzer spricht man vom **Nichterfüllungsschaden**, dem **Erfüllungsinteresse** oder dem **positiven Interesse**. Der Nichterfüllungsschaden umfasst insbesondere den entgangenen Gewinn aus dem nichtigen Rechtsgeschäft.

Haftungsgrund des § 122 BGB ist, dass der Ersatzpflichtige das nichtige Rechtsgeschäft vorgenommen und dadurch Vertrauen in dessen Wirksamkeit erweckt hat. Der Anspruch ist deshalb auf **Ersatz des negativen Interesses** gerichtet. Höhenmäßig wird er jedoch durch das **positive Interesse** begrenzt („... jedoch nicht über den Betrag des Interesses hinaus, welches ..."). Dem liegt die Erwägung zugrunde, dass der Ersatzberechtigte aus der Anfechtung keine Vorteile ziehen soll. Er soll mithilfe des Schadensersatzanspruchs nicht bessergestellt werden, als er stünde, wenn das Rechtsgeschäft wirksam wäre.

§ 21　F. Willensmängel

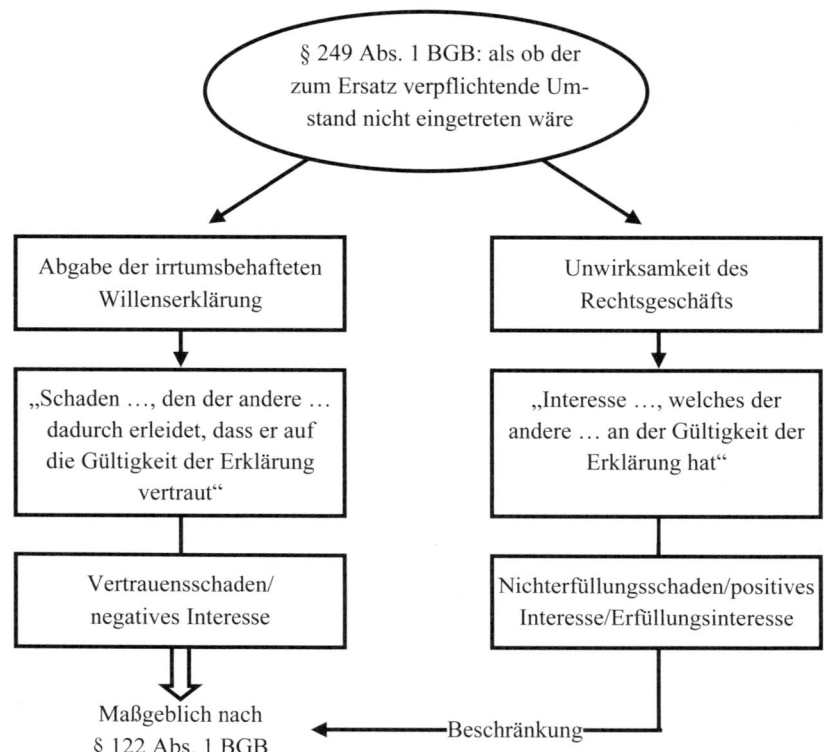

▶ **Fall 3:** K interessiert sich für ein der V gehörendes Gemälde. Auf die Anfrage des K hin lässt V für 30 € Fotos des Gemäldes anfertigen und schickt sie dem K. Daraufhin werden V und K handelseinig und schließen einen Kaufvertrag zum Kaufpreis von 24.000 €. Kurz darauf bietet A der V 26.000 € für das Bild. V lehnt wegen des Vertrags mit K ab. Nun ficht K den Kaufvertrag wegen eines Irrtums über den Kaufpreis an. A ist inzwischen an dem Gemälde nicht mehr interessiert. V kann es schließlich für 23.000 € an B verkaufen.

Das negative Interesse der V beträgt 3.000 €: Hätte V nicht auf die Wirksamkeit des Vertrags mit K vertraut, hätte sie das Gemälde für 26.000 € an A verkauft, während sie es tatsächlich nach dem Scheitern des Geschäfts mit K nur für 23.000 € an B verkaufen konnte. Die 30 € für die Fotos zählen nicht zum negativen Interesse der V, da sie sie schon vor Abschluss des Geschäfts mit K und deshalb nicht im Vertrauen auf dessen Wirksamkeit aufgewandt hat.

Nach § 122 BGB ist das negative Interesse aber nur insoweit ersatzfähig, als es das positive nicht übersteigt. Das positive Interesse der V beträgt 1.000 €: Bei Gültigkeit des Kaufvertrags mit K hätte V von diesem 24.000 € für das Gemälde bekommen, während sie nun nur 23.000 € bekommen hat. Die 30 € für die Fotos zählen nicht zum positiven Interesse der V, da sie der V auch bei Durchführung des Geschäfts mit K zur Last gefallen wären. Weil das positive Interesse der V niedriger als ihr negatives Interesse ist, ist dieses nur in Höhe des positiven, also in Höhe von 1.000 €, ersatzfähig. V kann folglich nach § 122 BGB 1.000 € Schadensersatz verlangen.

	Negatives Interesse		Positives Interesse
Zustand ohne Vertrauen auf Erklärung	26.000 € – Bild – 30 €	Zustand bei Gültigkeit der Erklärung	24.000 € – Bild – 30 €
Istzustand	23.000 € – Bild – 30 €	Istzustand	23.000 € – Bild – 30 €
Differenz	3.000 €	Differenz	1.000 €

▶ **Weiterführender Hinweis:** Nach h.M. kann der Anfechtende außer nach § 122 BGB auch nach §§ 280 Abs. 1, 241 Abs. 2, 311 Abs. 2 BGB (**culpa in contrahendo**) zum Schadensersatz verpflichtet sein, sofern ihm bei der Abgabe der anfechtbaren Erklärung ein Verschulden zur Last fiel (str.).[14] Für den Anfechtungsgegner kann dieser Anspruch günstiger sein als derjenige aus § 122 BGB, weil hierbei die höhenmäßige Beschränkung auf das positive Interesse nicht gilt und die Tatsache, dass der Anfechtungsgegner die Anfechtbarkeit kannte oder kennen musste, nicht – wie nach § 122 Abs. 2 BGB – zum völligen Ausschluss des Schadensersatzanspruchs führt, sondern nur zu seiner Minderung nach § 254 BGB. ◀

V. Die Anfechtbarkeit nichtiger Rechtsgeschäfte

Auf den ersten Blick erscheint es sinnlos, ein Rechtsgeschäft, das schon nichtig ist, anzufechten. Für den Anfechtenden kann jedoch die Anfechtung trotz der bereits bestehenden Nichtigkeit Vorteile bringen. Es besteht dann kein Grund, ihm diese nur wegen der bereits bestehenden Nichtigkeit zu versagen. Nach ganz herrschender Meinung können deshalb auch nichtige Rechtsgeschäfte angefochten werden. Auf diese Weise kann sich der Anfechtende etwa einer **Schadensersatzpflicht nach § 122 BGB** entziehen.

▶ **Fall 4:** V verkauft dem K ein Gemälde, das sie für ein Werk des amerikanischen Malers Frank Duveneck hält. Kurz darauf bemerkt sie, dass ihr bei der Abgabe ihrer Willenserklärung ein Zahlendreher unterlaufen ist und sie deshalb erheblich billiger verkauft hat, als sie wollte. Sie ficht daher den Kaufvertrag wegen Erklärungsirrtums (§ 119 Abs. 1 Alt. 2 BGB) an. K verlangt Schadensersatz in Höhe der Prämie für eine Versicherung, die er nach Abschluss des Kaufvertrags schon in Bezug auf das Bild abgeschlossen hatte. Nun erfährt V, dass das Bild in Wirklichkeit nicht von Duveneck, sondern von dem deutschen Maler Wilhelm Leibl stammt und K sie hierüber bei Vertragsschluss arglistig getäuscht hat.

Die Anfechtung wegen Erklärungsirrtums hat den Kaufvertrag nach § 142 Abs. 1 BGB nichtig gemacht und gleichzeitig die Schadensersatzpflicht der V aus § 122 BGB ausgelöst. § 122 Abs. 2 BGB schließt die Schadensersatzpflicht nicht aus, da K den Erklärungsirrtum der V nicht erkennen konnte. Ficht V nun den nichtigen Vertrag nochmals nach § 123 Abs. 1 Alt. 1 BGB wegen arglistiger Täuschung an, bringt sie dadurch diese Schadensersatzpflicht zum Erlöschen. ◀

---

[14] BeckOGK-BGB/*Herresthal* (15.2.2024), § 311 Rn. 246; BeckOK-BGB/*Wendtland* (1.5.2024), § 122 Rn. 12; Erman/*A. Arnold*, § 122 Rn. 11; Grüneberg/*Ellenberger*, § 122 Rn. 6; MüKoBGB/*Armbrüster*, § 122 Rn. 13; Soergel/*Harke*, 13. Aufl. (2014), § 311 Abs. 2, 3 Rn. 52. **A.A.** BeckOGK-BGB/*Rehberg* (1.3.2024), § 122 Rn. 23; BeckOK-BGB/*Sutschet* (1.5.2024), § 311 Rn. 73; Grüneberg/*Grüneberg*, § 311 Rn. 38; Staudinger/*Singer*, § 122 Rn. 20; Staudinger/*Feldmann*, Neubearb. 2023, § 311 Rn. 130.

Sinnvoll kann die Anfechtung eines nichtigen Rechtsgeschäfts für den Anfechtenden auch sein, um die **Rechtsfolge des § 142 Abs. 2 BGB** auszulösen.

▶ Wenn in Fall 1 (Rn. 10) E bei der Übereignung an V geschäftsunfähig war, ist die Übereignung von E an V schon deshalb nach §§ 105 Abs. 1, 131 Abs. 1 BGB nichtig. Das hindert allerdings den gutgläubigen Erwerb des K nach §§ 929 S. 1, 932 BGB nicht, sofern dieser nichts davon weiß und ihm insofern auch keine grobe Fahrlässigkeit zur Last fällt. Dass K von der arglistigen Täuschung der E durch V weiß, ist nach § 142 Abs. 2 BGB unerheblich, solange E (bzw. ihr gesetzlicher Vertreter) die dingliche Einigung nicht deswegen angefochten hat. Die Anfechtung der ohnehin nichtigen dinglichen Einigung ist hier also nötig, um den guten Glauben des K zu zerstören. ◀

Wiederholungs- und Vertiefungsfragen

1. Erläutern Sie den Satz: „Die Anfechtung kassiert, sie reformiert nicht."
2. Worin liegt die Bedeutung des § 142 Abs. 2 BGB?
3. Was ist mit dem Satz gemeint, das Anfechtungsrecht sei kein Reurecht?
4. K hat sich bei Abschluss eines Kaufvertrags mit V über den Kaufpreis geirrt und deshalb eine Anfechtungserklärung an V abgesandt. Acht Wochen später erhält sie von V eine Mahnung, aus der hervorgeht, dass V die Anfechtungserklärung offensichtlich nicht erhalten hat. Wie ist die Rechtslage?
5. K interessiert sich für einen gebrauchten Traktor, den V zum Verkauf anbietet. K fährt zu V, um sich das Fahrzeug anzusehen (Preis der Bahnfahrt: 12 €), und beide einigen sich auf einen Preis in Höhe von 5.000 €. K fährt gleich mit dem Traktor nach Hause und überweist dem V am nächsten Tag den Kaufpreis. Dafür muss er kurzfristig sein Konto überziehen, wofür Zinsen in Höhe von 23 € anfallen. Für die Ummeldung fallen Gebühren in Höhe von 15 € an, die K entsprechend der Vereinbarung mit V trägt. Nun ficht V den Kaufvertrag nach § 119 BGB wirksam an. Er holt den Traktor bei K ab und zahlt dem K die erhaltenen 5.000 € zurück. K muss eine Woche ohne Traktor auskommen, da er seinen alten kurz nach Abschluss des Vertrags mit V an D veräußert hat; dadurch entsteht ihm ein Schaden von 130 €. Dann gelingt es dem K, einen Traktor, der dem des V vergleichbar ist, für 5.300 € zu erwerben. Wieviel Schadensersatz kann er von V verlangen?

G. Stellvertretung und Botenschaft

§ 22 Einführung

I. Die praktische Bedeutung der Stellvertretung

Die praktische Bedeutung der Stellvertretung ist in einer hochentwickelten Volkswirtschaft kaum zu überschätzen. Der Inhaber eines Großunternehmens kann nicht jeden einzelnen Vertrag – vom Kauf eines Kugelschreibers über die Einstellung von Arbeitnehmern bis zum Verkauf von Unternehmensteilen – selbst schließen. Überdies können viele Rechtssubjekte (zum Begriff § 15 Rn. 1 f.) gar nicht selbst handeln, sondern sind aus rechtlichen Gründen auf Vertreter angewiesen. Eine juristische Person oder eine Personengesellschaft ist ein reines Abstraktum, das nur durch natürliche Personen als Vertreter handeln kann. Und nicht voll Geschäftsfähige sind – zu ihrem Schutz – nur eingeschränkt fähig, rechtsgeschäftlich zu handeln, und müssen deswegen vertreten werden.

Das Stellvertretungsrecht regelt das „Handeln durch andere" nur für den **rechtsgeschäftlichen Bereich**. Die gleiche Problematik stellt sich aber auch in anderer Hinsicht, etwa in Bezug auf das Einstehenmüssen für Schäden, die andere verursachen (vgl. §§ 31, 278, 831 BGB), oder die Ausübung der tatsächlichen Gewalt über eine Sache (vgl. § 855 BGB). Doch diese Probleme gehören ins Schuld- und ins Sachenrecht.

II. Das Wesen der unmittelbaren Stellvertretung

Die Grundnorm für die unmittelbare (oder direkte) Stellvertretung ist § 164 BGB. Das Charakteristikum dieser Art der Stellvertretung ist, dass eine Willenserklärung **unmittelbar für und gegen den Vertretenen** wirkt, obwohl er sie weder abgegeben noch in Empfang genommen hat. Dabei ist zwischen der aktiven (§ 164 Abs. 1 BGB) und der passiven (§ 164 Abs. 3 BGB) Stellvertretung zu unterscheiden. Bei der aktiven Stellvertretung gibt der Vertreter eine Willenserklärung mit Wirkung für den Vertretenen ab, bei der passiven Stellvertretung nimmt der Vertreter eine Willenserklärung mit Wirkung für den Vertretenen entgegen.

Daraus folgen zwei Dinge:

- **Erklärender** bei der aktiven Stellvertretung und **Erklärungsempfänger** bei der passiven Stellvertretung ist nicht der Vertretene, sondern der Vertreter. Es kommt deshalb auf dessen Geschäftsfähigkeit an. Bei der aktiven Stellvertretung sind die subjektiven Voraussetzungen (wie z.B. Willensmängel, § 166 Abs. 1 BGB) nach der Person des Vertreters zu beurteilen. Bei der passiven Stellvertretung muss die Erklärung dem passiven Vertreter zugehen (§ 130 Abs. 1 S. 1 BGB), sie muss also in *seinen* Machtbereich gelangen und es muss mit der Kenntnisnahme *durch ihn* zu rechnen sein. Für die Auslegung nach §§ 133, 157 BGB ist der objektive Empfängerhorizont des passiven Vertreters maßgeblich, nicht derjenige des Vertretenen.
- Die **Wirkungen der Willenserklärung** treffen den Vertretenen, nicht den Vertreter. Nimmt also etwa S als (aktiver) Vertreter der V einen Antrag des D auf Abschluss eines Kaufvertrags an, so kommt der Kaufvertrag zwischen V und D zustande. V – nicht S – schuldet den Kaufpreis (§ 433 Abs. 2 BGB) und kann von D Übergabe und Übereignung der Kaufsache verlangen (§ 433 Abs. 1 S. 1 BGB). Gibt D gegenüber S

§ 22 G. Stellvertretung und Botenschaft

als passivem Vertreter der V einen Antrag auf Abschluss eines Kaufvertrags ab, verschafft dieser Antrag der V – nicht dem S – die Möglichkeit, durch Annahme einen Kaufvertrag zwischen sich und D zustande zu bringen. S kann den Antrag nicht für sich selbst annehmen und dadurch selbst zum Vertragspartner des D werden. Da den Vertreter die Wirkungen der von ihm abgegebenen oder in Empfang genommenen Erklärung nicht treffen, ist das Handeln als Vertreter für ihn rechtlich neutral. Deshalb kann nach § 165 BGB ein **beschränkt Geschäftsfähiger** Stellvertreter sein (vgl. § 16 Rn. 22).

III. Die Voraussetzungen der unmittelbaren Stellvertretung

2a Im Folgenden wird lediglich ein grober Überblick über die Voraussetzungen der unmittelbaren Stellvertretung gegeben, der vor allem die Funktion der einzelnen Voraussetzungen deutlich machen soll. Im Einzelnen werden die Voraussetzungen in §§ 23, 24 behandelt.

1. Aktive Stellvertretung

3 Die aktive Stellvertretung setzt nach § 164 Abs. 1 S. 1 BGB voraus, dass der Vertreter eine Willenserklärung innerhalb der ihm zustehenden Vertretungsmacht im Namen des Vertretenen abgibt. Dies beinhaltet drei Voraussetzungen:

- Der Vertreter muss eine **Willenserklärung abgeben**. Spezifisch im Hinblick auf die Stellvertretung stellt sich dabei das Problem, ob der Betreffende selbst eine Willenserklärung abgibt oder ob er nur eine Willenserklärung des Hintermanns weiterleitet. Nur im ersten Fall kann er Stellvertreter sein (aber auch ein Eigengeschäft tätigen), im zweiten ist er dagegen Bote (siehe § 27 Rn. 3).
- Der Vertreter muss **im Namen des Vertretenen** handeln, d.h., es muss sich aus dem Inhalt der Erklärung ergeben, dass die Rechtsfolgen nicht den Handelnden, sondern den Vertretenen treffen sollen. Mithilfe dieser Voraussetzung werden Eigengeschäfte von Geschäften als Vertreter abgegrenzt. Sie dient dem Schutz des Dritten. Denn da die Rechtsfolgen der Vertretererklärung nicht den Vertreter, sondern den Vertretenen treffen, wüsste der Dritte sonst nicht, gegen wen er Ansprüche hat oder wem er verpflichtet ist.
- Der Vertreter muss im Rahmen der ihm zustehenden **Vertretungsmacht** handeln. Diese Voraussetzung dient dem Schutz des Vertretenen, den die Folgen des Vertreterhandelns unmittelbar treffen. Diesen Folgen darf er nur ausgesetzt werden, wenn entweder er selbst den Vertreter „eingesetzt" hat oder dieser von Gesetzes wegen die Stellung eines Vertreters innehat.

▶ **Hinweis zur Klausurtechnik:** In der Klausur prüfen Sie die erste Voraussetzung – die Abgabe einer Willenserklärung durch den Vertreter – nicht im Rahmen von § 164 BGB, sondern vorher. Denn im Gutachtenstil gehen Sie von einer bestimmten Rechtsfolge (z.B. einem Anspruch aus Kaufvertrag) im Hinblick auf den Hintermann aus, die eine für und gegen den Hintermann wirkende Willenserklärung (z.B. eine auf den Abschluss des Kaufvertrags gerichtete Willenserklärung) voraussetzt. Als Nächstes prüfen Sie dann, ob der Hintermann selbst eine derartige Willenserklärung abgegeben hat. Schon an dieser Stelle müssen Sie sich mit dem Handeln des Mittelsmanns auseinandersetzen. Entweder kommen Sie dabei zum Ergebnis, dass er nur eine Willenserklärung des Hintermanns übermittelt hat, also Bote war. In diesem Fall liegt eine Willenserklärung des Hintermanns vor, und Sie kommen deshalb gar nicht mehr zur Stellvertretung. Oder Sie kommen zum Ergebnis, dass keine Willenserklärung des Hintermanns vorliegt, die der Mittelsmann als Bote weitergeleitet hat, sondern eine Willenserklärung des Mittelsmanns. Dann müssen Sie prüfen, ob diese Willenserklärung nach § 164 Abs. 1 S. 1 BGB für und gegen den Hintermann wirkt. Da Sie die Abgabe einer Willenserklärung durch den Mittelsmann schon bejaht haben, müssen Sie dann nur noch das Handeln im Namen des Hintermanns und das Bestehen von Vertretungsmacht erörtern. ◄

2. Passive Stellvertretung

Für die Voraussetzungen der passiven Stellvertretung verweist § 164 Abs. 3 BGB pauschal auf § 164 Abs. 1 BGB, der „entsprechend" anzuwenden ist. Diese Verweisung ist etwas irreführend, denn die – durch das „entsprechend" dezent angedeuteten – Abweichungen sind erheblich.

- Bei der passiven Stellvertretung gibt der Vertreter nicht eine Willenserklärung ab, sondern – wie § 164 Abs. 3 BGB formuliert – es erfolgt ihm gegenüber eine Willenserklärung, die dem Vertretenen gegenüber abzugeben ist. Ein Dritter gibt also eine Erklärung, die gegenüber dem Vertretenen wirken soll, nicht gegenüber diesem, sondern gegenüber dem Vertreter ab. Passiver Stellvertreter kann folglich nur derjenige sein, der selbst **Adressat der Erklärung des Dritten** ist, genau so, als sollte die Erklärung ihm selbst gegenüber Rechtswirkungen entfalten. Ist die Erklärung dagegen an den Hintermann gerichtet und soll der Mittelsmann sie lediglich dem Hintermann überbringen, dann ist der Mittelsmann Bote. Siehe zu den Einzelheiten § 27 Rn. 5 ff.
- Die Erklärung muss ihrem Inhalt nach darauf gerichtet sein, **Rechtsfolgen** nicht gegenüber dem Empfänger selbst, sondern **gegenüber dem Vertretenen** zu entfalten; andernfalls ist sie an den Empfänger persönlich (und nicht als Vertreter) gerichtet. Es kommt also nicht darauf an, ob der passive Stellvertreter im Namen des Vertretenen handelt.[1] Denn Kennzeichen des Passivvertreters ist ja gerade, dass er gar nicht handelt, sondern die Erklärung z.B. in seinen Briefkasten eingeworfen wird. Die Übereinstimmung mit der aktiven Stellvertretung liegt darin, dass der Erklärungsinhalt darüber entscheidet, für wen die Erklärung Rechtsfolgen entfaltet.
- Der passive Stellvertreter muss **Vertretungsmacht** für die Empfangnahme der betreffenden Willenserklärung haben.

---

[1] BGH NJW 2003, 3270 f.; MüKoBGB/*Schubert*, § 164 Rn. 257; *Neuner*, § 49 Rn. 20. **A.A.** (entscheidend ist das Auftreten der Empfangsperson) Staudinger/*Schilken*, § 164 Rn. 22.

§ 22 G. Stellvertretung und Botschaft

3. Zusammenfassung

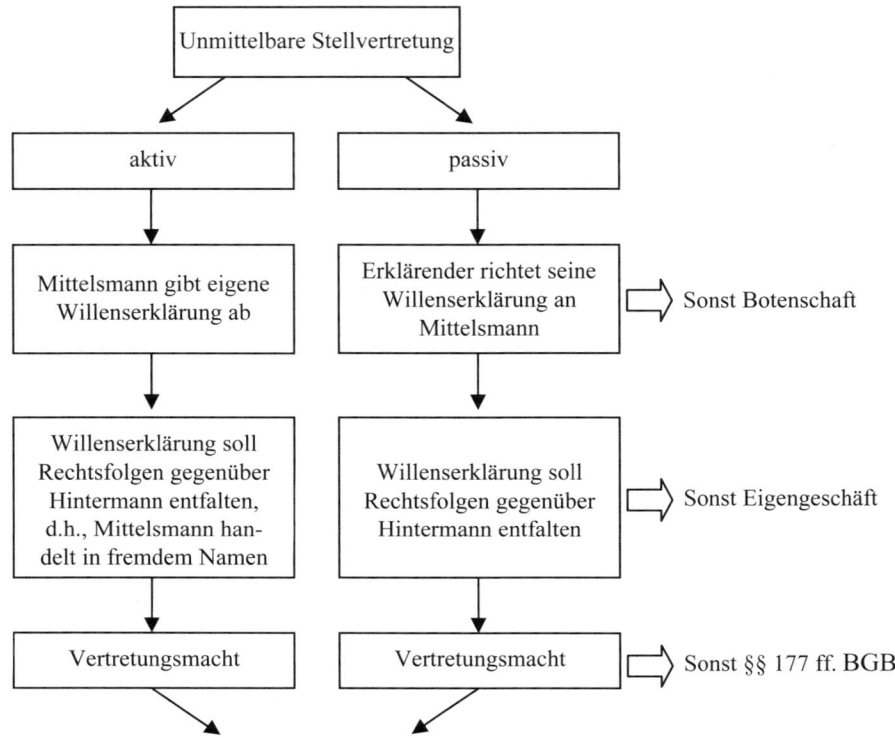

Wichtig ist, sich das **Verhältnis der Voraussetzungen** klarzumachen: Ist der Mittelsmann Bote (weil er eine Willenserklärung des Hintermanns oder des Dritten weiterleitet), dann kommt es auf die Voraussetzungen des § 164 BGB nicht mehr an; ein Eigengeschäft ist von vornherein ausgeschlossen. Liegt ein Eigengeschäft des Vertreters vor, ist das Bestehen von Vertretungsmacht irrelevant.

Dagegen kann man daraus, dass der Mittelsmann **Vertretungsmacht** oder umgekehrt keine Vertretungsmacht hat, weder darauf schließen, ob er Bote oder Stellvertreter ist, noch darauf, ob ein Eigengeschäft vorliegt oder die Erklärung für und gegen den Vertretenen wirken soll: Auch im Fall des Bestehens von Vertretungsmacht sind selbstverständlich Eigengeschäfte denkbar, und auch wer Vertretungsmacht hat, kann als bloßer Bote handeln. Umgekehrt folgt aus dem Fehlen von Vertretungsmacht nicht, dass der Betreffende ein Eigengeschäft vornimmt oder als Bote handelt; er kann auch als Vertreter ohne Vertretungsmacht tätig werden.

IV. Die Unterscheidung von unmittelbarer und mittelbarer Stellvertretung

Die mittelbare (oder indirekte) Stellvertretung ist im BGB nicht besonders geregelt. Sie unterscheidet sich von der unmittelbaren Stellvertretung dadurch, dass der mittelbare Stellvertreter **nicht im Namen des Vertretenen** handelt, sondern ein Eigengeschäft schließt. Allein er tritt also in rechtsgeschäftliche Beziehungen mit dem Dritten. Lediglich die Folgen dieses Rechtsgeschäfts werden im **Innenverhältnis** auf den Vertretenen übergeleitet. Grund für diese Konstruktion kann sein, dass der Vertretene nicht gegenüber dem Dritten in Erscheinung treten möchte („Strohmanngeschäft"). Einen Beispielsfall finden Sie in § 18 Rn. 6.

Wird der mittelbare Stellvertreter im Rahmen seines Gewerbes tätig, dann liegt ein sog. **Kommissionsgeschäft** vor, für das sich in §§ 383 ff. HGB detaillierte Regeln finden.[2]

V. Die Zulässigkeit der Stellvertretung

Prinzipiell ist die Stellvertretung bei **allen Rechtsgeschäften** zulässig. Insbesondere schließt die Formbedürftigkeit eines Rechtsgeschäfts eine Stellvertretung nicht aus. Ausnahmsweise erklärt das Gesetz eine Vertretung für unzulässig, entweder indem es das so ausspricht oder indem es anordnet, das Rechtsgeschäft müsse „persönlich" vorgenommen werden. Derartige Rechtsgeschäfte nennt man „**höchstpersönliche Rechtsgeschäfte**". Dazu gehören etwa die Heirat (§ 1311 S. 1 BGB), die Einwilligung in die Adoption (§ 1750 Abs. 3 S. 2 BGB) und die Errichtung eines Testaments (§ 2064 BGB). Da der Ausschluss der Vertretung dazu führen würde, dass solche Geschäfte für nicht voll Geschäftsfähige schlechthin ausscheiden würden, finden sich häufig Sonderregeln, die dem nicht voll Geschäftsfähigen ermöglichen, das Rechtsgeschäft – eventuell mit Zustimmung des gesetzlichen Vertreters oder gerichtlicher Genehmigung – selbst vorzunehmen (vgl. § 16 Rn. 12).

Die **Auflassung** (§ 4 Rn. 4) muss nach § 925 Abs. 1 S. 1 BGB bei gleichzeitiger Anwesenheit beider Teile vor einer zuständigen Stelle erklärt werden. Das macht die Auflassung aber nicht zu einem höchstpersönlichen Rechtsgeschäft. Es genügt vielmehr, dass ein Vertreter gleichzeitig mit der anderen Partei vor einer zuständigen Stelle anwesend ist (siehe auch § 27 Rn. 2).

Wiederholungs- und Vertiefungsfragen

1. Würde sich etwas ändern, wenn man § 165 BGB aus dem Gesetz streichen würde?
2. Vergleichen Sie die Voraussetzungen der aktiven und der passiven Stellvertretung!
3. V erteilt der S Vertretungsmacht, bei D für sie ein Gemälde zu kaufen. Als S das Bild sieht, gefällt es ihr so gut, dass sie es selbst haben möchte. Sie schließt daher mit D einen Kaufvertrag, ohne die V zu erwähnen. Kann V von D Lieferung des Gemäldes verlangen?
4. S kauft als mittelbarer Stellvertreter des V bei D einen Gebrauchtwagen. Dabei hält er sich allerdings nicht an das von V gesetzte Preislimit. Ist der Kaufvertrag wirksam?

---

[2] Siehe *Steinbeck*, Nomos-Lehrbuch Handelsrecht, 5. Aufl. (2021), § 36.

§ 23 Der Offenheitsgrundsatz

I. Grundprinzip

1 Als Offenheitsgrundsatz (teilweise auch Offenkundigkeitsprinzip[1]) bezeichnet man die Tatsache, dass der aktive Stellvertreter **in fremdem Namen** handeln muss (§ 164 Abs. 1 S. 1 und 2 BGB). Bei der **passiven Stellvertretung** findet sich eine entsprechende Voraussetzung (siehe § 22 Rn. 4): Es muss sich aus dem Inhalt der an den Vertreter gerichteten Erklärung ergeben, dass diese Erklärung Rechtsfolgen nicht gegenüber dem Vertreter, sondern gegenüber dem Vertretenen entfalten soll (dazu Rn. 14). Geschützt wird dadurch jeweils der Erklärungsempfänger: bei der aktiven Stellvertretung der Dritte, bei der passiven Stellvertretung der Vertreter. Denn er muss, um sachgerecht reagieren zu können, wissen, zwischen welchen Personen die Erklärung Wirkung entfaltet.

II. Das Handeln in fremdem Namen

2 Ob der Vertreter seine Willenserklärung in fremdem Namen abgibt, ist durch **Auslegung** dieser Willenserklärung nach den normalen Auslegungsgrundsätzen zu ermitteln (siehe § 2 Rn. 8 ff.). Normalerweise ist also nach §§ 133, 157 BGB der objektive Empfängerhorizont maßgeblich. § 164 Abs. 1 S. 2 BGB stellt klar, dass der Vertreter nicht ausdrücklich im Namen des Vertretenen handeln muss, sondern dass es genügt, wenn sich das Handeln in fremdem Namen aus den Umständen ergibt. Das entspricht den allgemeinen Auslegungsgrundsätzen.

3 Wenn die Auslegung ergibt, dass sich ein Rechtsgeschäft auf ein bestimmtes Unternehmen beziehen soll (**unternehmensbezogenes Geschäft**), kommt eine Auslegungsregel zur Anwendung, nach der die entsprechende Willenserklärung im Zweifel im Namen des Unternehmensträgers abgegeben ist, unabhängig davon, ob der Handelnde dies selbst ist oder nicht und ob der Erklärungsempfänger erkennen kann, wer Unternehmensträger ist.

▶ **Beispiel:** Die Baustoffhandlung V erhält ein handschriftliches Fax mit unleserlicher Unterschrift, in dem für die „Dachdeckerei Bleiziffer, Prüfeninger Straße 31, Regensburg" Balken bestellt werden. „Dachdeckerei Bleiziffer" ist kein Rechtssubjekt und kann deshalb nicht Vertretener sein. Ist Johannes Bleiziffer der Inhaber der Dachdeckerei, ist die Willenserklärung in seinem Namen abgegeben, unabhängig davon, ob er selbst oder ein Vertreter sie abgegeben hat. Wenn dagegen die Bleiziffer GmbH Inhaberin ist, ist die Willenserklärung im Namen der GmbH abgegeben. ◀

4 Nach h.M. ist es nicht erforderlich, dass aus der Erklärung hervorgeht, **in wessen Namen** der Erklärende handelt. Vielmehr genügt es, dass er zum Ausdruck bringt, im Namen irgendeines anderen zu handeln. Eine derartige Erklärung setzt den Erklärungsempfänger erheblicher Unsicherheit aus. Handelt es sich um einen Antrag zum Vertragsschluss, ist das unproblematisch, weil er ihn nicht anzunehmen braucht. Geht es um die Annahme eines Antrags oder um ein einseitiges Rechtsgeschäft (§ 16 Rn. 27), wird sich normalerweise aus den Umständen ergeben, wer vertreten werden soll. Ist das ausnahmsweise nicht der Fall (wie bei der Annahme eines Antrags, den der Emp-

---

[1] *Bork*, Rn. 1379 weist zu Recht darauf hin, dass der Begriff „Offenkundigkeit" missverständlich ist, weil das Handeln in fremdem Namen keineswegs „offenkundig" sein muss, sondern es genügt, wenn es sich durch Auslegung ergibt (vgl. § 164 Abs. 1 S. 2 BGB).

fänger ad incertas personas gemacht hat), ist der Empfänger durch das Zurückweisungsrecht des § 174 BGB (siehe § 24 Rn. 19) ausreichend geschützt.

▶ **Fall 1 (nach OLG Köln NJW-RR 1991, 918 f.):** K bestellt als „Sammelbestellerin" bei V Waren für insgesamt über 5.000 €. Als V Zahlung des Rechnungsbetrags verlangt, macht K geltend, sie habe die Waren nicht für sich, sondern für Dritte bestellt.

Aus der Bezeichnung als „Sammelbestellerin" ergibt sich, dass K nicht (nur) für sich selbst, sondern zumindest teilweise in fremdem Namen gehandelt hat. Dass aus ihrer Erklärung nicht hervorgeht, in wessen Namen das geschah, ist unschädlich. Zwischen K und V kam also ein Kaufvertrag nur insoweit zustande, als K für sich selbst handelte. ◀

Der Vertreter, der bei Vornahme des Geschäfts den Vertretenen nicht **benennt**, muss dies auf Verlangen des Dritten nachträglich tun, damit der Dritte etwa seine Forderungen gegen den Vertretenen durchsetzen kann. Kommt der Vertreter einer entsprechenden Aufforderung des Dritten nicht nach, haftet er wie ein Vertreter ohne Vertretungsmacht nach § 179 BGB (siehe dazu § 25 Rn. 6a ff.).

Nach h.M. ist es nicht nur unschädlich, wenn der Vertretene bei Vornahme des Vertretergeschäfts nicht benannt ist; er braucht nicht einmal **bestimmt** zu sein. Es genügt vielmehr, dass Vertreter und Dritter vereinbaren, nach welchen Kriterien die Bestimmung erfolgen soll. So kann sie etwa dem Vertreter überlassen werden. Der Vertrag kommt dann im Zeitpunkt der nachträglichen Bestimmung zustande. Die Bestimmung wirkt also nicht auf den Zeitpunkt des Vertragsschlusses zurück.

Nach § 164 Abs. 2 BGB kommt dann, wenn der Wille, in fremdem Namen zu handeln, **nicht erkennbar hervortritt**, der Mangel des Willens, im eigenen Namen zu handeln, nicht in Betracht. Diese auf den ersten Blick unverständliche Norm besagt zweierlei: Zum einen regelt sie die **Relevanz von Irrtümern**, die sich auf das Handeln in fremdem Namen beziehen (siehe dazu Rn. 12 f.). Zum anderen besagt sie, dass bei **Auslegungszweifeln** darüber, ob jemand im eigenen oder in fremdem Namen gehandelt hat, ein Handeln im eigenen Namen anzunehmen ist. 5

III. Das Handeln unter fremdem Namen

Beim Handeln unter fremdem Namen handelt der Vertreter nicht im Namen des Vertretenen, sondern benutzt dessen Namen, als wäre es sein eigener. Für den Dritten wird dadurch gar nicht erkennbar, dass auf der Gegenseite zwei verschiedene Personen stehen. Problematisch hieran ist, dass die **Person des Erklärenden** für den Dritten auf zwei einander widersprechende Arten individualisiert wird: erstens durch die Person des Handelnden und zweitens durch den verwendeten Namen. Was von beiden vorrangig ist, ist durch **Auslegung** zu bestimmen. Von großer Bedeutung ist dabei das Interesse des Empfängers, das Rechtsgeschäft entweder mit dem Namensträger oder umgekehrt mit dem Handelnden vorzunehmen. Denn der Empfänger darf davon ausgehen, dass sich der Handelnde redlich verhält und deshalb diejenige Individualisierung in den Vordergrund rückt, von der er wissen muss, dass sie für den Empfänger die wichtigere ist. 6

Danach kommt es bei **Geschäften unter Anwesenden**, die sofort abgewickelt werden, in aller Regel auf die Person des Handelnden und nicht auf den Träger des verwen- 7 deten Namens an, da dem Vertragspartner hierbei der Name des Handelnden völlig gleichgültig ist. Es liegt ein Fall bloßer **Namenstäuschung** vor.[2]

▶ **Fall 2:** Die Tante T schenkt ihrer Nichte N zum 20. Geburtstag ein Essen für N und deren Freund in einem feinen Restaurant. T gibt der N das nötige Geld und reserviert im Restaurant einen Tisch auf ihren eigenen Namen. N stellt sich im Restaurant der Einfachheit halber mit dem Namen der T vor, auf den der Tisch reserviert ist. Sie bestellt für sich und ihren Freund, nach dem Essen zahlt sie.

Dem Restaurant ist es hier völlig gleichgültig, ob der Gast T oder N heißt; es will einen Vertrag mit dem anwesenden Gast schließen. Da das auch N wissen muss, darf das Restaurant die Bestellung der N so verstehen, dass diese mangels anderer Anzeichen für sich selbst und nicht für den wahren Träger des Namens T handelt. ◀

Anders liegt es dagegen, wenn es bei einem Geschäft unter Anwesenden dem Vertragspartner ausnahmsweise erkennbar darauf ankommt, gerade mit dem Namensträger abzuschließen. Diesen Fall stellt die ganz herrschende Meinung dem Handeln in fremdem Namen gleich und wendet die Regeln des Stellvertretungsrechts an. Es kommt also nach § 164 Abs. 1 S. 1 BGB darauf an, ob der Handelnde Vertretungsmacht für den Namensträger hat.

▶ **Fall 3:** S leiht sich von seinem Freund V dessen Mitarbeiterausweis für das Kaufhaus D, da D von Mitarbeitern keine sofortige Bezahlung verlangt, sondern ihnen die Ware auf Rechnung mitgibt. S kauft dann unter Vorlage dieses Ausweises bei D auf Rechnung ein.

Dem D ist hier der Name des Erklärenden wichtiger als dessen Person, da es nur eigenen Mitarbeitern Ware auf Rechnung mitgibt und diese Mitarbeiter über den Namen identifiziert. Der Einkauf unter Vorlage des Ausweises hat daher den objektiven Erklärungswert, dass V Vertragspartner werden soll. ◀

8   Auf den Namensträger kommt es auch an, wenn zwischen den Parteien überhaupt **kein persönlicher Kontakt** stattfindet, so dass der Vertragspartner sein Gegenüber allein anhand des Namens identifiziert.

▶ **Fall 4:** V, die keinen Internetanschluss hat, bittet ihre Freundin S, für sie im Onlineshop des D eine Autobatterie auszuwählen und zu bestellen. Da die Eingabemaske eine Bestellung in fremdem Namen nicht ermöglicht, füllt S sie einfach so aus, als wäre sie V. Die Bestellung der S wirkt nach § 164 Abs. 1 S. 1 BGB für und gegen V. ◀

▶ **Fall 5:** S füllt einen Lottoschein auf den Namen seines Freundes V aus und gibt ihn in der Annahmestelle ab. Nach h.M. liegt ein Eigengeschäft des S vor, da die Lottogesellschaft mit dem Namen keine bestimmten Vorstellungen verbinde.[3] Mir scheint das verfehlt. Die Lottogesellschaft will vor allem Klarheit darüber haben, wem sie gegebenenfalls einen Gewinn auszahlen muss. Diese Klarheit lässt sich nur erreichen, wenn der Namensträger ihr Vertragspartner ist. Sonst bestünde die Möglichkeit, dass im Fall eines Millionengewinns

---

2   Nach BGH NJW 2013, 1946 f. soll dies selbst dann gelten, wenn jemand einen unterschlagenen Gebrauchtwagen unter dem Namen des – in die Fahrzeugpapiere eingetragenen – Eigentümers veräußert. Interessant ist der Fall auch deshalb, weil der Vertrag von einem vom Veräußerer eingesetzten Stellvertreter im Namen des Eigentümers geschlossen wurde. Doch hatte der Veräußerer selbst im Vorfeld des Vertragsschlusses unter dem Namen des Eigentümers gehandelt, und deshalb lag die für das Handeln unter fremdem Namen typische Individualisierung des Vertragspartners auf zwei einander widersprechende Weisen vor: Der Veräußerer wurde erstens individualisiert als „die Person, die im Vorfeld des Vertragsschlusses unter dem Namen des Eigentümers gehandelt hat", und zweitens als „die Person, die den Namen des Eigentümers trägt".
3   Bork, Rn. 1408; Soergel/*Bayer*, vor § 164 Rn. 54; Staudinger/*Schilken*, vor § 164 Rn. 92.

§ 23 Der Offenheitsgrundsatz

der gesamte Bekanntenkreis des Namensträgers behauptet, den Schein auf dessen Namen ausgefüllt zu haben. Allenfalls, wenn die Spielbedingungen der Lottogesellschaft das Recht geben, Gewinne unabhängig davon, wer ihr Vertragspartner ist, an den Träger des im Lottoschein angegebenen Namens (oder an denjenigen, der die Spielquittung vorlegt) auszuzahlen, kann angenommen werden, Vertragspartner sei derjenige, der den Schein ausfülle. Denn dann kann der Lottogesellschaft die Person des Vertragspartners gleichgültig sein.[4] ◄

In Fällen, in denen **beide Individualisierungen** gleich wichtig sind, ist die Willenserklärung wegen Perplexität nichtig (siehe auch § 2 Rn. 6).

▶ **Fall 6:** Der 19-jährige Marcus M. ist das Enfant terrible der stadtbekannten Ärztefamilie M. Als er ein Einzimmerappartement mieten will, fürchtet er, dass auch der Name M. den Vermieter nicht über sein Piercing und die gefärbten Haare hinwegsehen lassen wird. Er bittet deshalb seinen seriös wirkenden Freund Felix, unter dem Namen Marcus M. bei dem Vermieter D vorzusprechen und nach Möglichkeit einen Mietvertrag zu schließen. So geschieht es.

Die Willenserklärung des Felix ist wegen Perplexität nichtig. Beim Abschluss eines Mietvertrags ist typischerweise die Person des Mieters wichtig. Wird für diesen – wie hier – ein sehr bekannter Name angegeben, ist aber zu erwarten, dass sich der Vermieter auch an diesem orientiert. Da Name und Person nicht zusammengehören, ist die von Felix abgegebene Erklärung in sich widersprüchlich und deshalb nichtig.

Hätte Marcus M. dagegen seinen Bruder Thorsten M. vorgeschickt, wäre der Mietvertrag mit diesem zustande gekommen. Denn der Vorname ist hier für D unwichtig, und bezüglich des Nachnamens M. liegt kein Widerspruch zur Person des Thorsten M. vor. ◄

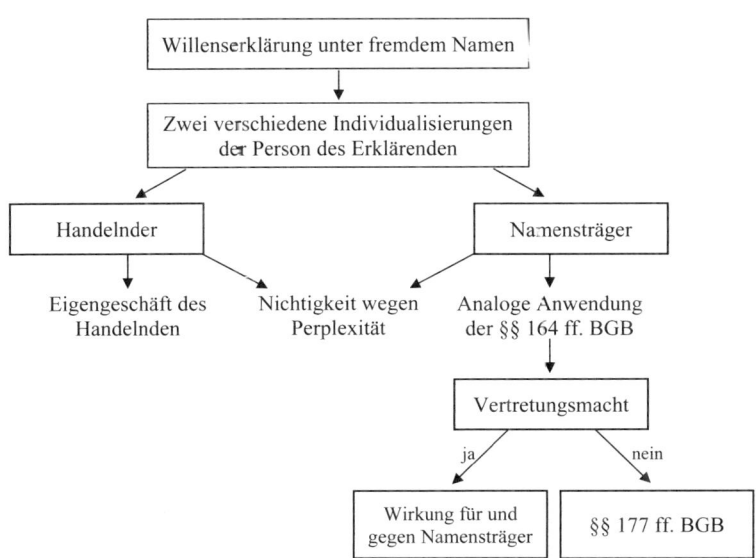

---

4 Vgl. OLG Koblenz MDR 1958, 687 f. und dazu *Ohr*, MDR 1959, 89 f.; MüKoBGB/*Schubert*, § 164 Rn. 153.

IV. Das Geschäft für den, den es angeht

10 Das Geschäft für den, den es angeht, ist eine von Rechtsprechung und Literatur entwickelte **Ausnahme vom Offenheitsgrundsatz**.[5] Der Vertreter handelt im eigenen Namen, und trotzdem wirkt das Geschäft nach § 164 Abs. 1 S. 1 BGB für und gegen den Vertretenen.

Da der Offenheitsgrundsatz dem Schutz des Dritten dient, kann die Ausnahme des Geschäfts für den, den es angeht, nur zur Anwendung kommen, wenn der Dritte dieses Schutzes nicht bedarf, weil ihm die Person seines Vertragspartners **gleichgültig** ist. Das kommt sowohl bei Verpflichtungs- als auch bei Verfügungsgeschäften in Betracht. Wenn keine gegenteiligen Anzeichen vorliegen, nimmt man es bei den **Bargeschäften des täglichen Lebens** an. Dem Verkäufer, der sein Geld sofort bekommt, ist es normalerweise gleichgültig, wer sein Vertragspartner ist. Von Bedeutung kann das nur noch bei der Geltendmachung von Gewährleistungsrechten werden, und auch insofern wäre es zu umständlich, auf die Person des Vertragspartners abzustellen, müsste sie doch dann – wenn man nicht endlose Streitereien provozieren will – bei Vertragsschluss irgendwo festgehalten werden. In der Praxis wird der Verkäufer deshalb demjenigen Gewähr leisten, der den Kassenzettel vorlegt, und einen Hinweis bei Vertragsschluss, der Kaufende handle als Vertreter eines Dritten, ignorieren. Würde die Rechtsordnung einen solchen Hinweis verlangen, würde sie den Parteien Aufwand aufbürden, der keiner von ihnen nützt.

Im Einzelfall kann es dem Dritten auch bei Bargeschäften des täglichen Lebens auf die Person seines Vertragspartners ankommen, etwa wenn es um die Gewährung von Rabatten (z.B. Personalrabatten) geht, die nur bestimmten Personengruppen eingeräumt werden. In solchen Fällen kann auf die Offenheit der Stellvertretung nicht verzichtet werden.

11 Da der Vertreter bei Geschäften für den, den es angeht, nicht im Namen des Vertretenen auftritt, kann nur nach seinem **Willen** bestimmt werden, ob er ein bestimmtes Geschäft für sich selbst oder für einen Vertretenen vornimmt. Das Bestehen von Vertretungsmacht kann dafür allenfalls ein Indiz sein, denn auch wer für ein bestimmtes Geschäft Vertretungsmacht hat, kann dieses Geschäft für sich selbst vornehmen, und umgekehrt hindert das Fehlen von Vertretungsmacht nicht an einem Handeln als Vertreter ohne Vertretungsmacht (siehe auch § 22 Rn. 5). Entscheidend ist der Wille bei Abgabe der betreffenden Willenserklärung; eine nachträgliche „Umwidmung" des Geschäfts ist nicht möglich.

Teilweise wird zum Schutz des Rechtsverkehrs verlangt, der Wille des Vertreters müsse **nach außen erkennbar** hervortreten.[6] Der Offenheitsgrundsatz dient allerdings ganz primär dem Schutz des Erklärungsempfängers. Andere Personen müssen nicht erkennen können, ob jemand für sich selbst oder für einen Vertretenen handelt, wie sich aus den allgemeinen Grundsätzen für die Auslegung von Willenserklärungen ergibt. Es ist daher meiner Ansicht nach nicht angebracht, den Kreis der Geschäfte für den, den es angeht, zum Schutz des Rechtsverkehrs einzuschränken. Probleme kann die Feststellung des Vertreterwillens freilich im Prozess bereiten. Doch insofern bietet die Regel

---

5 Ablehnend *Flume*, § 44 II 2, S. 772 ff.
6 MüKoBGB/*Schubert*, § 164 Rn. 143; *Neuner*, § 49 Rn. 50; Soergel/*Bayer*, § 164 Rn. 101; Staudinger/*Schilken*, vor § 164 Rn. 53.

des § 164 Abs. 2 BGB (siehe Rn. 5) hinreichende Sicherheit.[7] Wie im Fall des Handelns in fremdem Namen ohne Benennung des Vertretenen (Rn. 4) muss der Vertreter auch beim Geschäft für den, den es angeht, dem Dritten auf Aufforderung den Geschäftsherrn benennen. Sonst haftet er selbst entsprechend § 179 BGB.

▶ **Fall 7 (nach BGH NJW 2016, 1887 ff.):** A betreibt ein duales Entsorgungssystem, welches der regelmäßigen Abholung von Altpapier bei den privaten Endverbrauchern dient. Im Gebiet des Landkreises L sammelt A das Altpapier nicht selbst ein, sondern beauftragt hiermit den B, der wiederum den C einsetzt, um das Altpapier einzusammeln, das die Endverbraucher an bestimmten Terminen gebündelt am Straßenrand zur Abholung bereitlegen. C weiß nichts von A. B kündigt den Vertrag mit A wirksam zum Ablauf des Jahres 2011. A verlangt von B Herausgabe des Altpapiers, das C im Jahr 2012 gesammelt und an B abgeliefert hat.

In Betracht kommt nur ein Anspruch des A aus § 985 BGB (siehe § 6 Rn. 4). Er setzt voraus, dass A Eigentümer des Altpapiers ist. Ursprünglich stand es im Eigentum der Endverbraucher. A könnte aber dadurch Eigentümer geworden sein, dass sich die Endverbraucher mit ihm über die Übereignung einigten und ihm das Altpapier übergaben (§ 929 S. 1 BGB, siehe § 4 Rn. 2). Dass die Endverbraucher das Altpapier zur Abholung bereitlegten, ist gemäß §§ 133, 157 BGB als Antrag auszulegen, das Altpapier an denjenigen zu übereignen, der eine geregelte Entsorgung gewährleistet. Wer dies ist, ist den Endverbrauchern typischerweise gleichgültig, so dass der Antrag an alle gerichtet ist, die diese Voraussetzung erfüllen (Antrag ad incertas personas, siehe § 3 Rn. 3). Der Antrag wurde von C durch das Abholen des Altpapiers angenommen, ohne dass er die Annahme gegenüber den Endverbrauchern erklären musste und ohne dass sie den Endverbrauchern zugehen musste (§ 151 S. 1 BGB; siehe § 3 Rn. 18 ff.). C konnte dabei entweder im eigenen Namen gehandelt haben, so dass eine dingliche Einigung zwischen ihm und den Endverbrauchern zustande kam, oder im Namen eines Dritten, so dass (jedenfalls, wenn C Vertretungsmacht für den Dritten hatte) nach § 164 Abs. 1 und 3 BGB eine dingliche Einigung zwischen den Endverbrauchern und diesem Dritten zustande kam. An sich wirkt die Annahme nach § 164 Abs. 1 und 2 BGB für C selbst, sofern der Wille, im Namen eines anderen zu handeln, nicht erkennbar hervortritt. Hier liegen aber die Voraussetzungen eines Geschäfts für den, den es angeht, vor, da es den Endverbrauchern gleichgültig ist, an wen sie übereignen, sofern nur eine ordnungsgemäße Entsorgung gewährleistet ist. Ob C im eigenen Namen, im Namen des B oder im Namen des A handelte, richtet sich deshalb allein nach dem Willen des C, ohne dass es auf die Erkennbarkeit dieses Willens ankommt. Unerheblich ist, ob dieser Wille pflichtgemäß oder pflichtwidrig ist; freilich ist im Zweifelsfall anzunehmen, dass sich C pflichtgemäß verhalten wollte. C wusste hier gar nichts von A und konnte darum auch nicht den Willen gehabt haben, ihn zu vertreten. Damit kam keine dingliche Einigung zwischen A und den Endverbrauchern zustande, so dass A keinesfalls Eigentümer des Altpapiers wurde. Er kann darum nicht nach § 985 BGB dessen Herausgabe verlangen. ◀

V. Die subjektiven Voraussetzungen

Der Wille, in fremdem oder im eigenen Namen zu handeln, ist Teil des Geschäftswillens. Nach den allgemeinen Grundsätzen macht ein diesbezüglicher **Willensmangel** die Erklärung nicht unwirksam; sie gilt vielmehr entsprechend ihrem objektiven Erklärungswert (§§ 133, 157 BGB). Der Willensmangel kann allerdings dazu führen, dass

12

---

[7] *Bork*, Rn. 1399; Soergel/*Leptien*, 13. Aufl. (1999), vor § 164 Rn. 29.

die Erklärung nach § 119 Abs. 1 BGB wegen Inhalts- oder Erklärungsirrtums angefochten werden kann.

Hier greift jedoch die Sonderregelung des § 164 Abs. 2 BGB ein: „Der Mangel des Willens, im eigenen Namen zu handeln, kommt nicht in Betracht." Damit ist gemeint, dass jemand, der in fremdem Namen handeln möchte, tatsächlich aber im eigenen Namen handelt, nicht wegen Irrtums anfechten kann. Damit sollte einem „praktischen Bedürfnis" Genüge getan werden, weil sonst, „namentlich bei der Häufigkeit der sog. mittelbaren Vertretung, Chikanen und Streitigkeiten in zahlreichen Fällen Thür und Thor geöffnet" würde.[8] Mir scheint das wenig überzeugend. Der Geschäftspartner würde auf jeden Fall dadurch geschützt, dass der ungewollt im eigenen Namen Handelnde – wie bei jeder Anfechtung nach § 119 BGB – seinen Irrtum beweisen und nach § 122 BGB Schadensersatz zahlen müsste.

13 § 164 Abs. 2 BGB regelt nur den Fall, dass jemand in fremdem Namen handeln will, tatsächlich aber im eigenen Namen handelt. Im umgekehrten Fall, dass jemand in fremdem Namen handelt, obwohl er im eigenen Namen handeln möchte, ist § 164 Abs. 2 BGB nicht einschlägig. Für eine analoge Anwendung der ohnehin fragwürdigen Norm besteht nach h.M. kein Bedarf.[9] Das Gleiche gilt, wenn jemand im Namen einer Person handeln will, versehentlich aber im Namen einer anderen Person handelt. Es kann daher wegen des Irrtums des Handelnden angefochten werden (§ 166 Abs. 1 BGB; siehe § 26 Rn. 14 f.). Hatte dieser Vertretungsmacht für den, in dessen Namen er tatsächlich gehandelt hat, steht das Anfechtungsrecht dem Vertretenen zu. Denn er ist derjenige, der von den Folgen der Willenserklärung betroffen wird und den gegebenenfalls die Schadensersatzpflicht nach § 122 BGB trifft, und daher muss auch er darüber entscheiden, ob er sich um den Preis der Schadensersatzpflicht der Bindung entzieht (str.).[10] Handelte der Vertreter ohne Vertretungsmacht, kann er gegebenenfalls selbst anfechten, um sich der Haftung aus § 179 BGB zu entziehen (siehe § 25 Rn. 7).[11]

VI. Passive Stellvertretung

14 Bei der passiven Stellvertretung geht es nicht darum, für welche Person auf der Seite des Erklärenden die Willenserklärung wirkt, sondern darum, gegenüber welcher Person auf der Seite des Empfängers sie wirkt. Auch das hängt vom **Inhalt der Erklärung** ab: Maßgeblich ist, wen nach dem Willen des Erklärenden die Rechtsfolgen der Erklärung treffen sollen. Dieser Wille ist durch Auslegung zu ermitteln. Insofern lassen sich einige Gesichtspunkte von der Aktivvertretung übertragen.

Im **Zweifelsfall** ist anzunehmen, dass die Erklärung Wirkung gegenüber dem Erklärungsempfänger und nicht gegenüber einem hinter diesem stehenden Vertretenen entfalten soll (vgl. § 164 Abs. 2 BGB; Rn. 5). Bei **unternehmensbezogenen Geschäften** gilt

---

[8] Motive I, S. 226.
[9] BeckOGK-BGB/*St. Huber* (1.11.2021), § 164 Rn. 52; *Bork*, Rn. 1420; Erman/*Finkenauer*, § 164 Rn. 26; MüKoBGB/*Schubert*, § 164 Rn. 190; Soergel/*Bayer*, § 164 Rn. 111; Staudinger/*Schilken*, § 164 Rn. 21. **A.A.** Grüneberg/*Ellenberger*, § 164 Rn. 16.
[10] BeckOGK-BGB/*St. Huber* (1.11.2021), § 164 Rn. 52; *Bork*, Rn. 1420; Erman/*Finkenauer*, § 164 Rn. 26; Soergel/*Bayer*, § 164 Rn. 113; Staudinger/*Schilken*, § 164 Rn. 21. **A.A.** (Anfechtungsrecht des Vertreters) *Flume*, § 44 III, S. 776; MüKoBGB/*Schubert*, § 164 Rn. 191. MüKoBGB/*Schubert*, § 164 Rn. 192 nimmt sogar an, dass A (!) anfechten könne, wenn der Vertreter im Namen des A handeln wollte, aber im Namen des B gehandelt hat.
[11] BeckOGK-BGB/*St. Huber* (1.11.2021), § 164 Rn. 53; *Bork*, Rn. 1420; Erman/*Finkenauer*, § 164 Rn. 26; MüKoBGB/*Schubert*, § 164 Rn. 191; Soergel/*Bayer*, § 164 Rn. 113; Staudinger/*Schilken*, § 164 Rn. 21.

§ 23 Der Offenheitsgrundsatz

die Auslegungsregel, dass die Erklärung nicht gegenüber dem Empfänger, sondern gegenüber dem Unternehmensträger wirken soll, auch wenn der Erklärende nicht weiß, wer dieser Unternehmensträger ist (vgl. Rn. 3).

Bei **Geschäften für den, den es angeht,** überlässt der Erklärende es dem Willen des Erklärungsempfängers, für wen die Willenserklärung Rechtsfolgen entfalten soll: für den Erklärungsempfänger selbst oder für einen hinter ihm stehenden Vertretenen. Dies geschieht dadurch, dass der Erklärende denjenigen, dem gegenüber die Willenserklärung Rechtsfolgen entfalten soll, nicht namentlich bestimmt. Er legt vielmehr fest, dass die Willenserklärung gegenüber demjenigen wirken soll, für den die korrespondierende Willenserklärung wirkt. Damit entscheidet der Wille des Vertreters bei Abgabe seiner Willenserklärung nicht nur darüber, für wen *diese* Willenserklärung wirkt, sondern implizit auch darüber, wem gegenüber die korrespondierende Willenserklärung des Vertragspartners Rechtsfolgen entfaltet.

▶ **Fall 8:** S kauft im Laden der D eine Packung Knäckebrot und zahlt bar. Da es sich um ein Bargeschäft des täglichen Lebens handelt, kommen auf die Willenserklärungen des S im Rahmen des Kaufvertrags und der dinglichen Einigung die Grundsätze über das Geschäft für den, den es angeht, zur Anwendung: Die Willenserklärungen wirken für denjenigen, für den sie nach dem Willen des S bei Abgabe der Erklärungen wirken sollen. Gegenüber dieser Person sollen auch die korrespondierenden Willenserklärungen der D ihrem Inhalt nach wirken. Hat also S bei Abgabe seiner Erklärung den Willen, die V zu vertreten, dann ist die Willenserklärung der D – unabhängig davon, ob sie vor oder nach derjenigen des S abgegeben wird – so auszulegen, dass sie gegenüber V wirken soll, auch wenn D von V gar nichts weiß. ◀

In **subjektiver Hinsicht** gilt Ähnliches wie bei der Aktivvertretung (Rn. 12 f.): Der Wille, dass die abgegebene Erklärung Rechtsfolgen gegenüber einer bestimmten Person – dem Erklärungsempfänger oder einer von ihm vertretenen Person – entfalten soll, ist Teil des Geschäftswillens. Weicht er vom objektiv Erklärten ab, kann der Erklärende nach § 119 Abs. 1 BGB anfechten. Ein Ausschluss der Anfechtung analog § 164 Abs. 2 BGB kommt nicht in Betracht, da der Normzweck des § 164 Abs. 2 BGB ohnehin fragwürdig ist und jedenfalls für den Fall der Passivvertretung nicht passt: Die Vorschrift soll Nachteile für den Dritten verhindern, die dadurch entstehen, dass Vertreter und Vertretener sich nicht klar zwischen unmittelbarer und mittelbarer Stellvertretung entscheiden. Im Fall der Passivvertretung würde der Ausschluss des Anfechtungsrechts aber den Dritten treffen, der für diese Unsicherheit nichts kann, sondern ihr ausgesetzt ist.

15

Wiederholungs- und Vertiefungsfragen

1. Wessen Schutz dient das Erfordernis der Offenheit?
2. Welche Besonderheit gilt bei unternehmensbezogenen Geschäften?
3. S kauft bei D im Auftrag des V ein Gemälde und sagt dabei, sie handle im Namen eines Sammlers, der ungenannt bleiben wolle. Von wem kann D Zahlung des Kaufpreises verlangen?
4. Was besagt § 164 Abs. 2 BGB?
5. U möchte mit seiner Geliebten G ohne Wissen seiner Ehefrau ein ungestörtes Wochenende verbringen. Er reserviert deshalb im Hotel des H ein Zimmer auf den Namen „Otto Müller". Bei der Ankunft füllt er den Meldezettel mit den fiktiven Daten von Otto Müller

G. Stellvertretung und Botschaft

und dessen Ehefrau Herta Müller aus. Von wem kann H Begleichung der Rechnung verlangen?
6. Was versteht man unter einem Geschäft für den, den es angeht?

§ 24 Die Vertretungsmacht

I. Grundlagen

Das Bestehen von Vertretungsmacht ist nach § 164 Abs. 1 S. 1, Abs. 3 BGB Voraussetzung sowohl für die aktive als auch für die passive Stellvertretung. Dieses Erfordernis dient dem Schutz des Vertretenen, den ja die Rechtsfolgen des Vertretergeschäfts treffen. Bei der aktiven Stellvertretung muss die Vertretungsmacht die vom Vertreter im Namen des Vertretenen abgegebene Willenserklärung abdecken, bei der passiven Stellvertretung muss sie die Empfangnahme einer derartigen Willenserklärung für den Vertretenen umfassen.

Die Vertretungsmacht ist strikt zu trennen von der **Verfügungsmacht** (siehe § 4 Rn. 3). Bei der Vertretungsmacht geht es darum, ob jemand rechtlich in der Lage ist, wirksam *im Namen eines anderen* für diesen zu handeln. Verfügungsmacht (oder Verfügungsbefugnis) bezeichnet dagegen die Fähigkeit, *im eigenen Namen* über einen Gegenstand wirksam zu verfügen.

▶ **Fall 1:** Hersteller H verkauft Ware unter Eigentumsvorbehalt (siehe § 7 Rn. 2) an Einzelhändlerin V. Diese soll befugt sein, die Ware schon weiterzuveräußern, bevor sie sie bezahlt hat – also zu einem Zeitpunkt, in dem H noch Eigentümer ist. Der Abschluss von Kaufverträgen über die Ware ist dabei völlig unproblematisch, da auch derjenige, dem eine Sache nicht gehört, einen wirksamen Kaufvertrag über sie schließen kann. Probleme macht aber die Übereignung, da eine wirksame Übereignung (wenn man von der Möglichkeit des gutgläubigen Erwerbs absieht) voraussetzt, dass der Übereignende Verfügungsmacht hat. Hier sind zwei Konstruktionen denkbar:

Erstens kann V die dingliche Einigung (§ 929 S. 1 BGB) im Namen des H vornehmen. Wenn H der V entsprechende Vertretungsmacht erteilt hat, kommt die dingliche Einigung gemäß § 164 Abs. 1 und 3 BGB zwischen H und dem jeweiligen Kunden der V zustande. Übereignender ist darum H. Deshalb kommt es auf die Verfügungsmacht des H an, die aufgrund seines Eigentums besteht.

Zweitens kann V die dingliche Einigung mit ihren Kunden im eigenen Namen schließen; dazu bedarf sie keiner Vertretungsmacht. Da V Übereignende ist, kommt es auf *ihre* Verfügungsmacht an. Weil die Waren im Eigentum des H stehen, kann V nur dadurch Verfügungsmacht erlangen, dass H sie ihr einräumt. Dies geschieht nach § 185 Abs. 1 BGB: H willigt darin ein (man spricht insofern auch von einer „Ermächtigung"), dass V über die Waren im eigenen Namen verfügt.

In der Praxis gebräuchlich ist ausschließlich die zweite Konstruktion. Zum einen hat sie den Vorteil, dass V nicht im Namen des H handeln muss. Dies wäre sehr umständlich, und ob in allen Fällen die Grundsätze über das Geschäft für den, den es angeht, herangezogen werden könnten, ist zweifelhaft (siehe § 23 Rn. 10 f.). Zum anderen würde die erste Konstruktion dazu führen, dass H dieselben Sachen zweimal übereignet, zuerst aufschiebend bedingt an V und dann nochmals an deren Kunden, und das würde auf der sachenrechtlichen Ebene zu Problemen führen. ◀

Vertretungsmacht kann aus **drei Tatbeständen** folgen: aus Gesetz, aus Rechtsgeschäft und aus dem Bestehen eines Rechtsscheins. Diese drei Arten von Vertretungsmacht werden im Folgenden beschrieben. Handelt ein **Vertreter ohne Vertretungsmacht**, macht das die vorgenommenen Rechtsgeschäfte keineswegs stets unwirksam. Es gilt vielmehr eine Regelung, die sehr derjenigen des Falls ähnelt, in dem ein beschränkt Geschäftsfähiger ohne die erforderliche Einwilligung des gesetzlichen Vertreters handelt: Verträge sind nach § 177 Abs. 1 BGB schwebend unwirksam, bei einseitigen Rechtsgeschäften sind die Folgen des Fehlens der Vertretungsmacht nach § 180 BGB gravierender. Siehe dazu § 25.

II. Maßgeblicher Zeitpunkt

4   Bei der **aktiven Stellvertretung** muss die Vertretungsmacht im Zeitpunkt der **Abgabe** der betreffenden Willenserklärung vorliegen. Denn nach § 164 Abs. 1 BGB kommt es darauf an, ob der Vertreter seine Willenserklärung innerhalb der ihm zustehenden Vertretungsmacht *abgibt*, und auch die Wertung des § 130 Abs. 2 BGB spricht für die Relevanz der Abgabe: Wenn die Willenserklärung nicht einmal dadurch beeinträchtigt wird, dass der Erklärende nach der Abgabe stirbt oder geschäftsunfähig wird, muss es auch unerheblich sein, wenn er nach der Abgabe lediglich seine Vertretungsmacht verliert. Auch zum Schutz des Vertreters muss ein Erlöschen seiner Vertretungsmacht nach Abgabe seiner Willenserklärung unerheblich sein, weil er sonst der Haftung aus § 179 Abs. 2 BGB (siehe § 25 Rn. 6a ff.) unterworfen werden könnte, ohne dies vermeiden zu können.[1]

Allerdings ermöglicht § 130 Abs. 1 S. 2 BGB, die Willenserklärung bis zu ihrem Zugang zu **widerrufen** (siehe § 2 Rn. 41). Ob im Fall der Stellvertretung das Widerrufsrecht dem Vertreter oder dem Vertretenen zusteht, wird in der Kommentarliteratur kaum erörtert. Meines Erachtens sollte das Widerrufsrecht prinzipiell dem Vertreter zustehen.[2] Denn anders als bei der Anfechtung (siehe § 21 Rn. 1) geht es hier nicht darum, die Folgen einer bereits für den Vertretenen wirkenden Erklärung zu beseitigen – gegebenenfalls um den Preis der Schadensersatzpflicht nach § 122 BGB –, sondern es wird lediglich verhindert, dass die vom Vertreter abgegebene Willenserklärung wirksam wird und sich dadurch die Rechtslage für den Vertretenen ändert: Der Vertretene wird durch den Widerruf nur so gestellt, als hätte der Vertreter die Erklärung nicht abgegeben. Anders als bei der Anfechtung gebietet daher der Schutz des Vertretenen nicht, dem Vertreter den Widerruf zu verwehren. In der Regel wird es sogar im Interesse des Vertretenen liegen, dass gegebenenfalls der Vertreter widerrufen kann, weil ein Widerruf durch den Vertretenen selbst wohl häufig zu spät käme.

Weil die Folgen des Wirksamwerdens der Willenserklärung nach § 164 Abs. 1 S. 1 BGB ausschließlich den Vertretenen treffen, sollte freilich auch ihm ein Widerrufsrecht zustehen. Vor Abgabe der Willenserklärung des Vertreters hätte er verhindern können, dass die Willenserklärung für ihn Wirkung entfaltet, indem er dem Vertreter die Vertretungsmacht entzieht. Dem entspricht es, ihm zwischen der Abgabe und dem Zugang – also bis zu dem Zeitpunkt, ab dem die Willenserklärung gegenüber dem Empfänger wirkt und der Empfänger deshalb eine schutzwürdige Rechtsposition erlangt hat – die Möglichkeit zu geben, ein Wirksamwerden der Willenserklärung durch Widerruf zu verhindern. Ein Widerruf muss freilich ausscheiden, wenn der Vertretene dem Vertreter die Vertretungsmacht nicht hätte entziehen können, also insbesondere bei der unwiderruflichen Vollmacht (siehe Rn. 18). Denn eine unwiderrufliche Vollmacht verleiht dem

---

[1] H.M. Differenzierend BeckOGK-BGB/*Ulrici* (1.11.2023), § 177 Rn. 100.
[2] So auch BeckOGK-BGB/*Ulrici* (1.11.2023), § 177 Rn. 100.2. Der Vertreter widerruft, weil *er* die betreffende Willenserklärung abgegeben hat. Er widerruft also nicht etwa im Namen des Vertretenen, sondern im eigenen Namen. Deshalb kommt es für den Widerruf nicht auf das Bestehen von Vertretungsmacht an.

Vertreter eine Rechtsposition, die ihm der Vertretene nicht einseitig entziehen kann. Der Vertretene darf deshalb auch nicht die Möglichkeit haben, diese Vollmacht dadurch auszuhöhlen, dass er gemäß § 130 Abs. 1 S. 2 BGB das Wirksamwerden von Willenserklärungen, die der Vertreter im Rahmen der Vollmacht abgegeben hat, verhindert.

Wenn also die Vertretungsmacht des Vertreters zwischen Abgabe und Zugang der Willenserklärung erlischt, ist die Willenserklärung zwar noch von der Vertretungsmacht gedeckt, der Vertretene hat aber – wie auch bei Fortbestehen der Vertretungsmacht – die Möglichkeit, die Willenserklärung nach § 130 Abs. 1 S. 2 BGB zu widerrufen.[3] Ein solcher Widerruf muss zum Ausdruck bringen, dass der Vertretene das Wirksamwerden der betreffenden Willenserklärung nicht wünscht. Der Vertretene muss dazu nicht auf die konkrete Vertretererklärung Bezug nehmen, sondern es genügt auch, wenn er allgemein zum Ausdruck bringt, dass zukünftig oder gleichzeitig zugehende Willenserklärungen, die der Vertreter in seinem Namen abgegeben hat, nicht wirksam werden sollen. Entgegen der h.M.[4] genügt aber nicht, dass der Vertretene nach Abgabe der Willenserklärung dem Empfänger erklärt, die Vollmacht zu widerrufen (siehe Rn. 16 f.), oder dass der Dritte aus anderer Quelle vom Erlöschen der Vertretungsmacht erfährt oder erfahren muss. Denn aus dieser Information ergibt sich für den Dritten nur, dass der Vertreter künftig keine Willenserklärungen mehr mit Wirkung für den Vertretenen abgeben kann, nicht jedoch, dass die noch *mit* Vertretungsmacht abgegebene Willenserklärung nicht gelten soll.

Bei der **passiven Stellvertretung** kommt es für das Bestehen von Vertretungsmacht auf denjenigen Zeitpunkt an, in dem die Willenserklärung dem Vertreter **zugeht** und dadurch wirksam wird.

III. Gesetzliche Vertretungsmacht

Die Vertretungsmacht kann unmittelbar aus dem Gesetz folgen. Das Gesetz muss immer dann einer Person Vertretungsmacht erteilen, wenn der Vertretene nicht für sich selbst handeln kann und deshalb ohne gesetzlichen Vertreter unfähig wäre, am rechtsgeschäftlichen Verkehr teilzunehmen. Klassischer Fall ist die Vertretungsmacht der **Eltern** für ihre minderjährigen Kinder (siehe § 16 Rn. 7 f.). Handelt dagegen ein beschränkt Geschäftsfähiger selbst und hängt lediglich die Wirksamkeit dieses Handelns von der Zustimmung des gesetzlichen Vertreters ab (§§ 107, 108 Abs. 1, 131 Abs. 2 S. 2 Alt. 2 BGB), liegt kein Fall der Stellvertretung vor, da der gesetzliche Vertreter diese Zustimmung zwar kraft seiner Stellung als gesetzlicher Vertreter, aber im eigenen Namen (also nicht im Namen des beschränkt Geschäftsfähigen!) erteilt oder verweigert. Siehe auch § 16 Rn. 11.

Gesetzliche Vertretungsmacht kann voraussetzen, dass der Vertreter durch eine Behörde oder durch privatautonome Gestaltung eine bestimmte Funktion übertragen erhält. An eine behördliche Bestellung knüpft etwa die Vertretungsmacht des Vormunds (§§ 1773 Abs. 1, 1789 Abs. 2 S. 1 BGB), des Betreuers (§§ 1814 Abs. 1, 1823 BGB) und des Pflegers (§ 1813 Abs. 1 BGB) an (siehe § 16 Rn. 9 f.). Erfolgt die Bestellung durch Rechtsgeschäft, spricht man von **organschaftlicher Vertretung**. Es geht hier um

---

[3] *Neuner*, § 49 Rn. 38.
[4] OLG Naumburg FGPrax 1998, 1 (unter II. 2b cc); BeckOK-BGB/*Schäfer* (1.5.2024), § 177 Rn. 10; *Bork*, Rn. 1603; *Flume*, § 47 1, S. 799 Fn. 21; MüKoBGB/*Schubert*, § 177 Rn. 22; NK-BGB/*Ackermann*, § 177 Rn. 11; Soergel/*Bayer*, § 177 Rn. 18; Staudinger/*Schilken*, § 177 Rn. 5.

die Vertretung von juristischen Personen und Personengesellschaften durch ihre Organe. So wird etwa ein eingetragener Verein durch seinen Vorstand vertreten (§ 26 Abs. 1 S. 2 BGB), eine Aktiengesellschaft gleichfalls durch ihren Vorstand (§ 78 Abs. 1 S. 1 AktG), eine GmbH durch ihre Geschäftsführer (§ 35 Abs. 1 S. 1 GmbHG) und eine offene Handelsgesellschaft durch ihre Gesellschafter (§ 124 Abs. 1 HGB). All das gehört ins Gesellschaftsrecht.

IV. Rechtsgeschäftliche Vertretungsmacht

1. Allgemeines

7 Rechtsgeschäftlich erteilte Vertretungsmacht nennt man nach der Legaldefinition des § 166 Abs. 2 S. 1 BGB „**Vollmacht**". Die Erteilung einer Vollmacht kann immer nur eine Erweiterung der Rechtsmacht des Vertreters bewirken, nie dagegen eine Beschränkung der Rechtsmacht des Vertretenen: Eine **verdrängende Vollmacht**, die dazu führt, dass der Vertretene bestimmte Rechtsgeschäfte nicht mehr selbst vornehmen kann, ist nicht möglich. Der Vertretene kann sich nur schuldrechtlich gegenüber dem Vertreter verpflichten, selbst bestimmte Rechtsgeschäfte zu unterlassen.

2. Die Erteilung einer Vollmacht

a) Allgemeines

8 Die Erteilung einer Vollmacht (Bevollmächtigung) ist ein **einseitiges Rechtsgeschäft**. Sie erfolgt durch eine empfangsbedürftige Willenserklärung und unterliegt den allgemeinen Wirksamkeitsvoraussetzungen. Da die Erteilung einer Vollmacht für den Vollmachtgeber keine Pflichten auslöst, sondern nur das Risiko einer künftigen Verpflichtung aus dem Vertretergeschäft schafft, können beschränkt Geschäftsfähige ohne Zustimmung ihres gesetzlichen Vertreters eine Vollmacht zur Vornahme von solchen Rechtsgeschäften erteilen, die für sie rechtlich lediglich vorteilhaft sind; denn ein solches Geschäft könnten sie nach §§ 107, 131 Abs. 2 S. 2 Alt. 1 BGB auch selbst ohne Zustimmung des gesetzlichen Vertreters vornehmen.

Nach § 167 Abs. 1 BGB kann eine Vollmacht sowohl gegenüber dem Vertreter als auch gegenüber dem Dritten erteilt werden, dem gegenüber die Vertretung stattfinden soll. Im ersten Fall spricht man von **Innen-**, im zweiten Fall von **Außenvollmacht**. Die Situation ist insofern ganz ähnlich wie bei der Zustimmung (§ 182 Abs. 1 BGB; siehe § 16 Rn. 26). Außerdem kann eine Vollmacht nach h.M., die sich auf den Rechtsgedanken des § 171 Abs. 1 BGB stützt, durch **öffentliche Bekanntgabe** und damit durch eine nicht empfangsbedürftige Willenserklärung erteilt werden.[5] Dies widerspricht allerdings § 167 Abs. 1 BGB.

Der **Umfang** der erteilten Vollmacht liegt ganz im Belieben des Vertretenen. Eine Vollmacht kann sich auf ein konkretes Geschäft beziehen (**Spezialvollmacht**), auf eine bestimmte Art von Geschäften oder auf sämtliche Geschäfte, die nicht ganz außergewöhnlich sind (**Generalvollmacht**). Eine besondere Art der Vollmacht, die nur Kaufleute erteilen können, ist die **Prokura**. Ihr Inhalt ist im Interesse des Verkehrsschutzes vom Gesetz zwingend vorgegeben (§§ 49, 50 HGB).[6]

---

[5] BeckOGK-BGB/*St. Huber* (1.2.2022), § 167 Rn. 25 f.; *Bork*, Rn. 1459 Fn. 49; Erman/*Finkenauer*, § 167 Rn. 2; Grüneberg/*Ellenberger*, § 167 Rn. 1; MüKoBGB/*Schubert*, § 167 Rn. 13; NK-BGB/*Ackermann*, § 167 Rn. 16; Soergel/*Bayer*, § 167 Rn. 14; Staudinger/*Schilken*, § 167 Rn. 12.
[6] Siehe *Steinbeck*, Nomos-Lehrbuch Handelsrecht, 5. Aufl. (2021), § 19.

§ 24 Die Vertretungsmacht

▶ **Hinweis zur Klausurtechnik:** In der Klausur ist besonders darauf zu achten, sauber zwischen der Vollmacht in Bezug auf das Verpflichtungsgeschäft und der Vollmacht in Bezug auf die einzelnen Verfügungsgeschäfte zu trennen. Von der Erteilung einer Vollmacht gemäß § 167 Abs. 1 BGB streng zu unterscheiden ist die Einräumung von Verfügungsmacht nach § 185 Abs. 1 BGB; siehe Rn. 2. ◀

b) Form

Nach § 167 Abs. 2 BGB bedarf eine Vollmacht nicht der Form desjenigen Rechtsgeschäfts, auf das sie sich bezieht. Das wird allgemein so verstanden, dass eine Vollmacht unabhängig von ihrem Inhalt **formfrei** erteilt werden kann. Dies ist ebenso problematisch wie die Parallelregelung in § 182 Abs. 2 BGB, nach der die Zustimmung zu formbedürftigen Geschäften formlos erteilt werden kann (siehe § 16 Rn. 24).

Die Gesetzesmaterialien sind in Bezug auf § 167 Abs. 2 BGB dürftig: Die Vorschrift wurde ins Gesetz aufgenommen, um einem Gegenschluss („argumentum e contrario") aus § 182 Abs. 2 BGB entgegenzuwirken, also der Annahme, das Fehlen einer § 182 Abs. 2 BGB entsprechenden Regelung in Bezug auf die Vollmacht bedeute, dass die Vollmacht der für das Vertretergeschäft bestimmten Form bedürfen solle.[7] Dahinter steht die Erwägung, dass die Formzwecke (siehe § 8 Rn. 1) deshalb gewahrt sind, weil das vom Vertreter abgeschlossene Geschäft der Form unterliegt. Das ist allerdings höchst zweifelhaft. Die Warnung durch den Formzwang wird auf den Bevollmächtigten häufig weniger nachhaltig wirken als auf denjenigen, der ein Eigengeschäft vornimmt, da den Bevollmächtigten die Folgen des Geschäfts nicht treffen. Noch gravierender ist, dass sich der Vollmachtgeber durch die Erteilung der Vollmacht dem Bevollmächtigten ausliefert. Missbraucht der Bevollmächtigte die Vollmacht, gebraucht sie also entgegen den Interessen des Vollmachtgebers, ist der Vollmachtgeber in aller Regel (siehe § 26 Rn. 23 ff.) auf Schadensersatzansprüche gegen den Bevollmächtigten verwiesen, muss das Vertretergeschäft aber gegen sich gelten lassen. Es ist befremdlich, dass der Gesetzgeber es einerseits für nötig hält, Verkehrsteilnehmer durch den Formzwang davor zu bewahren, sich bei bestimmten besonders gefährlichen Geschäften leichtfertig zu verhalten, er es ihnen aber andererseits ermöglicht, sich in Bezug auf dieselben besonders gefährlichen Geschäfte ohne jede Warnung in die Hand eines Dritten zu begeben.

Die h.M. macht daher eine **Ausnahme von der Formfreiheit**, wenn der Vollmachtgeber durch die Erteilung der Vollmacht schon in ähnlicher Weise gebunden ist wie durch die Vornahme des formbedürftigen Rechtsgeschäfts selbst. Dies ist insbesondere bei unwiderruflichen Vollmachten der Fall (siehe dazu Rn. 18).[8]

Mich überzeugt die **Differenzierung zwischen widerruflichen und unwiderruflichen Vollmachten** nicht. Natürlich ist die Bindung bei einer unwiderruflichen Vollmacht höher, aber dies ist nur ein gradueller Unterschied. Denn auch bei einer widerruflichen Vollmacht ist der Vertretene gebunden, sobald der Vertreter das formbedürftige Geschäft vorgenommen hat. Der einzige Vorteil, den ihm die Widerruflichkeit bietet, liegt darin, dass er schneller sein kann als der Vertreter und die Vollmacht widerrufen kann, bevor der Vertreter von ihr Gebrauch macht. Das kann es meiner Ansicht nach nicht

---
7 Protokolle VI, S. 134.
8 BGHZ 138, 239, 243 ff. (für eine Vollmacht zum Abschluss eines Ehevertrags); *Bork*, Rn. 1467; Erman/*Finkenauer*, § 167 Rn. 5; MüKoBGB/*Schubert*, § 167 Rn. 19 ff.

rechtfertigen, bei widerruflichen Vollmachten im Gegensatz zu unwiderruflichen auf den Formzwang zu verzichten. Man sollte deshalb konsequent sein und entweder – entsprechend der Regelung in § 167 Abs. 2 BGB – bei allen Vollmachten auf die Einhaltung der Form verzichten, auch wenn die Ergebnisse bedenklich scheinen, oder umgekehrt alle Vollmachten der für das Vertretergeschäft vorgeschriebenen Form unterwerfen, sofern diese Warnfunktion erfüllt[9].

3. Vollmacht und Grundgeschäft

11 Eine Vollmacht wird normalerweise nicht isoliert erteilt, sondern im Hinblick auf einen zwischen dem Vertretenen und dem Vertreter bestehenden Vertrag. Beispielsweise erteilt ein Arbeitgeber seinem Arbeitnehmer Vollmacht, damit dieser als Teil seiner Arbeitsleistung Rechtsgeschäfte mit Wirkung für den Arbeitgeber vornehmen kann (z.B. Waren ein- und verkaufen), oder ein Auftraggeber erteilt dem Beauftragten die Vollmacht, die dieser zur Ausführung des Auftrags benötigt. Eine Besonderheit des deutschen Rechts ist die **Trennung zwischen Vollmacht und Grundgeschäft**. Ähnlich wie Verpflichtungs- und Verfügungsgeschäft sind Grundgeschäft und Vollmacht nicht nur hinsichtlich ihres Zustandekommens, sondern auch hinsichtlich ihrer Wirksamkeit getrennt zu beurteilen. Man spricht insofern von der **Abstraktheit der Vollmacht**.[10]

▶ **Fall 2:** V und die 15-jährige S, die sich gut mit Computern auskennt, vereinbaren ohne Wissen der Eltern der S, dass S für V ein Notebook besorgt und dafür 30 € erhält. V erteilt der S alle für den Erwerb des Notebooks nötigen Vollmachten.

Das Grundgeschäft, durch das sich S gegen Zahlung von 30 € zum Besorgen des Computers verpflichtet, ist nach § 108 Abs. 1 BGB schwebend unwirksam, da S zu seinem Abschluss nach § 107 BGB der Einwilligung ihres gesetzlichen Vertreters bedurft hätte.[11] Die Erteilung der Vollmacht an S bringt dieser dagegen keinen rechtlichen Nachteil, da sie ihr lediglich die Möglichkeit gibt, Rechtsgeschäfte mit Wirkung für V vorzunehmen. Es genügte daher gemäß § 131 Abs. 2 S. 2 Alt. 1 BGB, der analog auf rechtlich neutrale Geschäfte angewandt wird (siehe § 16 Rn. 36), dass die Willenserklärung des V, durch die er die Vollmacht erteilte, der S selbst zuging. Die Vollmacht ist somit wirksam. ◀

12 Die Trennung zwischen Grundgeschäft und Vollmacht dient dem **Schutz des Dritten**, der sich nicht um das Innenverhältnis kümmern muss, und demjenigen des **Vertreters**, der nicht befürchten muss, wegen Mängeln des Innenverhältnisses nach § 179 BGB zu haften (siehe § 25 Rn. 6a ff.). Freilich würde insofern auch die Rechtsscheinhaftung (siehe Rn. 20 ff.) ausreichenden Schutz bieten.

Die Abstraktheit der Vollmacht bedeutet nicht, dass das Grundgeschäft für die Vollmacht gänzlich irrelevant ist. So ist die Vollmacht im Zweifel so auszulegen, dass sie gemäß § 168 S. 1 BGB bei Beendigung des Grundverhältnisses erlischt (siehe Rn. 14). Die Parteien können auch Grundgeschäft und Vollmacht gemäß § 139 BGB zu einem **einheitlichen Rechtsgeschäft** zusammenfassen, so dass dann im Zweifel die Unwirksamkeit des Grundgeschäfts diejenige der Vollmacht nach sich zieht (siehe § 12 Rn. 5). Angesichts der grundsätzlichen Abstraktheit der Vollmacht ist das – ebenso wie bei Verpflichtungs- und Verfügungsgeschäft (siehe § 12 Rn. 6) – aber nur in Ausnahmefäl-

---

9 So BGHZ 132, 119, 124 ff. (für die Vollmacht zur Übernahme einer Bürgschaft); *Flume*, § 52 2, S. 860 ff.; Staudinger/*Schilken*, § 167 Rn. 20.
10 Hierzu *Himmen*, Jura 2016, 1345 ff.
11 Siehe zur Anwendbarkeit von § 110 BGB § 16 Rn. 33.

len anzunehmen. Allerdings wird häufig derjenige Umstand, der zur Nichtigkeit des Grundgeschäfts führt, auch die Nichtigkeit der Vollmacht bewirken.

Das Grundgeschäft entscheidet auch darüber, in welcher Weise der Vertreter von der ihm erteilten Vollmacht Gebrauch machen darf. Es kann ohne Weiteres sein, dass die Vollmacht dem Vertreter in größerem Umfang Vertretungsmacht einräumt, als er nach dem Grundgeschäft gebrauchen soll. Das **rechtliche Können** des Vertreters im Außenverhältnis übersteigt in diesem Fall sein **rechtliches Dürfen** nach dem Innenverhältnis. Siehe dazu § 26 Rn. 23 ff.

4. Das Erlöschen der Vollmacht

a) Grundsatz

§ 168 BGB enthält **zwei Gründe** für das Erlöschen einer Vollmacht: das Erlöschen nach Maßgabe des Grundverhältnisses und den Widerruf. Diese Regelung ist nicht abschließend, es gibt also noch **weitere Erlöschensgründe**. So kann eine Vollmacht von vornherein zeitlich befristet (§§ 158 Abs. 2, 163 BGB) oder auflösend bedingt (§ 158 Abs. 2 BGB) erteilt werden. Der Bevollmächtigte kann auch durch Erklärung gegenüber dem Vollmachtgeber auf die Vollmacht **verzichten**, also einseitig die ihm erteilte Rechtsmacht zum Erlöschen bringen.

13

b) Erlöschen nach Maßgabe des Grundverhältnisses

Nach § 168 S. 1 BGB bestimmt sich das Erlöschen der Vollmacht nach dem ihrer Erteilung zugrunde liegenden Rechtsverhältnis. Diese Formulierung ist missverständlich. Sie bedeutet nicht, dass das Schicksal der Vollmacht zwangsläufig an das Schicksal des Grundverhältnisses gebunden ist. Vielmehr entscheidet der **Inhalt der Vollmacht** darüber, wann sie erlischt. Allerdings wird die Auslegung der Vollmacht im Regelfall ergeben, dass die Beendigung des Grundverhältnisses auch zum Erlöschen der Vollmacht führen soll. Dies – und nicht mehr – besagt § 168 S. 1 BGB.

14

▶ **Beispiel:** Arbeitnehmer S kündigt seine Stelle bei Arbeitgeberin V. S war von V zu Warenein- und -verkäufen bevollmächtigt worden. V muss diese Vollmacht nicht eigens widerrufen. Sie erlischt vielmehr, sobald aufgrund der Kündigung des S das Arbeitsverhältnis endet. ◀

Im Zweifel richtet sich auch nach dem Grundverhältnis, welchen Einfluss der **Tod** eines Beteiligten auf die Vollmacht hat: Der **Tod des Beauftragten** oder Geschäftsbesorgers führt nach § 673 S. 1 BGB (gegebenenfalls i.V.m. § 675 Abs. 1 BGB) normalerweise zum Erlöschen des (unentgeltlichen) Auftrags oder des (entgeltlichen) Geschäftsbesorgungsvertrags. Nach § 168 S. 1 BGB erlischt damit im Zweifel auch die Vollmacht. Sie geht also normalerweise nicht auf die Erben über. Der **Tod des Auftraggebers** oder Geschäftsherrn zieht dagegen nach § 672 S. 1 BGB (gegebenenfalls i.V.m. § 675 Abs. 1 BGB) normalerweise nicht das Erlöschen des Auftrags oder Geschäftsbesorgungsvertrags nach sich. Die Vollmacht bleibt daher in der Regel gemäß § 168 S. 1 BGB bestehen und wirkt für die Erben.

15

Wenn der Tod des Auftraggebers oder Geschäftsherrn entgegen der Auslegungsregel des § 672 S. 1 BGB doch zum Erlöschen des Auftrags oder Geschäftsbesorgungsvertrags führt (etwa, weil der Vertreter für den Auftraggeber eine Wohnung mieten sollte), muss der Vertreter davor geschützt werden, in Unkenntnis des Erlöschens des Grundverhältnisses – und des nach § 168 S. 1 BGB im Zweifel daran geknüpften Erlöschens der Vollmacht – ohne Vertretungsmacht einen Vertrag zu schließen und nach § 179 BGB zu haften (siehe dazu § 25 Rn. 6a ff.). Dies geschieht durch § 674 BGB.[12] Zugunsten des Vertreters gilt der Auftrag oder Geschäftsbesorgungsvertrag – und damit nach § 168 S. 1 BGB auch die Vollmacht – als fortbestehend, bis der Vertreter von dem Erlöschen erfährt oder es kennen muss (§ 122 Abs. 2 BGB).

▶ **Fall 3:** Privatier V beauftragt die Unternehmensberaterin S, für ihn einen geeigneten Privatsekretär zu finden und einzustellen. Kurz nachdem sich V mit dem von S ausgesuchten D einverstanden erklärt hat, stirbt V. Am Tag darauf schließt S, die von dem Tod des V noch nichts wissen kann, im Namen des V einen Arbeitsvertrag mit D.

Der Geschäftsbesorgungsvertrag zwischen V und S erlosch nach §§ 672 S. 1, 675 Abs. 1 BGB mit dem Tod des V, weil für einen Toten kein Privatsekretär mehr eingestellt werden muss. Mit dem Geschäftsbesorgungsvertrag erlosch nach § 168 S. 1 BGB die Vollmacht der S. Da S aber den Tod des V weder kannte noch kennen musste, galt der Geschäftsbesorgungsvertrag nach §§ 674, 675 Abs. 1 BGB zu ihren Gunsten als fortbestehend. Damit galt nach § 168 S. 1 BGB auch die Vollmacht der S als fortbestehend. Der Arbeitsvertrag mit D ist also wirksam und bindet die Erben des V (§ 1922 Abs. 1 BGB). ◀

Eine Ausnahme ordnet § 169 BGB für den Fall an, dass der Dritte das Erlöschen der Vollmacht kannte oder infolge von Fahrlässigkeit nicht kannte (§ 122 Abs. 2 BGB). Denn dann ist der Dritte nicht schutzwürdig und kann deshalb nach § 179 Abs. 3 S. 1 BGB nicht gegen den Vertreter vorgehen, der trotz des Erlöschens der Vollmacht mit ihm einen Vertrag geschlossen hat. Und deshalb muss auch der Vertreter nicht durch die Fiktion des Fortbestehens der Vollmacht geschützt werden.

▶ Hätte in Fall 3 D vom Tod des V gewusst, als er den Arbeitsvertrag schloss, wäre seine Annahme, die Vollmacht zur Anstellung eines Privatsekretärs überdauere den Tod desjenigen, für den der Sekretär tätig werden soll, zumindest fahrlässig gewesen. Die Vollmacht, die zugunsten der S als fortbestehend galt, hätte deshalb nicht zugunsten des D gewirkt. S hätte den Arbeitsvertrag also als Vertreterin ohne Vertretungsmacht geschlossen (zu den Folgen siehe § 25). ◀

c) Widerruf

16 Nach § 168 S. 2 BGB ist die Vollmacht auch bei Fortbestehen des Grundverhältnisses widerruflich, sofern sich nicht aus diesem etwas anderes ergibt. Die Sachgerechtigkeit dieser Regelung liegt auf der Hand. Die Vollmacht setzt das Bestehen eines **Vertrauensverhältnisses** zum Bevollmächtigten voraus, das wegfallen kann, ohne dass deshalb gleichzeitig die Beendigung des Grundverhältnisses gerechtfertigt oder sinnvoll ist. So kann ein Fehlverhalten eines Arbeitnehmers den Arbeitgeber dazu veranlassen, ihm die Vollmacht zu entziehen, auch wenn er wegen des Fehlverhaltens den Arbeitsvertrag nicht kündigen möchte oder kann. Ebenso kann trotz Fortbestehens des Grundverhältnisses der Anlass für die Vollmacht wegfallen, etwa wenn ein Arbeitnehmer einen neuen Aufgabenbereich übernimmt.

Ein Widerruf führt nur zum Entfallen der Vertretungsmacht **für die Zukunft**. Auf Rechtsgeschäfte, die vor Wirksamwerden des Widerrufs vorgenommen wurden, hat er keine Auswirkungen.

---

12 Für das Gesellschaftsrecht enthält § 736b Abs. 2 BGB eine entsprechende Regelung.

Gemäß § 168 S. 3 BGB findet auf die **Erklärung des Widerrufs** § 167 Abs. 1 BGB entsprechende Anwendung. Der Widerruf ist also ein einseitiges Rechtsgeschäft, das sowohl gegenüber dem Bevollmächtigten als auch gegenüber dem Dritten vorgenommen werden kann. Berechtigt die Vollmacht zur Vertretung gegenüber mehreren Dritten, führt ein Widerruf gegenüber einzelnen dieser Dritten nur dazu, dass die Vollmacht ihnen gegenüber erlischt.[13]

Der Widerruf kann nicht nur an denjenigen gerichtet werden, dem gegenüber die Vollmacht erteilt wurde. Eine Innenvollmacht (siehe Rn. 8) kann also auch gegenüber dem Dritten widerrufen werden, eine Außenvollmacht auch gegenüber dem Vertreter. Das wirft das Problem auf, dass derjenige, dem gegenüber die Vollmacht erteilt wurde, möglicherweise von dem Widerruf nichts erfährt und deshalb auf den **Fortbestand der Vollmacht** vertraut. Das kann dazu führen, dass der Vertreter weiterhin Rechtsgeschäfte im Namen des Vertretenen vornimmt, obwohl seine Vollmacht erloschen ist. Der **Vertreter** wird in dieser Situation durch § 179 Abs. 3 S. 1 BGB geschützt: Da der Dritte, dem gegenüber die Vollmacht widerrufen wurde, deren Erlöschen kennt oder (wenn er von der ihm zugegangenen Widerrufserklärung keine Kenntnis genommen hat) normalerweise zumindest kennen muss, kann er den Vertreter nicht nach § 179 BGB in Anspruch nehmen, wenn dieser im Vertrauen auf den Fortbestand seiner Vertretungsmacht weiterhin im Namen des Vertretenen handelt. Im umgekehrten Fall wird der **Dritte**, dem gegenüber die Vollmacht erteilt wurde, auf ihren Fortbestand vertrauen, obwohl sie infolge eines Widerrufs gegenüber dem Vertreter erlosch. Nimmt der Vertreter in dieser Situation ein Rechtsgeschäft gegenüber dem Dritten vor, greift zum Schutz des Dritten § 170 BGB ein (siehe Rn. 23 ff.).

Nach h.M. kann ein Widerruf der Vollmacht – ebenso wie ihre Erteilung (siehe Rn. 8) – auch durch **öffentliche Bekanntmachung** erfolgen.[14] Dies ist abzulehnen, da es für den Vertreter, der von dem Widerruf nicht notwendig erfährt, die Gefahr einer Haftung nach § 179 Abs. 2 BGB mit sich bringt. Denn der Dritte muss einen derartigen Widerruf nicht zwangsläufig kennen, so dass § 179 Abs. 3 S. 1 BGB die Haftung des Vertreters nicht mit Sicherheit ausschließt.

Wie sich aus § 168 S. 2 Hs. 2 BGB ergibt, kann auch eine **unwiderrufliche Vollmacht** erteilt werden. Zweifelhaft ist dabei, woraus sich die Unwiderruflichkeit ergeben muss. Teilweise wird aus § 168 S. 2 Hs. 2 BGB abgeleitet, die Unwiderruflichkeit könne sich nur aus dem Grundverhältnis ergeben.[15] Doch aus dieser Norm folgt nur, dass sich die Unwiderruflichkeit aus dem Grundverhältnis ergeben *kann*, nicht dagegen, dass sie sich auch aus ihm ergeben *muss*. Es ist kein Grund dafür ersichtlich, dass die Unwiderruflichkeit nicht aus dem Inhalt der Vollmacht selbst folgen kann.[16]

Durch eine unwiderrufliche Vollmacht unterwirft sich der Vertretene endgültig der Fremdbestimmung durch den Vertreter. Es besteht daher Einigkeit darüber, dass die Unwiderruflichkeit nur unter **besonderen Kautelen** möglich ist. Nach der zumindest früher herrschenden Meinung kann eine unwiderrufliche Vollmacht nicht durch einseitiges Rechtsgeschäft, sondern nur durch **Vertrag** erteilt werden.[17] Ein Grund hierfür ist

---

13 jurisPK-BGB/*Weinland*, § 168 Rn. 24. **A.A.** MüKoBGB/*Schubert*, § 168 Rn. 19.
14 *Bork*, Rn. 1513; MüKoBGB/*Schubert*, § 168 Rn. 19; NK-BGB/*Ackermann*, § 168 Rn. 5; Soergel/*Bayer*, § 168 Rn. 26; Staudinger/*Schilken*, § 168 Rn. 5.
15 BeckOK-BGB/*Schäfer* (1.5.2024), § 168 Rn. 20, 23; *Bork*, Rn. 1508.
16 Erman/*Finkenauer*, § 168 Rn. 17; MüKoBGB/*Schubert*, § 168 Rn. 27; Soergel/*Bayer*, § 168 Rn. 32; Staudinger/*Schilken*, § 168 Rn. 11 f.
17 RGZ 109, 331, 333; *Bork*, Rn. 1508; Grüneberg/*Ellenberger*, § 168 Rn. 6.

nicht ersichtlich: Das Erfordernis einer Zustimmung des Bevollmächtigten kann den Vollmachtgeber nicht schützen. Es ist daher anzunehmen, dass der Vollmachtgeber die Widerruflichkeit der Vollmacht auch einseitig ausschließen kann.[18]

Zum Schutz des Vollmachtgebers bedarf die Unwiderruflichkeit eines **rechtfertigenden Grundes**. Eine Vollmacht, die ausschließlich dem Interesse des Vollmachtgebers dient, kann daher ebensowenig unwiderruflich sein wie eine isolierte Vollmacht, der kein Rechtsverhältnis zugrunde liegt, denn in beiden Fällen ist ein die Unwiderruflichkeit rechtfertigender Grund nicht denkbar. Das Gleiche gilt hinsichtlich einer Generalvollmacht (vgl. § 52 Abs. 1 HGB für die Prokura). Ausgeschlossen werden kann der Widerruf insbesondere bei Vollmachten, die (auch) einem Interesse des Bevollmächtigten dienen.[19] Das bloße Interesse daran, durch Gebrauch der Vollmacht Provision zu verdienen, reicht aber nicht aus.

▶ **Beispiel:** K kauft von V ein Grundstück, das er weiterverkaufen will. Da die Kosten der Übereignung des Grundstücks von V an K vermieden werden sollen, erteilt V dem K unwiderrufliche Vollmacht, das Grundstück an einen Dritten aufzulassen (§ 925 BGB). ◀

Die Unwiderruflichkeit einer Vollmacht führt nicht nur dazu, dass diese nicht widerrufen werden *darf*, sondern dazu, dass sie nicht widerrufen werden *kann*. Ein Widerruf verpflichtet also nicht lediglich den Vollmachtgeber gegenüber dem Bevollmächtigten zum Schadensersatz, sondern lässt dessen Vertretungsmacht unberührt. Die Erteilung einer unwiderruflichen Vollmacht ändert freilich nichts daran, dass der Vertretene innerhalb des Geltungsbereichs der Vollmacht selbst handeln kann (siehe Rn. 7). Das schränkt den Wert der unwiderruflichen Vollmacht für den Bevollmächtigten erheblich ein. Außerdem ist eine unwiderrufliche Vollmacht nicht schlechthin unwiderruflich. Aus **wichtigem Grund** (der etwa im Wegfall des Grundverhältnisses liegen kann) kann die Vollmacht auf jeden Fall widerrufen werden. Ausgeschlossen ist damit nur der freie Widerruf.[20]

5. Einseitige Rechtsgeschäfte

19 Die Vornahme eines einseitigen Rechtsgeschäfts durch einen Bevollmächtigten bringt für den Erklärungsempfänger erhebliche Unsicherheit mit sich, da er nicht weiß, ob die angebliche Vollmacht wirklich besteht und das einseitige Rechtsgeschäft deshalb Wirkung entfaltet. Anders als bei einem Vertragsschluss kann sich der Erklärungsempfänger dieser Unsicherheit nicht entziehen, da er die Vornahme des einseitigen Rechtsgeschäfts durch den Bevollmächtigten nicht beeinflussen kann. Die Problematik entspricht derjenigen im Minderjährigenrecht, wo der Erklärungsempfänger nicht weiß, ob ein einseitiges Rechtsgeschäft, das ein beschränkt Geschäftsfähiger ihm gegenüber vornimmt, von einer Einwilligung des gesetzlichen Vertreters gedeckt ist. Und auch die Lösung entspricht derjenigen, die § 111 S. 2 und 3 BGB für das Minderjährigenrecht vorsieht (siehe § 16 Rn. 47): Nach § 174 BGB kann der Erklärungsempfänger ein einseitiges Rechtsgeschäft, das ein Bevollmächtigter ihm gegenüber vornimmt, unverzüglich (§ 121 Abs. 1 S. 1 BGB) **zurückweisen** und dadurch selbst dann unwirksam machen, wenn der Vertreter Vollmacht hatte (zum Fall fehlender Vertretungsmacht siehe

---

18 Erman/*Finkenauer*, § 168 Rn. 17; MüKoBGB/*Schubert*, § 168 Rn. 27; Soergel/*Bayer*, § 168 Rn. 32; Staudinger/*Schilken*, § 168 Rn. 11.
19 Enger *Flume*, § 53 3, S. 879 f.: Der Bevollmächtigte muss einen Anspruch auf Vornahme des Rechtsgeschäfts haben, zu dem er bevollmächtigt wird.
20 **A.A.** *Flume*, § 53 4, S. 881 f.

§ 25 Rn. 5).[21] Wenn aber der Vertreter eine Vollmachtsurkunde vorlegt (ein Telefax genügt hierfür nicht[22]) oder der Vertretene den Dritten von der Vollmacht in Kenntnis gesetzt hatte und deshalb keine Unsicherheit für den Dritten besteht, ist die Zurückweisung ausgeschlossen. Ein **Inkenntnissetzen** im Sinne des § 174 S. 2 BGB setzt keine besondere Mitteilung voraus. Es kann auch durch Eintragung ins Handelsregister und öffentliche Bekanntmachung geschehen (siehe § 53 Abs. 1 S. 1 HGB zur Prokura) oder dadurch, dass der Vertreter eine Stellung bekleidet, mit der üblicherweise eine Vollmacht verbunden ist, die das betreffende einseitige Rechtsgeschäft umfasst.

▶ **Fall 4:** Arbeitnehmer A wird zu P, der Personalchefin seines Unternehmens, ins Büro bestellt. P überreicht dem A eine von ihr unterzeichnete schriftliche Kündigung. A weist die Kündigung zurück, weil P keine Vollmachtsurkunde vorgelegt hat.

A konnte die Kündigung nach § 174 S. 2 BGB nicht zurückweisen, da mit der Stellung als Personalchefin üblicherweise eine Vollmacht für Kündigungen verbunden ist. ◀

§ 174 BGB gilt nur für **Bevollmächtigte**, nicht dagegen für Vertreter mit gesetzlicher Vertretungsmacht, da sich der Dritte normalerweise über das Bestehen gesetzlicher Vertretungsmacht Gewissheit verschaffen kann (z.B. durch die Einsichtnahme in ein öffentliches Register).[23]

§ 174 BGB ist nach h.M. analog auf die **Annahme eines Vertragsantrags** durch einen Vertreter anwendbar, da hierbei für den Erklärungsempfänger eine ähnliche Rechtsunsicherheit entsteht wie bei einem einseitigen Rechtsgeschäft. Voraussetzung ist allerdings, dass der Erklärungsempfänger den Antrag, den der Vertreter angenommen hat, nicht diesem gegenüber, sondern dem Vertretenen gegenüber abgegeben hat, denn sonst hat er die Unsicherheit, die das Vertreterhandeln für ihn bedeutet, bewusst auf sich genommen.[24]

Bei der **passiven Stellvertretung** bedarf es keiner § 174 BGB entsprechenden Regelung, da es bei ihr ganz am Dritten liegt, ob er die von ihm abgegebene Erklärung an einen Vertreter richtet oder nicht, und er daher nicht vor der Unsicherheit in Bezug auf das Bestehen von Vertretungsmacht geschützt werden muss.

V. Vertretungsmacht kraft Rechtsscheins

1. Grundlagen

Für denjenigen, der ein Rechtsgeschäft mit einem Stellvertreter vornimmt, ist die zentrale Frage, ob der Vertreter für das betreffende Geschäft Vertretungsmacht hat. Denn wenn er sie nicht hat, riskiert der Dritte die Unwirksamkeit des Rechtsgeschäfts (siehe näher § 25 Rn. 1 ff.). Ein vorsichtiger Dritter müsste sich also im Prinzip vor jedem einzelnen Rechtsgeschäft, das er mit einem Vertreter vornimmt, durch Rückfrage beim Vertretenen vergewissern, ob der Vertreter (noch) Vertretungsmacht hat. Dies würde

20

---

21 Hierzu *Preis/Lukes*, JA 2015, 900 f.
22 BGH NJW-RR 2018, 116 Rn. 26.
23 Eine Ausnahme galt für die Gesellschaft bürgerlichen Rechts (§§ 705 ff. BGB), weil bei dieser die Vertretungsverhältnisse nicht einem öffentlichen Register entnommen werden konnten (BGH NJW 2002, 1194, 1195). Seit dem 1.1.2024 kann die Gesellschaft bürgerlichen Rechts aber gemäß § 707 BGB ins Gesellschaftsregister eingetragen werden. Die Ausnahme gilt daher nur noch für nicht eingetragene Gesellschaften.
24 *Soergel/Bayer*, § 174 Rn. 6; *Staudinger/Schilken*, § 174 Rn. 2. **A.A.** *Bork*, Rn. 1532 mit dem Argument, der Dritte hätte in seinem Antrag die Annahme durch einen nicht legitimierten Vertreter ausschließen können; das erscheint lebensfremd.

jedoch eine gewaltige Belastung des Rechtsverkehrs mit sich bringen und die Vorteile, die die Möglichkeit des Einsatzes von Vertretern bietet, weitgehend zunichtemachen. Die **Unsicherheit für den Dritten** kann dadurch vermindert werden, dass das Bestehen von Vertretungsmacht durch öffentliche Register verlautbart wird. Das ist vielfach bei organschaftlicher Vertretung der Fall, und auch die Prokura ist nach § 53 Abs. 1 S. 1 HGB ins Handelsregister einzutragen.

▶ **Weiterführender Hinweis:** Die öffentlichen Register genießen typischerweise öffentlichen Glauben, so dass der Dritte vor dem Risiko unrichtiger Eintragungen geschützt ist. Siehe etwa §§ 68, 70 BGB für das Vereinsregister und § 15 HGB für das Handelsregister. ◀

Die Verlautbarung bürgerlich-rechtlicher Vollmachten durch ein Register wäre völlig impraktikabel. Deshalb wird der Dritte vielfach dadurch geschützt, dass der bloße **Rechtsschein einer Vollmacht** Vertretungsmacht begründet. Er kann sich also auf einen derartigen Rechtsschein verlassen und muss sich nicht vergewissern, dass dieser den Tatsachen entspricht. Eine solche Rechtsscheinhaftung bedeutet für den Vertretenen eine erhebliche Belastung, weil er an ein Vertretergeschäft gebunden wird, für das er keine Vollmacht erteilt hat und für das auch keine gesetzliche Vertretungsmacht besteht. Das Bestehen eines Rechtsscheins ist daher nur eine von mehreren Voraussetzungen für eine auf diesem Rechtsschein beruhende Vertretungsmacht.

21 Grundsätzlich lässt sich jede Rechtsscheinhaftung auf **vier Voraussetzungen** zurückführen, die die Interessen desjenigen, der auf einen Rechtsschein vertraut, und desjenigen, zu dessen Lasten dieser Rechtsschein wirkt, zu einem Ausgleich bringen. Diese Voraussetzungen sind nicht bei allen Arten von Rechtsscheinhaftung gleich ausgeprägt, und teilweise hat der Gesetzgeber eine der Voraussetzungen auch für entbehrlich erklärt. Das ändert aber nichts an der einheitlichen Grundstruktur.

Die Grundvoraussetzungen sind:
1. Rechtsschein
2. Zurechenbarkeit
   Zurechenbarkeit bedeutet, dass derjenige, zu dessen Lasten der Rechtsschein wirkt, im weitesten Sinn für ihn verantwortlich ist. Denn nur eine solche Verantwortlichkeit rechtfertigt es normalerweise, dass der Betreffende sich an dem Rechtsschein festhalten lassen muss. Zurechenbarkeit erfordert jeweils Geschäftsfähigkeit oder zumindest die Fähigkeit, das betreffende Geschäft ohne Mitwirkung des gesetzlichen Vertreters vorzunehmen. Bei nicht voll Geschäftsfähigen kann die Zurechenbarkeit daraus folgen, dass der Rechtsschein dem gesetzlichen Vertreter zurechenbar ist.
3. Kausalität des Rechtsscheins für die Disposition eines Dritten
4. Gutgläubigkeit des Dritten

▶ **Weiterführender Hinweis:** Diese einheitliche Grundstruktur gilt nicht nur für den Rechtsschein des Bestehens von Vertretungsmacht, sondern gleichermaßen für alle anderen Arten von Rechtsschein, etwa beim gutgläubigen Erwerb (vgl. § 4 Rn. 3) oder beim Scheinkaufmann[25]. Wenn man sich diese Grundstruktur vergegenwärtigt, fällt es leichter, die verschiedenen Varianten einzuordnen und sich zu merken.

---

25 Siehe *Steinbeck*, Nomos-Lehrbuch Handelsrecht, 5. Aufl. (2021), § 7 Rn. 34 ff.

§ 24 Die Vertretungsmacht § 24

In der Falllösung verwenden Sie die vier Grundvoraussetzungen nur dann als Prüfungspunkte, wenn es sich um eine ungeschriebene Form der Rechtsscheinhaftung handelt (wie z.B. bei der Anscheinsvollmacht, Rn. 38 ff.). Prüfen Sie dagegen eine Norm, die eine Rechtsscheinhaftung statuiert, formulieren Sie nicht entsprechend den vier Grundvoraussetzungen, sondern prüfen einfach die Tatbestandsvoraussetzungen der betreffenden Norm. Sie schreiben also z.B. im Rahmen von § 172 BGB (Rn. 33 ff.) nicht: „Es müsste der Rechtsschein bestanden haben, dass S Vertretungsmacht hat", sondern konkret: „S müsste dem D eine von V ausgestellte Vollmachtsurkunde vorgelegt haben". Soweit die Norm allerdings hinsichtlich einer der Grundvoraussetzungen schweigt, müssen Sie überlegen, ob diese Grundvoraussetzung ein ungeschriebenes Tatbestandsmerkmal der Norm ist oder ob es im Rahmen der Norm auf sie nicht ankommt. ◄

2. Überblick

Das BGB enthält in §§ 170–172 BGB **drei unterschiedliche Tatbestände**, aus denen Vertretungsmacht kraft Rechtsscheins folgt.[26] Der Rechtsschein liegt dabei darin, dass der Vertretene in bestimmter Weise einen Dritten oder die Allgemeinheit darüber informiert, dass er Vertretungsmacht erteilt (§ 170 BGB) oder erteilt hat (§§ 171, 172 BGB):

22

- Bei § 170 BGB erteilt der Vertretene eine wirksame Außenvollmacht. Dadurch wird der Dritte, dem gegenüber die Außenvollmacht erteilt wird, gleichzeitig darüber informiert, dass der Vertreter Vertretungsmacht hat.
- Bei § 171 BGB informiert der Vertretene durch besondere Mitteilung oder öffentliche Bekanntmachung darüber, dass er *zuvor* dem Vertreter Vertretungsmacht erteilt hat. Da sich diese Information auf eine *zuvor* erteilte Vollmacht bezieht, will der Vertretene erkennbar nicht *durch* die Information Vollmacht erteilen. Er handelt daher bei der Mitteilung oder Bekanntmachung ohne Rechtsbindungswillen, so dass diese nicht als Erteilung einer Außenvollmacht ausgelegt werden kann (§§ 133, 157 BGB).
- § 172 BGB ist ein Unterfall von § 171 BGB: Hierbei wird der Dritte auf besondere Art darüber informiert, dass der Vertretene dem Vertreter *zuvor* Vertretungsmacht erteilt hat: Der Vertreter legt dem Dritten eine Vollmachtsurkunde vor, die ihm der Vertretene ausgehändigt hat.

Innerhalb der Tatbestände der §§ 170–172 BGB unterscheidet das Gesetz zwei Fälle:

- Die Information über die Vollmacht kann in demjenigen Zeitpunkt, in dem sie gegeben wird, noch richtig sein und erst später dadurch unrichtig werden, dass die zunächst bestehende Vollmacht erlischt. Die Vertretungsmacht kraft Rechtsscheins entsteht dann mit dem Erlöschen der Vollmacht, „verlängert" diese also gleichsam.

---

26 *Flume*, § 49 2c, S. 825 ff. und § 51 9, S. 856 ff. und NK-BGB/*Ackermann*, § 170 Rn. 2, § 171 Rn. 1, § 172 Rn. 1 verstehen §§ 170–172 BGB nicht als Fälle einer Vertretungsmacht kraft Rechtsscheins, sondern als Fälle rechtsgeschäftlicher Bevollmächtigung; ebenso *Leenen/Häublein*, § 9 Rn. 83 nur in Bezug auf §§ 171 Abs. 1, 172 Abs. 1 BGB. Einer Einordnung als rechtsgeschäftliche Tatbestände steht jedoch in den Fällen der §§ 171 Abs. 1, 172 Abs. 1 BGB entgegen, dass der Vertretene hier – für den Dritten ersichtlich – lediglich über eine zuvor erteilte Vollmacht informieren will. Er will gerade nicht durch die *Kundgebung* der Vollmacht eine Rechtsfolge herbeiführen und handelt daher bei dieser Kundgebung ohne Rechtsbindungswillen. In den Fällen der §§ 170, 171 Abs. 2, 172 Abs. 2 BGB ist die Annahme einer Vollmacht nicht mit § 173 BGB vereinbar. Denn wenn der Vertreter tatsächlich bevollmächtigt wäre, wäre die Frage sinnlos, ob der Dritte das Erlöschen der Vertretungsmacht kennt oder kennen muss.

Sie dauert fort, bis die in §§ 170–172 BGB für ihr Erlöschen angeordneten Voraussetzungen vorliegen.

- Die Information kann schon in demjenigen Zeitpunkt, in dem sie gegeben wird, unrichtig sein, weil dem Vertreter entweder nie entsprechende Vertretungsmacht erteilt wurde oder weil seine Vollmacht schon *vorher* erloschen ist. Die Vertretungsmacht kraft Rechtsscheins entsteht dann im Zeitpunkt der Information und dauert bis zu dem in § 171 Abs. 2 BGB oder § 172 Abs. 2 BGB genannten Zeitpunkt fort. Im Rahmen von § 170 BGB kann der Fall der ursprünglichen Unrichtigkeit nicht eintreten, weil § 170 BGB die wirksame Erteilung einer Außenvollmacht voraussetzt, die das Vertretergeschäft abdeckt.

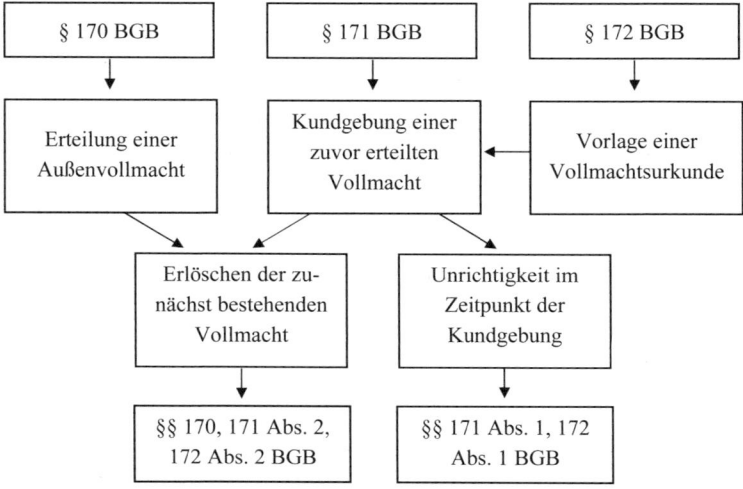

Neben den in §§ 170–172 BGB gesetzlich geregelten Fällen der Vertretungsmacht kraft Rechtsscheins gibt es die Anscheinsvollmacht, die von Rechtsprechung und Lehre entwickelt wurde. Zur Duldungsvollmacht siehe Rn. 46 f.

▶ **Hinweis zur Klausurtechnik:** Das Bestehen von Vertretungsmacht kraft Rechtsscheins dürfen Sie in der Klausur erst prüfen, wenn Sie festgestellt haben, dass der Vertreter keine gesetzliche oder rechtsgeschäftliche Vertretungsmacht hatte. ◀

3. Vertretungsmacht kraft Rechtsscheins bei Erlöschen einer Außenvollmacht (§ 170 BGB)

23 § 170 BGB regelt den Fall, dass der Vertretene eine Außenvollmacht (§ 167 Abs. 1 Alt. 2 BGB) erteilt und diese später erlischt. Der Dritte, dem gegenüber die Vollmacht erteilt wurde, erlangt von diesem Erlöschen nicht notwendigerweise Kenntnis, insbesondere wenn die Vollmacht nach §§ 167 Abs. 1 Alt. 1, 168 S. 3 BGB gegenüber dem Vertreter widerrufen wird (vgl. Rn. 17). Der Dritte ist in dieser Situation in hohem Maße schutzbedürftig.

§ 24 Die Vertretungsmacht

a) Erteilung einer Außenvollmacht

Die Erteilung der Außenvollmacht setzt den Rechtsschein, dass die Vollmacht so lange in Kraft bleibt, bis ihr Erlöschen demjenigen, dem gegenüber die Außenvollmacht erteilt wurde, angezeigt wird.

Die Außenvollmacht muss zunächst **wirksam** erteilt werden. Ist sie von vornherein nicht wirksam, kann § 170 BGB auch nicht analog angewendet werden. Denn in klarem Gegensatz zu §§ 171, 172 BGB betrifft § 170 BGB nur den Fall des Erlöschens, nicht dagegen den Fall des anfänglichen Nichtbestehens der Vollmacht. Bei § 170 BGB ist der Dritte selbst Empfänger der rechtsgeschäftlichen Erklärung und muss daher wie bei allen rechtsgeschäftlichen Erklärungen das Risiko ihrer Fehlerhaftigkeit tragen; geschützt wird er insofern nur durch die allgemeinen Vorschriften wie z.B. § 122 BGB.[27]

Die Vertretungsmacht kraft Rechtsscheins endet mit dem Zugang der Erlöschensanzeige; ob der Empfänger von dieser tatsächlich Kenntnis nimmt, ist unerheblich.

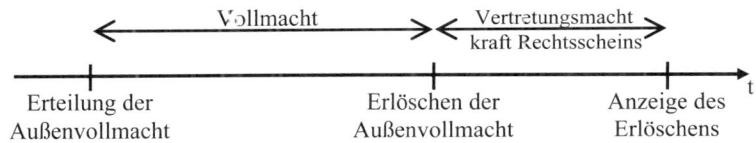

▶ **Fall 5:** V schreibt dem D, hiermit erteile er der S Vollmacht, für ihn bei D einen Gebrauchtwagen zu erwerben. V setzt die S hiervon in Kenntnis. Am folgenden Tag erwirbt V selbst ein Auto und wirft einen Zettel mit der Mitteilung in den Briefkasten der S, diese solle nichts kaufen. Zwei Tage später kauft S, die den Zettel aus Versehen ungelesen weggeworfen hat, bei D im Namen des V einen Gebrauchtwagen.

V hat durch das Schreiben an D der S gemäß § 167 Abs. 1 Alt. 2 BGB Vollmacht für den Kauf eines Gebrauchtwagens bei D erteilt. Durch den Einwurf des Zettels in den Briefkasten der S hat er diese Vollmacht gemäß §§ 167 Abs. 1 Alt. 1, 168 S. 3 BGB widerrufen. Dieser Widerruf wurde gemäß § 130 Abs. 1 S. 1 BGB spätestens am folgenden Tag wirksam, als mit der Leerung des Briefkastens durch S zu rechnen war; dass S den Zettel ungelesen weggeworfen hat, ist irrelevant. Doch nach § 170 BGB blieb die Vertretungsmacht der S gegenüber D in Kraft. S konnte also den Kaufvertrag über den Gebrauchtwagen gemäß § 164 Abs. 1 und 3 BGB mit Wirkung für und gegen V schließen. ◀

b) Zurechenbarkeit

Die Zurechenbarkeit ergibt sich daraus, dass der Vollmachtgeber eine Außenvollmacht erteilt. Da die Außenvollmacht wirksam sein muss, muss der Vollmachtgeber geschäftsfähig sein.

▶ **Hinweis zur Klausurtechnik:** Die Zurechenbarkeit muss in der Klausur nicht eigens geprüft werden, da sie schon aus der wirksamen Erteilung einer Außenvollmacht folgt. ◀

---

[27] BeckOGK-BGB/*Reyes y Ráfales* (1.4.2024), § 170 Rn. 10; BeckOK-BGB/*Schäfer* (1.5.2024), § 170 Rn. 3; *Bork*, Rn. 1519; Grüneberg/*Ellenberger*, § 170 Rn. 1; MüKoBGB/*Schubert*, § 170 Rn. 7; Soergel/*Bayer*, § 170 Rn. 6; Staudinger/*Schilken*, § 170 Rn. 2. **A.A.** Erman/*Finkenauer*, § 170 Rn. 2.

c) Kausalität

26 Aus dem Wortlaut von § 170 BGB ergibt sich nicht, dass der Dritte im Vertrauen auf den Rechtsschein eine Disposition getroffen haben muss. Daraus darf allerdings nicht geschlossen werden, dass die Kausalität im Rahmen von § 170 BGB unerheblich ist. Käme es auf sie nicht an, würde das vom Vertreter vorgenommene Rechtsgeschäft auch dann gegen den Vertretenen wirken, wenn der von diesem gesetzte Rechtsschein die Situation des Dritten nicht beeinflusst hat. In diesen Fällen ist aber der Dritte nicht schutzbedürftig und der Schutzzweck des § 170 BGB nicht einschlägig. § 170 BGB ist darum aufgrund einer **teleologischen Reduktion** nicht anzuwenden, wenn der Rechtsschein, den der Vertretene durch die Erteilung der Außenvollmacht gesetzt hat, nicht für eine Disposition des Dritten kausal war.

An der Kausalität fehlt es in drei Fällen:

- Der Dritte nimmt unter dem Einfluss des Rechtsscheins **keinerlei Dispositionen** (durch Handeln oder Unterlassen) vor.[28]

  ▶ **Fall 6:** V erteilt der S durch Erklärung gegenüber D eine Außenvollmacht, die auch die Kündigung eines Mietvertrags zwischen V und D umfasst. Später schränkt V diese Vollmacht durch Erklärung gegenüber S dahingehend ein, dass sie die Kündigung des Mietvertrags nicht mehr abdeckt. Trotzdem kündigt S gegenüber D. Noch bevor D im Hinblick auf die Kündigung etwas unternommen hat (etwa ein Zeitungsinserat zum Zweck der Neuvermietung aufgegeben hat), erreicht ihn ein Brief des V, aus dem sich ergibt, dass S für die Kündigung keine Vertretungsmacht hatte.

  Nach dem Wortlaut von § 170 BGB blieb die Außenvollmacht, die V im Hinblick auf die Kündigung erteilt hat, so lange in Kraft, bis D durch den Brief des V erfuhr, dass S nicht zur Kündigung des Mietvertrags berechtigt war. Da D aber bis dahin keinerlei Dispositionen vornahm, hatte der durch Erteilung der Außenvollmacht gesetzte Rechtsschein keinerlei Auswirkungen. ◀

- Der Dritte disponiert zwar im Vertrauen darauf, dass der Vertreter Vertretungsmacht hat, **weiß** dabei aber **nichts von dem Rechtsscheintatbestand**, bei § 170 BGB also von der Erteilung der Außenvollmacht.[29] Da die Außenvollmacht gerade gegenüber dem Dritten erteilt werden muss, kommt das nur in Betracht, wenn die betreffende Erklärung dem Dritten zwar zugegangen ist, er von ihr aber keine Kenntnis genommen hat.

  ▶ **Fall 7:** V schreibt dem D, er bevollmächtige die S, bei D ein Gemälde zu kaufen. Der Brief wird am Montag vom Briefträger in den Briefkasten des D geworfen, der jedoch auf Reisen ist und ihn deshalb nicht liest. Am Dienstag informiert V die S von diesem Brief und erteilt ihr Instruktionen im Hinblick auf den Kauf. Am Dienstagabend überlegt V es sich anders und hinterlässt auf dem Anrufbeantworter der S die Nachricht, S solle den Gemäldekauf unterlassen. Am Donnerstag kauft S bei D im Namen des V ein Gemälde. Zu diesem Zeitpunkt hat weder S ihren Anrufbeantworter abgehört noch D den Brief des V gelesen.

---

[28] Gegen die Anwendung von § 170 BGB in diesem Fall: Staudinger/*Schilken*, § 170 Rn. 4.
[29] Gegen die Anwendung von § 170 BGB in diesem Fall: BeckOGK-BGB/*Reyes y Ráfales* (1.4.2024), § 170 Rn. 8 f.; BeckOK-BGB/*Schäfer* (1.5.2024), § 170 Rn. 3; *Bork*, Rn. 1520; Erman/*Finkenauer*, § 170 Rn. 2; MüKo-BGB/*Schubert*, § 170 Rn. 6; *Neuner*, § 50 Rn. 67; Soergel/*Bayer*, § 170 Rn. 8; Staudinger/*Schilken*, § 170 Rn. 2.

Durch den Brief an D hat V der S eine Außenvollmacht erteilt, die durch Zugang (§ 130 Abs. 1 S. 1 BGB) am Montagabend wirksam wurde (siehe § 2 Rn. 32, 36 f.). Durch die auf den Anrufbeantworter der S aufgesprochene Erklärung, die spätestens am Mittwoch zuging (siehe § 2 Rn. 33, 37), hat V diese Vollmacht widerrufen. Da D bei Abschluss des Kaufvertrags mit S von der Außenvollmacht gar nichts wusste, war der Rechtsschein nicht ursächlich dafür, dass er den Kaufvertrag über das Gemälde geschlossen hat. ◄

■ Der Dritte kennt zwar den Rechtsscheintatbestand und disponiert im Vertrauen darauf, dass der Vertreter Vertretungsmacht hat, er **hätte aber diese Disposition auch ohne Kenntnis des Rechtsscheintatbestands getroffen**.[30] Dies ist insbesondere dann der Fall, wenn der Dritte sich auch allein auf das Wort des Vertreters verlassen hätte.

▶ **Beispiel:** In Fall 7 hat D zwar vor Abschluss des Kaufvertrags den Brief des V gelesen, er hätte den Kaufvertrag mit der seriös wirkenden S aber auch dann zu den gleichen Bedingungen geschlossen, wenn nicht V ihm geschrieben hätte, sondern sich lediglich S als Vertreterin des V vorgestellt hätte. ◄

Da § 170 BGB kein Kausalitätserfordernis statuiert, sieht es das Gesetz als Regelfall an, dass der Vertreter Vertretungsmacht kraft Rechtsscheins hat, wenn er zwischen dem Erlöschen einer Außenvollmacht und der Anzeige dieses Erlöschens ein Rechtsgeschäft vornimmt. Die Norm würde weitgehend entwertet, wenn der Dritte beweisen müsste, dass er von der Erteilung der Außenvollmacht wusste und gerade deswegen in bestimmter Weise disponiert hat; denn diesen Beweis wird er häufig nicht führen können. Die **Beweislast** hinsichtlich der (fehlenden) Kausalität muss daher der Vertretene tragen.[31]

▶ **Hinweis zur Klausurtechnik:** Wenn der Klausursachverhalt keine Angaben zur Kausalität enthält, können Sie darauf verweisen, dass insofern der Vertretene die Beweislast trägt und mangels Sachverhaltsangaben nicht anzunehmen ist, dass er den Beweis fehlender Kausalität wird führen können. Die Anwendung von § 170 BGB scheitert folglich nicht daran, dass die Kausalität nicht feststeht. ◄

d) Gutgläubigkeit des Dritten

Nach § 173 BGB schadet dem Dritten jede Fahrlässigkeit (vgl. §§ 122 Abs. 2, 276 Abs. 2 BGB). Der Dritte hat aber keine Pflicht, nachzuprüfen, ob die Außenvollmacht noch besteht, da sonst § 170 BGB weitgehend entwertet würde. Er darf sich nur ihm erkennbaren Umständen nicht verschließen, die ihm Anlass zu Zweifeln geben müssen.

Maßgeblicher **Zeitpunkt** für die Bösgläubigkeit des Dritten ist nach dem Wortlaut von § 173 BGB die „Vornahme des Rechtsgeschäfts". Daraus leiten einige Autoren ab, dass bei Verträgen der Zeitpunkt des Vertragsschlusses entscheidend ist – also das Wirksamwerden der Annahmeerklärung –, wobei zwischen Verpflichtungs- und Verfügungsgeschäft getrennt werden soll.[32] Das ist jedoch nicht damit vereinbar, dass sich die Stellvertretung nach § 164 BGB nicht auf den Vertragsschluss als solchen, sondern auf die einzelne Willenserklärung bezieht. Bei der **aktiven Stellvertretung** muss es deshalb auf den Zeitpunkt des Zugangs der Willenserklärung an den Dritten ankommen,

---

[30] Gegen die Anwendung von § 170 BGB in diesem Fall: *Neuner*, § 50 Rn. 67.
[31] In Bezug auf die fehlende Kenntnis von der Außenvollmacht: BeckOGK-BGB/*Reyes y Ráfales* (1.4.2024), § 170 Rn. 9; MüKoBGB/*Schubert*, § 170 Rn. 6.
[32] BeckOK-BGB/*Schäfer* (1.5.2024), § 173 Rn. 6 f.; *Neuner*, § 50 Rn. 66.

weil ein zu diesem Zeitpunkt bösgläubiger Dritter nie darauf vertrauen darf, dass die Erklärung gegenüber dem Vertretenen wirkt, ein zu diesem Zeitpunkt gutgläubiger Dritter sich dagegen auf diese Wirkung verlassen können muss.[33] Bei nicht empfangsbedürftigen Willenserklärungen ist die Abgabe entscheidend, weil die Erklärung mit ihr wirksam wird (siehe § 2 Rn. 18). Bei der **passiven Stellvertretung** wird auf den Zugang an den Vertreter abgestellt.[34] Das überzeugt nicht; maßgeblich muss vielmehr die Abgabe gegenüber dem Vertreter sein. Denn der Dritte muss sich darauf verlassen können, dass eine Willenserklärung, die er gegenüber einem Vertreter in berechtigtem Vertrauen auf dessen Vertretungsmacht abgibt, Wirkung gegenüber dem Vertretenen entfaltet. Würde ihm zwischen Abgabe und Zugang der Erklärung eintretende Bösgläubigkeit schaden, müsste er die Erklärung nochmals gegenüber dem Vertretenen abgeben. Bei fristgebundenen Erklärungen könnte ihm dadurch die Vornahme des betreffenden Rechtsgeschäfts unmöglich gemacht werden.

4. Vertretungsmacht kraft Rechtsscheins bei Kundgebung einer Vollmacht (§ 171 BGB)

a) Kundgebung einer Vollmacht

29 Bei § 171 BGB liegt der Rechtsschein darin, dass der Vertretene durch besondere Mitteilung an einen Dritten oder durch öffentliche Bekanntmachung (z.B. durch Zeitungsinserate oder Handzettel) kundgibt, dass er einen anderen bevollmächtigt habe. Der **Unterschied zu § 170 BGB** besteht darin, dass bei § 170 BGB die Vollmacht gegenüber dem Dritten erteilt wird. Bei § 171 BGB muss derjenige, dem gegenüber die Kundgebung erfolgt, dagegen annehmen, dass der Vertretene *zuvor* eine Vollmacht erteilt hat (als Innen- oder auch als Außenvollmacht) und ihn jetzt nur darüber informiert.

Dabei sind **zwei Arten von Störungen** denkbar:

- Die Vollmacht, die kundgegeben wird, kann schon im Zeitpunkt der Kundgebung nicht oder nicht mehr bestehen. Diesen Fall regelt § 171 Abs. 1 BGB. Die Vertretungsmacht kraft Rechtsscheins entsteht in dem Zeitpunkt, in dem der Dritte von der besonderen Mitteilung oder der öffentlichen Bekanntmachung Kenntnis nimmt (siehe Rn. 31), und dauert fort, bis die Kundgebung widerrufen wird (§ 171 Abs. 2 BGB).

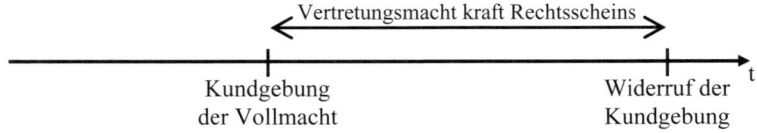

▶ **Fall 8:** V erteilt der S Vollmacht, für ihn bei D einen Gebrauchtwagen bis zum Preis von 10.000 € zu erwerben. Anschließend ruft er den D an und sagt ihm: „Ich möchte Ihnen mitteilen, dass ich die S bevollmächtigt habe, bei Ihnen für mich einen Gebraucht-

---

[33] BeckOGK-BGB/*Deckenbrock* (1.4.2024), § 173 Rn. 40; Erman/*Finkenauer*, § 173 Rn. 7; Grüneberg/*Ellenberger*, § 173 Rn. 2; MüKoBGB/*Schubert*, § 173 Rn. 7; NK-BGB/*Ackermann*, § 173 Rn. 6 f.; Soergel/*Bayer*, § 173 Rn. 12 ff.; Staudinger/*Schilken*, § 173 Rn. 8.
[34] BeckOGK-BGB/*Deckenbrock* (1.4.2024), § 173 Rn. 41; Erman/*Finkenauer*, § 173 Rn. 7; NK-BGB/*Ackermann*, § 173 Rn. 6 f.

wagen zu erwerben."[35] Zwei Tage später kauft S, die sich an das ihr gesetzte Preislimit nicht mehr richtig erinnert, bei D im Namen des V einen Gebrauchtwagen für 15.000 €.

Die Vollmacht, die V der S erteilt hat, deckt wegen der Höhe des Kaufpreises den Kaufvertrag, den S im Namen des V geschlossen hat, nicht ab. Da V aber dem D kundgegeben hat, dass er die S bevollmächtigt habe, und dabei das Preislimit nicht genannt hat, hatte S gemäß § 171 Abs. 1 BGB Vertretungsmacht für den geschlossenen Kaufvertrag. ◀

- Die Vollmacht kann zwar im Zeitpunkt der Kundgebung bestehen, aber vor der Vornahme des Rechtsgeschäfts durch den Vertreter (siehe Rn. 4 f.) erlöschen; dies entspricht der in § 170 BGB geregelten Situation bei der Außenvollmacht. Dann ist § 171 Abs. 2 BGB einschlägig. Der Rechtsschein „verlängert" die erloschene Vollmacht bis zu dem Zeitpunkt, zu dem die Kundgebung widerrufen wird.

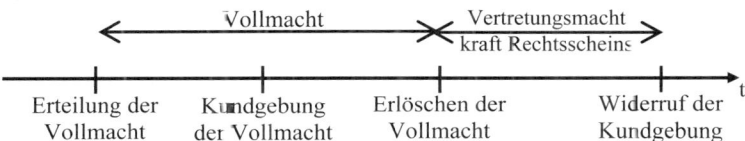

▶ **Fall 9:** V erteilt der S Vollmacht, für ihn bei D einen Gebrauchtwagen zu erwerben. Anschließend ruft er den D an und sagt ihm: „Ich möchte Ihnen mitteilen, dass ich die S bevollmächtigt habe, bei Ihnen für mich einen Gebrauchtwagen zu erwerben." Am folgenden Tag erwirbt V selbst ein Auto und wirft einen Zettel mit der Mitteilung in den Briefkasten der S, diese solle nichts kaufen. Zwei Tage später kauft S, die den Zettel aus Versehen ungelesen weggeworfen hat, bei D im Namen des V einen Gebrauchtwagen.

V hat der S gemäß § 167 Abs. 1 Alt. 1 BGB Vollmacht für den Kauf eines Gebrauchtwagens bei D erteilt. Durch den Einwurf des Zettels in den Briefkasten der S hat er diese Vollmacht gemäß §§ 167 Abs. 1 Alt. 1, 168 S. 3 BGB widerrufen. Dieser Widerruf wurde gemäß § 130 Abs. 1 S. 1 BGB spätestens am folgenden Tag wirksam, als mit der Leerung des Briefkastens durch S zu rechnen war; dass S den Zettel ungelesen weggeworfen hat, ist irrelevant. Doch da V vor dem Widerruf durch besondere Mitteilung dem D kundgegeben hat, dass er die S bevollmächtigt habe, blieb die Vertretungsmacht der S nach § 171 Abs. 2 BGB trotz des Widerrufs bestehen. S konnte also den Kaufvertrag über den Gebrauchtwagen gemäß § 164 Abs. 1 und 3 BGB mit Wirkung für und gegen V schließen. ◀

Der Widerruf der Kundgebung muss prinzipiell jeweils in derselben Weise erfolgen wie die Kundgebung. Erfolgte diese durch besondere Mitteilung an den Dritten, muss der Widerruf ebenfalls dem Dritten kundgegeben werden, d.h., er muss dem Dritten zugehen. Ein Widerruf durch öffentliche Bekanntmachung reicht dann nicht. Eine Kundgebung durch öffentliche Bekanntmachung kann durch eine öffentliche Bekanntmachung, die denselben Personenkreis anspricht wie die öffentliche Bekanntmachung der Vollmacht, widerrufen werden, aber auch durch besondere Mitteilung gegenüber einzelnen Dritten[36]. Ob der Dritte von dem Widerruf tatsächlich Kenntnis genommen hat, ist jeweils unerheblich.

---

35 Weil V eine Vergangenheitsform verwendet („bevollmächtigt *habe*" statt „bevollmächtige"), darf D das nicht als Erteilung einer Außenvollmacht (§ 167 Abs. 1 Alt. 2 BGB) verstehen (§§ 133, 157 BGB); siehe Rn. 22.
36 A.A. *Flume*, § 51 9, S. 857.

b) Zurechenbarkeit

30 Die Zurechenbarkeit ergibt sich daraus, dass der Vollmachtgeber die Vollmacht durch besondere Mitteilung an den Dritten oder durch öffentliche Bekanntmachung kundgibt. Wie bei § 170 BGB setzt die Zurechenbarkeit Geschäftsfähigkeit voraus.[37]

▶ **Hinweis zur Klausurtechnik:** Auf die Zurechenbarkeit müssen Sie in der Klausur nur eingehen, wenn Zweifel an der Geschäftsfähigkeit bestehen. Sonst ergibt sie sich schon aus der Kundgebung der Vollmacht. ◀

c) Kausalität

31 Auch § 171 BGB statuiert seinem Wortlaut nach kein Kausalitätserfordernis. Ebenso wie § 170 BGB ist die Norm aber aufgrund einer **teleologischen Reduktion** nicht anzuwenden, wenn der Vertretene beweist, dass der Rechtsschein, den der Vertretene durch die Kundgebung der Vollmacht gesetzt hat, nicht für eine Disposition des Dritten kausal war (siehe Rn. 26 f.).[38] Die Kausalität kann insbesondere bei der (praktisch seltenen) Kundgebung durch öffentliche Bekanntmachung fehlen, da der Dritte oft von der öffentlichen Bekanntmachung nichts wissen wird.

d) Gutgläubigkeit des Dritten

32 Prinzipiell gilt das Gleiche wie bei § 170 BGB (siehe Rn. 28). Befremdlich ist, dass § 173 BGB nicht auf § 171 Abs. 1 BGB – also den Fall der **ursprünglichen Unrichtigkeit** – verweist. Insofern handelt es sich um ein Redaktionsversehen, das durch analoge Anwendung von § 173 BGB zu beheben ist.[39] Auch bei ursprünglicher Unrichtigkeit schaden dem Dritten also Kenntnis und fahrlässige Unkenntnis vom Nichtbestehen der kundgegebenen Vollmacht.

5. Vertretungsmacht kraft Rechtsscheins bei Vorlage einer Vollmachtsurkunde (§ 172 BGB)

a) Vorlage einer Vollmachtsurkunde

33 § 172 BGB regelt einen Spezialfall der besonderen Mitteilung i.S.v. § 171 BGB, nämlich die Mitteilung durch Aushändigung und Vorlage einer Vollmachtsurkunde.

Der Rechtsschein wird dadurch geschaffen, dass der Vertreter dem Dritten die Urkunde vor oder bei Vornahme des Rechtsgeschäfts **vorlegt**, d.h. sie seiner sinnlichen Wahrnehmung unmittelbar zugänglich macht. Vorgelegt werden muss die **Originalurkunde**[40]. Die Vorlage einer Kopie oder Abschrift genügt nicht, da Kopien in unbeschränkter Zahl hergestellt werden können und nichts über den Verbleib der Originalurkunde und das Fortbestehen der Vollmacht besagen.[41] Die technische Art der Herstellung

---

37 BeckOGK-BGB/*Reyes y Ráfales* (1.4.2024), § 171 Rn. 9; *Bork*, Rn. 1524; MüKoBGB/*Schubert*, § 171 Rn. 7, 11; Soergel/*Bayer*, § 171 Rn. 8.
38 In Bezug auf die fehlende Kenntnis von der Kundgebung: BeckOGK-BGB/*Reyes y Ráfales* (1.4.2024), § 171 Rn. 21; BeckOK-BGB/*Schäfer* (1.5.2024), § 171 Rn. 5; *Bork*, Rn. 1523; Erman/*Finkenauer*, § 171 Rn. 5; Grüneberg/*Ellenberger*, § 171 Rn. 2; MüKoBGB/*Schubert*, § 171 Rn. 14; Soergel/*Bayer*, § 171 Rn. 9; Staudinger/*Schilken*, § 171 Rn. 12 f.
39 A.A. *Leenen/Häublein*, § 9 Rn. 87, da sie §§ 171 Abs. 1, 172 Abs. 1 BGB nicht als Fälle einer Vertretungsmacht kraft Rechtsscheins, sondern als Fälle rechtsgeschäftlicher Vertretungsmacht verstehen.
40 Bei notariellen Urkunden tritt an ihre Stelle eine Ausfertigung (§ 47 BeurkG).
41 BGHZ 102, 60, 63; BGH NJW 2006, 1957 Rn. 24.

ist allerdings unerheblich: Will der Aussteller mit der Durchschrift eine gleichwertige Urschrift – und nicht nur eine Abschrift – herstellen, genügt die Vorlage der Durchschrift.[42]

Wie im Fall des § 171 BGB sind zwei Arten von Störungen denkbar:

- Die Vollmacht, die durch die Vorlage der Urkunde kundgegeben wird, kann schon im Zeitpunkt der Vorlage nicht oder nicht mehr bestehen. Diesen Fall regelt § 172 Abs. 1 BGB i.V.m. § 171 Abs. 1 BGB. Die Vertretungsmacht kraft Rechtsscheins entsteht in dem Zeitpunkt der Vorlage und dauert fort, bis die Vollmachtsurkunde zurückgegeben oder für kraftlos erklärt wird (§ 172 Abs. 2 BGB).

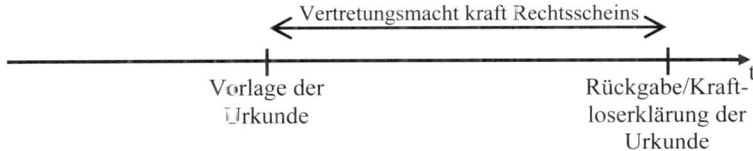

▶ **Fall 10:** V erteilt der S Vollmacht, für ihn bei D einen Gebrauchtwagen bis zum Preis von 10.000 € zu erwerben. Um die S nach außen zu legitimieren, händigt ihr V eine Vollmachtsurkunde aus, die keinen Hinweis auf das Preislimit enthält. Zwei Tage später kauft S, die sich an das ihr gesetzte Preislimit nicht mehr richtig erinnert, bei D unter Vorlage der Urkunde einen Gebrauchtwagen für 15.000 €.

Die Vollmacht, die V der S erteilt hat, deckt wegen der Höhe des Kaufpreises den Kaufvertrag, den S im Namen des V geschlossen hat, nicht ab. Doch da S dem D die Vollmachtsurkunde vorgelegt hat, die V ihr ausgehändigt hat und die keinen Hinweis auf das Preislimit enthält, hatte S gemäß § 172 Abs. 1 BGB i.V.m. § 171 Abs. 1 BGB Vertretungsmacht für den geschlossenen Kaufvertrag. ◀

- Die Vollmacht, die durch die Vorlage der Urkunde kundgegeben wird, kann zwar im Zeitpunkt der Vorlage bestehen, aber vor der Vornahme des Rechtsgeschäfts durch den Vertreter (siehe Rn. 4 f.) erlöschen. Dann ist § 172 Abs. 2 BGB einschlägig. Der Rechtsschein „verlängert" die erloschene Vollmacht bis zu dem Zeitpunkt, zu dem die Vollmachtsurkunde dem Vollmachtgeber zurückgegeben oder für kraftlos erklärt wird.

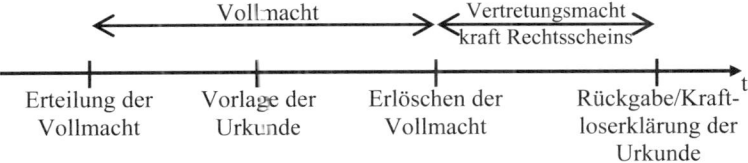

▶ **Fall 11:** V erteilt der S Vollmacht, für ihn bei D einen Gebrauchtwagen zu erwerben. Um die S nach außen zu legitimieren, händigt ihr V eine Vollmachtsurkunde aus. Wenig später sieht sich S bei D verschiedene Fahrzeuge an und legt dem D dabei die Vollmachtsurkunde vor. Am folgenden Tag erwirbt V selbst ein Auto und wirft einen Zettel mit der Mitteilung in den Briefkasten der S, diese solle nichts kaufen und die Vollmachtsurkunde vernichten. Zwei Tage später kauft S, die den Zettel aus Versehen

---

42 BGH NJW 2006, 1957 Rn. 23 f.

ungelesen weggeworfen hat, bei D im Namen des V einen Gebrauchtwagen, ohne dem D die Urkunde nochmals vorzulegen.

V hat der S gemäß § 167 Abs. 1 Alt. 1 BGB Vollmacht für den Kauf eines Gebrauchtwagens bei D erteilt. Durch den Einwurf des Zettels in den Briefkasten der S hat er diese Vollmacht gemäß §§ 167 Abs. 1 Alt. 1, 168 S. 3 BGB widerrufen. Dieser Widerruf wurde gemäß § 130 Abs. 1 S. 1 BGB spätestens am folgenden Tag wirksam, als mit der Leerung des Briefkastens durch S zu rechnen war; dass S den Zettel ungelesen weggeworfen hat, ist irrelevant. Doch da S dem D vor dem Widerruf die Vollmachtsurkunde vorgelegt hatte, die V ihr ausgehändigt hatte, blieb ihre Vertretungsmacht gemäß § 172 Abs. 2 BGB trotz des Widerrufs bestehen. S konnte also den Kaufvertrag über den Gebrauchtwagen gemäß § 164 Abs. 1 und 3 BGB mit Wirkung für und gegen V schließen. ◀

34 § 175 BGB gibt dem Vollmachtgeber einen Anspruch auf Rückgabe der Vollmachtsurkunde, sobald die Vollmacht erloschen ist. Mithilfe dieses Anspruchs kann der Vollmachtgeber die Vertretungsmacht kraft Rechtsscheins zum Erlöschen bringen (§ 172 Abs. 2 BGB); § 175 Hs. 2 BGB ordnet an, dass der Vertreter die Rückgabe der Urkunde nicht aufgrund eines Zurückbehaltungsrechts (etwa wegen eines Anspruchs auf Aufwendungsersatz aus § 670 BGB) verweigern kann. Auf den Fall, dass nie eine wirksame Vollmacht bestand, ist die Vorschrift analog anzuwenden. Falls es dem Vollmachtgeber nicht gelingt, der Urkunde habhaft zu werden, sieht das Gesetz als letztes Mittel die **Kraftloserklärung** der Urkunde vor, die in einem besonderen Verfahren nach § 176 BGB erfolgt.

Über den Wortlaut des § 172 Abs. 2 BGB hinaus kann der Rechtsschein – wie nach § 171 Abs. 2 BGB – auch durch Widerruf beseitigt werden. Denn die Aushändigung und Vorlage einer Vollmachtsurkunde kann keine stärkere Wirkung haben als eine tatsächlich erteilte Außenvollmacht. Der Widerruf muss gegenüber dem Dritten erklärt werden und wird durch Zugang an den Dritten wirksam. Er schließt die Vertretungsmacht gegenüber dem Dritten daher auch dann aus, wenn der Dritte den Widerruf weder kennt noch kennen muss und deshalb § 173 BGB nicht eingreift.[43]

b) Aushändigung der Vollmachtsurkunde an den Vertreter

35 Die Zurechenbarkeit folgt daraus, dass der Vollmachtgeber dem Vertreter die Vollmachtsurkunde **aushändigt**. Es genügt nicht, dass der Vertreter sich den Besitz an der Urkunde eigenmächtig verschafft. Wiederum muss der Vollmachtgeber geschäftsfähig sein.[44]

▶ **Fall 12 (nach BGHZ 65, 13 ff.):** F plant, ihren Ehemann M zum Verkauf eines ihr gehörenden Grundstücks zu bevollmächtigen, und stellt eine entsprechende Vollmachtsurkunde aus. Da sie sich die Sache noch einmal überlegen will, verwahrt sie die Urkunde vorerst in ihrer Schreibtischschublade. M nimmt sie von dort heimlich an sich und verkauft unter ihrer Vorlage das Grundstück formgerecht an K.

---

43 BeckOK-BGB/*Schäfer* (1.5.2024), § 172 Rn. 12; Erman/*Finkenauer*, § 172 Rn. 15; Grüneberg/*Ellenberger*, § 172 Rn. 4; Soergel/*Bayer*, § 172 Rn. 23; Staudinger/*Schilken*, § 172 Rn. 10. **A.A.** Bork, Rn. 1529, *Flume*, § 51 9, S. 857 und MüKoBGB/*Schubert*, § 172 Rn. 28 mit dem Argument, der Widerruf lasse die Vollmachtsurkunde als Rechtsscheinträger unberührt.
44 MüKoBGB/*Schubert*, § 172 Rn. 17; Soergel/*Bayer*, § 172 Rn. 8.

§ 24 Die Vertretungsmacht

M hatte keine Vertretungsmacht zum Abschluss des Grundstückskaufvertrags. Vollmacht wurde ihm nicht erteilt, und § 172 Abs. 1 BGB greift nicht ein, da F dem M die Vollmachtsurkunde nicht ausgehändigt hat, sondern er sie eigenmächtig an sich genommen hat. ◄

c) Kausalität

Im Hinblick auf die Kausalität gilt prinzipiell das Gleiche wie bei § 170 BGB (siehe Rn. 26 f.).[45] Die Kausalität wird nicht dadurch ausgeschlossen, dass der Dritte in die ihm vorgelegte Urkunde keine Einsicht nimmt. Denn wenn er durch die Vorlage von der Existenz der Urkunde erfährt, wird der Dritte sich häufig darauf verlassen, dass diese Urkunde auch tatsächlich die behauptete Vollmacht bezeugt, und aufgrund dieses Vertrauens disponieren. Sofern die Annahme des Dritten über den Urkundeninhalt richtig ist, steht die fehlende Einsichtnahme seiner Schutzwürdigkeit nicht entgegen.[46]

d) Gutgläubigkeit des Dritten

Es gilt das Gleiche wie bei § 171 BGB (siehe Rn. 32).

6. Die Anscheinsvollmacht

a) Begriff

Die Anscheinsvollmacht ist eine gesetzlich nicht geregelte Form der Vertretungsmacht kraft Rechtsscheins, die von Rechtsprechung und Lehre entwickelt wurde. Anders als §§ 170–172 BGB setzt sie nicht eine spezifische Form von Rechtsschein (wie z.B. die Vorlage einer Vollmachtsurkunde) voraus, sondern es genügen alle Umstände, aus denen der Dritte auf das Vorliegen von Vertretungsmacht schließen darf.

Eine Anscheinsvollmacht liegt nach der „Standard-Definition" der Rechtsprechung vor, wenn der Vertretene das Handeln des Vertreters nicht kennt, es aber bei pflichtgemäßer Sorgfalt hätte erkennen und verhindern können und der andere Teil annehmen durfte, der Vertretene dulde und billige das Handeln des Vertreters.

▶ **Fall 13:** Bauherr B hat dem Architekten A die Bauleitung übertragen. Dabei hat er klargestellt, dass A keine Aufträge an Handwerker erteilen darf. Während der Ausführung der Bauarbeiten erteilt A aber immer wieder selbständig kleinere Aufträge an Handwerker. Dem B fällt dies nicht auf, und er bezahlt die betreffenden Rechnungen in der Meinung, es handle sich um von ihm selbst in Auftrag gegebene Arbeiten. Bei den Bauhandwerkern spricht sich herum, dass A immer wieder Aufträge erteilt und B die betreffenden Rechnungen bezahlt. Als A einen Auftrag an Maler M erteilt, weigert sich B, zu zahlen.

Nach h.M. liegt hier eine Anscheinsvollmacht vor. B wusste zwar nichts vom Handeln des A, hätte es aber bemerken müssen, wenn er die eingehenden Rechnungen überprüft hätte, und dann verhindern können. Aufgrund dieses Verhaltens durfte M annehmen, B dulde und billige die Auftragsvergabe durch A. ◄

---

45 Nach BGH NJW 2006, 1957 und Grüneberg/*Ellenberger*, § 172 Rn. 3 ist die Kausalität im Rahmen von § 172 BGB dagegen unerheblich. Gemäß Rn. 30 des Urteils kommt es zwar nur auf den *Nachweis* der Kausalität nicht an; damit könnte auch eine bloße Beweislastregel gemeint sein. Der dritte amtliche Leitsatz formuliert aber eindeutig, es komme nicht darauf an, ob der Rechtsschein des Urkundenbesitzes den Vertragspartner zum Geschäftsabschluss veranlasst habe.

46 Vgl. BGHZ 76, 76 ff.

b) Der Streit um die Anscheinsvollmacht

39 Ob das Institut der Anscheinsvollmacht überhaupt **anzuerkennen** ist, ist immer noch umstritten. Dagegen wird angeführt, anders als bei §§ 170–172 BGB, bei denen der Vertretene bewusst über das Vorliegen einer Vollmacht informiere, fehle es an einem hinreichenden Zurechnungsgrund. Es sei widersprüchlich, dass ein Vertreter, der den Mangel seiner Vertretungsmacht nicht kenne, nach § 179 Abs. 2 BGB nur auf das negative Interesse hafte, dagegen ein Vertretener, der unbewusst den Rechtsschein des Bestehens einer Vollmacht setze, auf Erfüllung. Auch der Vertretene dürfe nach §§ 280 Abs. 1, 241 Abs. 2, 311 Abs. 2 BGB (culpa in contrahendo) nur auf das negative Interesse (zum Begriff: § 21 Rn. 14) haften.[47]

Die **Rechtsprechung** erkennt das Institut der Anscheinsvollmacht generell an. Ob ihm schon die Kraft von Gewohnheitsrecht zukommt, ist fraglich, weil es nie ganz ohne Widerstand geblieben ist. *Schramm* stellt zutreffend fest, dass die ständige Rechtsprechung jedenfalls die verbindliche Kraft des Richterrechts habe und die Grundsätze der Anscheinsvollmacht damit dem theoretisch-dogmatischen Meinungsstreit, wenn auch nicht der rechtspolitischen Kritik entzogen seien.[48]

▶ **Hinweis zur Klausurtechnik:** In Klausuren sollte man, jedenfalls wenn davon die weitere Lösung abhängt, die Existenz von Anscheinsvollmachten nicht generell ablehnen. Es empfiehlt sich, den Streit kurz „anzureißen", dann aber schnell das Rechtsinstitut der Anscheinsvollmacht anzuerkennen und zur Prüfung ihrer Voraussetzungen überzugehen. ◀

Im **Handelsrecht** wird die Anscheinsvollmacht auch von ihren Kritikern weitgehend anerkannt, da Kaufleute vermindert schutzwürdig seien und die Schnelligkeit und Leichtigkeit des kaufmännischen Verkehrs einen erweiterten Vertrauensschutz erforderlich machten.[49]

c) Voraussetzungen

aa) Rechtsschein

40 Erforderlich sind Anhaltspunkte, die darauf schließen lassen, dass dem Vertreter Vollmacht erteilt wurde. Da diese scheinbare Bevollmächtigung in der Vergangenheit liegt, fehlt es schon am objektiven Tatbestand einer Willenserklärung, durch die eine Außenvollmacht erteilt wird: Vom objektiven Empfängerhorizont (§§ 133, 157 BGB) aus liegt in den Anzeichen nicht die Erteilung einer Außenvollmacht, sondern die **Kundgebung schon früher erteilter Vertretungsmacht**.

Der Rechtsschein kann darin liegen, dass der Vertreter bereits mehrfach Geschäfte für den Vertretenen abgeschlossen und dieser sie nicht nach außen erkennbar beanstandet

---

47 *Canaris*, Die Vertrauenshaftung im deutschen Privatrecht (1971), S. 48 ff.; *Flume*, § 49 4, S. 832 ff.; *Medicus/Petersen*, Rn. 971; MüKoBGB/*Schubert*, § 167 Rn. 98 ff.; Staudinger/*Schilken*, § 167 Rn. 31.
48 MüKoBGB/*Schramm*, 6. Aufl. (2012), § 167 Rn. 56.
49 *Canaris*, Handelsrecht, 24. Aufl. (2006), § 14 Rn. 17; *Medicus/Petersen*, Rn. 972; MüKoBGB/*Schubert*, § 167 Rn. 100; zurückhaltend Staudinger/*Schilken*, § 167 Rn. 31, 33.

hat. Eine stärkere Intensität des Rechtsscheins kann dabei eine kürzere Dauer ausgleichen. Das gilt insbesondere, wenn der Rechtsschein nicht nur dadurch hervorgerufen wird, dass der Vertretene gegen das Handeln des Vertreters nicht einschreitet, sondern auf einem **aktiven Tun** des Vertretenen beruht. Maßgebend dafür, ob ein hinreichender Rechtsschein vorliegt, ist analog §§ 133, 157 BGB die Sichtweise eines durchschnittlichen Teilnehmers des betreffenden Verkehrskreises. Keinesfalls ausreichend sind **eigene Aussagen des Vertreters.**

Das gesetzlich nicht geregelte Institut der Anscheinsvollmacht darf nicht dazu verwendet werden, die Voraussetzungen der §§ 171, 172 BGB zu **unterlaufen.** Wenn daher ein bestimmter Umstand im Regelungsbereich der §§ 171, 172 BGB liegt, nach diesen aber gerade nicht zur Begründung einer Vertretungsmacht kraft Rechtsscheins ausreicht (z.B. die Vorlage einer Fotokopie der Vollmachtsurkunde, siehe Rn. 33), kann dieser Umstand allein nicht zur Annahme einer Anscheinsvollmacht ausreichen. Es müssen vielmehr andere rechtsscheinbegründende Umstände hinzutreten.[50]

bb) Zurechenbarkeit

Der Vertretene muss die Möglichkeit haben, das Handeln des Vertreters vorauszusehen und zu verhindern. Nach h.M. muss der Vertretene **schuldhaft** handeln.[51] Die Gegenansicht sieht dagegen als maßgeblichen Zurechnungsgrund die **Beherrschbarkeit der eigenen Risikosphäre** an; auf Verschulden komme es nicht an. Denn auch die gesetzlich angeordneten Fälle einer Rechtsscheinhaftung (§§ 170 ff. BGB, §§ 932, 935 BGB) setzten kein Verschulden voraus.[52] Die praktischen Unterschiede dürften gering sein.

41

Für die Zurechenbarkeit gilt das Gleiche wie für den Rechtsschein: Wenn ein Umstand in den Regelungsbereich der §§ 171, 172 BGB fällt, dort aber nicht zur Begründung von Zurechenbarkeit ausreicht (z.B. das unsorgfältige Verwahren einer Vollmachtsurkunde, siehe Rn. 35), kann die Zurechenbarkeit im Rahmen einer Anscheinsvollmacht nicht *allein* auf diesen Umstand gestützt werden.[53]

cc) Kausalität

Der Dritte muss im Vertrauen auf den Rechtsschein disponieren. Dies setzt voraus, dass er den Rechtsschein kennt und seinetwegen mit dem vollmachtlosen Vertreter kontrahiert oder eine sonstige Disposition vornimmt. Dabei ist nicht erforderlich, dass der Dritte die den Rechtsschein begründenden Tatsachen aus **eigener Wahrnehmung** kennt. Vielmehr genügt es, wenn er sich einer allgemeinen Überzeugung anschließt, die sich aufgrund dieser Tatsachen gebildet hat. Siehe zu den Einzelheiten Rn. 26. Anders als bei den gesetzlichen Fällen der Vertretungsmacht kraft Rechtsscheins trägt der Dritte die **Beweislast** für die Kausalität, wobei ihm freilich Beweiserleichterungen zugutekommen können.[54]

42

---

50 BGHZ 102, 60, 64.
51 BeckOGK-BGB/*St. Huber* (1.2.2022), § 167 Rn. 96; Erman/*Finkenauer*, § 167 Rn. 19; MüKoBGB/*Schubert*, § 167 Rn. 118 f.; Soergel/*Bayer*, § 167 Rn. 213 ff.; Staudinger/*Schilken*, § 167 Rn. 40.
52 *Bork*, Rn. 1564; *Canaris*, Handelsrecht, 24. Aufl. (2006), § 14 Rn. 20.
53 BGHZ 65, 13 ff. **A.A.** *Bork*, Rn. 1561.
54 MüKoBGB/*Schubert*, § 167 Rn. 126; NK-BGB/*Ackermann*, § 167 Rn. 90.

dd) Gutgläubigkeit des Dritten

43 Analog § 173 BGB schadet dem Dritten jede Fahrlässigkeit. Die verkehrserforderliche Sorgfalt verlangt vom Dritten allerdings nicht generell, **Nachforschungen** anzustellen. Er darf sich prinzipiell auf den Rechtsschein verlassen und muss nur dann nachforschen, wenn ein besonderer Anlass dazu besteht. Das kann insbesondere der Fall sein, wenn die den Rechtsschein begründenden Tatsachen schon länger zurückliegen und deshalb damit zu rechnen ist, dass sich seither die Vertretungsmacht geändert hat. Die **Beweislast** trägt der Vertretene (vgl. § 173 BGB). Er muss also beweisen, dass der Dritte das Nichtbestehen der Vertretungsmacht gekannt hat oder hätte kennen müssen.

7. Die Anfechtbarkeit einer Vertretungsmacht kraft Rechtsscheins

44 Nach allgemeiner Ansicht kann eine Vertretungsmacht kraft Rechtsscheins nicht deswegen angefochten werden, weil der Vertretene **keinen Rechtsschein setzen** wollte oder nicht wusste, dass ein solcher **Rechtsschein Vertretungsmacht** begründet. Denn es sei gerade Sinn der Rechtsscheinhaftung, den Vertretenen am gesetzten Rechtsschein festzuhalten und nicht nur (über § 122 BGB) einer Haftung auf das negative Interesse zu unterwerfen. Meines Erachtens ist dies schwer mit der Tatsache vereinbar, dass jemand, der ohne Erklärungsbewusstsein den objektiven Tatbestand einer Willenserklärung verwirklicht, nicht endgültig an diese gebunden wird (siehe § 19 Rn. 24 ff.). Das Verhältnis der Rechtsscheinhaftung zur Anfechtung ist deshalb m.E. dogmatisch noch nicht befriedigend geklärt.[55]

Nach h.M. kann die Mitteilung über eine Vollmacht aber **nicht stärker wirken als eine tatsächlich erteilte Vollmacht**, und deshalb ist die Mitteilung dann anfechtbar, wenn eine entsprechende Vollmacht anfechtbar wäre, wenn also die Mitteilung auf einem Willensmangel i.S.v. §§ 119–123 BGB beruht.[56]

▶ **Fall 14:** V bevollmächtigt die S, für ihn einen Gebrauchtwagen bis zu einem Preis von 10.000 € zu erwerben. Um die S nach außen zu legitimieren, stellt ihr V eine Vollmachtsurkunde aus, vertippt sich dabei jedoch und schreibt 20.000 € statt 10.000 €. Zwei Tage später kauft S bei D unter Vorlage der Vollmachtsurkunde für 15.000 € einen Gebrauchtwagen. S war sich über das ihr gesetzte Preislimit nicht mehr sicher gewesen und hatte sich vor dem Abschluss in der Urkunde nochmals vergewissert.

V hat der S Vollmacht nur bis zu einem Betrag von 10.000 € erteilt. Diese Vollmacht deckt den Kaufvertrag mit D nicht ab. Durch die spätere Aushändigung der Vollmachtsurkunde an S wurde die Vollmacht nicht erweitert, da V – für die S ersichtlich – durch die Aushändigung

---

55 *Canaris*, Die Vertrauenshaftung im deutschen Privatrecht (1971), S. 424 ff. sieht Vertrauenshaftung und Rechtsgeschäftslehre als voneinander unabhängige Institute an. Der Grundsatz der Privatautonomie verbiete es nicht, an die Schaffung eines Vertrauenstatbestands u.U. dieselben Rechtsfolgen zu knüpfen wie an ein Rechtsgeschäft (a.a.O. S. 432). Einen Unterschied zu den Anfechtungsfällen sieht er darin, dass die betreffenden Fälle der Vertrauenshaftung sich nur auf „drittgerichtete" Rechtsgeschäfte bezögen und daher bei ihnen ein zusätzliches Merkmal vorliege, das den gesteigerten Vertrauensschutz rechtfertige, nämlich der Schutz von Personen, die an dem Rechtsgeschäft selbst nicht beteiligt seien (also dessen Mängel weder verhindern noch ohne Weiteres erkennen könnten), aber gleichwohl nach der eigenen Zwecksetzung des Rechtsgeschäfts von seiner Geltung oder Nichtgeltung unmittelbar betroffen seien (a.a.O. S. 434 f.).

56 Für §§ 171, 172 BGB: *Bork*, Rn. 1524; Grüneberg/*Ellenberger*, § 171 Rn. 1, § 172 Rn. 1; *Medicus/Petersen*, Rn. 947; MüKoBGB/*Schubert*, § 171 Rn. 9, 11; Soergel/*Bayer*, § 171 Rn. 25, § 172 Rn. 8; Staudinger/*Schilken*, § 171 Rn. 9. Für die Anscheinsvollmacht: *Bork*, Rn. 1559, 1565; Grüneberg/*Ellenberger*, § 172 Rn. 16; MüKoBGB/*Schubert*, § 167 Rn. 151 f.; Soergel/*Bayer*, § 167 Rn. 229 ff.; **a.A.** (keine Anfechtbarkeit) Staudinger/*Schilken*, § 167 Rn. 45.

der Urkunde keine (weitere) Vollmacht erteilen, sondern lediglich die zuvor erteilte Vollmacht bescheinigen wollte. Mangels Rechtsbindungswillens des V legt daher in der Aushändigung der Vollmachtsurkunde keine Willenserklärung.

S könnte jedoch gemäß § 172 Abs. 1 BGB i.V.m. § 171 Abs. 1 BGB Vertretungsmacht kraft Rechtsscheins gehabt haben. S hat dem D bei Abschluss des Kaufvertrags eine Vollmachtsurkunde vorgelegt, die V ihr ausgehändigt hatte und der zufolge S ausreichende Vollmacht für den Kauf des Gebrauchtwagens hatte. Es wird vermutet, dass die Vorlage der Urkunde für den Vertragsschluss durch D kausal war (siehe Rn. 26 f., 36), und D war bei Abschluss des Vertrags gutgläubig (§ 173 BGB analog, siehe Rn. 32, 37). Die Voraussetzungen einer Vertretungsmacht kraft Rechtsscheins liegen somit vor. V kann nicht wegen Irrtums über die an die Vollmachtsurkunde geknüpfte Rechtsfolge anfechten. Hätte er der S allerdings tatsächlich durch die Aushändigung der Urkunde Vertretungsmacht erteilt, könnte er wegen des ihm dabei unterlaufenen Erklärungsirrtums (§ 119 Abs. 1 Alt. 2 BGB) die erteilte Vollmacht anfechten und dadurch ex tunc vernichten (§ 142 Abs. 1 BGB, siehe näher § 26 Rn. 8 f.). Die Rechtsscheinhaftung kann ihn nicht stärker binden als eine tatsächlich erteilte Vollmacht, und deshalb kann er den auf der Vollmachtsurkunde beruhenden Rechtsschein analog § 119 Abs. 1 Alt. 2 BGB durch Anfechtung gegenüber D (§ 143 Abs. 3 S. 1 BGB analog) beseitigen, haftet diesem dann freilich analog § 122 BGB auf das negative Interesse. ◄

8. Rechtsfolgen einer Vertretungsmacht kraft Rechtsscheins

Aufgrund des Rechtsscheins hat der Vertreter Vertretungsmacht i.S.v § 164 Abs. 1 S. 1 BGB; das Geschäft wirkt für und gegen den Vertretenen. Zweifelhaft ist, ob der Dritte darauf verzichten kann, sich auf den Rechtsschein zu berufen, und stattdessen nach § 179 BGB gegen den Vertreter vorgehen kann (siehe zu § 179 BGB § 25 Rn. 6a ff.). Bei §§ 170–172 BGB wird dies kaum erörtert[57], aber implizit verneint, bei der Anscheinsvollmacht ist es umstritten[58]. Für ein **Wahlrecht des Dritten** lässt sich anführen, dass die Vertretungsmacht kraft Rechtsscheins den Dritten schützen soll und kein Grund ersichtlich ist, warum er nicht auf diesen Schutz verzichten und sich auf die wahre Rechtslage berufen können soll.

VI. Die Duldungsvollmacht

Eine Duldungsvollmacht liegt nach der „Standard-Definition" der Rechtsprechung vor, wenn der Vertretene es wissentlich geschehen lässt, dass ein anderer für ihn wie ein Vertreter auftritt, und der Dritte dieses Dulden kennt und nach Treu und Glauben dahingehend verstehen darf, dass der als Vertreter Handelnde bevollmächtigt ist.

▶ **Fall 15:** S hat wiederholt im Namen des V Waren bei D bestellt, ohne Vertretungsmacht zu haben. Um Ärger zu vermeiden, hat V dem Handeln der S keinen Einhalt geboten und die Rechnungen des D jeweils beglichen. Als S erneut eine Bestellung tätigt, weigert sich V, den Kaufpreis zu zahlen.

---

[57] Für ein Wahlrecht des Dritten: *Bork*, Rn. 1547; MüKoBGB/*Schubert*, § 167 Rn. 141 ff., § 170 Rn. 14; *Neuner*, § 50 Rn. 68, 107. Dagegen: BeckOGK-BGB/*Ulrici* (1.11.2023), § 177 Rn. 16 ff.; BeckOK-BGB/*Schäfer* (1.5.2024), § 179 Rn. 6. Vgl. auch OLG Hamm BauR 1971, 138, 139.

[58] Dafür: *Bork*, Rn. 1547; *Canaris*, Handelsrecht, 24. Aufl. (2006), § 14 Rn. 21; MüKoBGB/*Schubert*, § 167 Rn. 141 ff.; *Neuner*, § 50 Rn. 107; Soergel/*Bayer*, § 167 Rn. 189; Staudinger/*Schilken*, § 177 Rn. 26. Dagegen: BGHZ 86, 273 ff.; BeckOGK-BGB/*Ulrici* (1.11.2023), § 177 Rn. 16 ff.; BeckOK-BGB/*Schäfer* (1.5.2024), § 179 Rn. 6; Erman/*Finkenauer*, § 167 Rn. 28; Grüneberg/*Ellenberger*, § 172 Rn. 17; *K. Schmidt*, Festschrift Gernhuber (1993), S. 435 ff.

Nach h.M. liegt hier eine Duldungsvollmacht vor, da V wissentlich hat geschehen lassen, dass S mehrfach für ihn Verträge mit D schloss, und D die Tatsache, dass V diese Verträge erfüllt hat, so verstehen darf, dass S entsprechende Vollmacht hat. ◄

Problematisch ist, dass die **Rechtsnatur** der Duldungsvollmacht ungeklärt ist und der Begriff deshalb in der Literatur unterschiedlich gebraucht wird[59]:

- Teilweise wird unter einer Duldungsvollmacht eine **rechtsgeschäftliche Vollmacht** verstanden, die konkludent durch Dulden erteilt wird.[60]
- Die wohl herrschende Meinung bezeichnet dagegen eine **Vertretungsmacht kraft Rechtsscheins**, bei der der Rechtsschein im bewussten Dulden des Vertreterhandelns liegt, als Duldungsvollmacht.[61] Der Unterschied zur Anscheinsvollmacht liege darin, dass bei der Duldungsvollmacht der Vertretene das Handeln des Vertreters kennt, bei der Anscheinsvollmacht dagegen nicht. Duldungsvollmacht und Anscheinsvollmacht seien also beide unterschiedliche Fälle von Vertretungsmacht kraft Rechtsscheins.

Ein wichtiger Unterschied zwischen den beiden Sichtweisen liegt darin, dass bei der Vertretungsmacht kraft Rechtsscheins der Rechtsschein – also das Dulden – kausal für das Handeln des Geschäftspartners sein muss, bei der konkludenten Vollmacht nicht.

47   Die Kontroverse um die Rechtsnatur der Duldungsvollmacht zeigt, dass diese **kein eigenständiges Rechtsinstitut** darstellt. Da sie nirgends im Gesetz verankert, sondern vielmehr ein Konstrukt von Rechtsprechung und Lehre ist, sollte man nicht nach der Rechtsnatur „der" Duldungsvollmacht fragen[62], sondern danach, ob zwischen den etablierten Kategorien der rechtsgeschäftlichen Vertretungsmacht und der Vertretungsmacht kraft Rechtsscheins überhaupt Platz für eine dritte Kategorie namens Duldungsvollmacht bleibt. Die Erörterungen in der Literatur zeigen, dass dies nicht der Fall ist, weil als Duldungsvollmacht entweder eine rechtsgeschäftliche Vollmacht verstanden wird, die konkludent durch Dulden erteilt wird, oder eine Vertretungsmacht kraft Rechtsscheins, bei der der Rechtsschein im Dulden des Vertreterhandelns liegt.

▶ **Hinweis zur Klausurtechnik:** In der Klausur ist zunächst zu prüfen, ob im Dulden eine **konkludente Vollmachtserteilung** liegt. Das ist jedenfalls dann der Fall, wenn der Duldende gerade durch das Dulden Vollmacht erteilen will und der andere Teil – der Vertreter bei der Innen-, der Geschäftspartner bei der Außenvollmacht – dies erkennen muss (§§ 133, 157 BGB); doch das wird selten sein. Aber auch wenn der Duldende keinen derartigen Willen hat, kann im Dulden eine konkludente Erklärung liegen, sofern man mit der h.M. das Erklärungsbewusstsein nicht als konstitutives Element einer Willenserklärung ansieht (siehe § 19 Rn. 24 f.). Allerdings wird eine Bevollmächtigung durch Dulden meist daran scheitern, dass der andere Teil bei einer Auslegung des Duldens nach dem objektiven Empfängerhorizont (§§ 133, 157 BGB) nicht annehmen darf, dass der Duldende gerade durch das Dulden Vollmacht erteilen will. Er wird nämlich davon ausgehen müssen, dass das Dulden lediglich Folge einer *zuvor* erteilten Vollmacht ist. Dann muss er erkennen, dass der Duldende kein Erklärungsbewusstsein hat, und deshalb stellt das Dulden keine Willenserklärung dar.

---

59   Siehe insbesondere MüKoBGB/*Schubert*, § 167 Rn. 108; Soergel/*Bayer*, § 167 Rn. 159 f.; Staudinger/*Schilken*, § 167 Rn. 29a ff.
60   *Flume*, § 49 3 und 4, S. 828 ff.; Grüneberg/*Ellenberger*, § 172 Rn. 8; *Merkt*, AcP 204 (2004), 638 ff.; *K. Schmidt*, Handelsrecht, 6. Aufl. (2014), § 16 Rn. 109.
61   BGH NJW-RR 1990, 404; BGH NJW 1997, 312, 314; *Bork*, Rn. 1549 ff.; *Canaris*, Handelsrecht, 24. Aufl. (2006), § 14 Rn. 13; *Neuner*, § 50 Rn. 86.
62   Diese Frage stellt besonders deutlich *Merkt*, AcP 204 (2004), 638 ff.

§ 24 Die Vertretungsmacht § 24

Stellt das Dulden im konkreten Fall **keine Willenserklärung** dar, muss man erörtern, ob der Vertretene durch das Dulden zurechenbar den Rechtsschein einer bestehenden Vollmacht gesetzt hat und deshalb unter diesem Aspekt Vertretungsmacht besteht. Die Voraussetzungen einer solchen Vertretungsmacht kraft Rechtsscheins entsprechen denen der Anscheinsvollmacht (siehe Rn. 40 ff.).

In der Klausur sollten Sie, wenn Sie den Begriff „Duldungsvollmacht" verwenden, klarstellen, ob Sie eine konkludent durch Dulden erteilte Vollmacht oder eine Vertretungsmacht kraft Rechtsscheins meinen. Zumindest im zweiten Fall sollte der Begriff „Duldungsvollmacht" unbedingt fallen, da ihn viele Korrektoren erwarten. ◄

VII. Überblick: Vertretungsmacht

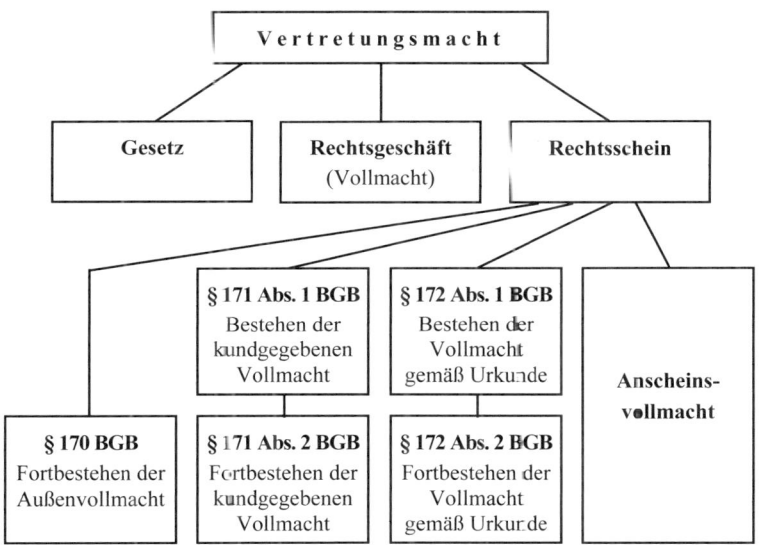

48

VIII. Rechtsscheinhaftung bei Handeln unter fremdem Namen

Die Regeln des Stellvertretungsrechts kommen auch zur Anwendung, wenn jemand nicht *in*, sondern *unter* fremdem Namen handelt und nicht die Person des Handelnden, sondern der Namensträger im Vordergrund steht (siehe § 23 Rn. 6 ff.). Hat der Handelnde in diesem Fall keine Vertretungsmacht, ist es sinnlos, danach zu fragen, ob eine Vertretungsmacht kraft Rechtsscheins besteht.[63] Denn der Dritte weiß gar nicht, dass der Handelnde nicht mit dem Namensträger identisch ist, und deswegen stellt sich für ihn die Frage nach dem Bestehen von Vertretungsmacht nicht.

49

Dies kann allerdings nicht dazu führen, eine Rechtsscheinhaftung von vornherein auszuschließen – der Dritte ist in einem solchen Fall sogar schutzwürdiger als in den Fällen der Vertretungsmacht kraft Rechtsscheins, weil er nicht weiß, dass er es mit zwei verschiedenen Personen zu tun hat, und ihm deshalb die Erforderlichkeit von Vertretungsmacht gar nicht bewusst ist. Eine Rechtsscheinhaftung ist daher auch hier möglich, lediglich der **Bezugspunkt** ist ein anderer: Der Rechtsschein bezieht sich nicht da-

---

63 Dies verkennt BGHZ 189, 346 Rn. 14 ff. = JuS 2011, 1027 ff. (*Faust*).

rauf, dass der Handelnde Vertretungsmacht für den Vertretenen hat, sondern darauf, dass der Namensträger selbst handelt. Im Übrigen entsprechen die Voraussetzungen der Rechtsscheinhaftung denen der Anscheinsvollmacht: Der Rechtsschein muss dem Namensträger zurechenbar sein, er muss für eine Disposition des Dritten kausal sein, und der Dritte darf weder wissen noch infolge von Fahrlässigkeit nicht wissen, dass nicht der Namensträger selbst gehandelt hat (siehe Rn. 40 ff.).

50 Erhebliche praktische Bedeutung hat das Problem bei der **Nutzung fremder Konten im digitalen Rechtsverkehr**, weil der Dritte hierbei in aller Regel nicht erkennen kann, dass nicht der Kontoinhaber selbst gehandelt hat.

▶ **Fall 16 (nach BGHZ 189, 346 ff.):** S bietet über das eBay-Konto seiner Verlobten V ohne deren Wissen eine komplette „VIP-Lounge/Bar/Bistro/Gastromieeinrichtung" mit einem Startpreis von 1 € an. D ist bei Beendigung der Auktion mit 1.000 € der Höchstbietende, doch V verweigert die Lieferung.

Ob D nach § 433 Abs. 1 S. 1 BGB von V Lieferung verlangen kann, hängt davon ab, ob ein Kaufvertrag mit V zustande gekommen ist. Bei Internetauktionen wird der Kaufvertrag ganz normal durch Antrag und Annahme geschlossen; § 156 BGB ist nicht einschlägig (siehe § 3 Rn. 30). S handelte beim Einstellen des Angebots unter dem Namen der V, hatte jedoch keine Vertretungsmacht. V muss das Handeln des S jedoch gegen sich gelten lassen, wenn für D der Rechtsschein bestand, dass V selbst gehandelt hat, wenn dieser Rechtsschein der V zurechenbar ist, wenn er für eine Disposition des D kausal war und wenn D i.S.v. § 173 BGB gutgläubig war. ◀

Es ist umstritten, ob aus der Tatsache, dass eine Erklärung über ein registriertes und passwortgeschütztes Internetkonto abgegeben wird, ein hinreichender **Rechtsschein** dafür folgt, dass entweder der Kontoinhaber selbst oder ein Dritter mit seinem Einverständnis handelt.[64] Dagegen wird angeführt, dass fremde Zugangsdaten auf vielfältige Arten ausgespäht oder „gestohlen" werden können und ihre Verwendung daher aus Sicht des Dritten keine hinreichende Gewähr dafür bietet, dass ein Berechtigter handelt. Allerdings ist eine solche Gewähr auch bei der Vorlage einer Vollmachtsurkunde nicht gegeben, weil der Dritte keine Möglichkeit hat, die Echtheit der Urkunde zu beurteilen. Dennoch begründet die Vorlage einer (echten) Urkunde nach § 172 BGB den Rechtsschein des Bestehens der Vollmacht.

Nimmt man an, dass ein hinreichender Rechtsschein vorliegt, stellt sich die weitere Frage, unter welchen Voraussetzungen er dem Kontoinhaber **zurechenbar** ist. Anders als bei der Anscheinsvollmacht ist der Rechtsschein beim Handeln unter fremdem Namen normalerweise nicht von einer gewissen Dauer oder Häufigkeit, sondern lediglich „punktuell". §§ 171, 172 BGB lassen für die Zurechnung eines solchen nur punktuellen Rechtsscheins bloße Fahrlässigkeit nicht genügen, sondern verlangen, dass der Vertretene *bewusst* eine Information über das Bestehen der angeblichen Vertretungsmacht verbreitet hat (vgl. FALL 12 in Rn. 35). Nach der gesetzlichen Wertung soll daher der lediglich unsorgfältige Umgang mit Rechtsscheinträgern keine Zurechenbarkeit begründen. Dies muss gleichermaßen für den unsorgfältigen Umgang mit den Zugangs-

---

[64] Dagegen: BGHZ 189, 346 Rn. 18 = JuS 2011, 1027 ff. (*Faust*). Dafür: *Borges*, NJW 2011, 2400, 2402; MüKo-BGB/*Schubert*, § 167 Rn. 130 f.; *Schinkels*, LMK 2011, 320461; *Sonnentag*, WM 2012, 1614, 1616 f.

§ 24 Die Vertretungsmacht

daten für ein Mitgliedskonto gelten. Zurechenbarkeit ist daher nur gegeben, wenn der Kontoinhaber dem Handelnden die Zugangsdaten mitgeteilt hat.[65]

Wiederholungs- und Vertiefungsfragen

1. Worin liegt der Unterschied zwischen Vertretungsmacht und Verfügungsmacht?
2. Was ist eine Vollmacht und wo ist das definiert?
3. Was versteht man unter einer Außenvollmacht?
4. V erteilt der S schriftlich Vollmacht, in seinem Namen ein Grundstück zu erwerben. Ist die Vollmacht wirksam?
5. Erläutern Sie, wie sich der Tod des Vollmachtgebers auf den Bestand der Vollmacht auswirkt.
6. Warum bedeutet es für den Vertreter kein Risiko, dass eine ihm gegenüber erteilte Vollmacht gegenüber demjenigen widerrufen werden kann, dem gegenüber die Vertretung stattfinden sollte?
7. Welche Voraussetzungen müssen erfüllt sein, damit eine Vollmacht unwiderruflich ist?
8. Was versteht man unter der Abstraktheit der Vollmacht?
9. Was sind die Grundvoraussetzungen einer Rechtsscheinhaftung?
10. Wodurch unterscheiden sich die Tatbestände des § 170 BGB und des § 171 Abs. 2 BGB?
11. Welche Ansichten gibt es zur Rechtsnatur der sog. Duldungsvollmacht?

---

[65] MüKoBGB/*Schubert*, § 167 Rn. 133; *Oechsler*, AcP 208 (2008), 565, 577, 580; *Sonnentag*, WM 2012, 1614, 1617 f. Ähnlich *Herresthal*, K & R 2008, 705, 708 f., der bei Fahrlässigkeit nur eine Haftung auf das negative Interesse annimmt. Weitergehend *Borges*, NJW 2011, 2400, 2403; *Stöber*, JR 2012, 225, 227 ff.

§ 25 Vertretung ohne Vertretungsmacht

I. Grundsätze

1 Wenn jemand als Stellvertreter eine Willenserklärung abgibt (aktive Stellvertretung, § 164 Abs. 1 S. 1 BGB) oder eine Willenserklärung in Empfang nimmt (passive Stellvertretung, § 164 Abs. 3 BGB), benötigt er entsprechende Vertretungsmacht. Ein Fehlen der Vertretungsmacht macht das betreffende Rechtsgeschäft – anders als ein Fehlen der Offenheit (siehe § 22 Rn. 3 ff.) – nicht zum Eigengeschäft des Vertreters. Andererseits kann das Rechtsgeschäft auch nicht gegenüber dem Vertretenen wirken, da es ihm nicht zurechenbar ist. Die Lösung des Gesetzes entspricht hier nahezu vollständig derjenigen in Fällen, in denen ein **beschränkt Geschäftsfähiger** ohne die erforderliche Einwilligung des gesetzlichen Vertreters handelt (siehe § 16 Rn. 39 ff.): Verträge, die der Vertreter ohne Vertretungsmacht (den man auch „**falsus procurator**" nennt) geschlossen hat, sind schwebend unwirksam. Von ihm und ihm gegenüber vorgenommene einseitige Rechtsgeschäfte sind grundsätzlich nichtig. Zum Schutz des Dritten unterwirft § 179 BGB den Vertreter ohne Vertretungsmacht einer besonderen Haftung.

2 Der **maßgebliche Zeitpunkt** für das Vorliegen von Vertretungsmacht ist bei der aktiven Stellvertretung der Zeitpunkt, zu dem der Vertreter die Willenserklärung abgibt, bei der passiven Stellvertretung der Zeitpunkt, zu dem ihm die Willenserklärung des Dritten zugeht (siehe § 24 Rn. 4 f.).

II. Vertragsschluss ohne Vertretungsmacht

3 Wie im Fall des Vertragsschlusses durch einen beschränkt Geschäftsfähigen stellt das Gesetz hinsichtlich der Voraussetzungen der Stellvertretung in § 164 BGB auf die **einzelne Willenserklärung** ab. Falls aber ein falsus procurator einen Vertrag geschlossen hat, kümmert sich das Gesetz nicht mehr um das Schicksal der einzelnen Willenserklärungen, sondern nur noch um dasjenige des Vertrags (siehe § 16 Rn. 39).

▶ **Hinweis zur Klausurtechnik:** Die schwierigen Aufbauprobleme, die sich insofern im Minderjährigenrecht stellen (siehe § 16 Rn. 40), gibt es im Vertretungsrecht nicht, da es hier die Ausnahme des rechtlich lediglich vorteilhaften Geschäfts nicht gibt und es deshalb gleichgültig ist, welche Seite den Antrag macht und welche ihn annimmt. ◀

4 In den meisten Fällen wird der Vertreter beim Vertragsschluss sowohl als Aktivvertreter als auch als Passivvertreter handeln und entweder für beides oder für keines von beidem Vertretungsmacht haben. Denkbar ist aber auch, dass es nur an der Vertretungsmacht im Rahmen der Aktivvertretung oder nur an der Vertretungsmacht im Rahmen der Passivvertretung fehlt – entweder, weil die Vertretungsmacht entsprechend beschränkt ist (z.B. bei der Vertretung von Minderjährigen durch einen Elternteil gemäß § 1629 Abs. 1 S. 2 BGB), oder, weil der Vertretene in Bezug auf eine der beiden Willenserklärungen selbst tätig wird. Die Auswirkungen fehlender Vertretungsmacht auf den Vertrag sind in (fast[1]) allen Fällen gleich: Er ist nach § 177 Abs. 1 BGB **schwebend unwirksam**. Um den Schwebezustand zu beenden, kann der Vertragspartner den Vertretenen nach § 177 Abs. 2 BGB zur Erklärung über die Genehmigung auffordern oder seine eigene Willenserklärung nach § 178 BGB widerrufen. Das soll hier

---

[1] Wenn ein wirksamer Antrag (von Seiten des Vertretenen oder des Vertragspartners) vorliegt und es an der (passiven oder aktiven) Vertretungsmacht für die Annahme fehlt, kann im Einzelfall § 177 BGB wegen der analogen Anwendung von § 180 BGB (siehe Rn. 5 f.) nicht eingreifen.

§ 25 Vertretung ohne Vertretungsmacht

nicht weiter ausgeführt werden, da es – bis auf Einzelheiten in Bezug auf den Ausschluss des Widerrufsrechts, die sich aus dem Gesetz ergeben – genau der Situation im Minderjährigenrecht entspricht (siehe § 16 Rn. 41 f., 44–46). Deshalb nur folgende Tabelle:

	Stellvertretung	Beschränkte Geschäftsfähigkeit
Schwebende Unwirksamkeit	§ 177 Abs. 1 BGB	§ 108 Abs. 1 BGB
Aufforderung zur Erklärung über die Genehmigung	§ 177 Abs. 2 BGB	§ 108 Abs. 2 BGB
Widerrufsrecht des anderen Teils	§ 178 BGB	§ 109 BGB

III. Einseitige Rechtsgeschäfte

1. Aktive Stellvertretung

Wenn ein Vertreter ein einseitiges Rechtsgeschäft vornimmt, bringt das für den Erklärungsempfänger erhebliche Unsicherheit mit sich, weil er nicht weiß, ob der Vertreter mit Vertretungsmacht gehandelt hat und die Willenserklärung des Vertreters deshalb für und gegen den Vertretenen wirkt. Da er an dem einseitigen Rechtsgeschäft nicht mitwirkt, kann er sich – anders als bei einem Vertragsschluss – dieser Unsicherheit **nicht entziehen**. Wiederum entspricht die Problematik derjenigen im Minderjährigenrecht, und wiederum löst sie das Gesetz auf die gleiche Weise (siehe § 16 Rn. 47): Erstens kann der Dritte gemäß § 174 BGB das einseitige Rechtsgeschäft zurückweisen, selbst wenn die behauptete Vollmacht wirklich besteht (siehe § 24 Rn. 19). Zweitens ist ein einseitiges Rechtsgeschäft, das ein **falsus procurator** vorgenommen hat, nach § 180 S. 1 BGB nichtig. Nach § 180 S. 2 BGB kommen allerdings in zwei Fällen, in denen der Dritte ähnlich wie bei einem Vertragsschluss das Risiko eines Schwebezustands auf sich genommen hat und deshalb nicht schutzwürdig ist, die Vorschriften über Verträge (§§ 177–179 BGB) zur Anwendung:

- Wenn der Vertreter behauptet, dass er Vertretungsmacht hat, genügt es, dass der Dritte die behauptete Vertretungsmacht nicht beanstandet. An die Behauptung der Vertretungsmacht sind keine hohen Anforderungen zu stellen. Sie liegt regelmäßig schon im Auftreten als Stellvertreter, ohne auf die fehlende Vertretungsmacht hinzuweisen oder insofern Zweifel zu äußern. Eine Beanstandung der Vertretungsmacht erfordert, dass der Dritte das Rechtsgeschäft wie bei § 174 S. 1 BGB zurückweist.
- Wenn der Vertreter aufdeckt, dass er keine Vertretungsmacht hat oder das Bestehen von Vertretungsmacht zweifelhaft ist, genügt die fehlende Beanstandung der Vertretungsmacht nicht. Die Vorschriften über Verträge kommen vielmehr nur dann zur Anwendung, wenn der Dritte damit einverstanden ist, dass der Vertreter ohne Vertretungsmacht handelt.

§ 180 S. 1 und 2 BGB ist aus den gleichen Gründen wie § 174 BGB in bestimmten Fällen analog auf die Annahme eines Vertragsantrags durch einen falsus procurator anzuwenden (siehe § 24 Rn. 19).

	Stellvertretung	Beschränkte Geschäftsfähigkeit
Einseitige Rechtsgeschäfte mit Vertretungsmacht/Einwilligung	§ 174 BGB	§ 111 S. 2, 3 BGB
Einseitige Rechtsgeschäfte ohne Vertretungsmacht/Einwilligung		
▪ Unwirksamkeit ▪ Anwendung der Regelungen über Verträge	§ 180 S. 1 BGB § 180 S. 2 BGB	§ 111 S. 1 BGB [§ 180 S. 2 BGB analog]

2. Passive Stellvertretung

6 Nimmt der Dritte gegenüber einem falsus procurator ein einseitiges Rechtsgeschäft vor, so ist es nach § 180 S. 1 BGB prinzipiell nichtig. Die Nichtigkeit soll hier nicht den Dritten schützen, sondern den Vertreter ohne Vertretungsmacht, der nicht in eine ihm unerwünschte Vertreterrolle hineingedrängt werden darf. Deshalb kommen nach § 180 S. 3 BGB die Vorschriften über Verträge zur Anwendung, wenn der falsus procurator dieses Schutzes nicht bedarf, weil er mit der Vornahme des Rechtsgeschäfts ihm gegenüber einverstanden war. Dieses Einverständnis erfolgt durch eine Willenserklärung gegenüber demjenigen, der das Rechtsgeschäft gegenüber dem falsus procurator vornimmt, und setzt nicht voraus, dass der falsus procurator seinen Mangel an Vertretungsmacht kennt.[2] Es muss aber erteilt werden, bevor die Willenserklärung des Dritten gegenüber dem falsus procurator wirksam wird, da sonst das einseitige Rechtsgeschäft nichtig ist.

Zum Schutz des falsus procurator müssen § 180 S. 1 und 3 BGB entsprechend angewendet werden, wenn ihm gegenüber ein **Antrag zum Vertragsschluss angenommen** wird, es sei denn, er hat den Antrag selbst abgegeben. Denn auch in diesem Fall könnte er gegen seinen Willen in eine Vertreterrolle gedrängt werden.

IV. Die Haftung des falsus procurator nach § 179 BGB

6a § 179 BGB unterwirft den falsus procurator zum Schutz des Dritten einer besonderen Haftung. Sie setzt voraus, dass der falsus procurator einen Vertrag geschlossen hat, dass der Vertretene die Genehmigung verweigert hat und dass keiner der Ausschlussgründe des § 179 Abs. 3 BGB eingreift. Die Haftung setzt kein Verschulden des falsus procurator voraus, doch ihr Inhalt hängt davon ab, ob er wusste, dass er keine Vertretungsmacht hatte.

1. Abschluss eines Vertrags ohne Vertretungsmacht

7 § 179 BGB setzt voraus, dass der Vertreter ohne Vertretungsmacht einen Vertrag geschlossen hat. Ob die Norm auch anwendbar ist, wenn der Vertreter lediglich Vertretungsmacht kraft Rechtsscheins hatte, ist umstritten; siehe dazu § 24 Rn. 45. Das Ge-

---

[2] MüKoBGB/*Schubert*, § 180 Rn. 19 f.; Soergel/*Bayer*, § 180 Rn. 23.

setz stellt ausdrücklich klar, dass der Vertreter das Bestehen von Vertretungsmacht beweisen muss, um eine Haftung nach § 179 BGB zu vermeiden.[3]

Abgesehen von der fehlenden Vertretungsmacht muss der Vertrag **wirksam** sein. Der falsus procurator haftet also nicht, wenn der Vertrag z.B. an einem Formmangel leidet (§ 125 BGB) oder gegen ein gesetzliches Verbot (§ 134 BGB) oder die guten Sitten (§ 138 BGB) verstößt. Falls der falsus procurator seine Willenserklärung unter dem Einfluss eines Willensmangels gemäß §§ 119, 120, 123 BGB abgegeben hat, kann er **anfechten**, dadurch den Vertrag gemäß § 142 Abs. 1 BGB von Anfang an nichtig machen und sich so der Haftung aus § 179 BGB entziehen; bei einer Anfechtung nach §§ 119, 120 BGB haftet er allerdings aus § 122 BGB. Denn hätte der Vertreter hier Vertretungsmacht gehabt, hätte der Vertretene den Vertrag gemäß § 166 Abs. 1 BGB (siehe dazu § 26 Rn. 14 f.) anfechten können, und dann hätte sich der Dritte ebenfalls mit dem Schadensersatzanspruch aus § 122 BGB zufriedengeben müssen. Auch ein verbraucherschützendes Widerrufsrecht (siehe § 28 Rn. 18 ff.), das bei Bestehen von Vertretungsmacht dem Vertretenen zugestanden hätte, kann der Vertreter ausüben.

Bei **einseitigen Rechtsgeschäften** haftet der falsus procurator nur, wenn gemäß § 180 S. 2 oder 3 BGB die Vorschriften über Verträge zur Anwendung kommen. Wegen der analogen Anwendung von § 180 S. 1 und 3 BGB auf die **Annahme eines Antrags zum Vertragsschluss** gegenüber einem falsus procurator (siehe Rn. 6) haftet deshalb derjenige, der bei einem Vertragsschluss lediglich Passivvertreter ohne Vertretungsmacht ist, nur dann, wenn er analog § 180 S. 3 BGB mit der Annahme ihm gegenüber einverstanden ist. Jede weitergehende Haftung des bloß passiven falsus procurator würde diesen ungerechtfertigt belasten.

§ 179 BGB wird analog angewendet, wenn der Vertreter ein Rechtsgeschäft für einen **nicht existierenden Vertretenen** vornimmt. In diesem Fall kommt es auf die Verweigerung der Genehmigung nicht an – wer sollte sie auch verweigern?[4]

2. Verweigerung der Genehmigung

Der Anspruch aus § 179 BGB entsteht erst, wenn ein **Wirksamwerden des Vertrags** durch eine Genehmigung ausgeschlossen ist. Der Dritte kann die Verweigerung der Genehmigung dadurch herbeiführen, dass er den Vertretenen nach § 177 Abs. 2 BGB zur Erklärung über die Genehmigung auffordert. Nach Ablauf der Frist des § 177 Abs. 2 S. 2 BGB gilt die Genehmigung als verweigert, und der Dritte kann sich gemäß § 179 BGB an den falsus procurator halten. **Widerruft** der Dritte während der Schwebezeit gemäß § 178 BGB, scheitert das Wirksamwerden des Vertrags nicht an der Verweigerung der Genehmigung, und der Vertreter unterliegt nicht der Haftung des § 179 BGB.

3. Kein Ausschluss der Haftung nach § 179 Abs. 3 BGB

Nach § 179 Abs. 3 S. 1 BGB haftet der falsus procurator nicht, wenn der Dritte den Mangel der Vertretungsmacht **kannte oder infolge von Fahrlässigkeit** – also des Außerachtlassens der verkehrserforderlichen Sorgfalt (§ 276 Abs. 2 BGB) – **nicht kannte** (§ 122 Abs. 2 BGB). Den Dritten trifft prinzipiell keine **Nachforschungs- und Erkundi-**

---

[3] Wenn allerdings der Vertreter beweist, dass er einmal Vertretungsmacht hatte, muss der Vertragspartner beweisen, dass diese Vertretungsmacht vor Vornahme des Vertretergeschäfts erloschen ist (Erman/*Finkenauer*, § 179 Rn. 29; Grüneberg/*Ellenberger*, § 179 Rn. 10; MüKoBGB/*Schubert*, § 179 Rn. 64).
[4] Flume, § 47 3a, S. 803.

gungspflicht. Er muss sich lediglich vergewissern, wenn tatsächliche Anhaltspunkte Zweifel an der Vertretungsmacht begründen. Maßgeblicher **Zeitpunkt** für Kennen und Kennenmüssen ist derjenige der Vornahme des Vertretergeschäfts. Gibt der falsus procurator also eine Willenserklärung ab (aktive Vertretung ohne Vertretungsmacht), kommt es auf den Zugang dieser Willenserklärung an. Nimmt der falsus procurator eine Willenserklärung in Empfang (passive Vertretung ohne Vertretungsmacht), kommt es auf den Zeitpunkt an, zu dem der Dritte diese Willenserklärung abgibt. Ein späteres Wissen(müssen) ist nur nach § 254 BGB hinsichtlich der Schadensersatzhöhe relevant.[5] Der Haftungsausschluss kommt selbst dann zum Tragen, wenn der Vertreter wusste, dass er keine Vertretungsmacht hatte.

§ 179 Abs. 3 S. 2 BGB schließt die Haftung bei **beschränkter Geschäftsfähigkeit** des falsus procurator aus, sofern dieser nicht mit Zustimmung (§§ 182–184 BGB) seines gesetzlichen Vertreters gehandelt hat. Die Zustimmung des gesetzlichen Vertreters muss sich nach h.M. nur darauf beziehen, dass der beschränkt Geschäftsfähige als Vertreter handelt, dagegen nicht darauf, dass er dies ohne Vertretungsmacht tut.[6]

4. Haftungsinhalt

10 Der Haftungsinhalt hängt davon ab, ob der falsus procurator bei Vornahme des Rechtsgeschäfts den Mangel der Vertretungsmacht gekannt hat (§ 179 Abs. 1 BGB) oder nicht (§ 179 Abs. 2 BGB). Dabei wird die Kenntnis vermutet; will der falsus procurator nur nach § 179 Abs. 2 BGB haften, hat er zu beweisen, dass er den Mangel der Vertretungsmacht nicht kannte.

a) Kenntnis vom Mangel der Vertretungsmacht (§ 179 Abs. 1 BGB)

10a Nur im Fall der Kenntnis – wie ein Gegenschluss aus § 179 Abs. 2 BGB ergibt – kann der falsus procurator gemäß § 179 Abs. 1 BGB auf Erfüllung oder Schadensersatz in Anspruch genommen werden. Umstritten ist, ob es sich dabei um ein Wahlschuldverhältnis i.S.v. §§ 263–265 BGB[7] oder um eine elektive Konkurrenz[8] handelt; bei der Wahlschuld wäre der Dritte nach § 263 Abs. 2 BGB an seine Wahl gebunden[9]. Bei Verfügungsgeschäften kommt die Haftung auf Erfüllung von vornherein nicht in Betracht, weil Verfügungsgeschäfte keine Ansprüche begründen.

Wählt der Dritte **Erfüllung**, wird der falsus procurator dadurch nicht zum Vertragspartner. Durch das Erfüllungsverlangen des Dritten erwirbt der falsus procurator nicht seinerseits vertragliche Erfüllungsansprüche, da § 179 Abs. 1 Alt. 1 BGB nur einen Erfüllungsanspruch *gegen* ihn statuiert (str.).[10] Andererseits schuldet er nicht mehr, als

---

[5] MüKoBGB/*Schubert*, § 179 Rn. 60; Staudinger/*Schilken*, § 179 Rn. 19.
[6] *Boss*, Jura 2022, 10, 14 f.; Grüneberg/*Ellenberger*, § 179 Rn. 4; MüKoBGB/*Schubert*, § 179 Rn. 62; Soergel/*Bayer*, § 179 Rn. 33; Staudinger/*Schilken*, § 179 Rn. 19a. **A.A.** *van Venrooy*, AcP 181 (1981), 220, 227 ff.
[7] BeckOGK-BGB/*Ulrici* (1.11.2023), § 179 Rn. 101; BeckOGK-BGB/*Krafka* (1.4.2024), § 262 Rn. 15; BeckOK-BGB/*Schäfer* (1.5.2024), § 179 Rn. 19; *Bork*, Rn. 1630; *Flume*, § 47 3b, S. 805 f.; MüKoBGB/*Schubert*, § 179 Rn. 37; *Neuner*, § 51 Rn. 28; NK-BGB/*Ackermann*, § 179 Rn. 19; Soergel/*Forster*, 13. Aufl. (2014), § 262 Rn. 24; Staudinger/*Schilken*, § 179 Rn. 13.
[8] BeckOK-BGB/*Lorenz* (1.5.2024), § 262 Rn. 5; Erman/*Finkenauer*, § 179 Rn. 8; Grüneberg/*Ellenberger*, § 179 Rn. 5; *Hilger*, NJW 1986, 2237 f.; MüKoBGB/*Krüger*, 9. Aufl. (2022), § 262 Rn. 12; Prütting/Schirrmacher, Jura 2016, 1156, 1164; Staudinger/*Bittner/Kolbe* (2019), § 262 Rn. 10.
[9] Siehe zur Unterscheidung von Wahlschuld und elektiver Konkurrenz *Coester-Waltjen*, Jura 2011, 100, 102.
[10] BeckOK-BGB/*Schäfer* (1.5.2024), § 179 Rn. 22; *Bork*, Rn. 1627; *Flume*, § 47 3b, S. 806 f.; *Neuner*, § 51 Rn. 25; NK-BGB/*Ackermann*, § 179 Rn. 16; Staudinger/*Schilken*, § 179 Rn. 15. **A.A.** BeckOGK-BGB/*Ulrici* (1.11.2023), § 179 Rn. 118; Erman/*Finkenauer*, § 179 Rn. 10; Grüneberg/*Ellenberger*, § 179 Rn. 5.

bei Wirksamkeit des Vertrags der Vertretene geschuldet hätte. Deswegen braucht er seine Leistung nach § 320 Abs. 1 S. 1 BGB nur Zug um Zug gegen die Leistung des Dritten zu erbringen, falls bei Wirksamkeit des Vertrags dem Vertretenen ein entsprechendes Zurückbehaltungsrecht zugestanden hätte. Erst, wenn der falsus procurator an den Dritten geleistet hat, erwirbt er gegen ihn einen Anspruch auf die Gegenleistung. Ist diese mangelhaft, kann der falsus procurator auch Gewährleistungsrechte geltend machen, da der Dritte bei Wirksamkeit des Vertrags dem Vertretenen Gewähr hätte leisten müssen.

▶ **Fall:** S schließt im Namen der V mit D einen Vertrag, nach dem D der V einen Gebrauchtwagen für 13.000 € verkauft; S weiß dabei, dass er keine Vertretungsmacht hat. V soll den Gebrauchtwagen bei D abholen und dabei bar zahlen. V verweigert die Genehmigung des Vertrags.

Verlangt D von S nach §§ 433 Abs. 2, 179 Abs. 1 Alt. 1 BGB Kaufpreiszahlung, führt dieses Erfüllungsverlangen nicht dazu, dass S gegen D einen Anspruch aus § 433 Abs. 1 S. 1 BGB auf Übergabe und Übereignung des Gebrauchtwagens erwirbt. S kann vielmehr nur nach § 320 Abs. 1 S. 1 BGB die Zahlung verweigern, sofern ihm D nicht Zug um Zug gegen die Zahlung den Gebrauchtwagen übergibt und übereignet. Hat S gezahlt, ohne den Gebrauchtwagen zu erhalten, kann er nach § 433 Abs. 1 S. 1 BGB von D Übergabe und Übereignung verlangen. Nachdem er gezahlt hat, kann S auch Gewährleistungsrechte wegen Mängeln des Gebrauchtwagens geltend machen. ◀

Der **Schadensersatzanspruch** aus § 179 Abs. 1 Alt. 2 BGB ist – wie ein Gegenschluss aus § 179 Abs. 2 BGB ergibt – auf das **positive Interesse** gerichtet. Der Dritte ist also vermögensmäßig so zu stellen, wie er stünde, wenn der falsus procurator Vertretungsmacht gehabt hätte (siehe § 21 Rn. 14).

Da § 179 BGB den Dritten nicht besserstellen soll, als wenn der Vertreter Vertretungsmacht gehabt hätte, ist die Haftung des Vertreters nach h.M. ausgeschlossen, wenn der **Vertretene vermögenslos** ist und der Dritte deshalb gegen ihn die Ansprüche aus dem Vertrag nicht hätte durchsetzen können.[11]

b) Keine Kenntnis vom Mangel der Vertretungsmacht (§ 179 Abs. 2 BGB)

Falls der Vertreter den Mangel der Vertretungsmacht nicht gekannt hat, haftet er nach § 179 Abs. 2 BGB nur auf das **negative Interesse**, das der Höhe nach durch das positive begrenzt wird. Der Haftungsumfang entspricht damit demjenigen nach § 122 BGB; siehe § 21 Rn. 14. Die Haftung ist unabhängig davon, ob den Vertreter ein **Verschulden** trifft. Sie deckt damit alle Grade der Vorwerfbarkeit vom schuldlosen Handeln bis zur groben Fahrlässigkeit ab.

11

---

11 BeckOK-BGB/*Schäfer* (1.5.2024), § 179 Rn. 15; Erman/*Finkenauer*, § 179 Rn. 11; Grüneberg/*Ellenberger*, § 179 Rn. 2; MüKoBGB/*Schubert*, § 179 Rn. 43; Staudinger/*Schilken*, § 179 Rn. 15. **A.A.** BeckOGK-BGB/*Ulrici* (1.11.2023), § 179 Rn. 123; *Hilger*, NJW 1986, 2237, 2238 f.; *Neuner*, § 51 Rn. 32.

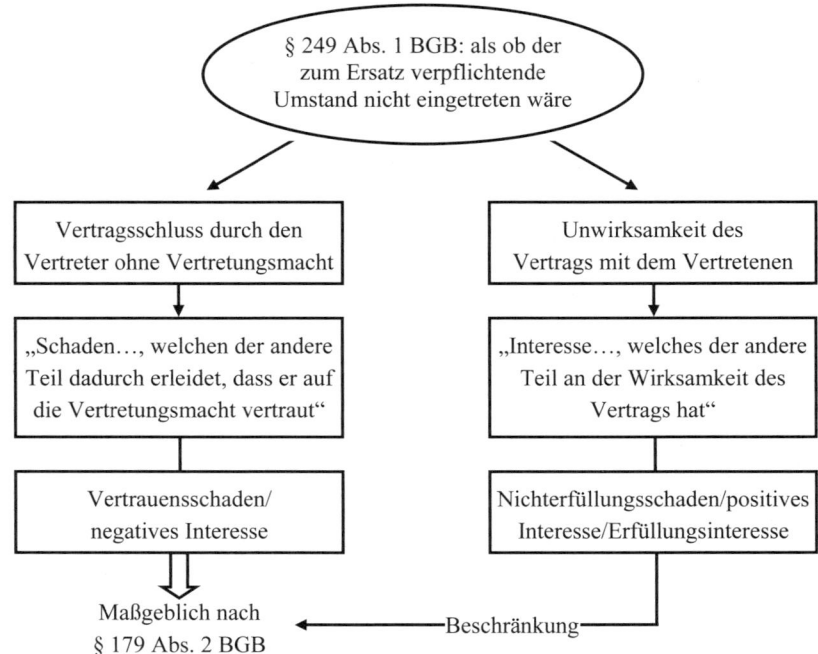

▶ **Weiterführende Hinweise:**

1. Umstritten ist, ob der **falsus procurator** außer aus § 179 BGB aus §§ 280 Abs. 1, 241 Abs. 2, 311 Abs. 3 BGB (**culpa in contrahendo**) haften kann. Relevant wird diese Frage insbesondere, wenn die Haftung aus § 179 BGB nach § 179 Abs. 3 S. 1 BGB ausgeschlossen ist, weil der Dritte den Mangel der Vertretungsmacht kannte oder kennen musste. Ein Anspruch aus culpa in contrahendo wäre in diesem Fall nur nach § 254 BGB zu mindern.
Teilweise wird argumentiert, § 179 BGB regle die Haftung des vollmachtlosen Vertreters dafür, dass er ohne Vertretungsmacht kontrahiert, abschließend.[12] Nach der Gegenansicht schließt die verschuldensunabhängige Haftung aus § 179 BGB die Verschuldenshaftung für culpa in contrahendo nicht aus.[13] Auf jeden Fall setzt die Eigenhaftung des Vertreters aus culpa in contrahendo voraus, dass die besonderen Voraussetzungen von § 311 Abs. 3 BGB vorliegen.[14]

2. Zweifelhaft ist ferner, ob der **Vertretene** nach §§ 280 Abs. 1, 241 Abs. 2, 311 Abs. 2 BGB (**culpa in contrahendo**) haften kann, weil der Vertreter seine Vertretungsmacht überschreitet. Eine derartige Haftung setzt zunächst das Bestehen eines vorvertraglichen Schuldverhältnisses zwischen dem Vertretenen und dem Dritten voraus. Dieses kann nicht durch einen falsus procurator begründet werden. Eine Haftung des Vertretenen aus culpa in contrahendo kommt daher nur in Betracht, wenn entweder er selbst durch Aufnahme der Vertragsverhandlungen ein derartiges Schuldverhältnis begründet hat

---

12 *Bork*, Rn. 1636; Erman/*Finkenauer*, § 179 Rn. 25; MüKoBGB/*Schubert*, § 177 Rn. 62.
13 BeckOGK-BGB/*Ulrici* (1.11.2023), § 179 Rn. 149; BeckOK-BGB/*Schäfer* (1.5.2024), § 179 Rn. 31; *Prölss*, JuS 1986, 169, 172 f.; Soergel/*Bayer*, § 164 Rn. 239; Staudinger/*Schilken*, § 179 Rn. 20.
14 **A.A.** nur *Prölss*, JuS 1986, 169, 173.

oder der falsus procurator zumindest Vertretungsmacht zur Aufnahme von Vertragsverhandlungen, die eine geschäftsähnliche Handlung (§ 2 Rn. 16) darstellt, hatte.[15]

Als **haftungsbegründende Pflichtverletzung** kommt in Betracht, dass der Vertretene die Vollmacht so unklar gefasst hat, dass der Vertreter ihren Umfang missverstanden hat, oder dass er den Vertreter schlecht ausgewählt oder überwacht hat.[16] Nach h.M. muss der Vertretene darüber hinaus gemäß § 278 S. 1 Alt. 2 BGB für das Verhalten des von ihm eingesetzten Verhandlungsgehilfen einstehen, also dafür, dass dieser seine Vertretungsmacht überschreitet. Denn es gehe hier um eine von Vertretungsfragen prinzipiell unabhängige, nur auf das negative Interesse gerichtete Verschuldenshaftung.[17] ◄

Wiederholungs- und Vertiefungsfragen

1. S sieht im Schaufenster des Antiquitätenladens der D eine Vase, von der er meint, sie werde seinem Freund V gefallen. Er geht deshalb in das Geschäft und kauft die Vase im Namen des V, wobei er darauf hinweist, V wisse von nichts, werde aber sicher einverstanden sein und die Vase abholen und bezahlen. Nach einer Woche hat D immer noch nichts von V gehört. Was kann sie tun?
2. V hat dem S eine Vollmachtsurkunde ausgehändigt, nach der S bevollmächtigt ist, für V einen Gebrauchtwagen zu kaufen. Einige Tage später widerruft V gegenüber S die Vollmacht. Trotzdem kauft S unter Vorlage der Urkunde von D einen Gebrauchtwagen im Namen der V, weil er annimmt, V werde mit diesem besonders günstigen Kauf sicher einverstanden sein. Doch V verweigert die Abnahme und Bezahlung. Kann D von S die Zahlung des Kaufpreises verlangen?
3. Warum trifft § 179 Abs. 3 S. 2 BGB keine Regelung in Bezug auf Geschäftsunfähige?

---

15 BGHZ 6, 330, 334; Grüneberg/*Grüneberg*, § 311 Rn. 22; *Prölss*, JuS 1986, 169, 173 Fn. 42; Soergel/*Bayer*, § 164 Rn. 237.
16 Grüneberg/*Ellenberger*, § 179 Rn. 9; MüKoBGB/*Schubert*, § 177 Rn. 64; Staudinger/*Schilken*, § 177 Rn. 23.
17 BGHZ 92, 164, 175; BeckOGK-BGB/*Ulrici* (1.11.2023), § 177 Rn. 123; *Bork* Rn. 1618; *Canaris*, JuS 1980, 332, 334 f. (außer, soweit negatives Interesse weitgehend mit positivem deckungsgleich, z.B. bei der Bürgschaft oder beim Darlehen in Bezug auf die Darlehenssumme); Grüneberg/*Grüneberg*, § 311 Rn. 28; MüKoBGB/ *Schubert*, § 177 Rn. 64; Soergel/*Bayer*, § 164 Rn. 237; Staudinger/*Schilken*, § 177 Rn. 24. **A.A.** *Prölss*, JuS 1986, 169, 173 f.; *E. Peters*, in: Festschrift Reinhardt (1972), S. 127, 131 ff. Soergel/*Pfeiffer*, 13. Aufl. (2014), § 278 Rn. 39.

§ 26 Einzelne Probleme des Stellvertretungsrechts

I. Untervertretung

1 Untervertretung liegt vor, wenn ein Vertreter selbst einen Vertreter bestellt. Dabei sind zwei Fälle denkbar: Bei der **unmittelbaren Untervertretung** bestellt der Hauptvertreter den zweiten Vertreter im Namen des Geschäftsherrn direkt für diesen. Der zweite Vertreter (der eigentlich kein *Unter*vertreter ist) steht dann neben dem Hauptvertreter und vertritt wie dieser unmittelbar den Geschäftsherrn. Bei der **mittelbaren Untervertretung** bestellt der Hauptvertreter dagegen den Untervertreter im eigenen Namen, also für sich selbst. Der Untervertreter handelt dann für den Hauptvertreter, und dieses Handeln wirkt wiederum gemäß § 164 Abs. 1 S. 1 BGB für den Geschäftsherrn. Der Untervertreter muss deshalb im Namen des Hauptvertreters handeln, und diese (über § 164 Abs. 1 S. 1 BGB zugerechnete) Erklärung des Hauptvertreters muss wiederum im Namen des Geschäftsherrn erfolgen.

Unmittelbare Untervertretung

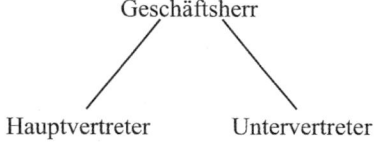

Mittelbare Untervertretung

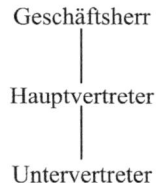

2 Bei der **unmittelbaren Untervertretung** ist die zentrale Frage, ob die **Vertretungsmacht des Hauptvertreters** die Bestellung von Untervertretern umfasst. Ein gesetzlicher Vertreter kann immer Untervertreter bestellen, sofern es das Gesetz nicht untersagt (z.B. § 1600a Abs. 2 S. 3, Abs. 3 BGB). Bei rechtsgeschäftlichen Vertretern entscheidet die Auslegung ihrer Vollmacht darüber, ob sie die Bestellung von Untervertretern umfasst und welche Vertretungsmacht diesen eingeräumt werden kann. Je weiter die Hauptvollmacht reicht (z.B. Generalvollmacht), umso eher ermöglicht sie die Bestellung von Untervertretern. Im Zweifel ist anzunehmen, dass die Bestellung von Untervertretern nicht abgedeckt ist. Bestellt der Hauptvertreter in diesem Fall dennoch einen Untervertreter, erwirbt dieser dadurch keine Vertretungsmacht (§ 180 S. 1 BGB). Nur in den Fällen des § 180 S. 2 BGB kann der Geschäftsherr die Untervollmacht genehmigen.

3 Die **Zulässigkeit der mittelbaren Untervertretung** ist umstritten. Die Rechtsprechung hält sie für zulässig[1], die herrschende Ansicht in der Literatur dagegen für unzulässig[2]. Gegen sie wird angeführt, dass der Hauptvertreter aus eigenem Recht nicht die Befugnis hat, eine Vollmacht zu erteilen, die letztlich gegen einen anderen – den Geschäftsherrn – wirkt.

4 Zentrales Problem bei beiden Arten von Untervollmachten ist die **Haftung**, wenn es entweder an der Haupt- oder an der Untervertretungsmacht fehlt. Bei **Unwirksamkeit**

---

[1] RGZ 108, 405, 407; BGHZ 32, 250, 253 f.; BGHZ 68, 391, 393.
[2] *Flume*, § 49 5, S. 837; Erman/*Finkenauer*, § 167 Rn. 63; Grüneberg/*Ellenberger*, § 167 Rn. 12; MüKoBGB/*Schubert*, § 167 Rn. 83; *Neuner*, § 50 Rn. 37 f.; Soergel/*Bayer*, § 167 Rn. 79; Staudinger/*Schilken*, § 167 Rn. 62.

der Untervollmacht ist die Situation klar: Der Untervertreter handelt ohne Vertretungsmacht und haftet nach § 179 BGB.

Den Fall, dass die Untervollmacht selbst keinen Mangel aufweist, es aber an der **Hauptvertretungsmacht** fehlt, hat der BGH in Bezug auf die mittelbare Untervertretung entschieden. Seiner Ansicht nach kommt es darauf an, ob der Untervertreter die **Untervertretung aufgedeckt** hat. Sei dies nicht der Fall, habe er also unmittelbar im Namen des Geschäftsherrn gehandelt, werde dem Dritten die Tatsache, dass es für das Zustandekommen des Geschäfts des Bestehens zweifacher Vertretungsmacht bedürfe, nicht bewusst. Der Untervertreter nehme für sich in Anspruch, für den Geschäftsherrn handeln zu können, obwohl es ihm an der nötigen Vertretungsmacht fehle. Er müsse daher nach § 179 BGB haften. Decke der Untervertreter dagegen die Untervertretung auf, sei dem Dritten bewusst, dass die Wirkungen der Willenserklärung des Untervertreters gleichsam durch den Hauptvertreter hindurchgehen müssten, um den Geschäftsherrn zu treffen. Der Untervertreter beanspruche für sich nur das Vertrauen, dass diese Wirkungen aufgrund einer wirksamen Untervollmacht den Hauptvertreter erreichten. Das Vertrauen darauf, dass sie von diesem weiter zum Geschäftsherrn „wanderten", nehme dagegen nicht der Untervertreter, sondern der Hauptvertreter in Anspruch. Für Mängel der Hauptvertretungsmacht hafte daher nicht der Untervertreter, sondern der Hauptvertreter gemäß § 179 BGB.³

▶ **Fall 1 (nach BGHZ 32, 250 ff.):** H bringt dem Uhrmacher U eine wertvolle Damenuhr und erklärt ihm, er sei von der Eigentümerin E beauftragt worden, die Uhr in ihrem Namen zu verkaufen. H beauftragt nun seinerseits den U mit dem Verkauf. U veräußert die Uhr an D, dem er den ganzen Sachverhalt berichtet. Nun erweist sich, dass H die Uhr der E gestohlen hat. D gibt die Uhr an E heraus und verlangt von U Schadensersatz.

U hat beim Verkauf als mittelbarer Untervertreter gehandelt und dies gegenüber D offengelegt. Er haftet daher nach Ansicht des BGH gemäß § 179 BGB nur für das Bestehen seiner Untervollmacht, nicht dagegen für das Bestehen der Hauptvollmacht. Da H dem U tatsächlich Untervollmacht erteilt hatte, haftet U nicht nach § 179 BGB. D kann gemäß § 179 BGB nur H in Anspruch nehmen. ◀

Die h.M. in der Literatur übernimmt diese Differenzierung für die unmittelbare Untervertretung. Auch insofern soll der Untervertreter für das Fehlen der Hauptvertretungsmacht nur dann nach § 179 BGB haften, wenn er die Untervertretung nicht aufgedeckt hat; sonst soll die Haftung den Hauptvertreter treffen.⁴

Mich überzeugt diese Differenzierung weder für die mittelbare noch für die unmittelbare Untervertretung. § 179 BGB unterwirft den Stellvertreter unabhängig davon, worauf der Mangel seiner Vertretungsmacht beruht, einer **Garantiehaftung**. Dass der Dritte bei Offenlegung der Untervertretung das Risiko des Fehlens der Hauptvertretungsmacht erkennen kann, ändert hieran nichts – der Dritte kann auch im Fall einer ganz normalen Vollmacht das Risiko sehen, dass der Vertretene bei ihrer Erteilung geschäftsunfähig war, und trotzdem muss der Vertreter nach § 179 BGB haften, weil das Gesetz auf dem Standpunkt steht, dass der Vertreter Mängel seiner Vertretungsmacht

---

3 BGHZ 68, 391 ff.
4 BeckOGK-BGB/*Ulrici* (1.11.2023), § 179 Rn. 97 (nur für mittelbare Untervertretung); BeckOK-BGB/*Schäfer* (1.5.2024), § 179 Rn. 34; *Flume*, § 49 5, S. 838; Grüneberg/*Ellenberger*, § 167 Rn. 12, § 179 Rn. 3; *Neuner*, § 51 Rn. 35 f.; Staudinger/*Schilken*, § 167 Rn. 73. Erman/*Finkenauer*, § 167 Rn. 65 und Soergel/*Bayer*, § 167 Rn. 81 ff. bejahen eine Haftung des Untervertreters auch, wenn der Untervertreter den Mangel der Hauptvollmacht kennt oder kennen muss.

eher erkennen kann als der Dritte. Das gilt auch für Mängel einer Untervollmacht, die auf dem Fehlen der Hauptvertretungsmacht beruhen. Nach § 179 Abs. 3 S. 1 BGB wird der Vertreter nur entlastet, wenn der Dritte den Mangel der Vertretungsmacht kannte oder kennen musste. Will der Untervertreter das Risiko des Bestands der Hauptvertretungsmacht nicht tragen, muss er seine Haftung insofern ausschließen; die bloße Offenlegung der Untervertretung genügt hierfür nicht.

Damit ist anzunehmen, dass der Untervertreter, dessen mangelnde Vertretungsmacht auf dem Fehlen der Hauptvertretungsmacht beruht, auch bei offengelegter Untervertretung dem Dritten nach § 179 BGB haftet.[5] Der Untervertreter kann seinerseits nach §§ 179, 180 S. 2 BGB Regress beim Hauptvertreter nehmen. Fraglich ist, ob sich der Dritte daneben analog § 179 BGB **direkt an den Hauptvertreter** halten kann.[6] Meiner Ansicht nach besteht für eine solche, vom Gesetzeswortlaut nicht gedeckte Konstruktion kein Anlass. Dass der Dritte das Risiko der Insolvenz des Untervertreters trägt, ist hinzunehmen. Schließlich muss er es bei jedem anderen Mangel von dessen Vertretungsmacht auch tragen.

II. Gesamtvertretung

5   Von Gesamtvertretung spricht man, wenn mehrere Personen dergestalt Vertretungsmacht haben, dass sie nur **gemeinsam** handeln können. Ein solches Vier-Augen-Prinzip (bei mehr als zwei Gesamtvertretern sind es noch mehr „Augen") dient dem Schutz des Vertretenen vor vorsätzlichem oder fahrlässigem Missbrauch der eingeräumten Vertretungsmacht.

Gesamtvertretungsmacht kann auf Gesetz oder auf Rechtsgeschäft beruhen. Der wichtigste Anwendungsfall **gesetzlicher Gesamtvertretungsmacht** ist die Vertretung eines Kindes durch seine beiden Eltern nach § 1629 Abs. 1 S. 2 Hs. 1 BGB (siehe dazu § 16 Rn. 8). Weitere Anwendungsfälle finden sich u.a. im Gesellschaftsrecht (z.B. § 35 Abs. 2 S. 1 GmbHG, § 78 Abs. 2 S. 1 AktG). Bei der Erteilung **rechtsgeschäftlicher Vertretungsmacht** an mehrere Personen ist durch Auslegung nach dem objektiven Empfängerhorizont (§§ 133, 157 BGB) zu ermitteln, ob Einzel- oder Gesamtvertretungsmacht erteilt wird. Ein Beispiel rechtsgeschäftlich angeordneter Gesamtvertretung ist die Gesamtprokura (§ 48 Abs. 2 HGB).

6   Die Gesamtvertretung wirkt sich nur bei der aktiven Stellvertretung aus. **Passiv vertretungsberechtigt** ist jeder Gesamtvertreter allein. Denn zum einen ist die Missbrauchsgefahr bei der passiven Stellvertretung weit geringer als bei der aktiven. Zum anderen würde für Dritte sonst die Abgabe von Willenserklärungen, die gegenüber dem Vertretenen wirken sollen, erheblich erschwert, insbesondere wenn der Vertretene keine natürliche Person oder nicht voll geschäftsfähig ist und deshalb eine Abgabe ihm selbst gegenüber ausscheidet. Der Grundsatz, dass der Zugang einer Willenserklärung an einen von mehreren Gesamtvertretern genügt, findet sich etwa in §§ 26 Abs. 2 S. 2, 1629 Abs. 1 S. 2 Hs. 2 BGB, § 124 Abs. 6 HGB, § 35 Abs. 2 S. 2 GmbHG und § 78 Abs. 2 S. 2 AktG. Diese Vorschriften sind auf andere Fälle der Gesamtvertretung wie etwa die Gesamtprokura (§ 48 Abs. 2 HGB) analog anzuwenden.

---

5   BeckOGK-BGB/*Ulrici* (1.11.2023), § 179 Rn. 97 (nur für unmittelbare Untervertretung); Erman/*Palm*, 12. Aufl. (2008), § 167 Rn. 44; MüKoBGB/*Schubert*, § 167 Rn. 92; Soergel/*Leptien*, 13. Aufl. (1999), § 167 Rn. 62.
6   So Soergel/*Leptien*, 13. Aufl. (1999), § 167 Rn. 62.

§ 26 Einzelne Probleme des Stellvertretungsrechts　　　　　　　　　　　　§ 26

Im Hinblick auf die aktive Stellvertretung bedeutet Gesamtvertretung, dass **gleichgerichtete Willenserklärungen** sämtlicher Gesamtvertreter vorliegen müssen, um gemäß § 164 Abs. 1 S. 1 BGB Rechtsfolgen für und gegen den Vertretenen herbeizuführen. Diese Willenserklärungen müssen weder gemeinsam noch gleichzeitig abgegeben werden, aber die Wirkung des § 164 Abs. 1 S. 1 BGB tritt erst mit Wirksamwerden der letzten von ihnen ein.

Der Zwang, dass nach außen alle Gesamtvertreter handeln müssen, kann die Vornahme von Rechtsgeschäften erheblich erschweren. Es besteht deshalb ein großes praktisches Bedürfnis danach, dass ein Gesamtvertreter aufgrund einer internen Abstimmung mit den anderen nach außen allein handeln kann. Das geschieht dadurch, dass der eine Gesamtvertreter den anderen **ermächtigt**, das betreffende Geschäft allein vorzunehmen. Folge dieser Ermächtigung ist, dass die Gesamtvertretungsmacht im Umfang der Ermächtigung zur Alleinvertretungsmacht erweitert wird. Der ermächtigte Gesamtvertreter muss also nach außen nicht (auch) im Namen des anderen Gesamtvertreters handeln; es genügt vielmehr, dass er im Namen des Vertretenen auftritt. Die Ermächtigung kann nicht nur im Voraus, sondern auch im Nachhinein erteilt werden. Hat also ein Gesamtvertreter nach außen allein gehandelt, kann der andere Gesamtvertreter das nachträglich genehmigen. §§ 182–184 BGB sind auf die Ermächtigung entsprechend anwendbar, so dass die Genehmigung (ebenso wie die Ermächtigung im Voraus) auch bei formbedürftigen Geschäften formlos erfolgen kann (§ 182 Abs. 2 BGB) und nicht nur gegenüber dem Vertragspartner, sondern auch gegenüber dem anderen Gesamtvertreter erteilt werden kann (§ 182 Abs. 1 BGB). Eine solche Ermächtigung sieht das Gesetz etwa in § 124 Abs. 2 S. 2 HGB und in § 78 Abs. 4 AktG vor. Sie ist darüber hinaus in allen Fällen der Gesamtvertretung möglich.

▶ **Fall 2:** A und B sind Gesamtvertreter der V. Sie wollen – was ihre Vertretungsmacht umfasst – von D für V einen Lkw kaufen und kommen überein, dass B die Verhandlungen allein führen und den Vertrag allein schließen soll. Deshalb ermächtigt A den B, den Kaufvertrag über den Lkw allein zu schließen. Wenn B den Lkw im Namen der V kauft, ist dieser Kaufvertrag von Anfang an wirksam. Schließt B den Kaufvertrag im Namen der V, ohne dass ihn A vorher dazu ermächtigt hat, ist der Kaufvertrag mangels Alleinvertretungsmacht des B schwebend unwirksam. Er wird wirksam, wenn ihn entweder V oder A gemäß §§ 177 Abs. 1, 184 Abs. 1 BGB genehmigt. ◀

Die Ermächtigung des einen Gesamtvertreters durch den anderen darf nicht dazu führen, dass aus der Gesamtvertretungsmacht faktisch eine Einzelvertretungsmacht wird; denn sonst würde der mit der Gesamtvertretung verfolgte Zweck verfehlt. Die Ermächtigung kann sich daher **nur auf einzelne Rechtsgeschäfte** oder einen abgegrenzten Kreis von Rechtsgeschäften beziehen.

III. Die Anfechtung der Vollmacht

Die Erteilung einer Vollmacht ist ein Rechtsgeschäft und unterliegt damit wie jedes Rechtsgeschäft prinzipiell der Anfechtung. Solange der Vertreter von der Vollmacht noch keinen Gebrauch gemacht hat, kann sie allerdings einfacher durch einen **Widerruf** (§ 168 S. 2 und 3 BGB) beseitigt werden. In diesem Stadium ist die Anfechtung daher nur bei unwiderruflichen Vollmachten praktisch relevant.

Hat der Vertreter von der Vollmacht Gebrauch gemacht, kommt der Anfechtung dagegen große Bedeutung zu, weil sie es dem Vertretenen ermöglicht, sich **von dem vom**

269

Vertreter geschlossenen Geschäft zu lösen: Die Anfechtung lässt nach § 142 Abs. 1 BGB die Vollmacht rückwirkend entfallen, so dass der Vertreter bei Vornahme des Rechtsgeschäfts ohne Vertretungsmacht gehandelt hat. Ein vom Vertreter geschlossener Vertrag ist daher nach § 177 Abs. 1 BGB schwebend unwirksam, und der Vertretene kann ihn durch Verweigerung der Genehmigung unwirksam machen. Ein vom Vertreter vorgenommenes einseitiges Rechtsgeschäft wird durch die Anfechtung der Vollmacht entweder nach § 180 S. 1 BGB unwirksam oder nach §§ 177 Abs. 1, 180 S. 2 BGB schwebend unwirksam. Einseitige Rechtsgeschäfte, die gegenüber einem Passivvertreter vorgenommen wurden, werden durch den Wegfall der Vollmacht nach § 180 S. 1 BGB unwirksam oder nach §§ 177 Abs. 1, 180 S. 2 und 3 BGB schwebend unwirksam.

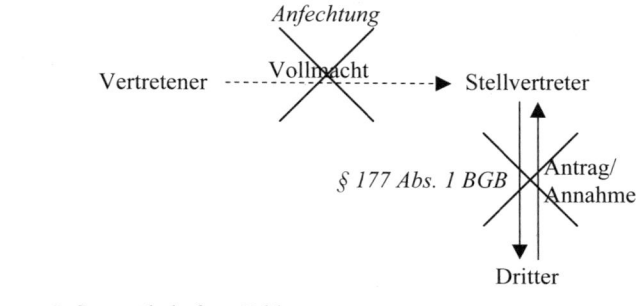

9 Eine Mindermeinung in der Literatur hält es gegenüber dem Dritten für unbillig, dass der Vertretene wegen Willensmängeln bei der Bevollmächtigung das Vertretergeschäft vernichten kann, und **schließt** deshalb **die Anfechtung einer betätigten Vollmacht aus**. Denn sonst stünde der Vertretene durch die Einschaltung des Vertreters besser, als wenn er das Geschäft selbst vorgenommen hätte: Wegen Willensmängeln des Vertreters könne er nach §§ 119 ff. BGB i.V.m. § 166 Abs. 1 BGB anfechten (siehe dazu Rn. 14 f.), wegen eigener Willensmängel bei der Bevollmächtigung unmittelbar nach §§ 119 ff. BGB. Außerdem sei es nicht einzusehen, dass sich der Vertretene an einer Anscheinsvollmacht ohne Anfechtungsmöglichkeit festhalten lassen müsse, eine tatsächlich erteilte Vollmacht dagegen durch Anfechtung beseitigen können solle.[7] Der Vertretene werde dadurch ausreichend vor den Folgen seiner Willensmängel geschützt, dass er analog § 166 Abs. 2 BGB das Vertretergeschäft anfechten könne (siehe Rn. 20 f.).

Die Argumente der Mindermeinung überzeugen nicht. Ein Ausschluss der Anfechtbarkeit betätigter Vollmachten mithilfe einer teleologischen Reduktion der Anfechtungsvorschriften ist deshalb nicht angebracht.[8] Zusätzliche Anfechtungsmöglichkeiten entstehen für den Vertretenen durch die Anfechtbarkeit der Vollmacht nicht. Nach § 166

---

7 *Brox/Walker*, § 25 Rn. 40; Erman/*Palm*, 12. Aufl. (2008), § 167 Rn. 27; *Eujen/Frank*, JZ 1973, 232, 235 ff.; *Prölss*, JuS 1985, 577, 582 f.
8 *Bork*, Rn. 1474 ff.; Erman/*Finkenauer*, § 167 Rn. 46; *Forster*, AcP 222 (2022), 428, 436 ff.; *Flume*, § 52 5c, S. 870; Grüneberg/*Ellenberger*, § 167 Rn. 3; MüKoBGB/*Schubert*, § 167 Rn. 49; *Schwarze*, JZ 2004, 588 ff.; Soergel/ *Bayer*, § 167 Rn. 38; Staudinger/*Schilken*, § 167 Rn. 78. Grundsätzlich auch *Medicus/Petersen*, Rn. 945 und *Petersen*, AcP 201 (2001), 375, 380 ff. (soweit sich der Willensmangel im Vertretergeschäft konkret abbildet); *Neuner*, § 50 Rn. 25, 28 (außer bei Irrtum über verkehrswesentliche Eigenschaften des Vertreters).

Abs. 1 BGB kann er wegen Willensmängeln des Vertreters bei Vornahme des Vertretergeschäfts anfechten – so, wie er wegen eigener Willensmängel anfechten könnte, wenn er das Vertretergeschäft selbst vorgenommen hätte. Die Anfechtbarkeit der Vollmacht bezieht sich demgegenüber auf ganz andere Willensmängel, nämlich solche bei der Vollmachtserteilung. Bei eigenem Handeln des Vertretenen hätten derartige Willensmängel gar nicht auftreten können, und deshalb gleicht die Anfechtbarkeit der Vollmacht nur das erhöhte Risiko von Willensmängeln bei Einschaltung eines Vertreters aus. Auch der Wertungswiderspruch gegenüber der Anscheinsvollmacht, den die Mindermeinung behauptet, besteht nicht. Denn zum einen ist auch eine Vertretungsmacht kraft Rechtsscheins anfechtbar, wenn der Vertretene in Bezug auf den Inhalt des gesetzten Rechtsscheins einem Willensmangel unterlag (siehe § 24 Rn. 44). Und zum anderen kann nach Anfechtung der rechtsgeschäftlichen Vollmacht eine Vertretungsmacht kraft Rechtsscheins „übrigbleiben". In diesem Fall beeinträchtigt die Anfechtung die Wirksamkeit des Vertretergeschäfts nicht, sofern diese Vertretungsmacht kraft Rechtsscheins nicht auch anfechtbar ist.

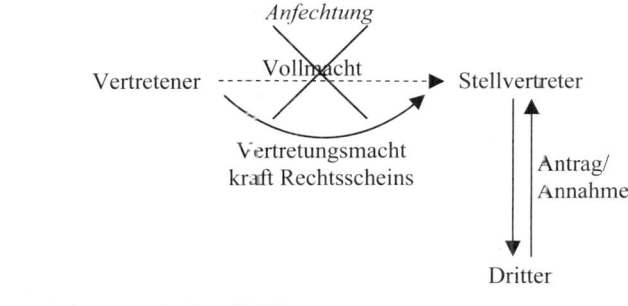

Der Dritte wird also von der Anfechtung nur dann tangiert, wenn er sich in Bezug auf das Bestehen der Vertretungsmacht allein auf die Aussagen des Vertreters oder auf einen seinerseits irrtumsbehafteten oder dem Vertretenen nicht zurechenbaren Rechtsschein verlassen hat. Dann ist er aber im Vergleich mit dem Vertretenen nur vermindert schutzwürdig und es ist ihm zuzumuten, sich mit einem Anspruch auf Ersatz des Vertrauensschadens aus § 122 BGB oder § 179 BGB (siehe Rn. 12) zu begnügen.

▶ **Fall 3:** V will der S Vollmacht erteilen, für ihn einen Gebrauchtwagen bis zum Preis von 10.000 € zu erwerben. Er verspricht sich dabei aber und sagt „15.000 €". Um die S nach außen zu legitimieren, stellt er ihr eine Vollmachtsurkunde aus, die keinen Hinweis auf das Preislimit enthält. S kauft im Namen des V unter Vorlage dieser Urkunde bei D ein Auto für 13.000 €.

Wenn V die Vollmacht nach § 119 Abs. 1 Alt. 2 BGB anficht, ist sie gemäß § 142 Abs. 1 BGB von Anfang an als nichtig anzusehen. Damit ist aber nicht gesagt, dass S ohne Vertretungsmacht gehandelt hat. Aufgrund der Vorlage der Vollmachtsurkunde hatte S vielmehr gemäß §§ 171 Abs. 1, 172 Abs. 1 BGB Vertretungsmacht kraft Rechtsscheins. Insofern kann V nicht anfechten, da in der Urkunde das Preislimit nicht genannt ist. Nur wenn D die Anfechtbarkeit der Vollmacht gekannt oder fahrlässig nicht gekannt (§ 122 Abs. 2 BGB) hätte, könnte er sich gemäß §§ 173, 142 Abs. 2 BGB nicht auf diese Vertretungsmacht berufen. In den anderen Fällen wird die Wirksamkeit des Kaufvertrags durch die Anfechtung der Vollmacht nicht tangiert. ◄

10 Da die Anfechtung die Vollmacht insgesamt nichtig macht, beeinträchtigt sie bei Fehlen einer Vertretungsmacht kraft Rechtsscheins auch solche Vertretergeschäfte, die von der eigentlich gewollten Vertretungsmacht umfasst sind. Die Anfechtung würde damit dem Vertretenen die Möglichkeit bieten, sich **aus anderen Gründen als seinem Willensmangel** vom Vertretergeschäft zu lösen. Das kann nicht sein, da das Anfechtungsrecht kein Reurecht ist (vgl. § 21 Rn. 12). Der rechtstechnische Weg zur Aufrechterhaltung des Vertretergeschäfts hängt davon ab, ob der Vertreter bis zur Anfechtung lediglich solche Rechtsgeschäfte vorgenommen hat, die auch von einer dem wahren Willen entsprechenden Vollmacht gedeckt wären, oder auch andere Rechtsgeschäfte. Im ersten Fall ist schon die Anfechtung mangels **objektiver Erheblichkeit** des Willensmangels (§ 119 Abs. 1 BGB am Ende) ausgeschlossen (vgl. § 19 Rn. 6, 14). Im zweiten Fall kann der Vertretene zwar anfechten, sich aber gegenüber denjenigen Dritten, deren Geschäft auch von einer dem wahren Willen entsprechenden Vollmacht gedeckt wäre, **gemäß § 242 BGB** nicht auf den Wegfall der Vertretungsmacht berufen.

▶ **Fall 4:** V will der S Vollmacht zum Kauf von Kunstwerken bis zu einem Preis von 30.000 € pro Stück erteilen, verspricht sich jedoch und sagt „40.000 €". Bevor V seinen Irrtum entdeckt, hat S von D ein Kunstwerk für 25.000 € erworben.

Der Kaufvertrag mit D wäre auch von einer dem wahren Willen des V im Zeitpunkt der Bevollmächtigung entsprechenden Vollmacht gedeckt. Im Zeitpunkt der Anfechtung (siehe zu dessen Maßgeblichkeit § 19 Rn. 14a) erscheint der Willensmangel des V daher nicht objektiv erheblich, und V kann deshalb nicht nach § 119 Abs. 1 BGB anfechten. Für die Zukunft kann er die Vollmacht durch Widerruf beseitigen.

Hätte S außer dem Geschäft mit D noch ein weiteres mit E zu einem Preis von 35.000 € vorgenommen, läge dagegen objektive Erheblichkeit vor, weil dieses Geschäft nicht vom wahren Willen des V bei Erteilung der Vollmacht umfasst ist. V kann daher die Vollmacht[9] nach § 119 Abs. 1 Alt. 2 BGB anfechten, was beide Kaufverträge gemäß §§ 177 Abs. 1, 142 Abs. 1 BGB schwebend unwirksam macht. Da der Vertrag mit D aber auch von einer irrtumsfreien Vollmacht gedeckt gewesen wäre, kann sich V dem D gegenüber nach § 242 BGB nicht auf das Fehlen der Vertretungsmacht der S berufen. ◄

11 Umstritten ist, wem gegenüber eine schon betätigte Vollmacht anzufechten ist. Gemäß § 143 Abs. 3 S. 1 BGB ist bei der Außenvollmacht der Dritte **Anfechtungsgegner**, bei der Innenvollmacht der Vertreter.[10] Eine Mindermeinung verlangt bei der Innenvollmacht eine Anfechtung auch gegenüber dem Dritten, da dieser der von der Anfechtung eigentlich Betroffene sei.[11] Doch besteht kein Anlass, vom Gesetzeswortlaut abzuweichen. Bei der reinen Innenvollmacht, um die allein es geht, liegt kein besonderer Vertrauenstatbestand vor. Der Dritte erfährt von der Anfechtung zwangsläufig, wenn der

---

9 Eine teilweise Anfechtung der Vollmacht nur im Hinblick auf das Geschäft mit E scheidet aus, weil sich eine einheitliche Vollmacht nicht in Teilvollmachten hinsichtlich jedes einzelnen Vertretergeschäfts aufspalten lässt.
10 Grüneberg/*Ellenberger*, § 167 Rn. 3; MüKoBGB/*Schubert*, § 167 Rn. 50; *Petersen*, AcP 201 (2001), 375, 385 ff.; *Schwarze*, JZ 2004, 588, 595; Soergel/*Bayer*, § 167 Rn. 39; Staudinger/*Schilken*, § 167 Rn. 79. Dem Dritten kann bei der Innenvollmacht aber ein Schadensersatzanspruch gegen den Vertretenen aus §§ 280 Abs. 1, 241 Abs. 2 BGB zustehen, wenn der Vertretene ihn nicht unverzüglich über die Anfechtung informiert (siehe *Schwarze* und *Petersen* a.a.O.).
11 *Flume*, § 52 5c, S. 870; *Medicus/Petersen*, Rn. 945; *Neuner*, § 41 Rn. 20.

Vertretene die Erfüllung des Vertretergeschäfts verweigert oder Rückabwicklung verlangt. Im Übrigen liegt es im Interesse von Vertretenem und Vertreter, den Dritten möglichst schnell über die Anfechtung zu informieren, um ihre Schadensersatzpflichten (dazu Rn. 12) möglichst gering zu halten. Und schließlich lässt sich nur diese Ansicht problemlos durchführen, wenn der Vertreter von der Vollmacht schon gegenüber mehreren Dritten Gebrauch gemacht hat.

Der rückwirkende Wegfall der Vertretungsmacht aufgrund der Anfechtung (§ 142 Abs. 1 BGB) führt dazu, dass der Vertreter bei Verweigerung der Genehmigung dem Dritten nach § 179 Abs. 2 BGB dessen **negatives Interesse** (bis zur Höhe des positiven) ersetzen muss; kannte er die Anfechtbarkeit der Vollmacht, haftet er gemäß § 142 Abs. 2 BGB sogar nach § 179 Abs. 1 BGB. Einige Autoren halten dies für unbillig, wenn der Bevollmächtigte den Willensmangel weder kannte noch kennen musste.[12] Doch statuiert § 179 BGB gerade eine **Garantiehaftung**, weil der Vertreter Mängel der Vertretungsmacht typischerweise eher erkennen kann als der Dritte. Das gilt auch in Bezug auf die Anfechtbarkeit der Vollmacht.[13]

12

Bei der **Innenvollmacht** steht dem Vertreter als Empfänger der angefochtenen Erklärung ein Schadensersatzanspruch aus § 122 BGB gegen den Vertretenen zu, so dass er Regress nehmen kann. Fraglich ist, ob sich der Dritte auch gemäß § 122 BGB **direkt an den Vertretenen** halten kann. Nach dem Gesetzeswortlaut ist dies nicht der Fall, doch nach h.M. ist § 122 BGB analog anzuwenden[14]. Meiner Ansicht nach besteht kein Anlass, vom Gesetz abzuweichen. Der Dritte ist durch den Anspruch gegen den Vertreter nur dann nicht hinreichend geschützt, wenn dieser insolvent ist oder § 179 Abs. 3 S. 2 BGB eingreift. Dieses Risiko hat er aber auf sich genommen, indem er mit einem Vertreter kontrahiert hat, ohne dass die Voraussetzungen einer Vertretungsmacht kraft Rechtsscheins vorlagen.[15]

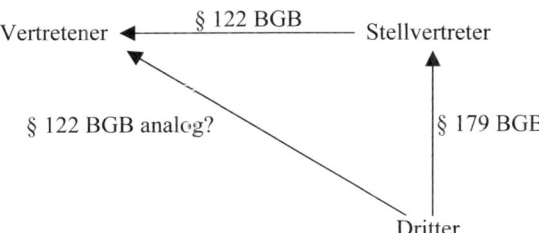

Bei der **Außenvollmacht** ist der Dritte Empfänger der angefochtenen Erklärung, so dass ihm ein Schadensersatzanspruch gegen den Vertretenen aus § 122 BGB zusteht. Hält er sich trotzdem nach § 179 BGB an den Vertreter, kann dieser Rückgriff gegen

---

12 *Flume*, § 52 5e, S. 872 ff.; *Neuner*, § 50 Rn 26; Soergel/*Bayer*, § 167 Rn. 40 f.
13 MüKoBGB/*Schubert*, § 167 Rn. 54 f.; Soergel/*Bayer*, § 179 Rn. 25; Staudinger/*Schilken*, § 167 Rn. 81; *Neuner*, § 51 Rn. 33, anders aber für den Fall der Anfechtung: § 50 Rn. 26. Siehe auch Protokolle I, S. 156 ff.
14 *Flume*, § 52 5c, S. 871; Grüneberg/*Ellenberger*, § 167 Rn. 3; MüKoBGB/*Schubert*, § 167 Rn. 55; *Neuner*, § 50 Rn. 26; *Petersen*, AcP 201 (2001), 375, 385; *Schwarze*, JZ 2004, 588, 594 f.; Soergel/*Bayer*, § 167 Rn. 40.
15 Ebenso *Bork*, Rn. 1479; *Canaris*, Die Vertrauenshaftung im deutschen Privatrecht (1971), S. 545 f.; *Forster*, AcP 222 (2022), 428, 438 ff. (aber eventuell Anspruch aus §§ 280 Abs. 1, 241 Abs. 2, 311 Abs. 2 BGB); Staudinger/*Schilken*, § 167 Rn. 82.

den Vertretenen nach den Regeln über die Gesamtschuld nehmen (§ 426 Abs. 1 und 2 BGB).[16]

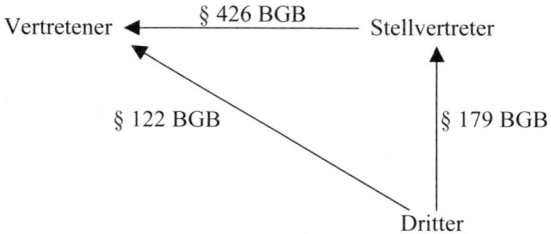

IV. Willensmängel und Wissenszurechnung (§ 166 BGB)

1. Prinzipielle Maßgeblichkeit der Person des Vertreters (§ 166 Abs. 1 BGB)

13 § 166 BGB regelt die Frage, auf wessen Willensmängel und Kennen oder Kennenmüssen es beim Vertretergeschäft ankommt. § 166 Abs. 1 BGB beantwortet sie dahingehend, dass die **Person des Vertreters** entscheidend ist, während Willensmängel und das Kennen oder Kennenmüssen des Vertretenen unerheblich sind. Grund dafür ist, dass es der Vertreter ist, der den für die Vornahme des Rechtsgeschäfts maßgeblichen Willen bildet, und es deshalb bezüglich subjektiver Umstände auf ihn ankommen muss.

a) Willensmängel

14 ▶ **Fall 5:** S ist von V umfassend bevollmächtigt, Verträge zur Errichtung einer neuen Werkhalle des V abzuschließen. S beauftragt den D mit der Installation der Heizungsanlage. Dabei geht sie irrtümlich davon aus, D besitze den Meistertitel als Installateur und Heizungsbauer, während D in Wirklichkeit nur den Meistertitel als Elektrotechniker hat. V weiß hierüber Bescheid.

V kann den Werkvertrag nach §§ 119 Abs. 2, 166 Abs. 1 BGB anfechten, da S bei dessen Abschluss einem Eigenschaftsirrtum unterlag. Dass V selbst Bescheid wusste, ist irrelevant. ◀

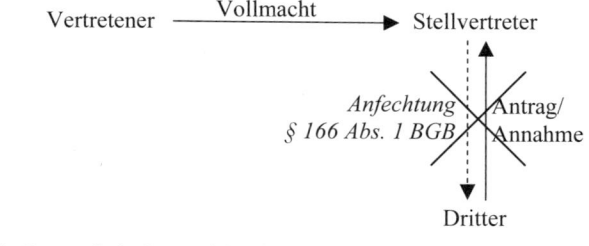

Im Falle der **Gesamtvertretung** (Rn. 5 ff.) macht schon der Willensmangel *eines* Gesamtvertreters das Geschäft nichtig oder anfechtbar.

---

16 Teilweise wird daneben ein Regressanspruch analog § 122 BGB befürwortet (Grüneberg/*Ellenberger*, § 167 Rn. 3; Staudinger/*Schilken*, § 167 Rn. 82), doch ist dieser überflüssig (*Bork*, Rn. 1473 Fn. 76).

§ 26 Einzelne Probleme des Stellvertretungsrechts

Anfechtungsberechtigt ist nicht der Vertreter, sondern der Vertretene. Denn da die Willenserklärung des Vertreters nach § 164 Abs. 1 S. 1 BGB für und gegen den Vertretenen wirkt und im Fall einer Anfechtung ihn die Schadensersatzpflicht aus § 122 BGB trifft, soll auch er über die Anfechtung entscheiden. Der Vertreter kann nur anfechten, wenn seine Vertretungsmacht die Anfechtung umfasst. Wegen der anders gearteten Konsequenzen kann man dabei nicht ohne Weiteres annehmen, dass die Vollmacht zur Vornahme eines bestimmten Rechtsgeschäfts auch die Vollmacht zur Anfechtung dieses Rechtsgeschäfts beinhaltet.

Da prinzipiell der Vertretene anfechtungsberechtigt ist, kommt es im Hinblick auf die **Anfechtungsfrist** (§§ 121, 124 BGB) auf seine Kenntnis an. Ist jedoch auch der Vertreter zur Anfechtung berechtigt, steht seine Kenntnis analog § 166 Abs. 1 BGB derjenigen des Vertretenen gleich.

▶ **Hinweis zur Klausurtechnik:** Sie müssen zwischen zwei Fragen trennen: 1. Wegen wessen Willensmangels kann angefochten werden? 2. Wer kann anfechten? Nur die erste Frage beantwortet § 166 BGB. ◀

b) Kennen und Kennenmüssen

▶ **Fall 6:** V bevollmächtigt die S, für ihn einen gebrauchten Laptop zu erwerben. S kauft im Namen des V ein Gerät von ihrem Bekannten D und wickelt das Geschäft mit ihm ab. Dabei erkennt sie infolge grober Fahrlässigkeit nicht, dass D nicht Eigentümer des Laptops war. V kann das nicht erkennen.

V ist nicht gemäß §§ 929 S. 1, 932 BGB Eigentümer des Laptops geworden, da S, auf die es nach § 166 Abs. 1 BGB ankommt, bösgläubig i.S.v. § 932 Abs. 2 BGB war. Seine eigene Gutgläubigkeit nützt dem V nichts. ◀

Im Falle der **Gesamtvertretung** (Rn. 5 ff.) genügt es, wenn *einem* Gesamtvertreter Kennen oder Kennenmüssen zur Last fällt.

2. Ausnahmsweise Beachtlichkeit der Person des Vertretenen (§ 166 Abs. 2 BGB)

a) Kennen und Kennenmüssen

Eine Durchbrechung der Regel des § 166 Abs. 1 BGB, nach der es nur auf den Vertreter ankommt, enthält § 166 Abs. 2 BGB: Wenn der Bevollmächtigte nach bestimmten Weisungen des Vollmachtgebers gehandelt hat, kann sich dieser in Ansehung solcher Umstände, die er kannte oder kennen musste, nicht auf die Unkenntnis oder mangelnde Fahrlässigkeit (vgl. § 122 Abs. 2 BGB) des Vertreters berufen. Die Vorschrift soll verhindern, dass der Vertretene die **Folgen seiner eigenen Bösgläubigkeit** dadurch **umgehen** kann, dass er einen gutgläubigen Vertreter vorschiebt, diesem aber gleichzeitig genau sagt, was er zu tun hat.

▶ **Fall 7:** V möchte von D ein Gemälde erwerben, hat aber erhebliche Zweifel, ob D wirklich der Eigentümer ist. Um jedenfalls gutgläubig erwerben zu können, schaltet er die S ein, die keinerlei Anlass hat, am Eigentum des D zu zweifeln. V beauftragt sie, als unmittelbare Stellvertreterin das Gemälde von D zu erwerben, und erteilt ihr eine entsprechende Vollmacht. S handelt entsprechend den Instruktionen des V.

§ 166 Abs. 2 BGB durchkreuzt das Kalkül des V. Zwar ist S gutgläubig und könnte deshalb an sich nach §§ 929 S. 1, 932, 166 Abs. 1 BGB gutgläubig Eigentum für V erwerben. Doch da S

15

16

17

nach Weisungen des V handelt, schadet diesem gemäß § 166 Abs. 2 S. 1 und 2 BGB seine eigene Bösgläubigkeit. ◂

▶ **Weiterführender Hinweis:** Zweifelhaft ist die Lage bei **mittelbarer Stellvertretung** (siehe § 22 Rn. 6). Da der Vertreter hier im eigenen Namen handelt, wird er gemäß §§ 929 S. 1, 932 BGB aufgrund seines guten Glaubens Eigentümer. Als Eigentümer kann er dann an sich nach § 929 S. 1 BGB an den Vertretenen weiterübereignen, dessen Bösgläubigkeit dabei irrelevant ist. Dieses Ergebnis scheint unbillig.[17] ◂

18 § 166 Abs. 2 BGB führt nicht dazu, dass es *nur* noch auf Kenntnis oder Kennenmüssen des Vertretenen ankommt. Vielmehr bleiben nach § 166 Abs. 1 BGB primär **Kenntnis und Kennenmüssen des Vertreters** relevant. § 166 Abs. 2 BGB ordnet lediglich an, dass dem Vertretenen *zusätzlich* seine eigene Kenntnis oder fahrlässige Unkenntnis schadet.

▶ In FALL 7 wäre ein gutgläubiger Erwerb des V auch dann ausgeschlossen, wenn dieser keinerlei Anlass hatte, am Eigentum des D zu zweifeln, die nach den Weisungen des V handelnde S aber infolge grober Fahrlässigkeit nicht wusste, dass D nicht Eigentümer war. ◂

19 § 166 Abs. 2 BGB ist auf Fälle **rechtsgeschäftlich erteilter Vertretungsmacht** beschränkt, da normalerweise ein kraft Gesetzes Vertretener (z.B. ein Minderjähriger) nicht zur Erteilung von Weisungen an seinen gesetzlichen Vertreter in der Lage ist. Ist das ausnahmsweise doch der Fall (wie z.B. bei einem voll geschäftsfähigen Betreuten, vgl. hierzu §§ 1814, 1821, 1823 BGB), ist § 166 Abs. 2 BGB analog anzuwenden.

Der Vertreter muss nach **bestimmten Weisungen** des Vertretenen handeln. Dieser Begriff ist weit zu verstehen. Die Weisungen können entweder schon Bestandteil der Vollmacht sein (insbesondere bei der Spezialvollmacht) oder im Hinblick auf die Ausübung einer umfassenden Vollmacht erteilt werden. Entscheidend ist, dass das Vertretergeschäft in derjenigen Hinsicht, auf die es für das Kennen oder Kennenmüssen ankommt, auf dem Willen des Vertretenen beruht. Deshalb ist § 166 Abs. 2 BGB analog anzuwenden, wenn der Vertretene das von einem falsus procurator abgeschlossene Geschäft genehmigt. Nach h.M. soll es sogar ausreichen, dass der Vertretene positiv weiß, dass der Vertreter ein bestimmtes Geschäft vornehmen will, und nicht einschreitet.

b) Willensmängel

20 Im Gegensatz zu § 166 Abs. 1 BGB bezieht sich § 166 Abs. 2 BGB nur auf Kenntnis und Kennenmüssen des weisunggebenden Vertretenen, nicht dagegen auf seine Willensmängel. Dies könnte dazu führen, dass der Vertretene an ein Geschäft gebunden bleibt, das an sich auf einem beachtlichen Willensmangel beruht: wenn nämlich der Vertreter sich in der betreffenden Hinsicht nicht irrt, sondern sich auf eine irrtumsbehaftete Weisung des Vertretenen verlässt. Ist diese Weisung Bestandteil der Vollmacht (z.B. bei der Spezialvollmacht) und beruht deshalb auch die Vollmacht auf dem Willensmangel, kann sie angefochten und das Vertretergeschäft dadurch vernichtet werden (siehe Rn. 8 f.). Ist der Vertreter dagegen umfassend bevollmächtigt und wird lediglich in einem Einzelfall angewiesen, wie er von dieser Vollmacht Gebrauch machen soll, so ist nach dem Gesetzeswortlaut eine Anfechtung wegen eines Irrtums bei dieser Anweisung ausgeschlossen. Es stellt sich die Frage, ob § 166 Abs. 2 BGB in dieser Situation **analog anzuwenden** ist.

---

17 Siehe zu möglichen Lösungen Staudinger/*Heinze*, Neubearb. 2020, § 932 Rn. 97.

§ 26 Einzelne Probleme des Stellvertretungsrechts

▶ **Fall 8:** Bauunternehmer V sucht für seinen Betrieb einen Malermeister. Die Einstellung des Personals ist im Betrieb Sache seiner Tochter S, die für alle Personalangelegenheiten bevollmächtigt ist. Als D bei V vorspricht, entschließt sich V, ihn einzustellen. Er verweist den D an S und bittet sie, die Arbeitsbedingungen im Einzelnen zu vereinbaren und den Arbeitsvertrag abzuschließen. Da er die Bewerbungsunterlagen des D nur überflogen hat, geht er dabei irrtümlich davon aus, D habe die Meisterprüfung im Malerhandwerk abgelegt. Tatsächlich hat D zwar die Meisterschule besucht, aber die Prüfung nicht bestanden. Noch bevor D seine Arbeit antritt, bemerkt V seinen Irrtum.

Eine Anfechtung des Arbeitsvertrags wegen eines Irrtums der S nach § 166 Abs. 1 BGB scheidet aus, denn aufgrund der Anweisung ihres Vaters, den D einzustellen, hat sich S über dessen Qualifikation gar keine Gedanken gemacht. V kann auch die Vollmacht der S nicht anfechten, da diese unabhängig von der Einstellung des D und irrtumsfrei erteilt wurde. ◀

Einer analogen Anwendung von § 166 Abs. 2 BGB auf Willensmängel des Vertretenen scheint der **Zweck der Norm** entgegenzustehen, eine Umgehung der eigenen Bösgläubigkeit des Vertretenen durch Einschaltung eines gutgläubigen Vertreters zu verhindern. § 166 Abs. 2 BGB wirkt damit zulasten des Vertretenen, während eine analoge Anwendung auf Willensmängel sich zu seinen Gunsten auswirken würde.

Der Zweck des § 166 Abs. 2 BGB lässt sich jedoch auch anders – weiter – fassen. Nach § 166 Abs. 1 BGB kommt es prinzipiell auf den Vertreter an, denn er ist es, der den für das Geschäft relevanten Willen bildet. Nach § 166 Abs. 2 BGB soll es aber immer dann, wenn dies nicht der Fall ist, weil der Vertreter nach bestimmten Weisungen des Vertretenen handelt und deshalb faktisch dieser den relevanten Willen bildet, (auch) auf den Vertretenen ankommen. Bei diesem Verständnis liegt die Ratio des § 166 BGB darin, dass es hinsichtlich der „inneren Seite" immer (auch) auf denjenigen ankommen soll, auf dessen Interessenbewertung und Entschließung der Geschäftsabschluss in dem betreffenden Punkt basiert. Die analoge Anwendung des § 166 Abs. 2 BGB auf Willensmängel ist dann nur konsequent. Sie scheint auch vom Ergebnis her angemessen, denn die Arbeitsteilung zwischen Vertretenem und Vertreter soll zwar nicht zum Gewinn, aber auch nicht zum Verlust von Anfechtungsmöglichkeiten führen. § 166 Abs. 2 BGB ist daher auf Willensmängel des Vertretenen (einschließlich der Fälle des § 123 BGB) analog anzuwenden (sehr str.).[18]

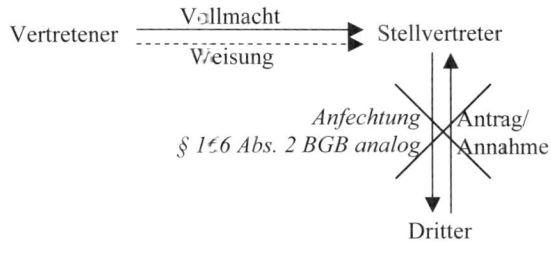

------▶ Irrtumsbehaftete Erklärung

---

18 BGHZ 51, 141, 145 ff. (für § 123 BGB) BeckOGK-BGB/*St. Huber* (1.3.2023), § 166 Rn. 66; BeckOK-BGB/*Schäfer* (1.5.2024), § 166 Rn. 28; Grüneberg/*Ellenberger*, § 166 Rn. 12; *Medicus/Petersen*, Rn. 899, 902; *Neuner*, § 49 Rn. 89 (bei arglistiger Täuschung); *Prölss*, JuS 1985, 577, 583; Soergel/*Bayer*, § 166 Rn. 56 ff. (jedenfalls bei § 123 BGB und in Sonderfällen). A.A. *Bork*, Rn. 1656; *Flume*, § 52 5f, S. 874; MüKoBGB/*Schubert*, § 166 Rn. 127; Staudinger/*Schilken*, § 166 Rn. 17 f., 28. Offengelassen von BGH NJW 2000, 2268, 2269.

22 ▶ **Weiterführender Hinweis:** Das Problem der **Wissenszurechnung und Wissenszusammenrechnung** ist im BGB nicht umfassend geregelt. § 166 Abs. 1 BGB behandelt nur den Fall, dass der handelnde Vertreter über bestimmtes Wissen verfügt oder verfügen muss. Die Frage der Wissenszurechnung stellt sich jedoch auch, wenn jemand anderer als der handelnde Vertreter über relevantes Wissen verfügt.
Beispiel (nach BGHZ 109, 327 ff.): K kauft von der Gemeinde G, vertreten durch den Bürgermeister, das Schlachthofgrundstück unter Ausschluss jeder Gewährleistung. Kurz darauf verbietet das Landratsamt die Nutzung des Gebäudes wegen Einsturzgefahr. Kann K wegen arglistiger Täuschung anfechten, wenn zwar nicht der handelnde Bürgermeister, aber der Leiter des Liegenschaftsamts oder ein früherer Bürgermeister von der Einsturzgefahr wusste?

Der BGH geht vom Grundsatz aus, dass sich die Frage der Wissenszurechnung nicht mit logisch-begrifflicher Stringenz, sondern nur in wertender Beurteilung entscheiden lässt. Er hat aus dem allgemeinen Rechtsgedanken des § 166 Abs. 1 BGB abgeleitet, dass sich – unabhängig von einem Vertretungsverhältnis – derjenige, der einen anderen mit der Erledigung bestimmter Aufgaben in eigener Verantwortung betraut, das in diesem Rahmen erlangte Wissen des anderen zurechnen lassen muss.[19] Außerdem besteht im Ergebnis Einigkeit darüber, dass ein Dritter nicht schlechter gestellt werden darf, wenn er mit einer arbeitsteiligen Organisation kontrahiert, als wenn er mit einer Einzelperson kontrahiert, die alles Wissen in sich vereint (Gleichstellungsargument). Die Einzelheiten sind umstritten. ◀

V. Der Missbrauch der Vertretungsmacht

1. Problem

23 Der Umfang der Vertretungsmacht entscheidet darüber, welche Geschäfte der Vertreter im **Außenverhältnis** mit Wirkung für den Vertretenen vornehmen **kann**. Davon zu trennen ist die Frage, welche Geschäfte der Vertreter nach dem **Innenverhältnis** zum Vertretenen vornehmen **darf**. Wegen der **Abstraktheit der Vollmacht** (siehe § 24 Rn. 11 f.) stimmen Außen- und Innenverhältnis und damit rechtliches Können und rechtliches Dürfen keineswegs immer überein. Je weiter der Umfang der Vertretungsmacht ist, umso eher deckt sie auch Geschäfte ab, die den Interessen des Vertretenen widersprechen und die der Vertreter deshalb aufgrund des Innenverhältnisses nicht vornehmen darf. Besonders gravierend kann die Diskrepanz vor allem dann sein, wenn der Umfang der Vertretungsmacht von Gesetzes wegen vorgegeben ist, der Vertretene also gar keine Möglichkeit hat, die Vertretungsmacht entsprechend dem Innenverhältnis zu beschränken.

▶ **Beispiel:** Nach § 49 Abs. 1 HGB ermächtigt die Prokura zu allen Arten von gerichtlichen und außergerichtlichen Geschäften und Rechtshandlungen, die der Betrieb eines Handelsgewerbes mit sich bringt. Gegenüber Dritten kann der Umfang der Prokura nach § 50 Abs. 1 HGB nicht beschränkt werden. Die Prokura ermächtigt also nicht nur zu Geschäften, die der Betrieb des Handelsgewerbes des Vertretenen mit sich bringt, sondern zu allen Geschäften, die der Betrieb irgendeines Handelsgewerbes mit sich bringt. Ihr sind damit kaum Grenzen gezogen. Der Prokurist eines Galeristen hat Vertretungsmacht für den Kauf von 20 t Kabeljau, der Prokurist eines Fischereiunternehmens für den Verkauf von 100 Goethe-Gesamtausgaben. ◀

Gebraucht der Vertreter seine Vertretungsmacht in einer Weise, in der er sie nicht gebrauchen darf, macht er sich dem Vertretenen gegenüber nach dem Innenverhältnis

---
19 BGHZ 83, 293, 296.

schadensersatzpflichtig. Für den Vertretenen ist es freilich meist wichtiger, sich der **Bindung an das Vertretergeschäft** entziehen zu können. Der **Schutz des Dritten** gebietet jedoch, Vertretungsmacht nicht schon deshalb entfallen zu lassen, weil sie im Widerspruch zu Beschränkungen aus dem Innenverhältnis oder entgegen den Interessen des Vertretenen ausgeübt wird. Denn der Dritte hat in der Regel keinen Einblick in das Innenverhältnis und muss sich z.B. auf den gesetzlich festgelegten Umfang der Prokura verlassen können. Es ist aber allgemein anerkannt, dass der Dritte nicht in allen Fällen, in denen tatsächlich Vertretungsmacht besteht, schutzwürdig ist.

2. Kollusion

Von Kollusion spricht man, wenn Vertreter und Dritter bei der Vornahme eines Rechtsgeschäfts einverständlich in der Absicht **zusammenwirken, den Vertretenen zu schädigen**. Nach h.M. sind derartige Rechtsgeschäfte nach § 138 Abs. 1 BGB nichtig, so dass sich die Frage nach der Vertretungsmacht gar nicht mehr stellt.[20] Vereinzelt wird dem Vertretenen allerdings die Möglichkeit gegeben, das nach § 138 BGB nichtige Geschäft analog § 177 BGB zu genehmigen.[21] Das ist dogmatisch schwer zu rechtfertigen. Deshalb sprechen sich manche Autoren dafür aus, auch bei Kollusion auf die Anwendung von § 138 BGB zu verzichten und stattdessen die Grundsätze über nicht-kollusiven Missbrauch (Rn. 25 ff.) heranzuziehen.[22] Hiergegen spricht, dass bei Kollusion auch die Nichtigkeit vom Vertreter geschlossener dinglicher Geschäfte angemessen ist, die jedoch nach richtiger Ansicht bei nicht-kollusivem Missbrauch nicht eintritt (siehe Rn. 28). Wenn der Vertretene am kollusiv geschlossenen Geschäft festhalten will, kann in Ausnahmefällen die Berufung des Dritten auf die Nichtigkeit rechtsmissbräuchlich (§ 242 BGB) sein.[23]

24

▶ **Fall 9 (nach BGH NJW 1989, 26 f.):** S kauft als Vertreter des V bei D Möbel für die Einrichtung von Ferienwohnungen für über 500.000 €. S und D vereinbaren einen Aufschlag von 10 % auf den normalen Kaufpreis, den D nach der Zahlung des Kaufpreises durch V an die Mutter des S abführen soll.

Der Kaufvertrag ist nach § 138 Abs. 1 BGB nichtig, da S und D zulasten des V einen überhöhten Kaufpreis vereinbaren, um der Mutter des S einen ungerechtfertigten Vermögensvorteil zu verschaffen. ◀

▶ **Fall 10 (nach BGHZ 141, 357 ff.):** V ist Eigentümer mehrerer Wohnblöcke. Zu deren Sanierung schließt S als Vertreter des V mit D einen Architektenvertrag, in dem vereinbart wird, dass die Leistungen des D nach den Sätzen der Honorarordnung für Architekten und Ingenieure (HOAI) abgerechnet werden sollen. D zahlt dem S als „Gegenleistung" für die Auftragsvergabe an ihn 25.000 €.

Der Architektenvertrag ist nicht nach § 138 Abs. 1 BGB nichtig, da die Schmiergeldabrede nicht zu einer für V nachteiligen Vertragsgestaltung geführt hat. In Betracht kommt aber,

---

20 BGH NJW 1989, 26 f.; BGH NJW-RR 2016 1138 Rn. 24; BeckOGK-BGB/*St. Huber* (1.11.2021), § 164 Rn. 87 f.; BeckOK-BGB/*Schäfer* (1.5.2024), § 167 Rn. 50; *Flume*, § 45 II 3, S. 788; Grüneberg/*Ellenberger*, § 164 Rn. 13; *Medicus/Petersen*, Rn. 966; MüKoBCB/*Schubert*, § 164 Rn. 227; Staudinger/*Schilken*, § 167 Rn. 100.
21 BeckOGK-BGB/*St. Huber* (1.11.2021), § 164 Rn. 88; siehe auch MüKoBGB/*Schubert*, § 164 Rn. 227.
22 *Bork*, Rn. 1575; *Neuner*, § 49 Rn. 107; *K. Schmidt*, Handelsrecht, 6. Aufl. (2014), § 16 Rn. 74; Soergel/*Bayer*, § 164 Rn. 222.
23 MüKoBGB/*Schubert*, § 164 Rn. 227; Staudinger/*Schilken*, § 167 Rn. 100.

dass V nach den Grundsätzen über den Missbrauch von Vertretungsmacht (Rn. 25 ff.) nicht an den Architektenvertrag gebunden ist. ◄

▶ **Hinweis zur Klausurtechnik:** Im Fall der Kollusion prüfen Sie zunächst normal den Vertragsschluss. Da der Vertreter in den Kollusionsfällen Vertretungsmacht hat, wirken die Willenserklärungen nach § 164 Abs. 1 und 3 BGB für und gegen den Vertretenen. Es kommt daher ein Vertrag zwischen dem Vertretenen und dem Dritten zustande. Nachdem Sie das festgestellt haben, prüfen Sie die Nichtigkeit des Vertrags nach § 138 Abs. 1 BGB und erörtern (erst!) in diesem Rahmen die Kollusion. ◄

3. Nicht-kollusiver Missbrauch

25 Unterhalb der Schwelle der Kollusion ist umstritten, wann die Wirksamkeit des Vertretergeschäfts durch die Tatsache beeinträchtigt wird, dass der Vertreter bei Vornahme des Geschäfts seine Vertretungsmacht missbraucht.

Auf Seiten des **Vertreters** ist jedenfalls pflichtwidriges Handeln erforderlich: Er muss von seiner Vertretungsmacht in einer Weise Gebrauch machen, die im Widerspruch zu seinen Pflichten gegenüber dem Vertretenen steht.

Zweifelhaft ist, ob der Vertreter bewusst zum Nachteil des Vertretenen handeln muss. Nachdem die Rechtsprechung des BGH zunächst uneinheitlich war[24], hat der BGH dies schließlich im Einklang mit der h.M. in der Literatur[25] verneint[26]. Hierfür spricht, dass es um den Schutz des Vertrauens des Dritten einerseits und den Schutz des Vertretenen andererseits geht und der Vorsatz des Vertreters für die Schutzwürdigkeit der beiden Parteien bedeutungslos ist.

26 Den **Dritten** trifft nach heute einhelliger Meinung prinzipiell keine Pflicht, nachzuforschen, ob der Vertreter von seiner Vertretungsmacht in pflichtgemäßer Weise Gebrauch macht. Sonst würde der Geschäftsverkehr in unzumutbarer Weise erschwert, da sich die Marktteilnehmer nicht einmal mehr auf tatsächlich bestehende Vertretungsmacht verlassen könnten. Die Schutzwürdigkeit des Dritten entfällt vielmehr erst, wenn der Missbrauch der Vertretungsmacht **objektiv evident** ist, also für den Dritten offenkundig ist und sich ihm gleichsam aufdrängt.[27]

27 Vereinzelt wird verlangt, dass das Vertretergeschäft einen **Nachteil für den Vertretenen** zur Folge hat.[28] Das ist abzulehnen. Denn das Erfordernis eines „objektiven" Nachteils (etwa in Form eines Vermögensschadens) würde den Schutz des Vertretenen zu

---

24 Bei rechtsgeschäftlich festgelegtem Umfang der Vertretungsmacht hat der BGH nie Vorsatz des Vertreters verlangt (BGH NJW 1988, 3012, 3013). Bei gesetzlich festgelegtem Umfang hat er dagegen zunächst explizit Vorsatz gefordert (BGHZ 50, 112, 114; BGH NJW 1990, 384, 385), später allerdings die Frage offengelassen (BGH BeckRS 1975, 31115223), das Vorsatzerfordernis abgeschwächt (BGH NJW 1984, 1461, 1462) oder nicht erwähnt (BGH NJW 1988, 2241, 2243; BGH NJW 1996, 589, 590; BGH NJW 1997, 2678).
25 BeckOGK-BGB/*St. Huber* (1.11.2021), § 164 Rn. 89; *Bork*, Rn. 1582; Erman/*Finkenauer*, § 167 Rn. 74; *Flume*, § 45 II 3, S. 791; *Medicus/Petersen*, Rn. 968; MüKoBGB/*Schubert*, § 164 Rn. 235; *Neuner*, § 49 Rn. 104; *K. Schmidt*, Handelsrecht, 6. Aufl. (2014), § 16 Rn. 73; Soergel/*Bayer*, § 164 Rn. 220; Staudinger/*Schilken*, § 167 Rn. 95. **A.A.** *Canaris*, Handelsrecht, 24. Aufl. (2006), § 12 Rn. 37; *Vedder*, JZ 2008, 1077, 1078 ff.
26 BGH NJW 2006, 2776 Rn. 2 f.; BGH NJW 2008, 69 Rn. 69.
27 BGH NJW 1999, 2883; *Bork*, Rn. 1579; *Canaris*, Handelsrecht, 24. Aufl. (2006), § 12 Rn. 36; *Flume*, § 45 II 3, S. 789 f.; *Medicus/Petersen*, Rn. 967; *K. Schmidt*, Handelsrecht, 6. Aufl. (2014), § 16 Rn. 75 f.; Soergel/*Bayer*, § 164 Rn. 220; Staudinger/*Schilken*, § 167 Rn. 97.
28 MüKoBGB/*Schubert*, § 164 Rn. 235. Dagegen: BeckOGK-BGB/*St. Huber* (1.11.2021), § 164 Rn. 90; Erman/*Finkenauer*, § 167 Rn. 74; Soergel/*Bayer*, § 164 Rn. 220; Staudinger/*Schilken*, § 167 Rn. 95. Differenzierend: *Canaris*, Handelsrecht, 24. Aufl. (2006), § 12 Rn. 38 f. Zum Sonderfall eines Insichgeschäfts gemäß § 181 BGB (siehe Rn. 29 ff.) BGH NJW-RR 2018, 222 Rn. 24 f. = JuS 2018, 997 ff. (*K. Schmidt*).

sehr einschränken, die „subjektive" Nachteiligkeit ergibt sich aber schon aus dem Pflichtenverstoß. Freilich wird bei objektiv nicht nachteiligen Geschäften der Missbrauch der Vertretungsmacht für den Dritten häufig nicht evident sein.

Zu welchen **Rechtsfolgen** die Grundsätze über den Missbrauch der Vertretungsmacht führen, ist umstritten. Nach einer Ansicht kann der Vertretene dem Dritten den Arglisteinwand (§ 242 BGB) entgegenhalten, wenn dieser sich auf die Vertretungsmacht des Vertreters beruft.[29] Dadurch wird der Vertretene zwar bei schuldrechtlichen Geschäften des Vertreters hinreichend geschützt, nicht aber bei dinglichen[30]; denn aus Gründen der Rechtssicherheit darf die dingliche Zuordnung eines Gegenstands nicht unter Rückgriff auf § 242 BGB in Frage gestellt werden[31]. Die Gegenansicht wendet § 177 BGB analog an.[32] Hiergegen spricht jedoch, dass die Überschreitung der Grenzen des rechtlichen Dürfens wertungsmäßig nicht mit der Überschreitung der Grenzen rechtlichen Könnens gleichgestellt werden kann. Vor allem aber besteht die Gefahr, dass das Geschäft für immer schwebend unwirksam bleibt, wenn der Vertretene nicht erkennt, dass die Voraussetzungen des Missbrauchs der Vertretungsmacht vorliegen und deshalb die Genehmigung weder erklärt noch verweigert.[33] Insgesamt erscheint mir die Lösung über § 242 BGB vorzugswürdig. Das Vertretergeschäft ist danach wirksam. Bei schuldrechtlichen Geschäften kann sich der Dritte aber nach § 242 BGB nicht auf die Vertretungsmacht und damit auf die Wirksamkeit berufen; er muss sich also so behandeln lassen, als sei das Geschäft nicht wirksam. Dass der Vertretene auf dinglicher Ebene nicht hinreichend geschützt wird, ist m.E. angesichts der Tatsache, dass der Vertreter tatsächlich Vertretungsmacht hatte, hinzunehmen.[34]

28

Umstritten ist, wie bei einem **Mitverschulden** des Vertretenen wegen unzureichender Überwachung des Vertreters zu verfahren ist. Der BGH hat in einer Entscheidung § 254 BGB angewendet.[35] In der Literatur wird dies zu Recht einhellig abgelehnt, weil der Mitverschuldenseinwand für vertragliche Erfüllungsansprüche nicht passt.[36] Ein Ausgleich kann daher nur über Schadensersatzansprüche erfolgen.

▶ **Fall 11:** V hat dem P Prokura erteilt. Als der Bruder B des P dringend Geld benötigt, beauftragt ihn P im Namen der V, für das Unternehmen der V gegen eine Vergütung von 10.000 € ein Gutachten zu erstellen. B ist zwar für die Erstellung eines solchen Gutachtens qualifiziert und weiß nicht, dass es dem P nur darum geht, ihm Geld zu verschaffen. Es ist jedoch offensichtlich, dass ein derartiges Gutachten für das Unternehmen der V nur wenig nützlich ist.

---

29 BGHZ 50, 112, 114; *Canaris*, Handelsrecht, 24. Aufl. (2006), § 12 Rn. 40.
30 *Vedder*, JZ 2008, 1077, 1081.
31 Grüneberg/*Grüneberg*, § 242 Rn. 79; *Lieder*, JuS 2011, 874, 877; Staudinger/*Looschelders/Olzen*, Neubearb. 2019, § 242 Rn. 909.
32 BGHZ 141, 357, 364; BeckOK-BGB/*Schäfer* (1.5.2024), § 167 Rn. 54; *Bork*, Rn. 1578; Erman/*Finkenauer*, § 167 Rn. 73; *Flume*, § 45 II 3, S. 789; Grüneberg/*Ellenberger*, § 164 Rn. 14b (aber eventuell Modifikation nach §§ 242, 254 BGB); MüKoBGB/*Schubert*, § 164 Rn. 239; *K. Schmidt*, Handelsrecht, 6. Aufl. (2014), § 16 Rn. 68; Soergel/*Bayer*, § 164 Rn. 221; Staudinger/*Schilken*, § 167 Rn. 103.
33 *Vedder*, JZ 2008, 1077, 1081 f.
34 *Vedder*, JZ 2008, 1077, 1082 löst das Problem dadurch, dass er dem Vertretenen in einem Erst-recht-Schluss zu § 123 Abs. 1 Alt. 1, Abs. 2 BGB ein Recht zur Anfechtung des schuldrechtlichen und des dinglichen Geschäfts gewährt. Allerdings fehlt es an der Vergleichbarkeit der Fälle, weil beim Missbrauch der Vertretungsmacht kein Willensmangel vorliegt.
35 BGHZ 50, 112, 114 f.
36 BeckOGK-BGB/*St. Huber* (1.11.2021), § 164 Rn. 92; BeckOK-BGB/*Schäfer* (1.5.2024), § 167 Rn. 55; *Canaris*, Handelsrecht, 24. Aufl. (2006), § 12 Rn. 42; Erman/*Finkenauer*, § 167 Rn. 76; MüKoBGB/*Schubert*, § 164 Rn. 240; Staudinger/*Schilken*, § 167 Rn. 104.

Die Prokura des P umfasst nach § 49 HGB den Abschluss des Vertrags über das Gutachten, so dass P Vertretungsmacht hatte. Der Vertrag ist nicht nach § 138 Abs. 1 BGB nichtig, da P und B nicht kollusiv zusammengewirkt haben. Selbst nach der restriktivsten Auffassung greifen aber die Grundsätze über den Missbrauch der Vertretungsmacht ein: P verstieß dadurch, dass er das für V wertlose Gutachten in Auftrag gab, objektiv gegen seine Pflichten gegenüber V und handelte dabei bewusst zum Nachteil der V. B wusste das zwar nicht, aber weil das Gutachten für V offensichtlich nur wenig nützlich ist, war der Missbrauch der Vertretungsmacht für ihn evident. V erlitt durch das Handeln des P einen Vermögensschaden, weil sie verpflichtet wurde, 10.000 € für ein für sie wertloses Gutachten zu zahlen. B kann sich folglich gemäß § 242 BGB nicht auf die Vertretungsmacht des P berufen, sondern muss sich so behandeln lassen, als wäre der Vertrag gemäß § 177 Abs. 1 BGB schwebend unwirksam. Wenn V keine Genehmigung erteilt, muss sie die vereinbarte Vergütung nicht an B zahlen. ◂

▶ **Hinweis zur Klausurtechnik:** Wenn zweifelhaft ist, ob ein Fall der Kollusion vorliegt, prüfen Sie nach dem Zustandekommen des Vertrags zunächst dessen Nichtigkeit nach § 138 Abs. 1 BGB. Nachdem Sie diese verneint haben, erörtern Sie, ob sich der Dritte gemäß § 242 BGB nicht auf die Vertretungsmacht berufen kann und deshalb so behandeln lassen muss, als sei der Vertrag gemäß § 177 Abs. 1 BGB schwebend unwirksam. ◂

VI. Insichgeschäfte (§ 181 BGB)

1. Problem

29 Durch die Erteilung von Vertretungsmacht begibt sich der Vertretene ein Stück weit in die Hände des Vertreters: Er ist an die von diesem abgeschlossenen Geschäfte gebunden, ohne sie noch einmal überprüfen zu können. Das ist umso weniger problematisch, je spezieller die Vertretungsmacht ist, und umso riskanter, je umfassender sie ist. In vielen Fällen muss aber die Vertretungsmacht recht weit gefasst sein, damit der Vertreter seine Aufgaben erfüllen kann. Am deutlichsten ist dies bei der gesetzlichen Vertretungsmacht für nicht voll Geschäftsfähige, die zwangsläufig umfassend sein muss. Durch das Erfordernis gerichtlicher Genehmigung (siehe § 16 Rn. 11) können hier nur bei einzelnen besonders bedeutenden Arten von Geschäften Schranken gezogen werden.

Hält sich der Vertreter im Rahmen seiner Vertretungsmacht, lässt sich dabei aber nicht von den Interessen des Vertretenen leiten, bleibt diesem nur ein Schadensersatzanspruch gegen den Vertreter aus dem Innenverhältnis sowie – in Ausnahmefällen – eine Befreiung vom Vertretergeschäft nach den Grundsätzen über den Missbrauch der Vertretungsmacht (siehe Rn. 23 ff.). Die Voraussetzungen beider sind aber häufig schwer zu beweisen. Es ist deshalb sinnvoll, **Interessenkonflikte des Vertreters schon präventiv zu verhindern.**

Genau das tut § 181 BGB für den wohl gefährlichsten aller Interessenkonflikte, der daraus entsteht, dass der Vertreter auf beiden Seiten des Rechtsgeschäfts tätig wird und damit „Diener zweier Herren" ist: entweder dadurch, dass er beide Parteien vertritt, oder – noch gefährlicher – dadurch, dass er eine Partei vertritt und selbst die andere Partei ist.

30 In Bezug auf die gesetzliche Vertretung durch den Betreuer, die Eltern (§ 1629 Abs. 2 S. 1 BGB), einen Vormund (§ 1789 Abs. 2 S. 2 BGB) oder einen Pfleger (§§ 1813 Abs. 1, 1888 Abs. 1 BGB) wird § 181 BGB **durch § 1824 BGB ergänzt**, der dem gesetz-

lichen Vertreter auch Rechtsgeschäfte im Namen des Vertretenen mit bestimmten Personen, die zu ihm in einer engen Beziehung stehen, und Rechtsgeschäfte in Bezug auf in bestimmter Weise gesicherte Forderungen des Vertretenen gegen den Vertreter untersagt.

2. Rechtsfolge

Nach dem Wortlaut des § 181 BGB scheint er ein Vertretungsverbot zu beinhalten. Doch besteht keinerlei Anlass, dem Vertretenen bei Insichgeschäften – die ja häufig trotz der mit ihnen verbundenen Gefahr im Ergebnis seinem Interesse entsprechen werden – die Möglichkeit einer Genehmigung zu versagen. Nach einhelliger Ansicht führt daher § 181 BGB lediglich zum **Wegfallen der Vertretungsmacht**, so dass ein vom Vertreter geschlossener Vertrag nach § 177 Abs. 1 BGB schwebend unwirksam ist und genehmigt werden kann. 31

Zweifelhaft ist die Situation, wenn der Tatbestand des § 181 BGB nur in Bezug auf **einen von mehreren Gesamtvertretern** eingreift. Bei gesamtvertretungsberechtigten Eltern (§ 1629 Abs. 1 S. 2 Hs. 1 BGB), die miteinander verheiratet sind, erstreckt sich der Ausschluss nach §§ 1629 Abs. 2 S. 1, 1824 Abs. 1 Nr. 1 BGB auch auf den am Geschäft nicht beteiligten Elternteil. Sind die Eltern dagegen nicht miteinander verheiratet, kann der nicht ausgeschlossene Elternteil das Kind allein vertreten; der BGH stellt den nicht ausgeschlossenen Elternteil insofern einem allein sorgeberechtigten Elternteil gleich.[37] Bei sonstigen Gesamtvertretern kann der nach § 181 BGB ausgeschlossene Gesamtvertreter nach dem BGH den anderen ermächtigen, das Rechtsgeschäft allein mit ihm vorzunehmen (vgl. Rn. 7). Da aufgrund der Ermächtigung die Gesamtvertretungsmacht des ermächtigten Vertreters zur Alleinvertretungsmacht erstarke, wirke der nach § 181 BGB ausgeschlossene Vertreter auch nicht mittelbar auf beiden Seiten an dem Geschäft mit. Die Gefahr eines Interessenkonflikts bestehe nicht, da der ermächtigte Gesamtvertreter nicht an Weisungen des ermächtigenden gebunden sei, sondern ausschließlich in eigener Verantwortung entscheide.[38] Dies überzeugt nicht, da der Sinn der Gesamtvertretung unterlaufen wird, wenn ein Gesamtvertreter aufgrund einer Ermächtigung durch einen „parteiischen" Gesamtvertreter allein handeln kann.[39] 32

▶ **Fall 12:** A und B sind gesamtvertretungsberechtigte Geschäftsführerinnen der X-GmbH (vgl. § 35 Abs. 1 S. 1 und Abs. 2 GmbHG). A möchte von der X-GmbH ein Grundstück kaufen. Sie ermächtigt die B, den Kaufvertrag mit ihr abzuschließen. Sodann schließen B und A einen notariellen Kaufvertrag über das Grundstück, wobei B im Namen der X-GmbH und A im eigenen Namen handelt.

Nach dem BGH kam ein wirksamer Kaufvertrag zwischen A und der X-GmbH zustande, da B aufgrund der Ermächtigung durch A die X-GmbH allein vertreten konnte. ◀

---

[37] BGHZ 229, 239 Rn. 18 ff.; Grüneberg/*Götz*, § 1629 Rn. 14. **A.A.** BeckOGK-BGB/*Krafka* (1.6.2024), § 181 Rn. 74 (unter Verkennung von §§ 1629 Abs. 2 S. 1, 1824 Abs. 1 Nr. 1 BGB).
[38] BGHZ 64, 72 ff.; BeckOGK-BGB/*Krafka* (1.6.2024), § 181 Rn. 67; BeckOK-BGB/*Schäfer* (1.5.2024), § 181 Rn. 15; Staudinger/*Schilken*, § 181 Rn. 17. Wenn ein Gesamtvertreter unter Verstoß gegen § 181 BGB an einem Rechtsgeschäft mitwirkt, kann seine Erklärung wegen des Zwecks von § 181 BGB und der unterschiedlichen persönlichen Verantwortlichkeiten nicht gemäß § 140 BGB in eine Ermächtigung des anderen Gesamtvertreters zur Alleinvertretung umgedeutet werden (BGH NJW 1992, 618).
[39] Erman/*Finkenauer*, § 181 Rn. 12; Jauernig/*Mansel*, § 181 Rn. 8; MüKoBGB/*Schubert*, § 181 Rn. 14; Soergel/*Bayer*, § 164 Rn. 170.

33 Führt § 181 BGB dazu, dass ein nicht voll Geschäftsfähiger für ein bestimmtes Geschäft **keinen gesetzlichen Vertreter** hat, so ist ihm nach § 1809 Abs. 1 S. 1 BGB für dieses Geschäft ein **Ergänzungspfleger** zu bestellen.

3. Anwendungsbereich

a) Selbstkontrahieren und Mehrvertretung

34 **Selbstkontrahieren** liegt vor, wenn der Vertreter auf der einen Seite des Rechtsgeschäfts selbst steht und auf der anderen Seite als Vertreter tätig wird.

▶ **Beispiel:** S schließt im Namen der V mit sich selbst einen Vertrag, durch den V dem S ein Grundstück verkauft. ◀

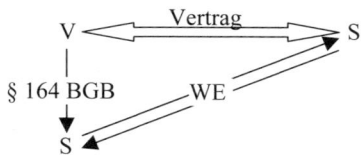

Mehrvertretung ist gegeben, wenn der Vertreter auf beiden Seiten des Rechtsgeschäfts als Vertreter für verschiedene Dritte tätig wird.

▶ **Beispiel:** Bei Abschluss eines Vertrags, durch den V der K ein Grundstück verkauft, werden sowohl V als auch K von S vertreten. ◀

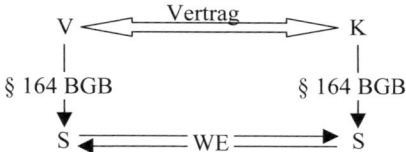

b) Verträge und einseitige Rechtsgeschäfte

35 § 181 BGB gilt nicht nur für Verträge, sondern auch für einseitige Rechtsgeschäfte, die durch eine empfangsbedürftige Willenserklärung zustande kommen. Denn auch hierbei besteht die Gefahr, dass der Vertreter, der ein solches Rechtsgeschäft gegenüber sich selbst vornimmt, sich dabei mehr von seinen eigenen Interessen als von denen des Vertretenen leiten lässt, und umgekehrt jemand, der im eigenen Namen ein einseitiges Rechtsgeschäft gegenüber sich selbst als Vertreter vornimmt, hieraus nicht die eigentlich im Interesse des Vertretenen gebotenen Folgerungen zieht.

▶ **Beispiel:** S hat der V ein Grundstück vermietet. Gemäß § 181 BGB kann er weder im Namen der V gegenüber sich selbst den Mietvertrag kündigen, noch kann er im eigenen Namen kündigen und diese Erklärung gegenüber sich selbst als Vertreter der V abgeben. ◀

c) Einschränkung und Ausweitung des Anwendungsbereichs

aa) Problem

36 § 181 BGB soll der Gefahr begegnen, dass der Vertreter im Fall einer **Interessenkollision** die Interessen des Vertretenen vernachlässigt. Sein Tatbestand knüpft jedoch nicht an das Vorliegen einer Interessenkollision an, sondern ausschließlich an die **Art der**

§ 26 Einzelne Probleme des Stellvertretungsrechts § 26

Vornahme des Rechtsgeschäfts. Die Norm umfasst daher einerseits auch Fälle, in denen keine Interessenkollision vorliegt, und kommt andererseits ihrem Wortlaut nach in Fällen nicht zur Anwendung, in denen eine massive Interessenkollision besteht. Es stellt sich deswegen die Frage sowohl einer Einschränkung als auch einer Ausdehnung.

Es geht dabei nicht an, § 181 BGB immer und nur dann anzuwenden, wenn im Einzelfall ein Interessenkonflikt vorliegt. Zum einen würde das der Regelungstechnik des Gesetzgebers widersprechen, zum anderen eine nicht hinnehmbare Rechtsunsicherheit bedeuten. Man kann deshalb nur **typische, nach abstrakten Merkmalen abgrenzbare Fallgruppen** identifizieren, in denen Wortlaut und Schutzzweck von § 181 BGB auseinanderfallen, und insofern den Anwendungsbereich erweitern oder einschränken.

bb) Einschränkung des Anwendungsbereichs

Nach ganz herrschender Ansicht kann der Vertreter Insichgeschäfte vornehmen, die für den Vertretenen **rechtlich lediglich vorteilhaft** oder **rechtlich neutral** sind.[40] Denn in dieser objektiv und abstrakt zu bestimmenden Fallgruppe werden die Interessen des Vertretenen durch den Interessenkonflikt, in dem sich der Vertreter befindet, nicht gefährdet; so kann auch ein beschränkt Geschäftsfähiger nach § 107 BGB derartige Geschäfte ohne Mitwirkung des gesetzlichen Vertreters vornehmen. Im Hinblick auf den Zweck des § 181 BGB ist dessen Anwendungsbereich also zu beschränken. In methodischer Hinsicht ist das eine teleologische Reduktion. Der Kreis der rechtlich lediglich vorteilhaften oder neutralen Geschäfte ist dabei ebenso zu bestimmen wie bei § 107 BGB. Siehe dazu § 16 Rn. 15 ff.

37

▶ **Anmerkung:** Ohne diese Einschränkung des Anwendungsbereichs des § 181 BGB gälte in Familien mit kleinen Kindern der Satz: „Kein Weihnachtsfest ohne Ergänzungspfleger!" Denn ohne einen solchen Pfleger könnten Eltern mit ihren geschäftsunfähigen Kindern weder einen Schenkungsvertrag schließen noch ihnen die geschenkten Sachen übereignen. ◀

cc) Ausweitung des Anwendungsbereichs

Nach h.M. ist § 181 BGB in Fällen analog anzuwenden, in denen der Vertreter nicht auf beiden Seiten des Rechtsgeschäfts tätig wird, sondern diese Situation dadurch vermeidet, dass er auf der einen Seite einen von ihm eingesetzten **(Unter-)Vertreter** tätig werden lässt. Denn typischerweise kann der Vertreter auf die Sachentscheidung eines von ihm eingesetzten (Unter-)Vertreters Einfluss nehmen, so dass die Gefahr eines Interessenkonflikts besteht (anders nach dem BGH bei Gesamtvertretung, siehe Rn. 32). Im Übrigen handelt es sich hier um eine nach abstrakten Merkmalen abgrenzbare Fallgruppe, so dass auch die Rechtssicherheit einer Ausweitung des Anwendungsbereichs von § 181 BGB nicht entgegensteht. Denkbar sind zwei Varianten, die auch kombiniert werden können:

38

Erstens kann der Vertreter **für den Vertretenen einen unmittelbaren Untervertreter** (siehe Rn. 1) bestellen, der dann im Namen des Vertretenen mit dem für sich selbst handelnden Vertreter abschließt.[41]

---

40 Grundlegend BGHZ 59, 236, 239 ff. A.A. Jauernig/*Mansel*, § 181 Rn. 7; *Lipp*, Jura 2015, 477, 482.
41 Für die Anwendung von § 181 BGB in diesem Fall: BGH NJW 1991, 691, 692. A.A. RGZ 108, 405 ff.

▶ **Beispiel:** S möchte ein der V gehörendes Grundstück erwerben. Er bestellt – was von seiner Vertretungsmacht gedeckt ist – den U zum Vertreter der V. Sodann schließen U und S den Grundstückskaufvertrag, wobei U im Namen der V handelt. ◀

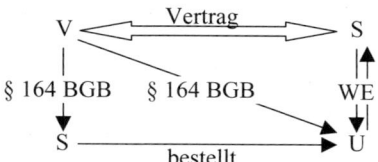

Zweitens kann der Vertreter **für sich selbst einen Vertreter** bestellen und im Namen des Vertretenen mit ihm abschließen.

▶ **Beispiel:** S möchte ein der V gehörendes Grundstück erwerben. Er bestellt den X zu seinem eigenen Vertreter. Sodann schließen X und S den Grundstückskaufvertrag, wobei X im Namen des S und S im Namen der V handelt. ◀

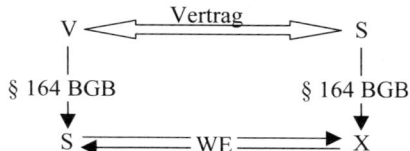

39 Eine analoge Anwendung des § 181 BGB auf Rechtsgeschäfte, an denen **nicht der Vertreter selbst**, sondern sein Ehegatte, Lebenspartner oder ein naher Verwandter beteiligt ist, scheidet aus. Denn derartige Rechtsgeschäfte sind nach § 1824 Abs. 1 Nr. 1 BGB nur in bestimmten Fällen gesetzlicher Vertretung unzulässig. Daraus lässt sich im Wege eines Gegenschlusses ableiten, dass sie im Übrigen zulässig sind, denn sonst wäre § 1824 Abs. 1 Nr. 1 BGB überflüssig. Der Vertretene wird in derartigen Fällen nur durch die Grundsätze über den Missbrauch von Vertretungsmacht und durch Schadensersatzansprüche geschützt.

▶ **Beispiel:** S ist an einem der V gehörenden Grundstück interessiert. Er verkauft im Namen der V dieses Grundstück an seine Ehefrau. § 181 BGB steht dem nicht entgegen. ◀

4. Zulässige Insichgeschäfte

a) Gestattung

40 Der (unbeschränkt geschäftsfähige) Vertretene kann dem Vertreter die Vornahme eines Insichgeschäfts gestatten und dadurch auf den Schutz, den ihm § 181 BGB gewährt, verzichten. Die Gestattung ist ein **einseitiges Rechtsgeschäft**, das durch eine empfangsbedürftige Willenserklärung zustande kommt und für das §§ 182, 183 BGB gelten. Ob eine Vollmacht eine solche Gestattung enthält, ist durch ihre Auslegung nach dem objektiven Empfängerhorizont (§§ 133, 157 BGB) zu klären. Im Zweifel ist anzunehmen, dass der Vertreter nicht zu Insichgeschäften befugt ist.

In Ausnahmefällen ergibt sich die Gestattung auch **aus dem Gesetz**. So sind nach § 10 Abs. 3 Berufsbildungsgesetz Eltern, die mit ihrem Kind einen Berufsausbildungsvertrag schließen, von dem Verbot des § 181 BGB befreit.

b) Erfüllung einer Verbindlichkeit

Nach § 181 letzter Hs. BGB kann der Vertreter solche Insichgeschäfte vornehmen, die lediglich in der Erfüllung einer Verbindlichkeit bestehen. Dabei ist unerheblich, ob es sich um eine **Verbindlichkeit des Vertretenen** oder um eine **Verbindlichkeit gegenüber dem Vertretenen** handelt. Die Ausnahme beruht auf der Erwägung, dass dem Vertretenen durch die bloße Erfüllung einer Verbindlichkeit keine Gefahr droht, da er dadurch entweder dasjenige erhält, worauf er einen Anspruch hat, oder eine Leistung erbringt, die er ohnehin erbringen muss. Die Verbindlichkeit muss **tatsächlich bestehen**, und einer Verbindlichkeit des Vertretenen darf **keine Einrede** entgegenstehen, die er durch die Erfüllung verlieren würde.

▶ **Beispiel:** V hat ihrem Angestellten S ein Grundstück verkauft. S kann nach § 433 Abs. 1 S. 1 BGB Übereignung verlangen. Wenn er prinzipiell entsprechende Vertretungsmacht hat, kann er daher das Grundstück nach § 925 BGB an sich selbst auflassen. § 181 BGB steht nicht entgegen.

Kann V dagegen nach dem Inhalt des Kaufvertrags die Auflassung verweigern, solange S noch nicht gezahlt hat (§ 320 Abs. 1 S. 1 BGB), dient die Auflassung nicht lediglich der Erfüllung einer Verbindlichkeit, da V durch sie ihr Zurückbehaltungsrecht aus § 320 BGB und damit eine Möglichkeit, den S zur Kaufpreiszahlung anzuhalten, verliert. § 181 BGB steht daher einer Auflassung des S an sich selbst entgegen, sofern S nicht Zug um Zug den Kaufpreis zahlt. ◀

▶ **Hinweis zur Klausurtechnik:** Die Ausnahme der „Erfüllung einer Verbindlichkeit" kann in einer Klausur eine ganz wichtige Schnittstelle sein, deren Passieren über den Klausurerfolg entscheidet. Sie führt nämlich zu einer **Verknüpfung von schuldrechtlichem und dinglichem Geschäft**. An sich ist wegen des Abstraktionsprinzips die Wirksamkeit des schuldrechtlichen Geschäfts für die dingliche Rechtslage bedeutungslos. § 181 letzter Hs. BGB verknüpft beide aber dergestalt, dass die Wirksamkeit eines dinglichen Insichgeschäfts von der Wirksamkeit des zugrunde liegenden schuldrechtlichen Geschäfts abhängen kann. Die Wirksamkeit des schuldrechtlichen Geschäfts ist daher inzident im Rahmen der dinglichen Einigung zu erörtern.

Wenn es etwa im Beispielsfall darauf ankommt, ob S Eigentümer des Grundstücks wurde, müssen Sie die Wirksamkeit der Auflassung (§ 925 BGB) prüfen. In diesem Zusammenhang stellt sich die Frage, ob S Vertretungsmacht zur Auflassung hatte, und nachdem Sie diese prinzipiell bejaht haben, müssen Sie ihren Ausschluss nach § 181 BGB prüfen. Im Rahmen dieser Prüfung kommen Sie zur Frage, ob die Auflassung lediglich der Erfüllung einer Verbindlichkeit diente. Und nun müssen Sie erörtern, ob V zur Auflassung an S verpflichtet war, ob also ein wirksamer Grundstückskaufvertrag vorlag.

Sie prüfen also – was normalerweise grob falsch ist – im Rahmen der Wirksamkeit des dinglichen Geschäfts die Wirksamkeit des zugrunde liegenden Verpflichtungsgeschäfts. Das ist deshalb kein Verstoß gegen das Abstraktionsprinzip, weil das Gesetz selbst beide Geschäfte durch § 181 letzter Hs. BGB verknüpft. ◀

Wenn ausnahmsweise **nicht das Verpflichtungsgeschäft, aber das Verfügungsgeschäft** für den Vertretenen **rechtlich nachteilig** ist, kann die Ausnahme der „Erfüllung einer Verbindlichkeit" bei wörtlicher Anwendung dazu führen, dass der Vertretene schutzlos bleibt. Denn dann kann der Vertreter das Verpflichtungsgeschäft vornehmen, weil es dem Vertretenen keinen rechtlichen Nachteil bringt, und das rechtlich nachteilige Verfügungsgeschäft, weil es nur zur Erfüllung des Verpflichtungsgeschäfts dient.

▶ **Fall 13:** M ist Eigentümerin eines Grundstücks mit einem vermieteten Einfamilienhaus, das sie ihrer 16-jährigen Tochter T schenken und übereignen will. M übt die elterliche Sorge allein aus (vgl. § 1629 Abs. 1 S. 3 BGB).

Der Erwerb des Eigentums am Grundstück ist für T rechtlich nachteilig, da sie dadurch nach § 566 Abs. 1 BGB in den Mietvertrag eintritt (siehe § 16 Rn. 20). Der Schenkungsvertrag über das Grundstück bringt ihr dagegen rechtlich nur einen Vorteil, nämlich einen Anspruch auf Übergabe und Übereignung. Dass das Haus vermietet und deshalb wohl im Wert gemindert ist, ändert hieran nichts, da die bloße Schenkung nicht zum Eintritt in den Mietvertrag führt. T kann daher den Schenkungsvertrag nach § 107 BGB selbst schließen, oder M kann sie dabei vertreten, ohne durch § 181 BGB gehindert zu sein (siehe Rn. 37). Da der (formgerechte, §§ 311b Abs. 1 S. 1, 518 Abs. 1 S. 1 BGB) Schenkungsvertrag einen wirksamen Anspruch der T gegen M auf Übereignung des Grundstücks begründet, könnte M nach dem Wortlaut von § 181 letzter Hs. BGB die Auflassung an T vornehmen.[42] Durch das Zusammenspiel der Ausnahme des „bloßen rechtlichen Vorteils" und der Ausnahme der „Erfüllung einer Verbindlichkeit" könnte M ohne Mitwirkung eines Ergänzungspflegers (§ 1809 Abs. 1 S. 1 BGB) der T das für sie rechtlich nachteilige Eigentum am Grundstück „aufs Auge drücken".[43] Dies würde dem Schutzzweck des § 181 BGB eklatant widersprechen.[44] ◀

Es werden zwei verschiedene Lösungen dieses Problems vertreten[45]:

- Die ältere Rechtsprechung und ein Teil der Literatur beziehen den rechtlichen Nachteil, den der Vertretene durch das Verfügungsgeschäft erleidet, schon bei der Beurteilung des Verpflichtungsgeschäfts mit ein, nehmen also insofern eine **Gesamtbetrachtung** vor: Wegen der rechtlichen Nachteiligkeit der Übereignung wird schon der Schenkungsvertrag als rechtlich nachteilig angesehen.[46]

▶ In Fall 13 hat M deshalb wegen § 181 BGB schon für den Abschluss des Schenkungsvertrags keine Vertretungsmacht, und T kann den Schenkungsvertrag auch nicht nach § 107 BGB selbständig schließen. Deshalb fehlt es hinsichtlich der Auflassung im Rahmen von § 181 BGB schon an den Voraussetzungen der Ausnahme „Erfüllung einer Verbindlichkeit". ◀

Im Rahmen des dinglichen Geschäfts findet dagegen keine Gesamtbetrachtung statt. Eine rechtlich lediglich vorteilhafte Übereignung bleibt daher auch dann rechtlich lediglich vorteilhaft, wenn das zugrunde liegende Verpflichtungsgeschäft dem beschränkt Geschäftsfähigen oder Vertretenen rechtliche Nachteile bringt. Der beschränkt Geschäftsfähige kann die Übereignung daher allein vornehmen, und für den Vertreter gilt § 181 BGB nicht. Denn hier besteht keine Gefahr, dass mithilfe des § 181 letzter Hs. BGB der Schutz des Minderjährigen oder Vertretenen umgangen werden könnte.[47]

---

42 Eine Genehmigung des Familiengerichts gemäß § 1643 Abs. 1 BGB ist nicht erforderlich: § 1850 Nr. 1 BGB erfasst den Eigentumserwerb nicht. § 1853 S. 1 Nr. 1 BGB gilt nicht für den Eintritt in ein Mietverhältnis gemäß § 566 BGB, da es sich hierbei nicht um den Abschluss eines Mietvertrags handelt und die Norm aus Gründen der Rechtssicherheit nicht analogiefähig ist; siehe BGH NJW 1983, 1780 f.
43 So in der Tat noch BGHZ 15, 168 ff.
44 Siehe zu diesem „klassischen" Fall *Haslach*, JA 2017, 490 ff.
45 Für eine Lösung mithilfe einer direkten oder analogen Anwendung von §§ 1821 Abs. 1 Nr. 2, 1822 Nr. 5 BGB (seit 1.1.2023: §§ 1850 Nr. 2, 1853 S. 1 Nr. 1 BGB): *Lobinger*, AcP 213 (2013), 366 ff.
46 BGHZ 78, 28, 33 ff.; BayObLG NJW 2003, 1129; *Gitter/Schmitt*, JuS 1982, 253, 256.
47 BGHZ 161, 170, 173 ff.

■ Die Gegenansicht hält an der getrennten Beurteilung der Vorteilhaftigkeit von Schenkung und Übereignung fest, wendet aber in Fällen, in denen nur die Übereignung rechtlich nachteilig ist, die Ausnahme „Erfüllung einer Verbindlichkeit" aufgrund einer **teleologischen Reduktion** nicht an. Denn diese Ausnahme beruhe auf dem Gedanken, dass der Vertreter keiner Interessenkollision ausgesetzt sei, wenn er lediglich zur Erfüllung einer Verbindlichkeit tätig werde. Diese Ratio greife aber nicht ein, wenn die Erfüllung der Verbindlichkeit für den Vertretenen Nachteile mit sich bringe, die bei der Eingehung der Verbindlichkeit nicht berücksichtigt worden seien.[48]

▶ In FALL 13 ist nach dieser Auffassung der Schenkungsvertrag, den T selbst oder M in ihrem Namen geschlossen hat, wirksam. Dies ändert aber nichts daran, dass M gemäß § 181 BGB keine Vertretungsmacht zur Auflassung des Grundstücks an T hat, da wegen der rechtlichen Nachteiligkeit der Auflassung die Ausnahme „Erfüllung einer Verbindlichkeit" nicht eingreift. ◀

Meines Erachtens ist die Gegenansicht vorzugswürdig. Denn zum einen verstößt die Gesamtbetrachtungslehre gegen das dem BGB zugrunde liegende Trennungsprinzip. Und zum anderen besteht keinerlei Anlass, schon dem schuldrechtlichen Geschäft die Wirksamkeit zu versagen, das für den Vertretenen keinerlei Risiko birgt. Insbesondere steht bei zeitlichem Auseinanderfallen von schuldrechtlichem und dinglichem Geschäft im Zeitpunkt des ersteren noch gar nicht fest, ob das letztere tatsächlich die Interessen des Vertretenen gefährden wird. So kann der rechtliche Nachteil vor Vornahme des dinglichen Geschäfts wegfallen, etwa weil das Mietverhältnis endet, oder der Vertretene kann das dingliche Geschäft (gegebenenfalls nach Eintritt seiner vollen Geschäftsfähigkeit) selbst vornehmen. In diesen Fällen wäre es grob interessenwidrig, das schuldrechtliche Geschäft § 177 BGB zu unterwerfen. Neuerdings rückt auch der BGH von der Gesamtbetrachtung ab.[49] Im Rahmen von § 181 letzter Hs. BGB hat er 2004 ausdrücklich offengelassen, ob der Vertretene mithilfe einer Gesamtbetrachtung oder einer teleologischen Reduktion zu schützen sei.[50] Kurz danach hat er – ohne den Meinungsstreit anzusprechen – das Parallelproblem im Rahmen von § 1795 Abs. 1 Nr. 1 BGB (seit 1.1.2023: § 1824 Abs. 1 Nr. 1 BGB) mithilfe einer teleologischen Reduktion gelöst.[51]

5. Das Problem der Erkennbarkeit von Insichgeschäften

Bei Insichgeschäften kommt es nicht zur Abgabe und zum Zugang von Willenserklärungen. Die Vornahme des Rechtsgeschäfts spielt sich vielmehr ausschließlich im Kopf einer Person ab, sofern das Rechtsgeschäft keinem Formzwang unterliegt. Nach h.M. muss ein Insichgeschäft deshalb irgendwie **nach außen in Erscheinung treten,** so dass ein mit den Verhältnissen Vertrauter die Vornahme erkennen kann. Das kann durch eine schriftliche Fixierung (etwa in den Geschäftsbüchern), durch die Unterrichtung des Vertretenen oder eines Außenstehenden oder durch Erfüllungshandlungen geschehen.

43

---

48 Erman/*Finkenauer*, § 181 Rn. 23; *Feller*, DNotZ 1989, 66, 73 ff.; *Jauernig*, JuS 1982, 576 f.; MüKoBGB/*Schubert*, § 181 Rn. 105 (unrichtig beschränkt auf Minderjährigenfälle); *Röthel/Krackhardt*, Jura 2006, 161, 165 f.; Soergel/*Bayer*, § 181 Rn. 89; Staudinger/*Schilken*, § 181 Rn. 62a.
49 Gegen eine Gesamtbetrachtung im Rahmen von § 107 BGB: BGHZ 187, 119 Rn. 6.
50 BGHZ 161, 170, 174.
51 BGHZ 162, 137, 142 f.

Wiederholungs- und Vertiefungsfragen

1. G erteilt dem H Vollmacht, für sie ein Gemälde auszusuchen und zu erwerben, und erlaubt ihm, zu diesem Zweck weitere Vertreter einzuschalten. H bevollmächtigt im Namen der G den U, für G ein Gemälde zu erwerben. U kauft bei D ein Bild im Namen der G. Der G gefällt dieses Gemälde jedoch nicht, und sie verweigert Abnahme und Bezahlung. Nun erweist sich, dass H unerkannt geisteskrank und deshalb geschäftsunfähig ist. Von wem kann D Ersatz seines Vertrauensschadens verlangen, wenn a) U bei Vertragsschluss darauf hinwies, er sei von H bevollmächtigt worden; b) U keinen solchen Hinweis gab?
2. Welche Vorteile bietet bei der Gesamtvertretung die Ermächtigung eines Gesamtvertreters durch den anderen gegenüber der Abgabe gleichgerichteter Erklärungen durch beide Gesamtvertreter?
3. Welche Folgen hat die Anfechtung einer Vollmacht, von der der Vertreter schon Gebrauch gemacht hat?
4. Welchem Zweck dient § 166 Abs. 2 BGB?
5. P ist Prokuristin in der Galerie des K. Eines Tages sucht sie den Kunsthändler V auf und verhandelt mit ihm für K über den Ankauf eines Gemäldes von Caspar David Friedrich. Im Scherz bietet V der P außerdem ein Gemälde von Baselitz an, den K – wie V weiß – für einen „modernen Schmierer" hält. P, die sich über die Arroganz des K gegenüber moderner Kunst schon lange geärgert hat und hofft, ihn durch ein günstiges Geschäft mit dem Baselitz-Gemälde eines Besseren zu belehren, geht zur großen Überraschung des V darauf ein und schließt mit V im Namen des K einen Kaufvertrag über das Baselitz-Gemälde. K weigert sich entschieden, den Kaufpreis zu zahlen. Zu Recht?
6. Welche Kriterien sind nach h.M. dafür maßgeblich, ob der Anwendungsbereich von § 181 BGB entgegen dem Wortlaut ausgeweitet oder eingeschränkt werden kann?

§ 27 Boten

I. Boten und Stellvertreter

1. Der Begriff des Boten

In § 22 wurde als Charakteristikum der Stellvertretung herausgearbeitet, dass ein Stellvertreter das Gleiche tut, was auch der Vertretene täte, wenn er selbst handeln würde: Bei der aktiven Stellvertretung gibt er eine Willenserklärung ab, bei der passiven Stellvertretung nimmt er eine an ihn gerichtete Willenserklärung in Empfang. Davon zu unterscheiden ist der Bote, der eine **bloße Hilfsperson** ist, die selbst nicht rechtsgeschäftlich tätig wird. Der Bote **übermittelt** lediglich eine fremde Willenserklärung vom Erklärenden an den Empfänger. Deshalb kommt es auf die Geschäftsfähigkeit des Boten nicht an; auch Geschäftsunfähige können Boten sein (vgl. dagegen § 165 BGB). Vom Boten kann allerdings durchaus eine geistige Leistung verlangt werden. So ist auch der Übersetzer oder Dolmetscher Bote, wenn sich seine Tätigkeit auf eine Willenserklärung bezieht, da er diese nicht selbst abgibt, sondern lediglich weiterleitet – wenn auch in einer anderen Sprache. Ebenso kann der Bote nach vorgegebenen Regeln festzulegen haben, welche von mehreren möglichen Willenserklärungen er übermittelt.

▶ **Beispiel:** H muss sich einer Operation unterziehen und befürchtet, dass er sich anschließend einige Tage nicht um sein Aktiendepot kümmern kann. Und gerade während dieser Tage wird sich seiner Einschätzung nach Entscheidendes im Hinblick auf den Kurs von Aktien der M AG ereignen. Er übergibt seiner Frau F daher zwei unterschriebene Aufträge an seine Bank. In einem gibt er Order, alle seine M-Aktien zu verkaufen, im anderen, 1.000 weitere M-Aktien zu erwerben. Der F schärft er ein, den Brief mit der Verkaufsorder sofort persönlich bei der Bank abzugeben, wenn der Kurs der M-Aktien über einen bestimmten Betrag steigt, den Brief mit der Kauforder, sobald der Kurs unter einen bestimmten Betrag fällt. F ist Botin, da sie nur eine von H abgegebene Willenserklärung weiterleitet. ◀

Der Einsatz von Boten ist **prinzipiell zulässig.** Nur wenn das Gesetz die persönliche Anwesenheit des Erklärenden vorschreibt (z.B. als Teil des Erfordernisses der gleichzeitigen Anwesenheit bei der Auflassung, § 925 Abs. 1 S. 1 BGB, oder der Eheschließung, § 1311 S. 1 BGB), ist der Einsatz von Boten ausgeschlossen. Den Einsatz eines Stellvertreters hindert das Erfordernis persönlicher Anwesenheit dagegen nicht; entscheidend ist, dass der Stellvertreter persönlich anwesend ist (siehe auch § 22 Rn. 7). Der Einsatz von Stellvertretern (aber nicht unbedingt auch von Boten[1]) ist nur ausgeschlossen, wenn die Erklärung (wie in § 1311 S. 1 BGB) persönlich abgegeben werden muss.

2. Die Abgrenzung von Boten und Stellvertretern

a) Aktive Stellvertreter

Wenn jemand durch eine Willenserklärung Rechtsfolgen auslösen und sich dazu einer Hilfsperson bedienen will, muss er entscheiden, ob er diese Hilfsperson als Boten oder als Stellvertreter einsetzen will. Im ersten Fall muss er die betreffende Erklärung selbst abgeben und die Hilfsperson damit beauftragen, die Erklärung an den Empfänger (oder einen anderen Boten) zu übermitteln. Im zweiten Fall muss er der Hilfsperson Vertretungsmacht erteilen, damit die Hilfsperson selbst die Willenserklärung mit Wirkung für und gegen ihn abgeben kann.

---

1 BGH NJW 2008, 917 Rn. 15.

Wie stets im Hinblick auf Willenserklärungen ist jedoch nicht dasjenige relevant, was der Geschäftsherr will, sondern dasjenige, was beim Empfänger ankommt. Maßgeblich dafür, ob jemand Stellvertreter oder Bote ist, ist daher die **Auslegung** der betreffenden Erklärung, die normalerweise nach dem objektiven Empfängerhorizont (§§ 133, 157 BGB) erfolgt (siehe § 2 Rn. 8 ff.). Führt sie dazu, dass es sich um eine Willenserklärung des Mittelsmanns handelt, ist dieser Stellvertreter. Ergibt die Auslegung dagegen, dass eine Willenserklärung des Geschäftsherrn vorliegt, so ist der Mittelsmann Bote. Gibt der Mittelsmann zu erkennen, dass er einen **Entscheidungsspielraum** hat, ist er zwangsläufig Stellvertreter, da dieser Entscheidungsspielraum notwendig dazu führt, dass er eine Willenserklärung abgibt. Das erkennbare Fehlen eines Entscheidungsspielraums führt dagegen nicht unbedingt zur Botenschaft, da es auch Vertreter ohne Entscheidungsspielraum gibt („Vertreter mit gebundener Marschroute").

▶ **Beispiel:** Rechtsanwältin R schickt ihre Auszubildende A in die Computerhandlung des C, um dort einen Laptop zu bestellen. R hat sich vorher umfassend über das Angebot des C informiert und gibt der A genaue Vorgaben, was sie dem C sagen soll. A, die sich für Computer interessiert, nutzt jedoch die Gelegenheit, um sich bei C ausgiebig beraten zu lassen. Schließlich erklärt sie dem C, sie bestelle nun „für R" folgendes Gerät, und nennt dabei das von R ausgesuchte.

R wollte die A als Botin einsetzen, die nur die Willenserklärung der R übermitteln sollte. A trat aber gegenüber C als Stellvertreterin auf, da sie aus dessen Perspektive eine eigene Willenserklärung abgab. ◀

4   Setzt der Geschäftsherr jemanden als **Boten** ein und gibt dieser diejenige Willenserklärung, die er nur übermitteln soll, im Namen des Geschäftsherrn als eigene ab, handelt er – sofern keine Vertretungsmacht kraft Rechtsscheins besteht – als Vertreter ohne Vertretungsmacht. Da der Geschäftsherr aber entsprechende „Botenmacht" erteilt hat und deshalb genau dasjenige für ihn erklärt wird, was erklärt werden soll, handelt er rechtsmissbräuchlich, wenn er sich auf das Fehlen der Vertretungsmacht beruft. Eine solche Berufung ist daher nach § 242 BGB unbeachtlich.[2]

Ähnlich liegt es im umgekehrten Fall, in dem jemand als **Stellvertreter** eingesetzt wird und eine von seiner Vertretungsmacht umfasste Willenserklärung nicht als eigene abgibt, sondern scheinbar als Willenserklärung des Geschäftsherrn übermittelt. Da die Willenserklärung des Geschäftsherrn, die dem Dritten zugeht, nicht vom Geschäftsherrn abgegeben wurde, liegt ein Fall der abhanden gekommenen Willenserklärung vor (siehe § 2 Rn. 20). Weil der Geschäftsherr durch die Erteilung der Vertretungsmacht das Risiko geschaffen hat, dass der Mittelsmann als Bote auftritt, ist die Willenserklärung dem Geschäftsherrn zurechenbar. Sie wirkt daher für und gegen ihn, aber er kann an sich nach § 119 Abs. 1 Alt. 2 BGB anfechten (siehe § 19 Rn. 25). Weil er jedoch entsprechende Vertretungsmacht erteilt hat und daher hinnehmen muss, dass eine Willenserklärung mit dem betreffenden Inhalt für und gegen ihn wirkt, ist eine Anfechtung wegen des Abhandenkommens rechtsmissbräuchlich (§ 242 BGB).[3] Bei

---

2   So im Ergebnis die ganz h.M.: Erman/*Finkenauer*, vor § 164 Rn. 25; Grüneberg/*Ellenberger*, vor § 164 Rn. 11; MüKoBGB/*Schubert*, § 164 Rn. 86; *Neuner*, § 49 Rn. 17; Soergel/*Bayer*, vor § 164 Rn. 100; Staudinger/*Schilken*, vor § 164 Rn. 80. **A.A.** nur *Hueck*, AcP 152 (1952), 432, 437 f. Eine Ausnahme gilt nur, wenn der Geschäftsherr das vom Mittelsmann vorgenommene Rechtsgeschäft anfechten könnte, falls dieser tatsächlich als Bote gehandelt hätte. Der Dritte wird dann durch die Haftung des Mittelsmanns nach § 179 BGB geschützt.
3   So im Ergebnis die ganz h.M.: Erman/*Finkenauer*, vor § 164 Rn. 25; Grüneberg/*Ellenberger*, vor § 164 Rn. 11; *Neuner*, § 49 Rn. 17; Soergel/*Bayer*, vor § 164 Rn. 100; Staudinger/*Schilken*, vor § 164 Rn. 80. Zweifelnd *Hueck*, AcP 152 (1952), 432, 439 f.; MüKoBGB/*Schubert*, § 164 Rn. 87. Eine Ausnahme gilt nur, wenn der Geschäftsherr nicht an die Willenserklärung gebunden wäre, falls der Mittelsmann tatsächlich als Stellvertreter ge-

formbedürftigen Erklärungen kann die „übermittelte" Erklärung allerdings der vorgeschriebenen Form ermangeln, da der Geschäftsherr eine derartige Erklärung ja überhaupt nicht abgeben wollte.

b) Passive Stellvertreter

Ein Bote übermittelt die Willenserklärung an den Empfänger, ein passiver Stellvertreter ist dagegen selbst Erklärungsempfänger. Das hat erhebliche Auswirkungen in Bezug auf das **Wirksamwerden** und die **Auslegung** der Willenserklärung:

- Bei einem **Boten** wird die Willenserklärung wirksam, wenn sie dem Geschäftsherrn zugeht (§ 130 Abs. 1 S. 1 BGB). Entscheidend ist also, wann sie den Machtbereich des Geschäftsherrn erreicht (siehe dazu Rn. 10) und wann mit der Kenntnisnahme durch den Geschäftsherrn zu rechnen ist. Für die Auslegung der Willenserklärung nach dem objektiven Empfängerhorizont (§§ 133, 157 BGB) kommt es auf die Verständnismöglichkeiten des Geschäftsherrn an.

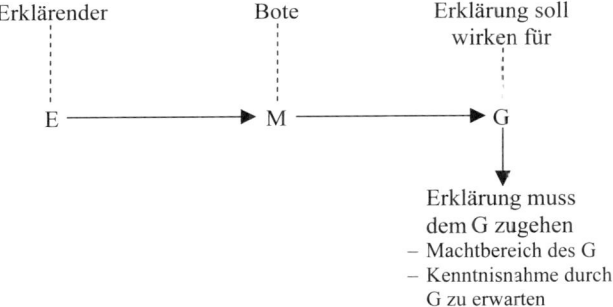

- Bei einem **passiven Stellvertreter** wird die Willenserklärung wirksam, wenn sie diesem zugeht (§ 130 Abs. 1 S. 1 BGB). Zu fragen ist also, wann sie den Machtbereich des Vertreters erreicht und mit der Kenntnisnahme durch diesen zu rechnen ist. Für die Auslegung der Willenserklärung nach dem objektiven Empfängerhorizont (§§ 133, 157 BGB) sind die Verständnismöglichkeiten des Vertreters maßgeblich.

---

handelt hätte, weil der Geschäftsherr entweder die erteilte Vollmacht anfechten kann (siehe § 26 Rn. 8 ff.) oder weil er das Vertretergeschäft nach §§ 119 ff. BGB i.V.m. § 166 Abs. 1 BGB oder § 166 Abs. 2 BGB analog (siehe § 26 Rn. 14 f., 20 f.) anfechten könnte. Dann handelt der Geschäftsherr nicht rechtsmissbräuchlich, wenn er das Rechtsgeschäft, das durch die abhanden gekommene Willenserklärung zustande kam, nach § 119 Abs. 1 Alt. 2 BGB anficht. Der Dritte ist durch die Haftung des Geschäftsherrn nach § 122 BGB ausreichend geschützt.

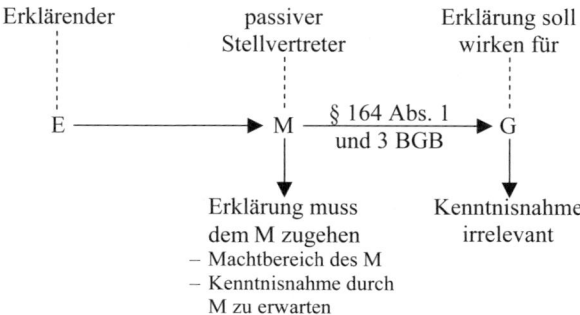

6 Für die Frage, ob jemand passiver Stellvertreter oder Bote ist, kommt es nicht etwa darauf an, ob er vom Geschäftsherrn Vertretungsmacht für den Empfang von Willenserklärungen erhielt (vgl. § 22 Rn. 5). Entscheidend ist vielmehr, ob die Erklärung an ihn gerichtet ist – dann ist er passiver Stellvertreter – oder an den Geschäftsherrn, dem er sie nur übermitteln soll – dann ist er Bote. Maßgeblich ist also der Wille des Erklärenden, freilich – wie stets – nicht der subjektive Wille, sondern der erklärte Wille. Damit entscheidet die **Auslegung der Erklärung** darüber, an wen sie gerichtet ist. Diese Auslegung kann hier nicht wie sonst nach dem objektiven Empfängerhorizont erfolgen, da es ja gerade darum geht, den Empfänger festzustellen. Insofern muss vielmehr der Horizont des Mittelsmanns maßgeblich sein. Muss dieser die Erklärung vernünftigerweise so verstehen, dass sie an ihn selbst gerichtet ist (aber Rechtsfolgen gegenüber dem Geschäftsherrn entfalten soll), dann ist er passiver Stellvertreter. Muss er sie so verstehen, dass er sie nur an den Geschäftsherrn übermitteln soll, dann ist er Bote.

Für die Auslegung spielt es allerdings eine Rolle, ob der Mittelsmann **Vertretungsmacht** hat, denn er muss annehmen, dass der Erklärende die Erklärung im Zweifelsfall an denjenigen richten will, bei dem sie wirksam wird. Hat der Mittelsmann also keine Vertretungsmacht, ist die Erklärung im Zweifel so auszulegen, dass sie an den Geschäftsherrn gerichtet ist und der Mittelsmann sie an diesen weiterleiten soll. Hat er Vertretungsmacht, muss er im Zweifel annehmen, dass die Erklärung an ihn selbst als Vertreter des Geschäftsherrn gerichtet ist, weil sie dann schneller wirksam wird.

7 Problematisch sind deshalb nur die Fälle, in denen die Adressierung der Erklärung **eindeutig** ist und die dem Mittelsmann zugedachte Rolle nicht mit seiner Vertretungsmacht übereinstimmt.

Das ist zunächst der Fall, wenn die Erklärung eindeutig **an den Mittelsmann gerichtet** ist, er aber **keine Vertretungsmacht** hat. Ein einseitiges Rechtsgeschäft wäre dann nach § 180 S. 1 BGB unwirksam, nur im Fall eines Einverständnisses des Mittelsmanns nach §§ 177 Abs. 1, 180 S. 2 und 3 BGB wäre es genehmigungsfähig. Es würde nicht einmal wirksam, wenn der Mittelsmann die Erklärung wie ein Bote an den Geschäftsherrn weiterleiten würde, denn nach h.M. muss die Erklärung gerade gegenüber dem Empfänger abgegeben sein und darf ihn nicht nur zufällig erreichen (siehe § 2 Rn. 29); deshalb könnte der Mittelsmann nicht entgegen der eindeutigen Adressierung den Geschäftsherrn zum Empfänger machen. Das Ergebnis ist offensichtlich nicht interessengerecht. Meines Erachtens ist es durch eine sachgerechte Auslegung der Erklärung zu vermeiden: Wenn jemand durch eine Erklärung Rechtsfolgen gegenüber einer bestimmten Person (hier: dem Geschäftsherrn) herbeiführen will, geht es ihm im Allgemeinen nur darum, die Erklärung an jemanden zu adressieren, bei dem sie diese

Rechtsfolgen auslöst; die Person des Adressaten ist ihm im Allgemeinen gleichgültig. Eine an einen (vermeintlichen) Passivvertreter adressierte Erklärung ist daher mangels anderer Anzeichen (wie z.B. der Adressierung „persönlich") so auszulegen, dass sie zugleich auch an den Geschäftsherrn selbst und dessen (wirkliche) Passivvertreter gerichtet ist.

▶ **Fall 1:** M hat von V eine Garage gemietet und will diese kündigen. Da sie bisher immer mit dem Angestellten A der V zu tun hatte, schreibt sie folgenden Brief: „Herrn A, c/o V. Sehr geehrter Herr A, hiermit kündige ich die gemietete Garage zum Jahresende. Mit freundlichen Grüßen." A hat keine Vertretungsmacht.

Da A mit der Erklärung ihm gegenüber nicht einverstanden war, ist die Kündigung nach § 180 S. 1 und 3 BGB nichtig, wenn man annimmt, dass sie nur an A gerichtet war. Unter dieser Annahme ändert sich daran auch nichts, wenn A die Kündigung an V weiterleitet, weil sie zwar der V gegenüber Rechtsfolgen entfalten soll, aber nicht an sie gerichtet ist. Um dieses evident unbillige Ergebnis zu vermeiden, muss man annehmen, dass die Erklärung trotz der eindeutigen Adressierung nicht nur an A gerichtet ist, sondern auch an V, die nach Ansicht der M durch A vertreten wird, und die Passivvertreter der V. Dann wird die Erklärung nach § 130 Abs. 1 S. 1 BGB wirksam, wenn mit der Weiterleitung durch A an V oder einen Passivvertreter der V zu rechnen ist. ◀

Der umgekehrte Fall ist weniger gravierend, weil es nicht darum geht, ob die Erklärung wirksam wird, sondern nur darum, wann sie wirksam wird: Die Erklärung ist eindeutig **an den Geschäftsherrn gerichtet**, aber der Mittelsmann **hat Vertretungsmacht** für ihren Empfang. Kann man hier den Mittelsmann als Passivvertreter in Bezug auf die betreffende Erklärung ansehen, führt das dazu, dass sie früher – nämlich schon im Zeitpunkt des Zugangs an ihn und nicht erst im Zeitpunkt der voraussichtlichen Weiterleitung – wirksam wird. Meiner Ansicht nach sollte man auch hier annehmen, dass die Erklärung nicht nur an den Geschäftsherrn, sondern zugleich an alle seine Passivvertreter gerichtet ist.[4] Dies ist auch eine durchaus lebensnahe Auslegung, denn jeder weiß, dass zumindest in größeren Unternehmen die allermeisten Erklärungen, die an diese Unternehmen gerichtet werden, nicht vom Geschäftsherrn persönlich, sondern nur vom zuständigen Sachbearbeiter zur Kenntnis genommen werden, und will deshalb normalerweise die Erklärung unabhängig von der konkreten Adressierung einfach an den im Unternehmen Zuständigen richten.

Zusammenfassend lässt sich damit festhalten, dass mangels anderweitiger Anzeichen (wie z.B. der Adressierung „persönlich") anzunehmen ist, dass eine Erklärung ungeachtet ihrer konkreten Adressierung außer an den genannten Empfänger auch an diejenigen Personen, denen gegenüber sie wirken soll, und deren Passivvertreter gerichtet ist. Zum Wirksamwerden der Erklärung genügt es daher, wenn sie den Geschäftsherrn oder einen passiven Stellvertreter erreicht.

II. Erklärungs- und Empfangsboten

Man unterscheidet zwei Arten von Boten: Erklärungsboten und Empfangsboten. Die **Aufgabe** beider ist gleich: eine Willenserklärung vom Erklärenden an den Empfänger zu übermitteln. Auch werden beide zur Weiterleitung der konkreten Erklärung vom Erklärenden (oder einer Hilfsperson) eingesetzt, da dieser ja den Anstoß für die Über-

---

4 So im Ergebnis auch Soergel/*Leptien*, 13. Aufl. (1999), § 164 Rn. 37; Staudinger/*Schilken*, § 164 Rn. 22.

mittlung der Erklärung gibt. Relevant ist der Unterschied zwischen Erklärungs- und Empfangsboten nur für die **Verteilung der Übermittlungsrisiken**:

- **Empfangsboten** gehören zum Machtbereich des Empfängers; sie fungieren als eine Art „lebender Briefkasten". Sobald eine Erklärung einen Empfangsboten erreicht hat, kommt es deshalb nicht mehr auf den tatsächlichen, sondern nur noch auf den normalerweise zu erwartenden Geschehensablauf an (siehe § 2 Rn. 23). Dieser zu erwartende Geschehensablauf besteht darin, dass der Empfangsbote die Erklärung mit demjenigen Inhalt, den sie bei Erreichen des Empfangsboten hat, binnen angemessener Frist an den Empfänger weiterleitet.[5] Tut er das nicht, fällt dies in den Risikobereich des Empfängers. Vergisst oder verzögert der Empfangsbote also die Weiterleitung, wird die Erklärung trotzdem nach § 130 Abs. 1 S. 1 BGB in demjenigen Zeitpunkt wirksam, in dem die Weiterleitung hätte erfolgen müssen. Entstellt er die Erklärung inhaltlich, wird sie dennoch mit demjenigen Inhalt wirksam, den sie bei Erreichen des Empfangsboten hatte. Denn bei der Auslegung nach dem objektiven Empfängerhorizont (§§ 133, 157 BGB) wird unterstellt, dass der objektive Empfänger sämtliche seiner Sphäre entstammenden Umstände kennt, weil er seine eigene Sphäre selbst organisiert und kontrolliert und deshalb in ihr begründete Umstände in seinen Risikobereich fallen müssen. Für die Auslegung ist deshalb davon auszugehen, dass der Empfänger weiß, welchen Inhalt die Erklärung hatte, als sie seinen Machtbereich – d.h. den Empfangsboten – erreichte.

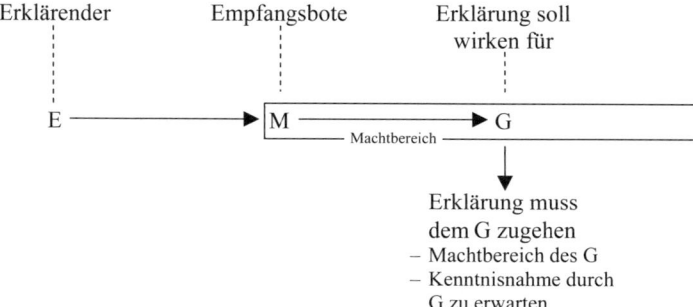

- **Erklärungsboten** agieren dagegen, bevor die Erklärung den Machtbereich des Empfängers erreicht. Alles, was sie tun, fällt daher in den Risikobereich des Erklärenden. Vergisst oder verzögert ein Erklärungsbote die Weiterleitung, dann erreicht die Erklärung nie oder später den Machtbereich des Empfängers und wird deshalb nicht oder nur später wirksam. Entstellt ein Erklärungsbote die Erklärung inhaltlich, erreicht sie mit diesem entstellten Inhalt den Machtbereich des Empfängers und wird deshalb auch mit diesem entstellten Inhalt wirksam.

---

5 Eine Ausnahme ist jedoch denkbar, wenn die Umstände, unter denen der Empfangsbote die Erklärung erhält, so ungewöhnlich sind, dass nicht mit einer korrekten Weiterleitung zu rechnen ist; etwa, wenn die Ehefrau auf einer Party gebeten wird, ihrem – nicht anwesenden – Mann etwas auszurichten. Die Lage ist dann nicht anders als bei einem sonstigen Einsatz unüblicher Kommunikationsmittel (siehe § 2 Rn. 35 sowie *Faust*, JuS 2012, 68, 70).

§ 27 Boten

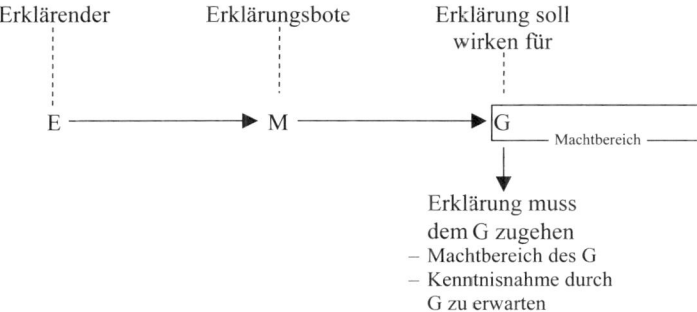

▶ **Fall 2:** E erklärt dem M, dieser solle der G ausrichten, E biete der G einen Gebrauchtwagen für 9.000 € an. M versteht das richtig, kann sich später jedoch nicht mehr genau erinnern und richtet der G aus, E biete für 8.000 € an.

$$E \xrightarrow{9.000\ €} M \xrightarrow{8.000\ €} G$$

Ist M Empfangsbote der G, gehört er zum Machtbereich der G. Die Erklärung des E hat also den Inhalt „9.000 €", als sie den Machtbereich der G erreicht. Für die Auslegung nach dem objektiven Empfängerhorizont (§§ 133, 157 BGB) ist zu unterstellen, dass G den Inhalt der Erklärung bei Erreichen ihres Machtbereichs kennt. E bietet den Gebrauchtwagen also zu 9.000 € an.

$$E \xrightarrow{9.000\ €} \boxed{M \xrightarrow{8.000\ €} G}$$

Ist M Erklärungsbote des E, gehört er nicht zum Machtbereich der G. Die Erklärung des E erreicht also den Machtbereich der G erst, wenn sie die G erreicht. Dabei hat sie den Inhalt „8.000 €". E bietet den Gebrauchtwagen also zu 8.000 € an.

$$E \xrightarrow{9.000\ €} M \xrightarrow{8.000\ €} \boxed{G}$$

◀

Für die Verteilung des Übermittlungsrisikos ist somit die **Abgrenzung zwischen Erklärungsboten und Empfangsboten** zentral. Da zum Transport der konkreten Erklärung alle Boten vom Erklärenden oder von einer von ihm beauftragten Person eingesetzt werden, sind im **Ausgangspunkt alle Boten Erklärungsboten**. Denn nur derjenige, der einen Boten einsetzt, kann ihn aussuchen, instruieren und überwachen, und deshalb muss prinzipiell er das Risiko von Fehlern des Boten tragen. Damit ein Bote als Empfangsbote angesehen werden kann, bedarf es eines besonderen Grundes, der die **Zurechnung an den Empfänger** rechtfertigt. Ein derartiger Zurechnungsgrund ist, dass der Empfänger den Betreffenden zum Empfangsboten **bestellt** hat. So wird etwa ein Angestellter dadurch, dass er in der Posteingangsstelle eingesetzt wird, zum Empfangsboten bestellt. Sehr häufig aber wird sich ein derartiger Bestellungsakt nicht feststellen lassen. Es kommt deshalb entscheidend darauf an, wer nach der **Verkehrsauffassung** als Empfangsbote gilt. Angestellte eines Unternehmens werden danach im Allgemeinen

11

als Empfangsboten anzusehen sein, außer wenn sie ihrer Funktion nach offensichtlich nichts mit der Abwicklung von Geschäften zu tun haben sollen (z.b. Reinigungspersonal). Bei privaten Empfängern sind Hausangestellte und im gleichen Haushalt lebende Personen[6] normalerweise Empfangsboten, sofern sie nach ihren intellektuellen Fähigkeiten hierzu in der Lage scheinen. Das ist bei erwachsenen Haushaltsmitgliedern selbstverständlich. Bei Kindern und Jugendlichen hängt es dagegen von den Umständen des Einzelfalls ab. So ist eine Empfangsbotenstellung in Bezug auf verkörperte Erklärungen eher anzunehmen als in Bezug auf mündliche Erklärungen, weil bei ersteren das Fehlerrisiko wesentlich geringer ist. In Bezug auf Alltagsgeschäfte wird man eine Empfangsbotenstellung eher annehmen als in Bezug auf außergewöhnliche Geschäfte. Keine Empfangsboten sind nach der Verkehrsauffassung z.b. Nachbarn, nicht im gleichen Haushalt lebende Verwandte und Arbeitskollegen; sie müssten vom Empfänger eigens bestellt sein.

▶ **Fall 3:** V will ein Ölgemälde verkaufen und inseriert es in der örtlichen Tageszeitung. Dieses Inserat liest auch die Bekannte K des V, die das Gemälde schon früher gesehen hat und es als Hochzeitsgeschenk für ihre Nichte erwerben will. Sie will den V anrufen, doch es ist dauernd besetzt. Deshalb geht sie schließlich persönlich bei V vorbei, erreicht jedoch nur dessen zehnjährige Tochter T. Sie gibt der T ihre Visitenkarte und bittet sie, dem V auszurichten, sie wolle das Gemälde erwerben und 20.000 € dafür zahlen. T setzt zunächst das Telefonat mit ihrer Freundin F fort, das sie wegen des Besuchs von K kurz unterbrochen hatte. Als es beendet ist, ruft sie im Büro des V an und bittet dessen Sekretärin S, dem V auszurichten, K wolle das Bild erwerben. Hinsichtlich des von K gebotenen Preises hat allerdings die Erinnerung der T unter dem Telefonat mit F gelitten, und sie sagt deshalb 25.000 € statt 20.000 €. S versteht dies auch richtig. Als sie den V von dem Gespräch informiert, ist sie jedoch zerstreut und sagt deshalb, K biete 30.000 €. V teilt der K per E-Mail mit: „Vielen Dank, ich nehme Ihr Angebot an."

Das Zeitungsinserat des V ist schon deshalb kein Antrag, sondern eine bloße invitatio ad offerendum, weil es keinen Preis enthält. Den Antrag gab darum K ab. Da sie die T bat, ihr Angebot dem V auszurichten, und auch T die S entsprechend instruierte, war dieser Antrag der K an V selbst gerichtet und nicht etwa an T oder S als passive Stellvertreterin. Für die Auslegung des Antrags der K ist deshalb der objektive Empfängerhorizont des V entscheidend (§§ 133, 157 BGB). Es wird dabei unterstellt, dass V alle in seinem Machtbereich liegenden Umstände kennt. Deswegen kommt es darauf an, wann der Antrag den Machtbereich des V erreichte. Das hängt davon ab, ob S oder sogar S und T dem Machtbereich des V zuzurechnen sind, also dessen Empfangsbotinnen waren. Maßgeblich hierfür ist mangels besonderer Bestellung die Verkehrsauffassung. Danach war S Empfangsbotin, da es gerade zu den Aufgaben einer Sekretärin gehört, Nachrichten für ihren Vorgesetzten entgegenzunehmen und an ihn weiterzuleiten. In Bezug auf T ist dagegen zweifelhaft, ob K sie nach der Verkehrsauffassung für eine Empfangsbotin halten durfte. Dafür spricht, dass T zur Familie des V gehört und mit ihm im gleichen Haushalt lebt. Dagegen spricht aber das Alter der T. Bei Empfangsboten besteht immer das Risiko, dass sie die Erklärung – zulasten des Empfängers – gar nicht, verspätet oder mit falschem Inhalt übermitteln. Man kann daher nach der Verkehrsanschauung nur solche Personen als Empfangsboten ansehen, bei denen hinreichende Gewähr für eine unverzügliche und richtige Weiterleitung besteht. Eine solche Gewähr war bei der zehnjährigen T nicht gegeben. Zum einen teilte K der T die Erklärung nur mündlich mit,

---

6 Nach BAG NJW 2011, 2604 Rn. 12 ff. = JuS 2012, 68 ff. (*Faust*) ist der in derselben Wohnung lebende Ehegatte auch dann Empfangsbote, wenn ihm die Erklärung außerhalb der Wohnung übermittelt wird.

so dass – anders als etwa bei einem übergebenen Brief – T die Erklärung nicht nur überhaupt, sondern auch mit dem richtigen Inhalt weiterleiten musste. Zum anderen handelte es sich nicht um ein Alltagsgeschäft, sondern um einen Vertrag von erheblichem Umfang, dessen Bedeutung T möglicherweise gar nicht erfassen konnte. Somit ist nur S als Empfangsbotin anzusehen; T ist Erklärungsbotin der K. Die Erklärung der K hatte folglich den Inhalt „25.000 €", als sie den Machtbereich des V erreichte. K bot somit 25.000 € für das Bild (vgl. § 2 Rn. 9 f.).

K —20.000 €→ T —25.000 €→ S —30.000 €→ V

Die Antwort des V, er nehme an, ist nach dem objektiven Empfängerhorizont (§§ 133, 157 BGB) so zu verstehen, dass V zu den Bedingungen annimmt, die K in ihrer Erklärung zum Ausdruck gebracht hat (siehe Fall 2 in § 3 Rn. 15). Sie hat damit ebenfalls den Inhalt „25.000 €". Es kam also ein Kaufvertrag zum Preis von 25.000 € zustande. ◀

III. Fehler bei der Übermittlung von Willenserklärungen

Ein Bote kann eine Willenserklärung gar nicht, verspätet oder mit falschem Inhalt übermitteln. Schlimmstenfalls kann er überhaupt nicht zur Übermittlung der Willenserklärung eingesetzt worden sein, also völlig eigenmächtig handeln („Pseudo-Bote"). 12

1. Fehler von Erklärungsboten

Fehler von Erklärungsboten führen dazu, dass die Erklärung den Machtbereich des Empfängers gar nicht, verspätet oder mit falschem Inhalt erreicht. 13

Wenn der Erklärungsbote die Erklärung gar nicht oder verspätet weiterleitet, geht sie nicht oder später zu und wird deshalb nicht oder später wirksam (§ 130 Abs. 1 S. 1 BGB). Der Erklärende kann hieran nichts ändern. Er hat allenfalls einen Schadensersatzanspruch gegen den Boten.

Für den Fall, dass der Erklärungsbote die Erklärung mit **falschem Inhalt** weiterleitet, sieht § 120 BGB ein **Anfechtungsrecht** vor. Hieraus folgt, dass die Erklärung mit dem falschen Inhalt für den Erklärenden wirkt, wenn er sein Anfechtungsrecht nicht ausübt. Die Situation ist damit gerade umgekehrt als bei der Stellvertretung: Wenn ein Vertreter ohne Vertretungsmacht handelt, wirkt die Erklärung nicht gegenüber dem Vertretenen, aber er hat (mit Ausnahmen nach § 180 BGB) die Möglichkeit, das betreffende Rechtsgeschäft zu genehmigen und dadurch wirksam zu machen.

▶ In Fall 3 (Rn. 11) kann K den Kaufvertrag nach §§ 119 Abs. 1 Alt. 2, 120 BGB anfechten, da ihr Antrag von ihrer Erklärungsbotin T falsch übermittelt wurde: K wollte 20.000 € für das Gemälde bieten, wegen des Fehlers der T bot sie aber tatsächlich 25.000 €. ◀

Weil § 120 BGB die falsche Übermittlung einer Willenserklärung dem Erklärungsirrtum (§ 119 Abs. 1 Alt. 2 BGB) gleichstellt, setzt die Anfechtung nach § 119 Abs. 1 BGB voraus, dass der Erklärende die Willenserklärung mit demjenigen Inhalt, mit dem sie schließlich wirksam wurde, nicht abgegeben hätte (Kausalität) und dass der Fehler objektiv erheblich ist. Siehe zu diesen Voraussetzungen § 19 Rn. 6.

§ 120 BGB setzt den Erklärenden dem Risiko aus, die unverzügliche Anfechtung zu versäumen und deshalb an die Erklärung, die er so nicht abgeben wollte, gebunden zu 14 bleiben, und unterwirft ihn im Fall der Anfechtung der Schadensersatzpflicht nach § 122 BGB. Das ist nur gerechtfertigt, wenn die Situation mit derjenigen in den Fällen des § 119 BGB vergleichbar ist. Danach kann es zwar nicht darauf ankommen, ob den Erklärenden ein Verschulden trifft, aber die falsch übermittelte Erklärung muss ihm **zurechenbar** sein. Ist sie das nicht, dann ist es nicht gerechtfertigt, dem Erklärenden die Last der Anfechtung aufzuerlegen. Vielmehr sind dann die Regelungen über die Vertretung ohne Vertretungsmacht analog anzuwenden: Ein Vertrag, der durch die falsch übermittelte Erklärung zustande kam, ist analog § 177 BGB schwebend unwirksam. Wenn der Erklärende ihn nicht genehmigt, haftet der Bote analog § 179 BGB. Für einseitige Rechtsgeschäfte gelten § 180 S. 1 und 2 BGB analog (vgl. § 25 Rn. 5). Der Erklärende ist also nicht dem Risiko der Fristversäumnis ausgesetzt und wird keiner verschuldensunabhängigen Schadensersatzpflicht unterworfen.

15 An der Zurechenbarkeit fehlt es jedenfalls dann, wenn der angeblich Erklärende den Boten überhaupt nicht mit der Übermittlung einer Erklärung an den Empfänger beauftragt hat und der angebliche Bote deshalb ein bloßer **Pseudo-Bote** ist.[7] In diesem Fall sind also §§ 177 ff. BGB statt § 120 BGB einschlägig.[8]

16 Umstritten ist, ob dem Erklärenden eine Erklärung, die der von ihm eingesetzte Bote **vorsätzlich falsch übermittelt**, zurechenbar ist. Zumindest früher wurde dies überwiegend abgelehnt, und deswegen wurden §§ 177 ff. BGB analog angewendet.[9] Begründet wird dies damit, dass der absichtlich verfälschende Bote nicht als bloßer Erklärungsbote anzusehen sei und dass die absichtliche Falschübermittlung – im Gegensatz zur versehentlichen – keine typische, berechenbare Gefahr des Einsatzes von Boten darstelle.

Mir scheint die Gegenansicht[10] überzeugender, die auch bei vorsätzlicher Falschübermittlung nur eine Anfechtung nach § 120 BGB zulässt. Zum einen schafft der Geschäftsherr durch die Einschaltung eines Boten auch das Risiko der vorsätzlichen Falschübermittlung. Nur der Geschäftsherr, nicht der Empfänger kann durch sorgfältige Auswahl und Überwachung des Erklärungsboten der Gefahr vorsätzlicher Falschübermittlung entgegenwirken, und deshalb ist es angemessen, ihn über § 122 BGB das negative Interesse des Empfängers ersetzen zu lassen. Auch aus systematischen Gründen ist die Gegenansicht vorzugswürdig. Das Gesetz behandelt nun einmal die Rechtsfolgen des Fehlverhaltens von Boten und Stellvertretern unterschiedlich: Bei versehentlicher Falschübermittlung durch Boten ist die Willenserklärung nur anfechtbar (§ 120 BGB), die versehentliche Überschreitung der Vertretungsmacht führt dagegen zur Nichtigkeit oder schwebenden Unwirksamkeit (§§ 177, 180 BGB). Es besteht daher keinerlei Anlass, Boten und Vertreter bei vorsätzlichem Handeln gleichzustellen, zumal dazu eine teleologische Reduktion des § 120 BGB erforderlich wäre, in dessen Wortlaut keine Differenzierung zwischen vorsätzlicher und versehentlicher Falschübermittlung angelegt ist.

---

[7] BGH NJW 2008, 2702 Rn. 35 f.
[8] BeckOGK-BGB/*Rehberg* (1.6.2024), § 120 Rn. 18 ff.; *Bork*, Rn. 1361; *Leenen/Häublein*, § 14 Rn. 63; *Medicus/Petersen*, Rn. 747, 997; MüKoBGB/*Armbrüster*, § 120 Rn. 5; *Neuner*, § 41 Rn. 40; NK-BGB/*Feuerborn*, § 120 Rn. 7; Soergel/*Harke*, § 120 Rn. 3; Staudinger/*Singer*, § 120 Rn. 3.
[9] Erman/*A. Arnold*, § 120 Rn. 5; *Flume*, § 43 4, S. 758 f.; Grüneberg/*Ellenberger*, § 120 Rn. 4; MüKoBGB/*Schubert*, § 164 Rn. 89 (bei ordnungsgemäßer Auswahl und Überwachung des Boten); Soergel/*Bayer*, vor § 164 Rn. 92; Staudinger/*Schilken*, vor § 164 Rn. 81.
[10] BeckOGK-BGB/*Rehberg* (1.6.2024), § 120 Rn. 23 f.; *Bork*, Rn. 1361; *Marburger*, AcP 173 (1973), 137 ff.; *Medicus/Petersen*, Rn. 748; *Neuner*, § 33 Rn. 34, § 41 Rn. 40; NK-BGB/*Feuerborn*, § 120 Rn. 5 f.; Soergel/*Harke*, § 120 Rn. 6; Staudinger/*Singer*, § 120 Rn. 4. Wohl auch MüKoBGB/*Armbrüster*, § 120 Rn. 5 (zumindest Haftung des Geschäftsherrn analog § 122 BGB).

Der Empfänger wird im Fall eines Pseudo-Boten durch den **Anspruch aus § 179 BGB gegen den Boten** geschützt. Im Fall eines (vorsätzlich, fahrlässig oder schuldlos) falsch übermittelnden „echten" Boten steht dem Empfänger ein Anspruch aus § 122 BGB gegen den Erklärenden zu, wenn dieser anficht. Es fragt sich, ob außerdem der falsch übermittelnde „echte" Bote dem Empfänger analog § 179 BGB haftet. Prinzipiell besteht für eine solche Analogie kein Bedürfnis. Ein Wertungswiderspruch droht allerdings bei vorsätzlicher Falschübermittlung: Hatte der „Erklärende" den Boten überhaupt nicht eingeschaltet (Pseudo-Bote), haftet der Bote, der dies weiß, analog § 179 Abs. 1 BGB auf Erfüllung oder das Erfüllungsinteresse. Damit wäre es nicht vereinbar, einen Boten, der vom Erklärenden eingeschaltet wurde und vorsätzlich etwas Falsches übermittelt, im Verhältnis zum Empfänger gar nicht haften zu lassen und dem Empfänger gemäß § 122 BGB nur Ersatz seines negativen Interesses zu gewähren. Im Fall vorsätzlicher Falschübermittlung ist daher § 179 Abs. 1 BGB analog anzuwenden.

17

Wenn die dem Empfänger übermittelte Erklärung auf Vornahme eines **einseitigen Rechtsgeschäfts** gerichtet ist, ist es für den Empfänger misslich, dass er nicht erkennen kann, ob der Übermittelnde vom Erklärenden eingeschaltet wurde und deshalb die Erklärung (vorbehaltlich der Möglichkeit einer Anfechtung) diesem gegenüber wirkt oder ob der Übermittelnde ein bloßer Pseudo-Bote ist und deshalb die Erklärung analog § 180 S. 1 BGB keine Wirkung gegenüber dem angeblichen Erklärenden entfaltet. Zum Schutz des Empfängers ist **§ 174 BGB analog** anzuwenden (vgl. § 24 Rn. 19): Die Erklärung ist – selbst wenn der Erklärende sie tatsächlich mit diesem Inhalt abgegeben hat – unwirksam, wenn der Empfänger sie unverzüglich zurückweist, sofern nicht der Bote seine Botenstellung durch eine Urkunde nachweist oder der Erklärende den Empfänger von der Botenstellung in Kenntnis gesetzt hat.[11]

18

2. Fehler von Empfangsboten

Fehler von Empfangsboten äußern sich darin, dass der Empfänger von der Erklärung gar nicht, verspätet oder mit anderem als dem tatsächlichen Inhalt Kenntnis nimmt. Das geht zu seinen Lasten. Denn für den Zeitpunkt des Wirksamwerdens kommt es darauf an, wann er von der Erklärung normalerweise Kenntnis nehmen würde, nachdem sie seinen Machtbereich – also den Empfangsboten – erreicht hat, nicht darauf, wann er von ihr tatsächlich Kenntnis nimmt. Und für den Inhalt der Erklärung ist der Zeitpunkt maßgeblich, zu dem sie den Machtbereich – also den Empfangsboten – erreicht. Eine **Anfechtung** kommt nicht in Betracht, da nur derjenige eine Erklärung anfechten kann, der sie abgegeben hat[12]. Wenn aber der Empfänger seinerseits eine Willenserklärung abgibt, in der er auf die ihm falsch übermittelte Willenserklärung Bezug nimmt, und deshalb über den Inhalt der von ihm abgegebenen Erklärung im Irrtum ist, kann er diese – bzw. den durch sie zustande gekommenen Vertrag – nach § 119 Abs. 1 Alt. 1 BGB anfechten.

19

▶ In FALL 3 (Rn. 11) kann V den Kaufvertrag nach § 119 Abs. 1 Alt. 1 BGB anfechten, weil er sich über den Inhalt seiner Annahmeerklärung geirrt hat: Er meinte, mit den Worten „Ihr Angebot" einen Kaufpreis in Höhe von 30.000 € zu akzeptieren, während er in Wirklichkeit einen Kaufpreis in Höhe von 25.000 € akzeptierte. ◀

---

11 BGH NJW-RR 2007, 1705 Rn. 19.
12 Eine Ausnahme gilt bei der aktiven Stellvertretung, bei der das Anfechtungsrecht dem Vertretenen zusteht. Siehe § 26 Rn. 15.

Ausnahmen in Fällen, in denen dem Empfänger überhaupt keine Willenserklärung übermittelt werden sollte (Pseudo-Empfangsbote), und in Fällen vorsätzlicher Falschübermittlung kommen bei Empfangsboten von vornherein nicht in Betracht, da der Erklärende nicht wegen des Fehlverhaltens eines Empfangsboten an eine Erklärung gebunden werden kann, die er so nicht abgegeben hat. Der Empfänger kann lediglich den Empfangsboten auf Schadensersatz in Anspruch nehmen.

Wenn der Empfangsbote die Entgegennahme der Willenserklärung verweigert, handelt es sich um ein aus dem Bereich des Empfängers stammendes Zugangshindernis, so dass die Grundsätze über die Zugangsvereitelung zur Anwendung kommen (siehe § 2 Rn. 39). Nach dem BAG muss der Empfänger die Willenserklärung jedoch nur dann gegen sich gelten lassen, wenn der Empfangsbote im Einvernehmen mit ihm bewusst die Entgegennahme verweigert und damit den Zugang vereitelt; sonst sei die Annahmeverweigerung dem Empfänger nicht zurechenbar.[13] Ich halte das nicht für überzeugend. Wenn der Empfangsbote die Erklärung entgegennimmt und dann wegwirft oder die Weiterleitung vergisst, geht sie dem Empfänger zu dem Zeitpunkt, zu dem er sie normalerweise zur Kenntnis genommen hätte, zu. Ein wertungsmäßiger Unterschied zu dem Fall, dass er von vornherein die Entgegennahme der Erklärung verweigert, ist nicht zu erkennen. Unangemessene Ergebnisse lassen sich durch sachgerechte Bestimmung des Kreises der Empfangsboten vermeiden.

Wiederholungs- und Vertiefungsfragen

1. Wonach entscheidet sich, ob jemand Bote oder aktiver Stellvertreter ist?
2. Eine Willenserklärung der D, die Rechtsfolgen gegenüber G entfalten soll, erreicht die M. Welche unterschiedlichen Auswirkungen hat es, wenn M (1.) Erklärungsbotin der D, (2.) Empfangsbotin des G und (3.) passive Stellvertreterin des G ist?
3. Wonach richtet sich, ob jemand Bote oder passiver Stellvertreter ist?
4. Wie grenzt man zwischen Erklärungs- und Empfangsboten ab?

---

[13] BAG NJW 1993, 1093, 1094. Ablehnend auch *Schwarz*, NJW 1994, 891 f.

H. Verbraucherschutzrecht und Allgemeine Geschäftsbedingungen

§ 28 Verbraucherschutzvorschriften

I. Hintergrund

Die Marktwirtschaft beruht auf der Vorstellung, eine **"unsichtbare Hand"** (*Adam Smith*) sorge dafür, dass das individuelle Streben nach Eigennutz gesamtwirtschaftlich einen Ablauf in Richtung auf das Optimum herbeiführe. Die zur Verfügung stehenden Ressourcen würden durch den Preismechanismus in die Produktion derjenigen Güter gelenkt, nach denen die Marktteilnehmer am meisten verlangten. Denn jeder Einzelne trachte danach, die ihm zur Verfügung stehenden Ressourcen so einzusetzen, dass er dafür den höchstmöglichen Preis erziele. Da aber die Preise für diejenigen Güter am höchsten seien, bei denen das Angebot im Vergleich zur Nachfrage am geringsten sei und die deshalb am dringendsten produziert werden müssten, führe das individuelle Gewinnstreben gleichzeitig zum bestmöglichen Einsatz der vorhandenen Ressourcen und damit zur bestmöglichen Befriedigung der Bedürfnisse.

Dieses Modell beruht auf dem Gedanken der **Konsumentensouveränität**. Die Konsumenten bestimmen durch ihre Nachfrage mithilfe des Preismechanismus über die Entlohnung und damit auch über den Einsatz der Produktionsfaktoren. Die Bedürfnisse der Konsumenten sind dabei als vorgegeben zu akzeptieren, mögen sie auch – aus der Sicht des Beurteilenden – "unvernünftig" oder "wertlos" sein. Gewährleistet sein muss jedoch, dass die Konsumenten wirklich entsprechend ihren Präferenzen handeln, denn sonst spiegeln die Preise nicht diese Präferenzen wider und infolgedessen werden die Ressourcen nicht bestmöglich eingesetzt.

Die Erfahrung zeigt nun, dass gerade Verbraucher häufig Geschäfte schließen, die nicht ihren **wahren Präferenzen** entsprechen. Dies führt – wie gezeigt – nicht nur dazu, dass diese Verbraucher individuelle Nachteile erleiden, sondern kann auch zu einer Beeinflussung des Preismechanismus und damit zu einem nicht optimalen Ressourceneinsatz und deshalb letztlich zu gesamtwirtschaftlichen Nachteilen führen. Es besteht deshalb heute weitgehende Einigkeit, dass ein Bedarf für Verbraucherschutzmaßnahmen besteht. Deren Ausmaß, das von bloßen Verbraucherinformationskampagnen bis hin zur Stärkung der Rechte von Verbrauchern gegenüber ihrem Vertragspartner reichen kann, ist rechtspolitisch freilich umstritten.

II. Einfluss des Europarechts

Die meisten Verbraucherschutzgesetze beruhen heute auf Richtlinien der Europäischen Gemeinschaft bzw. der Europäischen Union.

▶ **Begriffe:** Die Terminologie ist etwas schwierig. Erst seit dem Inkrafttreten des Vertrags von Lissabon am 1.12.2009 werden die Richtlinien von der Europäischen Union erlassen (Art. 288 des Vertrags über die Arbeitsweise der Europäischen Union [AEUV]). Vorher war die Europäische Union lediglich eine Art „Dachorganisation", deren „Grundlage" die Europäischen Gemeinschaften (Europäische Gemeinschaft und Europäische Atomgemeinschaft) bildeten, ergänzt durch die Gemeinsame Außen- und Sicherheitspolitik und die polizeiliche und justizielle Zusammenarbeit in Strafsachen (Art. 1 Abs. 3 EU-Vertrag a.F.). Die privatrechtlichen Richtlinien wurden früher von der Europäischen Gemeinschaft erlassen (Art. 249 EG-Vertrag a.F.). ◄

Eine **Richtlinie** richtet sich nach Art. 288 Abs. 3 AEUV an die Mitgliedstaaten der Europäischen Union – also nicht an die einzelnen Bürger! – und verpflichtet sie zur Umsetzung, wobei den Mitgliedstaaten „die Wahl der Form und der Mittel" verbleibt. Der Spielraum der Mitgliedstaaten kann dabei unterschiedlich groß sein. Von entscheidender Bedeutung ist insofern die Unterscheidung zwischen Richtlinien, die nur einen **Mindeststandard** festsetzen (z.B. Art. 8 Klausel-RL[1]), und **vollharmonisierenden Richtlinien** (z.B. Art. 4 Verbraucherrechte-RL[2]). Während erstere den Mitgliedstaaten gestatten, einen weitergehenden Schutz bestimmter Personen (z.b. der Verbraucher) anzuordnen, lassen letztere weder einen niedrigeren noch einen höheren Schutz zu.

Da sich Richtlinien an die Mitgliedstaaten richten, entfalten sie – von Ausnahmen abgesehen – zwischen Privatrechtssubjekten **keine unmittelbare Wirkung**. Maßgeblich ist insofern allein das zur Umsetzung der Richtlinie erlassene nationale Recht. Dieses ist jedoch **richtlinienkonform auszulegen**, d.h., ein nationales Gericht muss seine Auslegung nationalen Rechts soweit wie möglich am Wortlaut und Zweck der Richtlinie ausrichten, um das mit der Richtlinie verfolgte Ziel zu erreichen. Gegebenenfalls muss das nationale Gericht auch eine **richtlinienkonforme Rechtsfortbildung** (etwa durch eine Analogie oder eine teleologische Reduktion) vornehmen. Die Grenzen werden dabei durch das nationale Recht gezogen: Soweit es eine Auslegung oder Rechtsfortbildung nicht zulässt, ist diese auch europarechtlich nicht geboten. Der Bürger, dem durch die fehlende oder falsche Umsetzung einer Richtlinie ein Schaden entsteht, kann allerdings einen Schadensersatzanspruch gegen den betreffenden Mitgliedstaat haben.

Teilweise enthält der Text des BGB **amtliche Hinweise** darauf, dass bestimmte Normen zur Umsetzung einer Richtlinie dienen, etwa bei den Überschriften vor § 305 BGB, vor § 346 BGB und vor § 433 BGB. Das ist ein Fingerzeig für den Rechtsanwender, dass er bei der Auslegung dieser Normen die betreffende Richtlinie berücksichtigen muss. Leider findet sich aber keinesfalls immer ein entsprechender Hinweis, und noch schlimmer: die Hinweise scheinen nicht angepasst zu werden. So verweisen die Hinweise vor § 346 BGB und vor § 433 BGB immer noch auf die Verbrauchsgüterkauf-RL[3], obwohl diese inzwischen durch die Warenkauf-RL[4] abgelöst wurde (Art. 23 Warenkauf-RL).

Wenn ein nationales Gericht zur Entscheidung eines Falles wissen möchte, wie eine Richtlinie oder ein anderer Rechtsakt der Europäischen Union auszulegen ist, kann es dem EuGH im Wege des **Vorabentscheidungsverfahrens** nach Art. 267 AEUV eine entsprechende Frage vorlegen. Letztinstanzliche Gerichte sind zu einer solchen Vorlage sogar verpflichtet. Der EuGH beantwortet im Rahmen des Vorabentscheidungsverfah-

---

1 Richtlinie 1993/13/EWG des Rates vom 5.4.1993 über mißbräuchliche Klauseln in Verbraucherverträgen, ABl. EG Nr. L 95, S. 29 ff.
2 Richtlinie 2011/83/EU des Europäischen Parlaments und des Rates vom 25.10.2011 über die Rechte der Verbraucher, zur Abänderung der Richtlinie 93/13/EG des Rates und zur Aufhebung der Richtlinie 1999/44/EG Europäischen Parlaments und des Rates sowie zur Aufhebung der Richtlinie 85/577/EWG des Rates und der Richtlinie 97/7/EG des Europäischen Parlaments und des Rates, ABl. EU Nr. L 304, S. 64 ff.
3 Richtlinie 1999/44/EG des Europäischen Parlaments und des Rates vom 25.5.1999 zu bestimmten Aspekten des Verbrauchsgüterkaufs und der Garantien für Verbrauchsgüter, ABl. EG Nr. L 171, S. 12 ff.
4 Richtlinie (EU) 2019/771 des Europäischen Parlaments und des Rates vom 20.5.2019 über bestimmte vertragsrechtliche Aspekte des Warenkaufs, zur Änderung der Verordnung (EU) 2017/2394 und der Richtlinie 2009/22/EG sowie zur Aufhebung der Richtlinie 1999/44/EG, ABl. EU Nr. L 136, S. 28 ff.

§ 28 Verbraucherschutzvorschriften

rens lediglich abstrakt die ihm vorgelegte Frage über die Auslegung des Unionsrechts. Er entscheidet also weder, ob eine bestimmte Vorschrift des Rechts eines Mitgliedstaats mit Unionsrecht vereinbar ist oder in bestimmter Weise unionsrechtskonform auszulegen ist, noch wendet er Unionsrecht oder gar mitgliedstaatliches Recht auf den Sachverhalt des Ausgangsverfahrens an. Es ist vielmehr allein Sache des vorlegenden nationalen Gerichts, die Folgerungen aus der vom EuGH vorgenommenen Auslegung des Unionsrechts zu ziehen.[5]

III. Verbraucher und Unternehmer

Verbraucherschutzvorschriften setzen typischerweise voraus, dass sich bei dem betreffenden Rechtsgeschäft ein Verbraucher und ein Unternehmer gegenüberstehen. So definiert § 310 Abs. 3 BGB einen „**Verbrauchervertrag**" als einen Vertrag zwischen einem Unternehmer und einem Verbraucher.

Die Begriffe „Verbraucher" und „Unternehmer" sind in §§ 13, 14 Abs. 1 BGB definiert. Sie sind jedenfalls im Hinblick auf natürliche Personen[6] komplementär: Eine natürliche Person ist in einer bestimmten Situation entweder Verbraucher oder Unternehmer.

Der Begriff des Unternehmers i.S.v. § 14 Abs. 1 BGB ist strikt von dem des Werkunternehmers i.S.v. §§ 631 ff. BGB zu unterscheiden. Beide haben nichts miteinander zu tun!

1. Situationsbezogene Definition

Die Begriffe „Verbraucher" und „Unternehmer" sind nicht statusbezogen, sondern situationsbezogen: Es geht nicht um (permanente) Eigenschaften einer Person, sondern darum, **in welcher Rolle der Betreffende gerade handelt**. Unternehmer ist derjenige, der bei Abschluss eines Rechtsgeschäfts in Ausübung einer gewerblichen oder selbständigen beruflichen Tätigkeit handelt, Verbraucher derjenige, der das nicht tut[7]. Dabei ist **unerheblich**, ob das betreffende Geschäft **typisch** für die gewerbliche oder selbständige berufliche Tätigkeit ist.[8] Ein Rechtsanwalt handelt also als Unternehmer, wenn er einen Computer für seine Kanzlei kauft, dagegen als Verbraucher, wenn er ihn als Geschenk für seine Tochter erwirbt.

Ob jemand als Verbraucher oder als Unternehmer handelt, ist somit unabhängig davon, ob er geschäftsgewandt ist oder nicht und ob er in Bezug auf das spezielle Geschäft besonders erfahren ist oder nicht. So erwirbt etwa ein Kfz-Händler ein Auto zur privaten Nutzung als Verbraucher und profitiert dabei von den Verbraucherschutzvorschriften. Eine solche Typisierung ist aus Gründen der Rechtssicherheit unumgänglich. Rechtfertigen lässt sie sich damit, dass sich einerseits ein Geschäftsunerfahrener, der sich auf das Feld gewerblicher oder selbständiger beruflicher Tätigkeit begibt, an

---

[5] Siehe *Haag/Kotzur*, in: Bieber/Epiney/Haag/Kotzur, Nomos-Lehrbuch Die Europäische Union, 16. Aufl. (2024), § 6 Rn. 29 ff., 67; *Epiney*, in: Bieber/Epiney/Haag/Kotzur, Nomos-Lehrbuch Die Europäische Union, 16. Aufl. (2024), § 9 Rn. 81 ff.
[6] Siehe Staudinger/*Fritzsche*, § 14 Rn. 5.
[7] Der Wortlaut von § 13 BGB („der überwiegend weder *ihrer* gewerblichen noch *ihrer* selbständigen beruflichen Tätigkeit zugerechnet werden kann") ist misslungen, weil er suggeriert, dass nur jemand Verbraucher ist, der an sich eine gewerbliche oder selbständige berufliche Tätigkeit ausübt, bei Vornahme des Rechtsgeschäfts jedoch zu anderen Zwecken handelt. Verbraucher kann aber selbstverständlich auch derjenige sein, der keinerlei gewerbliche oder selbständige berufliche Tätigkeit ausübt.
[8] BGH NJW 2011, 3435 Rn. 17 ff. = JuS 2011, 1121 ff. (*Faust*).

den in diesem Bereich geltenden Standards messen lassen muss und dass andererseits auch ein „Profi" spontaner und weniger rational zu agieren pflegt, wenn es um die Befriedigung seiner privaten Bedürfnisse geht.

2. Persönliche Voraussetzungen

5   Als Verbraucher kann nach § 13 BGB nur eine **natürliche Person** handeln, als Unternehmer nach § 14 Abs. 1 und 2 BGB dagegen auch eine **juristische Person** (z.b. eine Aktiengesellschaft oder GmbH) oder eine **rechtsfähige Personengesellschaft** (z.b. eine offene Handelsgesellschaft oder eine Kommanditgesellschaft).

Schließen sich natürliche Personen[9] zu einer **Gesellschaft bürgerlichen Rechts** (§§ 705 ff. BGB) zusammen und nehmen ein Geschäft zu einem nicht-unternehmerischen Zweck vor, so ist die GbR nach h.M. als Verbraucher anzusehen. An der Schutzwürdigkeit natürlicher Personen ändere sich nämlich nichts, wenn sie auf gesellschaftsvertraglicher Grundlage gemeinsam einen nicht-unternehmerischen Zweck verfolgten.[10] Eine **Wohnungseigentümergemeinschaft** (§§ 10 ff. WEG) ist nach Ansicht des BGH schon dann als Verbraucher anzusehen, wenn ihr wenigstens ein Verbraucher angehört und sie ein Rechtsgeschäft zu einem Zweck abschließt, der weder einer gewerblichen noch einer selbständigen beruflichen Tätigkeit dient. Denn eine natürliche Person verliere ihre Schutzwürdigkeit als Verbraucher nicht dadurch, dass sie Mitglied einer Wohnungseigentümergemeinschaft werde.[11]

3. Gewerbliche oder selbständige berufliche Tätigkeit

6   Ob jemand als Verbraucher oder als Unternehmer handelt, hängt davon ab, ob der von ihm verfolgte Zweck einer gewerblichen oder selbständigen beruflichen Tätigkeit zugerechnet werden kann. Wenn ein Geschäft im Zusammenhang mit einer **unselbständigen beruflichen Tätigkeit** steht, handelt der Betreffende also als Verbraucher (Beispiel: Ein Lehrer kauft Bücher für die Unterrichtsvorbereitung).

Entscheidend für das Vorliegen einer unternehmerischen Tätigkeit ist das selbständige und planmäßige, auf gewisse Dauer angelegte Anbieten entgeltlicher Leistungen am Markt. Sie setzt **keine Gewinnerzielungsabsicht** voraus. Denn das Schutzbedürfnis des Vertragspartners wird nicht dadurch geringer, dass der andere Teil mit seiner Tätigkeit keinen Gewinn erzielen, sondern z.B. nur Verluste aus einem teuren Hobby (Pferdezucht) vermindern will.[12]

Geschäfte, die der Aufnahme einer gewerblichen oder selbständigen beruflichen Tätigkeit (**Existenzgründung**) dienen, werden als Unternehmer abgeschlossen (z.B. Miete von Geschäftsräumen, Kauf eines Anteils an einer freiberuflichen Gemeinschaftspra-

---

9   Gehört dagegen einer rechtsfähigen GbR eine juristische Person an, handelt die GbR unabhängig von den verfolgten Zwecken nicht als Verbraucher. So nennt § 13 BGB – anders als § 14 Abs. 1 BGB – rechtsfähige Personengesellschaften nicht. Die Rechtsprechung zur Wohnungseigentümergemeinschaft (Fn. 11) ist nicht übertragbar, weil eine rechtsfähige GbR anders als eine Wohnungseigentümergemeinschaft nicht kraft Gesetzes entsteht, sondern durch den Abschluss eines Gesellschaftsvertrags, und es der Verbraucher darum in der Hand hat, ob und mit welchen anderen Gesellschaftern er sich zu einer GbR zusammenschließt. Siehe BGH NJW 2017, 2752 Rn. 23 ff. = JuS 2018, 287 ff. (*Schwab*).
10 BGH NJW 2002, 368 f. = JuS 2002, 400 f. (*Emmerich*). A.A. MüKoBGB/*Micklitz*, § 13 Rn. 20. Kritisch auch *K. Schmidt*, JuS 2006, 1, 4 f. („rechtspolitische Notlüge").
11 BGH NJW 2015, 3228 Rn. 25 ff.
12 BGH NJW 2006, 2250 Rn. 14 ff. mit Anmerkung *Faust*, LMK 2006, 185484.

xis).[13] Dies folgt aus einem Umkehrschluss zu § 513 BGB, der anordnet, dass (nur) bestimmte Verbraucherschutzvorschriften und auch diese nur bei Geschäften bis zur Höhe von 75.000 € auf Existenzgründer anwendbar sind.[14] Geschäfte, die jemand schließt, um *später* zu entscheiden, ob er eine gewerbliche oder selbständige berufliche Tätigkeit aufnehmen will (z.B. Beratung über die steuerlichen Folgen einer eventuellen Existenzgründung), sind dagegen noch nicht einer unternehmerischen Tätigkeit zuzurechnen.[15]

4. Bestimmung der Zwecksetzung

Umstritten ist, ob der Zweck, den eine Partei mit einem Geschäft verfolgt, allein nach den **Intentionen** dieser Partei[16] oder – entsprechend der Auslegung von Willenserklärungen – nach dem **objektiven Empfängerhorizont** der anderen Vertragspartei (vgl. §§ 133, 157 BGB)[17] zu bestimmen ist. Die Frage ist besonders dann von Bedeutung, wenn ein Unternehmer beim Abschluss eines Vertrags nicht erkennen kann, dass sein Vertragspartner für private Zwecke handelt.

7

▶ **Beispiel:** Rechtsanwältin K bestellt bei Händler V über das Internet drei Lampen, die sie in ihrer Privatwohnung aufstellen will. Als Liefer- und Rechnungsadresse gibt sie „Kanzlei Dr. K ..." an. ◀

Für das Abstellen auf den objektiven Empfängerhorizont spricht, dass der Vertragspartner sonst nicht wissen kann, ob der betreffende Vertrag dem Verbraucherschutzrecht unterliegt oder nicht. Entscheidend dagegen spricht jedoch, dass bei Maßgeblichkeit des objektiven Empfängerhorizonts die Geltung des – typischerweise zugunsten des Verbrauchers zwingenden – Verbraucherschutzrechts faktisch der Disposition der Parteien unterworfen würde: Ein Verbraucher, der sich nicht als solcher zu erkennen gibt, würde des besonderen Schutzes beraubt.

Bestimmt man die Unternehmer- und die Verbrauchereigenschaft *nicht* nach dem objektiven Empfängerhorizont, fragt sich, ob ein Verbraucher als Unternehmer zu behandeln sein kann, wenn er zurechenbar den **Rechtsschein** unternehmerischen Handelns setzt (z.B., indem er Ware, die er privat nutzen will, unter seiner Geschäftsadresse bestellt) und der Vertragspartner im Vertrauen darauf mit ihm kontrahiert (z.B. im Vertrauen auf die Geltung des vereinbarten Gewährleistungsausschlusses einen Preisnachlass gewährt)[18]; siehe § 24 Rn. 21. Dagegen spricht, dass der Verbraucher dann durch Setzen eines entsprechenden Rechtsscheins faktisch auf seine Verbraucherrechte verzichten könnte, obwohl das Gesetz sie zwingend ausgestaltet hat.

---

13 BGH NJW 2005, 1273, 1274 f.; Erman/*Saenger*, § 13 Rn. 16, § 14 Rn. 14; Grüneberg/*Ellenberger*, § 13 Rn. 3; Soergel/*Pfeiffer*, § 13 Rn. 35; Staudinger/*Fritzsche*, § 13 Rn. 122, § 14 Rn. 91 f.; A.A. MüKoBGB/*Micklitz*, § 13 Rn. 68 f.
14 Siehe BT-Drucks. 14/6857, S. 32 f., 64 f.
15 BGH NJW 2008, 435 Rn. 7 f.
16 So MüKoBGB/*Micklitz*, § 13 Rn. 45; *Schroeter*, JuS 2006, 682, 683 f.; *Schürnbrand*, JZ 2009, 133, 136 f.; Soergel/*Pfeiffer*, § 13 Rn. 28.
17 So BeckOGK-BGB/*Alexander* (1.5.2024), § 13 Rn. 276 ff.; Erman/*Saenger*, § 13 Rn. 19; Grüneberg/*Ellenberger*, § 13 Rn. 4; *Müller*, NJW 2003, 1975, 1979; NK-BGB/*Ring*, § 14 Rn. 30; Staudinger/*Fritzsche*, § 13 Rn. 68 ff., § 14 Rn. 98.
18 Dafür: MüKoBGB/*Lorenz*, 8. Aufl. (2019), § 474 Rn. 30 (zurechenbar nur bei grober Fahrlässigkeit); Soergel/*Wertenbruch*, 13. Aufl. (2009), § 474 Rn 14, 31; Staudinger/*Matusche-Beckmann*, Neubearb. 2014, § 474 Rn. 15 (zurechenbar nur bei grober Fahrlässigkeit); für Personen, die eine gewerbliche oder selbständige berufliche Tätigkeit ausüben, auch *Herresthal*, JZ 2006, 695, 703.

Der **BGH** nimmt an, dass die Auslegung nach dem objektiven Empfängerhorizont maßgeblich ist, denn er hält eine Zuordnung entgegen dem mit dem rechtsgeschäftlichen Handeln objektiv – d.h. tatsächlich – verfolgten Zweck für möglich.[19] Allerdings sei bei einer natürlichen Person grundsätzlich von einem Handeln als Verbraucher auszugehen. Daher genügt es, wenn dargelegt und bewiesen wird, dass eine natürliche Person tatsächlich private Zwecke verfolgt hat. Wer sich darauf beruft, dass eine natürliche Person entgegen dem tatsächlich verfolgten Zweck nach dem objektiven Empfängerhorizont gewerbliche oder selbständige berufliche Zwecke verfolgt und daher als Unternehmer gehandelt hat, muss darlegen und beweisen, dass Umstände vorlagen, nach denen ihr Handeln aus der Sicht des anderen Teils eindeutig und zweifelsfrei einer gewerblichen oder selbständigen beruflichen Tätigkeit zuzurechnen ist.[20]

Wer mit einem Vertragsschluss tatsächlich private Zwecke verfolgt, aber **arglistig** einen unternehmerischen Geschäftszweck vortäuscht, kann sich nach h.M. aufgrund des Verbots des venire contra factum proprium (§ 242 BGB; siehe § 3 Rn. 17) nicht auf seine Verbrauchereigenschaft berufen. Der arglistig getäuschte Vertragspartner müsse den Täuschenden an dessen falscher Angabe festhalten können; durch die Möglichkeit, wegen der arglistigen Täuschung den Vertrag anzufechten (§ 123 Abs. 1 Alt. 1 BGB), werde er nicht ausreichend geschützt.[21] Selbst das ist allerdings bedenklich, weil dann ein Verbraucher durch arglistige Vorspiegelung der Unternehmereigenschaft auf den zwingenden Schutz durch das Verbraucherrecht verzichten kann.[22]

▶ **Beispiel:** K will bei Händlerin V einen Gebrauchtwagen kaufen, den er privat nutzen will. K weiß, dass V nur an Unternehmer verkaufen will, weil sie diesen gegenüber die Gewährleistung ausschließen kann (vgl. § 476 Abs. 1 S. 1 BGB). Deshalb behauptet er gegenüber V, das Auto ausschließlich im Rahmen seiner selbständigen Berufstätigkeit nutzen zu wollen. Daraufhin verkauft V ihm das Auto unter Ausschluss jeder Gewährleistung. Als sich ein Mangel zeigt, macht K Gewährleistungsrechte geltend. ◀

Nach h.M. gibt es **keine Vermutung** nach Art von § 344 HGB, dass ein von einem gewerblich oder selbständig beruflich Tätigen vorgenommenes Rechtsgeschäft dem geschäftlichen Bereich zuzuordnen ist. Denn die an die Unternehmereigenschaft anknüpfenden Normen erstreben den Ausgleich vermuteter wirtschaftlicher Ungleichheit und verfolgen damit eine andere Zielsetzung als die handelsrechtlichen Vorschriften. Außerdem würde sonst die Beweislastverteilung zulasten des als Privatmann handelnden Unternehmers verschlechtert.[23]

5. Gemischte Zwecksetzung

8   Wenn jemand bei Abschluss eines Vertrags sowohl private als auch gewerbliche oder selbständige berufliche Zwecke verfolgt (gemischte Zwecksetzung, dual use), kommt es nach § 13 BGB (siehe auch Erwägungsgrund 17 S. 2 Verbraucherrechte-RL) darauf

---

19   BGH NJW 2013, 2107 Rn. 18; BGH NJW 2021, 2277 Rn. 21 = JuS 2021, 1182 ff. (*St. Arnold*); BGH NJW 2021, 2281 Rn. 84.
20   BGH NJW 2009, 3780 Rn. 11 = JuS 2010, 254 ff. (*Faust*); BGH NJW 2021, 2277 Rn. 18 = JuS 2021, 1182 ff. (*St. Arnold*); BGH NJW 2021, 2281 Rn. 84, 90.
21   BGH NJW 2005, 1045 ff.
22   *Schürnbrand*, JZ 2009, 133, 136 f.
23   BGH NJW 2018, 150 Rn. 37; BGH NJW 2021, 2281 Rn. 86; BeckOGK-BGB/*Alexander* (1.5.2024), § 14 Rn. 234 ff.; Erman/*Saenger*, § 14 Rn. 17; Grüneberg/*Ellenberger*, § 14 Rn. 2; *Herresthal*, JZ 2006, 695, 699; MüKoBGB/*Micklitz*, § 14 Rn. 34; Soergel/*Pfeiffer*, § 13 Rn. 54; Staudinger/*Fritzsche*, § 14 Rn. 131 ff. **A.A.** in Bezug auf Kaufleute: MüKoBGB/*Lorenz*, 8. Aufl. (2019), § 474 Rn. 32; in Bezug auf alle Unternehmer: *Mankowski*, VuR 2004, 79, 80 f.; Soergel/*Wertenbruch*, 13. Aufl. (2009), § 474 Rn. 23.

an, ob der private oder der unternehmerische Zweck **überwiegt**. Wenn beide Zwecke gleichgewichtig sind, handelt der Betreffende als Verbraucher.[24] Spiegelbildlich ist Unternehmer i.S.v. § 14 Abs. 1 BGB nur derjenige, der überwiegend in Ausübung seiner gewerblichen oder selbständigen beruflichen Tätigkeit handelt.

6. Stellvertreter

Bei der Verwendung von Stellvertretern kommt es auf die Verbraucher- und Unternehmereigenschaft nicht des Vertreters, sondern des **Geschäftsherrn** an, der durch das Rechtsgeschäft berechtigt und verpflichtet wird. Denn selbst wenn der Vertreter bei Abschluss des Rechtsgeschäfts in Ausübung einer unternehmerischen Tätigkeit (z.B. als Anlagevermittler) handelt, gilt das nicht im Hinblick auf den durch das Geschäft gebundenen Verbraucher. Dass der Verbraucher sich die Fachkompetenz eines „Profis" zunutze macht, ist unerheblich, da § 13 BGB gerade nicht auf die Kompetenz des Verbrauchers abstellt, sondern auf den von ihm mit dem Rechtsgeschäft verfolgten Zweck.[25] Kommt es dagegen darauf an, ob ein Vertrag außerhalb von Geschäftsräumen geschlossen wurde (§ 312b BGB) oder beim Vertragsschluss ausschließlich Fernkommunikationsmittel verwendet wurden (§ 312c BGB), ist hinsichtlich dieser **situativen Voraussetzungen** auf den Vertreter abzustellen (vgl. § 166 Abs. 1 BGB).

7. Abschluss eines Rechtsgeschäfts

§§ 13, 14 Abs. 1 BGB stellen jeweils auf den Abschluss eines Rechtsgeschäfts ab. Sie passen daher ihrem Wortlaut nach nicht für Normen, die nicht an die Anbahnung oder den Abschluss eines Rechtsgeschäfts anknüpfen. So geht es in § 241a BGB um die **Lieferung unbestellter Waren** und die Erbringung unbestellter Leistungen durch einen Unternehmer an einen Verbraucher und § 661a BGB betrifft **Gewinnzusagen** eines Unternehmers an einen Verbraucher. Nach einhelliger Meinung sind §§ 13, 14 Abs. 1 BGB insofern analog anzuwenden.

Es kommt also darauf an, ob derjenige, der die unbestellte Leistung erbringt oder die Gewinnzusage macht, dabei im Rahmen seiner gewerblichen oder selbständigen beruflichen Tätigkeit handelt (§ 14 Abs. 1 BGB analog).

Schwieriger ist die Situation auf der Seite des Empfängers der unbestellten Leistung oder der Gewinnzusage. Denn § 13 BGB stellt darauf ab, zu welchen Zwecken der Betreffende handelt. Im Rahmen von §§ 241a, 661a BGB handelt der Empfänger aber gar nicht und verfolgt darum weder unternehmerische noch private Zwecke. Bei § 241a BGB wird darum darauf abgestellt, ob der Empfänger der unbestellten Leistung bei Abschluss eines Vertrags über diese Leistung als Verbraucher handeln würde[26]; im Zweifel ist dies anzunehmen[27]. Bei § 661a BGB kommt es darauf an, ob die Gewinn-

---

24 BT-Drucks. 17/13951, S. 61.
25 Erman/*Saenger*, § 13 Rn. 11; Grüneberg/*Ellenberger*, § 13 Rn. 5; MüKoBGB/*Micklitz*, § 13 Rn. 27 f.; Soergel/*Pfeiffer*, § 13 Rn. 51; Staudinger/*Fritzsche*, § 13 Rn. 62. A.A. Staudinger/*Thüsing*, Neubearb. 2019, § 312b Rn. 43.
26 BeckOGK-BGB/*Fritzsche* (1.5.2024), § 241a Rn. 26; Erman/*Saenger*, § 241a Rn. 4; Grüneberg/*Grüneberg*, § 241a Rn. 2; MüKoBGB/*Finkenauer*, 9. Aufl. (2022), § 241a Rn. 8; Soergel/*Pfeiffer*, § 13 Rn. 26; Staudinger/*Olzen*, Neubearb. 2019, § 241a Rn. 20.
27 BeckOGK-BGB/*Fritzsche* (1.5.2024), § 241a Rn. 27; MüKoBGB/*Finkenauer*, 9. Aufl. (2022), § 241a Rn. 8; Staudinger/*Olzen*, Neubearb. 2019, § 241a Rn. 22.

zusage an den Empfänger in seiner Eigenschaft als Privatmann oder in seiner Eigenschaft als Gewerbetreibender oder selbständig beruflich Tätiger gerichtet ist.[28]

§ 29c Abs. 2 ZPO definiert den **prozessrechtlichen Verbraucherbegriff**: „Verbraucher ist jede natürliche Person, die bei dem Erwerb des Anspruchs oder der Begründung des Rechtsverhältnisses nicht überwiegend im Rahmen ihrer gewerblichen oder selbständigen beruflichen Tätigkeit handelt." Er stellt nicht auf den Abschluss eines Rechtsgeschäfts ab, sondern ist weiter gefasst, um auch eine Einbeziehung (konkurrierender) gesetzlicher Ansprüche eines Verbrauchers zu ermöglichen.[29]

IV. Überblick

11 Die Verbraucherschutzvorschriften finden sich an vielen verschiedenen Stellen im BGB. Im Allgemeinen Teil werden lediglich die Begriffe „Verbraucher" und „Unternehmer" definiert (siehe Rn. 3 ff.); die eigentlichen Verbraucherschutznormen stehen im Schuldrecht. Deshalb soll hier nur ein knapper Überblick gegeben werden.[30]

Ein Charakteristikum verbraucherschützender Normen ist, dass von ihnen nicht zuungunsten des Verbrauchers abgewichen werden kann. Denn sonst würde der Unternehmer häufig ihre Abbedingung durchsetzen, und der Verbraucher bliebe schutzlos (siehe z.B. §§ 312m Abs. 1, 361 Abs. 2, 476, 487, 512 BGB). Es handelt sich also um „**halb zwingendes**" Recht.

Allgemeine Verbraucherschutzvorschriften:

- § 310 Abs. 3 BGB (Ausweitung des AGB-Rechts zugunsten von Verbrauchern; siehe § 29 Rn. 3 f., 18).
- §§ 312–312a, 312m BGB (allgemeine Regelungen für Verbraucherverträge). Wichtig ist dabei besonders § 312 BGB, weil er den Anwendungsbereich der §§ 312a–312h BGB festlegt. Er ist deshalb der „Einstieg" in die Prüfung jeder dieser Vorschriften.
- §§ 355–361 BGB (Regelungen in Bezug auf das Widerrufsrecht bei Verbraucherverträgen und Einwendungen bei verbundenen Verträgen).

Verbraucherschutzrecht im vorvertraglichen Bereich:

- § 241a BGB (unbestellte Leistungen; vgl. § 3 Rn. 21).[31]
- § 661a BGB (Gewinnzusagen).

Vertriebssystemabhängiges Verbraucherschutzrecht:

Anknüpfungspunkt ist nicht der konkrete Vertragstyp, sondern die eingesetzte Vertriebsmethode.

---

28 Ähnlich BeckOGK-BGB/*Lohsse* (1.6.2024), § 661a Rn. 7 (im Zweifel Verbraucher); MüKoBGB/*F. Schäfer*, 9. Aufl. (2023), § 661a Rn. 14; Soergel/*Pfeiffer*, § 13 Rn. 26; Staudinger/*Bergmann*, Neubearb. 2020, § 661a Rn. 49 (im Zweifel Verbraucher).
29 BT-Drucks. 19/2507, S. 20.
30 Siehe zu den Einzelheiten *Weiler*, Nomos-Lehrbuch Schuldrecht: Allgemeiner Teil, 7. Aufl. (2024), §§ 33–36; *Brömmelmeyer*, Nomos-Lehrbuch Schuldrecht: Vertragliche Schuldverhältnisse, 6. Aufl. (2023), § 12, § 15 Rn. 22 ff., § 16, § 27 Rn. 18 ff., § 28 Rn. 38 ff., § 29 Rn. 17, 19 f.
31 Siehe *Weiler*, Nomos-Lehrbuch Schuldrecht: Allgemeiner Teil, 7. Aufl. (2024), § 3 Rn. 6 f.

- §§ 312b–312h[32], 312m BGB (außerhalb von Geschäftsräumen geschlossene Verträge und Fernabsatzverträge).
- §§ 312j–312m BGB (elektronischer Geschäftsverkehr, Online-Marktplätze).

Vertragstypabhängiges Verbraucherschutzrecht:
Anknüpfungspunkt ist der konkrete Vertragstyp.
- §§ 327–327s BGB (Verträge über digitale Produkte).
- §§ 474–477, 479 BGB (Verbrauchsgüterkaufverträge).
- §§ 481–487 BGB (Teilzeit-Wohnrechteverträge, Verträge über langfristige Urlaubsprodukte, Vermittlungsverträge und Tauschsystemverträge).
- §§ 491–505e, 512–513 BGB (Verbraucherdarlehensverträge).
- §§ 506–508, 512–513 BGB (Finanzierungshilfen).
- §§ 510, 512–513 BGB (Ratenlieferungsverträge).
- §§ 511–513 BGB (Beratungsleistungen bei Immobiliar-Verbraucherdarlehensverträgen).
- §§ 514–515, 512 BGB (unentgeltliche Darlehensverträge und unentgeltliche Finanzierungshilfen).
- §§ 650i–650o BGB (Verbraucherbauverträge).
- §§ 655a–655e BGB (Vermittlung von Darlehensverträgen und entgeltlichen Finanzierungshilfen an Verbraucher).
- §§ 656b–656d BGB (Vermittlung von Kaufverträgen über Wohnungen und Einfamilienhäuser).

Daneben enthalten viele Einzelnormen des Allgemeinen und Besonderen Schuldrechts Sonderregeln für Verbraucher (§§ 271a Abs. 5 Nr. 2, 286 Abs. 3 S. 1 Hs. 2 und S. 2, 288 Abs. 5 und Abs. 6 S. 4, 308 Nr. 1a Hs. 2 und Nr. 1b Hs. 2, 312i Abs. 2 S. 2, 640 Abs. 2 S. 2, 650f Abs. 6 S. 1 Nr. 2 und S. 2, 650o, 650r Abs. 1 S. 2 Hs. 2, 656b – 656d, 675e Abs. 4, 675t Abs. 2 S. 1 BGB).

Nach § 288 Abs. 1 S. 2, Abs. 2 BGB erhöht sich der Verzugszinssatz um vier Prozentpunkte, wenn an dem betreffenden Rechtsgeschäft kein Verbraucher beteiligt ist. Da die Verbrauchereigenschaft hier sowohl zugunsten des Verbrauchers (wenn er Schuldner ist) als auch zu seinen Lasten (wenn er Gläubiger ist) wirken kann, handelt es sich nicht um Verbraucherschutzrecht.

Nicht auf die Unternehmer- und Verbrauchereigenschaft stellen das Reisevertragsrecht (§§ 651a – 651y BGB), das Behandlungsvertragsrecht (§§ 630a – 630h BGB) und das Fernunterrichtsschutzgesetz (FernUSG) ab. Die Normen des Reisevertragsrechts und des FernUSG sind allerdings Verbraucherschutzgesetze i.S. des Unterlassungsklagegesetzes (UKlaG), so dass bei ihrer Verletzung eine Verbandsklage möglich ist (§ 2 Abs. 2 Nr. 1 Buchst. i, Nr. 2 UKlaG).

Das Produkthaftungsgesetz (ProdHaftG) begünstigt insofern den Verbraucher, als die Haftung nur dann Sachschäden umfasst, wenn die beschädigte Sache „ihrer Art nach

---

[32] Der Anwendungsbereich von § 312h BGB ist unklar. Die Norm steht im Kapitel „Außerhalb von Geschäftsräumen geschlossene Verträge und Fernabsatzverträge" (§§ 312b–312h BGB) nimmt aber Bezug auf „diese[n] Untertitel", also auf §§ 312–312m BGB. Siehe BeckOGK-BGB/*Busch* (1.7.2023), § 312h Rn. 6; MüKo-BGB/*Wendehorst*, 9. Aufl. (2022), § 312h Rn. 3 f.

gewöhnlich für den privaten Ge- oder Verbrauch bestimmt und hierzu von dem Geschädigten hauptsächlich verwendet worden ist" (§ 1 Abs. 1 S. 2 ProdHaftG).

V. Anwendungsbereich des allgemeinen Verbraucherschutzrechts

12 § 312 BGB legt den Anwendungsbereich der Verbraucherschutzvorschriften der §§ 312a–312h BGB fest. Er ist daher der „Einstieg" in die Prüfung dieser Normen.

▶ **Hinweis zur Klausurtechnik:** Bevor Sie eine Norm aus den §§ 312a–312h BGB anwenden, müssen Sie immer erst klären, ob diese Norm nach § 312 BGB überhaupt auf den betreffenden Vertrag anwendbar ist. ◀

Nach § 312 Abs. 1 und 1a BGB muss ein Verbrauchervertrag i.S.v. § 310 Abs. 3 BGB vorliegen, also ein Vertrag zwischen einem Unternehmer und einem Verbraucher. Ferner muss sich der Verbraucher zur Zahlung eines Preises verpflichten oder dem Unternehmer personenbezogene Daten (Art. 4 Nr. 1 Datenschutz-Grundverordnung) bereitstellen oder sich hierzu verpflichten.

Unter „Preis" ist eine vereinbarte Geldleistung zu verstehen, einschließlich der digitalen Darstellung eines Werts wie virtuelle Währungen und E-Coupons.[33]

Der Begriff der Bereitstellung personenbezogener Daten ist im weitestmöglichen Sinn zu verstehen. Insbesondere kommt es nicht darauf an, ob der Verbraucher dem Unternehmer seine personenbezogenen Daten aktiv übermittelt, sondern nur darauf, ob er die Verarbeitung der Daten durch den Unternehmer zulässt. Eine Bereitstellung liegt auch vor, wenn der Unternehmer Cookies setzt oder Metadaten wie Informationen zum Gerät des Verbrauchers oder zum Browserverlauf erhebt.[34] Mit der Formulierung „bereitstellt oder sich hierzu verpflichtet" bringt das Gesetz zum Ausdruck, dass keine Verpflichtung des Verbrauchers erforderlich ist, sondern das tatsächliche Bereitstellen i.S. einer kausalen Verknüpfung genügt.[35] Ob die Datenverarbeitung nach dem Datenschutzrecht rechtmäßig ist, ist unerheblich; eine eventuelle Rechtswidrigkeit führt nicht zur Unwirksamkeit des Vertrags nach § 134 BGB.[36] Nach § 312 Abs. 1a S. 2 BGB löst die Bereitstellung personenbezogener Daten dann die Anwendbarkeit von §§ 312 ff. BGB nicht aus, wenn der Unternehmer die Daten ausschließlich zu dem Zweck verarbeitet, seine Leistungspflicht oder an ihn gestellte rechtliche Anforderungen zu erfüllen. Ersteres kommt z.B. bezüglich der Adresse des Verbrauchers in Betracht, die der Unternehmer benötigt, um die Ware zu liefern, Letzteres etwa zur Erfüllung steuerrechtlicher Verpflichtungen.

§§ 312 ff. BGB sind dann nicht anwendbar, wenn ein Verbraucher sich gegen Entgelt zur Lieferung einer Ware oder zur Erbringung einer Dienstleistung an einen Unternehmer verpflichtet (Verträge mit umgekehrter Leistungsrichtung).

In § 312 Abs. 2–8 BGB finden sich detaillierte Regelungen, nach denen auf bestimmte Verträge i.S.v. § 312 Abs. 1 und 1a BGB nur einzelne Verbraucherschutznormen anzuwenden sind. Für Klausuren wichtig sind insbesondere § 312 Abs. 2 Nr. 1 BGB über notariell beurkundete Verträge, § 312 Abs. 2 Nr. 2 BGB über (schuldrechtliche und

---

[33] BT-Drucks. 19/27653, S. 35.
[34] BT-Drucks. 19/27653, S. 36.
[35] Grüneberg/*Grüneberg*, § 312 Rn. 3b.
[36] BT-Drucks. 19/27653, S. 36.

dingliche) Grundstücksverträge, § 312 Abs. 2 Nr. 12 BGB über sofort vollzogene Kleingeschäfte und § 312 Abs. 4 BGB über Wohnraum-Mietverträge.

▶ **Beispiel:** Der EuGH hat entschieden, dass ein Vertrag, der den Verbraucher zur Inanspruchnahme eines Rabatts beim späteren Abschluss von Personenbeförderungsverträgen berechtigt, nicht als „Vertrag über die Beförderung von Personen" i.S. der Verbraucherrechte-RL anzusehen ist. Denn er zielt – anders als ein Vertrag über die Miete eines Kraftfahrzeugs[37] – nicht unmittelbar darauf ab, die Durchführung einer Personenbeförderung zu ermöglichen, und ist auch nicht untrennbar mit einem solchen Vertrag verbunden.[38] Der Erwerb einer BahnCard fällt daher nicht unter die Ausnahme des § 312 Abs. 8 BGB, so dass insofern ein Widerrufsrecht bestehen kann. ◀

VI. Besondere Anforderungen an den Vertragsschluss

Besondere Anforderungen an den Abschluss eines Vertrags zwischen einem Unternehmer und einem Verbraucher stellen § 312a Abs. 3 BGB und § 312j Abs. 3 BGB. Beide Regelungen beruhen auf der Verbraucherrechte-Richtlinie und sollen die Verbraucher vor Kostenfallen im Internet schützen.

1. Vertragsschluss im elektronischen Geschäftsverkehr

§ 312j Abs. 3 BGB gilt für Verbraucherverträge – also nach der Legaldefinition des § 310 Abs. 3 BGB Verträge zwischen einem Unternehmer und einem Verbraucher –, die den Verbraucher zur Zahlung verpflichten und im elektronischen Geschäftsverkehr (siehe § 312i Abs. 1 S. 1 BGB), insbesondere über das Internet, geschlossen werden: Der Verbraucher muss ausdrücklich bestätigen, dass er sich zu einer Zahlung verpflichtet. Gibt er seine Willenserklärung (normalerweise den Antrag) – wie in aller Regel – mithilfe einer **Schaltfläche** ab, muss diese gut lesbar mit nichts anderem als den Wörtern „zahlungspflichtig bestellen" oder mit einer entsprechenden eindeutigen Formulierung (z.B. „kaufen"[39] oder „Gebot abgeben") beschriftet sein („Buttonlösung"). Ob eine entsprechende eindeutige Formulierung vorliegt, ist allein anhand der Wörter auf der Schaltfläche, ohne Berücksichtigung sonstiger Umstände zu prüfen.[40] „Bestellen" genügt nicht, weil dadurch die Zahlungspflicht nicht hinreichend deutlich gemacht wird.[41]

Die Regelung bringt nichts Neues, wenn der Unternehmer die Zahlungspflicht verschleiert, da das Verhalten des Verbrauchers in diesem Fall schon nach den allgemeinen Auslegungsgrundsätzen (§§ 133, 157 BGB; siehe § 2 Rn. 9 ff.) nicht so ausgelegt werden kann, dass der Verbraucher einen kostenpflichtigen Vertrag schließen will. Sie schützt den Verbraucher aber in Fällen, in denen er zwar eindeutig, aber nicht ausdrücklich im Moment der Bestellung auf seine Zahlungspflicht hingewiesen wird.

Erfüllt der Unternehmer seine Pflicht aus § 312j Abs. 3 BGB nicht, kommt kein Vertrag „nach Absatz 2" – also kein Vertrag, der den Verbraucher zu einer Zahlung verpflichtet – zustande (§ 312j Abs. 4 BGB). Liegt nach allgemeinen Auslegungsgrundsätzen ein **unentgeltlicher Vertrag** vor, so wird dessen Wirksamkeit nicht von § 312j

---

37 EuGH NJW 2005, 3055 Rn. 20 ff. (easyCar) zur Fernabsatz-RL. Siehe zur Geltung auch unter der Verbraucherrechte-RL EuGH EuZW 2020, 485 Rn. 32 (Verbraucherzentrale Berlin). Kritisch *Mandl*, EuZW 2020, 477, 480 f.
38 EuGH EuZW 2020, 485 ff. (Verbraucherzentrale Berlin) = JuS 2020, 1069 f. (*Omlor*).
39 H.M., siehe BT-Drucks. 17/7745, S. 12. **A.A.** AG Köln MMR 2014, 736, 737 mit ablehnender Anmerkung *Föhlisch/Stariradeff*; MüKoBGB/*Wendehorst*, 9. Aufl. (2022), § 312j Rn. 28.
40 EuGH NJW 2022, 1439 Rn. 28 ff. (Fuhrmann-2) zu „Buchung abschließen".
41 BT-Drucks. 17/7745, S. 12.

Abs. 4 BGB beeinträchtigt.[42] Ist dagegen nach allgemeinen Auslegungsgrundsätzen ein **entgeltlicher Vertrag** zustande gekommen, so hat der Verbraucher nach dem Wortlaut von § 312j Abs. 4 BGB keine Möglichkeit, den Unternehmer, der seine Pflicht aus § 312j Abs. 3 BGB verletzt hat, an diesem Vertrag festzuhalten. Dies widerspricht dem intendierten Verbraucherschutz, denn in vielen Fällen wird der Verbraucher den Vertrag trotz des Verstoßes gegen § 312j Abs. 3 BGB in Kenntnis seiner Zahlungspflicht geschlossen haben und an ihm festhalten wollen. Außerdem steht es nicht im Einklang mit Art. 8 Abs. 2 Unterabs. 2 S. 3 Verbraucherrechte-Richtlinie, der als Rechtsfolge eines Verstoßes vorsieht, dass *der Verbraucher* nicht an den Vertrag gebunden ist. Der Unternehmer kann sich deshalb nach § 242 BGB nicht darauf berufen, dass der Vertrag wegen seiner eigenen Pflichtverletzung nicht zustande gekommen ist; eine solche Berufung wäre **rechtsmissbräuchlich**.[43]

2. Extrazahlungen

15 Nach § 312a Abs. 3 S. 1 BGB muss eine Vereinbarung, die auf eine über das vereinbarte Entgelt für die Hauptleistung hinausgehende Zahlung des Verbrauchers gerichtet ist, ausdrücklich geschlossen werden. Bei einem Vertragsschluss im elektronischen Geschäftsverkehr (vgl. § 312i Abs. 1 S. 1 BGB)[44] wird eine solche Vereinbarung nach § 312a Abs. 3 S. 2 BGB nur dann Vertragsbestandteil, wenn der Unternehmer sie nicht durch eine Voreinstellung herbeiführt.

Die Norm soll den Verbraucher insbesondere davor schützen, bei Abschluss eines Rechtsgeschäfts zu übersehen, dass er neben der von ihm gewollten Hauptleistung **kostenpflichtige Nebenleistungen** erwirbt. Zu denken ist etwa an den Fall, dass bei Buchung eines Flugs eine Rücktrittsversicherung „mitverkauft" wird, wenn der Verbraucher nicht einen entsprechenden Haken „wegklickt". Daneben erfasst die Norm nach dem Willen des Gesetzgebers Extrazahlungen, die **kein Entgelt für eine Nebenleistung** des Unternehmers sind, wie z.B. Bearbeitungs- oder Verwaltungsgebühren, die der Unternehmer erheben will, ohne dass der Verbraucher dadurch einen über die Erfüllung der Hauptleistung hinausgehenden Vorteil erhält.[45]

Hinsichtlich der Rechtsfolgen stellt sich dasselbe Problem wie im Rahmen von § 312j Abs. 3 (siehe Rn. 14): Nach § 312a Abs. 3 S. 2, Abs. 6 BGB wird die Vereinbarung im

---

42 *Fervers*, NJW 2016, 2289, 2292 f.; MüKoBGB/*Wendehorst*, 9. Aufl. (2022), § 312j Rn. 33.
43 Ähnlich BeckOGK-BGB/*Busch* (1.7.2023), § 321j Rn. 48 ff.; BeckOK-BGB/*Maume* (1.5.2024), § 312j Rn. 41; *Fervers*, NJW 2016, 2289, 2293; *Heinig*, MDR 2012, 323, 325; *Kirschbaum*, MMR 2012, 8, 11 f.; *Leenen/Häublein*, § 8 Rn. 223; MüKoBGB/*Wendehorst*, 9. Aufl. (2022), § 312j Rn. 33 f.; *Weiss*, JuS 2013, 590 ff. Zurückhaltender Erman/*Koch*, § 312j Rn. 9; Grüneberg/*Grüneberg*, § 312j Rn. 8. Ablehnend Staudinger/*Thüsing*, Neubearb. 2019, § 312j Rn. 26. Für eine Lösung über § 141 BGB *Raue*, MMR 2012, 438, 443, dagegen *Weiss*, JuS 2013, 590, 591.
44 Zweifelhaft ist, ob die Beschränkung auf Verträge im elektronischen Geschäftsverkehr mit Art. 22 Verbraucherrechte-Richtlinie vereinbar ist (dagegen BeckOGK-BGB/*Busch* [1.7.2023], § 312a Rn. 21; BeckOK-BGB/*Martens* [1.5.2024], § 312a Rn. 23; MüKoBGB/*Wendehorst*, 9. Aufl. [2022], § 312a Rn. 66; Staudinger/*Thüsing*, Neubearb. 2019, § 312a Rn. 53). Dafür spricht, dass die deutsche Fassung der Richtlinie von „Voreinstellungen" spricht, die nur bei elektronischen Erklärungen in Betracht kommen. In der englischen („by using default options") und französischen („en ayant recours à des options par défaut") Fassung stehen allerdings neutrale Ausdrücke. Der Bundesrat hat vorgeschlagen, die Beschränkung auf den elektronischen Geschäftsverkehr zu streichen (BT-Drucks. 17/12637, S. 90). Die Bundesregierung wies dies zurück, weil außerhalb des elektronischen Geschäftsverkehrs kein Bedürfnis für einen Schutz des Verbrauchers bestehe (BT-Drucks. 17/12637, S. 97).
45 BT-Drucks. 17/13951, S. 63. Insofern besteht ein Konkurrenzverhältnis zu § 312a Abs. 2 BGB; siehe dazu MüKoBGB/*Wendehorst*, 9. Aufl. (2022), § 312a Rn. 57 ff.

Fall eines Verstoßes nicht Vertragsbestandteil. Es könnte also auch der Verbraucher den Unternehmer nicht an der Vereinbarung über eine Nebenleistung festhalten, obwohl er hieran ein erhebliches Interesse haben kann, insbesondere, wenn er die Vereinbarung trotz des Verstoßes bewusst geschlossen hat. Der Bundesrat schlug deshalb vor, dem Verbraucher eine Genehmigungsmöglichkeit einzuräumen.[46] Die Bundesregierung lehnte dies ab, weil hierfür kein Bedarf bestehe.[47] Das ist falsch. Das Problem lässt sich ebenso wie in § 312j Abs. 3 BGB mithilfe des **Rechtsmissbrauchseinwands** lösen: Der Unternehmer kann sich gemäß § 242 BGB nicht darauf berufen, dass eine Nebenleistung, die vom Verbraucher zwar durch konkludente Erklärung, aber nicht entsprechend § 312a Abs. 3 BGB vereinbart wurde, nicht Vertragsbestandteil ist.[48]

VII. Informationspflichten

Informationspflichten können zwei unterschiedliche Ziele verfolgen: Zum einen können sie dazu dienen, dem Verbraucher schon **vor Vertragsschluss** alle Aspekte des Vertrags vor Augen zu stellen, damit er eine informierte und bewusste Entscheidung über den Vertragsschluss trifft und dadurch gewährleistet ist, dass der Vertrag seinen wahren Präferenzen entspricht. Zum anderen kann ihr Zweck darin liegen, dem Verbraucher im Stadium der **Vertragsdurchführung** seine Rechte klarzumachen und deren Durchsetzung zu erleichtern.

Die Einzelheiten der Informationspflichten sind nicht im BGB geregelt, sondern in Art. 242 ff. des Einführungsgesetzes zum BGB (EGBGB). Im BGB wird jeweils auf die entsprechende Norm im EGBGB verwiesen (z.B. §§ 312a Abs. 2 S. 1, 312d Abs. 1 S. 1 und Abs. 2, 312j Abs. 2, 491a Abs. 1 BGB).

Allgemeine Informationspflichten für Verbraucherverträge, die weder im Fernabsatz noch außerhalb von Geschäftsräumen geschlossen werden und sich nicht auf Finanzdienstleistungen (siehe § 312 Abs. 5 S. 1 BGB) beziehen, werden in § 312a Abs. 2 S. 1 BGB i.V.m. Art. 246 EGBGB statuiert. Danach muss der Unternehmer – außer bei Geschäften des täglichen Lebens, die bei Vertragsschluss sofort erfüllt werden (Art. 246 Abs. 2 EGBGB) – den Verbraucher vor Abgabe von dessen Willenserklärung z.B. über die wesentlichen Eigenschaften der Waren oder Dienstleistungen, den Gesamtpreis und etwaige Fracht-, Liefer- und Versandkosten informieren. Besondere Regelungen finden sich z.B. für außerhalb von Geschäftsräumen geschlossene Verträge und Fernabsatzverträge (§ 312d BGB i.V.m. Art. 246a, 246b EGBGB), für Verträge im elektronischen Geschäftsverkehr (§ 312i Abs. 1 S. 1 Nr. 2 BGB i.V.m. Art. 246c EGBGB, § 312j Abs. 1 und 2 BGB), für Garantien bei Verbrauchsgüterkäufen (§ 479 Abs. 1 und 2 BGB) sowie für Verbraucherdarlehensverträge, entgeltliche Finanzierungshilfen, Beratungsleistungen bei Immobiliar-Verbraucherdarlehensverträgen und Darlehensvermittlungsverträge (§§ 491a Abs. 1, 506 Abs. 1, 511 Abs. 1, 655a Abs. 2 BGB i.V.m. Art. 247 EGBGB).

Nach § 312m Abs. 2 BGB trägt der Unternehmer gegenüber dem Verbraucher die Beweislast für die Erfüllung der in §§ 312–312m BGB geregelten Informationspflichten. Entsprechendes ordnen §§ 651d Abs. 4, 651v Abs. 1 S. 3 BGB für Reise(vermittlungs)verträge an. Die Regelungen können auf andere Informationspflichten analog

---

46 BT-Drucks. 17/12637, S. 90.
47 BT-Drucks. 17/12637, S. 97.
48 MüKoBGB/*Wendehorst*, 9. Aufl. (2022), § 312a Rn. 71.

anzuwenden sein. So hat der EuGH entschieden, dass die Verbraucherkredit-RL[49] gebietet, die Beweislast für die Erfüllung der in der Richtlinie statuierten Informationspflichten dem Unternehmer aufzuerlegen.[50]

Ob **vorvertragliche Informationspflichten** ein wirksames Mittel zum Verbraucherschutz sind, ist durchaus zweifelhaft. Gerade der wenig rationale Verbraucher, bei dem das Bedürfnis für Verbraucherschutz am größten ist, wird die Informationen häufig gar nicht zur Kenntnis nehmen oder nicht richtig verarbeiten, und diese Gefahr ist umso größer, je umfangreicher die Informationen sind, mit denen er „eingedeckt" wird. Wissenschaftliche Studien zeigen zudem, dass die Qualität einer Entscheidung nicht kontinuierlich mit dem Maß der zur Verfügung stehenden Information zunimmt. Im Gegenteil verschlechtert sich ab einer bestimmten Informationsmenge die Entscheidungsqualität, weil die Fülle der Informationen nicht mehr sachgerecht verarbeitet werden kann („information overload").

Auf jeden Fall sinnvoll sind dagegen **Informationspflichten, die dem Verbraucher die Geltendmachung seiner Rechte erleichtern.** Hierzu zählen etwa Informationspflichten in Bezug auf die Kontaktdaten des Unternehmers (z.B. Art. 246 Abs. 1 Nr. 2, Art. 246a § 1 Abs. 1 S. 1 Nr. 2 EGBGB), in Bezug auf Gewährleistungsrechte, Garantien und Kundendienstleistungen (z.B. § 479 Abs. 1 und 2 BGB, Art. 246 Abs. 1 Nr. 5, Art. 246a § 1 Abs. 1 S. 1 Nr. 11 und 12 EGBGB) sowie in Bezug auf das verbraucherschützende Widerrufsrecht (siehe Rn. 18 ff.).

17 Die **Folgen der Verletzung von Informationspflichten** sind teilweise besonders gesetzlich geregelt. So sehen etwa § 312a Abs. 2 S. 2 BGB und § 312e BGB vor, dass der Unternehmer von dem Verbraucher Fracht-, Liefer- oder Versandkosten und sonstige Kosten nur verlangen kann, soweit er den Verbraucher über diese Kosten ordnungsgemäß informiert hat. Dies ist im Rahmen von § 448 Abs. 1 BGB von Bedeutung, weil nach dieser Norm der Käufer die Kosten der Abnahme und der Versendung der Sache nach einem anderen Ort als dem Erfüllungsort auch ohne eine entsprechende vertragliche Vereinbarung zu tragen hat. § 494 BGB enthält detaillierte Regelungen für den Fall, dass in einem Verbraucherdarlehensvertrag oder einem Vertrag mit einer Finanzierungshilfe (§ 506 Abs. 1 S. 1 BGB) eine vorgeschriebene Angabe fehlt. § 507 Abs. 2 BGB enthält eine Sonderregelung für Teilzahlungsgeschäfte.

Außerdem macht sich ein Unternehmer, der seine Informationspflichten verletzt, dem Verbraucher gegenüber wegen culpa in contrahendo (§§ 280 Abs. 1, 241 Abs. 2, 311 Abs. 2 BGB) oder Vertragsverletzung (§§ 280 Abs. 1, 241 Abs. 2 BGB) schadensersatzpflichtig. Fehlende Information über ein verbraucherschützendes Widerrufsrecht führt meist zu einer Verlängerung der Widerrufsfrist (siehe Rn. 22). Ferner haben Verbände, Industrie- und Handelskammern und Handwerkskammern nach §§ 2 ff. UKlaG einen Anspruch auf Unterlassung von Vertragsschlüssen ohne Erfüllung der Informationspflichten. Schließlich kommen Unterlassungs- und gegebenenfalls auch Schadensersatzansprüche nach dem Gesetz gegen den unlauteren Wettbewerb (UWG) in Betracht.

---

49 Richtlinie 2008/48/EG des Europäischen Parlaments und des Rates vom 23.4.2008 über Verbraucherkreditverträge und zur Aufhebung der Richtlinie 87/102/EWG des Rates, ABl. EU Nr. L 133, S. 66 ff.
50 EuGH EuZW 2015, 189 Rn. 20 ff. (CA Consumer Finance).

VIII. Widerrufsrechte

1. Grundlagen

Widerrufsrechte werden statuiert

- für außerhalb von Geschäftsräumen geschlossene Verträge und für Fernabsatzverträge in § 312g BGB;
- für Teilzeit-Wohnrechteverträge, Verträge über langfristige Urlaubsprodukte, Vermittlungsverträge und Tauschsystemverträge in § 485 BGB;
- für Verbraucherdarlehensverträge in § 495 BGB;
- für Verträge mit Finanzierungshilfen in § 495 BGB i.V.m. § 506 Abs. 1 BGB;
- für Ratenlieferungsverträge in § 510 Abs. 2 BGB;
- für unentgeltliche Darlehensverträge in § 514 Abs. 2 BGB;
- für unentgeltliche Finanzierungshilfen in § 514 Abs. 2 BGB i.V.m. § 515 BGB;
- für Verbraucherbauverträge in § 650l BGB;
- für Fernunterrichtsverträge in §§ 4, 9 FernUSG.

Allgemeine Vorschriften für die Widerrufsrechte enthalten §§ 355–358, 360–361 BGB. Dabei wird teilweise nach der Art des Widerrufsrechts differenziert.

Widerrufsrechte ermöglichen dem Verbraucher, nach Vertragsschluss noch einmal in Ruhe darüber nachzudenken, ob er den betreffenden Vertrag überhaupt will. Besonders wichtig ist das, wenn der Verbraucher den Vertrag – wie bei außerhalb von Geschäftsräumen geschlossenen Verträgen (§ 312b BGB, insbesondere Verträge, die anlässlich eines Vertreterbesuchs, einer Kaffeefahrt oder nach einem Ansprechen im öffentlichen Raum geschlossen werden) – unter unmittelbarer Einflussnahme des Unternehmers schließt. Bei Fernabsatzverträgen (§ 312c BGB) wird das Widerrufsrecht damit gerechtfertigt, dass der Verbraucher die Ware vor Vertragsschluss nicht zu sehen bekommt und seine Rückfragemöglichkeit durch die Verwendung von Fernkommunikationsmitteln eingeschränkt ist oder er – bei telefonischer Bestellung – Antworten nur in „flüchtiger" Form erhält. Die im Besonderen Schuldrecht statuierten Widerrufsrechte beruhen auf der besonderen Komplexität des betreffenden Vertrags.

Ob und aus welchen Gründen der Verbraucher von einem bestehenden Widerrufsrecht Gebrauch macht, ist seinem **freien Willen** überlassen. Es müssen also nicht gerade diejenigen Gründe den Verbraucher zum Widerruf motivieren, die den Gesetzgeber zur Statuierung des Widerrufsrechts bewegt haben.[51] Ein Ausschluss des Widerrufsrechts wegen **Rechtsmissbrauchs** oder unzulässiger Rechtsausübung (§ 242 BGB) kommt nur ausnahmsweise – etwa bei arglistigem oder schikanösem Verhalten des Verbrauchers – in Betracht.[52] Nicht rechtsmissbräuchlich handelt der Verbraucher insbesondere, wenn er die Nichtausübung des Widerrufsrechts davon abhängig macht, dass der Unternehmer den Vertrag zugunsten des Verbrauchers ändert.[53]

▶ **Fall (nach BGH NJW 2016, 1951 ff.):** K bestellt bei Händlerin V über das Internet zwei Taschenfederkernmatratzen. Nach Lieferung und Bezahlung der Matratzen bittet K die V unter Hinweis auf ein günstigeres Angebot eines anderen Anbieters um Erstattung eines Be-

---

51 BGH NJW 2016, 3512 Rn. 45 ff.; BGH NJW 2016, 3518 Rn. 20 ff.; BGH NJW-RR 2018, 301 Rn. 16.
52 EuGH NJW 2022, 40 Rn. 119 ff. (Volkswagen Bank u.a.).
53 BGH NJW 2016, 1951 Rn. 15 ff.; einschränkend BGH NJW-RR 2018, 301 Rn. 17. Kritisch *Benecke*, ZIP 2016, 1897, 1898 ff.

trags von 32,98 €, damit er von der Ausübung des ihm als Verbraucher zustehenden Widerrufsrechts absehe. Da es zu keiner Einigung kommt, erklärt K den Widerruf und verlangt Rückzahlung des Kaufpreises.

Der Widerruf des K ist nicht rechtsmissbräuchlich, obwohl der Sinn des Widerrufsrechts beim Fernabsatzvertrag darin liegt, dem Verbraucher eine Prüfung der Ware zu ermöglichen, und K mit den Matratzen zufrieden ist. ◂

20 Nach Ansicht des BGH ist ein Widerruf auch dann möglich, wenn der **Vertrag nichtig** ist (vgl. § 21 Rn. 16). Für den Verbraucher hat das den Vorteil, dass er nicht auf die Rückabwicklung des Vertrags nach Bereicherungsrecht angewiesen ist, sondern die für ihn teilweise günstigeren Widerrufsfolgen eingreifen.[54] Ebensowenig wird ein Widerruf dadurch gehindert, dass der **Vertrag** zuvor **gekündigt** oder von den Parteien einvernehmlich beendet wurde[55] oder dass zuvor eine der Parteien vom Vertrag zurückgetreten ist[56].

2. Erklärung des Widerrufs

21 Das Widerrufsrecht ist ein **Gestaltungsrecht**. Ist der Widerruf durch Zugang wirksam geworden (§ 130 Abs. 1 S. 1 BGB), kann er nicht zurückgenommen werden.[57]

Der Widerruf ist nach § 355 Abs. 1 S. 2 BGB gegenüber dem Unternehmer zu erklären, erfolgt also durch eine empfangsbedürftige Willenserklärung. Eine bestimmte Form schreibt das Gesetz nicht vor (Ausnahme: § 356a Abs. 1 BGB für Teilzeit-Wohnrechteverträge etc.), der Widerruf kann deshalb auch mündlich erklärt werden. Eine Begründung ist nicht erforderlich (§ 355 Abs. 1 S. 4 BGB). Das Wort „Widerruf" muss nicht verwendet werden. Allerdings muss der Entschluss des Verbrauchers zum Widerruf nach § 355 Abs. 1 S. 3 BGB eindeutig aus der Erklärung hervorgehen. Ob die kommentarlose Rücksendung der Ware genügt, ist zweifelhaft.[58]

Bei außerhalb von Geschäftsräumen geschlossenen Verträgen und Fernabsatzverträgen muss der Unternehmer dem Verbraucher ein **Muster-Widerrufsformular** gemäß Art. 246a § 1 Abs. 2 S. 1 Nr. 1 EGBGB zur Verfügung stellen[59], was einen Widerruf auf andere Art freilich nicht ausschließt. Erfolgt der Widerruf durch Ausfüllen einer Webseite des Unternehmers, muss der Unternehmer dem Verbraucher nach § 356 Abs. 1 S. 2 BGB den Zugang des Widerrufs unverzüglich auf einem dauerhaften Datenträger (§ 126b S. 2 BGB, siehe § 8 Rn. 2) bestätigen; bei weder außerhalb von Geschäftsräu-

---

[54] BGH NJW 2010, 610 Rn. 14 ff. = JuS 2010, 442 ff. (*Faust*) zur früheren Rechtslage.
[55] BGH NJW 2017, 243 Rn. 28.
[56] BeckOGK-BGB/*Haertlein* (1.4.2024), § 508 Rn. 3; MüKoBGB/*Weber*, 9. Aufl. (2023), § 508 Rn. 6.
[57] BGH NJW-RR 2018, 301 Rn. 29.
[58] Siehe *Hoffmann/Schneider*, NJW 2015, 2529 ff.
[59] Der Wortlaut der Norm ist insofern unglücklich, als er lediglich besagt, dass der Unternehmer den Verbraucher über das Muster-Widerrufsformular informieren muss. Gemeint ist aber, dass der Unternehmer dem Verbraucher das Formular zur Verfügung stellen muss (BGH GRUR 2019, 961 Rn. 39; MüKoBGB/*Wendehorst*, 9. Aufl. [2022], § 312d Rn. 56; Staudinger/*Thüsing*, Neubearb. 2019, § 312d Rn. 48). Bei außerhalb von Geschäftsräumen geschlossenen Verträgen muss das in der Form des Art. 246a § 4 Abs. 2 S. 1 EGBGB geschehen, also prinzipiell in Papierform (BGH NJW-RR 2021, 177 Rn. 28). Bei Fernabsatzverträgen ist Art. 246a § 4 Abs. 3 S. 1 und 2 EGBGB einschlägig, so dass das Muster-Widerrufsformular gegebenenfalls auch nur elektronisch, z.B. durch einen Link, zur Verfügung gestellt werden kann (BGH GRUR 2019, 961 Rn. 36 ff.; Staudinger/*Thüsing*, Neubearb. 2019, § 312d Rn. 48).

men noch im Fernabsatz geschlossenen Ratenlieferungsverträgen[60] gilt die Norm nach § 356c Abs. 2 S. 1 BGB entsprechend.

Haben **mehrere Verbraucher** oder ein Verbraucher und ein Unternehmer gemeinsam einen Vertrag mit einem Unternehmer geschlossen, so ist jeder Verbraucher unabhängig von den anderen auf seiner Seite stehenden Vertragspartnern zum Widerruf berechtigt. Denn das Bedürfnis, den Verbraucher vor einer übereilt eingegangenen vertraglichen Bindung zu schützen, besteht gleichermaßen, wenn der Verbraucher diese Bindung gemeinsam mit anderen eingegangen ist. Aus §§ 351 S. 1, 441 Abs. 2, 461 S. 1, 472 S. 1, 638 Abs. 2 BGB kann nach Ansicht des BGH kein allgemeiner Grundsatz abgeleitet werden, nach dem Gestaltungsrechte nur einheitlich ausgeübt werden können. Diese Normen sind deswegen nicht analog anzuwenden. Wenn nicht alle Vertragspartner des Unternehmers widerrufen, wirkt der Widerruf nicht zugleich für und gegen die anderen, weil der Widerruf nicht unter die Sondervorschriften der §§ 422–424 BGB fällt (vgl. §§ 425, 429 Abs. 3 BGB). Der BGH nimmt aber an, dass der Widerruf einzelner Vertragspartner entsprechend § 139 BGB regelmäßig dazu führt, dass sich der Vertrag im Verhältnis zu allen Vertragspartnern in ein Rückgewährschuldverhältnis umwandelt.[61]

3. Widerrufsfrist

Nach § 355 Abs. 2 S. 1 BGB beträgt die Widerrufsfrist 14 Tage. Ihre Berechnung richtet sich nach §§ 187 Abs. 1, 188 Abs. 1, 193 BGB. Sie beginnt nach § 355 Abs. 2 S. 2 BGB prinzipiell mit Vertragsschluss. Allerdings ist der Fristbeginn für alle[62] Widerrufsrechte abweichend geregelt (§§ 356 Abs. 2 und 3, 356a Abs. 2–5, 356b, 356c Abs. 1, 356d S. 1, 356e S. 1 BGB, § 4 S 2 und § 9 FernUSG). Dabei hängt der Beginn der Widerrufsfrist jeweils davon ab, dass der Unternehmer bestimmten **Informationspflichten** nachgekommen ist, insbesondere den Verbraucher über sein Widerrufsrecht belehrt hat.

Da die Formulierung einer ordnungsgemäßen Widerrufsbelehrung selbst für Juristen nicht ganz einfach ist, hat der Gesetzgeber in den Anlagen 1, 3–3b, 6–10 zum EGBGB **Mustertexte** vorgegeben, die nicht verbindlich sind, aber nach der ausdrücklichen Festlegung in § 514 Abs. 2 S. 4 BGB und in Art. 246a § 1 Abs. 2 S. 2, Art. 246b § 2 Abs. 3, Art. 247 § 6 Abs. 2 S. 3 und 4, Art. 249 § 3 Abs. 2 EGBGB den gesetzlichen Anforderungen genügen.

Um zu verhindern, dass bei Nichterfüllung der Informationspflichten ein zeitlich unbeschränktes Widerrufsrecht besteht, statuiert das Gesetz **Höchstfristen** (§§ 356 Abs. 3 S. 2, 356a Abs. 3 S. 2 und Abs. 4 S. 2, 356b Abs. 2 S. 4, 356c Abs. 2 S. 2, 356d S. 2, 356e S. 2 BGB) und Erlöschensgründe (§ 356 Abs. 4 und 5 BGB), allerdings nicht für Allgemein-Verbraucherdarlehensverträge i.S.v. § 491 Abs. 2 BGB. § 218 BGB (siehe § 31 Rn. 3) kann nicht analog angewandt werden, da das Widerrufsrecht nicht an

22

---

60 Umstritten ist, ob der Unternehmer dem Verbraucher bei solchen Verträgen das Muster-Widerrufsformular zur Verfügung stellen muss. Dafür: BeckOGK-BGB/*Mörsdorf* (1.4.2024), § 356c Rn. 6; dagegen: MüKoBGB/*Fritsche*, 9. Aufl. (2022), § 356c Rn. 3.
61 BGH NJW 2017, 243 Rn. 13 ff.; BGH NJW 2018, 225 Rn. 20.
62 Zweifelhaft ist dies für das Widerrufsrecht bei Verträgen mit Finanzierungshilfen, da § 506 Abs. 1 S. 1 BGB nur auf § 495 BGB, nicht aber auf § 356b BGB verweist. Allerdings ist anzunehmen, dass der Verweis auf § 495 BGB einen Verweis auf § 356b BGB einschließt. Vgl. BeckOGK-BGB/*Mörsdorf* (1.4.2024), § 356b Rn. 3; Erman/*Koch*, § 356b Rn. 2.

einen Anspruch auf fehlerfreie Belehrung anknüpft.[63] Eine Verwirkung des Widerrufsrechts bei Allgemein-Verbraucherdarlehensverträgen ist europarechtlich ausgeschlossen.[64]

Zur Wahrung der Widerrufsfrist genügt nach § 355 Abs. 1 S. 5 BGB die rechtzeitige **Absendung** des Widerrufs. Der Unternehmer trägt also das Risiko, dass die Widerrufserklärung nur mit Verzögerung übermittelt wird. Wirksam wird der Widerruf allerdings erst durch Zugang (§ 130 Abs. 1 S. 1 BGB), doch kann ein rechtzeitig abgesandter und verloren gegangener Widerruf unverzüglich (§ 121 Abs. 1 S. 1 BGB) nachgeholt werden. Das entspricht der Rechtslage bei der Anfechtung nach §§ 119, 120 BGB (siehe § 21 Rn. 4).

4. Folgen des Widerrufs

23 Folge des rechtzeitigen Widerrufs ist nach § 355 Abs. 1 S. 1 BGB, dass beide Parteien an ihre auf den Abschluss des Vertrags gerichteten Willenserklärungen nicht mehr gebunden sind. Der Widerruf führt ex nunc (also ohne Rückwirkung, siehe § 14 Rn. 1) zur Umwandlung des Vertrags in ein **Abwicklungsverhältnis**, in dem die beiderseitigen Leistungen zurückzugewähren sind. Soweit die Parteien noch nicht geleistet haben, werden sie von ihrer Leistungspflicht frei. Folge des Widerrufs ist also nicht etwa die Unwirksamkeit des Vertrags mit Rückabwicklung nach Bereicherungsrecht.

Die empfangenen Leistungen sind nach § 355 Abs. 3 S. 1 BGB **unverzüglich**, also ohne schuldhaftes Zögern (§ 121 Abs. 1 S. 1 BGB), zurückzugewähren. Soweit der Verbraucher Waren i.S.v. § 241a Abs. 1 BGB zurücksenden muss, kommt es insofern auf die rechtzeitige Absendung an (§ 355 Abs. 3 S. 3 BGB). Da „unverzüglich" bei fehlendem Verschulden des Rückgewährpflichtigen keine zeitliche Grenze statuiert, setzt das Gesetz in manchen Fällen **Höchstfristen** (z.B. §§ 357 Abs. 1, 357b Abs. 1 BGB). In diesem Fall regelt § 355 Abs. 3 S. 2 BGB den Fristbeginn.

Nach § 355 Abs. 3 S. 4 BGB trägt der Unternehmer die **Gefahr** der Rücksendung der Waren. Ihn treffen also die Folgen einer Transportverzögerung oder eines Untergangs oder einer Beschädigung der Waren auf dem Transport. Dies gilt freilich nur für zufällige Störungen. Hat der Verbraucher die Störung zu vertreten (z.B., weil er die Waren unzureichend verpackt), haftet er nach §§ 280 Abs. 1, 241 Abs. 2 BGB. § 361 Abs. 1 BGB hindert nämlich Ansprüche nicht, die wegen Pflichtverletzungen des Verbrauchers *nach* Ausübung des Widerrufsrechts entstehen.[65]

§§ 357–357e BGB enthalten ausführliche, nach den einzelnen Vertragsarten differenzierende Vorschriften für die Rückabwicklung, die die Ansprüche des Unternehmers gegen den Verbraucher abschließend regeln (§ 361 Abs. 1 BGB).

---

63 BGH NJW 2018, 225 Rn. 18.
64 EuGH NJW 2022, 40 Rn. 113 ff. (Volkswagen Bank u.a.).
65 BeckOGK-BGB/*Rosenkranz* (1.2.2024), § 361 Rn. 12.2; Erman/*Koch*, § 361 Rn. 1; MüKoBGB/*Fritsche*, 9. Aufl. (2022), § 361 Rn. 4.

§ 28 Verbraucherschutzvorschriften

Wiederholungs- und Vertiefungsfragen

1. „Verbraucherschützende Widerrufsrechte sind verfehlt. Wer beim Vertragsschluss nicht aufpasst, soll die Konsequenzen tragen müssen." Nehmen Sie Stellung zu dieser These.
2. Was ist bei der Auslegung vieler verbraucherschützender Normen im BGB zu beachten?
3. Liegt ein Verbrauchsgüterkauf (§ 474 Abs. 1 BGB) vor, wenn
   a) eine selbständige Ärztin ihr zu 60 % beruflich genutztes Auto an eine Rentnerin verkauft?
   b) eine Hausfrau ein neues Taxi erwirbt, um sich selbständig zu machen?
   c) eine selbständige IT-Beraterin im Internet zur privaten Nutzung 2.000 Blatt Druckerpapier kauft und es an ihre Firmenadresse liefern lässt?
4. Verbraucherin V bucht über die Website der Fluggesellschaft F einen Flug von Hamburg nach Teneriffa. In der Buchungsmaske von F wird eine Rücktrittsversicherung angeboten, und im entsprechenden Feld ist schon ein Kreuz gesetzt. Weil V eine solche Versicherung abschließen möchte, klickt sie das Kreuz nicht weg. Als V die Reise nicht antreten kann, macht F die Unwirksamkeit des Versicherungsvertrags geltend und verweigert die Leistung. Zu Recht?
5. Welche Ziele verfolgen Informationspflichten?
6. Welche Auswirkungen hat die Nichterfüllung von Informationspflichten auf verbraucherschützende Widerrufsrechte?
7. Aus welchen Gründen darf der Verbraucher einen Fernabsatzvertrag widerrufen?

§ 29 Allgemeine Geschäftsbedingungen

1 §§ 305 ff. BGB stellen besondere Regeln für die Einbeziehung Allgemeiner Geschäftsbedingungen (AGB) in den Vertrag und für die Wirksamkeit der AGB auf.[1] Auch das AGB-Recht beruht auf einer verbraucherschützenden EG-Richtlinie (vgl. § 28 Rn. 2), nämlich der Richtlinie über missbräuchliche Klauseln in Verbraucherverträgen[2]. Sie enthält im Gegensatz zum deutschen Recht keine Vorschriften über die Einbeziehung von AGB in den Vertrag und gilt nur für Verträge zwischen Unternehmern und Verbrauchern. Außerdem statuiert sie nur einen Mindeststandard für den Verbraucherschutz (Art. 8 Klausel-RL; vgl. § 28 Rn. 2). Das deutsche AGB-Recht ist allerdings wesentlich älter und hat der Richtlinie weitgehend als Vorbild gedient. Es musste zur Umsetzung der Richtlinie nur in Einzelpunkten geändert werden.

I. Der Anwendungsbereich der §§ 305 ff. BGB

2 ▶ **Hinweis zur Klausurtechnik:** Bei der Anwendung von §§ 305 ff. BGB ist zu beachten, dass die Vorschriften nahezu nie so anzuwenden sind, wie sie auf den ersten Blick im Gesetz zu stehen scheinen. Je nachdem, welche Personen beteiligt sind, ordnet nämlich § 310 BGB Modifikationen an oder schließt die Anwendbarkeit ganz aus. Bei der Prüfung muss man deshalb unbedingt mit § 310 BGB beginnen. ◀

Das AGB-Recht gilt grundsätzlich für alle zivilrechtlichen Verträge. § 310 BGB ordnet folgende **Ausnahmen** an:

- § 310 Abs. 4 S. 1 BGB erklärt §§ 305 ff. BGB für nicht anwendbar auf Verträge auf dem Gebiet des **Erb-, Familien- und Gesellschaftsrechts**. Derartige Verträge sind keine „Standardverträge", deren Bedingungen vor Vertragsschluss nicht hinreichend zur Kenntnis genommen werden und bei denen Verbandsklagen zur Verhinderung missbräuchlicher Bedingungen erforderlich sind. Das Bedürfnis nach richterlicher Kontrolle ist daher weniger stark. Im Übrigen gibt es im Erb-, Familien- und Gesellschaftsrecht zahlreiche zwingende gesetzliche Regelungen, von denen ohnehin nicht abgewichen werden kann. Schließlich müssen derartige Verträge häufig notariell beurkundet werden, so dass eine sachgerechte Beratung der Parteien gewährleistet ist. Im Einzelfall kommt eine Inhaltskontrolle nach §§ 138, 242 BGB in Betracht.
- Im Bereich des **Arbeitsrechts** schließt § 310 Abs. 4 S. 1 BGB die Anwendbarkeit des AGB-Rechts auf arbeitsrechtliche Kollektivverträge (Tarifverträge, Betriebs- und Dienstvereinbarungen) aus. Die Bundesregierung begründete das damit, dass solche Verträge nicht nur ausgehandelte Verträge zwischen den beteiligten Kollektivvertragsparteien (z.B. Gewerkschaften, Betriebsrat, Arbeitgeber und Arbeitgebervereinigungen) darstellten, sondern zugleich Rechtsnormen enthielten, die unmittelbar und zwingend für die betreffenden Arbeitsverhältnisse gälten (vgl. § 310 Abs. 4 S. 3 BGB). Ein Eingriff in diesen gewissermaßen „normsetzenden" Bereich durch die AGB-Kontrolle würde das System der Tarifautonomie konterkarieren.[3] Auf Arbeitsverträge ist das AGB-Recht prinzipiell anwendbar. § 310 Abs. 4 S. 2 BGB macht

---

1 Siehe auch *Weiler*, Nomos-Lehrbuch Schuldrecht: Allgemeiner Teil, 7. Aufl. (2024), § 11; *Wendland*, Jura 2018, 866 ff., Jura 2019, 41 ff. und 486 ff.
2 Richtlinie 93/13/EWG des Rates vom 5.4.1993 über mißbräuchliche Klauseln in Verbraucherverträgen, ABl. EG Nr. L 95, S. 29 ff.
3 BT-Drucks. 14/6857, S. 54.

§ 29 Allgemeine Geschäftsbedingungen

aber eine Ausnahme hinsichtlich der Einbeziehungsvoraussetzungen (siehe Rn. 11) und ordnet im Übrigen die „angemessene Berücksichtigung" der im Arbeitsrecht geltenden Besonderheiten an.

- Nach § 310 Abs. 2 BGB gelten §§ 308, 309 BGB nicht für Verträge über die **Versorgung** mit elektrischer Energie, Gas, Fernwärme und Wasser und Verträge über die Entsorgung von Abwasser, soweit die Versorgungsbedingungen nicht zum Nachteil der Abnehmer von Verordnungen über Allgemeine Bedingungen für die Versorgung von Tarifkunden abweichen. Die Regelung bezieht sich auf sog. Sonderabnehmer, die von den Versorgungsunternehmen nicht zu den allgemeinen Tarifen, sondern zu Sonderkonditionen beliefert werden. Sie sollen nicht über das AGB-Recht stärker geschützt werden als Tarifabnehmer.[4] Die Generalklausel des § 307 BGB bleibt anwendbar.

- § 310 Abs. 1a BGB wurde 2023 eingefügt. Er nimmt bestimmte Verträge über im Inland erlaubnispflichtige **Finanzgeschäfte** aus dem Anwendungsbereich der Inhaltskontrolle auch insoweit aus, als dieser nach § 310 Abs. 1 BGB eröffnet wäre.[5]

Besonders wichtig sind die Modifikationen, die von den beteiligten Personen abhängen:

- Ist der Vertragspartner des Verwenders ein **Unternehmer**, eine juristische Person des öffentlichen Rechts (z.B. eine Gemeinde oder eine Universität) oder ein öffentlich-rechtliches Sondervermögen (z.B. das Sondervermögen des European Recovery Program oder das Bundeseisenbahnvermögen), so sind nach § 310 Abs. 1 S. 1 BGB die Vorschriften über die Einbeziehung von AGB in den Vertrag (§ 305 Abs. 2 und 3 BGB) und die Klauselkataloge der §§ 308, 309 BGB – mit Ausnahme von § 308 Nr. 1a und 1b BGB – nicht anwendbar. § 310 Abs. 1 S. 3 BGB schränkt die AGB-Kontrolle noch weiter ein, wenn in den betreffenden Vertrag die Vergabe- und Vertragsordnung für Bauleistungen Teil B (VOB/B) einbezogen ist. Die VOB/B enthält Allgemeine Geschäftsbedingungen für Bauverträge. Sie wird vom Deutschen Vergabe- und Vertragsausschuss für Bauleistungen (DVA) herausgegeben, dem mehrere mit Bauvorhaben befasste Bundes- und Landesministerien sowie namhafte Wirtschafts- und Berufsverbände angehören, wobei unter paritätischen Gesichtspunkten sowohl die Auftraggeber- als auch die Auftragnehmerseite repräsentiert ist.

- § 310 Abs. 3 BGB modifiziert die Anwendung der §§ 305 ff. BGB für **Verbraucherverträge**, die die Vorschrift als Verträge zwischen einem Unternehmer und einem Verbraucher legaldefiniert. Nr. 1 modifiziert den Begriff der AGB gegenüber § 305 Abs. 1 BGB, Nr. 2 erklärt bestimmte Normen auch auf Vertragsbedingungen für anwendbar, die keine AGB sind, und Nr. 3 erweitert den Kreis der bei der Inhaltskontrolle nach § 307 Abs. 1 und 2 BGB zu berücksichtigenden Umstände.

Unmodifiziert gelten die §§ 305 ff. BGB also nur für Verträge, die zwischen zwei Verbrauchern geschlossen werden.

II. Der Begriff der Allgemeinen Geschäftsbedingungen

AGB sind nach der Legaldefinition in § 305 Abs. 1 S. 1 BGB alle für eine Vielzahl von Verträgen vorformulierten Vertragsbedingungen, die eine Vertragspartei – die „Verwender" genannt wird – der anderen bei Abschluss eines Vertrags stellt. Die **äußere**

---

4 BT-Drucks. 14/6040, S. 160.
5 BT-Drucks. 20/8292, S. 89.

Form ist gemäß § 305 Abs. 1 S. 2 BGB unerheblich. AGB können also gedruckt oder handschriftlich verfasst sein; auch mündliche Abreden können AGB sein, wenn sie für eine Vielzahl von Verträgen vorformuliert wurden („AGB aus dem Kopf"). Dass Bedingungen in einem notariell beurkundeten Vertrag enthalten sind, schließt die AGB-Eigenschaft nicht aus. Das „Gegenbild" zu AGB sind nach § 305 Abs. 1 S. 3 BGB zwischen den Parteien im Einzelnen ausgehandelte Vertragsbedingungen. Zentrale Elemente von AGB sind die Vorformulierung für eine Vielzahl von Verträgen und das Stellen durch eine Vertragspartei.

Die **Vielzahl von Verträgen**, für die die Bedingungen vorformuliert sind, muss nicht notwendig unbestimmt sein. AGB liegen etwa auch vor, wenn die Bedingungen für den Verkauf aller Eigentumswohnungen einer bestimmten Wohnanlage entworfen wurden. Die Untergrenze liegt bei drei Verwendungen. Maßgeblich ist nicht die tatsächliche Verwendung, sondern die Absicht desjenigen, der die Bedingungen aufstellt, so dass diese schon bei der ersten Verwendung AGB darstellen, unabhängig davon, ob es zu den weiteren geplanten Verwendungen kommt. Nicht erforderlich ist, dass der Verwender selbst eine mehrfache Verwendung plant. AGB liegen also auch vor, wenn etwa ein Verbraucher unter Verwendung eines Mustervertrags ein Auto verkauft oder eine Wohnung vermietet.

Bei **Verbraucherverträgen** sind nach § 310 Abs. 3 Nr. 2 BGB die meisten Vorschriften aus dem AGB-Recht – allerdings nicht diejenigen über die Einbeziehung – auch anwendbar, wenn die Bestimmungen nur zur einmaligen Verwendung vorformuliert wurden, soweit der Verbraucher wegen der Vorformulierung auf ihren Inhalt keinen Einfluss nehmen konnte. Obwohl § 305b BGB in § 310 Abs. 3 Nr. 2 BGB nicht genannt wird, haben Individualvereinbarungen auch gegenüber Einmalbedingungen i.S.v. § 310 Abs. 3 Nr. 2 BGB Vorrang.[6]

Der Verwender muss die vorformulierten Bedingungen seinem Vertragspartner bei Vertragsschluss „**stellen**". Das ist der Fall, wenn er die Einbeziehung der vorformulierten Bedingungen in den Vertrag verlangt und dadurch einseitige rechtsgeschäftliche Gestaltungsmacht in Anspruch nimmt. Eine Individualvereinbarung i.S.v. § 305 Abs. 1 S. 3 BGB liegt dagegen vor, wenn derjenige, der die Bedingungen in den Vertrag einführt, ernsthaft zu Verhandlungen über ihren Inhalt bereit ist und dies eindeutig erklärt. Voraussetzung ist allerdings, dass die andere Partei erkennbar den Sinn der betreffenden Regelung erfasst hat, etwa infolge einer Belehrung durch die Gegenpartei.[7] Dass die Klausel letztlich unverändert übernommen wurde, schließt das Vorliegen einer Individualvereinbarung nicht notwendig aus. Keinesfalls genügt für ein Aushandeln i.S.v. § 305 Abs. 1 S. 3 BGB aber, dass der Verwender das Klauselwerk erläutert und der andere Teil vom Inhalt Kenntnis nimmt und es akzeptiert. Denn „Aushandeln" ist nach ständiger Rechtsprechung mehr als bloßes „Verhandeln". Der Verwender muss den in den Bedingungen enthaltenen gesetzesfremden Kerngehalt inhaltlich ernsthaft zur Disposition stellen und dem Verhandlungspartner Gestaltungsfreiheit zur Wahrung eigener Interessen einräumen. Der Kunde muss die reale Möglichkeit erhalten, den Inhalt

---

6 BAG NZA 2017, 58 Rn. 35. Teilweise wird trotz der enumerativen Aufzählung in richtlinienkonformer Auslegung auch eine Anwendbarkeit von §§ 305 Abs. 2 Nr. 2, 305c Abs. 1 BGB befürwortet. Siehe Erman/*Looschelders*, § 310 Rn. 21; Ulmer/Brandner/Hensen/*C. Schäfer*, AGB-Recht, 13. Aufl. (2022), § 310 Rn. 91.
7 BGH NJW 2005, 2543, 2544.

der Vertragsbedingungen zu beeinflussen. Dass der Kunde aufgefordert wird, Anmerkungen oder Änderungswünsche mitzuteilen, genügt für ein Aushandeln nicht.[8]

Bei **Verbraucherverträgen** gelten nach § 310 Abs. 3 Nr. 1 BGB für eine Vielzahl von Verträgen vorformulierte Vertragsbedingungen[9] als vom Unternehmer gestellt, sofern sie nicht vom Verbraucher in den Vertrag eingeführt wurden. AGB liegen damit auch dann vor, wenn die Einbeziehung der betreffenden Bedingungen nicht vom Unternehmer, sondern von einem neutralen Dritten wie einem Notar oder Makler vorgeschlagen wurde.

III. Der Grund der Kontrolle von Allgemeinen Geschäftsbedingungen[10]

AGB erfüllen im Wirtschaftsleben eine wichtige Funktion. Die Vertragstypen des BGB sind notwendigerweise relativ allgemein gehalten, um eine Vielzahl von Verträgen erfassen zu können. Bei vielen häufig vorkommenden Arten von Verträgen (z.B. Verträge über die Nutzung eines Parkhauses, über die Reinigung von Kleidungsstücken, über das Aufstellen von Automaten) besteht Regelungsbedarf für Fragen, für die das BGB keine Vorschriften enthält, oder es passen einzelne Normen des BGB nicht. Es wäre nun völlig unpraktikabel und viel zu teuer (die Wirtschaftswissenschaftler sprechen insofern von „**Transaktionskosten**"), beim Abschluss eines derartigen Vertrags, der möglicherweise nur von geringer wirtschaftlicher Bedeutung ist, jedes Mal umfangreiche Vertragsbedingungen auszuhandeln. Dies gilt umso mehr, als die meisten dieser Bedingungen bei der Vertragsdurchführung wohl nie zum Tragen kämen, weil sie Problemfälle regeln, die nur selten auftreten. Es ist daher sehr sinnvoll, wenn diejenige Partei, die derartige Verträge häufig schließt, einmal spezielle Vertragsbedingungen ausarbeitet und diese dann in alle von ihr geschlossenen Verträge einbezieht. Das muss nicht notwendig der Anbieter einer Ware oder Leistung sein. In der Praxis verbreitet sind vielmehr auch Einkaufsbedingungen, durch die ein großes Unternehmen (etwa ein Automobilhersteller) die Bedingungen festlegt, zu denen es von seinen Zulieferern Waren und Leistungen erwirbt.

5

Die Verwendung von AGB birgt allerdings auch erhebliche **Risiken**. Denn diejenige Partei, die die Bedingungen formuliert, wird sie möglichst günstig für sich selbst (und damit möglichst ungünstig für ihren Vertragspartner) ausgestalten. Der Vertragspartner hat natürlich die Möglichkeit, den Vertragsschluss zu diesen Bedingungen abzulehnen. Ob der Verwender der AGB dann bereit ist, die beanstandeten Bedingungen zu modifizieren, oder ob er die Gegenpartei vor die Alternative stellt, den Vertrag mitsamt den AGB zu akzeptieren oder insgesamt darauf zu verzichten, wird von den wirtschaftlichen Machtverhältnissen abhängen. Handlungsbedarf für den Gesetzgeber wäre insofern auch bei wirtschaftlicher Überlegenheit des Verwenders nicht gegeben, da der Verwender – sofern kein Kontrahierungszwang besteht – das Recht hat, selbst zu bestimmen, zu welchen Bedingungen er Verträge schließt und zu welchen nicht (negative Abschlussfreiheit). Insofern verhält es sich mit AGB nicht anders als beispielsweise mit dem Preis, über den häufig auch keine Verhandlungen möglich sein werden: Die Erfolgschancen desjenigen, der im Supermarkt über den Preis einer Packung Knä-

6

---

8 Siehe BGH NJW 2010, 1131 Rn. 12 ff. = JuS 2010, 538 ff. (*Faust*); BGH NJW 2016, 1230 Rn. 29 ff.
9 Die Gesetzesformulierung, die von „AGB" spricht, ist misslungen, da sie einerseits das Vorliegen von AGB voraussetzt, andererseits aber (in Verbindung mit § 305 Abs. 1 S. 1 BGB) selbst festsetzt, wann solche vorliegen.
10 Siehe *Kötz*, JuS 2003, 209 ff.

ckebrot verhandeln will, dürften eher gering sein. Auswüchse, die auf mangelndem Wettbewerb beruhen, könnten mithilfe des Kartellrechts – auf nationaler Ebene geregelt durch das Gesetz gegen Wettbewerbsbeschränkungen (GWB) – bekämpft werden.

Bei AGB stellt sich aber – unabhängig von der wirtschaftlichen Stärke der Parteien – ein weiteres Problem, das das Eingreifen des Gesetzgebers erforderlich macht: AGB werden typischerweise vor Vertragsschluss nicht zur Kenntnis genommen und ihr Inhalt wird bei der Entscheidung über den Vertragsschluss nicht berücksichtigt. Deshalb sorgt – anders als beim Preis – nicht der **Wettbewerb** dafür, dass AGB einen auch für den Vertragspartner des Verwenders akzeptablen Inhalt haben, und deshalb würden Parteien häufig Verträge mit sie grob benachteiligenden AGB schließen. Dabei ist es in vielen Fällen keineswegs leichtsinnig, die AGB vor Vertragsschluss nicht zu lesen, sondern rational: Beim Abschluss eines Alltagsgeschäfts – über den Kauf eines Kugelschreibers, die Reinigung einer Hose oder das Einstellen eines Autos in einem Parkhaus – ist die Wahrscheinlichkeit recht gering, dass etwas „schiefgeht" und deswegen die AGB überhaupt relevant werden, und selbst wenn es Probleme gibt, wird der drohende Schaden oft nicht allzu hoch sein. Es würde sich deshalb einfach nicht lohnen, vor Abschluss des betreffenden Vertrags zehn Minuten oder mehr aufzuwenden, um die AGB des Vertragspartners zu lesen und sich zu überlegen, ob man zu diesen Bedingungen abschließen will, und erst recht nicht, mehrere Stunden zu investieren, um sich die AGB mehrerer möglicher Vertragspartner zu besorgen und miteinander zu vergleichen.

7 Der Gesetzgeber war daher dazu aufgerufen, eine Lösung zu finden, die einerseits den Gebrauch von AGB nicht übermäßig erschwert und andererseits eine unangemessene Benachteiligung des Vertragspartners des Verwenders vermeidet. Er hat dies mithilfe zweier Grundsätze getan:

- Erstens muss der Vertragspartner des Verwenders vor dem Vertragsschluss auf die AGB **hingewiesen** werden und die Möglichkeit haben, von ihrem Inhalt **Kenntnis zu nehmen**, damit er – wenn er dies wünscht – den Inhalt der AGB bei seiner Entscheidung über den Vertragsschluss berücksichtigen kann.
- Zweitens wird der Inhalt der AGB einer **richterlichen Kontrolle** unterworfen, damit derjenige, der die AGB vor Vertragsschluss nicht zur Kenntnis nimmt, nicht unangemessen benachteiligt wird.

Da das geschilderte Problem unabhängig davon auftritt, ob der Vertragspartner des Verwenders Verbraucher ist, gilt das AGB-Recht auch bei Verträgen zwischen Unternehmern, wenn auch in abgemilderter Form (siehe Rn. 3). AGB-Recht darf keinesfalls auf den Aspekt des Verbraucherschutzes verengt werden.

Die Klausel-RL gilt allerdings nur für Verträge zwischen Unternehmern und Verbrauchern und soll die Verbraucher vor dem „Machtmissbrauch" der Unternehmer schützen (Erwägungsgrund 9). Dem musste der deutsche Gesetzgeber durch Erlass von § 310 Abs. 3 BGB Rechnung tragen. §§ 305 ff. BGB dienen daher heute zwei unterschiedlichen Zwecken[11]:

- Schutz vor einem Marktversagen infolge fehlenden Konditionenwettbewerbs;
- Schutz der unterlegenen Verbraucher.

---

11 Siehe *Hellwege*, JZ 2015, 1130 ff.

IV. Möglichkeiten der Kontrolle Allgemeiner Geschäftsbedingungen

Die Frage der Wirksamkeit von AGB-Klauseln kann sich im Prozess zwischen dem Verwender und seinem Vertragspartner stellen, wenn die Entscheidung von der Wirksamkeit einer Klausel abhängt (**Individualprozess**). Das Gericht entscheidet dann über die Wirksamkeit als Vorfrage. Diese Entscheidung entfaltet allerdings über den Prozess hinaus keine Wirkung. Insbesondere hindert sie den Verwender nicht, die Klausel auch in Zukunft zu verwenden, und ändert nichts daran, dass im Prozess mit Dritten die Unwirksamkeit selbständig geprüft werden muss. Deshalb gewährt § 1 UKlaG Industrie- und Handelskammern, Verbraucherverbänden, Verbänden zur Förderung gewerblicher Interessen etc. (siehe §§ 3, 4 UKlaG) einen Anspruch auf Unterlassung der Verwendung unwirksamer AGB (**Verbandsklage**). Wird der Verwender zur Unterlassung verurteilt, kann sich nach § 11 UKlaG jeder Vertragspartner des Verwenders auf dieses Urteil berufen.

V. Die Einbeziehung von Allgemeinen Geschäftsbedingungen in den Vertrag

1. Nach § 305 Abs. 2 BGB

Sofern die AGB **nicht gegenüber einem Unternehmer**, einer juristischen Person des öffentlichen Rechts oder einem öffentlich-rechtlichen Sondervermögen verwendet werden (§ 310 Abs. 1 S. 1 BGB) und es sich nicht um einen Arbeitsvertrag handelt (§ 310 Abs. 4 S. 2 Hs. 2 BGB), regelt § 305 Abs. 2 BGB die Einbeziehungsvoraussetzungen. Wer sich gegen AGB zur Wehr setzen will, wird häufig schon deshalb erfolgreich sein, weil die AGB gar nicht in den Vertrag einbezogen wurden; auf die Inhaltskontrolle kommt es dann nicht mehr an. Die Zahl der Urteile, in denen eine Einbeziehung von AGB verneint wurde, ist allerdings eher gering; in der Rechtspraxis überwiegt bei weitem die Bedeutung der Inhaltskontrolle. § 305 Abs. 2 BGB statuiert drei Voraussetzungen:

- Nach § 305 Abs. 2 Nr. 1 BGB muss der Verwender die andere Partei prinzipiell **ausdrücklich** auf die AGB hinweisen. Nur wenn ein solcher ausdrücklicher Hinweis wegen der Art des Vertragsschlusses nur unter unverhältnismäßigen Schwierigkeiten möglich wäre, kann der Hinweis durch deutlich sichtbaren Aushang am Ort des Vertragsschlusses erfolgen. Es genügt also nicht, dass (wie nach allgemeinem Vertragsrecht) die Auslegung der Erklärung nach dem objektiven Empfängerhorizont ergibt, dass der Verwender nur auf Basis seiner AGB kontrahieren will.

  Bei einem mündlichen Vertragsschluss muss der Hinweis im Allgemeinen mündlich erfolgen, bei einem schriftlichen Vertragsschluss muss er so im Vertragstext enthalten sein, dass er von einem Durchschnittskunden auch bei flüchtiger Betrachtung nicht übersehen wird. Keinesfalls genügt es, einfach den Text der AGB auf der Rückseite des Vertragsformulars abzudrucken. Die Hinweispflicht ist allerdings nur sinnvoll, wenn die AGB einen gesonderten Text bilden. Sind sie dagegen unmittelbarer Bestandteil des Vertragstexts selbst, besteht nicht die Gefahr, dass der Vertragspartner des Verwenders sie übersieht, und ein Hinweis erübrigt sich.[12]

  Der Hinweis muss **bei Vertragsschluss** erfolgen. Daraus folgt zum einen, dass ein früherer Hinweis ohne Zusammenhang mit dem konkreten Vertrag – etwa bei einem vorherigen Vertragsschluss – nicht genügt. Zum anderen ist ein Hinweis nach

---

12 BGH NJW 1988, 2465, 2466 f.; MüKoBGB/*Fornasier*, 9. Aufl. (2022), § 305 Rn. 67.

Vertragsschluss unzureichend. Damit der Vertragspartner des Verwenders die AGB bei seiner Entscheidung über den Vertragsschluss berücksichtigen kann, muss der Hinweis erfolgen, bevor er seine Willenserklärung abgibt. Nicht ausreichend ist insbesondere ein Hinweis, der auf Eintrittskarten, Flugtickets u.Ä. abgedruckt ist, da diese erst nach Vertragsschluss ausgehändigt werden.[13]

Der ausdrückliche Hinweis darf nur dann durch einen **deutlich sichtbaren Aushang** am Ort des Vertragsschlusses ersetzt werden, wenn er wegen der Art des Vertragsschlusses nur unter unverhältnismäßigen Schwierigkeiten möglich wäre. Dabei ist an Fälle gedacht, in denen es weder zu einem persönlichen Kontakt mit dem Verwender oder einem seiner Mitarbeiter noch zu Schriftverkehr kommt, wie die Einfahrt in ein Parkhaus oder die Benutzung eines Schließfachs. Nach h.M. genügt ein Aushang auch bei Massengeschäften des täglichen Lebens, bei denen ein ausdrücklicher Hinweis zwar möglich wäre, aber der Aufwand dafür im Verhältnis zur Bedeutung des Geschäfts beträchtlich wäre (etwa beim Kauf im Selbstbedienungsladen, bei der Annahme einer chemischen Reinigung oder beim Einfahren in eine Autowaschanlage).[14]

- Nach § 305 Abs. 2 Nr. 2 BGB muss der Verwender seinem Vertragspartner die Möglichkeit verschaffen, bei Vertragsschluss[15] in zumutbarer Weise vom Inhalt der AGB **Kenntnis zu nehmen**. Bei einem Vertragsschluss unter Anwesenden genügt es, wenn der Text der AGB aushängt oder ausliegt oder der Verwender die Vorlage anbietet. Die AGB müssen grafisch so gestaltet sein, dass sie problemlos lesbar sind. Bei einem Vertragsschluss unter Abwesenden müssen die AGB übersandt werden. Das Angebot, sie auf Anforderung zuzusenden, oder gar der Hinweis darauf, dass sie im Buchhandel gekauft werden können, genügt nicht. Die AGB müssen auf jeden Fall grafisch so gestaltet sein, dass sie problemlos lesbar sind. Bei telefonischem Vertragsschluss kann dem Kunden in aller Regel keine Kenntnis verschafft werden. Vorlesen der AGB kann nur bei sehr kurzen und einfach strukturierten Bedingungen ausreichen. Nach h.M. kann der Kunde aber durch Individualvereinbarung – keinesfalls formularmäßig – auf die Möglichkeit der Kenntnisnahme verzichten, so dass auch bei telefonischem Vertragsschluss eine Einbeziehung von AGB in Betracht kommt.[16]

- Der Vertragspartner des Verwenders muss mit der Geltung der AGB **einverstanden** sein (§ 305 Abs. 2 letzter Hs. BGB). Dieses Einverständnis erfolgt nicht durch eine eigenständige Willenserklärung, sondern ergibt sich aus der auf den Vertragsschluss

---

13 Erman/*Looschelders*, § 305 Rn. 30; Grüneberg/*Grüneberg*, § 305 Rn. 28; Ulmer/Brandner/Hensen/*Habersack*, AGB-Recht, 13. Aufl. (2022), § 305 Rn. 134; *Pfeiffer*, in: Wolf/Lindacher/Pfeiffer, AGB-Recht, 7. Aufl. (2020), § 305 Rn. 77. **A.A.** MüKoBGB/*Fornasier*, 9. Aufl. (2022), § 305 Rn. 85 und Staudinger/*Mäsch*, Neubearb. 2022, § 305 Rn. 131 (Vertrag kommt nicht vor Aushändigung des Papiers zustande).
14 BeckOGK-BGB/*Lehmann-Richter* (1.6.2024), § 305 Rn. 218; Erman/*Looschelders*, § 305 Rn. 31; Grüneberg/*Grüneberg*, § 305 Rn. 29; Soergel/*Fritzsche*, 13. Aufl. (2019), § 305 Rn. 58; Staudinger/*Mäsch*, Neubearb. 2022, § 305 Rn. 142. Zurückhaltend MüKoBGB/*Fornasier*, 9. Aufl. (2022), § 305 Rn. 73; Ulmer/Brandner/Hensen/*Habersack*, AGB-Recht, 13. Aufl. (2022), § 305 Rn. 139 f.
15 BGH NJW 2010, 864 Rn. 38; BeckOGK-BGB/*Lehmann-Richter* (1.6.2024), § 305 Rn. 240; Grüneberg/*Grüneberg*, § 305 Rn. 31; MüKoBGB/*Fornasier*, 9. Aufl. (2022), § 305 Rn. 74; Soergel/*Fritzsche*, 13. Aufl. (2019), § 305 Rn. 70; Ulmer/Brandner/Hensen/*Habersack*, AGB-Recht, 13. Aufl. (2022), § 305 Rn. 155. **A.A.** Staudinger/*Mäsch*, Neubearb. 2022, § 305 Rn. 174 (Kenntnisverschaffung unverzüglich nach Vertragsschluss ausreichend).
16 Grüneberg/*Grüneberg*, § 305 Rn. 35; MüKoBGB/*Fornasier*, 9. Aufl. (2022), § 305 Rn. 75 („sicherlich kühn, aber doch wohl vernünftig"); Soergel/*Fritzsche*, 13. Aufl. (2019), § 305 Rn. 65; Ulmer/Brandner/Hensen/*Habersack*, AGB-Recht, 13. Aufl. (2022), § 305 Rn. 149; *Pfeiffer*, in: Wolf/Lindacher/Pfeiffer, AGB-Recht, 7. Aufl. (2020), § 305 Rn. 87. **A.A.** BeckOGK-BGB/*Lehmann-Richter* (1.6.2024), § 305 Rn. 239.

gerichteten Willenserklärung, wenn der Vertragspartner zuvor auf die AGB hingewiesen wurde.[17]

Wenn der Kunde aufgrund eines Katalogs oder einer Zeitungsanzeige des Verwenders – also einer invitatio ad offerendum (siehe § 3 Rn. 4) – eine Bestellung aufgibt, muss die Auslegung des Antrags des Kunden (§§ 133, 157 BGB) ergeben, dass er mit der Geltung der AGB einverstanden ist. Dazu ist erforderlich, dass im Katalog oder der Anzeige unübersehbar auf die AGB hingewiesen wird. Ein Hinweis an versteckter Stelle genügt nicht. Wenn der Verwender seine Obliegenheit aus § 305 Abs. 2 Nr. 1 BGB erfüllt hat, wird die Willenserklärung des Kunden in aller Regel als Zustimmung zur Geltung der AGB auszulegen sein.[18]

§ 305a BGB erklärt in den dort aufgezählten Fällen den ausdrücklichen Hinweis und die Möglichkeit der Kenntnisnahme für entbehrlich. Erforderlich bleibt das Einverständnis des Vertragspartners. Problematisch ist insofern, dass der Vertragspartner mangels Hinweises oft gar nichts von der Existenz der betreffenden AGB wissen wird. Da die AGB-Einbeziehung bei den betreffenden Verträgen verkehrstypisch ist, wird der Verwender die Willenserklärung seines Vertragspartners dennoch in der Regel so verstehen dürfen (§§ 133, 157 BGB), dass der Vertragspartner mit der Einbeziehung der AGB einverstanden ist.[19]

10

2. Nach den allgemeinen Regeln

Für die Einbeziehung von AGB, die **gegenüber einem Unternehmer**, einer juristischen Person des öffentlichen Rechts oder einem öffentlich-rechtlichen Sondervermögen verwendet werden, statuiert das Gesetz keine besonderen Voraussetzungen (§ 310 Abs. 1 S. 1 BGB). Es genügt daher, wenn die AGB vom allgemeinen vertraglichen Konsens umfasst sind. Ist die Verwendung von AGB branchenüblich (wie etwa bei den AGB der Banken und den Allgemeinen Deutschen Spediteurbedingungen), können AGB sogar stillschweigend Vertragsbestandteil werden. Auch ein Unternehmer muss die Möglichkeit haben, von den AGB seines Vertragspartners in zumutbarer Weise Kenntnis zu nehmen. Hierfür genügt es aber, wenn ihm die AGB auf Anforderung zugesandt werden oder wenn er sie sich auf andere Weise selbst verschaffen kann.[20]

11

Auch auf **Arbeitsverträge** sind die besonderen Einbeziehungsvoraussetzungen nicht anwendbar (§ 310 Abs. 4 S. 2 Hs. 2 BGB). Der Gesetzgeber hat das damit begründet, bei Arbeitsverträgen habe der Arbeitgeber dem Arbeitnehmer nach § 2 Abs. 1 S. 1 Nachweisgesetz (NachwG) ohnehin die wesentlichen Vertragsbestimmungen auszuhändigen.[21] In der Literatur wird dies nahezu einhellig für eine Fehlentscheidung gehalten, da die Pflicht des § 2 Abs. 1 S. 1 NachwG auch noch nach Vertragsschluss erfüllt werden kann und deshalb die Funktion des § 305 Abs. 2 BGB nicht erfüllen kann, dem

---

17 BeckOGK-BGB/*Lehmann-Richter* (1.6.2024), § 305 Rn. 244; Soergel/*Fritzsche*, 13. Aufl. (2019), § 305 Rn. 43.
18 BeckOGK-BGB/*Lehmann-Richter* (1.6.2024), § 305 Rn. 246; Grüneberg/*Grüneberg*, § 305 Rn. 41; Staudinger/*Mäsch*, Neubearb. 2022, § 305 Rn. 179. A.A. Ulmer/Brandner/Hensen/*Habersack*, AGB-Recht, 13. Aufl. (2022), § 305 Rn. 130 ff.
19 BeckOGK-BGB/*Lehmann-Richter* (1.6.2024), § 305a Rn. 33; MüKoBGB/*Fornasier*, 9. Aufl. (2022), § 305a Rn. 5 f.; Ulmer/Brandner/Hensen/*C. Schäfer*, AGB-Recht, 13. Aufl. (2022), § 305a Rn. 4.
20 Grüneberg/*Grüneberg*, § 305 Rn. 53; Soergel/*Fritzsche*, 13. Aufl. (2019), § 305 Rn. 84; Staudinger/*Mäsch*, Neubearb. 2022, § 305 Rn. 176 f.; Ulmer/Brandner/Hensen/*Habersack*, AGB-Recht, 13. Aufl. (2022), § 305 Rn. 169; *Pfeiffer*, in: Wolf/Lindacher/*Pfeiffer*, AGB-Recht, 7. Aufl. (2020), § 305 Rn. 131. Strenger MüKoBGB/*Fornasier*, 9. Aufl. (2022), § 305 Rn. 110
21 BT-Drucks. 14/6857, S. 54.

Vertragspartner des Verwenders vor Vertragsschluss Klarheit über die Vertragsbedingungen zu verschaffen.[22]

3. Überraschende Klauseln (§ 305c Abs. 1 BGB)

12 Die Einbeziehung von AGB sowohl gegenüber Verbrauchern als auch gegenüber Unternehmern als auch in Arbeitsverträge setzt nach § 305c Abs. 1 BGB voraus, dass die Bestimmung nach den Umständen, insbesondere nach dem äußeren Erscheinungsbild des Vertrags, nicht so ungewöhnlich ist, dass der Vertragspartner des Verwenders mit ihr nicht zu rechnen braucht. Hierdurch soll – ähnlich wie durch die Inhaltskontrolle – derjenige Vertragspartner geschützt werden, der sich pauschal mit der Geltung der AGB einverstanden erklärt, ohne sie zur Kenntnis zu nehmen. Er soll darauf vertrauen dürfen, dass die AGB nicht allzu weit von den bei Geschäften dieser Art üblichen und für ihn vorstellbaren Bedingungen abweichen. Demnach ist eine Klausel überraschend, wenn sie von den **Erwartungen der durchschnittlichen Verkehrskreise** deutlich abweicht und der Vertragspartner nach den Umständen mit ihr vernünftigerweise nicht rechnen musste. Dass der konkrete Vertragspartner – etwa wegen seiner fehlenden Geschäftsgewandtheit – mit einer im Rahmen des betreffenden Vertrags durchaus üblichen Klausel tatsächlich nicht gerechnet hat, genügt nicht.

Es kommt nicht nur auf den **Inhalt der Klausel** an, sondern auch auf die konkreten **Umstände des Vertragsschlusses**. So kann eine Klausel mit gänzlich unüblichem Inhalt ihre Überraschungswirkung dadurch verlieren, dass der Vertragspartner bei Vertragsschluss besonders auf sie hingewiesen wird. Gegenüber dem Normaldruck stärkere Drucktypen genügen dafür allerdings nur, sofern die Klausel lediglich von den bei derartigen Verträgen üblichen Klauseln abweicht. Muss der Vertragspartner dagegen wegen der dem Vertragsschluss vorausgegangenen konkreten Umstände nicht mit der Klausel rechnen, ist ein individueller Hinweis erforderlich.[23]

▶ **Beispiel:** Befindet sich im Kaufvertrag über einen Gebrauchtwagen die Klausel, dass das Auto ein „Bastlerfahrzeug zum Ausschlachten" sei, so wird diese nach § 305c Abs. 1 BGB nicht Vertragsbestandteil, sofern der Käufer nicht speziell nach einem Bastlerfahrzeug gefragt hatte und vom Verkäufer nicht ausdrücklich auf die Klausel hingewiesen worden war. ◀

Weil bei der Feststellung, ob eine Klausel überraschend ist, die Umstände des Einzelfalls berücksichtigt werden müssen, kann der überraschende Charakter einer Klausel nicht im Verbandsklageverfahren geltend gemacht werden (§ 1 UKlaG).

Eine überraschende Klausel kann gleichzeitig unangemessen i.S.v. §§ 307–309 BGB sein. Im Individualprozess spielt dies keine Rolle, weil die Klausel nach § 305c Abs. 1 BGB gar nicht Vertragsbestandteil wird. Es ermöglicht aber, gegen die Klausel im Verbandsklageverfahren vorzugehen.

§ 305c Abs. 1 BGB gewährt auch vor solchen Klauseln Schutz, die nach § 307 Abs. 3 BGB der Inhaltskontrolle entzogen sind (siehe Rn. 17).

---

22 Siehe Staudinger/*Krause*, Neubearb. 2022, Anhang §§ 305–310 Rn. K 153.
23 BGH NJW-RR 2002, 485, 487.

4. Kollision von Allgemeinen Geschäftsbedingungen

Wenn zwei Unternehmer einen Vertrag schließen, verweisen oft beide jeweils auf ihre eigenen AGB. Da die Annahme dann nicht mit dem Antrag übereinstimmt, wirkt sie nach § 150 Abs. 2 BGB als dessen Ablehnung, verbunden mit einem neuen Antrag. Ein Vertrag ist nach der Auslegungsregel des § 154 Abs. 1 BGB auch nicht bezüglich derjenigen Punkte zustande gekommen, über die sich die Parteien geeinigt haben.

Häufig werden die Unternehmen den Vertrag trotz der fehlenden Einigung über die AGB durchführen. Man könnte nun annehmen, dass diejenige Partei, die den ursprünglichen Antrag abgegeben hatte, dadurch den Antrag der Gegenpartei, der nach § 150 Abs. 2 BGB in der abweichenden Annahme liegt, annimmt. Es würde sich dann derjenige durchsetzen, der als letzter auf seine AGB verwiesen hat („**Theorie des letzten Wortes**"). Eine derartige Auslegung wäre aber wenig lebensnah: Wer ursprünglich die Einbeziehung seiner AGB fordert und damit nicht durchdringt, gibt durch die Durchführung des Vertrags nicht zu erkennen, dass er mit den AGB der Gegenpartei einverstanden ist. Dies gilt insbesondere, wenn seine AGB – wie häufig – eine Abwehrklausel gegen die Einbeziehung fremder AGB enthalten. Nach der heute herrschenden Meinung bewirkt die Durchführung des Vertrags daher lediglich, dass im Rahmen von §§ 154 Abs. 1, 155 BGB ausnahmsweise anzunehmen ist, es sei ein Vertrag unter Ausklammerung der nicht übereinstimmenden AGB geschlossen worden (**Prinzip der Kongruenzgeltung**). An deren Stelle tritt das dispositive Recht.[24]

VI. Die Auslegung von Allgemeinen Geschäftsbedingungen

AGB unterliegen generell den für Rechtsgeschäfte geltenden Auslegungsgrundsätzen (siehe § 2 Rn. 8 ff. und § 3 Rn. 28). Allerdings liegt die Besonderheit von AGB gerade darin, dass sie für eine Vielzahl von Verträgen vorformuliert wurden (§ 305 Abs. 1 S. 1 BGB). Sie können ihren Zweck, eine gleichförmige Abwicklung dieser Vielzahl von Verträgen zu erreichen, nur erfüllen, wenn sie auch gleichmäßig ausgelegt werden. Nach h.M. kommt es daher nicht auf die individuellen Verständnismöglichkeiten des Vertragspartners des Verwenders an, sondern auf diejenigen eines rechtlich nicht vorgebildeten Durchschnittskunden. AGB sind somit prinzipiell **objektiv** auszulegen.[25]

Nach der **Unklarheitenregel** des § 305c Abs. 2 BGB gehen Zweifel bei der Auslegung von AGB zulasten des Verwenders, da er für die unklare Formulierung verantwortlich ist. Was das bedeutet, hängt vom Kontext ab, in dem sich die Auslegungsfrage stellt: Ist eine den Vertragspartner des Verwenders benachteiligende Klausel bei einer der in Betracht kommenden Auslegungen in den Vertrag einbezogen und wirksam, bei der anderen dagegen nach § 305c Abs. 1 BGB nicht in den Vertrag einbezogen oder nach §§ 307–309 BGB unwirksam, so ist nach § 305c Abs. 2 BGB diejenige Auslegung maßgeblich, die dazu führt, dass die Klausel nicht gilt. Maßgeblich ist also die „**kundenfeindlichste**" Auslegung der Klausel, die wegen der Unwirksamkeitsfolge letztlich doch

---

24 BeckOGK-BGB/*Lehmann-Richter* (1.6.2024), § 305 Rn. 288; Grüneberg/*Grüneberg*, § 305 Rn. 54; MüKoBGB/*Fornasier*, 9. Aufl. (2022), § 305 Rn. 127 f.; Soergel/*Fritzsche*, 13. Aufl. (2019), § 305 Rn. 88 ff.; Staudinger/*Mäsch*, Neubearb. 2022, § 305 Rn. 234 ff.; Ulmer/Brandner/Hensen/*Habersack*, AGB-Recht, 13. Aufl. (2022), § 305 Rn. 188 ff. Kritisch *Rödl*, AcP 215 (2015), 683 ff.
25 BGH NJW 2008, 2172 Rn. 19; BGH NJW 2018, 2117 Rn. 18; Erman/*Looscheiders*, § 305c Rn. 20; Grüneberg/*Grüneberg*, § 305c Rn. 16; MüKoBGB/*Fornasier*, 9. Aufl. (2022), § 305c Rn. 34 ff.; Soergel/*Fritzsche*, 13. Aufl. (2019), § 305c Rn. 40; Ulmer/Brandner/Hensen/*C. Schäfer*, AGB-Recht, 13. Aufl. (2022), § 305c Rn. 73 ff. **A.A.** BeckOGK-BGB/*Bonin* (1.3.2024), § 305c Rn. 91; Staudinger/*Mäsch*, Neubearb. 2022, § 305c Rn. 125; Lindacher/Hau, in: Wolf/Lindacher/Pfeiffer, AGB-Recht, 7. Aufl. (2020), § 305c Rn. 106a.

die kundenfreundlichste ist.[26] Ist eine Klausel dagegen bei allen infrage kommenden Auslegungsergebnissen einbezogen und wirksam, so ist nach § 305c Abs. 2 BGB von diesen Auslegungsergebnissen das **kundenfreundlichste** maßgeblich. § 305c Abs. 2 BGB setzt allerdings voraus, dass „Zweifel" bei der Auslegung bestehen, dass also nach Ausschöpfung aller zur Auslegung in Betracht kommenden Umstände zumindest zwei Auslegungsergebnisse rechtlich vertretbar sind. Hierbei bleiben Verständnismöglichkeiten unberücksichtigt, die zwar theoretisch denkbar, praktisch aber fernliegend sind und für die an solchen Geschäften typischerweise Beteiligten nicht ernsthaft in Betracht kommen.[27] Auf § 305c Abs. 2 BGB darf also erst zurückgegriffen werden, wenn die normale Auslegung der AGB zu keinem eindeutigen Ergebnis geführt hat. AGB sind keineswegs grundsätzlich zulasten des Verwenders auszulegen.

15 Widersprechen sich in einem Vertrag Individualabreden – also im Einzelnen ausgehandelte Vertragsbedingungen (§ 305 Abs. 1 S. 3 BGB) – und AGB, so gehen nach § 305b BGB die Individualabreden vor. Das gilt auch bei nur mittelbaren Widersprüchen, etwa, wenn individuell ein Preis vereinbart wird und die AGB eine Klausel enthalten, nach der zusätzlich zum vereinbarten Preis Umsatzsteuer zu zahlen ist. Nach h.M. kommt der **Vorrang der Individualabrede** auch zum Tragen, wenn die AGB eine Klausel enthalten, nach der abweichende Vereinbarungen der Schriftform bedürfen. Denn in einer abweichenden mündlichen Vereinbarung liegt zugleich die stillschweigende und nach § 305b BGB vorrangige Abbedingung der Schriftformklausel (siehe auch § 8 Rn. 17).[28]

Nicht dagegen kann durch eine Individualabrede die **AGB-Kontrolle ausgeschlossen** werden. So können die Parteien weder im Wege der Individualabrede §§ 305 ff. BGB insgesamt abbedingen noch Bedingungen, die sie nicht im Einzelnen ausgehandelt haben, dadurch gemäß § 305 Abs. 1 S. 3 BGB der Inhaltskontrolle entziehen, dass sie durch Individualvereinbarung festlegen, es sei über die Klauseln ernsthaft und ausgiebig verhandelt worden.[29]

VII. Die Inhaltskontrolle von Allgemeinen Geschäftsbedingungen

1. Überblick

16 Die Bestimmungen über die Inhaltskontrolle finden sich in §§ 307–309 BGB. § 307 Abs. 1 und 2 BGB stellen eine **Generalklausel** dar. §§ 308 und 309 BGB enthalten **Klauselkataloge**, die sich dadurch unterscheiden, dass bei § 308 BGB eine Wertung erforderlich ist (was durch Wörter wie „unangemessen", „sachlich gerechtfertigt" und „zumutbar" ausgedrückt wird), während Klauseln, die unter § 309 BGB fallen, nach Vorstellung des Gesetzgebers schlechthin unangemessen sind. Die Abgrenzung zwischen beiden Vorschriften ist aber fließend, da auch § 309 BGB Rechtsbegriffe enthält, die aufgrund von Wertungen konkretisiert werden müssen.

Für AGB, die **gegenüber Verbrauchern** verwendet werden, (und bei Verbraucherverträgen nach § 310 Abs. 3 Nr. 2 BGB auch darüber hinaus) gelten Generalklausel und Klauselkataloge. Auf AGB, die **gegenüber einem Unternehmer**, einer juristischen Per-

---

[26] BGH NJW 2008, 2172 Rn. 19.
[27] BGH NJW-RR 2016, 526 Rn. 19, 35.
[28] MüKoBGB/*Fornasier*, 9. Aufl. (2022), § 305b Rn. 13; Ulmer/Brandner/Hensen/*C. Schäfer*, AGB-Recht, 13. Aufl. (2022), § 305b Rn. 33 f.
[29] BGH NJW 2014, 1725 Rn. 27 ff.

son des öffentlichen Rechts oder einem öffentlich-rechtlichen Sondervermögen verwendet werden, kommen dagegen nur die Generalklausel und § 308 Nr. 1a und 1b BGB zur Anwendung, gemäß § 310 Abs. 1 S. 1 BGB dagegen nicht die übrigen Ziffern der §§ 308, 309 BGB. Das bedeutet indes nicht, dass die in § 308 Nr. 1, 2 bis 9 BGB und in § 309 BGB genannten Klauseln gegenüber Unternehmern generell verwendet werden dürfen. Vielmehr können sie, wie § 310 Abs. 1 S. 2 BGB klarstellt, nach der Generalklausel des § 307 BGB unwirksam sein. Dabei misst die Rechtsprechung den Klauselkatalogen der §§ 308, 309 BGB eine Indizwirkung zu: Eine nach §§ 308 Nr. 1, 2 bis 9, 309 BGB unzulässige Klausel ist im unternehmerischen Verkehr unangemessen i.S.v. § 307 BGB, sofern sie nicht durch die besonderen Bedürfnisse des unternehmerischen Geschäftsverkehrs gerechtfertigt wird.[30]

▶ **Beispiel:** § 309 Nr. 8 Buchst. b Doppelbuchst. cc BGB statuiert das Verbot, durch AGB die Verpflichtung des Verwenders auszuschließen oder zu beschränken, die zum Zweck der Nacherfüllung erforderlichen Aufwendungen nach § 439 Abs. 2 und 3 BGB zu tragen oder zu ersetzen. Liegt ein Verbrauchsgüterkauf vor, folgt ein entsprechendes Verbot schon aus § 476 Abs. 1 S. 1 BGB, der auch Individualvereinbarungen erfasst. Ist der Vertragspartner des Verwenders ein Unternehmer, gilt § 309 Nr. 8 Buchst. b Doppelbuchst. cc BGB nicht. Die Norm scheint daher nur einen minimalen Anwendungsbereich zu haben. Ihre Bedeutung liegt in der Indizwirkung, die sie in Bezug auf Unternehmergeschäfte entfaltet: Diese Indizwirkung gewährleiste, dass einerseits die Rechtsprechung die nötige Klarheit schaffen werde und andererseits den Parteien ein Rest an Gestaltungsspielraum verbleibe, der auch in untypischen Fällen einen angemessenen Interessenausgleich ermögliche.[31] ◀

▶ **Hinweis zur Klausurtechnik:** Die **Prüfungsreihenfolge** geht vom Speziellen zum Allgemeinen. Am Anfang steht also – soweit anwendbar – die Prüfung des § 309 BGB, dann folgt diejenige des § 308 BGB, und erst, wenn eine Klausel unter keinen der beiden Kataloge fällt, misst man sie an der Generalklausel des § 307 BGB. ◀

2. Voraussetzung der Inhaltskontrolle

Nach § 307 Abs. 3 S. 1 BGB findet eine Inhaltskontrolle nur in Bezug auf Klauseln statt, durch die von Rechtsvorschriften abweichende oder diese ergänzende Regelungen vereinbart werden. Nicht der Inhaltskontrolle unterliegen damit erstens Klauseln, die nur die gesetzliche Regelung wiederholen (**deklaratorische Klauseln**). Zweitens sind von der Inhaltskontrolle solche Klauseln ausgenommen, die **die vertraglich geschuldeten Hauptleistungen festlegen**, also z.B. eine Sachleistung beschreiben oder den Preis festsetzen; denn die Regelungen der §§ 307 ff. BGB sollen nicht eine gerichtliche Überwachung von Leistungsangeboten und Preisen ermöglichen. Modifikationen oder Einschränkungen der Hauptleistungspflicht können jedoch kontrolliert werden. Denn anders als die eigentliche Festlegung der Hauptleistung wird der Vertragspartner des Verwenders solche Modifikationen und Einschränkungen der Hauptleistung bei seiner Entscheidung, ob er den Vertrag schließt, häufig nicht berücksichtigen.[32] Er muss daher mithilfe der Inhaltskontrolle vor einer inhaltlich unangemessenen Verkürzung der-

17

---

30 BGHZ 90, 273, 278; BGHZ 103, 316, 328 f.; BGH NJW 2007, 3774 Rn. 11 f.; BeckOGK-BGB/*Friesen* (1.9.2023), § 310 Rn. 52 ff.; Grüneberg/*Grüneberg*, § 307 Rn. 40; MüKoBGB/*Fornasier*, 9. Aufl. (2022), § 310 Rn. 16; Soergel/*Fritzsche*, 13. Aufl. (2019), § 310 Rn. 18 ff.; Ulmer/Brandner/Hensen/C. *Schäfer*, AGB-Recht, 13. Aufl. (2022), § 310 Rn. 27. **A.A.** Staudinger/*Pfeiffer*, Neubearb. 2022, § 310 Rn. 28 f.; *Pfeiffer*, in: Wolf/Lindacher/Pfeiffer, AGB-Recht, 7. Aufl. (2020), § 310 Abs. 1 Rn. 22.
31 BT-Drucks. 18/8486, S. 36 f., 94; BT-Drucks. 18/11437, S. 39.
32 Gegen die Relevanz dieses Gedankens BGHZ 201, 168 Rn. 58 ff.

jenigen Leistung, die er nach dem Zweck des Vertrags erwarten darf (vgl. § 307 Abs. 2 Nr. 2 BGB), und vor einer inhaltlich unangemessenen Erhöhung der Leistung, die er zu schulden meint, geschützt werden. Im Einzelfall kann die Abgrenzung schwierig sein. Nicht der Inhaltskontrolle unterliegt jedenfalls die Festlegung der essentialia negotii, die Voraussetzung dafür ist, dass überhaupt ein wirksamer Vertrag zustande kommt.[33] Kontrollfähig sind dagegen etwa Fälligkeitsklauseln, Klauseln, nach denen eine Partei vorleisten muss, und Klauseln über Verzugszinsen. Insbesondere hält der BGH „Preisnebenabreden" für kontrollfähig, „die keine echte (Gegen-) Leistung zum Gegenstand haben, sondern mit denen der Klauselverwender allgemeine Betriebskosten, Aufwand für die Erfüllung gesetzlich oder nebenvertraglich begründeter eigener Pflichten oder für sonstige Tätigkeiten auf den Kunden abwälzt, die der Verwender im eigenen Interesse erbringt".[34]

▶ **Beispiel:** Eine AGB-Klausel, durch die ein laufzeitunabhängiges Bearbeitungsentgelt für Darlehensverträge festgelegt wird, ist nach Ansicht des BGH eine kontrollfähige Preisnebenabrede. Die nach § 307 Abs. 3 S. 1 BGB nicht kontrollfähige Hauptleistung des Darlehensnehmers sei der nach § 488 Abs. 1 S. 2 BGB zu zahlende laufzeitabhängige Zins. Das Bearbeitungsentgelt stelle auch kein Entgelt für eine rechtlich selbständige, gesondert vergütungsfähige Leistung des Kreditinstituts dar, sondern diene dazu, Kosten für solche Tätigkeiten auf den Kunden abzuwälzen, die das Kreditinstitut im eigenen Interesse oder aufgrund bestehender eigener Rechtspflichten übernehme (z.B. die Bonitätsprüfung).[35] ◀

Auch Klauseln, die nach § 307 Abs. 3 S. 1 BGB an sich nicht der Inhaltskontrolle unterliegen, müssen sich gemäß § 307 Abs. 3 S. 2 BGB am **Transparenzgebot** des § 307 Abs. 1 S. 2 BGB messen lassen. Das ist konsequent, da der Vertragspartner des Verwenders Klauseln, die die Hauptleistung beschreiben, nur dann bei seiner Entscheidung über den Vertragsschluss sachgerecht berücksichtigen wird, wenn er ihren Inhalt versteht, und deshalb bei Intransparenz genau die Gefahr droht, der mit der Inhaltskontrolle begegnet werden soll (vgl. Rn. 6).

3. Die Generalklausel des § 307 Abs. 1 und 2 BGB

a) Der Grundsatz des § 307 Abs. 1 S. 1 BGB

18 Nach § 307 Abs. 1 S. 1 BGB sind Klauseln unwirksam, die den Vertragspartner des Verwenders entgegen den Geboten von Treu und Glauben **unangemessen benachteiligen**. Vergleichsmaßstab für die Benachteiligung ist das dispositive Recht (siehe § 1 Rn. 5), das ohne die Klausel gelten würde. Die Unangemessenheit ist durch eine umfassende Abwägung der Interessen beider Parteien festzustellen. Eine Rolle spielt dabei etwa, welche Folgen die Wirksamkeit oder Unwirksamkeit der Klausel für beide Parteien hätte, ob jede Partei die Verwirklichung des durch die Klausel verteilten Risikos vermeiden und sich gegen die Folgen einer Verwirklichung des Risikos schützen kann (z.B. durch eine Versicherung). Zwar bezieht sich die Inhaltskontrolle nicht auf den Vertrag als Ganzes, sondern stets nur auf eine konkrete Klausel. Bei deren Würdigung ist jedoch der gesamte Vertragsinhalt als „Wertungshintergrund" zu berücksichtigen. Grundsätzlich unzulässig ist das „**Preisargument**", dass durch die betreffende Klausel ein niedrigerer Preis ermöglicht wird. Sonst müsste nämlich durch eine richterliche

---

[33] BGH NJW 2019, 2997 Rn. 19.
[34] BGHZ 201, 168 Rn. 24; BGHZ 215, 172 Rn. 24.
[35] BGHZ 201, 168 Rn. 24 ff. (für Verbraucherverträge); BGHZ 215, 172 Rn. 23 ff. (für Verträge mit Unternehmern).

§ 29 Allgemeine Geschäftsbedingungen

Preiskontrolle ermittelt werden, ob der verlangte Preis unter Berücksichtigung der AGB-Klausel angemessen ist.[36] Der BGH hat festgestellt, Verwender müssten „ihre Preise nach solchen Bedingungen kalkulieren, die sich mit den Geboten von Treu und Glauben vereinbaren lassen".[37]

Maßgeblich ist eine **überindividuelle, generalisierende Betrachtungsweise**. Es geht also um die Interessen typischer Vertragspartner in der betreffenden Lage, nicht dagegen um die Interessen der konkreten am Streitfall beteiligten Parteien. Bei **Verbraucherverträgen** sind allerdings nach § 310 Abs. 3 Nr. 3 BGB auch die den Vertragsschluss begleitenden Umstände zu berücksichtigen. Dazu gehören etwa die Stärke der beiderseitigen Verhandlungspositionen, eine Einwirkung auf den Verbraucher bei Vertragsschluss und die Tatsache, dass dem Vertragsschluss eine besondere Bestellung des Verbrauchers zugrunde lag (Erwägungsgrund 16 Klausel-Richtlinie). Umstritten ist, ob sich die Berücksichtigung der den Vertragsschluss begleitenden Umstände auch zulasten des Verbrauchers auswirken kann.[38]

b) Die Regelbeispiele des § 307 Abs. 2 BGB

§ 307 Abs. 2 BGB gibt zwei Regelbeispiele für eine unangemessene Benachteiligung.

Nach Nr. 1 ist eine unangemessene Benachteiligung im Zweifel anzunehmen, wenn eine Bestimmung mit **wesentlichen Grundgedanken der gesetzlichen Regelung**, von der abgewichen wird, nicht zu vereinbaren ist. Ob eine Norm des dispositiven Rechts solchen „Leitbildcharakter" hat, hängt vor allem davon ab, inwiefern sie nur auf Zweckmäßigkeitserwägungen beruht und inwiefern sie ein Gerechtigkeitsgebot verwirklicht.

▶ **Beispiel:** Nach § 652 Abs. 1 BGB entsteht ein Anspruch auf Maklerlohn nur, wenn infolge der Tätigkeit des Maklers ein Vertrag zustande kommt. Eine AGB-Klausel, die einen erfolgsunabhängigen Anspruch auf eine am Wert des vermittelten Objekts orientierte Provision begründet, verstößt gegen § 307 Abs. 2 Nr. 1 BGB.[39] ◀

Das Regelbeispiel in Nr. 2 betrifft Klauseln, die **wesentliche Rechte und Pflichten**, die sich aus der Natur des Vertrags ergeben, so einschränken, dass die Erreichung des Vertragszwecks gefährdet ist. Die Rechtsprechung hat hieraus insbesondere den Grundsatz abgeleitet, dass bei der Verletzung sog. **Kardinalpflichten** die Haftung für einfache Fahrlässigkeit nicht ausgeschlossen werden darf (siehe zu Haftungsausschlussklauseln im Übrigen § 309 Nr. 7 und 8 BGB).

▶ **Beispiel:** Der Betreiber einer Autowaschanlage kann nach h.M. die Haftung für eine leicht fahrlässige Beschädigung der Autos nicht durch AGB ausschließen, da seine Pflicht, die gewaschenen Autos vor Schaden zu bewahren, zu den wesentlichen Vertragspflichten gehört.[40] ◀

---

36 BeckOGK-BGB/*Eckelt* (1.1.2024), § 307 Rn. 93 f.; MüKoBGB/*Wurmnest*, 9. Aufl. (2022), § 307 Rn. 48; Soergel/*Fritzsche*, 13. Aufl. (2019), § 307 Rn. 63; Staudinger/*Wendland*, Neubearb. 2022, § 307 Rn. 129 ff.; Ulmer/Brandner/Hensen/*Fuchs*, AGB-Recht, 13. Aufl. (2022), § 307 Rn. 145; *Pfeiffer*, in: Wolf/Lindacher/Pfeiffer, AGB-Recht, 7. Aufl. (2020), § 307 Rn. 224.
37 BGHZ 22, 90, 98.
38 Dafür: Erman/*Looschelders*, § 310 Rn. 25; Grüneberg/*Grüneberg*, § 310 Rn. 21; MüKoBGB/*Fornasier*, 9. Aufl. (2022), § 310 Rn. 114; Soergel/*Fritzsche*, 13. Aufl. (2019), § 310 Rn. 52; Ulmer/Brandner/Hensen/*Fuchs*, AGB-Recht, 13. Aufl. (2022), § 307 Rn. 410; *Pfeiffer*, in: Wolf/Lindacher/Pfeiffer, AGB-Recht, 7. Aufl. (2020), § 310 Abs. 3 Rn. 35. Dagegen: BeckOGK-BGB/*Richters/Friesen* (1.9.2023), § 310 Rn. 177; BeckOK-BGB/*Becker* (1.5.2024), § 310 Rn. 21; Staudinger/*Piekenbrock*, Neubearb. 2022, § 310 Rn. 141.
39 BGHZ 99, 374, 382.
40 BGH NJW 2005, 422, 424.

c) Das Transparenzgebot des § 307 Abs. 1 S. 2 BGB

20 Von besonderer Bedeutung ist das Transparenzgebot des § 307 Abs. 1 S. 2 BGB[41], das nach § 307 Abs. 3 S. 2 BGB auch für Klauseln gilt, die im Übrigen der Inhaltskontrolle entzogen sind (siehe Rn. 17). Es soll den Vertragspartner davor schützen, infolge falscher Vorstellungen über den Vertragsinhalt einen an sich nicht gewollten Vertrag zu schließen und im Zuge der Vertragsdurchführung wegen unzureichender oder fehlerhafter Information seine Rechte nicht durchzusetzen. Aufgrund des Transparenzgebots kann deshalb auch eine Klausel unwirksam sein, die inhaltlich an sich nicht zu beanstanden ist.

Bei grober Intransparenz kann schon die **Einbeziehung** der AGB scheitern, weil die Voraussetzung des § 305 Abs. 2 Nr. 2 BGB nicht erfüllt ist. Auch dann ist jedoch § 307 Abs. 1 S. 2 BGB für das Verbandsklageverfahren von Bedeutung.

▶ **Beispiele:** Verwendung unverständlicher Abkürzungen; konstitutiver Verweis auf nicht abgedruckte Gesetzesvorschriften; unpassender Standort von Klauseln innerhalb der AGB; Zinsberechnungsklauseln, die nicht klar zum Ausdruck bringen, dass die Darlehenszinsen jeweils bis zum Jahresende trotz der zwischenzeitlich fortschreitenden Tilgung nach dem (höheren) Kapitalstand am Schluss des Vorjahres berechnet werden[42]. ◀

VIII. Rechtsfolgen bei Nichteinbeziehung oder Unwirksamkeit einer Klausel

1. Keine Nichtigkeit des Vertrags

21 Wenn die AGB insgesamt oder einzelne AGB-Klauseln nicht Vertragsbestandteil werden oder unwirksam sind, bleibt gemäß § 306 Abs. 1 BGB der Vertrag **im Übrigen wirksam**. In Bezug auf AGB gilt damit nicht die allgemeine Regelung des § 139 BGB, nach der bei teilweiser Unwirksamkeit eines Vertrags im Zweifel der ganze Vertrag unwirksam ist (siehe § 12). Denn dem Interesse des Vertragspartners, der durch die Inhaltskontrolle geschützt werden soll, wäre es im Allgemeinen nicht dienlich, wenn er bei Unwirksamkeit einer Klausel alle Vorteile aus dem Vertrag verlieren würde.

Im Hinblick auf die fehlende **Einbeziehung** betrifft § 306 Abs. 1 BGB Fälle, in denen der Verwender die Obliegenheiten des § 305 Abs. 2 Nr. 1 und 2 BGB nicht erfüllt oder eine Klausel überraschend i.S.v. § 305c Abs. 1 BGB ist. Umstritten ist, ob § 306 Abs. 1 BGB auch dann anzuwenden ist, wenn die Einbeziehung nur am fehlenden Einverständnis des Vertragspartners (§ 305 Abs. 2 BGB am Ende) scheitert.[43] Dafür spricht der Wortlaut der Norm. Doch könnte dann der Vertragspartner einen Vertrag ohne die AGB des Verwenders zustande bringen, obwohl dieser vom Willen des Verwenders nicht gedeckt ist und der Verwender alle Obliegenheiten im Hinblick auf die Einbeziehung der AGB erfüllt hat. Die negative Vertragsfreiheit des Verwenders gebietet darum, § 306 Abs. 1 BGB in diesen Fällen teleologisch zu reduzieren und §§ 150 Abs. 2, 154 f. BGB anzuwenden. Wird der Vertrag allerdings durchgeführt, ist im Rahmen von §§ 154 Abs. 1, 155 BGB ausnahmsweise anzunehmen, es sei ein Vertrag unter Ausklammerung der AGB geschlossen worden (vgl. Rn. 13).

---

41 Siehe dazu *Stöhr*, AcP 216 (2016), 558 ff.
42 BGHZ 106, 42, 49 ff.
43 Dafür: BeckOGK-BGB/*Bonin* (1.3.2024), § 306 Rn. 10; BeckOK-BGB/*Hubert Schmidt* (1.5.2024), § 306 Rn. 14; MüKoBGB/*Fornasier*, 9. Aufl. (2022), § 306 Rn. 13; Staudinger/*Mäsch*, Neubearb. 2022, § 306 Rn. 33. Dagegen: Erman/*Looschelders*, § 306 Rn. 4; Grüneberg/*Grüneberg*, § 306 Rn. 4; Soergel/*Fritzsche*, 13. Aufl. (2019), § 306 Rn. 7; Ulmer/Brandner/Hensen/*Harry Schmidt*, AGB-Recht, 13. Aufl. (2022), § 306 Rn. 8; *Lindacher/Hau*, in: Wolf/Lindacher/Pfeiffer, AGB-Recht, 7. Aufl. (2020), § 306 Rn. 8.

§ 29 Allgemeine Geschäftsbedingungen

Nach § 306 Abs. 3 BGB ist der Vertrag **unwirksam**, wenn sonst eine unzumutbare Härte für eine Vertragspartei entstehen würde. Dies ist eine Ausnahme für Extremfälle. Insbesondere werden Nachteile, die dem Verwender aus der Unwirksamkeit oder fehlenden Einbeziehung einzelner Klauseln entstehen, nur äußerst selten eine unzumutbare Härte darstellen. Denn der Verwender hat grundsätzlich das Risiko zu tragen, dass sich seine Position verschlechtert, weil einzelne Klauseln nicht Vertragsbestandteil werden oder unwirksam sind.[44]

▶ **Hinweis zur Klausurtechnik:** Die Regel des § 306 Abs. 1 BGB hat wichtige Konsequenzen für den **Klausuraufbau:** Da es die Wirksamkeit des Vertrags nicht beeinträchtigt, wenn AGB nicht einbezogen wurden oder unwirksam sind, sind Einbeziehung und Wirksamkeit von AGB nicht im Rahmen des Vertragsschlusses zu prüfen, sondern erst dann, wenn einzelne Klauseln im Rahmen der Prüfung relevant werden. ◀

2. Schließung der Vertragslücke

Die nicht einbezogene oder unwirksame Klausel wird nach § 306 Abs. 2 BGB durch die Regeln des **dispositiven Rechts** ersetzt. Gibt es keine solchen einschlägigen Regeln, kommt eine **ergänzende Vertragsauslegung** in Betracht.[45]

Diese Grundsätze werden allerdings durch die neuere **EuGH-Rechtsprechung zur Klausel-RL** grundlegend in Frage gestellt. Nach der Rechtsprechung des EuGH ist es dann zulässig, eine Klausel durch dispositives Recht zu ersetzen, wenn der Vertrag sonst undurchführbar und damit nichtig wäre und dies für den Verbraucher besonders nachteilig wäre.[46] Bleibt dagegen der Vertrag trotz der Streichung der Klausel durchführbar oder wirkt die Gesamtnichtigkeit ausnahmsweise zugunsten des Verbrauchers, muss die Klausel ersatzlos wegfallen, denn nur dann werde hinreichend von der Verwendung unzulässiger Klauseln abgeschreckt.[47] So kann etwa der Verwender einer für nichtig erklärten Klausel, die die Zahlung einer Entschädigung für den Fall regelt, dass der Verbraucher seinen Pflichten nicht nachkommt, nicht den im Rahmen des dispositiven Rechts geltenden gesetzlichen Schadensersatz beanspruchen.[48] § 306 Abs. 2 BGB dürfte – jedenfalls innerhalb des Anwendungsbereichs der Klausel-RL (siehe Rn. 1) – entsprechend teleologisch zu reduzieren sein.[49] Dies hat erhebliche Konsequenzen: Wenn beispielsweise eine Verzugszinsklausel den Verbraucher unangemessen benachteiligt und deshalb unwirksam ist, richten sich die Verzugszinsen nicht nach § 288 Abs. 1 BGB, sondern der Verbraucher muss überhaupt keine Verzugszinsen zahlen.

---

44 *Gsell*, JZ 2019, 751, 755; MüKoBGB/*Fornasier*, 9. Aufl. (2022), § 306 Rn. 46; Soergel/*Fritzsche*, 13. Aufl. (2019), § 306 Rn. 26.
45 BT-Drucks. 7/5422, S. 5; BGH NJW 2013, 991 Rn. 21 ff.; BGH NJW 2017, 320 Rn. 21 ff.; MüKoBGB/*Fornasier*, 9. Aufl. (2022), § 306 Rn. 32 ff.; Soergel/*Fritzsche*, 13. Aufl. (2019), § 306 Rn. 20 f.; Staudinger/*Mäsch*, Neubearb. 2022, § 306 Rn. 37 ff.; *Lindacher/Hau*, in: Wolf/Lindacher/Pfeiffer, AGB-Recht, 7. Aufl. (2020), § 306 Rn. 15.
46 EuGH NJW 2014, 2335 Rn. 80 ff. (Kásler und Káslerné Rábai).
47 EuGH NZM 2018, 1029 Rn. 74 (Banco Santander und Escobedo Cortés); EuGH NJW 2019, 3133 Rn. 63 (Abanca Corporación Bancaria und Bankia); EuGH EuZW 2020, 246 Rn. 48 (Dziubak); EuGH NJW 2022, 3489 Rn. 67 ff. (D.B.P. u.a. [Auf eine Fremdwährung lautendes Hypothekendarlehen]). Siehe dazu BeckOGK-BGB/*Bonin* (1.3.2024), § 306 Rn. 98 ff.; BeckOK-BGB/*Hubert Schmidt* (1.5.2024), § 306 Rn. 5 ff.; *Gsell*, JZ 2019, 751 ff.; *Graf v. Westphalen*, BB 2019, 67 ff.; *Looschelders*, ZIP 2022, 2222 ff.; Staudinger/*Mäsch*, Neubearb. 2022, § 306 Rn. 10 ff. Ablehnend *Herresthal*, NJW 2023, 1161 ff.; *Riehländer*, EuZW 2023, 317, 321 ff.
48 EuGH NJW 2021, 1447 Rn. 61 ff. (Dexia Nederland).
49 *Gsell*, JZ 2019, 751, 757; MüKoBGB/*Fornasier*, 9. Aufl. (2022), § 306 Rn. 10; *Riehländer*, EuZW 2023, 317, 324. **A.A.** *Herresthal*, NJW 2023, 1161 Rn. 13 f.

H. Verbraucherschutzrecht und Allgemeine Geschäftsbedingungen

▶ **Fall 1 (nach EuGH NJW-RR 2023, 420 ff. [Gupfinger Einrichtungsstudio]):** K kauft bei V eine Einbauküche. In den AGB des V ist vorgesehen, dass V nach seiner Wahl eine pauschale Entschädigung von 20% des Kaufpreises oder Ersatz seines tatsächlich entstandenen Schadens verlangen kann, wenn der Käufer vom Vertrag Abstand nimmt, ohne dazu berechtigt zu sein. K nimmt vom Vertrag Abstand, weil er die Wohnung, für die die Einbauküche gedacht war, nicht erwerben kann. V klagt seinen tatsächlich entstandenen Schaden auf der Basis der gesetzlichen Bestimmungen ein. Nach Auffassung des vorlegenden nationalen Gerichts – des österreichischen OGH – stellt eine Klausel, die eine pauschale Stornogebühr in Höhe von 20% vorsieht, eine unangemessene Benachteiligung dar.

Der EuGH stellte fest, dass eine Klausel, die dem Verwender die Wahl zwischen einer unangemessen hohen Stornogebühr und dem Ersatz seines tatsächlich entstandenen Schadens lasse, unteilbar und daher insgesamt unangemessen sei. Weil der Fortbestand des Kaufvertrags nach Streichung der Klausel rechtlich möglich ist, kann V folglich gar keinen Schadensersatz verlangen, auch nicht auf Basis des dispositiven Rechts. Dass V seine Klage nicht auf seine AGB, sondern auf das dispositive Recht gestützt habe, sei unerheblich, weil die Rechtsfolgen der Nichtigkeit nicht von den prozessualen Entscheidungen des Verwenders abhängen könnten.[50] ◀

Zweifelhaft ist, ob die unzulässige Klausel im Wege ergänzender Vertragsauslegung ersetzt werden kann, wenn der Vertrag sonst undurchführbar wäre. Der EuGH hat entschieden, dass die Lückenschließung allein auf der Grundlage von allgemeinen nationalen Vorschriften, die die in einem Rechtsgeschäft zum Ausdruck gebrachten Wirkungen auch nach den Grundsätzen der Billigkeit oder der Verkehrssitte bestimmen, unzulässig ist. Denn dann habe der Gesetzgeber nicht konkret geprüft, ob diese Normen ein Gleichgewicht zwischen den Rechten und Pflichten der Parteien herstellten.[51] Danach ist die Lückenschließung durch ergänzende Vertragsauslegung unzulässig.[52] Wenn die Nichtigerklärung des Vertrags für den Verbraucher besonders nachteilige Folgen hätte – z.B., weil er dann ein Darlehen sofort zurückzahlen müsste –, kann das nationale Gericht nach dem EuGH die Parteien zu Verhandlungen auffordern, wenn es den Rahmen für diese Verhandlungen vorgibt und diese darauf abzielen, ein tatsächliches Gleichgewicht zwischen den Rechten und Pflichten der Vertragsparteien herzustellen, das das Ziel des Verbraucherschutzes berücksichtigt.[53] Wie das in der Praxis ablaufen soll, ist unklar.

Der **BGH** hält trotz der EuGH-Rechtsprechung an der Möglichkeit fest, eine unwirksame AGB-Klausel mittels ergänzender Vertragsauslegung zu ersetzen.[54] Eine Vorlage an den EuGH nach Art. 267 AEUV (siehe § 28 Rn. 2) hat er nicht für geboten gehalten, da die Rechtslage durch die EuGH-Rechtsprechung hinreichend im Sinne der

---

50 Scharfe Kritik bei *Pfeiffer*, LMK 2023, 802885.
51 EuGH EuZW 2020, 246 Rn. 57 ff. (Dziubak); EuGH NJW 2021, 611 Rn. 35 (Banca B.); EuGH BeckRS 2023, 4205 Rn. 56 (M.B. u.a. [Folgen der Nichtigerklärung eines Vertrags]); EuGH BeckRS 2023, 27347 Rn. 36 (Luminor Bank).
52 BeckOGK-BGB/*Bonin* (1.3.2024), § 306 Rn. 101 f.; BeckOK-BGB/*Hubert Schmidt* (1.5.2024), § 306 Rn. 10; *Rieländer*, EuZW 2023, 317, 324 f.; *Wendehorst/Graf v. Westphalen*, EuZW 2021, 229, 236. **A.A.** *Herresthal*, NJW 2021, 589 Rn. 4 ff. und NJW 2023, 1161 Rn. 15 ff. Siehe auch *Fervers/Gsell*, NJW 2019, 2569 ff.; *Graf v. Westphalen*, BB 2019, 67, 72 f. und NJW 2021, 277 Rn. 2 ff.; MüKoBGB/*Fornasier*, 9. Aufl. (2022), § 306 Rn. 11.
53 EuGH NJW 2021, 611 Rn. 41 f. (Banca B.); EuGH BeckRS 2023, 4205 Rn. 60 f. (M.B. u.a. [Folgen der Nichtigerklärung eines Vertrags]).
54 BGHZ 233, 339 Rn. 45 ff.; BGH BeckRS 2023, 7207 Rn. 37 f.

§ 29 Allgemeine Geschäftsbedingungen

BGH-Entscheidung geklärt sei (acte éclairé).[55] Gegen das BGH-Urteil wurde deshalb Verfassungsbeschwerde eingelegt.[56]

3. Unzulässigkeit einer geltungserhaltenden Reduktion

Wenn eine unwirksame Klausel mit einem weniger weitgehenden Inhalt wirksam wäre, stellt sich die Frage, ob sie wenigstens mit diesem Inhalt aufrechterhalten werden kann (geltungserhaltende Reduktion).

▶ **Beispiele:** Eine Klausel, die die Übermittlung von Erklärungen gegenüber dem Verwender per Einschreiben verlangt, ist nach § 309 Nr. 13 BGB unwirksam. Fraglich ist, ob sie mit dem Inhalt aufrechterhalten werden kann, Erklärungen gegenüber dem Verwender müssten in Textform erfolgen.
Eine Klausel schließt entgegen § 309 Nr. 7 Buchst. b BGB die Haftung für jede Form von Fahrlässigkeit aus; ein Haftungsausschluss für einfache Fahrlässigkeit wäre dagegen zulässig. Es fragt sich, ob die Klausel mit diesem Inhalt aufrechterhalten werden kann. ◀

Die h.M. hält eine geltungserhaltende Reduktion von AGB zu Recht für unzulässig (zur geltungserhaltenden Reduktion von Individualvereinbarungen siehe § 12 Rn. 8 ff.).[57] Denn §§ 305 ff. BGB verfolgen das Ziel, von vornherein auf einen zulässigen Inhalt der AGB hinzuwirken und dem Kunden die Möglichkeit sachgerechter Information über seine Rechte und Pflichten zu verschaffen. Hiermit wäre es unvereinbar, wenn der Verwender risikolos in den AGB für den Kunden unangemessene Regelungen treffen und darauf vertrauen könnte, das Gericht werde den AGB dann diejenige Fassung geben, die einerseits dem Verwender möglichst günstig und andererseits gerade noch rechtlich zulässig ist.

Wegen des Verbots der geltungserhaltenden Reduktion hängt im Individualprozess die Unwirksamkeit einer Klausel nicht davon ab, dass der **Verwender im konkreten Fall von der Klausel in unangemessener Weise Gebrauch macht**. Der Vertragspartner des Verwenders profitiert also auch davon, dass eine Klausel aus Gründen unwirksam ist, die mit dem betreffenden Streitfall überhaupt nichts zu tun haben.[58]

▶ **Fall 2:** Rentnerin V verkauft der Studentin K ihren Gebrauchtwagen. V legt der K ein Kaufvertragsformular vor, das sie aus dem Internet heruntergeladen und ausgedruckt hat und in das sie die relevanten Daten wie Autotyp und Kaufpreis eingesetzt hat. Im vorgedruckten Text heißt es: „Die Rechte des Käufers wegen Mängeln sind ausgeschlossen." Zwei Wochen nach Abwicklung des Kaufvertrags erweist sich, dass das Auto schon bei der Übergabe einen Mangel aufwies. K verlangt Reparatur.

Die Voraussetzungen eines Anspruchs auf Nachbesserung aus §§ 439 Abs. 1 Alt. 1, 437 Nr. 1 BGB liegen vor. V könnte aber durch die Klausel im Kaufvertrag die Gewährleistung wirksam ausgeschlossen haben. Bei dieser Klausel könnte es sich um eine AGB handeln. Nach § 310

---

[55] BGHZ 233, 339 Rn. 60; BGH BeckRS 2023, 7207 Rn. 39.
[56] Siehe KG BeckRS 2023, 12228 Rn. 2; BGH BeckRS 2023, 7207 Rn. 40 f. Die Verfassungsbeschwerde ist anhängig unter Az. 2 BvR 1361/22.
[57] EuGH NJW 2012, 2257 Rn. 58 ff. (Banco Español de Crédito); BGHZ 84, 109, 114 ff.; BeckOGK-BGB/*Bonin* (1.3.2024), § 306 Rn. 40 ff.; BeckOK-BGB/*Hubert Schmidt* (1.5.2024), § 306 Rn. 27; Erman/*Looschelders*, § 306 Rn. 8; Grüneberg/*Grüneberg*, § 306 Rn 6; MüKoBGB/*Fornasier*, 9. Aufl. (2022), § 306 Rn. 18 f.; Soergel/*Fritzsche*, 13. Aufl. (2019), § 306 Rn. 16; Ulmer/Brandner/Hensen/*Harry Schmidt*, AGB-Recht, 13. Aufl. (2022), § 306 Rn. 14 ff.; Lindacher/Hau, in: Wolf/Lindacher/Pfeiffer, AGB-Recht, 7. Aufl. (2020), § 306 Rn. 31 ff. A.A. Staudinger/*Mäsch*, Neubearb. 2022, § 306 Rn. 26 ff.
[58] Ulmer/Brandner/Hensen/*Harry Schmidt*, AGB-Recht, 13. Aufl. (2022), § 306 Rn. 14; Lindacher/Hau, in: Wolf/Lindacher/Pfeiffer, AGB-Recht, 7. Aufl. (2020), § 306 Rn. 26.

BGB sind die Vorschriften des AGB-Rechts unmodifiziert anzuwenden, da V und K bei Abschluss des Vertrags beide zu privaten Zwecken und damit als Verbraucherinnen (§ 13 BGB) gehandelt haben. Die Klausel ist in einem Vertragsmuster aus dem Internet enthalten, wurde also für eine Vielzahl von Verträgen vorformuliert. Dass V nicht selbst die mehrfache Verwendung plante, ist unerheblich (Rn. 4). Indem V die K mit dem fertigen Text konfrontierte, ohne zu erklären, dass sie zu Verhandlungen über die enthaltenen Bedingungen bereit sei, „stellte" sie der K die Bedingungen. AGB liegen damit vor.

Die Einbeziehungsvoraussetzungen des § 305 Abs. 2 BGB sind gewahrt. Ein ausdrücklicher Hinweis gemäß § 305 Abs. 2 Nr. 1 BGB war entbehrlich, weil die AGB keinen gesonderten Text bilden, sondern unmittelbar Bestandteil des von K unterzeichneten Vertragstexts sind. Es bestand daher nicht die Gefahr, dass K sie übersah (Rn. 9). Weil der Gewährleistungsausschluss auch nicht überraschend i.S.v. § 305c Abs. 1 BGB ist, wurde er Vertragsbestandteil.

Der Gewährleistungsausschluss könnte allerdings unwirksam sein. Er bezieht sich nicht nur auf den Nacherfüllungsanspruch, den Rücktritt und die Minderung, sondern auch auf Schadensersatzansprüche wegen Mängeln und schließt diese umfassend aus. Somit schließt er die Haftung auch für Schäden aus der Verletzung des Lebens, des Körpers und der Gesundheit aus, die auf Mängeln beruhen, und gilt auch im Fall grober Fahrlässigkeit der V. Damit ist er gemäß § 309 Nr. 7 Buchst. a und b BGB unwirksam. Dass es im konkreten Fall gar nicht um Schadensersatz geht, ist unerheblich.

V hat ihre Haftung für Mängel also nicht wirksam ausgeschlossen und ist zur Nachbesserung verpflichtet. ◀

Von der geltungserhaltenden Reduktion zu unterscheiden ist der Fall, dass **mehrere verschiedene Regelungen** in einem Satz oder Absatz **zusammengefasst** sind, obwohl sie inhaltlich voneinander trennbar und aus sich heraus verständlich sind. Ist in diesem Fall eine der Regelungen unwirksam, wird die andere davon nicht tangiert. Man spricht insofern vom „blue pencil test", weil man die unwirksame Regelung einfach wegstreichen kann und die andere trotzdem sinnvoll und verständlich bleibt.

Keine unzulässige geltungserhaltende Reduktion liegt auch darin, dass eine Klausel gegenüber einem **Verkehrskreis** aufrechterhalten wird, obwohl sie gegenüber einem anderen Verkehrskreis unwirksam ist. Eine – nicht zwischen Unternehmern und Verbrauchern differenzierende – Klausel kann also gegenüber Unternehmern wirksam sein, obwohl sie gegenüber Verbrauchern unwirksam ist.[59]

4. Salvatorische Klauseln

24 Aus demselben Grund, aus dem eine geltungserhaltende Reduktion unzulässig ist, kann auch eine salvatorische Klausel („Rettungsklausel"), die die Geltung von AGB unter den Vorbehalt „soweit gesetzlich zulässig" stellt (Beispiel: „Die Haftung für Fahrlässigkeit wird ausgeschlossen, soweit dies gesetzlich zulässig ist."), nichts an der Unwirksamkeit von AGB-Bestimmungen ändern. Sie würde im Gegenteil schon nach

---

[59] BGHZ 110, 241, 244; BeckOGK-BGB/*Bonin* (1.3.2024), § 306 Rn. 27; Grüneberg/*Grüneberg*, § 306 Rn. 6; MüKoBGB/*Fornasier*, 9. Aufl. (2022), § 306 Rn. 26; Soergel/*Fritzsche*, 13. Aufl. (2019), § 307 Rn. 46; Ulmer/Brandner/Hensen/*Harry Schmidt*, AGB-Recht, 13. Aufl. (2022), § 306 Rn. 14; *Pfeiffer*, in: Wolf/Lindacher/Pfeiffer, AGB-Recht, 7. Aufl. (2020), § 307 Rn. 84. Dagegen kann nach BGH NJW 2019, 47 Rn. 13 eine nichtige Klausel, die für mehrere Geschäftsarten gelten soll, nicht in Bezug auf einzelne Geschäftsarten aufrechterhalten werden.

§ 29 Allgemeine Geschäftsbedingungen

§ 305 Abs. 2 Nr. 2 BGB die Einbeziehung verhindern, da der Kunde dann aus dem Text der AGB die Tragweite der Regelungen nicht entnehmen könnte.[60]

5. Bindung des Verwenders

Der Verwender selbst kann sich nicht darauf berufen, dass er die Einbeziehungsvoraussetzungen von § 305 Abs. 2 Nr. 1 und 2 BGB nicht beachtet hat oder dass eine Klausel überraschend oder unwirksam ist.[61] Denn die besonderen Einbeziehungsvoraussetzungen und die inhaltlichen Anforderungen, die §§ 307 ff. BGB an AGB stellen, sollen ausschließlich den Vertragspartner des Verwenders schützen. Ein Verwender handelt deshalb rechtsmissbräuchlich (§ 242 BGB), wenn er sich zulasten des Vertragspartners darauf beruft, diese Normen nicht beachtet zu haben.

▶ **Weiterführender Hinweis:** Durch Verwendung von AGB, die nach §§ 307 ff. BGB unwirksam sind, verletzt der Verwender eine vorvertragliche Rücksichtnahmepflicht gegenüber seinem Vertragspartner. Er kann deshalb nach §§ 280 Abs. 1, 241 Abs. 2, 311 Abs. 2 BGB (culpa in contrahendo) zum Ersatz des Schadens verpflichtet sein, den der Vertragspartner erleidet, weil er auf die Wirksamkeit einer Klausel vertraut. So kann etwa der Mieter Ersatz für die Kosten nicht geschuldeter Schönheitsreparaturen verlangen, die er wegen einer unwirksamen Klausel im Mietvertrag vorgenommen hat.[62] ◀

Wiederholungs- und Vertiefungsfragen

1. Studienrätin A kauft ein Fachbuch, das sie zur Vorbereitung für Nachhilfestunden nutzen will, die sie außerhalb der Schule gibt. Welche Vorschriften aus den §§ 305 ff. BGB kommen zur Anwendung?
2. K kauft von dem Bauträger V ein mit einem Einfamilienhaus bebautes Grundstück, um mit seiner Familie dort zu leben. Die Notarin N, die den Kaufvertrag beurkundet, stellt den Vertragstext aus Textbausteinen zusammen, die für Grundstückskaufverträge auf ihrem Computer gespeichert sind. Kommen Vorschriften des AGB-Rechts zur Anwendung?
3. „Hauptzweck des AGB-Rechts ist es, ein wirtschaftliches Machtgefälle zwischen den Parteien auszugleichen." Nehmen Sie Stellung zu dieser These.
4. A will Anglerzubehör über das Internet vertreiben und dazu einen Onlineshop einrichten. Was sollte er beachten, um den Erfordernissen des § 305 Abs. 2 BGB zu genügen?
5. Wodurch unterscheidet sich die Auslegung von AGB von der Auslegung einer Individualvereinbarung?
6. Was versteht man unter einer Auslegung zulasten des Verwenders?

---

60 Erman/*Looschelders*, § 306 Rn. 22; Grüneberg/*Grüneberg*, § 306 Rn. 11; MüKoBGB/*Fornasier*, 9. Aufl. (2022), § 306 Rn. 44; Soergel/*Fritzsche*, 13. Aufl. (2019), § 306 Rn. 23; Staudinger/*Mäsch*, Neubearb. 2022, § 306 Rn. 28; Ulmer/Brandner/Hensen/*Harry Schmidt*, AGB-Recht, 13. Aufl. (2022), § 306 Rn. 14; *Lindacher/Hau*, in: Wolf/Lindacher/Pfeiffer, AGB-Recht, 7. Aufl. (2020), § 306 Rn. 45.
61 BGH NJW-RR 1998, 594, 595; Erman/*Looschelders*, § 306 Rn. 15; Grüneberg/*Grüneberg*, § 306 Rn. 5; MüKoBGB/*Fornasier*, 9. Aufl. (2022), § 306 Rn. 26; Staudinger/*Mäsch*, Neubearb. 2022, § 306 Rn. 18; Ulmer/Brandner/Hensen/*Harry Schmidt*, AGB-Recht, 13. Aufl. (2022), § 306 Rn. 16; *Pfeiffer*, in: Wolf/Lindacher/Pfeiffer, AGB-Recht, 7. Aufl. (2020), § 305 Rn. 110 (einschränkend); *Lindacher/Hau*, in: Wolf/Lindacher/Pfeiffer, AGB-Recht, 7. Aufl. (2020), § 306 Rn. 44.
62 BGHZ 181, 188 Rn. 10 = JuS 2010, 350 ff. (*Faust*).

7. Wie ist bei der Prüfung vorzugehen, ob eine Klausel wirksam ist?
8. Erläutern Sie die Unterschiede zwischen § 306 BGB und den für Individualvereinbarungen geltenden Regelungen!

I. Gegenrechte

§ 30 Einreden und Einwendungen

Die **Terminologie** ist im Hinblick auf die Begriffe „Einwendung" und „Einrede" leider äußerst unklar. Beide Begriffe sind strikt auseinanderzuhalten und besagen jeweils Unterschiedliches, je nachdem, in welchem Kontext sie verwendet werden. 1

Ausgangspunkt ist das **Prozessrecht**. Hier unterscheidet man zwischen den klagebegründenden Tatsachen und den Einreden im prozessrechtlichen Sinn: Für **klagebegründende Tatsachen** trägt im Prozess der Kläger die Darlegungs- und Beweislast, d.h., er muss sie vortragen und – falls sie vom Beklagten bestritten werden – beweisen. Die Darlegungs- und Beweislast in Bezug auf **Einreden im prozessrechtlichen Sinn** trägt dagegen der Beklagte.

Außerhalb der prozessrechtlichen Terminologie, also wenn es um das **materielle Recht** geht, nennt man die Einreden im prozessrechtlichen Sinn „Einwendungen". Dabei handelt es sich allerdings um einen Oberbegriff, der die „Einwendungen im engeren Sinn" und die „Einreden (im materiellrechtlichen Sinn)" umfasst. Die Unterscheidung zwischen beiden ist wiederum prozessrechtlich relevant: **Einwendungen im engeren Sinn** (in der Regel nur „Einwendungen" genannt) berücksichtigt das Gericht von Amts wegen, sofern sich das Bestehen der Einwendung aus den vorgetragenen Tatsachen ergibt. **Einreden** werden dagegen nur berücksichtigt, wenn der Beklagte sie erhebt. 2

Die **Einwendungen im engeren Sinn** unterteilt man wiederum in die **rechtshindernden Einwendungen**, die schon das Entstehen des Anspruchs ausschließen (z.B. Formmangel, § 125 BGB, oder Verstoß gegen ein gesetzliches Verbot, § 134 BGB), und die **rechtsvernichtenden Einwendungen**, die einen schon entstandenen Anspruch vernichten (z.B. Erfüllung, § 362 Abs. 1 BGB, oder Aufrechnung, § 389 BGB). Das Vorliegen einer rechtshindernden oder rechtsvernichtenden Einwendung führt zur **Abweisung der Klage als unbegründet**. 3

Die **Einreden** (im materiellrechtlichen Sinn) hemmen lediglich die Anspruchsdurchsetzung, d.h., sie geben dem Betreffenden ein **Leistungsverweigerungsrecht**. Man unterscheidet drei Arten von Einreden: **Anspruchsausschließende (peremptorische) Einreden** gewähren ein dauerndes Leistungsverweigerungsrecht; sie führen zur Abweisung der Klage als unbegründet (z.B. Verjährung, § 214 Abs. 1 BGB). Bei **aufschiebenden (dilatorischen) Einreden** wird die Durchsetzbarkeit des Anspruchs nur hinausgeschoben; sie führen zur Abweisung der Klage als zurzeit unbegründet, stehen aber einer späteren erneuten Klage nicht entgegen (z.B. Einrede der Vorausklage bei der Bürgschaft, § 771 BGB). **Anspruchsbeschränkende Einreden** führen zu einer eingeschränkten Verurteilung (z.B. Zurückbehaltungsrechte nach §§ 273, 274 BGB und §§ 320, 322 BGB mit der Folge einer Verurteilung zur Leistung Zug um Zug[1]). 4

---

1 Teilweise werden die Zurückbehaltungsrechte auch als aufschiebende Einreden aufgefasst, da sie den Anspruch nur vorübergehend hemmen. In ihrer prozessualen Auswirkung unterscheiden sie sich jedoch grundlegend von den aufschiebenden Einreden.

§ 30 I. Gegenrechte

Zur Orientierung in diesem Begriffschaos soll folgendes Schaubild dienen:

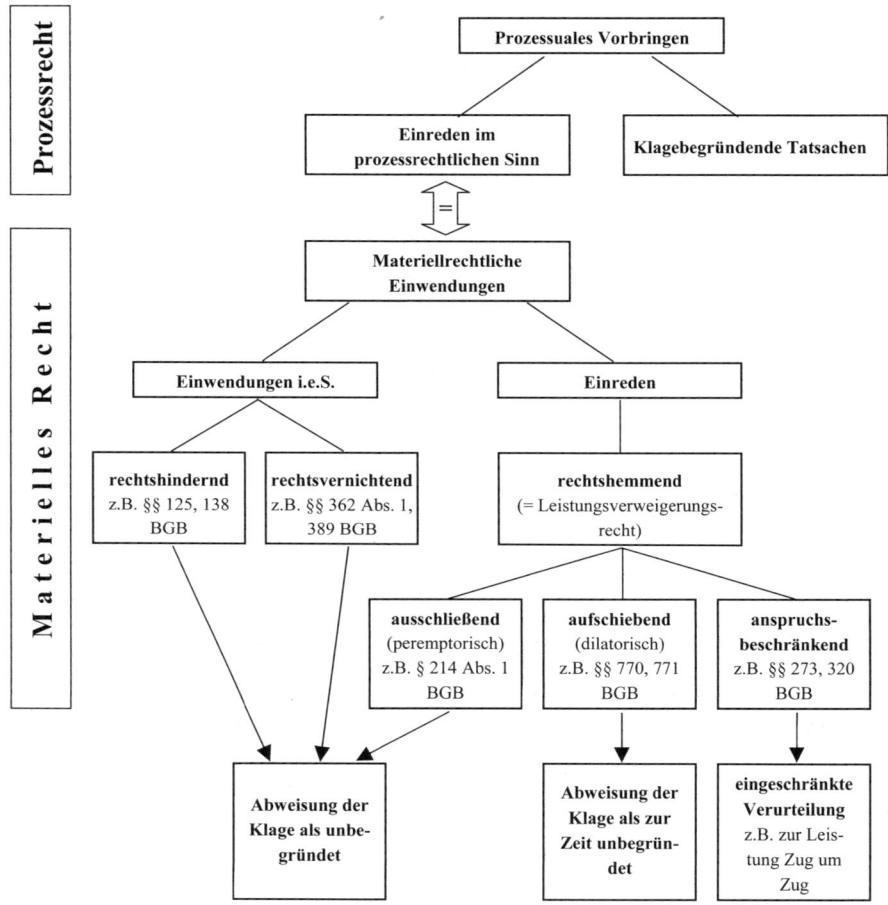

Wiederholungs- und Vertiefungsfragen

1. Warum ist die Unterscheidung zwischen klagebegründenden Tatsachen und Einreden im prozessrechtlichen Sinn wichtig?
2. Wie unterscheiden sich – im materiellrechtlichen Sinn – Einwendungen und Einreden?
3. Welche Art von Gegenrecht gibt
   a) § 105 Abs. 2 BGB;
   b) § 118 BGB;
   c) § 138 BGB;
   d) § 142 Abs. 1 BGB;
   e) § 275 Abs. 1 BGB;
   f) § 275 Abs. 2 BGB?

§ 31 Grundzüge des Verjährungsrechts

I. Begriff und Zweck der Verjährung

Unter Verjährung versteht man den Ausschluss der Durchsetzbarkeit eines Anspruchs infolge Zeitablaufs: § 214 Abs. 1 BGB besagt, dass der Schuldner nach Eintritt der Verjährung berechtigt ist, die Leistung zu verweigern. Rechtstechnisch handelt es sich bei der Verjährung um eine **anspruchsausschließende (peremptorische) Einrede** (siehe § 30 Rn. 4). Das Gericht berücksichtigt die Verjährung eines Anspruchs also nur, wenn sich der Schuldner darauf beruft.

▶ **Hinweis zur Klausurtechnik:** Da Sie im Gutachtenstil Ihre Prüfung an der Rechtsfolge „aufhängen" müssen, steigen Sie in die Verjährungsfrage über § 214 Abs. 1 BGB ein. ◀

Die Verjährung soll der **Erhaltung der Rechtssicherheit und des Rechtsfriedens** dienen. Denn je mehr Zeit seit der Entstehung eines Anspruchs verstrichen ist, umso schwerer ist es, die für das Bestehen des Anspruchs maßgeblichen Tatsachen festzustellen. Für den Schuldner, der sich gegen den Anspruch verteidigen muss, kann das eine erhebliche Belastung bedeuten.

II. Gegenstand der Verjährung

Nach § 194 Abs. 1 BGB verjähren **Ansprüche**. Andere Rechte – insbesondere Gestaltungsrechte wie z.B. die Anfechtung (siehe § 21 Rn. 8) – verjähren nicht, der Gesetzgeber statuiert für sie aber häufig **Ausschlussfristen** (für die Anfechtung in §§ 121, 124 BGB). § 218 BGB setzt eine zeitliche Grenze für den **Rücktritt** wegen nicht oder nicht vertragsgemäß erbrachter Leistung und (über §§ 438 Abs. 5, 634a Abs. 5 BGB) für die **Minderung**: Rücktritt und Minderung sind unwirksam, wenn der Anspruch auf die Leistung oder der Nacherfüllungsanspruch verjährt ist und der Schuldner sich hierauf beruft. Durch das Erfordernis des Berufens soll der Charakter der Verjährung als Einrede gewahrt werden. Auf zeitliche Schranken für dieses Berufen hat der Gesetzgeber bewusst verzichtet, da es in Bezug auf die Erhebung der Verjährungseinrede auch keine solchen Schranken gibt.

Einige wenige Ansprüche unterliegen kraft ausdrücklicher gesetzlicher Anordnung **nicht der Verjährung**, etwa Ansprüche, die aus einem nicht verjährbaren Verbrechen (z.B. Mord, § 78 Abs. 2 StGB) erwachsen sind (§ 194 Abs. 2 Nr. 1 BGB), bestimmte familienrechtliche Ansprüche (§ 194 Abs. 2 Nr. 2 BGB), der Anspruch auf die Aufhebung einer Gemeinschaft (§ 758 BGB) und Grundbuchberichtigungsansprüche (§ 898 BGB). Nicht zu den unverjährbaren Ansprüchen gehört bemerkenswerterweise der **Eigentumsherausgabeanspruch** aus § 985 BGB. Er verjährt gemäß §§ 197 Abs. 1 Nr. 2, 200 S. 1 BGB 30 Jahre nach seiner Entstehung. Es kann dadurch vorkommen, dass infolge der Verjährung des Eigentumsherausgabeanspruchs Eigentum und Besitz dauerhaft auseinanderfallen.

III. Die Verjährungsfristen

1. Regelmäßige Verjährungsfrist

Die regelmäßige Verjährungsfrist beträgt nach § 195 BGB drei Jahre. Sie gilt für alle Ansprüche, für die keine anderen Fristen bestimmt sind. Mindestens ebenso wichtig wie die Dauer der Frist ist ihr **Beginn**. Denn die regelmäßige Verjährungsfrist beginnt nach § 199 Abs. 1 BGB nicht mit der Entstehung des Anspruchs, sondern erst am Ende des Jahres, in dem der Anspruch entstanden ist und der Gläubiger von den den Anspruch begründenden Umständen und der Person des Schuldners Kenntnis erlangt oder ohne grobe Fahrlässigkeit erlangen müsste. Der Gesetzgeber hat sich damit dafür entschieden, die Verjährung von **subjektiven Umständen** auf der Seite des Gläubigers abhängig zu machen. Nur durch diese flexible und die Interessen des Gläubigers berücksichtigende Ausgestaltung des Verjährungsbeginns war es möglich, für die meisten Ansprüche eine einheitliche Frist festzusetzen.

5 Die **Entstehung des Anspruchs** setzt voraus, dass er klageweise geltend gemacht werden kann. Er muss also vor allem fällig sein. Schadensersatzansprüche entstehen prinzipiell, sobald ein erster Schaden eingetreten ist und eingeklagt werden kann. Verschlimmert sich später der Schaden, setzt das nach dem Grundsatz der Schadenseinheit keine neue Verjährung in Gang, sofern die Verschlimmerung als möglich voraussehbar war.

Der Gläubiger muss die **anspruchsbegründenden Umstände und die Person** (d.h. Namen und Anschrift) **des Schuldners** gekannt oder infolge von grober Fahrlässigkeit nicht gekannt haben. Die Kenntnis oder grob fahrlässige Unkenntnis muss sich also nur auf die dem Anspruch zugrunde liegenden Tatsachen beziehen; ein Rechtsirrtum hindert den Verjährungsbeginn nicht. Außerdem muss sie nach h.M. nur solche Tatsachen erfassen, für die der Gläubiger die Beweislast trägt, nicht dagegen das Fehlen von Tatsachen, aus denen sich eine Einwendung oder Einrede ergeben würde.[1]

Dass die Verjährung erst mit **Jahresschluss** beginnt, dient der Vereinfachung des Rechtsverkehrs, weil es eine dauernde Kontrolle des Fristablaufs erspart.

6 Die Anknüpfung des Verjährungsbeginns an subjektive Voraussetzungen bringt es mit sich, dass der Gesetzgeber **Höchstfristen** statuieren musste, nach deren Ablauf auch dann Verjährung eintritt, wenn mangels Kenntnis oder grob fahrlässiger Unkenntnis des Gläubigers die Dreijahresfrist nie in Gang gesetzt wurde (ähnlich §§ 121 Abs. 2, 124 Abs. 3 BGB). Diese Höchstfristen unterscheiden sich je nach der Art des betreffenden Anspruchs (§ 199 Abs. 2–4 BGB). Sie beginnen anders als die Frist des § 199 Abs. 1 BGB nicht erst am Jahresende, sondern taggenau.

2. Sonderverjährungsfristen

7 §§ 196, 197 BGB statuieren für die dort genannten Ansprüche besondere Verjährungsfristen. Deren **Beginn** ist nach §§ 200, 201 BGB von subjektiven Elementen unabhängig. Daneben finden sich besondere Verjährungsfristen, die außerhalb der §§ 194–218 BGB geregelt sind. Bei Weitem am wichtigsten – und sehr klausurrelevant! – sind die Verjährungsfristen für die Mängelgewährleistung beim Kauf- und Werkvertrag in §§ 438, 634a BGB. Doch sie sind im Besonderen Schuldrecht zu behandeln.

3. Berechnung der Verjährungsfrist

8 Die Verjährungsfrist ist nach §§ 186 ff. BGB zu berechnen (vgl. § 3 Rn. 6, § 16 Rn. 3). Wenn die Verjährungsfrist an einem Samstag, Sonntag oder einem staatlich anerkannten allgemeinen Feiertag endet, kommt § 193 BGB zur Anwendung. § 193 BGB regelt

---

1 Grüneberg/*Ellenberger*, § 199 Rn. 28; MüKoBGB/*Grothe*, § 199 Rn. 28; Soergel/*Eichel*, § 199 Rn. 84 ff.; Staudinger/*Peters/Jacoby*, § 199 Rn. 67. **A.A.** BeckOGK-BGB/*Piekenbrock* (1.5.2024), § 199 Rn. 93 f.

zwar den Fall, dass innerhalb der Frist eine Willenserklärung abzugeben oder eine Leistung zu bewirken ist, und nichts von beidem ist während einer Verjährungsfrist der Fall. Zur Hemmung der Verjährung ist allerdings eine Maßnahme der Rechtsverfolgung i.S.v. § 204 Abs. 1 BGB erforderlich. § 193 BGB soll die Wochenendruhe schützen und der Tatsache Rechnung tragen, dass sich in Wirtschaft und Verwaltung weitgehend die Fünf-Tage-Woche durchgesetzt hat. Ohne die Norm würden Fristen unangemessen verkürzt, weil eine am Wochenende ablaufende Frist faktisch nur durch Handeln vor dem Wochenende gewahrt werden könnte. Dies gilt gleichermaßen für eine Hemmung der Verjährung durch Rechtsverfolgung. § 193 BGB ist darum entsprechend auf Verjährungsfristen anzuwenden.[2]

4. Verjährung bei Rechtsnachfolge

Auf die Verjährung einer Forderung hat es keinen Einfluss, wenn **der Gläubiger oder der Schuldner wechselt**. Der Gläubiger kann also nicht einfach dadurch eine neue Verjährung in Gang setzen, dass er die Forderung abtritt.

9

Eine ähnliche Regelung trifft § 198 BGB für **dingliche Ansprüche**: Gelangt eine Sache, hinsichtlich deren ein dinglicher Anspruch besteht, durch Rechtsnachfolge in den Besitz eines Dritten, kommt die während des Besitzes des Rechtsvorgängers verstrichene Verjährungszeit dem Rechtsnachfolger zugute. Eine gesetzliche Regelung war insofern nötig, weil der Besitzwechsel nicht einfach zu einem Austausch des Schuldners im Rahmen des fortbestehenden dinglichen Anspruchs führt, sondern dazu, dass der Anspruch gegen den früheren Besitzer erlischt und ein neuer dinglicher Anspruch gegen den neuen Besitzer entsteht. Ohne die Regelung in § 198 BGB würde für diesen neuen Anspruch auch eine neue Verjährungsfrist laufen.

▶ **Fall:** E ist Eigentümerin einer Statue, die ihr von D gestohlen wird. Nach 28 Jahren veräußert D die Statue an die gutgläubige G. Drei Jahre später spürt E sie dort auf und verlangt Herausgabe.

Für einen Herausgabeanspruch nach § 985 BGB müsste E Eigentümerin und G Besitzerin ohne Recht zum Besitz sein. E hat ihr Eigentum weder durch den Diebstahl verloren noch durch eine Ersitzung des D, da dieser bösgläubig war (§ 937 Abs. 1 und 2 BGB), noch durch einen gutgläubigen Erwerb (§§ 929 S. 1, 932 BGB) der G, da die Statue abhandengekommen ist (§ 935 Abs. 1 S. 1 BGB). E ist daher noch Eigentümerin, G ist Besitzerin ohne Recht zum Besitz. Der Anspruch ist damit begründet. G könnte aber nach § 214 Abs. 1 BGB berechtigt sein, wegen Verjährung die Herausgabe zu verweigern. Die Verjährung des Anspruchs aus § 985 BGB dauert nach § 197 Abs. 1 Nr. 2 BGB 30 Jahre und beginnt nach § 200 S. 1 BGB mit der Entstehung des Anspruchs, hier also mit dem Besitzerwerb der G. Da G den Besitz allerdings durch Rechtsnachfolge von D erhalten hat, kommt ihr nach § 198 BGB die während dessen Besitzes verstrichene Verjährungszeit (28 Jahre) zugute. Damit ist die Verjährungsfrist verstrichen, und G kann die Herausgabe der Statue verweigern. Dadurch wird G jedoch nicht etwa Eigentümerin. Vielmehr fallen Eigentum und Besitz dauerhaft auseinander. ◀

Keine Regelung enthält das Gesetz für das Parallelproblem auf der Gläubigerseite, also für den Fall, dass die Sache, auf die sich der dingliche Anspruch bezieht, durch Rechtsnachfolge in das Eigentum eines Dritten gelangt. Auch hier beginnt jedoch keine neue Verjährung zu laufen, sondern der neue Eigentümer muss sich die während des Eigen-

---

[2] BGH NJW-RR 2008, 459 Rn. 13.

I. Gegenrechte

tums des Rechtsvorgängers verstrichene Verjährungszeit entgegenhalten lassen. Begründen kann man dies entweder mit dem Grundsatz der allgemeinen Unbeachtlichkeit der Rechtsnachfolge oder mit einer Analogie zu § 198 BGB.[3]

IV. Hemmung, Ablaufhemmung und Neubeginn der Verjährung

10 Das Gesetz kennt drei Mittel, die zur Verlängerung der Verjährung dienen.

- Die **Hemmung** der Verjährung führt dazu, dass der Zeitraum, während dessen sie vorlag, nicht in die Verjährung eingerechnet wird (§ 209 BGB).
  §§ 203–208 BGB zählen verschiedene Tatbestände der Hemmung auf. Wichtig sind vor allem §§ 203 S. 1, 204 BGB. Nach § 204 BGB wird die Verjährung durch die aufgezählten Maßnahmen der **Rechtsverfolgung** gehemmt. Die bloße außergerichtliche Geltendmachung des Anspruchs, etwa durch eine – auch anwaltliche – Mahnung, führt nicht zur Hemmung der Verjährung. Der Anspruch muss also prinzipiell vor Eintritt der Verjährung gerichtlich geltend gemacht werden. § 203 S. 1 BGB statuiert eine Hemmung, solange die Parteien über den Anspruch **verhandeln**. Dadurch soll vermieden werden, dass der Gläubiger den Anspruch während schwebender Verhandlungen zur Verhinderung der Verjährung einklagen muss. Der Begriff der Verhandlungen wird weit gefasst.
- Bei der **Ablaufhemmung** wird der Eintritt der Verjährung bis zu einem bestimmten Zeitpunkt hinausgeschoben. Endet die Verjährung ohnehin nicht vor diesem Zeitpunkt, hat die Ablaufhemmung keine Auswirkungen.
  Ablaufhemmungen sind in §§ 203 S. 2, 210, 211 BGB angeordnet, außerdem etwa noch in § 327j Abs. 2–4 BGB, in § 438 Abs. 3 S. 2 BGB, in § 445b Abs. 2 BGB und in § 475e BGB.
- § 212 BGB regelt, wann die Verjährung **neu beginnt**. Die Voraussetzungen dafür sind hoch: Der Schuldner muss entweder den Anspruch anerkennen, oder es muss eine Vollstreckungshandlung vorgenommen oder beantragt werden.

Hemmung, Ablaufhemmung und Neubeginn der Verjährung erfassen auch die **Höchstfristen** des § 199 Abs. 2–4 BGB.[4] Bis zur Vollendung der Verjährung kann daher unter Umständen eine erheblich längere Zeitspanne als zehn oder dreißig Jahre vergehen.

Wiederholungs- und Vertiefungsfragen

1. Was ist die Rechtsfolge des Verjährungseintritts?
2. Welche Funktion hat § 199 Abs. 2–4 BGB?
3. Wodurch unterscheiden sich eine Hemmung der Verjährung und eine Ablaufhemmung?

---

[3] BeckOGK-BGB/*Piekenbrock* (1.5.2024), § 198 Rn. 6; MüKoBGB/*Grothe*, § 198 Rn. 5; Staudinger/*Peters/Jacoby*, § 198 Rn. 1, 3.
[4] Grüneberg/*Grüneberg*, § 199 Rn. 42; MüKoBGB/*Grothe*, § 199 Rn. 49; Soergel/*Eichel*, § 199 Rn. 125.

Definitionen

Tatbestandsmerkmal	Definition
Abgabe einer Willenserklärung	Eine → Willenserklärung ist abgegeben, wenn der Erklärende alles getan hat, was er selbst tun muss, damit die Erklärung wirksam wird. Bei nicht empfangsbedürftigen Erklärungen genügt es, dass er den Erklärungsvorgang abgeschlossen hat, empfangsbedürftige Erklärungen muss er auf den Weg zum Empfänger gebracht haben. *§ 2 Rn. 19*
Abstraktes Geschäft	Ein abstraktes Geschäft trägt seinen rechtlichen Grund i.S.v. § 812 Abs. 1 BGB nicht in sich. Abstrakt sind alle → Verfügungsgeschäfte (mit Ausnahme der Aufgabe des → Eigentums gemäß §§ 928 Abs. 1, 959 BGB) und einige → Verpflichtungsgeschäfte (z.B. das abstrakte Schuldversprechen gemäß § 780 BGB). Siehe auch → kausales Geschäft. *§ 6 Rn. 3*
Abstraktionsprinzip	Das Abstraktionsprinzip besagt, dass nicht nur hinsichtlich des Zustandekommens (→ Trennungsprinzip), sondern auch hinsichtlich der Wirksamkeit zwischen → Verpflichtungsgeschäft und → Verfügungsgeschäft zu trennen ist: Mängel des einen Geschäfts beeinträchtigen die Wirksamkeit des anderen nicht. *§ 5 Rn. 3*
accidentalia negotii	Accidentalia negotii sind alle Punkte, die nicht zu den Kernbestandteilen des Vertrags gehören. Siehe auch → essentialia negotii. *§ 3 Rn. 24*
Allgemeine Geschäftsbedingungen (AGB) § 305 Abs. 1 BGB (Legaldefinition)	Allgemeine Geschäftsbedingungen sind alle für eine Vielzahl von Verträgen (d.h. mindestens drei Verträge) vorformulierten Vertragsbedingungen, die eine Vertragspartei (Verwender) der anderen Vertragspartei bei Abschluss eines Vertrags stellt. *§ 29 Rn. 4*
Anscheinsvollmacht	Die Anscheinsvollmacht ist eine gesetzlich nicht geregelte Form der Vertretungsmacht kraft Rechtsscheins. Eine Anscheinsvollmacht liegt vor, wenn der Vertretene das Handeln des Vertreters nicht kennt, es aber bei pflichtgemäßer Sorgfalt hätte erkennen und verhindern können und der andere Teil annehmen durfte, der Vertretene dulde und billige das Handeln des Vertreters. *§ 24 Rn. 38*
Anspruch § 194 Abs. 1 BGB (Legaldefinition)	Anspruch ist das Recht, von einem anderen ein Tun oder Unterlassen zu verlangen. *§ 1 Rn. 3*
Antrag ad incertas personas	Ein Antrag ad incertas personas ist nicht an eine bestimmte Person gerichtet, sondern an einen begrenzten Personenkreis oder die Allgemeinheit. *§ 3 Rn. 3*
Arglistige Täuschung § 123 Abs. 1 Alt. 1 BGB	Täuschung ist die Erregung eines Irrtums oder die Aufrechterhaltung eines schon vorhandenen Irrtums. Arglistig ist die Täuschung, wenn sie vorsätzlich erfolgt. *§ 20 Rn. 1a ff.*
Auflassung § 925 Abs. 1 S. 1 BGB	Auflassung nennt man die → dingliche Einigung zur Übereignung eines Grundstücks. *§ 4 Rn. 4*

Definitionen

Tatbestandsmerkmal	Definition
Ausbeutung § 138 Abs. 2 BGB	Die Ausbeutung i.S.v. § 138 Abs. 2 BGB setzt voraus, dass der Wucherer sich die → Zwangslage etc. bewusst zunutze macht; eine besondere Ausbeutungsabsicht ist nicht erforderlich. *§ 10 Rn. 3*
Auslegung von Willenserklärungen §§ 133, 157 BGB	Durch die Auslegung einer → Willenserklärung wird ihr Inhalt ermittelt. Man unterscheidet zwischen der **normativen Auslegung**, die danach fragt, wie eine vernünftige Person an der Stelle des Empfängers die Willenserklärung verstanden hätte (Auslegung nach dem objektiven Empfängerhorizont), und der **natürlichen Auslegung**, die danach fragt, wie Erklärender und Empfänger die Erklärung *übereinstimmend* verstanden haben. *§ 2 Rn. 8 ff.*
Besitz §§ 854 ff. BGB	Als Besitz bezeichnet das Gesetz verschiedene Formen tatsächlicher Sachherrschaft. *§ 4 Rn. 1*
Bestätigung §§ 141, 144 BGB	Das Gesetz unterscheidet zwei verschiedene Arten der Bestätigung: Die Bestätigung eines **nichtigen → Rechtsgeschäfts** ist als erneute Vornahme zu beurteilen, für die allerdings gewisse inhaltliche Erleichterungen gelten (§ 141 BGB). Die Bestätigung eines **anfechtbaren Rechtsgeschäfts** führt dagegen dazu, dass das Anfechtungsrecht wegfällt (§ 144 BGB). *§ 14, § 21 Rn. 6*
Bote	Ein Bote übermittelt eine fremde → Willenserklärung vom Erklärenden an den Empfänger. Der **Erklärungsbote** wird dabei tätig, bevor die Willenserklärung den Machtbereich (→ Zugang einer Willenserklärung) des Empfängers erreicht, der **Empfangsbote** gehört zum Machtbereich des Empfängers. *§ 27 Rn. 1, 10 f.*
Dauerhafter Datenträger § 126b S. 2 BGB (Legaldefinition)	Ein dauerhafter Datenträger ist jedes Medium, das (1.) es dem Empfänger ermöglicht, eine auf dem Datenträger befindliche, an ihn persönlich gerichtete Erklärung so aufzubewahren oder zu speichern, dass sie ihm während eines für ihren Zweck angemessenen Zeitraums zugänglich ist, und (2.) geeignet ist, die Erklärung unverändert wiederzugeben. *§ 8 Rn. 2*
Deliktsfähigkeit § 276 Abs. 1 S. 2 BGB §§ 827 f. BGB	Deliktsfähigkeit (**Verschuldensfähigkeit**) ist die Fähigkeit, schuldhaft im zivilrechtlichen Sinn zu handeln. *§ 15 Rn. 1*
Dingliche Einigung § 929 S. 1 BGB	Die dingliche Einigung ist ein Vertrag, der auf die Übereignung einer → Sache gerichtet ist. *§ 4 Rn. 2*
Dissens §§ 154, 155 BGB	Ein Dissens ist ein Einigungsmangel. Man unterscheidet zwischen dem **offenen Dissens** (§ 154 BGB), bei dem sich die Parteien der Tatsache bewusst sind, dass sie sich nicht oder nicht vollständig geeinigt haben, und dem **versteckten Dissens** (§ 155 BGB), bei dem sie das nicht sind. *§ 3 Rn. 24 ff.*
Dritter § 123 Abs. 2 S. 1 BGB	Dritte i.S.v. § 123 Abs. 2 S. 1 BGB sind alle Personen außer denjenigen, die „im Lager" des Erklärungsempfängers stehen und maßgeblich am Zustandekommen des → Rechtsgeschäfts mitgewirkt haben. *§ 20 Rn. 4*

Definitionen

Tatbestandsmerkmal	Definition
Drohung § 123 Abs. 1 Alt. 2 BGB	Drohung ist die Inaussichtstellung eines Übels, dessen Verwirklichung aus der Sicht des Bedrohten vom Willen des Drohenden abhängig ist. *§ 20 Rn. 13*
Duldungsvollmacht	Eine Duldungsvollmacht ist gegeben, wenn der Vertretene es wissentlich geschehen lässt, dass ein anderer für ihn wie ein Vertreter auftritt, und der Dritte dieses Dulden kennt und nach Treu und Glauben dahin verstehen darf, dass der als Vertreter Handelnde bevollmächtigt ist. Die Duldungsvollmacht kann entweder eine konkludent durch Dulden erteilte rechtsgeschäftliche → Vollmacht sein oder eine → Anscheinsvollmacht, bei der der Rechtsschein im Dulden des Vertreterhandelns liegt. *§ 24 Rn. 46 f.*
Ehemündigkeit § 1303 BGB	Ehemündigkeit ist die Fähigkeit, wirksam eine Ehe einzugehen. *§ 16 Rn. 12*
Eigenschaftsirrtum § 119 Abs. 2 BGB	Beim Eigenschaftsirrtum irrt der Erklärende über solche Eigenschaften der Person oder der Sache, die im Verkehr als wesentlich angesehen werden. Nach h.M. ist der Eigenschaftsirrtum ein ausnahmsweise beachtlicher → Motivirrtum. ■ Person oder Sache i.S.v. § 119 Abs. 2 BGB sind nur solche, auf die sich das → Rechtsgeschäft bezieht, also etwa die Kaufsache oder der Vertragspartner, eventuell aber auch Dritte wie Familienangehörige des Mieters, die in die gemietete Wohnung ziehen sollen. ■ Sachen i.S.v. § 119 Abs. 2 BGB sind nicht nur körperliche → Gegenstände (§ 90 BGB) und Tiere (§ 90a BGB), sondern auch nicht-körperliche → Gegenstände wie etwa Forderungen. ■ Eigenschaften sind neben den auf der natürlichen Beschaffenheit beruhenden Merkmalen auch tatsächliche oder rechtliche Verhältnisse und Beziehungen zur Umwelt, soweit sie nach der Verkehrsanschauung für die Wertschätzung oder Verwendbarkeit von Bedeutung sind. Sie müssen gegenwärtig sein und die Person oder die Sache unmittelbar kennzeichnen, d.h., sie dürfen sich nicht nur mittelbar auf die Bewertung auswirken. ■ Ob eine Eigenschaft verkehrswesentlich ist, richtet sich primär nach dem Inhalt des konkreten → Rechtsgeschäfts, hilfsweise nach der Verkehrsanschauung. *§ 19 Rn. 9 ff.*
Eigentum § 903 BGB	Eigentum ist die rechtliche Herrschaftsmacht über eine → Sache. *§ 4 Rn. 1*

Definitionen

Tatbestandsmerkmal	Definition
Einwendungen und Einreden	Für Einreden im prozessrechtlichen Sinne trägt im Prozess der Beklagte die Darlegungs- und Beweislast. In materiell-rechtlicher Terminologie werden sie Einwendungen (im weiteren Sinn) genannt. Man unterscheidet zwischen ■ Einwendungen im engeren Sinn, die im Prozess von Amts wegen berücksichtigt werden, sofern sich ihr Bestehen aus den vorgetragenen Tatsachen ergibt. Sie können rechtshindernd sein, also schon das Entstehen des Anspruchs ausschließen, oder rechtsvernichtend, also den schon entstandenen Anspruch vernichten. In beiden Fällen führen sie zur Klageabweisung. ■ Einreden, die im Prozess nur berücksichtigt werden, wenn sich der Beklagte auf sie beruft. Sie wirken rechtshemmend, geben also ein **Leistungsverweigerungsrecht**. Anspruchsausschließende (peremptorische) Einreden schließen den Anspruch auf Dauer aus und führen zur Klageabweisung. Aufschiebende (dilatorische) Einreden (z.B. § 771 BGB) führen zur Abweisung der Klage als zurzeit unbegründet, stehen aber einer erneuten Klage nicht entgegen. Anspruchsbeschränkende Einreden führen zu einer eingeschränkten Verurteilung (z.B. gemäß §§ 273 f., 320 ff. BGB zur Verurteilung zur Leistung Zug um Zug). *§ 30 Rn. 1 ff.*
Einwilligung § 183 S. 1 BGB (Legaldefinition)	Einwilligung ist die vorherige → Zustimmung. *§ 16 Rn. 23*
Erhebliche Willensschwäche § 138 Abs. 2 BGB	Bei einer erheblichen Willensschwäche durchschaut der Betreffende zwar Inhalt und Folgen des Geschäfts, kann sich aber wegen einer verminderten psychischen Widerstandsfähigkeit nicht entsprechend dieser Einsicht verhalten. *§ 10 Rn. 3*
Erklärungsirrtum § 119 Abs. 1 Alt. 2 BGB	Beim Erklärungsirrtum setzt der Erklärende ein anderes Erklärungszeichen, als er will, weil er sich verspricht, verschreibt oder vergreift. *§ 19 Rn. 2*
essentialia negotii	Essentialia negotii sind alle Punkte, deren Festlegung für den konkreten Vertrag unabdingbar ist. Siehe auch → accidentalia negotii. *§ 3 Rn. 3*
falsus procurator §§ 177 ff. BGB	Falsus procurator ist ein anderer Ausdruck für Vertreter ohne → Vertretungsmacht. *§ 25 Rn. 1*
Gegenstand	Gegenstand ist ein Oberbegriff, der → Sachen, d.h. körperliche Gegenstände mit Ausnahme von Tieren (§ 90 BGB), Tiere (§ 90a BGB), → Rechte und sonstige nichtkörperliche Gegenstände (wie Elektrizität, digitale Inhalte gemäß § 327 Abs. 2 S. 1 BGB, freiberufliche Praxen) umfasst. *§ 4 Rn. 1*
Genehmigung § 184 Abs. 1 BGB (Legaldefinition)	Genehmigung ist die nachträgliche → Zustimmung. *§ 16 Rn. 23*

Definitionen

Tatbestandsmerkmal	Definition
Gesamtvertretung	Bei der Gesamtvertretung haben mehrere Personen dergestalt → Vertretungsmacht, dass sie nur gemeinsam handeln können. § 26 Rn. 5
Geschäft für den, den es angeht § 164 BGB	Die Figur des Geschäfts für den, den es angeht, ist eine von Rechtsprechung und Literatur entwickelte Ausnahme vom → Offenheitsgrundsatz: Bei der unmittelbaren → Stellvertretung wirkt das vom Vertreter vorgenommene → Rechtsgeschäft für und gegen den Vertretenen, obwohl der Vertreter im eigenen Namen auftritt. § 23 Rn. 10, 14
Geschäftsähnliche Handlung	Eine geschäftsähnliche Handlung liegt vor, wenn eine Erklärung bestimmte rechtliche Folgen nicht deshalb auslöst, weil der Erklärende dies will, sondern deshalb, weil das Gesetz selbst die Folgen an die Erklärung knüpft. § 2 Rn. 16
Geschäftsfähigkeit §§ 104 ff. BGB	Geschäftsfähigkeit ist die Fähigkeit, → Willenserklärungen wirksam → abzugeben und entgegenzunehmen. § 16 Rn. 1
Inhaltsirrtum § 119 Abs. 1 Alt. 1 BGB	Beim Inhaltsirrtum setzt der Erklärende dasjenige Erklärungszeichen, das er setzen will, aber er irrt über dessen Bedeutung. § 19 Rn. 3
Insichgeschäft § 181 BGB	Ein Insichgeschäft liegt vor, wenn ein Vertreter auf beiden Seiten eines → Rechtsgeschäfts tätig wird. Beim **Selbstkontrahieren** steht er auf der einen Seite des Rechtsgeschäfts selbst und wird auf der anderen Seite als Vertreter tätig, bei der **Mehrvertretung** wird er auf beiden Seiten des Rechtsgeschäfts als Vertreter für verschiedene Dritte tätig. § 26 Rn. 29, 34
invitatio ad offerendum	Eine invitatio ad offerendum ist die Aufforderung, einen Antrag zum Vertragsschluss zu machen. § 3 Rn. 4
Kalkulationsirrtum	Von einem Kalkulationsirrtum spricht man, wenn eine Partei in ihrer → Willenserklärung eine Größe (z.B. den Preis) zwar mit derjenigen Zahl angibt, die sie angeben will, diese Zahl jedoch auf einer fehlerhaften Kalkulation oder fehlerhaften sonstigen Grundlage beruht. Bei **internen (verdeckten) Kalkulationsirrtümern** bleibt die Kalkulation ein reines Internum des Erklärenden und tritt in keiner Weise nach außen hervor. Bei **externen (offenen) Kalkulationsirrtümern** wird die Kalkulation gegenüber dem Erklärungsempfänger offengelegt. § 19 Rn. 18 ff.
Kausales Geschäft	Ein kausales Geschäft (oder **Kausalgeschäft**) trägt seinen rechtlichen Grund i.S.v. § 812 Abs. 1 BGB („causa") in sich. Die meisten → Verpflichtungsgeschäfte sind kausal. Siehe auch → abstraktes Geschäft. § 6 Rn. 2
Kennenmüssen § 122 Abs. 2 BGB (Legaldefinition)	Kennenmüssen bedeutet fahrlässige (§ 276 Abs. 2 BGB) Unkenntnis. § 21 Rn. 13
Klagebegründende Tatsachen	Klagebegründende Tatsachen sind Tatsachen, für die im Prozess der Kläger die Darlegungs- und Beweislast trägt. § 30 Rn. 1

Definitionen

Tatbestandsmerkmal	Definition
Kollusion § 138 Abs. 1 BGB	Von Kollusion spricht man, wenn Vertreter und Dritter bei der Vornahme eines → Rechtsgeschäfts einverständlich in der Absicht zusammenwirken, den Vertretenen zu schädigen. *§ 26 Rn. 24*
Leistung § 812 BGB	Eine Leistung ist eine bewusste, zweckgerichtete Mehrung fremden Vermögens. *§ 6 Rn. 6*
Mangelndes Urteilsvermögen § 138 Abs. 2 BGB	Mangelndes Urteilsvermögen liegt vor, wenn der Betreffende – häufig als Folge von Verstandesschwäche – im konkreten Fall nicht in der Lage ist, Vor- und Nachteile des Geschäfts sachgerecht gegeneinander abzuwägen. Es genügt nicht, dass er seine – an sich vorhandenen – Fähigkeiten im konkreten Fall nicht einsetzt und deshalb einer Fehleinschätzung unterliegt. *§ 10 Rn. 3*
Motivirrtum § 119 BGB	Beim Motivirrtum entspricht der Inhalt der abgegebenen Erklärung den Vorstellungen des Erklärenden, aber dieser hat sich über die Umstände geirrt, die ihn dazu veranlasst haben, eine Erklärung dieses Inhalts abgeben zu wollen. *§ 17 Rn. 5*
Negatives Interesse § 122 Abs. 1 BGB § 179 Abs. 2 BGB	Das negative Interesse (= **Vertrauensschaden**) umfasst alle Schäden, die der Ersatzberechtigte dadurch erleidet, dass er auf die Wirksamkeit eines → Rechtsgeschäfts vertraut. Dazu zählen nicht nur die Aufwendungen, die er wegen der vermeintlichen Wirksamkeit des Rechtsgeschäfts macht, sondern auch entgangene Vorteile aus Geschäften, die er wegen der vermeintlichen Wirksamkeit nicht vornimmt. Siehe auch → positives Interesse. *§ 21 Rn. 14*
Offenheitsgrundsatz § 164 BGB	Der Offenheitsgrundsatz besagt, dass sich bei der unmittelbaren → Stellvertretung aus der vom Vertreter abgegebenen oder in Empfang genommenen Erklärung ergeben muss, dass sie nicht für und gegen den Vertreter, sondern für und gegen den Vertretenen wirken soll. Bei der aktiven Stellvertretung muss der Vertreter deshalb im Namen des Vertretenen handeln. *§ 22 Rn. 3 f., § 23 Rn. 1*
Parteifähigkeit § 50 ZPO	Parteifähigkeit ist die Fähigkeit, im Prozess Kläger oder Beklagter zu sein. *§ 15 Rn. 1*
Partielle Geschäftsunfähigkeit § 104 BGB	Partielle Geschäftsunfähigkeit liegt vor, wenn sich der die freie Willensbestimmung ausschließende Zustand krankhafter Störung der Geistestätigkeit (§ 104 Nr. 2 BGB) nur auf einen bestimmten, abstrakt zu umschreibenden Kreis von Angelegenheiten bezieht, so dass der Betreffende nur im Hinblick auf diese Angelegenheiten geschäftsunfähig ist. Siehe auch → Geschäftsfähigkeit. *§ 16 Rn. 49*
Perplexität	Von Perplexität spricht man, wenn eine → Willenserklärung in sich widersprüchlich ist. Eine perplexe Willenserklärung ist nichtig. *§ 2 Rn. 6*
Positives Interesse § 122 Abs. 1 BGB § 179 Abs. 1, 2 BGB	Das positive Interesse (= **Erfüllungsinteresse**) umfasst alle Schäden, die der Ersatzberechtigte dadurch erleidet, dass eine (eventuell nicht wirksam begründete) Verbindlichkeit ihm gegenüber nicht erfüllt wird. Siehe auch → negatives Interesse. *§ 21 Rn. 14*

Definitionen

Tatbestandsmerkmal	Definition
Postulationsfähigkeit § 78 ZPO	Postulationsfähigkeit ist die Fähigkeit, in eigener Person rechtswirksam prozessual zu handeln. Sie fehlt den Prozessparteien, soweit Anwaltszwang besteht. *§ 15 Rn. 1*
Privatautonomie	Der Grundsatz der Privatautonomie besagt, dass der Einzelne seine Lebensverhältnisse im Rahmen der Rechtsordnung eigenverantwortlich gestalten kann. Erscheinungsformen der Privatautonomie sind die → **Vertragsfreiheit** (Art. 2 Abs. 1 GG), die **Vereinigungsfreiheit** (Art. 9 GG), die **Testierfreiheit** (Art. 14 Abs. 1 GG) und die **Freiheit des** → **Eigentums** (Art. 14 Abs. 1 GG, § 903 BGB). *§ 1 Rn. 5*
protestatio facto contraria	Unter einer protestatio facto contraria versteht man einen verbalen Protest im Widerspruch zum Verhalten. *§ 3 Rn. 2*
Prozessfähigkeit §§ 51 ff. ZPO	Prozessfähigkeit ist die Fähigkeit, selbst oder durch selbst bestellte Vertreter Prozesshandlungen wirksam vorzunehmen oder entgegenzunehmen. *§ 15 Rn. 1*
Realakt	Ein Realakt (eine **Tathandlung**) ist eine auf einen tatsächlichen Erfolg gerichtete Willensbetätigung, an die das Gesetz Rechtsfolgen knüpft. Von den → geschäftsähnlichen Handlungen unterscheiden sich Realakte dadurch, dass es sich nicht um Erklärungen handelt. *§ 2 Rn. 17*
Rechte	Rechte sind nicht-körperliche → Gegenstände (z.B. Forderungen, Patente, Urheberrechte, Pfandrechte). *§ 4 Rn. 1*
Rechtsfähigkeit § 1 BGB	Rechtsfähigkeit ist die Fähigkeit, Träger von Rechten und Pflichten zu sein. *§ 15 Rn. 1*
Rechtsgeschäft	Ein Rechtsgeschäft ist eine Rechtshandlung, die auf die Herbeiführung einer bestimmten Rechtsfolge gerichtet ist und eine oder mehrere → Willenserklärungen sowie eventuell weitere Elemente (insbesondere → Realakte) erfordert. Man unterscheidet zwischen **einseitigen Rechtsgeschäften**, die ihrer Art nach nur einer Willenserklärung bedürfen (z.B. Kündigung, letztwillige Verfügung in einem Testament), und **zwei- und mehrseitigen Rechtsgeschäften**, die ihrer Art nach mehrerer Willenserklärungen bedürfen (**Verträge, Beschlüsse**). *§ 2 Rn. 1, § 16 Rn. 27*
Sache § 90 BGB (Legaldefinition)	Sachen sind alle körperlichen → Gegenstände mit Ausnahme von Tieren (§ 90a BGB). Siehe auch → Eigenschaftsirrtum. *§ 4 Rn. 1*
Schwebende Unwirksamkeit §§ 108, 177 BGB	Ein → Rechtsgeschäft ist schwebend unwirksam, wenn es derzeit zwar nicht wirksam ist, aber in Zukunft noch durch bestimmte Umstände – insbesondere die → Genehmigung einer Partei oder eines Dritten – wirksam werden kann. *§ 16 Rn. 41, § 25 Rn. 4*
Sofort § 147 Abs. 1 S. 1 BGB	Sofort bedeutet: so schnell, wie objektiv möglich. Siehe auch → unverzüglich. *§ 3 Rn. 7*

Definitionen

Tatbestandsmerkmal	Definition
Stellvertretung § 164 BGB	Stellvertretung ist das Handeln für einen anderen im → rechtsgeschäftlichen Bereich. Bei der **unmittelbaren (direkten) Stellvertretung** ergibt sich aus dem Inhalt der betreffenden → Willenserklärung, dass sich das Geschäft auf den Vertretenen bezieht, und die Erklärung wirkt unmittelbar für und gegen den Vertretenen. Bei der **mittelbaren (indirekten) Stellvertretung** schließt der Vertreter ein Eigengeschäft, dessen Folgen im Innenverhältnis auf den Vertretenen übergeleitet werden. Im Rahmen der unmittelbaren Stellvertretung unterscheidet man zwischen **aktiver Stellvertretung**, bei der der Vertreter eine → Willenserklärung für den Vertretenen abgibt, und **passiver Stellvertretung**, bei der er eine → Willenserklärung für den Vertretenen in Empfang nimmt. *§ 22 Rn. 1 ff.*
Testierfähigkeit § 2229 BGB	Testierfähigkeit ist die Fähigkeit, wirksam ein Testament zu errichten. *§ 16 Rn. 12*
Trennungsprinzip	Das Trennungsprinzip besagt, dass zwischen → Verpflichtungsgeschäft und → Verfügungsgeschäft zu unterscheiden ist. Siehe auch → Abstraktionsprinzip. *§ 5 Rn. 2*
Unerfahrenheit § 138 Abs. 2 BGB	Unter Unerfahrenheit versteht man einen Mangel an Lebens- oder Geschäftserfahrung. *§ 10 Rn. 3*
Unternehmensbezogenes Geschäft § 164 Abs. 1 S. 2 BGB	Ein unternehmensbezogenes Geschäft liegt vor, wenn die Auslegung ergibt, dass sich ein → Rechtsgeschäft auf ein bestimmtes Unternehmen beziehen soll. Bei der aktiven → Stellvertretung gilt eine Auslegungsregel, nach der die entsprechende → Willenserklärung im Zweifel im Namen des Unternehmensträgers abgegeben ist, unabhängig davon, ob der Handelnde dies selbst ist oder nicht und ob der Erklärungsempfänger erkennen kann, wer Unternehmensträger ist. Bei der passiven → Stellvertretung gilt eine Auslegungsregel, nach der die entsprechende → Willenserklärung im Zweifel gegenüber dem Unternehmensträger wirken soll, unabhängig davon, ob der Erklärungsempfänger dies selbst ist oder nicht und ob der Erklärende erkennen kann, wer Unternehmensträger ist. *§ 23 Rn. 3, 14*
Unternehmer § 14 Abs. 1 BGB (Legaldefinition)	Unternehmer ist eine natürliche oder juristische Person oder eine rechtsfähige Personengesellschaft, die bei Abschluss eines → Rechtsgeschäfts überwiegend in Ausübung ihrer gewerblichen oder selbständigen beruflichen Tätigkeit handelt. Siehe auch → Verbraucher. *§ 28 Rn. 3 ff.*
Untervertretung	Untervertretung liegt vor, wenn ein Vertreter selbst einen Vertreter bestellt. Bei der **unmittelbaren Untervertretung** bestellt der Hauptvertreter den zweiten Vertreter im Namen des Geschäftsherrn direkt für diesen, bei der **mittelbaren Untervertretung** bestellt der Hauptvertreter den Untervertreter im eigenen Namen, also für sich selbst. *§ 26 Rn. 1*
Unverzüglich § 121 Abs. 1 S. 1 BGB (Legaldefinition)	Unverzüglich bedeutet: ohne schuldhaftes Zögern. Siehe auch → sofort. *§ 3 Rn. 7*

Definitionen

Tatbestandsmerkmal	Definition
Urkunde § 126 Abs. 1 BGB	Eine Urkunde ist die schriftliche Verkörperung einer Erklärung in einem Brief, Fax, Telegramm etc. *§ 8 Rn. 5*
venire contra factum proprium § 242 BGB	Ein venire contra factum proprium ist ein widersprüchliches und deshalb rechtsmissbräuchliches Verhalten. *§ 3 Rn. 17*
Verbraucher § 13 BGB (Legaldefinition)	Verbraucher ist eine natürliche Person, die ein → Rechtsgeschäft zu Zwecken abschließt, die überwiegend weder einer gewerblichen noch einer selbständigen beruflichen Tätigkeit zugerechnet werden können. Siehe auch → Unternehmer. *§ 28 Rn. 3 ff.*
Verbrauchervertrag § 310 Abs. 3 BGB (Legaldefinition)	Ein Verbrauchervertrag ist ein Vertrag zwischen einem → Unternehmer (§ 14 Abs. 1 BGB) und einem → Verbraucher (§ 13 BGB). *§ 28 Rn. 3*
Verfügungsgeschäft	Verfügungsgeschäfte (oder dingliche Geschäfte) nennt man → Rechtsgeschäfte, die die dingliche Güterzuordnung ändern (z.B. Übereignung, Forderungsabtretung, Erlass, Inhaltsänderung eines Rechts). Siehe auch → Verpflichtungsgeschäft. *§ 5 Rn. 1*
Verfügungsmacht § 185 BGB	Verfügungsmacht ist die Fähigkeit, im eigenen Namen wirksam über einen → Gegenstand zu → verfügen. *§ 4 Rn. 3, § 24 Rn. 2*
Verfügungsverbot §§ 135, 136 BGB	**Absolute Verfügungsverbote** dienen dem öffentlichen Interesse oder dem Interesse größerer Gruppen. Ein → Rechtsgeschäft, das gegen ein absolutes Verfügungsverbot verstößt, ist gemäß § 134 BGB nichtig. **Relative Verfügungsverbote** dienen nur dem Schutz einzelner Personen. Verfügungen, die ihnen zuwiderlaufen, sind nur gegenüber den geschützten Personen unwirksam (§ 135 Abs. 1 BGB). *§ 11 Rn. 2 f.*
Verjährung § 214 Abs. 1 BGB	Unter Verjährung versteht man den Ausschluss der Durchsetzbarkeit eines → Anspruchs infolge Zeitablaufs. Wenn ein Anspruch verjährt ist, steht ihm eine peremptorische → Einrede entgegen. *§ 31 Rn. 1*
Vernehmungstheorie § 130 Abs. 1 S. 1 BGB	Die Vernehmungstheorie dient dazu, die Frage zu beantworten, wann eine nicht verkörperte → Willenserklärung den Machtbereich des Empfängers (→ Zugang einer Willenserklärung) erreicht. Nach der **reinen Vernehmungstheorie** ist dies nur der Fall, wenn der Adressat den akustischen, visuellen oder haptischen Reiz richtig wahrnimmt. Nach der **eingeschränkten Vernehmungstheorie** genügt demgegenüber, dass der Erklärende bei Anwendung verkehrserforderlicher Sorgfalt keinen Anlass hat, an der richtigen Wahrnehmung durch den Adressaten zu zweifeln. *§ 2 Rn. 34*
Verpflichtungsgeschäft	Ein Verpflichtungsgeschäft (oder schuldrechtliches Geschäft oder obligatorisches Geschäft) führt dazu, dass zwischen den Parteien ein → Anspruch oder mehrere Ansprüche entstehen. Siehe auch → Verfügungsgeschäft. *§ 5 Rn. 1*

Definitionen

Tatbestandsmerkmal	Definition
Vertragsfreiheit Art. 2 Abs. 1 GG	Vertragsfreiheit ist die Freiheit, darüber entscheiden zu können, ob, mit wem und mit welchem Inhalt man einen Vertrag schließt. Man unterscheidet zwischen der **Abschlussfreiheit**, die sich auf das „Ob" des Vertragsschlusses bezieht, und der **Inhaltsfreiheit**, die die inhaltliche Ausgestaltung des Vertrags zum Gegenstand hat. Die Vertragsfreiheit ist Ausfluss der → Privatautonomie. *§ 1 Rn. 5*
Vertretungsmacht § 164 Abs. 1 S. 1 BGB	Vertretungsmacht ist die Fähigkeit, eine → Willenserklärung mit Wirkung für den Vertretenen abzugeben (aktive → Stellvertretung) oder in Empfang zu nehmen (passive → Stellvertretung). *§ 24 Rn 1 ff.*
Vindikation § 985 BGB	Vindikation ist eine andere Bezeichnung für den Herausgabeanspruch des → Eigentümers gegen den → Besitzer aus § 985 BGB. *§ 6 Rn. 4*
Vollmacht § 166 Abs. 2 S. 1 BGB (Legaldefinition), § 167 BGB	Vollmacht ist eine rechtsgeschäftlich erteilte → Vertretungsmacht. Man unterscheidet die **Innenvollmacht**, die gegenüber dem Vertreter erteilt wird, und die **Außenvollmacht**, die gegenüber dem Dritten erteilt wird, dem gegenüber die Vertretung stattfinden soll. Die **Spezialvollmacht** bezieht sich auf ein bestimmtes Geschäft, während die **Generalvollmacht** einen weiten Kreis von Geschäften abdeckt. *§ 24 Rn. 7 f.*
Vorlegen einer Urkunde § 172 Abs. 1 BGB	Eine → Urkunde wird einem Dritten vorgelegt i.S.v. § 172 BGB, wenn die Originalurkunde dessen sinnlicher Wahrnehmung unmittelbar zugänglich gemacht wird. *§ 24 Rn. 33*
Ware § 241a Abs. 1 BGB (Legaldefinition)	Waren sind bewegliche → Sachen, die nicht aufgrund von Zwangsvollstreckungsmaßnahmen oder anderen gerichtlichen Maßnahmen verkauft werden. *§ 3 Rn. 21*
Widerruf	Das Gesetz unterscheidet drei verschiedene Arten des Widerrufs, zwischen denen strikt zu trennen ist: ■ Der Widerruf einer noch nicht wirksamen → **Willenserklärung** gemäß § 130 Abs. 1 S. 2 BGB verhindert, dass die Willenserklärung bei ihrem → Zugang wirksam wird. *§ 2 Rn. 41* ■ Der Widerruf eines **schwebend unwirksamen Vertrags** gemäß §§ 109, 178 BGB führt dazu, dass dieser Vertrag endgültig unwirksam wird und nicht mehr durch → Genehmigung des anderen Vertragspartners oder seines gesetzlichen Vertreters wirksam werden kann. *§ 16 Rn. 46, § 25 Rn. 4* ■ Der Widerruf einer Willenserklärung, durch die ein → **Verbrauchervertrag** geschlossen wurde, führt nach § 355 Abs. 1 S. 1 BGB dazu, dass der → Verbraucher und der → Unternehmer nicht mehr an ihre auf den Abschluss des Vertrags gerichteten Willenserklärungen gebunden sind. *§ 28 Rn. 18 ff.*

Definitionen

Tatbestandsmerkmal	Definition
Willenserklärung	Eine Willenserklärung ist eine private Willensäußerung, die auf die Vornahme eines Rechtsgeschäfts gerichtet ist. Man unterscheidet empfangsbedürftige Willenserklärungen, die an einen bestimmten Empfänger gerichtet sind und diesem → zugehen müssen, um wirksam zu werden, und nicht empfangsbedürftige Willenserklärungen, die schon mit ihrer → Abgabe wirksam werden.
	Im Rahmen des subjektiven Tatbestands einer Willenserklärung unterscheidet man drei Komponenten:
	■ Der **Handlungswille** ist der Wille, sich überhaupt in bestimmter, nach außen hervortretender Weise zu verhalten.
	■ Das **Erklärungsbewusstsein** ist der Wille, *irgendein* Rechtsgeschäft vorzunehmen.
	■ Der **Geschäftswille** ist der Wille, ein ganz bestimmtes Rechtsgeschäft vorzunehmen.
	Der objektive Tatbestand einer Willenserklärung liegt in einem äußeren Verhalten, das auf das Vorliegen eines Geschäftswillens (und damit auch von Handlungswillen und Erklärungsbewusstsein) schließen lässt. Das Erklärungsbewusstsein wird im Rahmen des objektiven Tatbestands meist **Rechtsbindungswille** genannt. *§ 2 Rn. 1 ff.*
Zugang einer Willenserklärung § 130 Abs. 1 S. 1 BGB	Eine → Willenserklärung geht zu, wenn sie den Machtbereich des Empfängers erreicht hat und unter gewöhnlichen Verhältnissen mit ihrer Kenntnisnahme durch den Empfänger zu rechnen ist (h.M.; str.). *§ 2 Rn. 23*
Zustimmung §§ 182 ff. BGB	Es gibt zwei Formen der Zustimmung: Die → **Einwilligung** wird im Voraus erteilt (§ 183 S. 1 BGB), die → **Genehmigung** nachträglich (§ 184 Abs. 1 BGB). *§ 16 Rn. 23*
Zwangslage § 138 Abs. 2 BGB	Eine Zwangslage liegt vor, wenn der Bewucherte wegen einer drohenden Verschlechterung seiner Situation ein zwingendes Bedürfnis nach einer Geld- oder Sachleistung hat; ob die Zwangslage verschuldet ist, spielt keine Rolle. *§ 10 Rn. 3*

Stichwortverzeichnis

Die Angaben verweisen auf die Paragrafen des Buches (**fette Zahlen**) sowie die Randnummern innerhalb der einzelnen Paragrafen (magere Zahlen).
Beispiel: § 9 Rn. 10 = **9** 10

Abschlussfreiheit **1** 5, **3** 24, **20** 5
Absendung **2** 18, **21** 4, **28** 22
Abstraktes Geschäft **6** 3
Abstraktes Schuldversprechen **6** 2
Abstraktionsprinzip **5** 3, **12** 6, **26** 41
Abtretungsverbot **11** 4
accidentalia negotii **3** 24
Allgemeine Geschäftsbedingungen **29** 1 ff.
– Anfechtung bei Unkenntnis **19** 5
– Anwendungsbereich **29** 2 f.
– Auslegung **29** 14
– Begriff **29** 4
– Bindung des Verwenders **29** 25
– culpa in contrahendo **29** 26
– deklaratorische Klausel **29** 17
– Einbeziehung **29** 9 ff.
– ergänzende Vertragsauslegung **29** 22
– Europarecht **29** 1, 7, 22
– Funktion **29** 5
– geltungserhaltende Reduktion **29** 23
– Grund der Kontrolle **29** 6
– Individualprozess **29** 8
– Inhaltskontrolle **29** 16 ff.
– Klausuraufbau **29** 16, 21
– Kollision **29** 13
– Preisargument **29** 18
– Prüfungsreihenfolge **29** 16, 21
– Rechtsfolgen **29** 21 ff.
– Transparenzgebot **29** 17, 20
– überraschende Klausel **29** 12
– Verbandsklage **29** 8
– Verbrauchervertrag **29** 3 f., 18
– Vorrang der Individualabrede **29** 15
Andeutungstheorie **8** 11
Anfechtung **17** 4
– abhanden gekommene Willenserklärung **2** 20, **19** 24 ff.
– Anfechtungsberechtigung **21** 1, **26** 15
– Anfechtungsgegner **21** 1, **26** 11
– Ausschluss bei Bestätigung **21** 6 f.
– automatisch generierte Willenserklärung **19** 21 ff.
– Begründung **21** 2
– Drohung **20** 12 ff.
– Einschränkung im Arbeits- und Gesellschaftsrecht **21** 11
– Einschränkung nach Treu und Glauben **21** 12

– Erklärung **21** 1 f.
– falsche Übermittlung **27** 13 ff., 19
– falsus procurator **25** 7
– fehlendes Erklärungsbewusstsein **19** 24 ff.
– Folge **21** 8 ff.
– Form **21** 2
– Frist **21** 2a ff., **26** 15
– Gegenstand **21** 9
– Irrtum **19** 1 ff.
– Klausuraufbau **20** 4, **21** 2, 8 f.
– nichtiger Rechtsgeschäfte **21** 16
– Reurecht **21** 12
– Schadensersatzpflicht **21** 13 f., **26** 12
– Stellvertretung **23** 12 f., 15, **25** 7, **26** 15
– Täuschung **20** 1a ff.
– Vertretungsmacht kraft Rechtsscheins **24** 44
– Vollmacht **26** 8 ff.
Annahme
– Begriff **3** 1
– durch beschränkt Geschäftsfähigen **16** 47
– durch falsus procurator **25** 5
– durch nicht empfangsbedürftige Willenserklärung **3** 18 ff.
– durch Schweigen **3** 17
– durch Stellvertreter **24** 19
– Frist **3** 6
– gegenüber beschränkt Geschäftsfähigem **16** 36
– gegenüber falsus procurator **25** 6
– Inhalt **3** 15
– konkludente **3** 17
– Rechtzeitigkeit **3** 16 ff.
Annahmefrist **3** 6
Anrufbeantworter **2** 33 f., 35, 37, **8** 2
Anscheinsvollmacht *siehe* Rechtsschein
Anspruch **1** 3
Anspruchsgrundlage **1** 3
Antrag
– ad incertas personas **2** 2, **3** 3
– Begriff **3** 1
– Bestimmtheit **3** 3
– Bindung **3** 5 ff.
– Erlöschen **3** 6 ff.
– gegenüber beschränkt Geschäftsfähigem **16** 36
– Tod des Antragenden **3** 11 ff.

Stichwortverzeichnis

– unverbindlicher 3 9
Anwaltszwang 15 1
Arglistige Täuschung 20 1a ff.
– Arglist 20 7 f.
– Klausuraufbau 20 4
– Ursächlichkeit 20 6
– Widerrechtlichkeit 20 5
Aufklärungspflicht 20 3
Auflassung 4 4, 22 7
Ausfertigung 8 8
Auslegung 2 8 ff., 8 9 f., 27 5
– AGB 29 14 f.
– natürliche 2 12
– richtlinienkonforme 28 2
Auslobung 2 2
Ausschlussfrist 31 3
Außerhalb von Geschäftsräumen geschlossener Vertrag 28 11, 18 f.
Automat 2 5, 37, 3 4
Automatenaufstellvertrag 12 9

Bedingung 7 2
Behandlungsvertrag 28 11
Behauptung ins Blaue hinein 20 8
Beratungsfunktion 8 1
Bereicherungsrecht 6 1, 16 18, 21 11
Beschluss 16 27
Beschränkte Geschäftsfähigkeit 16 13 ff.
– Begriff 16 2
– Betrieb eines Erwerbsgeschäfts 16 14
– Dienst- oder Arbeitsverhältnis 16 14
– einseitige Rechtsgeschäfte 16 47 f.
– Einwilligung 16 29 ff., 37
– Erfüllung 16 19
– partielle unbeschränkte Geschäftsfähigkeit 16 14
– rechtlich lediglich vorteilhaft 16 14a ff., 36
– rechtlich neutral 16 22
– Taschengeldparagraf 16 30 ff.
– Vertragsschluss 16 39 ff.
– Zugang von Willenserklärungen 16 35 ff.
Besitz 4 1
Bestätigung
– anfechtbares Rechtsgeschäft 21 6 f.
– nichtiges Rechtsgeschäft 14 1 ff.
Betreuer 16 10
Beweisfunktion 8 1
Beweislast 3 10, 30 1
Bewusstlosigkeit 16 52
Bierlieferungsvertrag 12 9

Bindung an das Gesetz 16 25
Blue pencil test 29 23
Bote 2 19, 31 f., 34, 38, 27 1 ff.
– Abgrenzung von Stellvertreter 22 3 ff., 27 3
– Begriff 27 1
– einseitiges Rechtsgeschäft 27 18
– Empfangsbote 27 10 f., 19
– Erklärungsbote 27 10 f., 13 ff.
– Haftung 27 17
– Pseudo-Bote 27 15
– Zulässigkeit 27 2
Bürgschaft 10 5, 19 11
Buttonlösung 28 14

causa 6 1
culpa in contrahendo
– Allgemeine Geschäftsbedingungen 29 26
– Anfechtung 21 15
– Dissens 3 27
– fehlendes Erklärungsbewusstsein 19 24
– fehlende Vertretungsmacht 25 11
– Formmangel 8 15
– Informationspflichtverletzung 28 17
– Täuschung 20 9

Dauerhafter Datenträger 8 2
Deliktsfähigkeit 15 1, 16 4
Deliktsrecht 16 18
diligentia quam in suis 2 15
Dingliche Einigung 4 2
Dingliches Geschäft 5 1
Dispositives Recht 1 5
Dissens 3 24 ff., 13 4
– accidentalia negotii 3 26
– essentialia negotii 3 25
Drohung 20 12 ff.
– Begriff 20 13
– Ursächlichkeit 20 17
– Widerrechtlichkeit 20 13a ff.
Duldungsvollmacht 24 46 f.

Ehemündigkeit 16 12
Ehevertrag 10 7
Eigenschaftsirrtum 19 9 ff.
Eigentum 4 1
Eigentumsherausgabeanspruch 6 4, 31 3
Eigentumsvorbehalt 7 2, 24 2
Einheitliches Rechtsgeschäft 12 5 f., 24 12
Einigungsmangel *siehe* Dissens
Einrede 26 41, 30 1 ff.
Einschreiben 2 28, 39 f.

Stichwortverzeichnis

Einwendung 30 1 ff.
Einwilligung 16 23 ff., 37
Einwilligungsvorbehalt 16 2, 13
Einzelfallgerechtigkeit 16 25
Elektronische Form 8 3 f.
Elektronischer Geschäftsverkehr 19 21 ff., 28 11, 14 f.
Elektronische Signatur 8 3 f.
Elterliche Sorge 16 7
E-Mail 2 33, 35, 37, 8 2 f., 6
Erfüllung einer Verbindlichkeit 26 41 f.
Erfüllungsanspruch 1 1 ff.
Erfüllungsinteresse 21 14
Ergänzende Vertragsauslegung 3 28, 8 11
Ergänzungspfleger 16 9, 26 33
Erklärungsbewusstsein 2 4, 6, 3 4, 14 3, 17 6 f., 19 24 ff., 21 7
Erklärungsirrtum 19 2, 21
Erklärungstheorie 17 1
Erlass 5 2
Erlassfalle 3 21
Ermächtigung 16 14, 24 2, 26 7
essentialia negotii 3 3, 12 7, 29 17
Europarecht 28 2
Existenzgründer 28 6
ex nunc 14 1
Extrazahlung 28 15
ex tunc 14 1

Faktisches Vertragsverhältnis 3 2
falsa demonstratio non nocet 17 3
– Auslegung 2 12
– Form 8 11, 18 5
falsus procurator
– Begriff 25 1
– Haftung 25 6a ff.
Fehleridentität 5 4, 19 7
Fernabsatzvertrag 28 11, 18 f.
Fernunterrichtsvertrag 28 11, 18
Finanzierungshilfen 28 11, 18
Form 8 1 ff.
– Anfechtung 21 2
– Bestätigung 14 3
– vereinbarte 8 16 f., 29 15
– Vollmacht 24 9 f.
– Zustimmung 16 24
Formzwecke 8 1
Fristberechnung 3 6, 16 3

Geburt 15 3

Gefälligkeitsverhältnis 2 14 f.
Gegenrecht 30 1 ff.
Gegenstand 4 1
Geheimer Vorbehalt 18 1 f.
Geld 6 5 f.
Geltungserhaltende Reduktion 12 8 ff., 13 3, 29 23
Genehmigung 16 23 ff., 41 ff., 25 4
– Aufforderung 16 46, 25 4
– Verweigerung 16 44, 25 8
Gerichtliche Genehmigung 16 11, 14
Geringfügige Angelegenheiten des täglichen Lebens 16 13
Gesamtvertretung 16 8, 26 5 ff., 14, 16, 32
Geschäft des täglichen Lebens 16 51
Geschäft für den, den es angeht 23 10 f., 14
Geschäftsähnliche Handlung 2 16
Geschäftsfähigkeit 2 18, 15 1, 16 1 ff.
– beschränkte siehe dort
– Definition 16 1
– guter Glaube 16 6
– unbeschränkte 16 2
Geschäftsunfähigkeit 16 2, 49 ff.
– Geschäft des täglichen Lebens 16 51
– partielle 16 49
Geschäftswille 2 4, 17 6 f.
Gesellschaft bürgerlichen Rechts 28 5
Gesetzlicher Vertreter 16 7 ff.
Gesetzwidriges Rechtsgeschäft 9 1 ff.
Gestaltungsrecht 21 8, 31 3
Gestattung eines Insichgeschäfts 26 40
Gewährleistungsrecht 19 15, 20 9, 31 7
Gewaltenteilung 16 25
Gewinnzusagen 28 10
Gläubiger 1 3
Gleichstellungsargument 26 22
Grundstück 4 4
Gutgläubiger Erwerb 4 3, 11 3, 21 10
– von beschränkt Geschäftsfähigen 16 22

Handeln in fremdem Namen 23 2 ff.
Handeln unter fremdem Namen 23 6 ff., 24 49 f.
Handlungswille 2 4, 17 6 f., 19 27
Heilung von Formmängeln 8 13
Herrschende Meinung 2 28
Höchstpersönliches Rechtsgeschäft 22 7
Hypothetischer Parteiwille 3 11, 26, 28, 12 11, 13 6

Stichwortverzeichnis

Identitätsirrtum 19 3
Individualabrede 29 15
Informationspflicht 28 16 f.
Inhaltsfreiheit 1 5, 9 1
Inhaltsirrtum 19 3, 10, 20 f.
Insichgeschäft 26 29 ff.
– Erkennbarkeit 26 43
Internetauktion 3 3, 30, 10 4, 18 3, 24 50
invitatio ad offerendum 3 4, 9
Irrtum 19 2 ff., 14
– objektive Erheblichkeit 19 6, 14a, 26 10
– Ursächlichkeit 19 6, 14a

Kalkulationsirrtum 19 18 ff.
Kardinalpflichten 29 19
Kaufmännisches Bestätigungsschreiben 2 7
Kausalgeschäft 6 2
Kennenmüssen 20 4, 21 13, 26 13, 16 ff.
Kenntnis bei Vertretergeschäften 26 13, 16 ff.
Kenntnis der Anfechtbarkeit 21 10
Kenntnisnahme 2 35 ff.
Klagebegründende Tatsache 30 1
Knebelungsvertrag 10 6
Kollusion 26 24
Kommissionsgeschäft 22 6
Konsumentensouveränität 28 1
Kontrahierungszwang 1 5
Kostenfallen im Internet 28 13 ff.
Kraftloserklärung einer Vollmachtsurkunde 24 34

Lebensalter 16 3
Legaldefinition 1 3
Leihe 5 1, 16 16
Leistung 6 6
Leistungskondiktion 6 1, 6
lex specialis 8 12
Lichte Intervalle 16 49

Machtbereich 2 32 ff., 27 10
Marktpreis 19 12
Mehrvertretung 26 34
Mentalreservation 18 1 f.
Minderjährigkeit 16 2
Mindermeinung 2 28
Motivirrtum 17 5, 19 8, 10, 22 f., 20 2

Namenstäuschung 23 7
nasciturus 15 4

Negatives Interesse 21 14, 25 11
Nichterfüllungsschaden 21 14
nondum conceptus 15 4
Notarielle Beurkundung 8 8

Objektiver Empfängerhorizont 2 8 ff., 3 15
Obligatorisches Geschäft 5 1
Offenheit
– aktive Stellvertretung 22 3, 23 1 ff.
– Anfechtung 23 12 f.
– Geschäft für den, den es angeht 23 10 f., 14
– ohne Benennung des Vertretenen 23 4
– passive Stellvertretung 22 4, 23 1, 14, 27 8
– unternehmensbezogenes Geschäft 23 3, 14
Offenkundigkeit 23 1
Öffentliche Beglaubigung 8 7
Opportunitätskosten 21 14
Organschaftliche Vertretung 24 6

pacta sunt servanda 1 1
Parteifähigkeit 15 1
Perplexität 2 6, 19 19, 23 9
Personen
– juristische 15 2
– natürliche 15 2
Personenbezogene Daten 28 12
Personengesellschaften 15 2, 24 19
Positives Interesse 21 14, 25 10a f.
Postfach 2 32
Postmortaler Persönlichkeitsschutz 15 6
Postulationsfähigkeit 15 1
Prävention 9 2, 12 10
Preis 28 12
Preismechanismus 17 4, 28 1
Privatautonomie 1 5, 2 8, 17 1 ff.
Produkthaftung 28 11
Prokura 24 8, 20, 26 23
protestatio facto contraria 3 2
Prozessfähigkeit 15 1
Pseudo-Bote 27 15

Ratenlieferungsvertrag 28 11, 18
Realakt 2 17
Recht 4 1
Rechtlicher Grund 6 1
Rechtliches Dürfen 11 4, 26 23
Rechtliches Können 11 4, 26 23

364

Stichwortverzeichnis

Rechtsbindungswille 2 6, 3 4, 8 10
Rechtsfähigkeit 2 18, 15 1 ff.
Rechtsfolgenirrtum 19 17
Rechtsgeschäft
- Begriff 2 1
- einseitiges 16 27, 47 f., 24 19, 25 5 f., 7, 26 35, 27 18
- mehrseitiges 16 27
Rechtsmissbrauch 2 39, 8 14, 19 14a, 26 10, 27 4, 28 14 f., 19
Rechtsnachfolge 31 9
Rechtsobjekt 4 1
Rechtsschein der Vertretungsmacht
- Anfechtbarkeit 24 44
- Anscheinsvollmacht 24 38 ff.
- Erlöschen einer Außenvollmacht 24 23 ff.
- Grundlagen 24 20 ff.
- Gutgläubigkeit 24 28, 32, 37, 43
- Kundgebung einer Vollmacht 24 29 ff.
- Rechtsfolgen 24 45
- Ursächlichkeit 24 26 f., 31, 36, 42
- Vollmachtsurkunde 24 33 ff., 40 f.
- Zurechenbarkeit 24 21, 25, 30, 35, 41
Rechtsscheinhaftung 24 21
- als Unternehmer 28 7
- bei Handeln unter fremdem Namen 24 49 f.
Rechtssubjekt 15 1
Recht zum Besitz 6 4
Reisevertrag 28 11
Reurecht 21 12

Sache 4 1
Salvatorische Klausel 12 2, 29 24
Schadenseinheit 31 5
Schadensersatzpflicht
- bei Anfechtung einer Vollmacht 26 12
- bei Untervertretung 26 4
- des Anfechtenden 21 13 f.
- des falsus procurator 25 6a ff.
Scheingeschäft 18 3 ff.
- misslungenes 18 10
Schenkung 2 7, 16 17 f.
Scherzerklärung 18 7 ff., 19 25
Schriftform 8 5 f., 29 15
Schuldner 1 3
Schuldverhältnis 5 1
Schwangerschaft 19 12, 20 5
Schwebende Unwirksamkeit 16 41 ff., 25 3 f.
Schweigen 2 7, 3 17 f.

Selbstbedienungshandel 3 4
Selbstbedienungstankstelle 3 4
Selbstkontrahieren 26 34
Sexualsphäre 10 8
Sittenwidrigkeit 2 18, 10 1 ff., 20 1
Sofort 3 7
Sozialhilfeträger 10 8
Sozialtypisches Verhalten 3 2
Sprache 2 35, 27 1
Stellvertreter
- Abgrenzung von Boten 27 3 ff.
- gebundene Marschroute 27 3
- Geschäftsfähigkeit 22 2, 25 9
- Haftung bei Fehlen der Vertretungsmacht 25 6a ff., 26 4
Stellvertretung
- Gesamtvertretung 16 8, 26 5 ff., 14, 16, 32
- Insichgeschäfte 26 29 ff.
- Klausuraufbau 22 3
- Mehrvertretung 26 34
- mittelbare/indirekte 22 6, 26 17
- nicht existierender Vertreter 25 7
- organschaftliche 24 6
- passive 22 4, 23 14 f., 24 1, 19, 25 6, 26 6, 27 5 ff.
- Selbstkontrahieren 26 34
- unmittelbare/direkte 22 2
- Untervertretung 26 1 ff., 38
- Voraussetzungen 22 2a ff.
- Wesen 22 2
- Willensmangel 26 13 ff., 20
- Zulässigkeit 22 7
Strafgesetz 9 4, 10 8
Strohmanngeschäft 18 6
Strukturelle Unterlegenheit 10 5

Taschengeldparagraf 16 30 ff.
Teilbarkeit des Rechtsgeschäfts 12 7
Teilnichtigkeit 12 1 ff., 13 1
- bei arglistiger Täuschung 20 4
- besondere Schutzbedürftigkeit 12 3
Teilzeit-Wohnrechtevertrag 28 11, 18
Telefax 2 33, 35, 37
Telekommunikative Übermittlung 8 6
Testament 2 2
Testierfähigkeit 16 12
Textform 8 2
Theorie des letzten Wortes 29 13
Tier 4 1

Stichwortverzeichnis

Tod
- Begriff 15 5
- des Antragenden 3 11 ff.
- des Bevollmächtigten 24 15
- des Vollmachtgebers 24 15
- nach Abgabe einer Willenserklärung 2 18

Todeserklärung 15 5

Transaktionskosten 29 5

Trennungsprinzip 5 2

Treuhandgeschäft 18 6

Treu und Glauben 2 39

Übereignung 4 2 ff.

Übergabe 4 2

Übersicherung 10 6

Umdeutung 13 1 ff.

Umgehungsgeschäft 9 6

Unbestellte Leistungen 3 21, 28 10 f.

Unentgeltliche Verträge 2 15

Ungelesene Urkunde 19 5

Unklarheitenregel 29 14

Unrichtige Übermittlung 19 4, 27 13 ff.

Unsichtbare Hand 28 1

Unternehmensbezogenes Geschäft 23 3, 14

Unternehmer 28 3 ff.
- Arglist 28 7
- gemischte Zwecksetzung 28 8
- Rechtsschein 28 7
- Stellvertreter 28 9

Unterschrift 8 5 f.

Unterverbriefung 18 4 f.

Untervertretung 26 1 ff., 38

Unverzüglich 3 7, 21 3

Urkunde 8 5

Urlaub 2 36

venire contra factum proprium 3 17, 28 7

Veräußerungsverbot 11 1 ff.

Verbandsklage 28 17, 29 8

Verbotsgesetz 9 2 ff.

Verbraucher 28 3 ff.
- Arglist 28 7
- gemischte Zwecksetzung 28 8
- Prozessrecht 28 10
- Rechtsschein 28 7
- Stellvertreter 28 9

Verbraucherbauvertrag 28 11, 18

Verbraucherdarlehensvertrag 8 12 f., 28 11, 18

Verbraucherschutzvorschriften 28 1 ff.
- Anwendungsbereich 28 12
- Europarecht 28 2
- Sinn 28 1

Verbrauchervertrag 28 3

Verbrauchsgüterkauf 19 17, 28 11

Verfügungsbefugnis 4 3, 24 2

Verfügungsgeschäft 5 1
- Anfechtbarkeit 19 7, 16, 20 10 f., 19

Verfügungsmacht 4 3, 24 2

Verfügungsverbot
- absolutes 11 2
- rechtsgeschäftliches 11 4
- relatives 11 3

Verjährung 31 1 ff.
- Ablaufhemmung 31 10
- Beginn 31 4 f., 7
- Begriff 31 1
- Berechnung 31 8
- Fristen 31 4 ff.
- Gegenstand 31 3
- Hemmung 31 10
- Höchstfristen 31 6
- Neubeginn 31 10
- Rechtsnachfolge 31 9
- Zweck 31 2

Verkehrsschutz 2 8, 16 4 ff., 17 1 ff.

Verkehrswesentlichkeit 19 13

Vernehmungstheorie 2 34

Verpflichtungsgeschäft 5 1

Verschollenheitsgesetz 15 5

Verschuldensfähigkeit 16 4

Verschweigen auf gut Glück 20 8

Versendungskauf 3 20

Versteigerung 3 29 f.

Vertragsfreiheit 1 5

Vertragsschluss 3 1 ff.
- an der Selbstbedienungstankstelle 3 4
- bei Internetauktion 3 30
- bei Versteigerung 3 29
- Beurkundung 8 10
- durch beschränkt Geschäftsfähigen 16 39 ff.
- durch falsus procurator 25 3 f.
- im elektronischen Geschäftsverkehr 28 14 f.
- im Selbstbedienungshandel 3 4

Vertrag zugunsten Dritter 20 4

Vertrauensschaden 21 14

Vertretungsmacht 24 1 ff.
- Duldungsvollmacht 24 46 f.
- fehlende 25 1 ff.

Stichwortverzeichnis

- gesetzliche 24 6, 26 19
- kraft Rechtsscheins *siehe* Rechtsschein
- Missbrauch 26 23 ff.
- rechtsgeschäftliche *siehe* Vollmacht
- und Botenmacht 27 4
- Zeitpunkt 24 4 f., 25 2

Vertretungsverbot 16 12

Vindikation 6 4, 31 3

vis absoluta 19 27

Voicemail 2 33, 8 2

Vollmacht
- Abstraktheit 24 11 f.
- Anfechtung 26 8 ff.
- Anscheinsvollmacht *siehe* Rechtsschein
- Arten 24 8
- Begriff 24 7
- Duldungsvollmacht 24 46 f.
- einseitiges Rechtsgeschäft 24 19
- Erlöschen 24 13 ff.
- Erteilung 24 8
- Form 24 9 f.
- Grundverhältnis 24 11 f., 14 f.
- Tod 24 15
- unwiderrufliche 24 10, 18
- verdrängende 24 7
- Verzicht 24 13
- Vollmachtsurkunde 24 33 ff., 40 f.
- Widerruf 24 16 ff.

Vorabentscheidungsverfahren 28 2

Vormund 16 9 f.

Vorübergehende Störung der Geistestätigkeit 16 52

Warnfunktion 8 1

Wert 19 12

Wettbewerbsverbot 12 9

Widerrechtlichkeit
- der Drohung 20 13a ff.
- der Täuschung 20 5

Widerruf
- bei schwebender Unwirksamkeit 16 46, 25 4, 8
- der Einwilligung 16 28
- einer Willenserklärung 2 41, 24 4

Widerrufsrecht 25 7, 28 18 ff.
- Ausübung 28 21
- Frist 28 22
- mehrere Beteiligte 28 21
- Widerrufsbelehrung 28 22
- Widerrufsfolgen 28 23

- Zweck 28 19

Willenserklärung
- Abgabe 2 18 ff., 29, 16 38, 27 7 f.
- Abgrenzungen 2 14 ff.
- abhanden gekommene 2 20, 27 4
- Auslegung 2 8 ff., 27 5
- automatisch generierte 2 5, 19 21 ff.
- automatisch verarbeitete 2 11
- Begriff 2 1
- Bestimmtheit 2 6
- durch Schweigen 2 7, 3 17
- empfangsbedürftige 2 2, 8 ff., 30, 8 5
- gespeicherte 2 31
- konkludente 2 6
- nicht empfangsbedürftige 2 2, 13, 18 f., 30, 19 26
- nicht gespeicherte 2 31, 34, 38
- Tatbestand 2 3 ff.
- Übermittlungsrisiko 2 21 ff., 27 10 f., 13 ff.
- unter Abwesenden 2 30
- unter Anwesenden 2 30
- Vernehmungstheorie 2 34
- vorsätzliche Falschübermittlung 27 16 f.
- Widerruf 2 41, 24 4
- Zugang 2 21 ff., 16 35 ff., 27 5
- Zugangsvereitelung 2 39

Willensmangel 2 18, 17 1 ff., 18 1 ff., 19 1 ff., 20 1a ff., 26 13 f., 20

Willenstheorie 17 1

Willkürverbot 16 25

Wissenszurechnung 26 22

Wohnungseigentümergemeinschaft 28 5

Wucher 10 3

Wucherähnliches Rechtsgeschäft 10 4

Zugang 2 21 ff.
- bei Boten 27 5
- bei nicht voll Geschäftsfähigen 16 35 ff., 50
- bei vorübergehender Störung der Geistestätigkeit 16 52
- Bewusstlosigkeit 16 52
- der Anfechtungserklärung 21 4

Zugangsvereitelung 2 39
- durch Empfangsboten 27 19

Zurechenbarkeit *siehe* Rechtsschein

Zurückbehaltungsrecht 26 41, 30 4

Zustimmung 16 23 ff.

Zwingendes Recht 1 5

367